우르를 떠나 이스라엘 국가에 이르기까지

이스라엘 민족사

M. I. 다이몬트 저 ‖ 원응순 김영수 공역

도서출판 한글

역자의 말

이 책은 막스 I. 다이몬트(Max I. Dimont)의 ≪유대인, 신과 역사의 틈바구니에서(Jews, God and History)≫의 전역이다.

역자는 역사학을 전공하지는 않았지만 유대인이 지닌 독특한 역사 감각에 매력을 느껴 10여 권의 이스라엘 역사서를 읽었다.

거개의 유대사가 유대인이 겪은 비탄의 눈물로 씌어져 온 진혼의 역사인데 반하여 다이몬트 유대사는 그 전체상이 밝은 것이 특징이다. 그는 유대인을 인류의 변경적인 존재로나 역사상 학대받는 민족으로나, 방황하는 민족으로나, 무엇이나 깡그리 약탈당해 온 역사의 미아로 표현하지 않고 어느 민족보다도 역사를 용감하고 슬기롭게 살며 인류를 위해 공헌해 온 민족으로 그려놓고 있다. 그러한 만큼 이 책은 참으로 이색적인 이스라엘 역사 기록사이다.

유대인은 나라와 주거지를 잃고 여섯 개의 문명을 전전하며 살아왔다. 그러한 역사적 정황 속에서 민족이 소멸될 위기를 무기로써가 아니라 신앙과 슬기로 극복해 왔고, 어느 문명 속에서도 어느 민족 속에서도 그것들에 동화되지 않고 유대인으로서의 주체성과 동질성을 유지해 왔다. 문명의 붕괴와 함께 많은 민족이 소멸해 갔다. 그러한 역사적 법칙을 깨고 살아남은 유대민족은 분명히 신비로운 인종이다. 그들은 살아남은 것만이 아니다. 어느 문화, 어느 문명에서도 위대한 창조자의 역할을 다해 왔다. 세계 인구의 0.5퍼센트밖에 안 되는 민족이 노벨상 수상자의 12퍼센트를 차지하고 있다. 정말 유대인은 인류의 두뇌라고 하지 않을 수 없다.

이러한 유대인의 생존 방식의 비밀은 유대주의 사상의 변천과 전개를 파악하지 않고서는 이해하기 어렵다. 유대인은 그들의 사상을 4000년에 걸쳐 신과의 대화로 꾸준히 발전시켜 왔다.

그 유대주의적 사상의 변천을 기록한 것이 이 책이다. 그런데 그것을 추상적인 이론전개로 서술하지 않고 역사의 구체적인 사건, 탐정소설과 같은 흥분을 주는 구체적인 사건과 천여 개의 에피소드 로 엮어 나가고 있다. 역자는 두 번째 읽고 나서 '삼국지'보다 재미있다고 생각했다.

그러나 그리스도와 그리스도교에 대해서는 상당한 억견과 편견이 엿보인다. 이것이 그리스도의 메시아임을 인정하지 않으려는 유대인의 공통적인 감정일는지도 모르겠다.

이 이스라엘 민족사는 유대인을 위해서나 학자를 위해서 쓰인 것이 아니라 일반 독자를 위해 쓰인 만큼 누구나 지루함을 느끼지 않고 읽을 수 있으며, 이것을 읽는 중에 독자는 새로운 세계사도 배우게 되는 즐거움을 맛보게 될 것이다.

우리나라에서는 요즘 유대인에 대한 관심이 높아가고 있다. 우리는 유대인에게서 많은 것을 배우지 않으면 안 되리라 생각했다. 무엇보다 우리는 역사를 바로 파악하고 대처해 나가는 유대인의 역사 감각을 꼭 배워야 하리라고 생각한다.

역자 드림.

■ 세계 각계의 서평 ■

한 운명이 태어나면 성숙하여 언젠가 죽는다. 이것이 역사의 패턴이다. 바빌로니아인도 그랬고, 페르시아인도, 로마인도 그랬다. 그런데 어찌하여 유대인은 그렇지 않았는가?

유대인은 인류사의 4000년을 어떻게 존속했는가? 이 소수의 민족이 그렇게도 많은 문명 속에 영향을 떨칠 수 있었던 것은 무슨 이유에서일까? 이 민족에서 모세, 그리스도, 스피노자, 마르크스, 프로이트, 아인슈타인이 나왔다. 유대민족 속에서 불타는 생명력은 무엇인가? 그것은 모든 역사적 선례하고는 다른 것이다.

막스 I. 다이몬트는 유목민의 조상 아브라함에서 시작되는 히브리 역사를 탐색하는 흥미롭고도 예리한 개관에서 이상과 같은 문제를 제시하여 해답하고 있다. 아브라함은 우르의 거리를 떠나 오늘의 이스라엘의 국가에까지 왔다.

이 책은 포근함과 생명력으로 넘쳐 있다. 이 작업에 그지없는 정열을 갖는 학자가 일반인을 위해 쓴 탁월한 책이다.

—막스 러너—

내가 지금까지 읽은 유대일반사 중에서 가장 활기찬 일반사로 단연 뛰어난 책이다. 여러 가지 방법론으로 유대사를 충격적이고도 독창적으로 종합하고 있다.

콜롬비아대학 미국역사학 교수
—리차드 B. 모리스—

다이몬트가 수집한 사실보다 더 재미있는 것이 있을까? 다이몬트보다 많이 최근의 고고학의 발견에 기초한 책이 있을까? 이 책은 투명하고도 비정통적인 정신에도 그지없이 매력적인 추리력을 안겨 준다.

—샌프란시스코 선데이 크로니클—

삶과 희망의 책, 이 책은 유대사라기보다는 인간의 생명과 인내력을 기록한 극소수의 위대한 저서 중의 하나이다.

—센트·루이스 포스트 디스패치—

이 책은 탐정 소설처럼 재미있게 읽을 수 있는 학문적이고 박식한 저작이다.

—알렉산더 킹—

영어로 씌어진 유대 일반사에서 가장 특출한 저작이다.

—로스앤젤레스 타임스 로버트 키르쉬—

목 차

■ 서 언

유대인에 관해 쓴 역사책은 대체로 유대인이 유대인을 위해 쓴 것이거나 아니면 학자가 학자를 위해 쓴 그 어느 것인가이다. 그러나 유대인의 역사는 매우 흥미로와 사람의 마음을 사로잡는 것으로 그런 일이 참으로 있었다고 믿을 수 없을 정도의 희귀한 역사이기도 하다. 그러므로 그것을 유대인과 학자들만의 사유물로 남겨 둔다는 것은 아깝다고 생각되어 오늘 책으로 엮게 된 것이다.

내가 쓰려고 한 것은 이 경이적인 사람들에 관해서의 일반독자를 위한 역사이지만 나는 전통적인 방법에 굴복하지도 않고 또 반지성적인 태도에 아첨하지도 않고 이것을 쓰기로 결심했다. 나는 여러 가지 논의, 자료, 사상을 제시하지만 그것을 이해하는 것은 독자 자신들이다. 나는 누구를 설득하거나 누구의 의견을 바꿔놓고 싶다고 생각하고 있는 것은 아니다. 이 책을 읽음으로써 독자가 즐겁다고 생각함과 동시에 지식을 얻고 자극을 받는다면 목적은 달성되는 것이 된다.

유대인의 참 역사는 지금까지 씌어진 일이 없다. 유럽이 그 문예, 과학, 건축의 근원이 그리스문명에 있었다는 것을 알아차린 것은 그리스도가 쇠퇴하고 1600년이 지나서였다. 그러므로 서구문명의 정신, 도덕 윤리사상의 뿌리는 유대주의에 있다는 것이 인정되기까지에는 아직도 앞으로 2300년이 걸릴는지도 모를 일이다. 다른 말로 하자면 서구세계의 가구, 비품은 그리스의 것이지만 서구의인간이 살고 있는 집은 유대인 풍風이다. 이 발상은 최근 성직자나 학자의 저작 속에서 특히 많이 볼 수 있게 되었다.

유대인의 역사를 유대인만의 역사로서 이야기할 수는 없다. 왜냐하면 유대인은 대체로 오랜 세기를 타자의 문명 속에서 살아왔고 유대인이 더듬어 온 운명 또한 그 문명이 더듬어 간 운명과 평행을 이루고 있기 때문이다. 다만 한 점에 있어서만 유대인의 운명은 남과 다르다. 왜냐하면 유대인은 자기들이 살고 있던 문명의 죽음과 함께 죽지도 않고 여기서 벗어났기 때문이다. 한 문명이 종말을 고하여도 유대인은 살아남아 그때그때 대두해 오는 문명 속에서 스스로 자신의 문화적 성장을 계속했다.

그들은 어떻게 해서 살아 남았을까?

네 개의 대륙과 육 대 문명에 걸친 4000년의 존속의 역사를 얘기하기 위해서 나는 유대인의 역사를 새로운 시점에서 다시 잡아 보았다. 먼저 각 문명의 개황을 제시하고 이러한 문명 속에 산 유대인에게 무엇이 일어났는가 하는 것을 분석해 보겠다. 그 다음에 유대인의 독특한 사상이란 도대체 어떠한 것이었는가 하는 것을 생각해 보겠다. 그들에게 고유했던 사상이 그들을 하나의 민족으로서 존속시켜 왔고 그것이 문화의 창조 주체로서 존속하는 그들의 활력의 원천이었기 때문이다. 그리하여 '유대인의' 역사는 세계사의 일부가 되며, 독자는 유대인에게 일어났던 일과 그 동시대의 역사적 사건의 상호관계를 볼 수 있으리라고 생각한다. 나는 유대인의 전체상을 그리고 싶었다. 유대인의 인간 드라마의 그 장려함과 유머를 그리고 싶었다. 그런데 이것은 16세기의 게토에 산 탈무드학자의 눈을 통해서 본 유대인사史가 아니라 20세기의 한 서구인의 눈을 통해서 본 유대인의 역사이다.

유대사에서의 연대는 논쟁의 대상이 되는 경우가 많다. 그러나 유대사 그 자체의 논리에 영향을 미치지 않는 한 여러 설說로부터 임의로 하나를 택하여 다른 설의 평가를 둘러싸고 이것저것 논의하여 기술記述의 흐름을 막는 일은 피했다. 따라서 이를테면 나는 유대인의 역사는 기원전 2000년, 즉 아브라함이 우르의 거리를 떠난 때부터 시작된다고 하지만, 여기에 관해서도 그것은 수세기 뒤에 일어난 일이라고 하는 학자도 있다. 나는 유대인의 '기류寄留시대'의 시작과 그 후의 이집트에서의 '포수捕囚시대'를 기원전 1600년대에서 1200년까지로 가나안 땅에서의 정주定住의 시대가 기원전 1200년부터 시작했다고 보는데 이들의 연대는 아직도 역사가들의 사이에서 논의되고 있다는 것을 잘 알고 있을 것이다. 원칙으로 표준 유대백과사전(The Standard Jewish Encyclopedia)에서 사용되고 있는 연대를 따르기로 했다.

혼란을 피하기 위해서 히브리어, 이딧쉬어, 독일어의 몇 개 단어의 복수의 표기를 영어식으로 하기로 했다. 사건에 관해서는 ≪성서≫의 해석과 역사학적인 해석의 양쪽을 제시해 두었다.

그렇기 때문에 이 두 가지 해석의 어느 쪽을 취하더라도 유대인의 역사 그 자체는 바뀌지 않으며 아무튼 극히 흥미 깊다는 것을 보일 수 있다.

그리고 여기서 나는 몇 사람의 협력에 대해서 감사의 말을 표시해두고 싶다. 먼저 누구보다도 고든 루바트씨에 대해서이다. 그는 경건한 사교제교회주의자四教制教會主義者인 동시에 경험이 풍부한 편집자 그리고 미국 문학과 영국문학의 학자이기도 한데 원고를 써서 완성하기까지 나는 루바트씨와 상당히 오랫동안 함께 일했다. 그의 예리한 언어 감각은 문장 속의 어떠한 불협화음도 용서치 않았으며, 문물文物을 조직해 가는 그의 재능과 사건이 일어난 순서에서의 오류도 남김없이 발견해 내는 것이었다. 그는 완전주의가 있었음으로 해서 나는 내가 말하고 싶었던 것을 일독一讀하는 것 만으로서도 이해할 수 있는 문장으로 만들기 위해 몇 번이고 고쳐 쓸 수 있었던 것이다.

다음에는 두 분의 학자이다. 그 한 분은 센트 루이스의 샤르 에멧드 회당의 랍비 줄리우스 N. 노델 박사이다. 그는 각 장을 쓰고 나면 그때마다 그것을 읽어주었다. 본서는 그의 학식의 깊이와 아낌없는 조력에 힘입은 바가 크다. 그 다음이 제이곱 R. 마커스 박사 그는 미국 유대인 관계문서 보관소(American Jewish Archives)의 소장인 동시에 오하이오주 신시내티에 있는 히브리・유니온대학 유대종교 연구소에서 아메리카의 유대인의 역사를 가르치는 교수이기도 하다. 마커스 박사는 중세까지의 원고를 면밀히 읽고 매우 중요한 시사를 여러 가지로 해 주었다. 본서가 박사의 여러 의견의 덕택으로 보다 좋은 것이 된 것은 물론이지만 박사가 나의 견해에 전면으로 대립되는 의견을 말해 준 것도 이 책의 장점이 되어 있다.

그리고 다음 사람들에게 감사하고 싶다. -센트 루이스의 워싱턴대학의 프랭크린 하이모와 로렌스 이아나코네 두 교수, 하이모 박사는 과학에 관한 나의 지식이 옳은지 어떤지를 조사해 주었다. 이아나코네 교수는 중세사와 근세사에 관한 것에 대해서 여러 가지 의견을 제시해 주었다. 센트 루이스 대학의 헨리 G. 만교수에게서는 경제이론에 관한 교시를 받았다. 카본데일의 남일리노이 대학의 조지 킴볼 플로크맨 교수에게서는 고대 및 중세 철학의 난세한 많은 개념을 명백히 밝히는 일에서 가르침을 받았다. 그리고 캘리포니아주 라·메사의 노드몬드 복음전도개혁파 교회의 도날도 올란드 파체트 목사는 그리스도교에 관한 부분을 전부 읽어주고 내가 잘못을 말하지 않도록 협력해 주었다. 그러나 이 책에서 사용되고 있는 어투나 사고방식은 모두 내 자신의 것이다.

나는 이 기회에 나의 처 에델에게 고마운 뜻을 표하고 싶다. 그녀는 말의 흐름과 사고思考의 일관성을 최종적으로 확인해 주기 위해서 오랜 시간 동안 각 장을 음독音讀해 주었다. 그리고 딸 게일, 그녀는 래드클리프 대학에서 역사를 전공하고 있는 만큼 나의 원고에 대해서 귀중하고도 예리한 비평가가 되어 주었다. 이 두 사람에게는 이 5년 동안의 책의 집필에 몰두하고 있던 나를 한결같이 이해해 준데 대해서 진심으로 감사를 드린다.

그리고 마지막으로 유대문화유산재단의 이사 휴머니스트이면서도 또한 위대한 계몽주의의 전통을 계승하고 있는 학자이기도 한 조셉 게어 박사가 이 책에 대해서 보여 주신 관심과 이 책의 출판에 있어서 준 원조에 대해서 깊은 경의를 표하고 싶다.

■ 역사에서 단 한 번 일어난 사건

—유대인을 키워 온 4000년과 6개의 문명에 관해서 먼저 간결하게 말해 두고자 한다. 그것에 의해 인류사상 가장자리에 닿지 않는 민족의 존속의 역사의 한 예인 유대인의 역사에서 얼마나 기이한 양상이 일어났음을 볼 수 있으며, 그것에 관해서 생각해 보게 될 것이다.

즉—스스로를 '신에게서 선택을 받은 자들'이라고 부르고 세계로 하여금 실제로 그러할지는 모를 일이라고 거의 그렇게 인정시켜 버렸다고도 할 수 있는 한 민족의 존속의 역사에 관해서이다.

이 지구상에는 약 40억의 인간이 살고 있다. 그 중의 1200만 명, 즉 0.5%도 미치지 못하는 인구가 유대인이라고 불리는 사람들이다. 통계적으로 말한다면 이를테면 아이누인들과 같이 별로 알려져 있지 않은 존재가 되어 있을 법하다. 그렇지만 유대인들이 알려져 있는 정도는 그 인구의 비율에 걸맞지 않는다. 물리학, 과학, 의학의 분야에서 주어진 노벨상 가운데 12%까지가 유대인에게 주어지고 있다. 종교, 과학, 문학, 음악, 경제, 철학의 영역에서의 위인들의 이름 속에서 찾아볼 수 있는 유대인의 이름의 수는 많기로 경이적이다.

고대 그리스가 번영한 것은 500년 동안이었다. 그 후 그리스도는 목축가들의 집단으로 쇠퇴하여 두 번 다시 그러한 영광을 회복할 수 없었다. 그러나 유대인의 경우는 그렇지 않다.

그들의 창조의 시대는 그들의 4000년의 전 역사를 통해서 줄곧 계속되어 왔다. 그들의 공헌은 동양에 의해서도 서양에 의해서도 흡수되어 왔는데 양자 모두 그것을 반듯이 의식하고 있다고 할 수 없으며, 또 알아차렸다고 하더라도 그러한 혜택을 인정하려고 하지 않는다.

이 사람들 속에서 8억 2천만의 그리스도교도들이 신의 아들이라고 부르는 예수 그리스도가 나왔다. 그리스도교는 세계 최대의 종교이다. 이 사람들 중에서 그리스도교회를 조직한 바울이 나왔다. 유대인의 종교는 회교回敎에 영향을 주었는데 회교는 세계 제 2의 종교 조직으로 아브라함과 이스마엘의 혈통을 잇는다고 주장하는 4억의 신자를 가지고 있다. 물론 교도도 이스라엘 부족의 자손이라고 말하고 있다.

10억을 넘는 사람들에게 숭배를 받고 있는 유대인이 또 한 사람이 있다. 그는 칼 마르크스인데 그의 ≪자본론≫은 세계의 코뮤니스트들의 이를테면 세속의 '복음서'이며, 마르크스는 소비에트와 중국에서 절대적인 존경을 받고 있다.

유대인의 수학자 알버트 아인슈타인은 그 이론물리학에서 원자력시대의 문을 열어 월세계月世界의 길을 개척했다. 유대인의 정신의精神醫 지그문트 프로이트는 인간의 마음에 덮인 뚜껑을 열어제쳤다. 그가 발상한 정신분석은 인간의 자기 의식에도 물物과 정신의 관계에 관한 개념에 있어서도 혁명을 가져왔다. 그보다 300년전 유대인의 철학자 바루흐 스피노자는 신비주의에서 철학을 떼어내서 합리주의와 근대과학에의 길을 열어 놓았다.

유대인은 오랜 세월에 걸쳐 기도, 교회, 구제, 일반교육, 자선 등의 제 개념을 차례 차례로 만들어냈다. 더욱이 그것은 아직도 다른 사람들이 그러한 개념을 수용할 준비가 되어 있지도 않았던 훨씬 옛적의 일이었다. 그러나 유대인은 1948년까지의 거의 3000년 동안 자기들의 나라마저 가지고 있지 않았다. 그들은 바빌로니아인과 함께 살고, 그리스가 정복한 세계에 살며, 로마제국의 죽음을 지켜보았다. 그들은 회교문명 속에서도 활동을 했다. 그리고 중세라는 이름으로 알려진 1200년의 '암흑시대暗黑時代'를 참고 살아남아 드디어 근대를 맞이하자 새로운 지성의 고양을 보였다.

유대인이 모습을 드러내던 같은 시기에 대두한 이교시대異敎時代*1)의 몇몇 위대한 민족은 깡그리 소멸해 버렸다. 바빌로니아인, 페르시아인, 페니키아인, 히타이트인, 팔레스타인인 모두가 일찍이 위대한 힘을 고시했는데 모두 이 지상에서 사라져 없어져 버렸다.

유대인과 같이 옛 민족으로는 중국인과 인도인과 이집트인만이 남아있다. 그러나 이들 3대 문명마저도 주요한 문화文化의 시대라고 할 수 있는 것은 하나밖에 없고 그 문화가 그 후에 끼쳐왔던 몇 개의 문명에 준 충격은 그리 크지 못했다. 그들 문명에는 스스로의 문명의 재생을 위한 종자種子도 또 다른 문명을 낳기 위한 종자도 없었다. 그들은 유대인과는 달리 자기 나라에서

---

1) 이교(異敎)—'이교'란 말할 것도 없이 유대교와 그리스도교 이외의 종교라는 뜻이다. 따라서 뒤에 나오는 연표의 구분을 보면 알 수 있듯이 그리스도교 발생의 시대가 '이교시대'의 끝이라고 생각하고 있다.

추방을 당하는 일도 없었다. 그리스인과 로마인만이 그 후의 서양의 역사에 대해서 깊은 영향을 준 민족이다. 그러나 오늘의 그리스나 이태리에 사는 사람들은 고대 헬라스(그리스인)나 로마의 사람들과는 같지 않다.

이렇게 보면 유대인이 존속해 온 역사 속에는 다른 민족의 역사와 다른 점이 세 가지 있다. 그들은 4000년 동안 끊기지 않고 계속 살아온 역사를 가지고 있다. 인간의 지성知性과 정신의 힘을 보이는 존재로서 살아왔다. 그들은 자신들의 국가를 가지지 못하고도 그 3000년을 살았지만 이질문화 속에 있을망정 그들 자신의 민족적 특성을 잃지 않고 있다. 그들은 자기들의 언어로 그 사상을 표현했을 뿐만 아니라 세계의 주요한 언어의 거의 전부를 가지고 그렇게 해왔다.

인간의 사상의 온갖 분야에서 어느 정도 유대인이 저술을 해왔는가 하는 것은 일반적으로 그리 알려져 있지 않다. 그러나 이 이유를 찾아내는 것은 그리 어렵지 않다. 프랑스인이나 독일인이나 영국인이 쓴 문학이나 과학서를 읽으려면 프랑스어나 독일어나 영어를 알면 된다. 그러나 유대인이 쓴 문학이나 과학의 저작을 읽으려면 히브리어나 이딧쉬어(12세기 라인계곡의 유대인 사이에서 독일어와 히브리어 알파벳을 결합함으로써 생겼다, 세월이 흐름에 따라 독일어에도 변화가 일어나 히브리어가 붙여져 독자의 언어로서 발전했다-역주)는 물론이었거니와 그것만으로도 안 되며 아람어도, 아랍어도, 라틴어도, 그리스어도 또한 근대 유럽의 모든 말을 알지 않으면 안 된다고 해도 지나치지 않을 것이다.

우리가 알고 있는 온갖 문명은 문물에 그 역사의 흔적을 남기고 갔다. 우리는 고고학자考古學者가 파내는 비명碑銘이나 유적에서 그들의 일을 안다. 그러나 고대 유대인에 관해서는 그들의 사상과 그 사상이 다른 민족이나 문명에 준 영향을 아는 것으로 그들의 일을 안다. 유대인에게는 전쟁을 기념하는 비명이나 지난날의 화려함을 얘기해 주는 유적이 거의 없다. 여기서 불가사의한 것은 그 존재의 기록으로서 기념비만을 남긴 사람들은 세월과 함께 사라져 버렸지만 사상을 남긴 유대인은 살아 남았다고 하는 사실이다.

세계사는 여섯 번에 걸쳐 유대인에게 도전장을 던졌다. 그 하나하나가 그들의 존속을 위협하는 것이었다. 유대인은 그 때마다 도전을 받아들여 다시 새로운 도전을 받을 때까지 참고 살아남았다.

먼저 이교異教의 세계가 유대인의 존속을 위협하는 최초의 도전이었다. 이 때의 유대인은 소수의 유목민에 지나지 않았으며 바빌로니아, 앗시리아, 페니키아, 이집트, 페르시아 등의 강대한 민족 사이에 있으면서 연극으로 말하자면 이를테면 하찮은 조연배우와 같은 존재였다. 이 1700년간을 이들 강대국이 서로 충돌하고 멸망시키고 한 그 세월을 그들은 도대체 어떻게 해서 살아 남았는가. 이 동안에 유대인도 소멸해 버리지 않나 하는 경우도 있었다. 그러한 그들을 구원한 것은 위험에 조우할 때마다 그 위험에 대해서 그들이 보인 사상이었다. 유대인은 1700년에 걸친 유랑과 노예와 살육과 추방을 참고 견디어 내어 고향으로 돌아왔다.

그러나 그들이 돌아오자마자 이번에는 그리스・로마시대의 역사를 살아가게 되었다. 이것이 그들에게 던져진 제 2의 도전장이었다. 그리하여 유대인이 그것과의 싸움에서 살아남았다고 하는 것은 그것만으로도 기적적이었다고 할 수 있다. 헬레니즘의 위대한 마술의 시대에는 그리스와 접촉한 모든 것이 그리스화化되었다. 후에 그리스를 정복한 로마의 군대, 법률, 정부-그것들은 널리 문명세계에 지워지지 않는 각인刻印을 남겨 놓았다. 그러나 로마의 군대가 패하자 그 문화도 붕괴하여 죽어버렸다. 처음에는 그리스에 그 다음에는 로마에 정복되었던 나라들도 사라져버렸다. 새로운 나라들이 군대의 힘을 빌어 그리스와 로마와 교체했다. 그러나 유대인들은 남았다. 군대의 힘에 의해서가 아니라 그들은 사상에 결합되어 그 힘에 의해서 살아 남았다.

제 3의 도전은 역사상에서도 그 예를 볼 수 없는 독특한 현상現象속에 나타났다. 두 개의 유대주의가 형성되어 있었다. 하나는 팔레스타인의 그것이며, 또 하나는 '디아스포라'에서의 그것이었다. '디아스포라'란 그리스어로 '이산離散', '흩어진다'는 뜻으로 팔레스타인을 나와 이교도 세계에 흩어져서 사는 유대인을 말한다. 유대인은 기원전 6세기에 바빌로니아인에 의해 예루살렘에서 추방당했을 때부터 기원 19세기의 '게토'로부터의 해방에 이르기까지 몇 개의 적은 그룹으로 나눠져 광대한 지역에 걸쳐 흩어져서 살았다. 어떻게 하여 유대인은 그들을 둘러싸는 이질異質의 민족에 동화되지도 않고 흡수되지도 않고 견뎌낼 수 있었을까.

유대인은 종교전 법전法典, 즉 《탈무드》를 만들어 냄으로써 견뎌낼 수 있었다. 《탈무드》가 유대인을 단결시키는 힘이 되었고 정신의 초점이 되었던 것이다. 이것을 유대인의 '탈무드시대'라고 하는데 그 약 1500년 동안 탈무드가 눈에 보이지 않는 통치자로서 유대인을 통치했던 것이다.

유대주의는 7세기에 또 하나의 종교를 낳았다. 마호메트가 시작한 이슬람교이다. 그리고 이것이 제 4의 도전장이 되었던 것이다. 100년도 되지 않는 사이에 마호메트제국은 서양문명에 도전할 만큼 강해졌다. 그러나 이슬람교도는 그리스도교를 심히 미워하고 있었던 까닭에 유대인은 이슬람교권 내에서 살아남을 수 있었을 뿐만 아니라 문학, 과학, 그 밖의 지적 분야에서 그들의 역사에 있어서의 하나의 정점을 쌓을 수까지 있었다. 이 시대의 유대인은 정치가, 철학자, 의사, 과학자, 상인, 국제자본가가 되었다. 아랍어가 그들의 모국어였다. 그 시대에는 사랑에 빠진 유대인마저 있어 그들은 종교나 철학뿐만이 아니라 열광적인 사랑에 관해서도 이야기했다. 700년이 지나가자 그 진자振子가 흔들리기 시작했다. 이슬람세계가 붕괴하고, 그것과 더불어 이슬람세계의 유대인의 문화도 와해瓦解되었다.

제 5의 도전은 중세였다. 이 세계는 유대에게 있어서도 그리스도교에게 있어서도 암흑이었다. 그것은 유대인에게 있어서는 1200년 동안의 사멸死滅

에 대한 저항의 싸움이었다. 그리스도교(십자가)의 이름에 패배를 당한 비그리스도교 나라들은 모두 그리스도교로 개종했다. 유대인만이 개종을 하지 않았다. 그래도 유대인은 여전히 이 1200년에 걸친 암흑시대를 정신적으로도 문화적으로도 살아 남았다. 위인偉人들이 남겨 놓고 간 사상은 시련에 견디어 옳았다는 것이 판명되었다. 게토의 벽이 허물어지고 나서 유대인이 서구문명의 날실과 씨실의 일부가 되는 데에는 한 세대밖에 걸리지 않았다. 게토가 말끔히 사라지지 않고 아직도 그들을 드리우고 있었던 한 세대 사이에 그들은 국무총리가 되고 사업가가 되고, 군인이 되고 더욱이 유럽의 사상을 재형성하는 역할을 다했다. 지적전위知的前衛의 선구자가 된 것이었다.

제 6의 도전은 근대近代 그 자체이다. 19세기와 20세기에서의 내셔널리즘, 산업주의, 공산주의 그리고 파시즘의 출현은 반유대주의자라고 하는 선구정신의 새로운 악성의 질병에 합쳐진 것으로 유대인에 대해서는 특이한 도전을 뜻하는 것이어야 했다. 새로운 회답이 적절한 것인지 아닌지는 아직도 알 수 없다.

이처럼 유대인의 역사는 하나의 문명에서가 아니라 6개의 문명 속에서 전개되었다. 이것은 많은 역사학파의 견해와 모순된다. 그들은 그러한 것은 있을 수 없는, 문명은 한 사람의 인간과 같이 일회만의 생生을 가지며 보통 그 수명은 500년, 길어도 1000년을 넘는 일이 없다고 주장한다. 그러나 우리들이 보아온 것처럼 유대인은 400년이나 존속했으며, 6개의 다른 문명에서 여섯 개의 문화를 가졌다. 그리고 아마도 일곱 번째의 문화를 가지게 될 것이다. 이 사실과 역사학자가 주장하는 이론과의 모순은 어떻게 해결하면 좋을까.

역사를 생각하는데는 제각기 다른 관점이 다른 8개의 기본적인 방법이 있다. 일반적으로 말해서 역사가는 자기의 마음에 든 역사의 '얼굴'을 선택하고 그렇게 함으로써 그가 최선이라고 생각하는 관점을 강조한다. 나는 단 하나

'비역사적인' 혹은 '헨리 포드적인' 역사관을 제외하고서는 온갖 방각方角으로부터 역사를 보려고 한다. '역사란 그럴듯한 거짓말이다' 알고 싶은 것이 있으면 대학교수를 고용하면 된다고 공언한 것은 포드였다. 이 입장은 모든 사건은 서로 아무 관련도 없는 사건으로 역사는 일시日時, 연대나 이름이나 전역戰役의 혼합에 지나지 않으며, 거기서는 아무 것도 배울 것이 없다고 하는 태도이다.

역사를 보는 제 2의 방법은 '정치학적 해석政治學的 解釋'의 입장이라고 할 수 있다. 그것에 의하면 역사는 왕조王朝와 법法과 전쟁의 추이로서 생각한다. 왕이 강했던가 약했던가, 전쟁이 이겼던가 졌던가, 법이 좋았던가 나빴던가. 모든 사건이 A에서 Z까지, 기원전 2000년에서 기원 2000년까지 정연한 순서를 따라서 진술된다. 보통 이것이 학교에서 배우는 역사이다.

제 3의 역사의 얼굴은 '지리학적地理學的'인 것이다. 이 방법에 따르면 풍토風土가 민족의 성격형성의 결정인決定因이 된다는 것이다. 처음에 이 생각을 품은 것은 그리스인이었다. 오늘날에도 아직 인간의 사회적 관습을 설명하기 위한 유일하고 과학적인 방법은 지형이나 토양土壤, 기후 등의 물리적인 환경조건을 연구하는 일이라고 주장하는 사람들이 많다. 이 방법을 유대인에게 적용한다는 것은 매우 어렵다. 그들은 아마도 우리가 생각할 수 있는 한의 온갖 다양한 기후조건 속에서 살아왔지만 그럼에도 불구하고 아직도 공통의 민족성과 문화를 유지해 오고 있다. 그 사실은 오늘의 이스라엘을 보면 알 수 있다. 거기서는 아랍, 북아프리카, 유럽, 미국 등을 버리고, 세계에서 모여든 유대인들이 아주 짧은 사이에 하나의 국민으로서 융합해 버렸다. 그러나 지리적 요건이 많은 유대인의 성격이나 행동 형식을 변질시켰거나 부분적으로 바꿔 놓았다고 하는 것은 부정할 수 없다.

제 4의 역사해석의 방법은 '경제적인' 것이다. 이것은 마르크스 학파의 방법이다. 역사는 생산양식에 의해서 결정된다는 입장이다. 마르크스주의자는 봉건제도의 경제가 자본주의 경제로 이행移行하고 있다고 한다면 이 새로운 생산양식은 새로운 경제생활을 정당화하고 신성화神聖化하고 제도화하기 위해서 사회제도, 종교, 윤리, 도덕, 가치관을 바꿔 놓을 것이라고 말한다. 이와 똑같이 자본주의 사회가 공산주의 사회로 변혁되면 그 사회는 새로운 생활양식이 일상행동의 일부가 되기까지 또한 그 새로운 생활양식에 적응시키기 위해서 그 문화적·사회적 제도를 변혁해 간다는 것이 된다.

제 5의 방법은 역사의 경제학적 방법보다 한층 새롭다. 그것은 20세기 초엽에 지그문트 프로이트 교수에 의해서 제창된 방법으로서 그것에 의하면 사회제도와 인간의 역사는 잠재적 방항심潛在的 反抗心을 억압하는 작용의 결과라고 하는 것이 된다. 정신분석학精神分析學) 역사학자에 따르면 우리들은 우리들의 잠재의식 속에 잠겨있는 방일放逸한 성性의 만족, 살인, 근친상간近親相姦, 사디즘(sadism), 폭력 등의 욕망을 떨쳐 버림으로써 비로소 문명을 갖게 된다고 한다. 인간은 충동衝動을 지배하고 나서 비로소 그 에너지를 창조적·문명적으로 사용할 수 있다. 정신분석학적 역사학자는 인간의 어떠한 충동을 억압하는가, 얼마나 엄격하게 억압하는가, 어떠한 방법으로 억압하는가하는 이것들이 그 인간들의 문화를, 예술형식을 결정한다고 말한다.

제 6의 역사의 얼굴은 철학적哲學的인 그것이다. 그 방법에서 가장 유명한 세 사람을 말한다면 독일인의 철학자 게오르그 윌헬름 프리드리히 헤겔, 프로샤의 철학자이며 독일인의 철학자 게오르그 윌헬름 프리드리히 헤겔, 프로샤의 철학자이며 역사가인 오스왈드 쉬펭글러, 영국의 역사 학자 아놀드 토인비이다. 역사를 철학적으로 해석하려고 하는 이 세 사람의 입장은 제각기 매우 다르지만 그래도 이 세 사람은 다음의 점에서 일치하고 있다.

그들은 역사를 개개의 관계없는 고립된 사건의 점성으로 보지 않고 하나의 연속성이 있는 사건의 흐름으로 본다는 것이다. 그리고 문명은 다소간에 예측 가능한 형型을 따른다는 것이다. 그들은 제각기의 문명을 생물과 같이 생각하고 그것은 인간과 꼭 같이 영아기嬰兒期, 유아기, 청년기, 장년기, 노년기를 거쳐 드디어 죽음을 맞이한다고 한다. 문명의 수명은 그 문명이 의거하고 있는 사상과 이상에 의해서 결정된다고 그들은 말한다.

역사를 철학적으로 해석하는 입장의 역사가는 온갖 문명에 공통된 요소를 발견한다는 목적을 가지고 문명에 내포되어 있는 사상이나 이상 등 영향력을 갖는 요소를 찾아내려고 하는 것이다.

쉬펭글러에 따르면 문명은 죽음을 벗어날 수 없다. 문명은 그 기원의 초기의 봄을 거쳐 위대한 육체의 발달을 이루는 여름에 들어간다. 그리고 훌륭한 지성의 높이에 도달하는 가을을 맞이하고 나서 쇠미衰微의 겨울에 들어가고는 드디어 죽어버린다. 1918년 영국의 위신이 그 절정에 머무르고, 러시아와 중국이 5류의 세력에 지나지 않았던 즈음에 쉬펭글러는 그의 저서 ≪서양의 몰락西洋의 沒落≫에서 서구문명은 이미 겨울을 맞이하고 있으며 23세기까지에는 죽어버릴 것이다. 그리고 그 발달의 단계가 마침 봄이 되는 슬래브문명(러시아) 혹은 중국 문명에 의해서 대치될 것이라고 썼다. 이것은 문명에는 처음과 중간과 종말이 있다고 하는 입장으로 역사를 보기 때문에 역사의 주기설歷史의 周期說로서 알려져 있다.

이 주기설에 대해서 ≪역사의 연구≫에서 볼 수 있는 바와 같은 토인비의 '선적線的' 개념이 있다. 토인비는 문명은 하나의 독립적인 총체總體가 아니라 낮은 형태에서 높은 형태로 추이推移해 가는 것이며 진화해 가는 것이라고 생각한다. 따라서 그의 의견으로는 이를테면 이슬람문명은 보다 낮은 이란문화와 아랍문화에 기원을 두고 있으며, 또한 이란문화와 아랍문화는 그가 '시리악 사회(Syriac Society)'라고 부른 것에 의해서 생겼다는 것이 된다. 그러므로 토인비는 이슬람문명은 반듯이 죽지 않아도 되었을뻔 했다는 것이다. 13세기, 14세기에 그들에게 던져졌던 도전에 대해서 적절히 응했더라면 한층 고도의 문화로 진화할 수 있었을 것이다. 토인비의 철학에 따르면,

새로운 도전에 옳게 대응할 수 있으면 문명은 영원히 존속할 수 있다는 것이 된다.

유대인의 역사는 쉬펭글러의 방법에 의해서도 토인비의 방법에 의해서도 설명할 수 없었다. 거기서 쉬펭글러는 유대인을 무시하였고, 토인비는 유대인은 역사의 화석化石이라고 말하며 간혹 각주脚註에서 다루는 것으로 그쳤다. 그러나 쉬펭글러도 토인비도 유대인의 역사에 관해서 그처럼의 편견과 오류에 사로잡히지 않았더라면 그들의 사고의 구조 속에서 유대인의 역사를 충분히 다룰 수 있었을 것이다. 본서에서는 그들의 이론을 사용하여 언뜻 보기에 '있을 수 없는' 것처럼 보이는 유대인의 존속을 설명해 보고자 한다.

'위인偉人設'이라고 부르는 것이 역사의 제 7의 얼굴이다. 이 방법을 믿는 사람들은 위인들의 다이나믹한 힘이 자극이 되어 사건이 생긴다고 한다. 그들에 따르면 만일에 워싱턴이 없었다면 미국 혁명은 일어나지 않았을 것이라는 것이다. 로베스피엘이 없었더라면 프랑스혁명도 없었을 것이다. 레닌이 없었더라면 러시아혁명도 일어나지 않았을 것이다. 그들은 인간이 사건을 일으킨다고 주장하는데 이것은 사건이 인간을 만든다고 하는 경제학적인 역사해석과 정면으로 대립한다.

역사의 제 8의 얼굴은 신학적神學的인 것인데 이것은 가장 오래고도 또한 가장 새로운 개념이다. 과거에서는 성서가 이 타입의 가장 좋은 예이다. 이 역사관은 사건을 선善과 악惡의 싸움, 도덕과 부도덕의 싸움으로 본다. 최근까지 유대인의 역사는 대체로 그러한 관점에서 씌어졌다.

근대에 와서 종교적 관점에서 역사를 쓴다는 것은 인기가 없어졌다. 그러나 '실존주의 신학자'라고 불리는 새로운 사상가들에 의해서 이 방법은 되살아났다. 로마 가톨릭교회의 쟈크 마리땡, 러시아 정교正教 가톨릭교회의 니콜라이 베르쟈이에프, 프로테스탄트의폴 틸리히 그리고 유대인의 마틴 부버이다. 이들 실존주의적 신학자들은 요컨대 신이 역사의 창조에 직접 개입하는 일은 없다고 하더라도 적어도 인간이 인간과 신 사이에 존재한다고 생각하는 그 관계가 역사를 만든다고 생각한다. 오늘날 우리들은 '과학적 사실'만이 가치가 있다고 하는 사고에 지나치게 사로잡혀 있다. '비과학적인' 증명 불가능한 사상을 품고 있는 사람들이 합리적인 사실이 결정하는 것보다 훨씬 역사를 결정하는 것이 있을지도 모른다는 사실을 잊기 쉽다.

특히 유대인에 관해서 그렇게 말할 수 있다. 마틴 부버는 유대인의 역사를 줄곧 흐르고 있는 중심적 테마는 유대인과 그 신 여호와*2)의 관계라고 말하고 있다. 유대주의의 종교적 역사관에서 말하자면 신은 인간의 행동에 자유를 주었다. 유대주의 실존주의자에 따르면 인간은 신을 의지할 수도 있고 신을 배반할 수도 있다. 신을 위해서 행동할 수도 있고 신에 거슬려서 행동할 수도 있다. 신과 인간의 사이에 일어나는 일, 이것이 역사이다. 유대인의 사고에 따르면 이를테면 사업에 성공하더라도 그것을 신의 덕택이라고는 하지 않는다. 한 인간이 권력을 장악했다고 하더라도 그것은 신이 도왔기 때문이 아니라 그 사람이 파렴치한破廉恥漢이었기 때문이다. 즉 그것이 성공이든 실패든 인간은 스스로의 행동에 대해서 책임을 짊어진다고 신은 주장할 수 있다.

이 인간과 신과의 관계야말로 4000년 전에 사상의 대분열을 낳고, 이교도의 세계로부터 유대인을 떼어버리는 결과를 초래했다. 다신교多神敎의 세계에서는 신의 관념이 사람들을 속박했다. 인간과 신과의 관계에 관한 유대인의 개념은 자유로운 행동으로 유대인을 해방시켰다. 서구인의 이 종교적 자유의 관념에 눈뜬 것은 실로 마틴 루터가 교황제도를 거부하여 신과 인간과의 관계를 유대인의 그것과 비슷한 것으로 변혁한 종교개혁이 일어난 후의 일이다. 그때 루터는 이제야말로 유대교와 그리스도교 사이의 현격히 사

---

2) 신 여호와—원문에서는 Jehova이다. 여호와라는 말은 JHWH(야훼)란 말의 음독이 잘못된 데서 생긴 것 같다고 한다. 이 점에 관해서는 뒤에 나오는 원주를 참조하기 바란다.

라졌다고 믿고 유대인에게 신교도로 개종하기를 권했다.1) 이러한 사건 속에는 '구체적인 사실'이라고 불리울만 한 것은 하나도 없다. 다만 인간이 '비과학적인 사상'을 품고 있었을 뿐이었다. 그렇다고 하더라도 그러한 증명 불가능한 사상이 세계의 역사에 있어서 얼마나 중대한 역할을 다하였는가 하는 것은 명백하다.

여기서 원圓은 완결된다. 먼저 인간은 역사의 창조자로서 신을 생각했다. 그리고 그 전에 여러 가지 설명을 생각했다. 역사를 의미 없는 사건의 연속이라고 보는 무질서한 입장, 일정한 목적을 갖는 사건의 연속이라고 보는 철학적 입장, 생산양식이 결정적인 힘이라고 생각하는 경제학적 입장, 잠재적 욕구를 중요시하는 심리학적 입장, 인간이 그 역사적 운명을 만들어 낸다고 하는 생각을 따르는 '위인' 이론 그리고 드디어 다시 신이 힘을 쥔다고 하는 사상으로 회귀한다.

이 책에서는 신학적 논쟁의 장·단점은 검토하지 않고 온갖 관점에서 유대인의 역사를 보기로 한다. 인간은 언제나 그 과학적 진위眞僞는 고사하고, '비과학적 개념'이라고 하는 것을 믿어왔고, 그러한 사상은 종종 그들의 운명을 결정한 확실한 사실이다. 나는 심리학적 입장, 철학적 입장, 실존주의적 입장의 각 역사가들과 똑같이 사상이 인간을 움직이며, 그러한 사상이 역사를 만든다고 생각한다. 사상이 없는 사회는 역사를 갖지 못한다. 그것은 다만 있을 뿐이다.

원주

1) 신으로부터 자유로운 인간, 그리하여 인간의 자기 책임이라는 것의 의미에 관해서 흥미를 가지는 독자는 에릭 프롬의 《자유로부터의 도피》를 참조하기 바란다.

Ⅰ. 휴대용의 신(神)

―이교의 시대, 히브리인이라고 불린 한 패의 유목민(遊牧民)이 역사에 등장했다. 그들은 일신교를 '발명하여' 왕국을 세우고, 패배하여도 죽어 없어지지 않고 오히려 정복자들이 망한 후까지도 살아 남았다. 그런데 그러한 그들이 드디어 그리스인과 정면 충돌하게 되었다.

이교시대(異敎時代)

기원전 2000년~기원전

일 반 사	연 대	유 대 사
수사와 키슈의 문명, 이집트 왕조 이전	4500 B. C	
슈메르문명	3600 B. C	
이집트초기고대왕조(初期古 代王朝)	3500	
사르곤조(朝)에 의한 슈메르와 아카드의 통일.	2800	
이집트 중왕국(中王國)시대.	2400	
		방랑(放浪)의 시대 기원전 2000년~기원전 1200년
함무라비, 바빌로니아(칼디아)제국(帝國)통일, 이집트 왕국 확대. 앗시리아의 흥륭, 힉소스의 이집트 침입.	2000~ 1200	아브라함과 사라, 칼디아(바빌로니아)의 우르를 떠남. 족장(族長)시대. 가나안에서의 방랑의 시대. 요셉 유대인을 이집트로 데리고 감. 그들은 파라오의 노예가 됨.
이집트에 위기, 반란과 내란.	1200~1100	모세 유대인을 이집트로부터 데려내옴. 시나이사막에서의 방랑. 유대인 팔레스타인의 가나안을 정복.
		독립의 시대. 기원전 1200년~기원전 900년
디글랏비레셀 1세. 앗시리아 제국을 확장	1100~1000	사사(士師) 시대.
시리아 및 페니키아의 흥륭	1000~900	사울, 유대인의 최초의 왕이 됨. 다윗 왕의 통치
이집트의 격변. 외국왕조의 통치	900~800	솔로몬 왕의 통치. 팔레스타인. 유다왕국과 이스라엘 왕국의 분열. 앗시리아와 바빌로니아의 지배.
		기원전 800년 기원전 500년.
디글랏빌레셀 3세. 앗시리아 왕이 되다. 다마 스코스 및 이스라엘 왕국의 수도 사마리아를 점령	800-700	이스라엘 왕국, 앗시리아에 정복당함. 사람들은 포로가 되고 흩어짐. 이스라엘인의 멸망.

앗시리아 제국의 붕괴. 신 바빌로니아 왕국에 의한 정복.	700~600	유다 왕국의 요시야왕 '율법'의 부활
바빌로니아왕 느브갓네살 유대왕국을 침략	600~500	유다 왕국의 붕괴. 유대인은 바빌로니아에의 포로로 연행됨.
(기원전 6세기는 셈족의 제국과 문화의 종언을 예고하는 시대였다. 이때부터 인도, 유럽 문명의 시대가 시작되었다.)		
페르샤왕 쿠로스, 바빌로니아를 격파 페르시아제국을 건설	500~400	유대인, 바빌로니아에서 팔레스타인으로틴으로 첫 번째 귀환. '성전'의 재건
페르시아제왕 캄비세스 이집트 격파	400~334	유대인, 에즈라에 인솔되어, 바빌로니아에서 두 번째 귀환.
그리스의 알렉산더 대왕, 그라니코스에서 페르샤인을 격파. 중동의 지배자가 됨. 팔레스타인을 병합	334~322	유대인은 그리스의 영향하에 들어감 서양과의 최초의 접촉, 그리스, 로마 시대의 시작.

1. 커다란 환영(幻影)

유대인은 훨씬 늦게 별로 눈에 띄지 않게 역사에 등장했다. 그러므로 그들은 석기시대石器時代나 청동靑銅시대를 살지 않았다. 물론 철기鐵器시대에도 없었다. 처음 800년간 그들은 주변의 위대한 문명에서 문명으로 떠돌아 다녔다. 건물도 도시도 군대도 가지지 않았으며 실제 무기도 가진 일이 없었다. 그들이 가진 것은 사상思想뿐이었는데 그 사상이 마침내 전 세계에 퍼져갔다. 그러나 그들 자신이 군림君臨한 일은 없었다.

유대인의 역사는 지금으로부터 4000년 전 아브라함이라고 하는 사람이 여호와라고 불린 신을 만난 데서 시작된다. 유대인과 신과의 대화가 이때 시작되었다. 그 이후 줄곧 계속되고 있는 대화가 유대인의 역사이다. 세계는 그 대화에 흥미를 품고 늘 옆에서 몰래 엿들어 왔다.

이교의 시대에는 유대인은 이집트인에서 앗시리아인의 손에, 또 앗시리아인에서 바빌로니아인에게 그리고 페르샤인에게, 그리스인에게, 로마인에게 차례로 마치 첩(妾)처럼 돌려가며 차지를 당했다. 그것을 말하기 전에 그들이 역사에 등장하기 이전의 역사를 간단히 살펴보기로 하자.

먼저 도시, 농경農耕, 력曆, 무기의 개량, 군대, 조세租稅 등 전형적인 특질을 갖추어 문명의 처음의 징조를 보이기 시작한 것은 기원전 4500년경이다. 그때 동시에 두 개의 문명이 탄생했다. 둘 다 셈인종의 문명으로 하나는 팔레스타인의 동북東北의 방각方角, 또 하나는 남서南西의 방각에 있었다. 하나는 메소포타미아 문명 또 하나가 이집트 문명이다. 이 두 문명이 서로 상대의 존재를 알게 되기까지는 2500년의 세월이 흘렀다. 서로의 존재를 알고 나서는 전쟁의 연속으로 완충지대로서의 팔레스타인은 그것 때문에 참상을 겪었다.

현재의 지리至理로 말하자면 이란의 일부가 되는데 메소포타미아 문명은 도시 국가에서 시작했다. 훨씬 오랫동안 융성을 자랑한 것은 수사, 키슈 그리고 우르였다. 이러한 도시가 소재한 지역을 중심으로 최초의 제국帝國이 건설되었다. 메소포타미아의 중앙에서 선을 그으면 그들 제국의 위치를 잘 알 수 있다. 북쪽이 앗시리아가 되며 남쪽이 바빌로니아가 되었다. 그리고 이번에는 바빌로니아를 둘로 나눠 본다. 그러면 위쪽이 아카드 왕국이고 아래쪽이 슈메르이다. 이 두 개가 최초의 왕국문명王國文明이었다.

기원전 2000년대에 아카드에서 사르곤이라는 이름이 셈인의 왕이 나타나 슈메르인을 정복하여 슈메르·아카드 왕국을 건설했다. 이 왕국의 사람들은 생활수준도 높고 문화도 발달해 있었다. 그들은 또 훌륭한 도구를 가지고 있어서 그 덕택으로 그들의 경제는 농경경제에서 상업과 산업경제로 옮겨갔다. 그 도구란 설형문자楔形文字라고 불리는 문자로 이것은 이집트의 상형문자象形文字보다 훨씬 뛰어난 것이었다.

이 지역에 있었던 모든 도시 국가를 광대한 바빌로니아제국으로 통일한 것은 함무라비 왕이다. 함무라비는 이를테면 바빌로니아인에게 있어서는 모세라고 할 수 있는 왕으로 하늘로부터의 선물로서 법전(法典)을 받았다. 이것은 그 후 1000년을 지나 모세가 시나이 산에서 유대인들에게 율법을 준 것과 비슷하다.

이 2500년 동안, 즉 이러한 문명의 사람들이 도시를 건설하고 약탈로 부富를 축적하고 첩들의 육림肉林에 젖고, 법을 만들고 포도주를 마시고서는 세계정패世界征覇를 꿈꾸고 있었을 때 유대인이라고 하는 것은 존재하지도 않았다. 후에 기원전 2000년경이 되어서 셈족의 한 부족인 앗시리아인이 새로 나타났다. 그들은 정력적(精力的)이고, 가난하고 굶주려 있었다. 그리하여 바빌로니아의 일락적(逸樂的) 생활에 도전하기 시작했다. 그 즈음 데라라고 불리는 사람이 그 아들 아브라함(이때 이름은 아브람임)과 그의 처 사라, 그리고 손자 롯(아브라함의 조카)을 데리고 바빌로니아의 국제도시 우르를 떠났다.

데라, 아브라함, 사라, 롯 그들은 도대체 어떠한 자들이었던가? 역사적으로 아무 것도 알려져 있지 않다. ≪성서≫도 데라의 족보를 셈까지 거슬러 올라가는 이외에는 아무 것도 말하지 않는다. 셈은 노아의 세 아들 중의 하나였다. 데라는 바빌로니아인이었던가? 무슨 말을 사용하고 있었던가? 직업은? 그 당시 가장 세련되어 있던 도시에 살고 있었던 그가 양치기였을 리는 없다.

성서는 그러한 물음에 대해서 일체 대답하지 않는다. 다만 유프라테스강을 건넜다는 사실에 의해서 데라와 그 가족은 성서에서 비로소 '이브룸' 즉 '히브리인'이라고 불리게 되었다. '이브름'은 '건넌' 사람들, '강 저쪽에서 온' 사람들이라는 뜻이다.

데라와 그 가족은 여행을 계속하여 우르에서 북서(北西)로 960마일이나 간 곳에 있는 하란에 이르렀다. 하란은 현재로는 터키의 남부에 자리한다. 스스로의 의지로 우르를 떠났던 데라는 여기서 죽었다. 그리고 아브라함은 불가사의한 경험을 했다. 여기서 비로소 그는 신 '여호와'[1])를 만났다. 이 만

1) ≪구약성서≫에서는 신을 세 가지 말로 표시하고 있다. 하나는 '엘로힘(Elohim)' 이것은 '신(God)'으로 번역된다. 둘째는 'JHVH'로 이것은 '주(Lord)'라고 번역된다. 셋째는 'JHVH 엘로힘' 즉 '주이신 신(Lord God)'이다. ≪성서≫에서는 'JHVH'가 7000번이나 나오지만 정통파의 유대인은 결코 이것을 발음하지 않는다. 이 말이 나오면 아도나이(Adonai)라고 발음하는데 이것은 '나의 신'이라는 뜻이다. 거기서 'YHVH'의 역은 주가 된다. 기원전 2세기에는 이미 신의 이름을 입에 담는 것이 금지되어 있었고, 히브리어의 모음 기호는 훨씬 수세기 후에까지 발명되어 있지 않았으므로 그 옛날에 도대체 신의 이름이 어떻게 발음되었던가 하는 것은 누구도 알 수 없다. 순수주의자들은 결코 그 발음을 기원까지 거슬러 올라가서 재현해 보려고 하지 않는다. 다만 'JHVH' 또는 'YHVH'라고 쓸 뿐이다. 히브리어에서는 J는 Y처럼 발음한다. 'Jahveh', 'Yahveh'라고 표기하는 학자도 있다. 가장 일반적인 표기는 아직도 'Jehovah(여호와)'이다.

남은 후에 바울이 다마스코스로 향하는 도상에서 그리스도의 환상(幻像)을 본 것과 비슷하다. 바울의 경험이 그리스도교도에게 있어서 중요한 징표였던 것과 똑같이 아브라함의 그것도 유대인에게 있어서는 중요한 징표였던 것과 똑같이 아브라함의 그것도 유대인에게 있어서는 극히 깊은 뜻을 지녔다.

아브라함과 신과의 만남에서 신편에서 족장(族長) 아브라함에게 '계약'을 제시하고 있다. 아브라함은 그때 75세, 만일 아브라함이 신의 계율을 지킨다면 신은 그 대신 아브라함의 자손을 신의 선민(選民)으로 삼아 비호한다는 것이었다. 여기서 추리하고 싶은 것은 신은 그들이 보다 뛰어난 인간이 된다고는 말하고 있지 않다는 사실이다. 다만 그들은 다른 사람과는 다른 존재로서 살 것이라고 하는 것뿐이다. 어찌하여 이러한 정황이 생겼는지는 밝혀져 있지 않다. 여기서 신은 하나의 계율을 정하고 하나의 약속을 하고 있다. 그 하나의 계율이란 그가 택한 백성의 남자는 모두 출생일로부터 8일째에, 도 개종한 자는 개종할 때 반듯이 할례(割禮)를 받아야만 한다는 것이다. 그리고 가나안 땅이 약속되었다.

이것은 정말 일어났던 일일까? 성서의 일언일구(一言一句)를 전부 문자 그대로 믿는 입장에서부터 전부를 부정하는 입장까지의 견해는 실로 다양하다. 나는 정말 있었던 일이라고 생각하지만 그것은 문자 그대로를 전부 믿는 입장과는 약간 다르다. 아브라함과 신의 만남을 근대 정신분석의 렌즈를 통해서 바라보면 근대인에게도 이해가 가는 현상(現象)으로서 보일 것이라고 생각한다.

정신분석의(精神分析醫)는 '투사작용(投射作用)'이라는 심리현상을 다룬다. 한 개인이 어떠한 생각에 사로잡혀 있으나 그는 그것을 인정하려고 하지 않는다. 이유는 그것이 너무도 괴롭거나 혹은 금지되고 있다는 생각에서이다. 그러나 그는 그 생각을 내버릴 수도 없다. 그는 그 사상을 바라지만 그것을 자기 자신의 것이라고 말하고 싶지 않다. 잠재의식은 바라고 있지만 의식적인 수준에서는 그것을 바라고 있지 않다. 거기서 그의 정신은 무의식의 '책략(策略)'에 의지하게 된다. 그는 자기의 생각을 다른 사람에게 '투사'한다. 그리고 그 생각을 그에게 가르치거나 덮어씌운 것은 그 다른 사람이라고 생각하게 된다. 들리지도 않는 소리가 들리거나 있지도 않은 것이 보임으로써 그처럼 자신에게서 투사된 것이 보이거나 들리기도 하는 것을 환시(幻視)나 환청(幻聽)이라고 한다.

그러나 환각(幻覺)을 경험하는 사람들이 반듯이 신경을 앓고 있거나 정신병자인 것만은 아니다. 그들은 정열적인 사람들이나 계시를 받은 사람들일 수도 있다. 그러므로 정신분석학적으로 말하면 여호와라고 하는 '전능(全能)의 부(父)'적 존재와의 계약이라는 생각을 품은 것은 아브라함 개인이었을 수도 있다. 그는 거기서 미래 세대의 사람들로부터 그의 자손들을 지키기 위해서 그 자신의 원망(願望)을 이 부친적(父親的)존재 위에 투사했을 수도 있다.

역사적 관점에서 말하자면 아브라함이 상상상(想像上)의 신 여호와에게 자신의 경험을 투사했던가, 아니면 참으로 여호와가 아브라함에게 제안을 했든 그것은 어느 쪽이라도 상관이 없다. 아무튼 그로부터 4000년이 된 오늘날에도 아직 유대인과 여호와의 사이에 계약이 있다고 하는 사상은 살아 있어서 세계의 모든 회당(시나고그)에서, 기도 속에서 그 사상이 매일 되풀이해서 얘기되고 있다는 사실에는 변함이 없기 때문이다. 4000년을 지나는 동안에 유대인도 유대주의도 변화했으나 신과의 계약이라는 이 사상만은 늘 유대인으로서 '살아가는 의지'를 키우고 그 의지야말로 유대주의의 원동력이 되어 왔다. 그 계약이라는 관념을 빼어버리면 유대주의도 유대인도 존재하지 않는다. 내적 충동이 사라져 유대인이 유대인이라고 하는 '주체성(identity)'을 버려도 된다고 여겨지게 된다면 그가 동화(同化)되는 것을 막는 것은 아무 것도 없게 된다. 유대인이 없어지는 것을 결정적으로 막는 것은 아무 것도 없다. 시대의 흐름에 따라서 그 사상을 유지하는 방법도 변한다. 하지만 그 목적은 변하지 않는다. 유대인의 역사란 이 목적을 어떻게 관철해 가는가하는 것에 관련되는 사상의 역사라고 할 수 있다.

'야곱아, 너의 천막이 아름답다. 이스라엘아, 너의 집이 아름답다'고 ≪민수기≫에서 한 이교도의 중이 환희의 소리를 지른다. 무론 이것은 시저인 표현이다. 왜냐하면 유목민(遊牧民)의 생활은 예술이나 문화를 낳지 않기 때문이다. 400년 동안 아브라함과 그 자손은 가나안 땅을 유목민으로 떠돌아다녔다. 자신의 나라를 가지지 못하고, 일정한 정부도 갖지 못한 채로, 그들은 할례의 의식을 행하고 이웃 민족들에게서 존경을 받는 일도 하지 않았지만 또한 매우 기묘한 민족, 눈에 보이지도 않는 신을 믿는 좀 광적인 민족이라고 생각되는 일도 흔히 있었다.

다른 신들에의 신앙을 금하는 계율을 담은 '모세의 십계'는 비로소 이 유목시대로부터 400년이 지나 주어졌던 것이었다. '창세기'를 읽어보면 족장의 시대에는 아직 우상(偶像)이 일상적인 비품(備品)이었던 예가 수없이 씌어져 있다. 그러나 유대인들은 세 가지 사실에 의해서 처음의 그 4세기를 단결해서 살았다.

첫째는 아브라함의 사상(그에게 계시된 사상이라고 해도 좋다. 즉 유대인은 유일의 신을 믿는다고 하는 것.) 둘째는 할례의 의식, 셋째는 인간을 신에게 번제(燔祭)로 드리는 것을 금지한 일(이 사실은 '이사악의 번제'의 장에 감동적으로 씌어 있다).

유대인은 일단 일신교(一神敎)라는 사상을 받아들이자 그로부터 무의식속에서도 어떤 특이한 삶을 영위해 나가게 되었다. 처음에 그 변화는 거의 눈에 띄지 않을 만큼의 미묘한 것이었으나 점차로 뚜렷해져서 드디어 유대인과 다른 민족과의 상위(相違)가 점점 명료해졌다.

보이지 않는 신에게는 보이는 신과 다른 방식으로 대하지 않으면 아니 되었기 때문에 유대인은 이교들의 그것과는 뚜렷하게 다른 의식을 생각해 냈다. 신은 불사신(不死身)이었기 때문에 부활(復活)시킬 필요도 없었다. 이렇게 하여 유대인은 부활의 의식을 버렸다. 신은 한 분밖에 없으므로 신들 사이에 신화전쟁(神話戰爭)이 일어나는 일도 없다. 거기서 유대인은 이교도들이 가지고 있었던 신들의 계급제도와 싸움을 모조리 내버렸다. 신은 정신적인 존재이므로 성생활(性生活)에 빠지는 일도 없다. 거기서 유대인은 다산(多産)을 기도하는 의식을 내버리고 말았다.

성(性)에서 완전히 떠난 신이 유대인을 내면적인 기율에 의해서 방일한 충동을 억제하는 쪽으로 이끌었다. 그리스문명의 성과 유대인의 성이 걸어간 길을 비교해 보면 된다. 그리스의 신들은 스스로 방종한 욕망과 도착(倒錯)의 모범을 보임으로써 그것이 결국 사람들의 도덕을 취약하게 만들어 버렸다.

유대인은 그리스인과 접촉을 갖고 나서도 그리스적인 과잉한 성(性)을 계승하지 않았다. 그러나 유대인은 후의 그리스도 교회의 철저한 금욕주의도 믿지 않았다. 그들은 과잉한 성과 금욕 사이의 길을 택해 많은 자손을 낳으라고 하신 신의 명령을 충실히 따랐다. 이 명령을 너무 열심히 따른 나머지 상당히 자유롭게 늘어난 자가 있었다고 하더라도 그 기분을 알 수 있다. '여종'을 가장하고서 사실은 첩이었던 많은 이교도의 여성이 호색(好色)의 족장의 천막에 살고 있었다. 이 족장들은 오늘의 시대라면 노인연금으로 살 나이인데도 자손을 많이 '낳게'하고 있었다.

성서에 따르면 족장들은 누구나 100세 이상이 되기까지 산 것으로 되어 있는 것으로 보아 유목생활이란 족장들에게 쾌적했던 것 같다. 아브라함이 이삭을 낳고 이삭이 야곱을 낳고 야곱이 요셉을 합쳐 12명의 자식을 낳는 사이에 어느덧 유대인의 400년의 역사가 지나갔다. 그리하여 이집트의 동북(東北)에 있는 땅을 기근이 휩쓸고 굶주림에 허기진 사람들이 여기서 저기서 식량을 찾아 이집트의 방각(方角), 비옥한 나일강구의 삼각주를 향해서 이동하기 시작했다. 그 속에는 히브리인도 섞여있었다. 그들은 이집트인들에게서 따뜻한 환영을 받았다.

기근에 시달리는 히브리인을 가나안에서 이집트로 이주시킨 것은 요셉이었다. ≪창세기≫에는 요셉이 형들에 의해서 이집트의 노예로 팔리는 흥미로운 이야기가 그려져 있다. 이집트에서 요셉은 파라오(바로)의 마음에 들어 부왕(副王, 長官)이 되었다. 그리하여 파라오의 허락을 받아 형들과 히브리인을 이집트에 불러 살게 하였다. 거기서 그들은 양을 치고 평화롭게 살았으나 마침내 새 왕이 권력을 잡았다. 그 왕은 히브리인에게 호의를 가지지 않고 그들을 노예로 삼아버렸다. 성서를 제외하면 유대인의 기류(寄留)와 그것에 이은 이집트의 포수(捕囚)에 관해서 기록하고 있는 자료는 보이지 않지만 고고학자(考古學者)들의 피땀 흘린 발굴의 덕택에 이러한 사건들이 실제로 있었다고 하는 신빙성 있는 증거가 드러나고 있다.

유대인이 기원전 16세기에 요셉의 부름을 받아 이집트에 들어간 후 기원전 12세기에 모세에 의해서 다시 나오기까지의 400년의 일은 공백으로 아무 것도 알 수 없다. 성서는 이 불길한 400년의 일을 거의 두세 행의 문장으로 압축하고 있다. 이 침묵은 여러 가지 까다로운 문제를 낳는다. 유대인은 이 400년 동안의 몇 년을 자유인으로 살고, 몇 년을 노예로서 살았던가? 종교는 무엇이었던가? 언어는? 잡혼(雜婚)은 있었던가? 노예로서 어떻게 유대교를 지킬 수 있었던가? 모세가 나타날 때까지 누가 그들의 지도자였던가? 어느 누구도 답을 알지 못한다.

모든 유대인이 가나안을 떠나서 요셉과 함께 이집트로 갔던 것은 아니었다. 많은 유대인이 그대로 남아 기근을 견디고 살아 남아 신과의 계약을 지키려고 했었다. 그들도 역시 히브리인으로 알려져 그들의 동료가 이집트에서 노예가 되어 있었을 때에도 자유인으로서 살아갔다. 유대인의 이집트에서의 노예 생활은 과연 4000년 전의 아브라함에 대한 신의 예언이 실현된 것이었을까? 왜냐하면 ≪창세기≫ 15장 13~14절에는 '똑똑히 알아두어라. 네 자손이 남의 나라에 가서 그들의 종이 되어 얹혀 살며 사 백 년 동안 압제를 받을 것이다. 그러나 네 자손을 부리던 민족을 나는 심판하리라. 그런 다음 네 자손에게 많은 재물을 들려 거기서 나오게 하리라'하고 있다. 혹은 이 예언 자체가 모세가 그때 이스라엘인이라고 불리던 유대인을 데리고 이집트에서 가나안으로 가서 거기 남아 있던 히브리인과의 멋진 재회를 실현한 것을 해석하기 위해서 후에 첨가한 것일까?

어쨌든 히브리인이라 부르든 이스라엘인이라 부르든 유대인은 이집트에서 노예가 되어 있었다. 그의 자손에게 이 세계가 주어질 것이라는 아브라함의 커다란 환상은 어떻게 되어져 버렸던가. 그것은 한낮 망상(妄想)에 지나지 않았던가? 그렇지 않으면 그것은 정말 후에 가서 신의 소명을 받은 사람들이 계승해 가게 된다고 하는 그러한 예언이었을까?

2. 마지못해 떠맡은 예언자

요셉과 그 형들 그리고 또한 그 일족을 그렇게도 따뜻이 대우했던 이집트인들이란 어떠한 사람들이었을까? 다행히도 이 흥미로운 사람들과 그 고대의 문명에 관해서 알 수 있게 되었다. 역사학자들은 고대 이집트사를 30의 왕조(王朝)로 나눠 다시 그들 왕조를 시대별로 구분한다. 조기왕조(早期王朝)의 시대(기원전 4500~3500), 고왕국(高王國)시대(3500~2400), 중(中)왕국시대(2400~1600), 제국시대(新王國時大)(1600~1100).

조기왕국의 시대에 북과 남의 이집트 왕국이 통일되어 상형(象形)문자가 개발되고, 력(曆)이 발명되었으며 세계 최초로 글 쓰는 용지 파피루스가 제조되었다. 고왕국시대에는 필사예술(筆寫藝術)의 발달도 정점에 달하여 최초의 피라미드의 건조가 개시되었다. 이 시대는 항해(航海)의 시대이기도 하여 이집트는 해운국이었다. 중왕국시대는 이집트 문학의 고전기(古典期)이다. 새로운 건축, 새로운 예술양식이 생겨났다. 제국시대는 화려한 번영의 시대였으나 이집트는 그 국경을 넓히기 위해 팔레스타인, 더욱이 그 너머로까지 힘을 뻗치려고 앗시리아나 바빌로니아와의 세력 싸움을 시작하였다. 이 시대는 유대인에게 있어서도 극히 중요하다. 유대인이 이집트의 부왕 요셉에게 불려서 이집트에 간 것은 제국시대의 초기가 된다. 그리고 이집트의 왕자 모세에게 이끌려 그들이 이집트를 나온 것은 이 시대가 거의 끝나갈 무렵이었다.

왜 이집트인들은 유대인에 대해서 어느 시대에는 매우 친절했으며, 어느 시대에는 노예로서 학대했는가? 이 수수께끼에 관해서도 고고학자들이 답을 찾아준 것 같다. 기원전 16세기 초엽, 힉소스라고 불린 신원미상(身元未詳)의 아마도 셈족의 아시아계 부족이 이집트를 정복했다. 그들은 이집트의 통치자가 되어 새로운 왕조를 세우고 팔레스타인과의 접경에 아비리스라는 수도를 정했다. 기근에 시달린 유대인이나 그 밖의 사람들을 이집트로 불러들인 것은 힉소스의 파라오였던 것이다. 1세기 반이 지나자 역사의 조류가 바뀌었다. 이지브인은 힉소스를 타도하고 힉소스와 힉소스가 이집트로 불러들인 사람들은 노예로 삼았다.

≪성서≫에 따르면 새 왕 람세스 Ⅱ세는 아바리스를 새 수도로 재건했으나 그것을 람세스라고 개명했다. 작업은 힉소스를 위시하여 비이집트인의 대노예단에 의해 진행되었다. 유대인도 그 속에 섞여 있었던 것이 틀림없다. 역사학자들은 그 실제의 연대에 관해서는 아직도 확신을 갖지 못하고 있지만 아무튼 고고학자의 발굴에 의해서 성서의 서술은 실증되어있다.

이집트에서 유대인이 얼마의 기간 동안 노예로 지냈는가 하는 것은 분명하지 않다. 모세가 나타나기까지 그들이 자유를 찾아 싸웠다든가 그들을 해방시키려고 한 민족해방자가 있었다던가 하는 것은 알려져 있지 않다.

모세는 유대인의 역사에서 가장 위대한 인물이지만 가장 모순에 찬 인물이기도 하다. 유대인에게 있어서의 모세는 그리스도교도에게 있어서의 예수 같은 존재이지만 유대인은 그리스도교도가 예수의 생애를 다루는데 취한 방법을 취하지 않았으며, 모세의 생애를 둘러싼 사건을 기념하여 제일(祭日)을 정하지도 않았다. ≪복음서≫는 예수가 말씀한 것을 근거로 하여 씌어지고 있지만 ≪모세의 5서≫에는 모세가 말했다고 인용할 수 있는 문장 같은 것은 하나도 없다. 모세가 이집트에서 노예가 되어 있었던 유대인을 탈출시켜 해방시켰지만 이집트 탈출을 기념하여 행해지는 '유월절'에 반듯이 낭독되는 '설화(하가다 : Haggadah)'속에서는 그의 이름이 한 번, 그것도 곁들여서 나올 뿐이다. '모세의 십계'는 유대주의의 기반인데도 모세의 상(像)은 하나밖에 없다. 더구나 그것도 유대인이 만든 것이 아니라 르네상스가의 그리스도교도 미켈란젤로의 손으로 이루어진 것이다. 뿌리가 나온[1] 미켈란젤로의 모세상에는 그의 위대한 행위에 어울리는 장엄히 있어 사람들의 마음에 강한 인상을 주어 왔으나 유대인은 그러기를 바라지 않는다. 모세는 유대사 속에서는 가장 불안정한 존재이다. 존경은 받고 있으나 기념되어 칭송되지는 않는다.

고대의 영웅들이 모두 그러한 것처럼 모세도 또한 전설에 싸여 있다. ≪출애굽기≫에는 '요셉을 알지 못하는'(새로운) 왕이 유대인의 태어나는 사내아이는 태어난 그 장소에서 죽이라는 명령을 내렸다고 기록되어 있다. 현재의 우리들이라면 다산(多産)이 값싼 노동력의 공급원으로서 환영받은 것이 아니었던가고 생각할 수 도 있지만 왕은 유대인이 급속히 불어 가는 것을 방지하고 싶다고 생각했던 것이다.

그런 위험한 시대의 일이었는데 레위 가문의 한 남자가 같은 레위 가문의 한 여자를 아내로 맞았다. 그리하여 아들이 태어났다. 그가 바로 모세였는데 그들 젊은 부부는 모세를 석 달 동안이나 이집트인 몰래 속여 집에서 키웠다. 그러나 집에서 몰래 사내아이를 키운다는 것은 매우 위험스러운 노릇이기 때문에 양친은 그를 방수(防水)가 된 광주리 속에 넣어서 나일강에 띄어 보냈다. 파라오의 딸 중의 하나가 강으로 목욕하러 나갔다가 광주리 속에 있는 모세를 발견하고 불쌍히 여겨 양자로 삼기로 했다. 그는 모세를 데리고 성으로 갔다. 거기서 모세는 이집트인의 왕자로서 키워졌다.

전설의 영웅이 모두 그러한 것처럼 여기서도 우리는 모세의 어린 시절의

---

1) 미켈란젤로의 모세상에 난 뿔에 관해서는 성서를 번역하는 과정에서 일어난 오역이라는 설이 많다. 성서는 '십계'를 가지고 시나이산을 내려온 모세의 얼굴이 '빛나고 있었다'고 말하고 있다. 성서에서 사용되고 있는 말은 'Koren'이라는 어근에서 파생한 'Koran'으로 '빛난다' 또는 '광명'이라는 뜻이다. 그러나 그 말에는 '뿔'이라는 뜻도 있다. 오늘날 인정되고 있는 것은 '빛나다'라는 역이다.

일이나 청년 시절의 일을 아무 것도 알 수 없다. 그가 30세쯤 되었던 어느 날의 일, 그는 이집트인의 감독이 유대인의 노예를 때리는 것을 목격했다. 그는 자기의 동포인 유대인을 동정하여 그 이집트인을 죽였다.

파라오의 분노를 피하기 위해서 그는 미디안으로 갔다. 거기서 미디안의 제사(에드로)의 딸 십보라를 만나 결혼한다. 어느 날 호렙산 근처에서 장인의 양떼를 먹이고 있을 대 신이 나타났다. 신은 스스로를 아브라함의 신이라고 이름을 밝히고 모세에게 이집트로 돌아가라고 했다.

돌아가서 유대인을 자유의 몸으로 만들라고 명했던 것이다. 모세는 전혀 마음이 내키지 않았다. 신이 여러 가지로 부추기다가는 위협하기도 하던 끝에 마침내 마지못해 그 명을 따르겠다고 했다.

그래서 이 마지못해 맡은 예언자로 드디어 지도자로서의 역할을 다하게 되어 유대인을 이집트로부터 데리고 나와 '갈대바다(홍해)'를 건너 시나이 사막으로 들어갔다. 시나이반도의 여행은 약 40년간이나 계속되어 그 사이에 늙은 세대는 죽어서 없어지고 젊은 세대가 자라났다. 모세가 '십계'와 그 밖의 모세의 율법을 유대인에게 준 것은 이 시나이 사막에서였다. 모세의 율법은 마침내 유대인의 민주주의와 민족성을 형성하는 것이 되었다. 모세는 그 사명을 마치고 '약속의 땅'에 발을 들여놓지도 못하고 죽는다. 그의 죽음은 불가사의하여 그가 어디에 매장되어 있는지도 알려져 있지 않다.

성서가 말하는 모세의 생애에 관해서는 여러 가지로 알쏭달쏭하여 알기 어려운 대목이 있다. 모세는 이집트인의 왕자로서 자랐다. 그는 언제 히브리말을 배웠던가. 왜 이집트 왕실 사람들이 아니라 유대인의 노예들이 자기의 동포라고 생각했던가? 미디안의 사람들과 말을 하는데도 부자유스러운 점이 없었던 것 같았는데 도대체 어느 언어로 대화를 했던 것일까? 그의 신과의 만남은 아브라함의 신과의 만남과 비슷하지만 아브라함의 경우보다도 훨씬 이해하기 어려운 면이 많다. 신은 아브라함과 맺은 계약과 같은 계약을 모세하고도 맺었다. 신은 유대인을 가나안땅으로 데리고 가라고 명했으나 그것은 바로 신이 아브라함을 이끌어 간 곳이었다. 신은 다시 모세와 모세가 데리고 나온 사람들을 향해서 할례를 받으라고 명하고 있다. 이집트에 있었던 유대인은 할례의 의식을 내버렸던 것일까? 뒤에 가서 노의하겠지만 모세의 아들은 할례를 받지 않고 있었다. 모세는 그 아들이 태어난 8일째에 왜 아브라함의 계약에 따라 할례를 행하지 않았던가?

여기서 가정(假定)해 보기로 하자. 기원전 2000년에 아브라함과 함께 우르를 나온 히브리인, 아마 1600년에 요셉의 초대로 이집트에 간 히브리인과 1200년에 모세에게 인도되어 이집트를 나온 이스라엘인과는 같은 사람들이었던가? 이집트를 탈출한 이스라엘인은 아브라함, 이사악, 야곱의 자손이었던가? 그렇지 않으면 전혀 다른 사람들이었던가? 이집트에 가기 전의 일들을 얘기하고 있는 ≪창세기≫에서는 다만 하나의 예외를 제하고는 유대인을 언제나 히브리인이라고 부르고 있고, 이스라엘인이라고 부르지는 않고 있다. 이집트 탈출 이후가 되면 유대인을 히브리인이라고 부른 것은 대개가 이교도로 유대인은 보통 자신들을 이스라엘인[2]이라고 부르고 있다.

≪구약성서≫의 '모세의 5서'에는 매우 도발적이면서도 까다로운 이원성(二元性)이 보인다. 히브리인과 이스라엘인이라는 두 종류의 사람들이 나올 뿐만 아니라 레위인의 모세와 미디안인 모세라고 하는 두 사람의 모세가 있다. 그리고 두 종류의 신, '여호와'('주'라고 번역된다)라고 부르는 신과 '엘로힘'('신'이라고 번역된다)이라고 부르는 신이다.

성서를 읽어 가면 두 개의 왕국에 관해서 쓰고 있는데 그것이 하나로 통

2) 언뜻 보면 예외처럼 보이는 예가 두 개 있지만 잘 읽어보면 다르다. 먼저 신이 야곱의 이름을 이스라엘이라고 바꾸지만 이것은 히브리어의 Yisroel로 '신과 싸운 자'라는 뜻이다. 그 이후로는 야곱이 즉 야곱만이 ≪창세기≫ 47장 27절에서 볼 수 있는 잘 알려진 예외를 제하면 이스라엘이라고 불려져 있다. 둘째 예는 ≪창세기≫ 49장 2절로 여기서 야곱은 이스라엘이라는 말을 사용하고 있는데 이것은 다만 자신을 그렇게 언급하고 있을 뿐이다. '야곱의 아들들아, 모여와서 너희들의 아버지 이스라엘에게 들어보라'고

일되었다가 다시 분할된다. 유대왕국의 예루살렘에 하나, 그리고 이스라엘 왕국의 베델에 하나로 서로 대항하고 있었던 성전(聖殿)이 두 개가 있었다. 성서를 주의해서 읽으면 이외에도 여러 가지 사건이 제각기 두 가지의 이야기 방식으로 기술되어 있는 것을 알게 된다. 이것은 똑같은 이야기에 두 설(說)이 있다고 하는 것일까. 그렇지 않으면 두 개의 다른 이야기가 하나의 이야기로 짜여 있다는 것일까?

학자들은 줄곧 모세가 도대체 어떠한 자였을까 하고 생각해 왔다. 정말 모세라는 인물이 있기는 했는가 하여 미심쩍었다고 하는 학자도 있다. 그러나 대체로 이집트에서 노예가 되어 있었던 유대인을 데려 내온 것은 모세며 혹은 모세라는 이름을 가진 사람이었다고 하는 데에 의견의 일치를 보고 있다. 그러나 그렇다고 해서 성서학자들이 추구하고 있는 까다로운 문제가 해결된 것은 아니다.

잠시 동안 신이 유대인을 택했다고 하는 신학적(神學的)인 설명을 인정하지 않기로 하자. 또한 잠시 동안 신이 그 뜻을 수행하는 수단으로써 아브라함과 모세를 임명했다고 하는 가설을 인정하지 않기로 하자.

그 대신에 이렇게 생각해 보기로 하자. 일신교(一神敎)의 사상과 '선민(選民)'이라는 사상을 고안해 낸 것은 아브라함으로 그 사상을 다시 넓히려고 한 것이 모세였던 것이 아닐까? 혹은 모세가 이러한 두 개념을 고안해 냈으나 후에 가서 성서의 편찬 자들이 이스라엘인의 기원에 연속성을 주기 위해서 거슬러 올라가서 그러한 사상은 아브라함의 것이었다고 해놓은 것이 아닐까? 그렇지 않으면 몇 학자가 주장하는 것처럼 모세는 유대인은 아니었다. 그는 자신의 종교사상을 넓히기 위해서 유대인을 택했던 것이었다고 하는 것일까? 그렇다면 '선민'이라는 말의 어원(語原)이 일반적인 의미로 설명될 수도 있다. 모세가 이스라엘에서 데리고 나온 이스라엘인과 요셉과 함께 이집트에 가지 않고 남아 있던 히브리인과의 통합은 가나안에서 이루어진 것이 되는가? 만일 그렇다고 한다면 이것은 바로 서로 미지의 두 민족이 하나가 되고, 두 다른 신이 하나의 신으로서 통합되었다는 것인가? 그렇지 않으면 같은 민족이었으나 400년간의 이집트의 포수에 의해서 변해 버렸다고 하는 것인가?

지그문트 프로이드는 ≪인간 모세와 일신교≫에서 모세는 유대인이 아니었으나 이집트의 이스라엘인과 가나안의 히브리인을 하나의 민족으로서 통합했다고 하는 흥미진진한 이론을 펼치고 있다. 모세는 이집트의 왕자(王子)나 승려(僧侶)로서 유대인에게 일신교를 가르쳤다는 것이 프로이트의 전개[3] 이다. 모세는 먼저 이집트인에게 그의 새로운 종교를 가르치려고 했으나 이집트인은 모습도 보이지 않는 신이란 우스꽝스럽고 사교(邪敎)에 지나지 않는다고 하여 모세에게 귀를 기울이려고 하지도 않았다고 프로이트는 말한다. 그 시대의 사람들은 예외 없이 지구는 평탄하고, 태양이 지구의 주위를 돌며, 신들에게는 모든 인간이 눈으로 볼 수 있는 모습이 있다고 믿고 있었다. 거기서 모세는 일부러 당시의 이집트에서 노예가 되어 있었던 진정한 광신자(狂信者) 같은 이스라엘인을 택하여 나의 종교를 믿는다고 한다면 노예의 신분에서 자유가 되게 해주리라고 약속했다. 이러한 추론(推論)을 뒷받침하기 위해서는 어떠한 역사적 증거가 있는 것일까?

이스라엘인이 이집트에서 노예가 되어 있었던 그 즈음에는 마침 아멘호텝 4세의 치세(治世)로 그는 그의 다신교적 신앙을 일신교의신앙으로 바꿔 놓기를 원했다. 거기서 이집트의 태양신(太陽神)의 하나인 아톤을 지고(至高)의 신이라고 주장했다. 그러나 사람들은 이 불가시(不可視)한 전능의 신을 두려워했다. 승려들도 자신들을 실업(失業)게 하는 신에 대해서는 반대했

---

3) 나는 모세가 이집트의 왕자였을는지도 모른다고 하는 설에 기를 쓰고 항의하는 사람들의 심사를 알 수 없다. 유대민족의 조상이 된 아브라함은 바빌로니아 사람으로 75세가 되기까지는 유대인이 되어 있지 않았다고 하는 것은 태연히 인정하면서도, 그들이 제창한 사상이야말로 유대인의 전설인 만큼 모세가 이집트인이건, 미디안인이건, 히브리인이건, 어쨌든 유대인이 모세를 따랐다고 한다면 그것은 그것으로 유대인의 평판을 높이는 것이 아닌가.

다. 성(城)에 반란이 일어나고, 아멘호텝은 이집트 전역에 퍼진 혁명의 파도로 인해 퇴위(退位)를 당하여 살해되고 말았다. 혁명은 거의 1세기나 계속되었다. 결국 마지막에 가서 옛 질서가 다시 회복되었다.

프로이트는 이집트의 혁명의 혼란과 흥분 속에서 한 작은 사건이 눈에 띄지도 않게 일어났을지도 모른다고 말한다. 마치 바울이 그리스도교를 건설하려는 야망에 불탔던 것과 같이 승려 혹은 왕자였던 모세도 쓰러져 가는 아톤교(敎)를 존속시키려고 불타 있었던 것은 아니었던가? 이집트인이 아톤교를 거절했기 때문에 모세는 그것을 유대인에게 가르치려고 결심한 것이 아니었을까? 이것은 그리 터무니없는 생각만은 아니다. 여기서도 또한 바울과 비교해 볼 수 있다. 유대인이 그리스도교의 가르침을 받아들이려고도 하지 않으므로 바울은 그 복음을 비유대인에게로 갖고 갔다. 역사는 아이로닉하게 뒤틀린다.

그런데 프로이드의 이론에 따르면 모세는 그의 종교를 가르친 대상으로 택하는 데 가장 알맞은 것이 유대인이라고 생각했다. 유대인들은 이집트에 있으며 그들은 노예가 되어 있었다. 그들은 자유를 갈망하고 있었다. 거기서 거래가 이루어졌다. 유대인은 자유의 대가로서 모세를 그들의 지도자로 인정하고 모세의 종교를 그들의 종교로서 받아들였다. 초기의 그리스도교도 또한 주로 노예의 신앙이었다는 것을 상기해 주기 바란다.

성서에는 모세가 유대인이 아니라 이집트인이었을지도 모른다고 하는 프로이트의 의견을 지지할 어떠한 증거가 있는 것일까?4) 성서에 의하면 파라오의 딸이 그를 모쉐(Moshe)(혹은 모세:Mose)라고 이름을 지어 주었는데 그 이유를 설명하면서 '나는 그를 물에서 건져냈기 때문이다'라고 했다(Moses는 그리스어이다). 이 설에 따른다고 하면 이 딸은 히브리어 문법의

4) 이 문제에 흥미를 가지는 독자는 프로이트의 ≪인간 모세와 일신교≫ 외에 "Clini- cal Papers and Essays on Psychoanalysis"에 수록되어 있는 칼 아브라함 저 ≪아멘호텝≫을 읽기 바란다.

극히 미묘한 점까지를 알고 있었다는 것이 된다. 그러나 언어학자들의 지적에 따르면 모쉐는 히브리어의 말이 아니라 이집트어의 '어린이'라는 말이라는 것이다. 존슨(Johnson)이라는 이름이 원래 son of John인 것처럼 이집트인의 이름도 람세스(Ra-mose) 즉 라(Ra)의 아들, 도토메스(Thot-mose) 즉 토도(Thot)의 아들이라는 식으로 사용되었다.

학자들은 현재까지도 모세의 아들은 태어났을 때 왜 할례를 받지 않았는가에 대해서 논의하고 있다. 마치 할례라고 하는 유대인의 의식을 지키지 않았던 사람에게 유대인의 이집트 탈출을 위임했던 신이 뒤에 가서 갑자기 그 사실을 발견하고 그것 때문에 모세가 죽기를 원했던 것과 같지 않은가. 모세는 유대교의 가르침을 잊었던 유대인이었던가? 그렇지 않으면 그 자신이 할례를 받지 않았던 유대인이었던가? 신의 노여움을 풀려고 재빠르게 할례의 수술을 한 것은 모세의 처 십보라였다. 십보라나 그녀의 부친인 미디안의 제사(祭司)도 모세를 처음 만났을 때에는 이집트인이라고 생각하고 있다. 성서는 모세가 말더듬의 언어장해가 있어 신의 명령을 받아들일 수 없다는 변명을 했다고 기록하고 있다. 독자는 여기서 갑자기 말더듬이라는 것을 끄집어낸 데에 대해서 놀라게 된다. 더욱이 신은 모세에게, 모세에게는 아론이라는 형이 있으니 그가 통역을 해 줄 것이라고 말한다. 여기서 독자는 또 한 번 놀란다. 왜냐하면 그때까지 모세에게 아론이라는 형이 있다는 얘기가 한 마디도 나오지 않았기 때문이다. 모세는 무슨 다른 이유에서 통역이 필요했던 것이 아닌가고 프로이트는 생각했다.

물론 이것이 확증이라고까지는 할 수 없으나 적어도 그러한 추론에 기반을 준다는 것은 확실하다. 유대인의 초기의 역사에서 일관해서 볼 수 있는 이원성(二元性)의 수수께끼를 찾기 위해서 여기서 성서해석 또는 성서비평을 시도해 보자.

성서학자들은 성서는 기본적으로 말해서 J, E, JE, P라는 4개의 자료가 하나로 짜여진 것이라고 추측한다.[5] J자료는 여호와의 두문자(頭文字)를 취한 것으로 이 자료에서는 신이 여호와로 불려지고 있다. 이것은 가장 오랜 자료로 남부의 왕국 유대에서 기원전 9세기경에 씌어졌다.

자료는 그 속에서 신이 엘로힘으로 불리고 있는 것으로 '엘로힘 자료'라고 불리고, 복의 이스라엘왕국에서 기원전 8세기경, J자료보다 약 100년 후에 씌어졌다.

P자료란 '제사자료(祭司資料)'라는 것으로 '엘로힘 자료'보다 약 200년 후의 기원전 6세기경에 씌어졌다고 추찰되고 있다. 기원전 5세기에 유대인의 제사들이 J자료와 E자료를 결합시켜 그들 자신의 손질로 조금 첨가(이것은 경건한 위작이라고 불린다)한 것인데 그것은 거기서 신이 '여호와·엘로힘'(주이신 신)이라고 불리기 때문에 JE 자료라고 한다.

≪펜타투크≫라고 하는 ≪모세의 5서≫가 최종적으로 편찬된 것은 기원전 450년이었다. 즉 ≪5서≫에서 서술되고 있는 몇 가지 사건이 일어나고 나서 800년에서 1600년을 경과한 후의 일이다. 그렇다면 그만한 세월이 흐르는 사이에는 세대에서 세대로 구승된 설화나 전설에 많은 변경이나 수정이 가해졌다고 생각할 수 있는 것이 아닌가? 더욱이 이 시기에는 제사나 예언자나 현인(賢人)들도 원고의 편찬에 분망하였다.

그러면 여기서 다시 '선택받은 백성'과의 계약이라는 개념을 착상한 것이 모세였다고 가정해 보자. 그렇다면 실제로 아브라함의 히브리인과 모세의 이스라엘인이라는 두 개의 민족이 있어서 제각기 히브리인은 '여호와'라는 신을 가지고 이스라엘은 '엘로힘'이라는 신을 가지고 있었다는 것으로 이원성을 설명할 수 있는 것일까? 두 민족은 모세에 의해서 비로소 통합되었다고? 모든 히브리인이 요셉과 함께 이집트로 간 것이 아니라는 것을 잊지 말아 주기를 바란다.

---

5) 제 5의 주요한 이야기 ≪신명법전≫(D)은 다음 장에서 말하고자 한다.

많은 사람이 가나안땅에 남아 그들의 조상 아브라함, 야곱, 이사악이 가르친 여호와 신의 신앙을 계속 지켰다. 모세가 가나안땅으로 이스라엘 민족을 이끌고 가자 거기서는 사사(士師)나 왕이나 예언자가 이들 두 민족을 하나의 통일된 민족으로 만들고, 두 개의 신앙을 하나의 종교로 결합시키는 일의 일단을 짊어지게 되었다. 이 견해를 받아들인다고 한다면 아브라함과 여호와의 만남의 이야기는 후의 성서 편찬 자들이 첨가한 것이라고 할 수 있다. 아브라함과 모세가 제각기 여호와와 엘로힘이라고 불리는 신으로부터 똑같은 계시를 받았다고 하는 조합(組合)을 이용하여 그들에게 같은 신을 줌으로써 인종적(人種的)으로는 연관이 있으나 종교적으로는 다른 두 개의 민족의 통합을 도모했다고 설명할 수도 있다. 그 시도는 어느 정도 성공하여 신은 거기서 여호와・엘로힘 즉 주되시는 신이라고 불렸다.

이처럼 모세의 정체(正體)와 히브리인과 이스라엘인의 기원에 관해서 길게 썼으나 그러한 의론(議論)에 관해서는 긍정도 부정도 하고 싶지 않다. 다만 나의 역사관에서 말하자면 모세가 유대인이었던가 아닌가, 히브리인과 이스라엘인이 같은 민족이었던가 아닌가, 신이 맨 처음에 계시를 제시한 것은 누구에게 대해서였던가, 그러한 것은 어느 쪽이라도 상관이 없다는 것을 말해 두고 싶다. 유대인의 역사를 만든 것은 그것이 어떻게 해서 누구에 의해 이루어진 것이든 유대인이 계약 속에 있는 사상을 받아 계승했다고 하는 사실이다. 그리고 모세가 유대인이었건 이집트인이었건 모세의 출현에 대해서 유대주의의 형식과 내용도 변화했다. 모세는 신에게 봉사하는 사람들, 예언자라고 불려지는 사람들의 최초의 예(例)이다. 그는 유대인의 신을 보편화하였다.

≪출애굽기≫, ≪레위기≫, ≪민수기≫, ≪신명기≫에 그려져 있는 모세 이야기의 중심은 '율법'의 수여, 즉 '모세의 법'이라고 불리는 것의 확립이다. 그때까지의 일들은 모두 서곡(序曲)이었던 것이다. 그리고 그 이후는 내리

막길이다. '율법'을 준다는 것이야말로 새로운 민족을 낳은 행위, 그 자체였다. 실제로 ≪출애굽기≫의 장대한 구상은 원시적인 부족 남성이 성인으로 인정을 받기 위한 준비로서 행하는 의식의 구조와 유사하다.

성인(成人) 사회에의 참가를 인정받기 위해서는 원시부족의 젊은 남성이 통과하지 않으면 안 되었던 의식에는 보통 다음의 다섯 가지 요소를 볼 수 있다. 상징적인 죽음, 상징적인 재생(再生), 동포로서 결합되기 위해 육체에 상징적인 상흔(傷痕)을 남기는 일, 새로운 이름의 수여, 그리고 마지막으로 부족의 계율이 밝혀진다. 모세에게 이끌린 유대인이 시나이 반도를 40년이나 헤매고, 그 사이에 낡은 세대가 죽어 버리고 새로운 세대가 태어났다고 하는 것은 이집트 탈출이라는 비의(秘儀)에 있어서의 상징적인 죽음과 재생을 나타내고 있다. 그리고 나서 모든 남자들이 할례를 받는다. 그 다음에 히브리인들은 '이스라엘의 백성'이라는 새로운 이름을 받았다. 그리고 마침내 새로운 계율, 즉 '율법'이 그들의 앞에 제시되었다.

'토라'는 당시에 볼 수 있었던 어떠한 법보다 진보되어 있어서 미래에의 대담한 한 발자국을 드러내는 것이었다. 법(法)앞에서는 모든 인간이 평등하다고 하는 관념, '성문법전(成文法典)'에 근거하는 법이라는 발상은 아무래도 유대인이 고안한 것 같다. 슈메르인은 기원전 2500년에 성문법전을 가지고 있었으므로 아마도 그들이 이 지상에서 맨 처음으로 성문법(成文法)을 가졌던 민족일 것이다. 그러나 그들의 법에는 모세의 율법에서 볼 수 있는 정의(正義)에의 정열의 결여되어 있다. 500년 후에 슈메르법전이 바빌로니아인에 의해 확대되고 체계화되어 '함무라비법전'이 되었으나 이 법전에는 '토라'의 민주적 정신이 없다. 이집트인은 특권을 인정하지 않고 모든 인간에게 적용되는 성문법전이라고 하는 것을 기원전 300년까지도 알지 못했다. 로마에서도 기원전 200년 이전에는 성문법이 없었던 것 같다.

'모세의 법전'은 역시 최초의 진정한 사법적(司法的) 법전으로 그 포괄적인 휴머니즘에 의해서 정의에의 열의, 데모크라시를 사랑하는 점에 있어서 그 이전에 있었던 법을 능가하고 있다. 그것은 유대인에게 새로운 특질(特質)을 부여하는 실마리가 되고 유대인의 생각을 새로운 방향으로 이끌어갔다. 유대인은 이웃의 민족과는 더욱 다른 존재가 되어 갔다.

모세의 율법의 사상 내용은 매우 흥미 깊다. 여기에는 유대인의 국가 개념과 법의 철학이 나타나 있다. 법은 기본적으로 말해서 세 개의 범주로 나눠져 있었다. 인간과 인간의 관계에 관한 것, 인간과 국가의 관계에 관한 것, 인간과 신의 관계에 관한 것의 세 가지이다.

모세의 법은 신이 이스라엘에게 약속한 나라를 전제로 하고 있다. 유대인이 법을 받았을 때에는 아직도 유목민이었으나 '모세의 법전'은 유목민을 대상으로 하고 있지는 않다. 모세의 법은 가족의 일체성만이 아니라 나라의 존재를 지켜야 할 것으로 적혀 있다. 그러나 결코 개인의 권리가 나라 때문에 희생되는 일은 없다. 이러한 법이 지니는 고도한 체계에 의해서 민주적인 구조의 정체(政體)가 생기어 그것은 예언자가 그 정체를 개혁하기까지의 300년을 지속할 만큼 강력한 것이었다.

미국 헌법이 제정된 지는 이제 겨우 200년이다.

모세의 법전은 처음으로 교회와 국가의 분리 원칙을 제정한 것이었다. 이것은 그 후의 300년을 거쳐 18세기의 계몽주의(啓蒙主義) 운동의 시대에 이르러 비로소 세계사에 나타나는 관념(觀念)이다. 모세의 법전에서는 민정(民政)이 제사조직(祭司組織)에서 독립되어 있다. 분명히 모세의 법에 의해서 특히 정해져 있지 않은 사건에 관해서는 제사가 판결을 내릴 권리를 가진다고 되어 있지만(≪신명기≫ 7장 8절~12절), 그렇다고 해서 제사단(祭司團)이 민정부(民政府)보다 힘을 지니고 있다는 것은 아니었다. 제사들은 이 정부가 모세의 법을 어기지 않도록 지킬 책임을 맡고 있다. 그것은 마치 미국의 최고 재판소가 연방정부(聯邦政府)의 위에 있는 것은 아니지만 그래도 정부의 행동이 헌법(憲法)을 따르고 있는가 하는 것을 지켜볼 책임이 있는 것과 똑같다. 모세는 또 하나의 분리의 기초를 만들었다. 그것은 그후 민주정치에서 없어서는 안 되는 것이 되었다. 즉 사법권(司法權)의 분립이다.

미국 헌법과 모세의 법의 철학에서는 불가사의한 유사성(類似性)이 있다. 연방정부는 헌법에 의해 정해진 권한만을 받고 있다. 각 주(州)는 명확히 금지되어 있는 이외의 일은 무엇이나 할 수 있는 자유가 있다.

모세의 법은 이를테면 유대인은 금지되어 있는 일 이외에는 무슨 짓을 해도 좋다고 하는 원칙을 확립해 놓고 있다. 모세의 법은 보통 '이것을 하라, 저것을 하라'라고 하지 않고 '저것을 하지 마라. 이것을 하지 마라'라고 한다. 모세의 법이 무엇을 하라는 긍정문으로 말하는 경우도 그것을 부정명령문을 수정하는 문(文)이거나 부정명령문에 의해서 한정을 받고 있는 문일 경우가 많다. 예로 '모세의 십계'를 대한다면 그 내역은 '이리하라'는 것이 3가지 '하지 마라'는 것이 7가지이다. 그 세 개의 '하라'는 것은 '나는 너희의 신이다'와 '안식일을 지키라, 부모를 공경하라'이다. 일곱 항목의 '하지 마라'는 것을 보면 무엇을 해서는 안 된다는 것을 극히 명확하게 밝혀 놓고 있다. 부정만을 분명하게 드러내놓음으로써 모세는 긍정적인 행위의 범위를 자유의 영역으로서 남겨 놓았다. 거기서 유대인은 뚜렷한 유연성(柔軟性)을 가지게 되었다. 명확히 금지되어져 있는 것을 구태여 하지 않으면 무엇을 해도 좋다는 것이다. 유대인의 철학자가 그 신조를 부정문으로 말하게 된 그 배후에는 이러한 태도가 있었던 것이다. 사고방식(思考方式)의 차이를 보여 주는 재미있는 예가 여기에 있다.

그것은 그리스도교에 따르면 예수가 말씀한 것으로 되어 있는 황금률(黃金律)로, 유대인에 따르면 위대한 선생 힐렐이 말한 것으로 되어 있는 황금률이다.

그리스도교도는 예수는 "너희는 남에게서 바라는 대로 남에게 해주어라"

고 말씀하셨고 한다. 예수보다 100년 전 유대인 힐렐은 "당신이 싫어하는 것을 다른 사람에게 해서는 안 된다"고 말했다고 한다. 이 두 표현 사이에는 매우 커다란 상위가 있다. 독자도 어느 쪽의 생각을 좋아할 것인가를 생각해 보기 바란다.

우리는 3000년도 전에 정해진 이러한 법을 보고 그 인도주의(人道主義)에 놀라지 않을 수 없다. 이러한 법이 만일 기본으로서 보편적으로 받아들여지는 일이 있었다고 한다면 오늘의 세계는 좀더 좋은 세상이 되어 있었을 것이라고 생각하지 않을 수 없다. 노예는 1850년대의 미국의 노예보다도 훨씬 인간적으로 자비롭게 취급되었다. 자유인에게 적용되었던 법은 노예에게도 모두 적용되어 노예는 7년간 일을 하고 나면 자유의 몸이 된다고 정해져 있다. 모세 시대의 이혼 법이 오늘날의 영국의 그것보다도 훨씬 자유롭다. 여성은 매우 존중되어 있다.

기원전 2000년의 유대인이 성(性)에 관해서 어떻게 생각하고 있었던가를 대충 간단히 말해 보고자 한다. 유대주의에 있어서는 성(性)이 죄라고 하는 청교도적 발상은 결국 뿌리를 내리지 못했다. 성욕은 정상적인 것이라고 생각되었다. 그리고 성의 욕구를 만족시키는 것은 결혼제도의 틀 속에서만 되어져야 한다고 생각되고 있었다. 거기서 조혼(早婚)이 장려되었다. 남편과 아내의 공동생활은 기쁨에 찬 것으로 더욱이 자유의사에 근거한 것이어야 한다. 아내 또는 남편의 어느 쪽이 고의로 성관계를 거부하는 것을 범죄로 보았다. 그리하여 그러한 일이 계속되면 그것은 이혼의 이유가 된다고 인정했다. 남자의 독신은 좋지 않다고 보아 남자는 누구와 결혼할 것을 강력하게 권장하였다. 여기에 대해 여성도 역시 젊어서 결혼하는 것이 좋다고 생각되었으나, 미혼으로 있는 자유는 보다 많이 인정되어 있었다.

'모세의 법전'은 인간이 법을 범할 가능성이 있다는 것을 고려하여 서출(庶出)의 자식들의 안전을 지킬 방법도 마련했다. 합법적으로 결혼할 수 없는 남녀 사이에 태어난 아이(어느 쪽이 이미 결혼하고 있는 자의 경우와 혈연관계에 있는 남녀)의 경우만을 사생아로 보았다. 그 이외의 서출자(庶出子)는 모두 적출자(嫡出子)로 보아 상속권을 빼앗기는 일이 없었다. 미혼 남녀의 순결은 존중되었으며, 매춘(賣春)은 황폐로 생각되었다. 이교시대에 널리 행해져 있었던 종교적인 매춘은 증오되고 있었다. 남자들의 동성애는 중죄가 되었고, 여자들의 동성애는 범죄는 아니지만 수치스러운 일로 보았다.

신의 형상을 만드는 것을 금지한 제 2계명은 유대인의 성격형성에 중요한 영향을 미치는 것이 되었다. 프로이트가 매우 재미있는 말을 하고 있다. 만일 신의 형상을 가질 수 없다고 한다면, 그 결과 신은 역시 이름도 표정도 없는 것이 됨으로써 눈에 보이지 않는 신을 믿을 수밖에 없는 것이 될 것이다. 그런데 바로 그렇게 되어 버렸다고 프로이트는 말한다. 이 '금기(禁忌)가 받아들여지면 당연히 그것은 깊은 영향을 미치는 것이 될 수밖에 없다. 그것은 추상적인 개념이 감각의식에 우선한다는 것을 뜻하기 때문이다. 정신성(精神性)이 감각을 이긴 것이다'라고.

신을 물(物)이 아닌 정신적인 존재로 만듦으로써 유대인은 점점 신의 구상(具象)에 변경을 가하는 대신 신의 정신성에 변경을 가하는 자유를 가졌던 것이었다. 그것은 예언자나 구제자나 랍비들에 의해 이루어졌다.

유대인은 돌로 만들어진 신들이 아니라 정신의 신을 가짐으로써 스스로의 문화를 우수한 것이라고 느낄 수 있었다. 모세는 그렇게 하여 유대인 속에 단지 겉치장의 독자성이 아니라 자부심을 심어 주는데 성공했다.

유대인의 지성적인 경향은 바로 신을 추상적인 존재로 만듦으로써 생겨난 것이다. 그것은 또 잔인한 행위나 사디즘을 내버리는 일이기도 했다. 여기서 그러한 가치관이 통계적으로 나타나 있는 것을 살펴보자.

현재 유대인은 미국 전 인구의 3퍼센트이지만 폭력범죄를 일으켜 투옥되어 있는 유대인의 수는 수인수(囚人數) 전체의 0.001퍼센트에 지나지 않는다. 물론 예외도 있지만 살인, 강간, 구타, 수간(獸姦) 등의 잔인한 행위에 의한 것은 없다. 통계에 나타난 이 극단적인 불균형은 늘 사회학자들의 놀라움이 되고 있다.

물론 제 2계명에서는 역효과도 있었다. 이것은 유대인의 미술활동을 형편없는 것으로 만들어 버렸다. 신의 형상을 만드는 것을 금함으로써 후에 보는 바와 같이 뚜렷한 예외도 있었지만 유대인은 회화, 조각, 건축 등에 등을 돌려버리고 말았다. 기원 19세기가 되어서 그리스도교도가 이미 2000년이나 해 오듯이 유대인도 제 2계명을 무시하게 되고 비로소 화가나 조각가나 건축가를 육성하게 되었다. 그러나 19세기까지 유대인의 성격이 이미 형성되어 있었으므로 조형(造形) 예술의 분야에 진출했다고 해서 그것으로 '유대인적 성격'이 변한다는 일은 없는 것 같다.

법을 수여한다고 하는 모세류(流)의 신의 현현(顯現)은 달성되었다. 모세의 일은 끝났다. 그는 이제 죽지 않으면 안 되었다. 그가 법을 준 젊은이들도 이제는 유대 민족의 운명을 짊어질 준비가 되어 있었다. 아브라함의 위대한 환영(幻影)은 망상(妄想)아 아니었다. 마지못해 맡은 예언자 모세가 그것을 현실로 만들어 버렸다.

3. 사사(士師)들과 왕(王)들과 침략자들

유대인은 기원전 12세기가 되서야 비로소 자신들의 나라라고 부를 수 있는 땅에 살게 되었다. 그때 그들은 완전히 판단을 그르쳤다. 그들은 서로 적대하고 있는 제국(帝國)의 군대가 통로로 사용하고 있던 좁고 긴 땅을 택해 버렸다. 유대인은 이 잘못된 선택으로 인하여 전투 때문에 멸망당하거나 노예로 팔리거나 외국으로 추방당하거나 하여 쉴새없이 참혹한 꼴을 당하게 되었다. 그러나 그들은 그럴 때마다 다시 이 땅에 나타나 이 적으면서도 좁고 긴 땅에서 재건을 도모했다. 이 땅은 시대에 따라서 가나안, 팔레스타인, 유다, 유대로 불리었다. 그리고 오늘날 다시 이스라엘이라고 불리고 있다.

이집트 탈출은 모세의 영도로 감행되었고, '약속의 땅' 가나안으로의 귀환은 모세의 후계자 여호수아의 인솔로 실현되었다. 여호수아는 실로 영웅적으로 그 지혜와 용기를 갖고 모든 것을 분쇄했다. 가나안인은 전차와 성벽으로 둘러싼 도시를 가지고 있었기 때문에 공략하기 어려운 적이었으나 약소(弱小)한 왕들이 통괄하는 도시국가군(群)들이 너무도 허술하게 연합하고 있을 뿐 통일국가는 아니었다. 그들은 침략해 온 유대인에 대항해서 단결하려고 했지만 잘 되지 않았으며, 여호수아가 이끈 유대군은 가나안인들이 단결하기 전에 공격해버렸다. 여호수아는 요르단강을 건너 적은 군대를 이끌고 남쪽의 에브스인을 격파하고 다시 에브스인 왕의 지휘하에 있었던 여러 왕들의 연합군을 분쇄했다. 그리고 북(北)으로 진로를 바꿔 이번에는 하조르왕에 인솔된 가나안인 연합을 격파했다. 그 후 유대인이 가나안인의 문화를 파괴한 모양이 ≪성서≫에 그려져 있는데 고대사와 고대의 습관을 잘 모르는 오늘의 독자에게는 야만스러운 행동이라고 여겨질 것이다. 실제로 그것은 기원전 6세기에 크레타 문화를 파괴한 그리스인의 행동이나 같은 세기의 로마인이 에트루리아 문화를 파괴한 방법과 비교하면 훨씬 점잖았다. 가나안인의 문명이 붕괴된 것은 유대인이 가나안인의 문명의 토대였던 그 잔인한 종교적 관행(慣行)을 폐지했기 때문이다. 가나안인은 몰록신에게 인신제물(人身祭物)을 바치거나 지방의 바알신을 위해서 의절한 의식을 행했으며 아쉐라 또는 바알라고 부르는 여신(女神)의 이름으로 방일한 혼음(混淫)과 매춘을 행하고 있었다. 가나안인의 저항이 그치자 드디어 팔레스타인이라고 불리게 된 땅의 맨 처음의 태충스러운 경계선이 이루어졌다.

극적으로 말해서 가나안은 '귀환'의 고향으로서도 완벽한 땅이었다. 이스라엘인은 400년의 부재(不在)후에 이집트로부터의 이주자로서 그들의 동포와 다시 결합될 가나안으로 돌아온 것이다. 그들의 동포란 아브라함과 이사악과 야곱의 자손 중에서 4세기 전에 요셉의 부름을 따르지 않았던 히브리인을 말한다. 이집트로부터 돌아온 이스라엘인과 가나안에 살고 있던 히브리인이 통합하는 데는 거의 200년이나 걸렸다. 그러나 200년 후에도 그것은 불완전한 융합으로 긴장의 징조가 보이자마자 붕괴해 버리고 말았고, 오히려 정치적인 결합에 지나지 않은 것이었다.

유대인은 가나안정주(定住)와 더불어 유목민(遊牧民)을 그만두자 한가지 기묘한 정치제도(政治制度)를 낳았다. 역사에서도 달리 예를 볼 수 없는 제도이다. 그것은 사사(士師)(쇼프팀, shoftim)의 제도로 그들은 신으로부터 임명을 받고 신에 대해서 책임을 지며 계시에 의해서 이끌림을 받는다고 생각하고 있었다. 그러한 그들이 세계 최초의 데모크라시 민주주의를 세웠다. 그리스인의 데모크라시에서 거슬러 올라가 400년이다. 대충 말해서 사사의 시대는 미국사(美國史)의 제퍼슨 대통령 시대와 일치한다. 미국 주권(州權) 대신 '부족권(部族權)'을 생각하고, 약한 중앙정부를 상정(想定)해 보면 된다.

새로운 나라는 성서에서 전하고 있는 12부족으로 이루어져 있었다. 오늘날의 주(州)나 시(市)의 재판소가 주내의 재판을 행하는 것처럼 부족내의 법의 적용에 관해서는 장로(長老)들이 행했다. 그리고 그 장로들의 권한을 넘은 곳에 사사의 권한이 있으며, 이것은 마치 주의 권한 위에 연방헌법이 있는 것과 비슷하다. 사사는 전쟁시에는 최고사령관이며 평화시에는 행정수반이었다. 그의 권한은 법에 의해서 제한을 받았으나 미국 대통령이 국무장관을 통해서 그 책임을 대표할 수 있는 것과 같이 그도 또한 그 책임을 위임할 수 있는 입장에 있었다.

사사는 토론의 과제를 제안하여 '장로의회(長老議會)(上院)'와 '중의회(衆議會)'를 소집할 수 있었다. '장로의회'의 멤버는 오늘의 상원의 멤버와 같은 것이었다. 장로의회는 영국의 상원과 똑같이 정부의 입법부(立法府)일 뿐만 아니라 '사법부(司法府)'도 겸하고 있었다. 그리스 로마 시대에는 이 '장로의회'가 '산헤드린(Sanhedrin)'이란 이름으로 알려져 있었는데 그 시대에는 입법의 기능을 잃고 주로 사법기관이 되어 있었다.

'중의회'는 미국의 하원(下院)과 비슷하다. '모세의 5서'를 읽으면 사사시대 이전의 시대에도 '이스라엘 백성의 모든 집회'라든가 '그리고 모든 이스라엘의 백성은'이란 표현이 여기저기 보인다. 성서에 따르면 유대인이 시나이산에서 '토라(율법)'를 받았을 때에는 유대인의 인구가 60만을 넘었다고 했으므로 모세가 그 전부에게 직접 말했다고 상상하기는 어렵다. 아마도 모세의 각부족에서 선택되어 온 대표자와 이야기를 했을 것이라고 여겨진다.[1)]

미국의 데모크라시가 유대인의 최초의 정부와 비슷하다는 것은 우연히 아니다. 왜냐하면 미국 건국(建國)의 아버지라고 불린 사람들은 성서를 읽으

---

1) 많은 학자는 실제의 인원수는 600가족, 혹은 6000가족이었을 것이라고 추측하고 있다. 60만 명의 성인 남자와 그 가족과 그 고용인들, 즉 40년대에 걸쳐 약 300만 명이 시나이 사막과 네게브 사막을 유랑했다고 생각할 수는 없다.

며 자랐으며 그들은 원어로 구약성서를 읽을 수 있을 만큼 히브리어에 정통하고 있었다. 오늘날에는 많은 학자가 그리스의 데모크라시가 아니라 사사제도의 팔레스타인 정부가 '아메리칸 헌법'의 청사진(靑寫眞)이었다는 의견을 가지게끔 되었다.

그리고 역시 이 시대에 즉 기원전 1300년에서 800년 사이에 페니키아인 혹은 히브리인에 의해서 알파벳(alphabet)이 발명되었다고 한다. 근년까지는 학자들이 알파벳을 발명한 것은 페니키아인 이었다고 주장해왔으나 최근의 고고학자의 발굴에 따르면 아무래도 히브리인이 발명한 것 같다고 하는 설의 신빙성이 높아가고 있다.

사사에 의한 통치는 200년간 지속되었지만 거기에는 하나의 결정적인 약점이 있었다. 그것은 강대한 중앙집권적 통치를 구축할 수 없었다고 하는 사실이다. 사사는 제각기 그가 속한 부족에 의해 선출되었다. 위기의 시대를 만나면 사람들은 신이 모든 부족을 통합하여 잔・마크(Joan of Arc)와 같은 계시를 받은 지도자를 보내 약자(弱者)들의 손으로부터 구해 준다고 확신하고 있었다. 사실 유대인에게도 잔・마크는 있었는데 그는 데보라라는 이름의 여자 사사였다. 그들은 데보라가 구제자라고 지나치게 굳게 믿고 있었기 때문에 결국 그녀의 후계자를 키우지 않았다. 그들은 위기가 닥칠 때마다 구제자가 나타난다고 생각하고 있었다. 이 '구제자'의 개념 속에서 후의 '구세주(메시야)' 사상을 볼 수 있다.

이 제도에는 국가 원수를 만들어내지 않는다고 하는 약점이 있었기 때문에 안정된 정부로 발전할 수 없었다. 거룩한 사사들의 제도는 사람들에게 신의 정신을 침투시키기는 했으나 구내의 평화를 가져오게 하지는 못했다. 이 시대는 싸움의 시대였다. 역사를 경제학적으로 보는 학자는 이 시대는 그때까지 유목민이었던 민족이 농업경제에 적응하기 위해서 사회제도를 변혁한 전환기였다고 할 수 있을 것이다. 확실히 사회적 조건, 경제적 조건의 변화에 의해서 중앙집권적인 정부가 필요하게 되었던 것이다. 낙타의 등이나 천막 속에서 영위되었던 생활은 사라지고 가옥에 살고 도시에 사는 새로운 생활이 시작되자 정부의 구조도 필연적으로 변화했던 것이다.

유대인은 입헌군주제(立憲君主制)를 가지고 이 문제의 해결에 임했다. 최초의 유대인 왕국의 성립이다. 기원전 1000년경에 이스라엘 12부족에 의해서 형성된 입헌군주정체는 그러한 종류의 것으로서는 세계 최초의 것이다. 그리스인과 로마인은 이 제도를 거의 단기가 사용했을 뿐 그 후에는 '대헌장(大憲章 : Magna Carta)'이 성립될 때까지 이 세상에서 사라지고 있었다. 그리고 '대헌장' 이후의 수백 년간 그 정신은 지켜지기보다 침범을 받는 편이 많았다.

그러나 유대인의 일신교(一神教)에서는 신과 인간이 자유로이 직접적으로 관계를 맺기 때문에 유대인의 왕권의 개념은 이교도들의 그것과는 달라져 있었다. 이교도들은 왕(王)을 신의 핏줄을 잇는 자라고 생각했다. 왕은 국가이며, 국교(國教)이며, 종교적 숭배의 중심이었다. 유대인은 그렇게 생각하지는 않았다. 왕들을 신의 혈통을 잇는 자들이라고는 결코 생각하지 않았다. 유대인의 왕들은 보통의 인민(人民)과 똑같이 법률적으로 도덕적으로도 또한 종교적으로도 법 앞에서 책임을 졌다. 유대인의 왕들에게는 특별한 법률도 특별한 면제도 주어져 있지 않았다.

사울은 그 머리에 기름부음을 받고 정식으로 즉위한 맨 처음의 팔레스타인 왕이었다. 그러나 사울은 이름뿐이 왕이었다. 팔레스타인의 초대의 진정한 왕은 다윗이었다. 이 대째는 다윗의 아들 솔로몬, 다윗이 전쟁에 의해 그 왕국을 확장하고 솔로몬이 평화에 의해 그것을 유지했다. 다윗은 무용(武勇)의 왕이었으나 유대인이 그 이름을 기억하고 있는 것은 전쟁과는 아무런 관계가 없는 세 가지 업적 때문이다. 다윗은 예루살렘을 상징으로 만들었다. 예루살렘은 이상(理想)이 되고, 거룩한 장소가 되었다. 먼저 예루살렘은 팔레스타인의 수도로 정함으로써 그 도시를 이상을 나타내는 장소로 만들었다. 그리고 셋째로 예루살렘에다 '계약의 궤'를 모셨다. 그러나 다윗은 무용의 왕이었고, '성전'은 평화(平和)에 바쳐져야 하는 것이기 때문에 신은 다윗이 성전을 세우는 것을 허락하지 않았다. 그 일은 아들 솔로몬에게 맡겨졌다. 다윗 왕의 시대에는, '계약의 궤'를 특별한 천막 속에 모셔놓았다. 솔로몬은 그것을 '성전'으로 옮겼다. 그렇지만 다윗의 계획은 지나치게 잘 되어 있었다. 예루살렘은 그 후 유대인의 상징이 되었을 뿐만 아니라 그리스도교와 회교라는 서로 다른 두 종교의 상징이 되기도 했다.

다윗이 죽었을 때 그는 왕국을 남겨 놓았다. 유대인이 보기에 그 왕국은 거대한 제국과 같은 것이었다. 그러나 그 제국은 많은 적에 둘러싸여 있었다. '제국'은 유프라테스강(江)에서부터 아카바만(灣)에 이르기까지 뻗어 있어 현재 이스라엘의 약 5배의 넓이지만 이 확장은 다른 민족의 희생 위에 이루어진 것이었다. 그 거리에다 예루살렘이라는 이름을 지어주었던 에브스족은 추방을 당했으나 정복되지는 않았다. 그 땅에 팔레스타인이라는 이름을 지어 주었던 페리시테인들은 정복은 당했지만 멸망하지는 않았다. 다윗이 죽어 매장되자마자 에브스족과 페리시테인은 유대인이 패배한 다른 민족과 결합하여 팔레스타인 제국에 반항하여 잃은 땅을 탈환하려고 했다. 에브스족도 페리시테인도 예루살렘이나 팔레스타인을 탈환할 수 없었지만 일찍이 정복되었던 다른 나라들은 땅을 되찾을 수 있었다. 솔로몬 왕은 그러한 땅을 다시 빼앗으려고 하지 않았다. 그는 외교(外交)로 평화를 얻으려고 했다. 타국과의 평화가 달성되자 이번에는 자국(自國)의 산업화(産業化)에 착수했다.

후세의 사람들이 봉건사회를 자본주의 사회로 바꾸려고 했을 때와 똑같이 솔로몬 왕이 농경사회를 도시화사회로 바꾸려고 했을 때에도 그렇게 간단하게 되지 않았다. 솔로몬은 그것을 달성하기 위해서 각 부족의 정치력을 약화시켰는데 그것은 역시 합중국이 각 주의 힘을 약화시키지 않으면 안 되었던 것과 같다. 솔로몬은 매우 실제적인 이유에서 그렇게 하지 않으면 안 되었다.

독일의 사회학자 막스 웨버는 ≪직업으로서의 정치≫2)에서 연방정부가 유일의 중요한 행정기관이 되고, 전쟁을 하는 유일의 권력을 장악하게 되기까지는 강력한 연방정부가 확립되지 않는다고 지적하고 있다. 연방을 구성하는 각 주가 그러한 힘을 가지고 있어도 안 된다. 연방의 각 주가 그 군대를 유지할 재원을 이미 가질 수 없게 되고, 재정 때문에 연방정부에 의존하게 되었을 때 주는 허구(虛構)로서만 유지되고 사실상의 주권은 상실한다고 웨버는 말한다. 미국사(史)에서는 분명히 그랬었다.

솔로몬은 '부족권한(部族權限)' 위에 '연방권한'이 있다고 주장하지 않으면 안 되었다. 부족에게는 자기들의 군대를 유지하고, 재정적 독립을 보존하기에 충분한 조세징수력(租稅徵收力)도 있었기 때문에 솔로몬은 부족의 정치적 실력을 분쇄해야 했다. 솔로몬은 부족의 세력과 영향력을 약화시키기 위해서 일부러 부족간의 경계선을 뭉개버리고 나라를 12의 조세지구로 분할했다. 그리고 나서 중세(重稅)와 강제노동으로 땅을 갖지 못한 계층을 대폭 늘려갔다. 그러기 때문에 사람들은 도시로 흘러 들어가 신흥의 상업이나 공업에 노동력을 제공하게 되었다. 사사제도(농경제도)에서는 가족이 경제의 중심단위였다. 솔로몬의 체제(공업경제)에서는 개인이 경제의 단위가 되었다. 가족의 기반(羈絆)이 느슨해지고 부모의 권위가 약해졌다. 이것도 오늘의 공업화 사회가 가족관계나 공동체 내의 결합을 약화시키고 있는 것과 똑같다.

그러나 솔로몬은 농경사회에서 공업사회로의 전환을 너무 서둘렀다. 그

2) 막스 웨버, H·H·거드, C. 라이트 밀즈 공편. ≪사회학논고≫ Essays in Soci- ology(옥스퍼드대학 출판부, 1946년).

는 낡은 체제를 부수어 버리려고 한 것으로 인해서 결국 자기로서도 억제할 수 없는 문제를 안게 되고 말았다. 확실히 도시는 생기고, 상업이 발달하여 공업도 번영했지만 직장을 찾아 도시로 몰려 들어오는 땅을 가지지 못한 수많은 사람들을 흡수할 만큼은 되어 있지 않았다. 세월이 흐름에 따라 급격하게 이루어진 공법화에 폐해(弊害)가 뚜렷이 나타나 버렸다. 솔로몬이 세상을 떠날 즈음에는 땅이 없는 농민, 실업자, 부재지주, 가난한 대중을 소수의 부자들이 억압하고 있는 사회문제, 경제문제에 시달리고 있었다. 과잉한 부(富)가 악과 타락을 낳아 그것이 정의를 왜곡(歪曲)하게끔 되었다.

솔로몬은 또한 그 후에 종교상의 분열을 낳게 된 원인도 만들었다. 그 결과 더욱 중대한 사회적인 분열이 일어나게 되었다. 우상숭배(偶像崇拜)가 그의 침실을 경유하여 팔레스타인으로 침입했다. 당시까지는 잡혼(雜婚)과 일부다처제(一夫多妻制)가 금지되어 있지 않았다. 솔로몬은 그의 외국인 처나 첩들이 신앙하고 있는 종교는 그것이 무엇이든 당당하게 인정했다. 솔로몬의 태도는 역사학자인 에드워드 기본이 로마인의 태도에 관해서 진술하고 있는 것에 적용된다. '일반인들은 모두가 로마의 세계에 퍼져가고 있었던 갖가지 신앙에 관해서 진실(진짜)이라고 생각하고 있었고, 철학자들은 모두가 허위(가짜)라고 생각하고 있었으며, 행정장관은 모두가 저마다 이용가치가 있다고 생각하고 있었다. 이러한 관용은 신앙의 자유를 낳았을 뿐만 아니라 종교의 평화를 가져오게 했다.' 그러나 팔레스타인 사람들은 이러한 생각을 가지고 있지 않았다. 솔로몬의 관용은 자유도 평화도 가져오지 않았다. 그것은 내전(內戰)을 일으키고 말았다.

다윗의 시대에서마저 팔레스타인에서는 강대한 중앙정부가 없었는데 북(北)의 이스라엘 왕국과 남(南)의 유다 왕국이 불완전하게 통합되어 있을 뿐이었다. 유다왕은 이스라엘 왕국의 승인 없이는 이스라엘을 통치할 수 없었다. 다윗 왕은 왕이 되기 전에 승인을 받고 있었다. 그런데 솔로몬의 경우는 그렇지 않았다. 다윗은 자기의 사후에 아들 솔로몬이 왕으로서 인정을 받게 하기 위해서 그를 두 번이나 이스라엘(아마 수도 세겜으로)로 데리고 가서 자신의 지휘로 즉위식을 행하게 했다. 《역대기상》 29장 22절~23절에는 '그날 그들은 여호와 앞에서 먹고 마시며 크게 기뻐하였다. 그리고는 다윗의 아들 솔로몬을 이대 왕으로 모셨다. 그에게 기름을 부어 여호와에게 바쳐 영도자로 받들고, 사독에게 기름을 부어 사제로 세웠다. 솔로몬이 아버지 다윗의 뒤를 이어 옥좌에 올랐다. 그가 하는 일은 다 뜻대로 되었고, 온 이스라엘은 그에게 복종하였다.' 솔로몬의 즉위식이 두 번이나 거행되었다고 하는 것은 그 왕국의 이중성과 취약성을 드러내는 것이라고 할 수 있다.

기원전 931년 솔로몬이 죽자 그 아들 르호보암은 유다의 왕으로서만 즉위했다. 그도 솔로몬과 똑같이 세겜에 가서 즉위식을 거행해야 했다. 그곳에 가자 이스라엘의 장로들이 그를 만나러 와서 정치적 및 종교적 불만이 있으므로 그것을 해결해 줄 것을 요청했다. 이것은 미국의 식민지(植民地) 백성이 영국 왕에게 불만의 시정을 청원했다가 이해해 주기는커녕 거드름을 피우는 오만함을 맛본 경우의 형편과 같았다. 성서 《열왕기상》 12장 1~15절에는 통치자는 신민(臣民)의 종복이라는 원칙을 주장하는 이스라엘의 자유인과 그 원칙을 뭉개버린 르호보암의 역사적인 회담 광경이 극적으로 그려져 있다.

장로들을 대변한 것은 여르보암이었다. 그는 이스라엘의 장군으로 솔로몬의 폭정에 반역하다가 실패한 후에 이집트로 망명했었으나 다시 이스라엘로 돌아와 있었다. 허영심이 강하고 교만한 왕이 항상 반듯이 그런 것처럼 르호보암도 조정(調停)에 귀를 기울이지 않았다. 그 대신 그는 이스라엘에 군대를 보냈다. 군대는 완전히 패배했다. 솔로몬의 사후 1년도 되지 않는 사이에 팔레스타인왕국은 존재도 하지 않게 되었다. 여호수아나 다윗이나 솔로몬이 봉합(縫合)해 놓으려고 했던 곳들이 완전히 터져 제국은 산산조각이 되어 버렸다. 여로보암은 이스라엘 왕이 되어 12부족 중에서 10부족을 통치하고, 르호보암은 나머지 2부족으로 된 유다를 통치하는 왕으로서 남았다. 르호보암으로 인하여 일어난 이스라엘과 유다의 전쟁은 100년이나 계속되었다.

그러자 여기서 유대인의 역사뿐만 아니라 유대인 자신도 변화를 겪었다. 유대인은 처음 1000년 동안은 유목민이었으며, 땅을 갈아 생활하는 자로 평화를 사랑하고 그날그날을 이럭저럭 살아갔다. 마지못했을 경우에만 무기를 들었다. 그러나 그들의 역사가 다음의 1000년 사이에 들어가자 유목민적인 양상은 사라졌다. 전쟁에 능해지고, 전장(戰場)에서는 용감무쌍했으며 그 용맹은 무적(無敵)한 것이었다. 유대인도 그리스인처럼 불리한 싸움에 승리를 거두었다. 즉 그들에게도 '마라톤 전역(戰役)'과 같은 싸움이 있었다. 그리스인은 로마인에게 패하자 더 이상 저항을 하지 않았지만 유대인은 자유를 위해서 무기를 들고 반항을 되풀이했다. 비겁한 유대인이라고 하는 스테레오타입(stereotyped)한 이미지는 후일에 유럽문명이 유대인의 얼굴에 씌운 가면이다.

유대인의 왕이라고 하면 다윗과 솔로몬이 보통 잘 알려져 있어 팔레스타인 분열 후에 이스라엘과 유다를 통치했던 왕들의 일에 대해서는 별로 관심을 보이지 않는다. 그러나 다윗과 솔로몬의 팔레스타인 역사보다도 그 후 두 왕국 왕들의 이야기가 오히려 훨씬 모험적이고 재미가 있다. 유대인은 파렴치하다고까지 할 수 있는 대담성으로 다마스코스나 페니키아나 이집트의 강대한 세력을 상대로 하여 전쟁을 했다. 다른 나라들은 앗시리아나 바빌로니아의 군대가 가까이 오는 말발굽 소리만 들어도 떨고 있었을 당시에 적에 대항하는 연합을 형성하기 위해서 이웃 나라들에게 힘과 용기로 격려한 것은 이스라엘과 유다였다. 이들 왕들은 진중성이 없고 소심한 통치자였던 것이 아니라 오히려 활발한 행동을 좋아한 르네상스인들과 같은 인물들이었다.

유다나 이스라엘이라는 두 왕국의 역사를 보면, 음모, 배반, 횡령, 암살, 시역(弑逆) 등이 너무나도 눈부시게 그칠 새 없이 일어나고 있었으므로 그것은 마치 메디치가(家)의 지배하에 있었던 이태리를 방불케 한다. 그러나 이 시대가 음산하고 불합리한 요소를 가지고 있기는 했어도 그럼에도 불구하고 거기에는 하나의 대테마가 보인다. 그 300년을 일관하는 사상을 표현하는 것으로서의 대테마가 있으며 그 주제는 세 가지 현상으로서 관찰할 수 있다.

하나는 유대인의 일신교가 이교도의 종교 제의(祭儀)에 흡수되는 것을 방지하려는 노력, 두 가지는 사회적인 목표로서 도덕과 정의를 지키려고 한 것, 그리고 유대인을 하나의 민족으로서 보존하려고 한 그 세 가지이다. 이스라엘 왕국이 제일 먼저 멸망했으므로 그 역사부터 살펴보기로 하자. 그리고 나서 유다의 역사로 되돌아가기로 한다.

이스라엘의 왕좌(王座)는 불안정하여 왕위에 오른 자는 그 자리에 평균 11년밖에 앉아 있을 수 없었다. 군주제는 그 212년 동안 9개의 왕조가 일어나고 붕괴해 갔다. 7일 동안밖에 통치하지 못했던 왕조도 있었다. 왕좌에 오른 왕들 중에서 자연사를 한 자는 극히 드물다.

여로보암은 두 왕국의 분열을 심화시킴으로써 그 통치를 시작했다. 베델에 예루살렘의 '성전'에 대항하는 성전을 세움으로써 가열한 정치적 반복에 종교적인 원한을 덧붙였다. 유다의 최초의 '여호와(J문서를 말함-역주)' 자료(資料)가 기록된 것은 이 시대였다. 그로부터 20~30년 후에 이번에는 이스라엘에서 '엘로힘(E문서를 말함-역주)' 자료가 편찬되었다. 이것은 예루살렘과 베델에 성전이 병존했던 것과 마찬가지로 아마도 '여호와' 자료에 대항하기 위해서 편찬되었을 것이다.

왕으로서의 실력을 갖추지 못한 왕들의 통치가 계속되는 사이에 이스라엘은 심한 혼란에 빠질 위험에 처해 있었다. 그것을 구한 것은 오므리왕(기원전 866년)이었다. 그는 개성이 풍부하고 정력적인 왕이었다. 이를테면 그 시대의 나폴레옹이라고 할 수 있는 존재로, 안고 있었던 문제도 또한 해결의 방법도 나폴레옹의 그것과 비슷했다. 그는 먼저 이스라엘 왕국의 내분을 종식시켰다. 그리고 나서 침략해 온 외국군대를 몰아냈다. 그리고 수도를 세겜에서 사마리아로 옮겨 법제(法制)를 개혁하고 상업을 장려했다. 국내의 개혁이 끝나자 오므리는 그 왕국을 확장하려고 생각했다. 그 기도는 오므리 자신의 예측을 넘어설 만큼 성공해 갔다. 무용의 왕으로서 그 명성이 고대세계 전체에 알려지고 앗시리아인이나 모압인에게도 두려움과 존경의 대상이 되었다. 고고학자가 발굴한 앗시리아의 기념비에는 이스라엘을 '오므리왕국'이라고 기록하고 있다.

오늘날 파리의 루불 박물관에 소장되어 있는 유명한 '모압비(碑)'에는 오므리에 의한 모압인의 정복과 드디어 그들이 이스라엘의 지배에서 벗어나 자유를 얻은 사실이 기록되어 있다.

그러나 오므리는 그러할 뜻도 없이 후세에 불행을 가져올 원인을 만들어 버렸다. 그것은 아들 아합을 시돈의 악녀(惡女) 이세벨 왕녀와 정략결혼을 시킨 일이다. 그녀의 부친은 승려(僧侶)였으나 페니키아의 왕을 암살하여 그 왕위를 강탈한 자로 딸에게도 사적인 권리욕을 위해서는 배신하거나 암살하는 것을 가르쳤다. 이스라엘 왕비가 된 이세벨은 그렇게도 이스라엘인들이 지키려고 싸워왔던 시민의 권리를 박탈해 버렸다. 정정(政情)은 혼미를 거듭했다. 그리고 바알신 신앙과 '거룩한 매춘(賣春)'을 끌어들여 모르독신(神)에게 아이들의 번제를 바쳐 국민의 분노를 샀다.

아합은 국내정치에 관해서는 이세벨의 조종을 받았지만 외교에 관해서는 스스로가 결정했다. 페니키아, 다마스코스, 시돈, 두로의 군대를 격파했지만 각 국의 왕을 적으로서 다스리지 않고 형제로서 접했다. 아합은 동부 앗시리아의 제기의 위험을 알아채고 서부를 평화의 상태로 놓아두고 싶었던 것이었다.

앗시리아인들은 아브라함이 떠났던 즈음서부터 이미 정복욕에 불타고 있었다. 그들의 얼굴은 나치스가 그린 폴란드・유대인의 만화와 엇비슷했다. 그들은 곧장 난관에 부딪쳤다. 1000년 동안이나 제국을 꿈꾸고 있었던 그들은 기원전 11세기에 그 꿈을 실현했다. 10세기에는 이미 바빌로니아인을 지배하여 그 인근을 자기들의 영토로 만들어 버렸다. 9세기에는 서부로 진출한 준비를 끝내고 있었으며, 이집트가 목적이었다. 그런데 그 진로에는 이스라엘이 있었다.

앗시리아인의 공격준비가 끝나 있었을 즈음에 아합도 각오를 든든히 하고 있었다. 거기서 역사에 남은 전역(戰役)이 카르카르에서 벌어져(기원전 854년) 앗시리아 군대가 아합의 손으로 조직된 12개의 완충국(緩衝國)의 대군세(大軍勢)와 부딪쳤다. 전위는 유대인의 대대(大隊)였다.

이 전투에서 2만 명의 병사가 전사했으나 아합은 앗시리아인에 대해서 경이적인 승리를 거둠으로써 앗시리아인의 세계제패의 꿈의 실현은 100년이나 늦어지고 말았다.

아합이 죽자 그때까지 억압되었던 이세벨을 향한 분노가 폭발하기 시작했다. 예언자 엘리사가 이끈 공모자들은 예후라는 장군을 '신돈의 음매(淫賣)'에 대한 반란의 지도자로서 택했다. 엘레사는 행운을 기도하고 예후에게 기름을 부어 왕으로 세웠다. 그리하여 일이 잘 진행되었다. 예후는 이세벨을 암살했을 뿐만 아니라 아합의 전 가계를 몰살시켜 버렸다. 그리고 공백이 되어버린 왕위에 올랐다. 그는 가혹한 왕이었으며 민완한 행정관이었다. 바알 예배는 가차 없이 근절되었다. 상업과 공업이 적극적으로 장려되었다.

50년간 평화와 번영이 계속되었다. 이스라엘은 다시 제국주의적 움직임을 보여 성공을 거두었고 얼마 안 가서 영토는 두 배가되었다. 이 소국(小國)의 강력한 군사력에 겁을 집어먹은 인근의 나라들은 싸움을 걸려고 하지 않았다. 그런데 조용한 이스라엘의 지평선에 먹구름이 덮이기 시작했다. 이 시대의 비스마르크라고 할 수 있는 혈(血)과 폭풍의 디글랏빌레셀 3세가 이미 앗시리아의 수도 니느웨에서 왕위를 빼앗고 있었다. 디글랏빌레셀 3세야말로 일찍이 앗시리아인들이 1000년 동안이나 꿈꾸어 왔던 앗시리아 제국을 실현하기 위해 온 왕이었다.

앗시리아인의 정복 방법은 나치스 독일의 그것과 비슷했다. 그들은 소국을 위협하여 예속시켰다. 디글랏빌레셀은 이스라엘에게 다액의 진공(進貢)을 하지 않으면 군대를 진격시킬 것이라고 위협했다. 이 요구를 듣고 이스라엘의 의견은 둘로 갈라졌다. 하나는 요구한대로 앗시리아에 공납(貢納)을 하자고 하는 입장이고, 다른 하나는 '국방비에 거액의 돈을 투자하더라도 진공을 위해서는 한 푼도 내놓지 말자'고 하는 입장이었다.

지불하느냐 않느냐 그것이 문제였다. 친 앗시리아파의 왕들과 반앗시리아파의 왕들이 암살을 되풀이하여 쉴새없이 교체되었는데 이 문제는 그들의 사활에 걸리는 것이었다. 친앗시리아파가 옹립한 세 번째의 왕이 암살되자 세 번 다시 앗시리아에 대한 공납이 중지되었다. 디글랏빌레셀은 더 이상 참을 수 없다고 하여 군을 이끌고 이스라엘을 공략했다. 누구나가 이제 이스라엘은 항복하여 앗시리아가 요구하는 대로 하게 될 것이라고 예측했으나 이스라엘은 그렇지 않았다. 그들은 싸울 결의를 굳혀 거의 승리를 거둔 것과 다를 바 없었다.

역사가들은 보통 이 앗시리아—이스라엘 전쟁을 2,3행으로 처리해 버린다. 그것이 전혀 의미도 없고 하찮은 작은 충돌에 지나지 않았다고 하는 것처럼. 그러나 이 전쟁을 잘 살펴보면 고대의 전쟁 중에서 이 전역이 중요할 뿐만 아니라 바로 경이적인 것이라고 하지 않을 수 없다. 1939년의 소련과 핀란드의 회전(會戰)도 제 2차 대전의 대 드라마 속에서는 하찮은 싸움이었다. 그러나 소비에트의 위력에 6개월간이나 저항한 핀란드는 용기 있는 행동의 모범으로서 칭찬을 받아왔다. 앗시리아는 소비에트와 핀란드의 힘의 차보다 이스라엘에 비해서 훨씬 강대했다. 그럼에도 불구하고 앗시리아가 이스라엘을 정복하는 데는 10년의 세월이 걸렸다. 그 사이 왕이 세 번이나 바뀌었다.

이스라엘인은 디글랏빌레셀에게 여러 번의 가열한 패배를 안겨 주었다. 디글랏빌레셀은 광폭 했지만 이스라엘지방의 영토를 약간 탈취했을 뿐이었다. 디글랏빌레셀을 계승한 살마네셀 5세도 그리 뛰어난 일을 하지 못했다. 살마네셀을 계승한 사르곤 2세가 겨우 기원전 722년 이스라엘의 수도 사마리아를 점령했다. 역사학자는 이 싸움을 그리 대단치 않은 전역으로 보아 섬길지 모르지만 그 전역의 현장에 있었던 사르곤 왕은 그렇게 생각하지 않았다. 그러므로 그는 앗시리아의 강대한 군대를 10년간이나 잡아두었던 경이적인 적의 얼굴을 두 번 다시 보지 않고도 지낼 수 있도록 이스라엘인을 한 사람도 남기지 않고 추방해 버렸다. 이스라엘 왕국은 소멸했다.

유대왕국의 역사도 이스라엘 왕국의 그것에 못지 않을 만큼 비슷하다. 다윗 왕가의 피를 잇는 자가 히브리왕국의 분열(기원전 933년)의 시대로부터 374년 후의 유다왕국 붕괴까지 통치한 것으로 되어 있지만 왕위는 이스라엘의 그것과 마찬가지로 불안정한 것이었다. 12인의 왕이 평균 17년간 왕위를 지키고 있었다. 그러나 왕조는 하나였다.

원래 유다 왕국은 그 출발부터 좋지 않았다. 그들은 이집트의 침략을 받아 이집트의 지배를 물리치기는 했지만 얼마 안 가서 유다 왕국 자신이 확장주의(擴張主義)적인 정책을 취하게끔 되었다. 거기서 페니키아인, 아라비아인, 페리시테인, 모압인, 시리아인들은 저마다 유다 왕국의 공략을 받아 그 영토의 상당한 부분을 유다 왕국에 합병 당했다. 정복전쟁은 1세기나 계속되어 때로는 유다가 패배한 일도 있었다. 이스라엘 왕국의 예후의 반란은 유다 왕국의 세력을 약화시켰다. 정복한 나라들을 유지할 수 없게 되었다. 각국은 자유를 얻을 기회를 잡았다. 유다 왕국은 100년 전의 영토로 축소되었다.

이스라엘 왕국에 이세벨이 있었던 것처럼 유다 왕국에서도 그러한 인물이 있었다. 이것은 고맙게도 이세벨의 촉수에 의해 유다 왕국에 주어진 것이었다. 그녀는 자기의 아름다운 딸 아달리야를 유다왕 여호람과 결혼시켰다. 여호람은 장기(臟器)가 몸밖으로 나오는 기병(奇病)에 걸려 죽었다. ≪역대기하≫ 21장 20절에는 그 사건이 "애도하는 사람 하나 없는 가운데 그는 가고 말았다"고 넌지시 씌어져 있다. 그의 막내아들 아하지가 왕위를 계승했으나 그것은 예후의 살육이 이스라엘 왕국을 휘몰았던 해로 예후는 아하지야까지도 죽어버렸다. 아달리야는 좋은 기회라고 생각했다. "딸은 언제나 어머니를 닮아버리는 것이다. 슬픈 일이 아닌가"고 오스카 와일드는 말했으나 아달리야도 예외가 아니었다. 그녀는 유다 왕국을 자기의 것으로 만들기 위해서 요아스를 남겨놓고 다윗 왕가의 사람들을 깡그리 죽여 버렸다. 요아스는 그의 고모가 데려다가 숨겨주었다.

아달리야는 7년간 여왕으로서 통치했다. 반란이 일어나자 그녀는 비참한 최후를 마치고 7세의 요아스가 즉위하여 다시 다윗 왕가의 인물이 왕이 되었다. 요아스는 40년간 왕으로서 통치했다. 우호(友好)의 시대가 깃들어 유다 왕국과 이스라엘 왕국의 싸움이 끝났다. 100년의 유혈을 흘리고 난 뒤였다.

디글랏빌레셀이 이끈 앗시리아군의 반격에 나섰을 때 예언자이사야의 충고에 귀를 기울였던 유다왕국은 이 싸움에 휘말리는 것을 피했다. 이사야의 정치철학은 조지 워싱턴의 그것과 같아 '말려들 동맹은 맺지 말라'는 것이었다. 유다의 왕들은 이사야의 충고에 따라 앗시리아에 공물을 보냈다. 그들은 공납을 중지한 이스라엘이 파괴되는 것을 공포에 찬 눈으로 바라보았다. 살육이 끝나자 이번에는 이스라엘왕국을 두 조각으로 갈라놓은 '친앗시리아파대 반앗시리아파'의 대립과 같은 것이 유다 왕국을 분열시켰다. 유다에도 이스라엘과 마찬가지로 두 개의 ?파가 생겨 하나는 앗시리아의 요구대로 공무를 보내야 한다고 주장하고 또 하나는 '친 이집트'를 주창하여 이집트, 시리아와 동맹을 맺어 앗시리아를 토벌해야 한다고 주장했다.

'친이집트파'가 끝내 이겼다. 유다를 중심으로 한 남북의 추축(樞軸)이 생겼다. 시리아가 북에서 반란을 일으키고 이집트가 남에서 공격하며 유다가 중앙에서 싸운다는 계획이었다. 앗시리아는 신속하게 행동하여 남북추축은 여지없이 무너지고 말았다. 앗시리아의 대군세를 보고 시리아도 이집트도 앗시리아에게 굴복했다. 유다는 독력으로 분격하여 날뛰는 앗시리아와 싸우지 않으면 안 되었다. 그런데 거기에 기적이 일어났다. 어느 날 아침 유대인들은 그때까지 예루살렘을 포위하고 있던 앗시리아인이 병영(兵營)을 걷어가지고 급히 떠나려고 하는 광경을 보고 놀랐다. 유대인은 이것은 하늘이 내린 은총의 징조라고 하여 축하했다. 헤로도투스는 그렇게 생각하지는 않았다. 헤로도투스는 쥐의 역병(발진티프스)이 앗시리아인을 휩쓸었다고 했다. 어느 쪽이든 유다는 살아나게 되었다.

그러나 하늘이 계속 돕기만을 바랄 수 없다고 생각하여 유다의 왕은 앗시리아에 대한 공물을 보내려고 결정했다. 그는 후일에 가서 하늘의 은혜로 다시 기적이 일어나서 누군가가 자기 대신 앗시리아를 멸망시켜 줄지도 모른다고 생각했다. 바로 사태는 그의 예상대로 진전하고 말았다.

앗시리아인은 역사의 운이 없었다. 윈스턴 처칠이 몬트고메리 원수에 대해서 말한 것과 똑같은 불운을 당했다. 즉 "승리를 목전에 두고 빼앗긴 패배"라고 할 수 있는 불가사의한 능력을 갖추고 있었다고 할 수 있다. 겨우 전선을 페르샤만에서 리비아사막으로까지 진출시킬 수 있는 듯이 보인 것도 잠깐으로 앗시리아인은 그 승리를 맛보지도 못했다. 앗시리아인이 맨 처음에 정벌한 바빌로니아인이 반란을 일으켰기 때문이다.

그들은 앗시리아의 수도 니느웨를 약탈했다(기원전 612년). 앗시리아의 한 장군이 그 제국의 남아있는 부분만이라도 지키려고 사력을 다했으나 바빌로니아인은 이집트와 자고 그 역사적 전역 카르케미슈(기원전 605년)의 싸움에서 앗시리아인을 전멸시켜 버렸다. 앗시리아는 붕괴했다.

지난날의 앗시리아 제국은 바빌로니아의 것이 되고 그에 따라서 유다 왕국이 유다도 바빌로니아의 수중에 떨어졌다. 그러나 이스라엘 왕국의 경우와 똑같이 유다 왕국의 사람들에게는 바빌로니아에 굴복하려는 마음이 별로 없었다. 유다 왕국의 종언은 필연적이었다. 그것은 세 단계의 과정을 거쳐 도래했다. 기원전 600년대에 바빌로니아의 통치가 시작되고 수년이 지나자 유다는 첫 반란을 일으켰다. 느브갓세살은 그 봉기를 진압하기 위해서 비정규군(非正規軍)을 파견했다. 의외로 그 군대는 유대인에게 패하고 말았다. 거기서 다음에 느부갓네살이 자신이 지휘를 하여 진압했는데 일찍이 앗시리아인이 깨달았던 것과 똑같이 그도 유대인이 대담무쌍한 적이라는 것을 발견했다. 기원전 597년 예루살렘은 함락되어 점령되었다. 느브갓네살은 18세의 여호야김왕을 잡고, 지도적인 자리에 있었던 800명의 시민을 추방했다. 재차의 봉기를 방지하기 위해서였다. 그는 이 때 예루살렘을 약탈하지 않았고, 국토를 황폐시켜 버리지도 않았다. 그 대신에 다윗 왕가의 최후의 왕, 21세의 시드키아를 괴뢰정권의 왕으로 즉위시켰다.

바빌로니아왕 느브갓네살이 유다로부터 철군하자 곧장 반바빌로니아 음모가 시작되었다. 유다는 이집트와 짜고 독립을 하려고 했다. 격노한 느브갓네살이 다시 진격했다. 2~3주가 지나자 이집트는 항복했으나 유대인은 1년 반이나 버티었다. 기원전 588년 6개월의 포위 끝에 바빌로니아인은 마침내 예루살렘의 성벽을 부수는데 성공했다. 시드키아는 잡혔고, 그의 자식들은 그의 눈앞에서 학살당했다. 그리고 나서 바빌로니아인은 시드키아의 눈을 뽑아 버렸다. 성전이 파괴되고 거리는 약탈당하여 와력(瓦礫)으로 변했다. 가난한 자와 병자와 불구자를 제외하고서는 전부가 바빌로니아로 추방되었다.

유다 왕국과의 싸움에서 두 번이나 이긴 바빌로니아 병은 예루살렘으로 통하는 길에 정통하게 되었다. 왜냐하면 그들은 예루살렘에 세 번째나 진격을 하게 되었기 때문이다. 느부갓네살은 "가난한 자, 병자, 불구자 등"을 얕보았다. 그런데 그들에 의해 느부갓네살이 임명한 총독이 살해되었다. 미스바에 있던 바빌로니아의 수비대도 살육 당했다. 그러나 이 세 번째의 반란은 승리의 희망에 이끌리어 일어났다고 하기보다는 오히려 반항의 정신의 표현이었다. 세 번의 전쟁, 세 번의 패배로 유다왕국은 멸망했다. 이스라엘 왕국 멸망으로부터 136년 후의 일이다. 이스라엘=앗시리아 전쟁에서 말한 세 가지 점은 유다=바빌로니아 전쟁에 대해서도 역시 적용할 수 있다. 즉 소국이 극복하기 어려운 적에 저항한 일이다. 페르샤만에서 지중해로 뻗은 방대한 영토를 가진 대제국에 반항했던 것이다. 바빌로니아가 이긴 것은 불가사의하지 않다. 불가사의한 것은 유대인이 때로는 바빌로니아를 거의 패배시킨 것처럼 보였던 사실이다.

4. 꾸려 가지고 다닐 수 있는 종교

쉬펭글러적인 역사관에 따르면 이스라엘과 유다의 멸망과 더불어 팔레스타인의 문명도 멸망할 것이었다. 모세는 여호수아와 사사(士師)들과 그 문명의 봄을 가꾸었다. 다윗과 솔로몬이 그 여름을 피우고 있었다. 히브리 왕국은 확실히 두 개 왕국으로 분열하여 제각기 왕국은 가을로 향하는 것과 비슷한 과정을 더듬어 차츰 군국시대의 겨울을 맞이하여 마침내 멸망하고 말았다. 팔레스타인은 그 주기(周期)를 완전히 끝마친 것이 된다. 그러나 기원전 1200년에 시나이 산에서 건설된 유대왕국은 거기서 정말 죽어 없어져 버린 것일까?

확실히 유대인도 쉬펭글러의 설에 따르는 것처럼 보였다. 이스라엘의 10부족은 앗시리아인의 손에 의해 멸망당하고 난 후 다시 역사에 그 모습을 드러낸 일이 없었다. 바빌로니아인이 유대인을 추방했을 때에도 그것으로 그들의 역사가 완전히 종말을 고하는 것으로 보였다. 그러나 결과는 그렇게 되지 않았다. 기원전 722년의 이스라엘의 패배와 586년의 유다의 패배와의 사이에는 무엇인가 일어났던 것 같다. 그것으로 인해서 유다의 사람들은 살아남아 유대사(史)에 하나의 새로운 싹을 키울 수 있게 되었다.

이교의 시대에는 추방의 몸이 된 포로들은 멸망해 버리는 것이 상례였다. 육체적으로 멸망한다는 뜻이 아니라 하나의 민족으로서 존속할 수 없게 된다는 뜻이다. 우상숭배를 믿는다면 우상 그 자체는 변화해도 그리 커다란 타격은 되지 않으므로 포수(捕囚)가 된 사람들은 대체로 정복자가 내미는 우상이나 세계관을 받아들였다. 이 동화(同化)가 출발점이 되어 잡혼(雜婚)에 의한 동화는 더욱 촉진되었다. 포수가 된 사람들은 살아남을 수 있기만 한다면 그것으로 족하여 따로 히타이트인, 페니키아인, 시리아인, 에브스인으로서 살아남는다는 것은 아무래도 좋았다. 종교적인 동일성, 민족으로서의 주체성을 잃는다는 것은 아무렇지도 않았다. 이스라엘 왕국의 경우도 그랬었다. 그러나 유다 왕국의 경우는 그렇지가 않다.

이스라엘의 유대인은 소멸해 버렸는데도 유다의 유대인이 살아남은 것은 무슨 이유에서인가? 정치학적이거나 경제학적인 문제로서 역사를 본다고 한다면 다음과 같이 설명할 수 있을 것이다—. 앗시리아의 정책은 정복한 나라들을 소구분(小區分)으로 분할하고 다시 그 구분한 주민들을 이산(離散)시켜 민족적 결합을 파괴했다. 이에 대해서 바빌로니아는 추방한 사람들을 그대로 놓아두었다. 그렇다고 해서 앗시리아에 정복된 민족이 전부 앗시리아의 손에 의해 민족성을 잃어버리고만 것은 아니었다. 단편화하려는 정책에도 불구하고 민족으로서 살아남은 민족도 있었다. 그러나 그러한 그들마저 다른 민족의 손에 의해서 동화되고 말았다. 바빌로니아에 의해 정복당한 민족은 세계 도처에 흩어지지 않고서도 그 민족적 주체성을 잃어갔다.

추방되어 살아남기 위해서는 운명만으로는 불충분한 것 같다. 종교적으로도 민족적으로도 추방당한 사람들 측에서 주체성을 지키려고 하는 지속적이고 의식적인 노력이 있지 않으면 안 될 것이다. 이스라엘은 그러한 자각적인 의지를 가지고 있지 않았다. 한편 유다의 포로들은 유대인으로서 살아간다고 하는 완전한 의지를 안고 잡혀갔다. 온갖 방해와 협박에도 불구하고 그들이 그러한 결의를 갖게 된 것은 무슨 이유인가? 이스라엘 붕괴와 유다의 붕괴 사이에의 세월에 유대인들은 한 정신적인 각성을 경험했다. 새로운 유대인의 성격과 새로운 유대주의의 개념이 형성되었던 것이다.

이스라엘의 멸망한 후에 유다가 어떻게 분열했던가 하는 것을 이미 보았다. 유다는 외부로부터의 위협에 겹쳐서 내부의 항쟁에 시달리고 있었다. 우상승배가 팽창하였으며 부자는 가난한 자를 압박하고 있었다. 잡혼이 유대인의 힘을 약화시켜 갔다. 즉 유대인성(人性)을 위협하는 세 가지 힘이 작용하고 있었다. 이전의 통일성은 이미 잃어 가고 있었다. 유다에도 멸망할 조건은 갖추어져 있었다.

이것이야말로 토인비가 말하는 바의 문명에의 도전(挑戰)의 호례(好例)이다. 유다는 독립국으로서 존속하기 위한 수단을 갖기 못했기 때문에 유대 문명도 이 시점에서 종언했다고 토인비도 쉬펭글러처럼 생각했다. 그런데 유대인은 마치 토인비의 학설에 적합하는 것을 거부하는 것처럼 그 이후의 역사에 집요하게 불쑥불쑥 나타났다. 쉬펭글러는 이 시대 이후의 유대인을 한결같이 무시했지만 토인비는 그 역사서의 정리된 페이지로부터 쓸어내 버리고 유대인은 화석(化石)이라고 정의하여 각주(脚註)로 밀어 넣어 버렸다. 이것은 스웨덴의 식물학자 린네(1707~1778)에 관한 거짓 이야기와 비슷하다. 린네는 식물의 분류를 끝내고 동물에 분류에 착수했다. 그는 은연중에 진화론에 대립하는 종(種)의 발생이론을 믿고 있었다. 어느 날 그는 뜰 안을 거닐다가 한 마리의 벌레를 발견했는데 전문가인 그의 눈으로 볼 때 그 벌레는 분명히 종이 생물의 분류상의 단위로 이것은 불변한 것이라고 하는 이론에 대해서 진화론의 우위를 증명하는 것이었다. 린네는 그 벌레는 발로 비벼 죽여 모래 속에 묻어 버렸다. 이리하여 그는 다윈이 될 수 있는 기회를 놓친 것이다.

토인비의 이론에도 불구하고 유다는 시대의 도전에 두 가지 사상을 가지고 응전하여 덕택으로 민족의 멸망이라고 하는 운명에서 벗어나, 오늘의 서구세계에 아직도 계속 영향을 끼쳐가고 있다. 그 첫째 사상은 '거룩한 책'의 일부를 정전화(正典化)한 일이다. 즉 '거룩한 책'을 신의 말씀으로 만든 것이다. 그것에 의해 먼저 ≪구약성서≫가 생기고 그 다음에 마침내 ≪신약성서≫가 생기게 되었던 것이다. 그 둘째는 유대교를 수출용(輸出用)으로 포장

(包裝)하였다. 그것에 의해서 먼저 그리스도교가, 그리고 이슬람교가 생겼다.

유다는 위기에 처해 있기는 했었지만 요시아라는 풍부한 지성과 유연한 양심을 가진 왕에 힘입은 바 크다. 요시아의 아버지는 친앗시리아파의 왕이었으나 친이집트파에 의해 암살을 당했다. 이들 암살 자들은 얼마 지나서 친앗시리아파의 복수를 받아 살해되었고, 요시아는 그들에 의해 왕위에 올랐다. 요시아는 사회적 불평등이 나라를 망친다는 것을 알아차렸다. 그러나 그는 정의와 도덕이 '모세의 법전' 속에 결합되어 있는 만큼 종교개혁 없이는 사회개혁을 할 수 없다는 것을 깨달았다. 거기서 그는 보다 평등한 부(富)의 분배를 목표함과 동시에 우상숭배의 신전을 정화할 것에 착수했다.

요시아는 커다란 모험을 했다. 단순하지만 대담한 대계획을 세웠다. 그것을 위해 신문기자가 말하는 '각도(angle)'와 '계기(peg)'가 필요했다. '각도'란 조리 있는 이야기를 쓰기 위한 시점(視點)이다. '계기'란 시간적 요소를 말한다. 요시아의 각도는 그가 바라는 개혁은 신이 바라는 개혁이라고 하는 것이며, 계기는 그 개혁을 도입할 극적인 방법을 뜻했다. 그는 이 비밀계획을 역시 같은 개혁을 바라는 대제사(大祭司)들에게 위임했다. 계획은 '여호와 자료'와 '엘로힘 자료'에서 여러 가지 부분을 발췌하고서 편찬하여 그것을 성서로 만드는 일이었다. 이 작업이 끝나자 개정된 자료를 성전의 은밀한 곳에 감추었다. 그리고 나서 요시아왕은 신의 명령에 의해서 모세가 쓴 책이 '성전'에서 발견되었기 때문에 이것을 민중 앞에서 낭독할 예정이라고 장중하게 전국에 선포했다. 그 책이 오늘날 'D자료' 또는 ≪신명기≫라고 불리는 것이다.

이 사건에 관해서는 또 다른 하나의 설명이 있다. 자료는 솔로몬 시대에서부터 실제로 '성전'에 있었던 것으로 '성전'을 개축하다가 우연히 발견되었다고 하는 설이다. 어느 설을 받아들인다고 하더라도 실제 효과는 굉장했고 사람들은 경외감에 찼다. 설사 요시아가 계획한 것이었다고 하더라도 그 결과는 그 자신의 예상을 훨씬 능가하는 것이었다. 유다왕국의 백성들은 앞을 다투어 몰려들어 모세의 말씀이 낭독되는 것을 들으려고 했다. 애국심과 종교심의 새로운 각성이 전국에 퍼져갔다. 그러한 기세를 타고 요시아는 우상숭배의 신전을 숙청하여 바알신앙과 아시타르트(동물, 식물에 생명을 주는 신. 풍요, 다산, 사랑, 쾌락의 여신. 그리스어로는 아스타로테—역주) 제의를 금지하고 사회적 권리를 지키기 위한 법안을 성립시켰다.

요시아가 ≪신명기≫를 성전화 한 것은 또 하나의 다른 일을 확립시키는 결과가 되었다. 사회학자가 말하는 '카리스마적 지배'가 그것이다. 사회학에서는 두 종류의 지배력을 상정(想定)한다. 하나는 직권(職權)에 의한 지배로 직권이 그 의지를 수행하는 궁극적 · 구체적인 수단을 갖는다. 또 하나는 그러한 구체적인 수단을 가지지 않고 직무(職務)의 신성성(神聖性) 그 자체에 의거하는 것이다. 이것이 '카리스마적'이라고 부르는 것으로 정치적 지배와 군사적 지배로 구별된다. 카리스마적 지배는 그러한 기관의 의지에 대해서 민중이 자발적으로 복종하는 경우에만 가능하다. 이를테면 대통령은 군사력을 가지고 있음으로써 정치적 지배를 행할 수 있다. 이와는 달리 법황(法皇)은 카리스마적 지배를 가지고 있어서 누가 그 자리에 오르든지 구체적인 수단에 의지하지 않고 몇 백만이라는 신도의 자유 의지에 의한 복종을 요구할 수 있다. 스탈린은 일직이 법황이 무력해졌다는 것을 보이기 위해 다음과 같이 신랄한 어투로 말한 적이 있다. '법황은 몇 개 사단을 통수하고 있는가!' 그는 법황의 지배력의 근원에 관해서 완전히 오해하고 있었다.

요시아의 치세가 되기까지 유대인은 카리스마적 권위를 거의 경험한 적이 없었다. 정치적 권위만이 그들이 경험해 온 것이었다. 일신주의(一神主義)가 생겨난 첫 무렵에는 신이 스스로 그 법을 지키지 않으면 죄를 범한 당자는 물론 뒤의 수세대 까지 신은 복수할 것이라고 위협하지 않으면 안 되었다. 그러나 유대인들은 이제야 성서의 권위에 자발적으로 따른다는 것을 내면적인 질서에 의해서 스스로에 떠맡겼던 것이다.

이 내면적 실서의 형성, 내면의 소리가 명한 대로 따르는 태도, 육체의 위기에 직면하더라도 더욱 높은 이상을 향하는 의지는 요시아에 의해 개발되었는데 이 일은 다시 '예언자'들에 의해 마무리를 짓게 되었다.

누가 예언자였던가 하는 물음에 답하기 전에 먼저 예언자란 무엇인가 하는 물음에 대해서 답하지 않으면 안 된다. 어느 문명에나 예언자는 존재해왔는데, 유대사에서의 예언자는 특별한 뜻을 지니고 있다. 예언자란 이를테면 선견자(先見者)나 제사 이상의 것이었다. 유대인은 은연중에 예언자란 정의에의 길을 보여주기 위해서 신이 보냈다고 믿고 있었기 때문이다. 유대사의 예언자는 유대주의의 순수성을 지키는 일에 마음을 쏟았다. 그러므로 그들은 인간의 도덕적 타락을 구명하여 유대인은 '신의 선택'을 받은 민족으로서 인류를 위한 모범이 되어야 한다는 사상을 품었다. 그렇게 함으로써 예언자들은 유대주의와 유대인을 변질시킨 운동을 일으켰으나 그뿐만이 아니라 신의 개념도 변혁시켰다.

맨 처음의 '기술(記述)'에 예언자는 아모스(기원전 769년)이었다.(구약성서의 예언자는 보통 유대신학에서 '기술 예언자'라 불린다). 아모스는 유다의 출생으로 이스라엘에서 설교를 했는데 불량 외국인으로서 이스라엘에서 유다로 강제 송환을 당했다. 그러한 그의 뒤를 호세아가 계승했다. 이사야에서부터 맨 마지막의 예언자 말라기에 이르는 그 밖의 예언자들은 모두 유다에서 설교를 했다.

아모스와 호세아가 처음 이스라엘에서 설교를 했을 때 사람들은 비웃고 제사들은 분노했으며, 왕들은 불안에 떨었다. 앗시리아의 군세가 '자주 빛과 황금빛으로 빛나면서' 이스라엘을 습격했을 때 패배한 이스라엘인들의 귀에는 그 두 사람의 예언자의 말이 울리고 있었다. 그러나 그들은 그 말을 이해하지 못했다. 그렇기 때문에 그들은 스스로의 묘혈(墓穴)을 파는 셈이 되었다. 즉 그들은 포수의 몸이 되더라도 존속하기 위해서는 '수송 가능한 신'이 필요하다는 것을 깨닫지를 못했다. 이국(異國)의 땅에서도 번영할 수 있는 탄력성이 있는 신이다. 그것을 가지지 못했기 때문에 그들은 동화하여 소멸해 버렸다.

이스라엘의 멸망 후 이사야나 예레미야 등이 유다 주의의 새로운 개념을 보급함에 따라 그들의 말은 유대인의 의식 속에 침윤했다. 그러다가 패배하고, 유다의 사람들이 추방의 몸이 된 시대가 도래하기 전에 이미 예언자들은 꾸려 가지고 다닐 수 있는 종교를 개발하여 완성시켜 놓고 있었다. 정복된 유다의 유대인들이 잡혀 바빌로니아를 향해서 지친 걸음을 옮기고 있을 때에는 이미 예언자의 말들이 그들의 민족적 기억 속에 깊이 뿌리박고 있었다.

예언자는 무엇을 가르치고 무엇을 권고했던가? 요약하면 그들은 신에게 있어서 의식이나 숭배는 그 자체로서는 아무 가치도 없다고 했다. 그렇게 발언하였는데도 그들이 사형을 당하지 않았다는 것은 매우 주목할 만한 일이다.[1] 그들은 인간성, 정의, 도덕은 어떠한 제의보다도 훌륭하다고 주장했다. 그들은 신은 의식을 바라고 있지 않으며, 보다 높은 도덕적 수준을 바라고 있지 않고 제물 같은 것은 매우 싫어한다고 말했다. 신에게 제물을 바치지 않아도 죄가 되지 않는다. 진정한 죄는 정의가 왜곡되고 타락하는 것이다. 제물의 의식이 종교 그 자체와 다를 바 없던 시대에 이것은 매우 색다르고 대담한 사상이었다. 예언자의 이 새로운 사상이 유대인의 제사의 역할에도 변화를 가져왔다. 예언자의 사상은 유대인의 제사의 성격을, 의식을 집행하는 자에서 '랍비'(유대주의에서의 율법을 수업한 자라는 뜻—역주)의 그것으로 변질시켜 버렸다. 루터의 사고(思考)가 가톨릭 신부의 역할을 프로테스탄트교회 목사의 그것으로 변화시킨 것과 비슷하다.

---

1) 전설에 의하면 이사야는 사형을 받은 것으로 되어 있으나 그것을 뒷받침할 사실적인 근거가 없다.

유대인은 인류의 모범이 되어야 한다고 하는 예언자의 가르침으로 인해서 구체적인 법을 지키지 않으면 안 된 것은 유대인들이었으나 유대주의의 사상과 도덕관은 모든 인류를 위한 것이 되었다는 생각이 생겼다.

여기에는 유대주의에서의 사상의 변천이 보인다. 처음에 한 가족이 소유하고 있었던 종교가 이스라엘부족 모든 사람의 것으로서 모세에 의해 확대되었고 요시아에 의해 유대인의 나라를 통치하는 것으로서 더욱 확대되었으며 마침내 예언자에 의해서 보편화되었던 것이다.

예언자를 통해 받은 사상의 뒷받침으로 포수된 바빌로니아의 유대인은 유대주의의 개혁에 착수했다. 그때까지는 법에 의해 '성전'은 예루살렘을 떠날 수 없는 것이 되어 있었다. 제사도 엄격한 의식과 형식에 의해서 그 성전에 바치도록 되어 있었다. 예언자가 도덕이 의식보다도 귀중하다고 함으로써 제사의 가치가 떨어지고 유대인은 시간과 공간의 속박으로부터 해방되었다.

유대인은 바빌로니아에서 두 개의 새로운 사상을 키웠다. 그것은 그 후 인류의 재산이 된 것이다. 유대인은 제물을 드리는 성전대신 종교적 집회의 장(場)으로서 시나고그(회당)를 세웠다. 신을 향해서 의식을 행하는 대신 신을 향해서 기도를 드리게 되었다. 시나고그는 그리스도교의 교회와 회교 모스크(사원)의 원형(原型)이 되었다. 기도는 신에의 신앙의 보편적인 심볼(상징)이 되었다.

유대인은 시나고그와 기도를 가지게 되고 나서 유대인은 이미 특정한 제사조직이나 성전이나 나라에 얽매이지 않게 되었다. 어느 곳에 있어도 중개자 없이 신과 직접적으로 대화를 할 수 있었다. 이동할 수 없었던 고정적이고 경직한 유대인의 종교는 이제 불가시(不可視)의 유연한 종교, 수송 가능한 종교가 되었다. '포수'의, '이산(離散)'의 유대인의 존속이 여기에서 보장을 받게 되었던 것이다.

많은 역사서는 바빌로니아에서의 유대인의 포수에 관해서 비참하고도 황폐된 것이었다고 그리고 있다. 다행하게도 이것은 정확한 묘사가 아니다. 기원전 6세기에 바빌로니아를 통치했던 것은 포수들을 관대히 다룬 진보적인 왕들이었다. "바빌로니아의 강가에서 통곡했던" 유대인은 소수의 광신자들이었다. 다른 유대인들은 바빌로니아가 마음에 들었고 그들은 번영하고 문화를 건설했다.

유대인은 바빌로니아인의 무역로(貿易路)를 통해서 당시 알려져 있었던 세계의 구석구석을 누비며 국제적 통상(通商)에 종사하는 자들로서 알려지게 되었다. 유대인은 바빌로니아의 문서관(文書館)에서 수필원고(手筆原稿)의 보고(寶庫)를 보았다. 거기서 책과 학문을 사랑하는 것을 익혔다. 예의작법, 우아함 등을 배워 세련되어 갔다. ≪시편≫137편의 작자미상의 시에는[2] "예루살렘아 내가 너희를 잊는다면 내 오른 손이 말라버릴 것이다. 네 생각 내 기억에서 잊혀진다면, 내 만일 너보다 더 좋아하는 다른 것이 있다면 내 혀가 입천장에서 붙을 것이다."라고 읊고 있다. 이것은 추방 초기의 심정을 표현한 것인지도 모르지만 그로부터 50년 후에 퍼져있던 심정을 읊은 것은 아니다. 이 무렵에는 시어(詩語)도 선율도 변화해 있었다. 유대사에 다시 전환기가 도래하여 그들이 다시 예루살렘으로 귀환했을 때 그 시세에 따라 예루살렘으로 향한 바빌로니아의 유대인은 수가 적었다. 그때 또다시 유대인의 운명이 세계사의 흐름에 휘말려 버렸는데 그 방향성을 이해하기 위해서는 다시 지배적인 군사세력으로 되돌아가야 한다.

셈 문명에 4000년의 역사가 흐른 후에 소아시아는 페르시아이라고 불리는 새 민족, 아리안인이라는 새 인종의 지배하에 들어갔다. 그들은 문화의 사자(使者)로서는 늦게 온 인종이며 민족적이었다. 기원전 6세기 바빌로니아가 그 번영의 절정에 있었을 때 페르시아는 존재하고 있지도 않았다.

2) ≪시편≫은 기원전 960년에 죽은 다윗의 作이라고 하지만 그렇다면 ≪시편≫은 300년 뒤에 일어날 것을 노래한 것이 된다.

1910년 당시 바다의 패자(覇者)라고 불리었던 영국이 50년 후에는 3류 세력으로 낙오할 것이며 또한 당시 3류의 세력이었던 러시아가 세계적 세력으로 부상할 것이라는 것을 누가 예상이나 했었을까? 기원전 600년 세계의 패자 바빌로니아가 50년 후에는 그 당시 아직 존재하지도 않았던 민족에 의해서 지상으로부터 완전히 소멸되리라고 누가 예상이나 했을까? 그러나 역사는 아직 이름도 알려지지 않은 이 민족을 문명 세계의 후계자로서 예정하고 있었다.

페르시아인의 기원은 확실치가 않다. 초기의 메디아인이 아니었던가 하고 추찰되고 있다. 페르시아제국의 건국은 큐로스 대왕이 독력으로 성취한 것이었다. 기원전 560년, 그는 중동 시골의 적은 도시국가의 왕이었다. 10년 후 그는 카스피해 남쪽의 소왕국 메디아의 왕이 되었다. 근 539년에 바빌로니아를 정복하고, 530년에는 이미 아들은 캠비세스에게 인더스 강에서 지중해로, 코카사스에서 인도양(洋)으로 뻗은 신페르샤 제국을 계승시키고 있었다. 캠비세스는 여기에 이집트를 추가했다. 페르시아는 얼마 안 가서 그리스인이 나타나리라는 것은 알지도 못하고 번영해 갔다. 그 사이에 유대인은 바빌로니아의 패배와 더불어 페르시아인의 지배하에 들어갔다. 그 후 2세기는 파란에 찬 것이 되었다.

'유대문제'의 후계자로서의 큐로스는 뜻밖의 방침으로 유대인을 갑자기 어리벙벙하게 만들어 버렸다. 유대인이 고향에 돌아가도 좋다는 것이었다. 물론 그들에게 자유를 준다는 것은 친절심에서 나온 방침은 아니었다. 공납하는 속국을 가지는 편이 황폐한 나라를 소유하는 것보다 덕이라고 생각했기 때문이었다. 유대인을 예루살렘으로 돌아가도록 설득할 수 있다면 그들은 반듯이 그 도시와 나라를 재건하여 황폐를 유익한 재원으로 바꿀 것이라고 확신하고 있었기 때문이었다.

큐로스의 동기가 어떠한 것이었든 유대인은 그 행위에 허(虛)를 찔렸다.

그의 친절이 그대로 커다란 기쁨으로 환영을 받은 것은 아니었다. 포고(布告)는 각가지 감정과 충성심을 낳았다. 왜 황폐와 빈곤과 끊임없는 중노동만이 기다리고 있는 예루살렘으로 돌아가지 않으면 안 되는가?

오늘날에도 이러한 일이 일어나고 있다. 1948년에 이스라엘이 독립국이 되었을 때 이민을 해 온 미국인을 많지 않았다. 오늘날의 미국의 유대인과 똑같이 바빌로니아의 유대인도 이렇게 말했던 것이다. '나는 훌륭한 바빌로니아인(미국인)이다. 왜 가야만 하는가?

유대인은 바빌로니아의 포수에서 번영하고 세련되었을 뿐만이 아니라 인구도 불어나 있었다. 포수의 초기에는 전세계에서 12만 5천 명이 채 되지도 않던 유대인이 있었지만 이제 바빌로니아에서만도 그 수는 15만 명이 되었다. 그 중 약 4분의 1의 유대인이 큐로스의 명을 따라 예루살렘으로 돌아갔다. 거기서 그들은 50년 전의바빌로니아 포수의 원인이 되었던 세 번의 가혹한 전역을 겪고도 그 폐허에 남아 살아 온 극히 소수의 유대인과 합류를 했다.

어느 익살꾸러기는 '시오니즘'을 정의하기를 한 사람의 유대인이 한 유대인의 돈으로 또 한 사람의 유대인을 팔레스타인으로 보내는 것이라고 했다. 바빌로니아에서도 이러한 익살이 퍼져 있었을지도 모른다. 바빌로니아의 부자 유대인은 가난한 유대인의 예루살렘 귀환을 위한 돈을 내게 되자 최초의 탈출이래 고향으로 돌아가는 유대인의 모습이 끊기지 않고 보였던 것이다. 예루살렘은 다시 번영했다. 인구는 증가하고 농업과 상업이 번성했다. 큐로스의 기대대로 공물이 점점 불어났다.

그러나 팔레스타인에서의 유대인의 지도자들은 괴로움에 시달리고 있었다. 아무리 보아도 나라꼴은 아직 위성국(衛星國)이었다. 페르샤왕이 바뀌면 큐로스와 같은 관용을 가지지 못한 왕이 통치하게 될 것이다.

그렇게 되면 추방이 행해지고 종교의 자유가 없어지고 말 것이다. 그러한 처지가 된다면 유대인의 민족으로서의 소멸을 어떻게 방지할 수 있는가? 문제는 이미 개인으로서의 유대인이 어떻게 살아가는가 하는 것이 아니라 유대인이라는 집단으로서 어떻게 살아가는가 하는 것이었다.

유대인의 정신 속에 예언자들이 가르친 것보다 더욱 깊게 유대적인 것을 심을 수는 없는 것일까? 그러한 감성(感性)이 의식이 밑바닥 깊숙이 들어가서 드디어 그것이 전 인격의 일부가 된다는 것은 불가능한 것일까. 바빌로니아에서 예루살렘으로의 두 번째 집단 탈출을 지도한 자들이 이러한 물음에 답을 주었다.

첫 번째의 바빌로니아로부터의 집단 귀환은 주로 광신자와 빈곤자였다. 그러나 그들은 세 사람의 매우 훌륭한 지도자를 따라갔다. 두 사람의 왕자와 한 사람의 사두가이(자도카이)[3]의 대제사이다. 세스바쌀 왕자와 즈루바벨 왕자는 다윗 왕가의 후손으로 두 사람 모두 유다 왕국의 왕이 되려고 생각하고 있었다. 사두가이파의 예수아는 대제사장에 임명되기를 바라고 있었다. 예수아의 꿈만이 이루어졌다. 세스바쌀은 바빌로니아인이 파괴한 성전재건에 착수했으나 성서에서는 그 이후의 그의 소식은 알 수 없다. 즈루바벨은 성전을 완성했으나 그도 역시 불가사의하게 거기서 사라져 버린다. 두 사람의 갑작스런 잠적에 관해 구약성서에 암시가 주어져 있다. ≪에즈라≫와 ≪즈가리야≫이다. 그것에 의하면 유대인은 두 사람을 각기 즉위시키려고 했다는 것이다. 억측이지만 유다 왕가가 확립되는 것을 허락지 않았던 페르시아가 세스바쌀과 즈루바벨 두 사람을 반역죄의 누명으로 몰아 잽싸게 허용했다. 그러므로 구약성서 (≪즈가리야≫ 6장 11절)은 금은으로 만든 관(冠)이 대제사장 및 예루살렘의 통치자가 된 예수아의 머리에 얹혀졌다고 기록되어 있는 것도 놀라운 일이 아니다.

---

3) 사독 Zadok은 다윗왕에 의해서 맨 처음으로 대제사장에 임명되었다. 사독의 후손은 사두가이인 Zadokite이라 하여 유대인으로부터 절대적인 경의를 받았다.

대제사장으로서의 예수아가 대관(戴冠)한 것은 유대인에게 있어서는 중요한 뜻을 지닌 것이었다. 그는 독립 왕국을 건설하려는 것이 아닌가 하는 의심을 받지 않고 정복자의 동의를 얻어 일종의 자치체제를 형성할 수 있었기 때문이다. 사사들과 왕들의 통치를 받게 되었다. 500년 동안에 그것이 중단된 적은 극히 짧은 기간이었다. 그렇지만 팔레스타인이 신권정치국(神權政治國)4)이 된 일은 없었다. 유대인의 데모크라시에 의해서 힘의 평형이 유지되어 있었기 때문이다. '산헤드린'과 민중의회(民衆議會)가 유대인의 정부를 제사(祭司)의 지배하에 두는 것을 허락지 않았다. 다만 대제사장이라는 칭호를 가진 명목상의 지배자가 존재했기 때문에 마치 신권정치처럼 보였던 것이다.

바빌로니아에서 맨 처음 귀환해 온 지도자들은 예루살렘의 정치적인 틀을 설정했으며 두 번째 귀환한 그룹의 지도자는 정신적인 틀을 설정했다. 민족의 존속 문제를 추구했던 것을 페르시아조정에서 영향력을 가지고 있었다. 명문출신의 느헤미야와 에즈라였다. 느헤미야는 사독의 자손으로 '왕에게 잔을 받들어 올리는 일'을 하였으며, 에즈라는 왕실의 '서가'였다. 느헤미야와 에즈라는 새로운 유대주의의 이를테면 사도 바울이라고 할 수 있는 존재였다.

느헤미야는 페르샤왕에 의해 유다의 총독으로 임명되었다. 거기서 그는 사회개혁을 위한 법률을 제정하고, 상업과 공업을 장려했으며 예루살렘의 성벽을 다시 재건했다. 에즈라는 맨 처음에 예루살렘으로 돌아온 유대인의 도덕이 문란해졌다는 것을 들었다. 그는 사람들의 마음속에 유대인으로서의 의식을 영구적으로 심어주어야 한다는 사명감에 불타고 있었다. 그러기 위해서는 모세의 법을 기본법으로서 확립하지 않으면 안 된다고 생각했다. 에

4) Theocracy Theos '신'과 Kratein '통치'한다는 뜻의 두 그리스어의 합성어로 신명을 받은 승려가 정치를 하는 것을 말하는데 유대인 대제사장의 경우에는 유대인의 왕이 신의 명령을 받았다고 주장할 수 있을 정도로밖에 신명을 주장할 수가 없었다.

즈라는 그 일을 완성시킴으로써 '제 2의 모세'라고 불리게 되었다.

에즈라는 기원전 458년 페르샤왕의 허가를 받아 예루살렘으로의 두 번째 집단귀환을 지휘했다. 그 때 바빌로니아를 나온 유대인은 1800명이었다. 여기서 에즈라는 느헤미야와 힘을 합쳐 가게 되었다. 제사 에즈라와 귀족 느헤미야가 협력하여 최초로 한 일은 유대인과 비유대인의 결혼을 금지한 일이었다. 이것은 유대사에서도 또 세계사에 있어서도 최초의 족외혼금지령(族外婚禁止令)이다. 다른 나라들은 그것을 불쾌하게 받아들였다. 하찮은, 그것도 포수로부터 자유가 된 지 얼마 되지도 않은 나라가 다른 민족은 이스라엘 민족과 결합될 자격이 없다고 했으니 괘씸하기 짝이 없다고 생각했다. 많은 유대인들도 그것을 좋지 않게 생각했다. 그러한 차별에 대한 항의로서 이 시대에 ≪룻기≫가 씌어졌다고 한다. 그러나 그 금지령은 자기들이 다른 민족보다 우수하다는 철학의 발상에서 생겨난 것은 결코 아니었다. 그것은 오로지 종교의 장래를 지킨다고 하는 의도로 일관되어 있다. 택함을 받는 자는 택함을 받은 자로서 살아가지 않으면 안 된다는 것이었다. 에즈라와 느헤미야의 금지령은 시간이 흐름에 따라 그 영향력을 더 해 갔고, 결국 그것은 유대인이 그리스·로마시대, 이슬람시대, 그리고 근대의 압도적인 동화(同化)의 물결에 밀렸어도 끝내 동화되지 않고 살아가는데 도움이 되었다.

에즈라와 느헤미야는 민족으로서의 유대인의 정신성, 종교성을 형성하기 위한 두 번째 운동으로 ≪신명기≫를 개정하여 거기에 다른 4개의 ≪모세의 서≫를 합치기로 결정했다. 두 사람의 지도하에 제사와 학자가 요시아의 ≪신명기≫를 위시하여 이설(異說)도 많고 여러 갈래로 나뉘어져 있었던 모세의 자료의 중요한 부분을 통합하려고 노력했다. 그것이 ≪창세기≫, ≪출애굽기≫, ≪레위기≫, ≪민수기≫, ≪신명기≫의 '모세의 5서'로서 결정되었다. 여기서 '모세의 5서' 전부가 거룩한 책으로 된 것이다. 즉 그후에는 '모세의 5서'에서 어느 부분을 삭제하거나 변경하거나 가필할 수 없게 되었다. 사실 그 이후로 그러한 수정은 일체 이루어지지 않았다.

요시아의 그의 ≪신명기≫를 낭독시켰을 때와 똑같이 기원전 444년 모세의 5서의 낭독에서도 에즈라와 느헤미야는 극적인 연출을 시도했다. 페르시아제국의 구석구석까지 전령(傳令)이 달려가고 유대력(歷)의 1월 1일 모세에 의해 씌어진 ≪모세의 5서≫가 전 회중 앞에서 낭독된다는 소문이 퍼져갔다. 이 소식은 모든 사람들의 입에 오르내리고 그 기념해야 할 1월 1일, 페르시아제국 전국에서 유대인들이 예루살렘으로 몰려 들어왔다. 사람들은 이미 히브리어를 잊어가고 있었기 때문에 어려운 대목이 낭독되면 통역이 아랍어로 설명했다. 아랍어는 이를테면 중동 셈족의 에스페란트라고 할 수 있는 공통어로 다른 많은 셈족계의 민족과 유대인의 일상어가 되어 있었다.

통역을 사용한다는 발상은 평판이 좋아져 그 제도는 그 이후의 유대인의 생활에 영구적으로 뿌리를 박았다. 성서에는 조그만 애매성도 남겨두면 안된다고 결정되어 있었기 때문에 미드라쉬(Midrash '주해'의 뜻)라는 방법이 개발되었다. 이러한 성서 연구자는 유대인 사회에서 매우 존경을 받았으며, 기원 후 초기에 유대인이 시작한 학문소(學問所 : yeshivar)를 예시하는 것이었다. 에즈라와 느헤미야는 사람들이 '모세의 법'을 잊지 않도록 하기 위해서 1년에 2회 ≪모세의 5서≫를 읽어야 한다는 법을 제정했다. 유대력의 1월 1일이 오면 다시 맨 처음의 ≪창세기≫부터 읽기 시작하게 되었다.

나는 ≪모세의 5서≫의 기원을 이상과 같이 설명을 했는데 이 설은 일반적으로 받아들여져 있는 것이 아니라는 사실을 밝혀 두고 싶다. 이것은 속설(俗說)로 많은 학자가 인정은 하고 있지만 인정을 하지 않는 학자도 있다. ≪모세의 5서≫는 하늘의 계시를 받은 한 사람의 인간이 썼다고 하는 의견을 가진 사람들도 많다. 나로서는 내가 취한 설(說) 유일한 것이라든가 종교적 경향이 강한 설쪽이 불확실하다든가 하는 것은 아니지만 일단 속설에 따랐다. 금후에도 그렇게 하려고 한다. ≪신약성서≫의 제서(諸書)도 뒤에서 보는 바와 같이 역시 그것들을 거룩한 책으로서 정전화하기를 원한 사람들의 손으로 편찬되었던 것이었다. 어느 설을 따른다고 하더라도 편찬이란 일이 이루어지고 그것이 역사를 형성해왔다고 하는 사실에는 변함이 없는 것이다.

모세의 사후 800년, 요시아의 개혁, 예언자들의 가르침, 그리고 에즈라의 느헤미야의 혁신을 거쳐 유대인의 유대인성(人性)이 확립되었다.

예루살렘으로 돌아온 바빌론의 유대인들은 책에 대한 사랑을 가지고 돌아왔다. 그들은 팔레스타인의 지적인 활동에 자극을 주었다. 팔레스타인과 바빌로니아는 몇 세기에 걸쳐 학문과 지적 탐구의 열정에서 서로 경쟁관계에 있었다. 그러나 로마인에 의해 예루살렘의 '성전'이 파괴되고 나서 300년 후에는 바빌로니아가 홀로 유대인의 학문의 성역(聖域), 그 보고(寶庫)가 되어 있었다. 그 후의 1000년 동안에도 사정은 변하지 않았다.

바빌로니아의 유대인은 팔레스타인에 시나고그(회당)을 가지고 들어와 거기서는 시나고그와 '성전'이 병존했다. 그렇지만 기원 70년의 '성전'의 파괴까지 시나고그가 그 중요성에 있어서 성전을 대신하는 일은 없었다. 그러나 예루살렘에서는 '성전'에서의 예배가 계속되고 있었는데 바빌로니아에서도 예루살렘에서도 시나고그에는 변화가 일어나고 있었다.

새로 싹튼 학문에의 사랑에 의해서 제(諸) 계층의 유대인이 보다 밀접하게 접촉하고 교류하게 되었다. 지식에 대한 이 공통의 열의가 시나고그의 역할을 급속하게 변화시켜 갔다. 시나고그가 세 종류의 기능을 다하게 되자 그 기능에 따라서 세 가지 명칭으로 불리게 되었다. 베드 테필라='기도의 집', 베드 하미드라쉬='학문의 집', 베드 하크네세드='집회의 집'이 그것이다. (크네세드라는 말은 현재 이스라엘 의회의 이름이기도 하다.) 이처럼 유대교의 구조가 기도, 학문, 정치를 포함하는 것으로 확장되자 이것이 또한 새로운 개념을 낳게 되었다. 즉 표준기도서, 기도법, 보통교육, 집회의 자유,

추방의 정황(情況)에서의 자치(自治) 등의 개념이 그것으로 이것들을 맨 처음에 제도화한 것이 유대인이었다. 후일에 이것은 제 민족에 의해서도 받아들여지게 되었다.

스스로의 내적 욕구에서 주(主)가 되시는 신의 법을 따르는 유대민족이라는 아브라함의 꿈도, 모세의 꿈도 실현되었다. 그들은 아직도 역사의 소용돌이 속에서 시련을 당하는 단계에 있다. 문명의 중심은 근동(近東)에서 유럽으로 옮겨가고 있었다. 마케도니아의 알렉산더 대왕(大王)이 새로운 생활양식, 새로운 문명, 그리고 유대인에의 새로운 도전을 가지고 제국건설을 위한 원정의 여행에 오르고 있었던 것이다.

Ⅱ. 향락주의 시대

―유대인은 어떻게 그리스인의 '향락주의(Apikorsim)'와 나상(裸像)으로부터 자기를 지켰는가. 어떻게 로마군의 살육을 모면하였는가. 로마인은 예루살렘을 황폐하게 만들어 유대인은 거주해서는 안 된다고 팔레스타인의 거의를 출입금지 시켜 버렸다.

그리스 · 로마시대

기원전 300년~기원 300년

그리스·로마사	연 대	유대사
아리아인이 소아시아로부터 그리스 반도를 침략	B. C. 1300 ~1200	유대인은 이집트에서 노예였다
아키레스 시대, 토토이 정략	1200 ~1100	모세가 유대인을 이끌고 이집트를 탈출, 유대인의 팔레스타인 정주
이오리아인, 이오니아인, 도리아인 북 발칸에서 그리스로 침입	1100 ~800	사사(士師)시대, 다윗 왕과 솔로몬 왕의 통치, 팔레스타인이 유다와 이스라엘로 분리
호메로스의 시대, 그리스인은 헬레네스로 알려지게 되었다 야만스런 침략자에 의해 로마가 건국되자	800~700	예언자의 시대, 이스라엘 왕국 앗시리아인에게 멸망함
그리스에 도시국가 탄생	700~600	유다왕, 요시아, 예레미야와 아사야 시대
헬레네스는 그레타 문명과 에게문명을 파괴, 로마인은 에트루리아 문명을 파괴	600~500	바빌로니아인 유다왕국을 정복 유대인 추방, 페르시아가 바빌로니아인을 쳐부수고, 유대인의 팔레스타인 귀환을 허락함
그리스—페르시아 전쟁 시작, 마라톤 전투, 살라미스 전투, 로마공화국 건국	500~400	바빌로니아에서 유대인 두 번째 귀환, 에즈라와 느헤미야의 개혁
마케도니아의 대두(擡頭). 알렉산더 대왕 페르시아인을 쳐부숨, 삼니테 전쟁으로 로마인은 이탈리아의 패자가 됨	400~300	유대인은 그리스인의 지배 아래 들어가며, 헬레니즘 문화의 영향을 받음, 서유럽과의 최초의 접촉
알렉산더 제국의 분열, 셀레우코스 왕국과 프톨레미오 왕국, 제1, 제2 포에니 전쟁, 제1, 제2 마케도니아 전쟁으로 로마는 지중해의 지배자가 됨	300~200	성서, 그리스어로 번역, 그리스도교의 기초가 이루어짐

a. 프톨레미오 왕국은 이집트와 팔레스타인이 중심. B. C. 30년 로마에 의해 병합되기까지 프롤레미오 왕조에 의하여 통치됨		팔레스타인은 B. C. 323～198년 프롤레미오 왕의 지배아래 있었음. 대제사장들에 의하여 자치
b. 셀레우코스 왕국은 소아시아와 바빌로니아를 중심으로 함 B. C. 67년 로마에 의하여 정복됨		B. C. 198년 셀레우코스는 프롤레미오로부터 팔레스타인을 빼앗음. 마카비의 반란
그리스 도시국가의 붕괴. 로마 한니발을 격파. 제 3회 마케도니아 전쟁으로 로마는 그리스를 지배하게 됨	200～100	마카비 하스몬 왕조를 확립. 사두개파와 바리새파의 상극
로마 오리엔트를 정복. 브리타니아 원정. 세계의 패자가 됨. 카이사르 시대. 로마공화국의 종말	B. C. 100 ～1 AD	로마, 팔레스타인을 정복(63년) 예수 그리스도의 탄생 유대인의 왕 헤롯데.
완전한 독재체제의 시대. 옥타비아누스, 베스파시아누스, 티투스네로, 로마제국의 융창. 그리스교도 박해.	1. A. D ～100	본디오 빌라도가 유대왕국의 총독이 됨. 로마인에 의한 그리스도의 처형. 로마의 압정에 대해서, 제 1회 유대인 봉기. 티누스, 예루살렘을 파괴.
봉기와 반란의 세계. 그리스도교도의 박해가 계속됨	100～200	제 2, 제 3회 째의 유대인의 반란. 바르 고호바의 반란. 팔레스타인의 황폐. 유대인의 추방
입헌정부의 붕괴. 로마의 쇠퇴가 시작됨. 군정의 시대.	200～300	유대인은 로마제국 전토로 이산, 로마인이 됨. 팔레스타인에 다시 정주하는 것이 허락됨

5. 유혹의 그리스 문화

알렉산더제국에 의해 이루어진 문화의 그리스화는 널리 퍼지고 깊이 침투되었다고 생각되고 있다. 그러나 실제로 그 영향은 버팀살(hoop)로 부풀게 한 스커트 같은 것이어서 넓은 범위를 덮고는 있었지만 가볍게 스쳤을 뿐이었다. 정복자인 그리스인은 근동지역을 그 스커트 안에 넣어서 변화시키려고 했다. 어느 곳으로나 가져갈 수 있는 헬레니즘 문화의 요소로서 예술, 과학, 향락이 있었으나 그들은 그 요소들을 옷자락 속에 넣고 있었던 것이다. 유대인의 지도자들은 유대인들에게 유혹적인 헬레니즘 문화의 함정에 빠지지 말 것을 열심히 설득했다. 그리스의 향락주의에 감추어진 함정을 폭로해 보이고, 찰나적인 그리스 문화와 유대인의 유산을 교환하여 민족으로서 자살하는 따위의 어리석은 행위는 하지 말라고 경고한 것이다.

기원전 3세기 헬레니즘 문화의 근동에의 이입은 15세기에 르네상스가 봉건제의 폴란드에 이입되었을 때의 현상과 흡사했다. 폴란드에서는 귀족들이 가발을 쓰고 화장을 하며 손수건에 값비싼 프랑스 향수를 흠뻑 뿌리고 있었다. 그러나 그 가발 밑에는 이가 기어 다니고 향수의 향기 뒤에는 더럽혀진 몸의 냄새가 떠돌았다. 근동에서도 헬레니즘은 도시 멋쟁이들의 것이었다. '그리스적 도시'의 화려한 전면 배후에는 동방(orient) 농민의 오막살이 흙

집이 다닥다닥 붙어 있었다. 소수의 지식인은 그리스말의 시를 읽었지만 대다수는 문맹이었다. 그리스 사상은 600년 동안이나 근동에 군림했다. 그러나 서양과 동양의 이 만남은 아무런 새로운 독특한 예술, 문학, 철학도 탄생시키지 못했다.

그러나 예외는 있었다. 유대인의 그것이다. 유대인 대부분은 헬레니즘 자체는 거절했지만 그리스 철학은 유대인 속에 비옥한 토양을 발견하였다. 대체로 유대인은 그리스 철학 자체는 받아들이지 않았지만 그리스의 철학자에 대해서는 열심히 배운 것이다. 유대인은 그리스인이 제공한 지적 영양을 모두 흡수하였다. 그들은 빌려온 모든 것에다가 유대인적 감성을 첨가시켰다. 그렇게 해서 수정한 것을 이번에는 그리스인이 받아 가지고 돌아갔다. 그 결과는 아무도 예상하지 못했던 것이 되어버렸다. 그리스인은 그리스도교라는 유대인의 손으로 지은 옷을 입게 되고 유대인은 그리스 철학의 옷인 '탈무드주의'[1]를 입게 된 것이다. 5세기에 걸쳐서 유대인과 그리스인은 서로 왕성하게 차용(借用)하고 있었지만 그리스인은 언제나 유대인을 예의 범절도 모르는 야만인으로 취급하였고, 유대인은 그리스인을 도덕이라는 것을 모르는 이단의 무리라고 생각했다.

그런데 그리스인이란 어떤 자였던가. 무슨 바람이 불어서 유대인과 상관하게 되었는가. 역사학자도 그리스인은 페르시아인과 같은 아리안 족이었다는 것 이외에는 그 초기의 기원에 대해서 별로 아는 것이 없다.

모세가 이스라엘인을 이끌고 이집트를 탈출했을 즈음 그리스인은 소아시아의 아나토리아 고원으로부터 에게 반도를 쳐들어가고 있었다. 그리스 역사는 대개 기원전 7세기의 아테네, 스파르타, 고린도의 도시국가 성립에서 시작된다고 할 수 있는데 그것은 이스라엘이 앗시리아인에게 정복당한 시대

1) 제Ⅳ부 '탈무드의 불가사의 세계'에서 이 점에 대해서 논하고자 한다. 거기서 탈무드의 기원과 발전에 대하여 말하기로 한다.

이다. 기원전 5세기 4세기가 되어 그리스에는 모든 분야에 뛰어난 인물이 나타났지만 종교만은 예외였다.

기원전 5세기에는 그리스 황금시대였지만 그것은 동시에 불안의 세기이기도 했다. 그리스인은 항상 같은 아리안족, 즉 페르샤인으로부터 위협을 받고 있었기 때문이다. 이미 기원전 6세기에 페르시아는 그 제국 영토를 에게 해안까지 확장하고 있었으니 기원전 5세기가 되면 당연히 그리스가 그 정복 목표가 되었던 것이다. 누가 누구를 멸망시키는지 그 대답은 뻔하였다. 작은 그리스의 도시국가가 동방의 거대한 제국을 당할 수 없었다. 그러나 그들을 쳐부순 것이다. 그리스는 저 유명한 육전(陸戰) 마라톤의 전투(기원전 490년)와 살라미스의 해전(海戰)(기원전 480년)에서 훨씬 강대한 페르샤군을 쳐부순 것이다. 그것은 이치에 맞지 않는 일이었지만 역사는 이치에 맞지 않는 일 투성이다. 그리스인은 그 후에도 되풀이해서 페르시아의 군세(軍勢)를 쳐부수었다.

그리스인은 페르시아인과 전쟁하지 않을 때는 그 좋아하는 오락으로 시간을 보냈다. 그것은 동족끼리의 전쟁이다. 그들은 자기들의 쳐부순 적국을 병합하려고 하지 않았다. 그런 야만인들은 상대할 가치조차도 없다는 것이다. 그들을 침략하여 통치하거나 교육하는 따위의 부담을 도맡다니 쓸모 없는 일이 아닌가. 그 점에 대해서 다른 생각을 가졌던 최초의 인물은 알렉산더 대왕이었다. 그는 세계적 대제국을 꿈꾸었다. 기원전 334년에 알렉산더는 3만 2천의 보병을 이끌고 헬레스폰트를 건너 몇 백만의 군대를 가진 페르시아 제국의 군대를 격파했다. 페르샤군은 먼저 그라니코스 강에서 패배하고 이어서 익소스의 전투에서 격멸 당했다. 그래서 알렉산더는 다류스 3세에게 무조건 항복을 요구하였다. 페르시아 제국은 해체되었다. '모든 것은 승자의 것'이라는 원칙에 따라 유대인도 그리스인에게 넘어갔다. 힘의 불균등쯤은 아무 것도 아니라는 듯이 과거에는 강대한 적에게 칼날을 맞세웠던 성급한 유대인이었지만 이때에는 어쩐 일인지 알렉산더에게 저항하지 않았다. 그뿐 아니라 오히려 예루살렘의 대제사장이 선두가 되어 알렉산더를 환영하는 행진을 하였다(기원전 332년)고 얘기된 정도이다. 마케도니아 왕은 '사나운 야만인'들을 보고 한눈에 마음에 들었다. 왕이 놀란 것은 그들은 왕을 맞아들이는데 있어서 신들의 상을 쳐들고 오지 않은 일이다. 왕은 유대인에게 자치와 종교의 자유를 주어 유대인의 '수호성인'(그런 호칭을 사용할 수 있다는 전제 아래)으로 불리게 되었다.

알렉산더의 야망은 그리스제국을 건설하고 나아가서 그리스 문제를 세계에 펴는 일이었다. 그의 영토에 사는 사람들이 그리스말을 사용하고 그리스인처럼 생활하고 그리스인이 되기를 바라고 있었다. 정복한 마을들을 먼저 그리스화하여 그 목적을 달성하려고 생각했다.

그가 사람들을 교회 시키는데 사용한 방법은 매우 단순한 것이었지만 효과는 뛰어났다. 칼대신 섹스를 이용하는 것이 그것이다. 알렉산더는 장교나 병사에게 정복한 땅의 여자들과 결혼하라, 그리고 생산하고 번식하라고 명령한 것이다. 10년이 지나니 중동에는 25개소의 그리스도시가 생겨났다. 이집트의 알렉산더는 그 대표적인 것이다. 잡혼에 의한 동화 정책은 극히 효과적인 것이어서 그가 32세라는 젊은 나이로 죽지 않았더라면 그의 모든 소원을 이루어졌을 것이다.

그의 후계자들은 그리스적 이상을 보급하기보다 군사력이나 정치력에 더 관심을 기울였다. 알렉산더가 죽고 얼마 안 가서 왕의 광대한 영토는 불만을 품고 있던 장군들의 칼로 조각이 나고 말았다. 그 가운데 세 사람이 제국을 차지하려고 싸웠지만 아무도 제국 전토를 장악할 만한 실력은 없었기 때문에 결국 각자가 일부분을 움켜잡는 꼴이 되고 말았다. 안티고노스가 그리스를 차지라고 셀레우코스가 소아시아와 시리아를 점령하여 셀레우코스 제국을 세우고 프톨레미오가 이집트와 팔레스타인을 차지하여 프톨레미오 제국을 세웠다.

프톨레미오 제국 왕들은 대체로 '자신도 살고 남도 살게 하라'는 방침이었다. 팔레스타인의 유대인은 세금을 바치고 있는 한 간섭을 받지 않아도 되었다. 대폭적인 자치와 완전한 문화의 자유, 종교의 자유를 누릴 수 있었다. 행정장관은 대제사장이었지만 대제사장이 자기의 의지를 신 의지와 바꾸는 일이 없도록 산헤드린이 지켜보고 있었다. 산헤드린의 구성원은 지도적 위치에 있는 가족, 학자, 지식인 안에서 선택되고 원로원과 최고재판소의 기능을 겸하고 있었다. 중대한 범죄의 재판에는 223명의 재판관이 출석하며 민사나 경범죄 에는 최저 3명의 재판관이 출석하도록 되어 있었다.

미국의 법제는 부분적으로 로마법제에 근거하고 있다고 얘기되는 일이 많지만 우리는 그것에 구애받지 말고 로마의 법제가 어디서 유래했는지를 검토해 보기로 하자. 로마 법제, 미국의 법제 그리고 성서시대의 유대법이 대단한 유사한 것은 우연이 아니다. 유대인은 기원전 4세기에 인간의 존엄과 법 앞에서의 평등에 기초를 두고 법제를 생각하고 있었다. 유럽에서는 15세기가 되어서도 아직 試罪法으로 재판이 행해지고 있었다. 랍비들은 법이 정의를 실현하는 도구라고 생각하였다. 정의가 없는 법은 비도덕적이라고 생각하였다.

그 당시의 유대인은 배심제도를 가지고 있지는 않았지만[2)] 피고인의 기소와 재판수속은 오늘날의 미국 법정의 방법과 비슷했다. 피고는 유죄가 확정되기까지는 무죄로 여겨졌으며 변호사를 세우는 권리, 공정한 재판을 받을 권리가 있었다. 증인을 세우고 원고와 대결하여 자신을 위해서 증언하는 권리가 있었다. 자기에게 불리한 증언을 강제로 해야하는 일은 없었으며 하나의 범죄에 대한 재판은 한번으로 정해져 있었다. 만일 새로운 증거가 나오면

2) 오늘날, 민주주의 국가로 배심제를 갖지 않은 곳이 많다. 배심은 하나의 법적 제도에 불과하며, 정의는 배심제가 있건 없건 지켜진다고 보기 때문이다.

피고는 공소할 수 있으며 대리인으로 하여금 상고시킬 수도 있었다.

인구의 대부분이 아직은 농업에 종사하고 있었지만, 상업과 공업에 종사하는 사람도 많았고 그들은 이전의 알렉산더 제국의 구석구석을 여행하였다. 유대인은 번영하고 그 인구도 증가하였다. 그리스인의 지리학자이며 철학자인 스트라보는 이렇게 썼다. '그들은 모든 지방으로 진출하고 있기 때문에 이 민족이 받아들여지지 않고 지배적인 입장에 서 있지 않은 곳은 없다' 그러나 겉보기에는 평온했으나 실제로도 두 가지의 고통이 있었다. 하나는 유대인 내부에서의 그리스화에 대한 항쟁이었고 또 하나는 프톨레미오와 셀레우코스, 양 왕조 사이에서 받는 영향이었다.

유대인이 그리스인의 지배 아래 들어가면 참된 적은 헬레니즘이었다. 그 뒤의 그리스인과 유대인의 싸움은 알렉산더의 헬레니즘과 예언자가 말한 유대교와의 사상전(思想戰)이었다.

유대인의 그리스화는 눈에 띄지 않게 시작되었다. 우선 언어, 예법, 습관 등이 변화하기 시작하였으며 도덕, 윤리, 종교에서도 영향을 미치기 시작했다. 언어, 예법, 습관 등의 변화는 9시에서 5시까지 즉 낮에 일어났다. 유대인과 그리스인 실업가들이 시장이나 찻집에서 만나는 시간이었다. 도덕, 윤리, 종교에 일어난 변화는 유대인과 그리스인의 젊은이들이 밤에 만나는 체육장, 극장, 나이트클럽 등에서 일어난 것들이었다.

일상의 경제적 관계가 영향력을 갖게 되어 유대인들은 그리스 이름을 사용하게 되었다. 미국의 유대인이 그 이름을 영어화하는 것과 같았다. 바로크 시대에는 교육받은 유럽인이 프랑스어를 지껄였지만 그와 만찬가지로 유대인은 그리스말을 사용하게 되었다.

오늘의 중국인이나 일본인이 전통저긴 의복을 벗어버리고 서양식 복장을 하는 것과 같이 유대인은 그리스인의 복장을 흉내냈다. 종교적인 저작에도 그리스어로 씌어진 것이 나타나기 시작했다. 시나고그(會堂)까지도 그리스의 신전과 유사성을 보이기 시작하였다. 최근의 고고학자들의 발굴에 의하면 이전의 그리스·로마제국의 변경 지방에서 유대인의 시나고그가 발견되었다. 처음에는 이것이 그리스 신전으로 오해되었지만 사실은 시나고그였으며 유대인들도 깜짝 놀라고 그리스도교인들은 슬퍼했다.[3] 성서 얘기가 벽 한 면에 색채로 선명하게 그려져 있었다.

그 그림들도 비잔틴 회화를 너무나 닮고 있어서 학자들은 상당히 당혹하면서도 절대로 그리스도교가 원조(元祖)라고 믿어온 예술 양식이 사실은 유대인이 시작한 것이었음을 인정하지 않을 수 없게 되어 버렸다.

유대인과 그리스인 젊은이들의 밤의 교류는 실업가들의 주간의 교류보다 훨씬 침식력을 가진 것이었다. 그리스 경기가 널리 성행하게 되어 나체로 하는 레슬링도 지극히 일반적인 광경이 되고 말았으며, 극장에서도 유대인 청년들이 도시적으로 세련된 그리스인과 만나며 그 다음에는 나이트클럽이나 여자들의 침대가 기다리고 있었다. 드디어 열락(悅樂)이 하나의 주의가 되었다. 시나고그의 맨 앞자리에서 극장으로, 극장에서 유녀(遊女)의 품속 그리고 다시 이교의 성전 맨 앞자리로 말하자면 — 이런 것이 배교(背敎)의 코스였다.

유대인 실업가가 그리스 풍의 예의범절을 몸에 익히고 젊은이가 그리스적 열락을 추구하게 된 것처럼 유대인 지식인도 그리스 철학자의 마술에 지고 말았다. 정통파 유대 철학자들은 그리스의 철학자들 매춘부들보다 훨씬 경계하고 있었지만 그들은 매춘부는 육체를 타락시킬 뿐이지만, 철학자는 정신을 결단내고 만다고 말했다. 그리스의 철학자 가운데서도 특히 에프쿠로스파가 공격받았다. 에피큐로스파 철학자들은 신은 인간의 일에는 신이 개입하지 않는다고 가르치는 냉소적인 사람들이었다. 죄나 응보(應報) 따위의

3) 칼, H. 크리엘링 ≪두라 유러포스의 발굴≫ '최종보고 제 8전 제 1부, 시나고그 Carl. H. Kraerling, The Excavations of Dura-Europos, Final Report Ⅷ, Part 1, The Synagogue

미신을 버리고 자유가 되라, 도덕이나 부도덕 따위는 존재하지 않는다. 열락이 있을 뿐이라고 설복하는 것이다.

열락의 추구야말로 인간의 참된 목표라고 한 것이다. 에피큐로스 자신의 철학이 이처럼 왜곡되어 부도덕과 방탕이 순결과 정절을 대신하였다. 향락주의자는 히브리어로 '아피코로스(Apiloros)'라고 하는데 향락주의 철학이 유대인 젊은이의 마음을 좀먹는 위험의 중대함 때문에 '아피코로스'라는 말은 무서운 저주의 말이 되었다.

그 두려움은 유대인의 마음에 깊이 침투하여 현재까지도 아피코로스라는 말은 유대인의 마음에 어떤 공포심과 같은 것을 일으키고 있다. 헬레니즘의 침투는 그만큼 중대한 일이었지만 대부분의 유대인은 시종(始終) 반(反) 그리스 적이었다. 그 근거가 된 것이 두 가지 있었다. 하나는 모세 율법의 위신과 힘이었으며 사람들은 아직까지도 그것을 신성한 것으로 믿고 있었다. 또 하나는 다윗 왕가의 혈통을 잇는 자가 반듯이 다시 왕이 된다고 하는 신념이었다. 그러한 생각이 완만하게나마 반그리스주의자들을 조직하고 하나의 정당을 이루게까지 하였다. 그 당시 사람들은 하시딤(Hasideans)(경건한 사람들)이라는 이름으로 알려져 있었다. 하시딤을 하시디스트(Hasidists)와 혼동하면 안 된다. 하시디스트라는 것은 18세기의 유럽에 나타난 유대주의의 일파이다. 하시딤당은 처음에는 음주나 연회(宴會)에 반대하는 집단이었다. 그 기치(旗幟) 아래 모여드는 사람의 수가 많아짐에 따라 그것은 정치력을 증가하여 닥쳐오는 몇 가지 사건에서 중요한 역할을 하게 되었다.

셀레오코스 왕조와 프톨레미오 왕조는 팔레스타인의 지배를 둘러싸고 125년간이나 싸웠다. 셀레우코스 대왕, 안티오쿠스 3세의 치세가 되어 겨우 팔레스타인의 지배자는 셀레우코스 제국으로 결착이 되었다. 안티오쿠스는 전임자를 따라 유대인에게 더 많은 자유를 주기로 하였다. 그들은 훌륭한 자치 능력을 가지고 있었기 때문이다.

안티우쿠스은 일찍이 알렉산더 제국 전토를 그의 지배아래 통치하려는 장대한 계획을 가지고 있었다. 그래서 이집트로 진격하여 로마군과 정면 충돌하게 되었다. 그러나 안티오쿠스는 퇴각하였다. 그는 이 불명예스러운 후퇴에도 불구하고 통일된 제국만 가지고 있으면 로마를 격파할 수 있다고 생각하였다. 그러기 위해서는 강력한 그리스화 계획을 추진해야 한다. 그리스의 신들과 안티오쿠스 자신의 조상(彫像)을 그의 영토에 모조리 세우면 꼭 통일이 된다고 생각하였다. 내셔널리즘 운동은 매우 성공했으나 오직 팔레스타인에서만은 예기치 못했던 저항에 부딪쳤다. 유대인들은 안티오쿠스를 위해서 병역 의무를 다했고 세금도 지불함으로써 충성은 충분히 증명되었으니 새삼스레 왕의 조상을 성전 등에 장식할 필요는 없다고 항변 한 것이다. 안티오쿠스는 그것을 좋다고 인정했으나 그 둘째 아들 안티오쿠스 에피파네스는 동의하지 않았다.

에피파네스는 그의 형이 죽임을 당한 후 기원전 176년에 즉위하였다. 안티오쿠스 에피파네스는 아버지가 착수한 그리스화 정책을 유대인에게도 적용해야 한다고 생각했다. 유대인에 대한 특별한 악의가 있었던 것은 아니지만 원칙은 굽힐 수 없다는 것이었다. 그 결과 비극적인 전쟁이 되었지만 그 전쟁은 희극적인 의미를 띠고 있기도 했으며 또 그 결과도 예기치 않은 것이 되고 말았다.

셀레우코스 왕조에서는 그 영토 안의 각주를 통치하는 총독을 임명하도록 되어 있었다. 자치 정부를 가지고 있는 유대인의 경우 왕은 유대인 자신이 추천한 대제사장을 그 자리에 앉히는 것이 보통이었다. 그리스화된 유대인 귀족들은 안티오쿠스의 그리스화 정책에 협력하는 것은 결국 자신들에게 이득이라고 생각했다. 이들 귀족들은 음모와 회뢰(賄賂)를 다해서 팔레스타인의 그리스화를 지도하고 있던 야손이라는 유대 대제사장이 총독으로 임명되도록 꾀했다. 야손은 프톨레미오 왕조와 셀레우코스 왕조가 125년간이나 걸려서도 달성하지 못한 일을 12개월 걸려서 거뜬히 해냈다.

'성전'에서 이교의 의식이 거행되는 것을 허용하고 성역에 그리스의 조각을 들여다 놓았다. 유대인 제사들은 그리스인이 종교적인 의식에 사용하는 의식을 입었다. '성전' 뜰에서 나체가 된 유대 소년들이 그리스의 경기를 하는 것도 보통 일이 되어 버렸다. 예루살렘을 대표하는 자로서 유대인의 사절이 이교제사(異教祭事)에 파견되었다. 분노가 응어리지기 시작했다. 모든 계급의 유대인이 하시딤(경건한 사람들) 조직에 결집되어 하시딤의 지도자들은 500년 전의 예언자와 마찬가지로 방탕과 우상 숭배를 규탄했다. 그러나 다음에 말하는 사건은 계획된 것은 아니었다. 다만 추세가 그렇게 된 것뿐이었다.

안티오쿠스 에피파네스는 유대 역사에 있어서 지나치게 악한 자로 취급되어 왔기 때문에 유대인은 유대인 반란을 포학한 셀레우코스 왕조에 대한 것으로 생각해 왔지만 이것은 진상을 잘못 본 것이다. 반란은 셀레우코스 왕조에 대한 것이 아니라, 반 그리스화주의자 유대인의 그리스화주의자 유대인에 대한 반항이었다. 셀레우코스는 반유대적 정책은 아무 것도 강행한 바가 없었다. 좋든 나쁘든 같은 법이 모든 사람에게 평등하게 적용되고 있었다. 누구나 거기에 복종했지만 유대인만은 달랐다.

더구나 셀레우코스의 왕들이나 야손의 요구처럼 극단적인 요구를 한 적도 없었다. 예상하지 못했던 사건으로 불이 붙은 반란은 유대인 자신이 일으킨 것이다. 그 뒤에 오는 보복은 이 반란이 초래한 것이며, 유대인이 셀레우코스의 그리스화 정책을 받아들이지 않은 것이 원인이었던 것은 아니다.

안티오쿠스 에피파네스는 영토 안에서의 그리스화가 진척된 것을 보고 사상을 행동으로 옮길 시대가 왔다고 판단하여 이집트로 진군하였다. 그런데 왕이 로마인과의 전투에서 죽었다는 소문이 유대인들 귀에 들려왔다. 하시딤의 지도자들은 이 기회를 타서 유대인 그리스화 제창자들을 습격하고 안티오쿠스에 의해 임명된 관리나 제사들을 모두 '성전'의 벽 너머로 내던져 버림으로써 영원히 추방하였다. 성벽 높이는 30미터나 되었으니 그들은 모두 죽고 말았다. 그 뒤를 이어서 조상(彫像)들이 타도되었다. 그리스화를 제창한 모든 자가 살해되었다. 하시딤의 실권을 잡았다.

그러나 소문은 사실이 아니었다. 안티오쿠스는 펄펄뛰며 격분하고 있었다. 그는 그의 부친과 같이 로마인에게 격퇴 당하는 굴욕을 받기는 했지만 살아 있었다. 안티오쿠스는 로마인으로부터 이집트에서 철수하라는 최후 통첩을 받고, 한편 팔레스타인에서는 반란이 일어나는 사태에 직면함으로써 자기의 분노를 유대인에게 퍼붓기로 작정했다. 그래서 그는 이집트로부터 철수하여 그 길로 예루살렘을 공격해 들어가 거기서 닥치는대로 아무런 의미도 없이 일만 명을 살육했다. '성전'에서는 새 조상(彫像)을 세우고 조상을 지키는 제사(祭司)들을 임명했다. 알렉산더 대왕의 유대인을 그리스 도시로 이주시킨 것처럼 안티오쿠스도 유대인의 혈통을 흐리게 하려는 의도에서 이교도들을 예루살렘으로 이주시켰다.

안티오쿠스가 그쯤 해두고 말았다면 유대인과의 화해도 이루어질 가능성이 남아 있었다. 그러나 그의 상한 자존심이 그것을 허락하지 않았다. 그는 그저 화풀이를 하기 위해서 안식일과 할례를 금지하였다.. 한편 하시딤당은 안티오쿠스의 보복으로 거의 괴멸되었으나 새로운 지지자들이 나타나기 시작했다. 이전에는 적당한 그리스화라면 괜찮다고 찬성하는 편이었던 사람들이었다. 두 번째 반란이 일어나려고 하고 있었다. 그리고 또다시 예기치 못한 일이 되어 버렸다.

예루살렘의 교외 작은 마을에서 한 그리스 관리가 나이 많은 유대인 제사에게 그리스의 신들을 예배하라고 협박했다. 그 제사의 이름은 마타디아라고 하는 하스몬가(家)의 사람이었다. 그는 강제로 모독당하느니 보다 이 관리를 죽이는 쪽을 택했다. 안티오쿠스가 복수하라고 명령하자, 많은 유대인들은 미타디아를 지키기 위해서 궐기하였다. 미타디아는 다섯 아들과 함께 반란의 지휘에 나섰다. 그들은 '마카비파'라고 불렸다. 마카비라는 말은 히브리말의 '망치'(?)라는 말에서 파생[4] 한 것이라고 하지만 그것은 그들이 셀레우코스군과 '망치로 두들기'듯 치열하게 싸웠기 때문이다. 그것은 고통스러운 전쟁의 시작이었다. 그것은 새로운 타입의 전쟁, 즉 세계 최초의 종교전쟁이며 경비와 희생을 돌보지 않고 불굴의 결의를 가지고 싸운 전쟁이었다.

셀레우코스왕조의 그리스인은 유대인이 재산을 위해서가 아니라 사상을 위해서 태연하게 영웅적으로 죽어 가는 것을 경이(驚異)에 찬 눈으로 바라보았다. 야만스러운 유대인이라는 경멸의 마음이 존경과 경외(敬畏)의 마음으로 변했다. 그들은 이런 전쟁을 이해할 수 없었다. 군대가 격파되고, 수도가 점령되고, 왕이 체포되고, 성전이나 신상(神像)이 파괴되면 항복하는 것이 이치에 맞는 것이라고 생각하고 있었다. 그런데 이 유대인들은 그렇게 되어도 항복하지 않는 것이었다. 셀레우코스의 사람들은 유대인 한 사람 한 사람이 그 마음속에 성전을 가지고 있었으므로 그들의 종교 사상을 박멸하는 데는 유대인의 최후의 한 사람까지 모두 죽이는 수밖에 없었다고 깨달았다. 유대인을 죽이려고 하면 한 사람 한 사람이 격렬한 저항을 하니 가혹한 장기전에 계속되었다. 마카비의 전설이 그리스 세계 전토에 퍼졌다.

당초 안티오쿠스는 이 반란을 대수롭지 않게 생각했다. 마카비에서 본때를 보여주기 위해서 소수 정예의 원정대를 보냈다. 유대인은 이 원정대를 전멸시켜 버렸다. 이 예상 밖의 패배에 벌컥 화가 난 안티오쿠스는 제 1급의 대군대를 이끌고 예루살렘으로 향했다. 그는 절대로 이긴다는 자신이 있었

---

4) '마카비(Maccabee)'는 그들의 전투 때의 함성 '미코모호 바엘림 아도이(Mi Ko- mocho ba-eillim, Adonol?)' (신이여, 그대 같은 이가 다시 있으리이까)의 초음들을 따서 된 말이라는 설도 있다.

기 때문에 노예경매인의 대부대를 데리고 가서 유대인 노예의 값을 적은 포스터를 제국 전토에 배포했다. 그러나 그의 예언자들은 별자리를 잘못 본 것이다. 기원전 164년 유대인은 그의 군대를 격파하고 예루살렘을 탈환했다. '성전'에서 우상을 집어치우고 신에게 다시 예배를 드렸다. 이것이 '하누카' 축전의 시작이었다. '하누카'는 유대인의 이 승리를 기념하는 행사이다.

셀레우코스왕조와의 전쟁은 25년이나 계속되었다. 유대군은 용감했을 뿐만 아니라. 계속 승리하였다. 유대인이 싸움마다 이기므로 셀레우코스 군대는 점차로 팔레스타인에서 철수해 갔다. 안티우코스 에피파네스는 세계의 노예시장에서 유대인 노예를 경매하는 꿈을 이루지 못하고 죽었다. 그의 후계자는 유대인에게 전면적인 종교의 자유를 주었다. 승리에 도취한 유대인들은 완전한 독립을 쟁취하기 위해서 적의 영토로 진격했다. 셀레우코스왕조는 유대인에게 이길 자신이 없으므로 그들의 독립을 인정하기로 했다. 유대인은 4분의 1세기에 걸친 전쟁으로 피폐한 모습이었지만 결국은 독립했다.

마타디아의 아들들은 이 오랜 전쟁에서 한 사람 한 사람 죽음으로써 단 한 사람 살아 남은 시몬이 기원전 143년의 평화조약에 조인하였다. 놀라운 전쟁이 있은 후 불가능했던 일이 현실이 되었다. 유다의 새 왕국이 재건된 것이다.

6. 패배의 싸움

기원전 143년 유다왕국이 재건되었으나 그때 유대인은 이미 1857년의 역사를 살아온 뒤였다. 쉬펭글러나 토인비의 학설에 의하면 그들은 이미 과거의 존재로 매장되어 있어야 했었다. 인류도 그들은 망각하고 있었으며, 고고학자가 그들을 재발견해야 했었다. 신에 의해선가 운명에 의해선가 또는 단순한 우연에 의해선가, 그들은 그렇게 되지 않았다. 유대인은 아직 살아 있을 뿐만이 아니라 새로 건설된 왕국을 무너뜨리기에 바빴다.

유일하게 생존한 마타디아의 아들 시몬은 왕위에 오르지는 않았지만 하스몬 왕조의 초대 왕으로 여겨지고 있다. 공식적으로 말하면 그는 예루살렘의 대제사장이며 유대 총독이었다. 그는 상당히 현명하고 빈틈없는 통치자였다. 그는 셀레우코스왕조도 프톨레미오왕조도 언젠가는 유대인을 토벌하기 위해 기회가 오기를 기다리고 있음을 알고 있었다.

로마제국의 흥륭을 예기한 그는 로마와 상호 방위조약을 체결하고, 장래의 셀레우코스와 프톨레미오의 침략에 대비하였다. 그런데 그 결과가 어떤 것이었는지는 다음의 유명한 속요(俗謠)가 웅변으로 말해 주고 있다.

니제르에 젊은 여자가 있었다네,
호랑이를 타고 미소짓고 있었다네
여자와 호랑이가 나들이에서 돌아오니
여자는 호랑이 뱃속에
미소는 호랑이 얼굴에 있었다네.

미소는 약 80년간 로마라는 호랑이에 타고 있는 자의 얼굴에 있었으나 그 후 미소는 타고 있던 유대인을 삼켜버린 호랑이 얼굴에 떠오르게 되었다. 그러나 유다의 새 왕국의 붕괴를 초래한 원인은 로마의 배신이 아니라 하스몬가의 집안싸움에 있었다. 하스몬가는 정치적 분열에 의해 결정적으로 혼란했다. 형제끼리 서로 물어뜯고 아비와 자식이 서로 으르렁거리며 인민과 통치자가 서로 다투었다. 그 밑에 깔려 있는 문제는 그리스화 문제였다. 최상부에는 세 가지 정당이 상쟁하고 각각 예루살렘의 파괴, 유대인의 이산(離散), 그리스도교 성립의 원인을 만들게 되었다.

앞에서 우리는 안티오쿠스 에피파네스의 억압적 정책이 모든 계층의 유대인으로 하여금 모든 주의 주장의 차이를 이이고 헬레니즘에 대한 반항이라기 보다는 종교의 자유를 억압하는데 대한 저항을 목적으로 하시딤이 가치 아래 결집할 것을 촉구한 것을 보았다. 대개의 유대인은 특히 유복한 자나 귀족은 유대주의를 상실하지 않고 그리스화가 되기를 바라고 있었다. 셀레우코스에게 이김으로써 유대인이 괴멸될 위기는 없어졌다. 그래서 계급도 주장도 다른 모든 유대인을 결집시켜 두는 것이 없어져 버렸다. 유대인 안의 그리스화주의자들에 대한 압력이 없어지고 그 결과 하시딤은 세파로 분열되어 버렸다. 엣세네파, 바리새파, 사두개파가 그것이다.

엣세네파를 형성한 것은 이전의 하시딤파의 핵심이었던 사람들이다. 그러나 엣세네파는 정치에는 전혀 관심이 없었으며 세속적 활동에서는 일체 손을 끊고 종교적인 명상에 생활을 바쳤다. 후에 그들은 자기들의 공동체를 형성하게 되었다. 미국의 퀘이커교도나 아만(Amish)파의 사람들의 예와 같다. 엣세네파라 유대인은 '메시야 사상'의 종교 개념을 키워 이것이 '세례 요한'과 예수의 생애에 중요한 역할을 하게 되었다.

하시딤당의 반그리스화주의자 가운데서도 엣세네파의 극단적인 사상과 세속으로부터의 완전한 이탈에 동조할 수 없는 자들이 제 2의 당을 결성했다. 그것이 바리새파(분리파)였다. 그리고 본래 그리스화에는 찬성했지만 공동의 적과 싸우기 위해서 하시딤에 가담했던 자들도 자기들의 당을 결성했다. 그것이 사두개파이다.

때가 지남에 따라 사두개파와 바리새파의 정치적 긴장이 고조되어 그들은 드디어 충돌했다. 사두개파와 바리새파의 싸움에서 괴상한 것은 사두개파가 정치적으로는 자유주의, 종교에는 보수적이었음에 반해서 바리새파는 정치적으로 보수적, 종교적으로는 자유주의였던 것이다. 사두개파는 예언자시대 이전의 유대주의 사상을 믿으며 성전이나 제사나 제물이 중요하다고 생각하고 있었다. 바리새파는 예언자 시대이후의 유대주의 사상을 믿으며 중요한 것은 시나고그 회당(會堂)과 랍비와 기도라고 생각하고 있다. 사두개파는 귀족이나 제사의 조직이고, 바리새파는 대중의 당이었다.

사두개파는 자유주의적이며 개발적인 정치 의견을 가지고 있었다. 그리스 문화의 영향도 그것이 적절한 것이라면 그들의 나라나 유대주의에 위험한 것이 아니라고 느끼고 있었다. 오늘날의 미국 유대인이 유대인다움을 버리지 않고서도 미국의 최선의 부분을 받아들일 수 있다고 생각하는 것과 같은 것이다. 예수가 갈릴리아와 예루살렘에서 설교하고 있을 때 사두개파는 그를 급진주의자로 생각하지는 않았지만 광신자로 생각했다. 즉 바리새파로 본 것이다.

그리고 바리새파는 사두개파를 보수주의자로 생각하였고 엣세네파를 광신자로 간주하여, 자신들을 자유주의자라고 생각하고 있었다. 그들은 그리스화에는 반대였다. 왜냐하면 그리스의 문화는 이질적인 문화라고 생각했기 때문이다.

그러나 자기들의 문화적 자유주의나 정치적 자유주의를 발전시키는 일에는 반대하지 않았다. 그들은 종교는 진화한다고 생각하고 있었다. 바리새파는 '모세의 율법'을 재해석한 새로운 '구전율법(口傳律法)'을 주장했다. 그 뒤 고난의 시대에도 유대주의가 살아남을 수 있었던 것은 탄력성이 있었기 때문인데 바리새파가 그 탄력성을 육성한 사람들이었다.

두 당의 항쟁이 시작된 것은 시몬이 그 사위에게 살해되었기 때문이었다. 시몬의 아들 히르카누스는 왕위에 오르는 동시에 대제사장의 지위에도 앉아 이 두 직책을 하나로 묶어버렸다. 그는 대제사장이라는 이중의 역할을 겸임함으로써 자기 당, 즉 바리새당의 분노를 사고 말았다. 외국인 용병을 고용하여 자기의 이름을 새긴 경화(硬貨)를 주조하여 다윗왕의 묘소를 파헤쳐 3천 달란트의 은을 악탈하는 일까지 저지른 것이다. 이에 분노한 바리새파 사람들은 그에게 대제사장직을 내놓으라고 대들었다. 히르카누스는 그 소리를 듣고 분노를 풀 길이 없어 바리새파를 탈퇴하여 사두개파로 옮겨가고 말았다. 그리고 몇 가지 그리스화 정책을 단행함으로써 바리새파를 또다시 노엽게 했다. 분열은 더욱 깊어졌다.

기원전 135년 히르카누스는 이두미아인과 갈릴리인이 사는 이교도 지방을 병합하고 국민을 심히 슬프게 한 행동을 했다. 그는 칼의 힘으로 이교도인 이두미아인과 갈릴리인을 개종시킨 것이다. 그 뒤에 이두미아에서 유대인에게 미움을 산 왕이 나왔다. 유대인을 가장 괴롭힌 왕이다. 그 왕은 '헤로데대왕'이라고 부른다. 예루 그리스도가 15년 후에 엣세네파의 교리를 최초로 설교한 상대가 갈릴리인 이었다. 최초의 개종자가 나온 것도 갈릴리에서였다.

살인, 형제 살해, 왕 살해 등이 자행되고 히르카누스의 아들 아리스토불루스 1세가 즉위했다. 히르카누스는 자기 경험에 의해서 왕위와 대제사장 자리를 한 사람이 독점하는 위험성을 안고 있었기 때문에 자기 처에게 왕위를 주고, 대제사장 자리를 아들인 아리스토불루스에게 앉게 할 계획이었다.

아리스토블루스는 그것이 불만이었다. 그는 모친을 죽이고, 형을 죽이고, 형제를 유폐(幽閉)시키고, 왕의 자리에 앉아 대제사장의 옷을 입었다. 그는 열광적인 사두개파의 지지자로 그가 진행시킨 그리스화는 너무나 극단적이었다. 다행히 그의 통치는 1년으로 끝났지만 그 후계자는 그의 동생 알렉산더 야나이우스였다.

야나이우스는 전제적인 폭군이었으며, 외국의 용병을 풀어 나라를 가혹하게 통치했다. 그도 팔레스타인 영토의 확대를 꾀하여 결국 다윗왕 시대의 영통과 같은 넓이를 차지했다. 그의 시대에 바리새파와 사두개파의 대립은 드디어 절정에 이르렀으며 내란이 일어났다. 그리고 유대 역사상 가장 풍자적인 일이 일어났다. 그것은 바리새파가 셀레우코스의 원조를 청한 것이었다. 셀레우코스는 승낙하고 군대를 보내 주었다. 최후의 순간이 되어 바리새파는 자기의 최대의적에게 원조를 청한 어리석음을 깨닫고 야나이우스와 합류하여 셀레우코스군을 쳤다.

그러데 위험이 사라지자 야나이우스는 바리새파의 음모자들에게 피의 보복을 했다. 그것은 참혹한 것이었다. 기원전 78년 그의 통치는 이미 종말을 고하고 그 뒤를 그의 처 알렉산드라가 계승하였다. 알렉산드라는 그 뒤에 하스몬가의 통치자 중에서는 가장 유능한 왕위 계승자였음을 알게 되었다.

알렉산드리아의 치세는 기원전 78년에서 69년인 극히 짧은 것이었지만 그것은 황금시대라고 불렸다. 그녀는 여러 가지 사회개혁을 했다. 랍비였던 오빠의 권고에 따라 무료 초등 학교를 세우고, 초등교육을 남녀 함께 의무화시켰다. 기원전 1세기 세계에는 문맹이 넘치고 있었으나 팔레스타인의 소왕국 유대인들은 문맹을 퇴치했다. 사회 개혁 면에서 알렉산드라의 평판은 극히 좋았으나 정치면에서는 중대한 과오를 저질렀다. 그녀는 바리새파의 열렬한 저지자였다. 그러한 그녀가 왕위에 오르자 사두개파는 무슨 수를 쓰더라도 원한을 풀려고 생각했다. 그런데 비참한 사건이 일어난 것이다.

유대인의 역사에는 두 형제의 대립이 반복해서 나타난다. 성서에도 몇 번이나 나온다. 카인과 아벨, 이사악과 이스마엘, 야곱과 에서, 솔로몬과 아도니아의 대립 등이다. 그리고 알렉산드라의 두 아들 히르카누스 2세와 아리스토불루스 2세가 싸웠다.

이 대립의 결과는 처참한 것이었다. 여왕이 대제사장이 될 수는 없는 것이어서 그녀는 장남인 히르카누스를 그 자리에 앉혔다. 히르카누스는 바리새파였다. 알렉산드라가 죽자 히르카누스 2세는 이 왕위 강탈에 항의해 반란을 일으켰다. 제사 계급의 사람들이 이에 동조했기 때문에 히르카누스 2세는 퇴위 당하는 결과가 되었다. 내란이 시작되었다. 히르카누스는 나바티아인의 도움을 받아 다시 왕위를 탈환했다.

이에 대항하려고 아리스불루스 2세는 로마의 도움을 청했다. 이 기원전 67년의 팔레스타인의 내란 발발 시기는 폼페우스의 지배아래 있었던 로마가 시리아 정복을 이룩한 시기이며, 로마국은 마침 팔레스타인 국경에 있었던 것이다. 로마인은 히르카누스에게 퇴위를 명하고 국외로 추방했다. 히르카누스는 로마군을 극히 두려워했기 때문에 명하는 대로 행동했다.

아리스토불루스가 다시 집권했다. 여기까지는 마치 길버트와 살리반의 희극 같지만 그는 참담한 것이었다. 히르카누스는 자기가 정당한 왕위 계승자라고 폼페우스에 호소했다. 이르스토불루스는 자기야말로 정당한 왕위 계승자라고 반박했다.

왕에 진절머리가 난 바리새파 사람들은 폼페우스에게 어느 쪽도 왕위에 앉히지 말았으면 좋겠다고 애걸했다. 폼페우스는 삼자의 의견을 듣고 그 어느 쪽의 말도 듣지 않기로 했다. 기원전 63년 그는 마카비 왕국으로 진격하여 그곳을 정복하고 유다라고 부르기로 했다.

유다의 제 2 왕국의 독립은 76년간 계속되었다. 이리하여 초대 마카비왕의 손자들의 싸움으로 시몬 마카비우스가 획득한 것은 없어지고 말았다. 마타디아라는 연로한 제사장에 의해 시작된 자유를 위한 저항운동은 이렇게 됨으로써 드디어 좌절된 것이다.

7. 로마, 카이자르, 그리고 반란

정복자 로마인은 어떤 사람들이었던가. 이에 대해서 학문적으로는 그다지 분명하지 못하다. 전설에 의하면 이사야가 유대에서 불멸의 책을 쓰고 있던 그 시기에 로물루스와 레무스가 한 마리의 낯모르는 이리에 의해 길러지고 있었다. 그들은 강하고 거친 남자들로 성장하여 기원전 753년 로마를 건국한 것으로 되어 있다. 로마인은 300년 동안이나 역사에 발판을 얻기 위해서 싸웠다. 그들은 먼저부터 이탈리아에 살고 있던 고도로 발달한 문명을 가진 에투루리아인을 정복하였다. 이번에는 게르마니아 숲속에서 왔다는 가리아인이라는 민족의 이탈리아 침략에 위협 당했다. 1세기간에 걸친 전쟁으로 로마인을 그들을 제압했다. 그것들 그로부터 1000년 뒤에 또다시 침략해 왔는데 그때에는 그리 간단하지 않았다.

로마는 기원전 350년에서 50년에 이르는 3세기 동안 대소 전쟁을 치르고 드디어 세계의 패자가 되었다. 로마인은 3차에 중앙이탈리아의 지배자가 되었다. 3차의 포에니(poenic) 전쟁으로 이태리 전토, 스페인, 북아프리카의 지배자가 되었다. 그리고 1차의 마케도니아 전쟁으로 로마는 전 그리스를 손안에 넣게 되었다. 기원전 1세기의 여명기, 로마는 소아시아 주변에 나아가 있었다. 그들에 눈앞에 펼쳐져 있는 땅은 저 알렉산더 대왕의 옛 제국이었다.

한편 그 사이에도 로마 국내에서는 치열한 권력 투쟁이 벌어지고 있었다. 공화제가 붕괴하고, 제왕과 독재의 정치가 시작되려고 했다. 그러나 그 때문에 가져온 변화는 보통 역사학자들이 말하는 것처럼 그렇게 심한 것은 아니었다. 로마는 그때까지도 모순투성이의 나라였다. 공화국으로서 탄생했지만 민주제를 실시한 적은 없었다. 그것은 부유한 귀족들에 의해 지배되고 있는 나라이며 가끔 가난한 평민들에게도 쓰다 남은 찌꺼기가 주어진데 불과한 것이었다. 원로원 집정관(consuls)과 귀족에 한하고 있었다. 전쟁에 이길 때마다 평민은 가난해지고 귀족은 점점 더 부자가 되었다.

과거에 어떠한 법률이 있었더라도 기원전 1세기의 로마에서는 그것들이 모두 파기되어 있었다. 착취와 부패와 잔혹은 그때까지도 로마 통치의 특질이었지만 이 시대에는 그런 것들이 절정에 도달해 있었다. 정의(定義)도 공지고 돈으로 매매되고 회뢰(賄賂)는 당연한 일로 여겨졌다. 기만적인 사권삭탈법(私權削奪法)이 시행되어 사람들은 까닭 없이 토지를 빼앗겼다. 월 1할이라는 당치도 않은 고리대금업이 귀족의 특권으로 여겨졌으며, 만일 돈을 갚지 못하면 고문을 당하여 죽었다. 이 어려움을 면하기 위해서 자기 자식을 노예로 파는 일은 비일비재해서 이미 아무도 동정조차 할 수 없게 되어 버렸다. 전쟁에 이기면 나라안에 노예가 넘쳐 자유노동도 자유기업도 거의 자취를 볼 수 없게 되었다. 계급의 차가 심하여 토지를 갖지 못한 자와 재산을 가진 자 사이의 간격은 넓어지기만 했다. 회뢰(賄賂)와 배신으로 선동주의자들이 차례로 권력을 잡았다. 그들은 반대자들을 죽여서 그 머리로 원로원을 장식했다. 그리고 가도(街道)에는 포로들이 십자가형을 받은 모습이 있었다. 로마 정신과 잔학의 이러한 결합이 세 차례에 걸친 노예 반란과 세 차례의 로마·이태리 동맹국 전쟁을 거쳐 제왕 정치를 낳은 토대를 만든 것이다.

로마에서 법의 이름 아래 피를 흘리고 있을 때 로마 밖에서도 영광의 이름 아래 피의 전쟁이 불붙고 있었다. 세 차례의 미도리다테스 전쟁에서 전날의 알렉산더 제국이 로마의 지배아래 들어갔다. 제 3회 미도리다테스 전쟁(기원전 74~64년)은 폼페우스가 지휘한 전투였으며 내분을 안고 있던 유대가 드디어 로마의 수중에 떨어졌다.

폼페우스는 동방에서 승리한 후 약탈로 부자가 되었고 위대한 권력을 잡기 위하여 로마로 돌아갔다. 두 로마인 마르크스 크라수스와 쥬리아스 카이자르는 머지않아 폼페우스가 돌아오리라고 예상하고 있었다. 이 3자는 힘을 합해 1회 삼두 정치라는 체제를 낳았다. 군인인 폼페우스가 원로원을 대표하고 재정가 크라수스가 귀족을 대표했으며, 비너스와 주피터의 혈통이라고 자처하는 귀족 출신의 카이자르가 평민을 대표하게 되었다.

그러나 그들의 야망은 우정보다 강하다는 것이 밝혀졌다. 삼두정치는 전쟁으로 끝이 나고, 그리스의 데살리아 파르살루스 싸움으로 끝이 났다. 이 싸움에서는 폼페우스가 패배했다. 카이자르의 집정관은 이름뿐이고 실은 그는 절대적인 독재자가 된 것이다. 로마는 이미 민주정치의 가면을 벗어버렸다.

패배한 폼페우스는 이집트로 도망쳤다. 그 뒤를 카이자르가 추격해 갔다. 폼페우스는 이집트에서 암살자의 손에 걸려 죽고 카이자르는 이집트 여왕 클레오파트라와 사랑에 빠졌다. 클레오파트라는 사실은 이집트인이 아니라 그리스 왕녀로 프톨레미오 왕조의 마지막 지배자였다. 프톨레미오 왕조는 그 왕조를 세운 그리스 장군의 이름에서 연유해 그렇게 불려지고 있었다. 카이자르가 클레오파트라를 애무하고 있는 동안에도 그의 군단은 이집트 땅을 짓밟고 있었으며 그 세력은 계속하여 유대 국경까지 진격하고 있었다. 예루살렘은 곧 폼페우스의 손에서 로마의 손으로 건네졌다. 나라를 잃은 클레오파트라에게 카이자르는 그 대가로 아들 하나를 주었다. 유대인에게는 세금이 부과되었다. 카이자르는 부르투스 손에 죽고 카이자르와 클레오파트라의 로맨스도 끝났으며, 옥타비아누스 어거스투스가 왕위에 올랐다. 옥타비아누스는 클레오파트라로부터 나라도 신분도 재산도 빼앗아 버렸다. 클레오파트라는 로마에서의 개선행진(기원전 30년)에서 대중 앞에서 창피를 당하느니

보다 자살의 길을 택했다. 프톨레미오왕조는 그녀의 죽음과 함께 단절되고 말았다.

이제말로 로마인이 세계를 지배하고 있었다. 그러나 그들은 정복자의 권리를 당당히 행사하여 지상을 활보하고 있었지만 위세를 부리는 그 태도 밑에는 언제나 열등감이 숨겨져 있었다. 그 열등감은 이웃 그리스인 때문이었다.

정복당한 그리스와 정복자 로마의 특이한 관계는 에드가 알란 포우가 매우 적절하게 표현했다. '지난날의 그리스의 영화 그리고 지난날의 로마의 위세' 이것은 첩과 남편의 관계로 비교해도 좋다. 첩인 그리스는 아름답고 교양 있으며 거만하고, 그를 사랑하는 로마는 강하고 부자이며 거칠다. 로마는 결국 마지막까지 그 열등감을 벗어버리지 못하고 그들에게는 문화가 없다는 것과 문화를 창조하는 능력이 없음을 뼈저리게 느끼고 있었다. 그들은 점점 위력을 과시해서 그 결함을 감추려고 수작을 부렸다. 그러나 로마는 '벼락부자 신사'의 신세를 면하지 못한 채 피정복자의 그리스의 문화적인 귀족성 앞에서는 안절부절못하며 끝내 침착하지 못했다.

로마는 전쟁에서는 승리했지만 사상적으로는 그리스에 의지하지 않으면 안 되었다. 로마인은 반지성주의의 '실리주의자'였다. 로마가 만들어낸 미술, 문학, 과학도 그리스의 것을 흉내낸 것이며 그것도 이류의 모조품이었다. 로마는 새로운 사상에 대해서 힘으로 대항할 수밖에 없었다. 그래서 로마가 그리스에서 떨어져 나가는 순간 로마는 붕괴해 버렸다. 로마의 예술이나 과학을 북돋우어 주는 그리스가 없어지니 로마는 야만인의 문화, 야만인의 정치에 굴복해버렸다.

로마와 그리스 관계는 미국과 서유럽 관계를 닮았다는 설도 있다. 그 설을 받아들이는 학자의 의견에는 서유럽은 지식인이며, 문학이나 미술에 새로운 기축(機軸)을 만들고 과학 분야에서도 이론가라는 얘기가 된다. 미국은 로마처럼 지적이지도 못하고, 문학이나 미술에서는 찬란한 유럽의 발자취를 따라 성립되어 있으며 서유럽 문화는 다른 독자적인 것을 가지고 있다고 해도 그것은 유럽의 형식을 서툴게 흉내낸 것뿐이라고 말한다. 그래서 미국이 유럽에서 단절된다면 마치 로마가 그리스에서 단절된 때처럼 자기를 지적으로 지탱할 힘이 없는 미국은 멸망한 것이라고 말한다.

만일 이 이론이 타당하다면 왜 로마가 유대인에 대해서 문화적인 영향력을 갖지 못했는지를 설명할 수 있다. 로마가 지배자였던 시대에도 유대인의 지적 생활에 영향을 끼친 것은 그리스인이었다. 로마인은 그저 유대인의 물리적 생활 조건에 영향을 끼치는데 불과했다. 유대인은 그리스 정신과 로마의 칼 틈바구니에서 함정 밑을 뚫고 위를 뛰어 넘으며 또한 그 사이를 빠져나가고 400년 동안 어떻게 해서라도 평형을 유지하려고 했다. 로마에게 정복되어 그 제국에 병합된 나라들은 모두 한때는 위대한 왕국이었지만 그 가운데서도 계속되는 로마의 승리 기록을 최초로 깨부순 것은 유대인이었기 때문에 로마인은 유대인에게 심한 욕을 퍼부었다.

유다(정복자들은 이미 유다를 유대라고 부르게 되었지만)의 로마에 의한 지배는 내란의 와중이라는 최악의 상황 아래서 시작되었다. 로마의 이름이 아니라 스스로의 이름으로 유다를 점령한 폼페우스가 기원전 63년에서 48년까지 군정의 지배자로 군림했으나 실제의 정치는 유대인과 이두미아인을 한 사람씩 임명하여 그들에게 맡기고 있었다. 유다가 독립국이 아니게 되자 하스몬 왕조의 여왕 알렉산드라의 두 아들 아리스토불루스와 히르카누스는 이전의 태도를 바꾸어 입장이 반대가 되어버렸다.

사두개파인 아리스토불루스는 폼페우스를 거역했다. 바리새파인 히르카누스는 폼페우스에게 복종했다. 그래서 폼페우스는 히르카누스를 대제사장에 임명하고 유대의 에드나르크(分?王)를 삼았다. 그는 동시에 이두미아인 안티파테르를 히르카누스의 정치 고문으로 임명하였다. 그리고 그것이 로마

지배하에 유대비극의 발단이 되었다.

안티파테르는 역사에 나타난 사람 중에서 가장 정체를 알 수 없는 인물 중의 한 사람이다. 이전에 아리스토불루스와 싸우는 히르카누스에게 나바디아인에게 구원을 청하라고 종용한 것은 그였다. 그 때문에 히르카누스가 이기가 따라서 유대에 있어서의 그의 세력도 커졌다. 그는 아부 추종하는 사나이였으며 세력을 가질 듯한 로마인들에게도 열심히 굽실거렸다. 그는 폼페우스에게 아첨하여 이두미아 총독이 되었다. 파르살로스 싸움(기원전 48년)에서 폼페우스가 패하자 카르사르가 로마의 이름으로 유대를 통치하게 되었다. 이번에는 안티파테르가 카이자르에 아첨하여 유대의 행정장관이 되었다. 카이자르가 암살되자 암살 음모에 가담했던 카시우스에게 아부했다. 안티파테르는 기원전 43년에 첩들과의 연회석상에서 가족에 의해 독살되고 그 뒤를 계승한 것은 아들인 해로데였다.

헤로데는 부친의 처세술을 배웠다. 옥타비아누스(어거스투스)의 흥륭(興隆)을 본 헤로데는 로마로 갔다. 옥타비아누스에게 매어 달린 그는 유대인의 왕으로 지명되었다. 헤로데가 우선 한 일은 히르카누스의 처형이었다. 아리스토불루스는 이미 로마의 포로가 되어 로마로 연행되고 거기서 독살되었다. 영광이 빛나는 가운데 세워진 저 하스몬 왕조는 이렇게 해서 쓸쓸히 종말을 고했다.

헤로데가 아직 로마에 머물러 있을 때 유대에서는 뜻밖의 사건이 일어났다. 하스몬 왕가의 유일한 생존자 아리스토불루스의 아들 안티고누스가 있었다. 그는 그의 부친이 로마군에게 체포될 때 바루디아에 가서 파루디아인을 설득하여 지휘하고 로마에 지배되고 있는 예루살렘으로 쳐들어갔다.

안티고누스 자신도 놀랄 일이지만 로마군을 격파하고 그들을 유다에서 추방했던 것이다. 예루살렘은 다시 독립 팔레스타인의 수도가 되어 그는 왕위에 오르고 대제사장도 되었다.

로마에 의해 왕으로 지명된 헤로데는 이 소식을 듣고 화가 나서 미칠 지경이었다. 안티고누스는 3년 동안 헤로데와 로마 군단을 저지할 수 있었으나 그 뒤에 강대한 로마의 군대 앞에 항복하지 않으면 안 되었다.

기원전 37년 헤로데와 로마인이 예루살렘을 공략하여 안티고누스와 45인의 산헤드린 의원은 음모혐의로 사형되었다. 겨우 헤로데는 유대의 왕좌에 앉을 수 있었다. 그러나 이것은 아무래도 어처구니없는 일이었다. 왜냐하면 헤로데가 왕이 됨으로써 80년 전의 옛날 하스몬 왕조 시종을 강대의 아들 요하난 히르카누스에 의해 유대교로 개종된 이두미아인이 개요했던 사람들을 지배하게 되었기 때문이다.

헤로데는 대왕이라고 불렀지만 유대인에게는 '대왕'이란 것이 이상하였다. 헤로데는 대살인자였다. 그는 산헤드린의 45인을 죽이고 독립된 사법체를 유명 무실하게 만들어 놓았다. 대제사장들에게는 복종하지 않으면 죽인다고 위협했다. 대적하는 자를 죽이고 가장 사랑한 아내와 아들까지도 몇 명 죽인 결과 ≪마태복음≫에 의하면 자기의 왕위를 위협하는 자가 나타나리라는 예언에 놀란 그는 ≪성서≫의 파라오 왕을 모방하여 베들레헴의 어린 남아들을 모조리 죽였다.

유대인은 헤로데를 혐오하면서도 왕으로 받아들였다. 그것은 헤로데의 열 사람의 아내 가운데 한 사람이 미리암이라는 마카비 일족의 왕녀였기 때문이다. 그는 이 여자에게서 두 아들을 낳았기 때문에 유대인들은 언젠가 이 아들이 왕위에 오르면 마카비의 혈통이 유대에 다시 소생하리라고 바랐다. 그러나 헤로데는 그 두 아들을 죽여버렸다. 헤로데가 죽은 뒤 헤로데의 사마리아인 아내의 두 아들 안티파스와 아켈라오가 로마의 지명에 따라 유대인을 다스리게 되었다. 안티파스가 갈릴리를 아켈라오가 유대와 사마리아와 이두미아를 소유하게 되었다.

아켈라오는 부친보다도 더욱 횡포했다. 더구나 부친에게 있었던 재능도 없었다. 절망적이 된 유대인들은 로마황제 어거스투스에게 아켈라오를 내쫓아달라고 청원했는데 황제는 뜻밖에도 이 청원을 들었다. 그러나 기대했던 변화는 없었다. 이전보다도 더 상황은 악화된 것이다. 어거스투스가 행정장관을 임명하게 되었기 때문이다. 유대는 기원 66년의 로마에 대한 반란이 이르기까지 짧은 기간을 제외하고는 대체로 행정장관의 지배를 받게 된 것이다.

행정장관이 지배하는 시대, 로마의 지배는 땅에 떨어졌다. 말하자면 로마는 정황의 희생자가 된 것이다. 동방에서는 옛날의 바빌로니아, 앗시리아, 페르시아 제국의 잔존자들이 새 제국 파르티아를 건설하려는 참이었다. 그것은 인도에서 유다의 국경에 이르는 지역에 걸친 것이었다.

파르티아인을 상대로 한 전쟁에서는 언제나 로마가 이겼지만 파르티아인을 완전히 타파해버리지 못했다. 그래서 동쪽 국경에서는 이 파르티아인이 끊임없는 위협이 되고 있었다. 유다는 바로 이 파르티아인의 로마 제국 침입의 거점이 될 운명에 놓였다. 로마는 유다에 강대한 수비대를 배치하여 철통과 같이 통치하면서 적의 침입은 막을 수 있다고 생각했다.

로마는 파르티아인을 두려워한 나머지 일을 그르치게 되었다. 즉 유대인이 지나치게 억압적인 지배에 대해서 반항한 것이다. 그리고 이것은 당연히 보복을 초래했다.

초대 행정장관은 우선 과세를 위하여 유대인의 인구조사를 강행했다. 선동(煽動)이 온 나라를 뒤흔들었다. 종교의 자유가 위협되어서가 아니라 주머니 사정이 위협 당하기 때문이었다. 로마의 세계는 특히 뇌물에 약했다. 세금징수라는 특권적 임무는 돈을 많이 낸 자에게 주어지며 그 임무를 맡은 자는 멋대로 세금을 거두어들이고 정부가 요구한 최저액을 지불한 뒤의 잔금은 자기 소유가 되는 것이다.

유다의 유대인의 돈은 46년간에 걸친 헤로데의 치세로 마지막 한 푼까지

짜낸 뒤였다. 그러므로 거기서는 커다란 수입을 바랄 수 없었다. 그러나 로마의 인구조사와 새로운 세법이 똑같이 적용된 갈릴리에서는 얘기가 좀 달랐다. 뜻밖에도 안티파스는 아르켈라오와는 대조적으로 좋은 지배자임을 알았다. 그는 그리스 문화에 대해 호의적이며 갈릴리에 그리스 풍의 도시를 건설하여 그리스 양식을 도입했다. 요하난 히르카누스에 의해 개종된 전날의 이교도 갈릴리인은 영문도 모르고 이 그리스화를 받아들였다. 그것을 유대주의의 일부라고 생각했기 때문이다. 안티파스의 통치는 안정되어 있었으며 덕분에 나라는 미증유의 번영을 누렸다. 갈릴리는 탐욕스러운 세리(稅吏)의 능욕을 받을 만한 조건이 구비되어 있었다.

로마에 대한 몇 번의 소규모의 반란이 일어난 것은 우선 갈릴리에서였다. 이 반란들이 장차 닥쳐올 유대인의 대전쟁의 서곡이었다. 기원 1세기의 유다와 갈릴리의 정치 정황은 앗시리아왕 바빌로니아가 유대인의 적이었던 시대 즉 기원전 8세기, 6세기, 이스라엘과 유다의 초기 왕조 시대와 흡사했다.

앗시리아가 이스라엘의 독립을 위협했을 때 이스라엘에는 두 개의 당(黨)이 생겼다. 전쟁을 외치는 당과 평화를 주장하는 당이다. 바빌로니아가 그 칼을 휘두르며 협박했을 때에도 유다에는 두 가지 당이 일어났다. 전쟁을 제창하는 당과 평화를 외치는 당이었다. 그리고 역사는 다시 반복되었다. 유다와 갈릴리의 두 당이 결성된 것이다. 하나는 로마와 싸우자는 전쟁파 '셀롯당(젤로데스)(熱心黨)'이고 또 하나는 평화를 외치는 당이었다.

정치적으로는 열심당의 성격이 지난날의 마카비 반란을 일으킨 초기의 하시딤(경건당)과 흡사했다. 로마인이 포악한 짓을 할 때마다 희망을 잃은 평화파 사람들이 열심당에 가담하였다. 그것은 안티오쿠스에 피파네스의 횡포가 친그리스파를 반그리스파로 변모시킨 것과 같았다. 열심당을 구성하고 있던 것은 바리새파, 사두개파 엣세네파의 사람들이었으나 나중에는 그리스도 파라는 유대주의의 새로운 일파도 여기에 가담하였다.

기원 1세기에는 바리새파가 다수파가 되고, 사두개파가 최대의 세력을 잡았으며 엣세네파가 가장 경건하고 그리스도 파가 가장 편협했었다. 하스몬 왕조의 쇠퇴에 따라 바리새파와 사두개파와 엣세네파는 각자의 정치적인 양상을 점점 상실해갔다. 그 대신 종교적인 파벌성이 강화되었고 상호의 차이는 깊어졌다. 그러나 그 뒤 하스몬조 이전의 시대와 같이 로마에 대항해서 궐기하기 위해 단결해야 할 시기가 찾아왔다.

바리새파는 유대교의 중용의 입장을 대변하고 있었다. 그들은 종교관에 있어서 극히 관대하고 신약성서에 묘사된 편협한 신자로서의 그들 모습과는 전혀 달랐다. 바리새파는 죽은 자의 부활과 메시야의 도래, 그리고 영혼의 불멸을 믿고 있었다. 토라(율법)에 대한 두 가지 해석이 성립되는 경우, 그들은 언제나 유연성 있는 해석 쪽을 택했다. 그들은 구전율법의 방법을 발전시켰지만 이것은 시대의 변화에도 적응할 수 있는 말하자면 자주적인 법학(法學)이라고도 할 수 있는 것이었다.

이 바리새파와 정반대이며 보수적인 것이 사두개파였다. 그들은 영혼의 불멸과 부활을 믿지 않았고 죽은 뒤의 세계도 인정하지 않았다. 그들은 정치적인 현실주의자, 물질주의자, 현상유지 파였으며 '성전'의 예배를 지키는 것이 최대의 관심이었다. 그들의 예배식은 법의 자의(字意)만을 생각하며 그 의미를 생각하는 것이 아니라 엄격하고 고정적인 것이었다. 이것은 부자와 귀족과 제사들의 조직이었기 때문에 사람의 수는 적었지만 세력은 강했다. '성전'을 관리하며 산헤드린의 사법부문을 휘어잡고 있었다.

사두개파가 수많은 유대교 종파 가운데서도 우익이었다면 엣세네파는 극좌파였다. 하스몬 왕조 시대에 이미 정치에서 손을 뗀 그들은 로마의 점령시대에도 정치에 관계하지 않았다. 로마에 대한 반란이 일어났을 시기에 그들은 이미 소도시 주변에 자기들의 공동사회를 형성하여 살고 있었다. 마치 오늘의 아만파나 퀘이커교도들이 그렇게 하고 있는 것처럼 엣세네파도 바리새파처럼 영혼의 불멸과 부활 그리고 메시야 사상을 믿고 있었다. 악인은 영원한 지옥에 처벌되며 마음이 정직한 자는 천국에서 그 보상을 받는다고 믿고 있었다. 그들은 치밀한 일련의 성결의 식을 생각해냈는데 그 하나가 세례였다. 세례는 죄의 사면과 새로운 삶에의 출발을 목적으로 행해졌으며 물 속에 신체 전부를 잠그는 침례였다. 엣세네파는 독신생활을 하는 편이 좋다고 여겨 역사가 오세푸스의 말을 빌리자면 '열락(悅樂)을 악한 것으로 거절하여 금욕과 자제를 미덕으로 여겨 높이 평가하고 있었다'고 한다. 그러나 엣세네파 인구를 감소시키지 않기 위해서는 뒤에 사도 바울과 같이 역시 '자제하기가 어려우면 결혼하는 것이 좋다. 정욕을 불태우는 것보다 결혼하는 편이 낫기 때문이다.'(고린도전서——역주)고 생각하여 결혼을 허락했다. 그러나 새로운 당원 대부분은 다른 종파에서 양자(養子)로 들여온 자제들로 엣세네파의 금욕주의를 교육받아 성장한 자들이었다.

이들 세 가지 종파에 다시 하나의 종파가 가담했다. 그것은 그리스도교도의 파였으며 시기는 1세기 후반이 지나서였다. 그 파의 창시자 예수는 세례 요한이라는 유대인에 의해 엣세네파의 의식에 따라 세례를 받았다. 세례 요한도 아마 엣세네파의 한 사람이었다고 생각된다. 그는 엣세네파의 가장 크고 중요한 영향력을 가진 공동사회와 수도원이 있던 곳에서 설교하며 세례를 주고 있었기 때문이다. 예수가 로마인의 손에 의해 십자가에 처형되자 그리스도파의 일은 잊히게 되었지만 전에는 예수를 박해한 사람 가운데 하나인 다르소의 사울이라는 사나이, 즉 파울에 의해 활발한 포교운동이 조직되어 신도수의 급속한 증가를 보았다. 새로운 신자가 된 자들의 대부분은 유대인 이외의 사람들이었다.

열심당에 가담한 것은 주로 바리새파와 사두개파 사람들이었다. 처음에 열심당은 갈릴리에서 힘을 얻었다. 기원 6년의 로마에 대한 봉기를 지도한 것은 그들이었다. 그러나 그때까지 참가자 수는 적었으며 시기도 성숙하지 않았었다. 봉기는 로마에 의해 완전히 진압되었지만 그 동기는 진정되지 않고 계속 남아 있었다. 그러는 동안에 열심당 당원의 수는 증가해갔다. 마치 그리스의 비극처럼 유다 대 로마의 충돌의 클라이맥스가 다가오고 있었다. 기원 7년에서 41년까지 7인의 행정장관이 유다를 다스렸다. 그들은 모두 무능했으며 대체로 거친 군대 출신이었다. 외교수완도 없었고 조심성도 없는 자들이었다. 잘못을 저지르면 냉혹하게 처리하였다. 피를 보고 해결하지 못할 문제가 없다는 것이 정치가로서의 그들의 견해였다. 어깨에서 목이 잘려 떨어질 때에 사상도 죽는 것이라고 믿고 있었다. 그들은 어리석은 포학은 천천히 그러나 확실하게 바리새파, 사두개파, 엣세네파 사람들을 열심당으로 몰아세웠다. 열심당은 로마에 대해서 궐기하여 전면 전쟁을 하자고 설파하고 있었다.

눈사태와 같이 상황이 바뀌는 것을 잠깐 멈추게 하는 사건이 일어났다. 또다시 로마는 유대인에게 그들이 바라지 않는 왕을 보냈다. 헤로데의 손자 아그리파 1세였다. 그는 로마의 사치투성이 속에서 자랐다. 황제 티베리우스의 아자가 되어 가리구라 황제와도 허물없는 사이였으며 가리구라는 아그리파를 왕으로 만들기 위해서 행정장관 임명을 중지했다. 아그리파가 왕이 되어 유대 모든 비앙은 다시 하나의 왕국으로 통일되었다. 아그리파의 통치는 다정한 실정(多情한 失政)이라고 할 수 있는데 41년에서 44년까지 3년간 계속 되었다. 그의 죽음은 그의 삶과 마찬가지로 극적이었다. 그는 어떤 공식 석상에서 신이라는 선고를 받았는데 그 순간 그만 졸도하여 죽어버리고 말았다.

아그리파는 죽고 유대의 운명은 이미 정해져 있었다. 기묘한 막간극은 끝나고 로마인이 유대인의 역사 무대에 필요한 장치와 소도구를 돌려보냈다. 또다시 무능하고 부정직한 몇 사람의 행정장관이 임명되고 팔레스타인은 본래대로 분열했다. 극적인 변화가 일어날 준비가 되어가고 있었다. 새 행정장관이 임명될 때마다 그것은 확실해져 갔다. 폭발이 가까워지고 있었다. 그것을 알아차린 로마는 서둘러 알비누스라는 지지리도 무능한 행정장관을 경질하고 플로루스로 바꾸었다. 그리고 플로루수는 최후의 로마인 행정장관이었다.

그러나 이미 때는 늦었다. 결국 유대인들을 봉기케 한 것은 로마의 포학이 아니라 로마의 단순한 어리석음이었다. 유월절(逾月節)[1] 때, 그것이 단순한 축제의 법석이라고 잘못 생각한 플로루스는 대제사장의 제복을 압수하고 유대인이 가장 중요하게 여기고 있는 신앙을 추잡한 방법으로 모독하는 짓을 했다. 유대인은 로마인을 증오할 뿐만 아니라 경멸하게 되었다.

플로루스는 마치 폭력단과도 같은 방법으로 '성전' 보고(寶庫)에서 금화 17달란트(35만 달러)를 지불하면 보호해 주겠다고 말했다. 바리새파, 사두개파, 엣세네파 그리고 그 시기에 아직 유다에 살고 있던 그리스도교까지도 열심당으로 모여들었다. 기원 66년 열심당은 예루살렘밖에 있던 로마 수비대를 습격하고 거기 주둔해 있던 군단을 축출해 버렸다. 그것이 계기가 되어 모든 도시, 마을, 지방에서 반란이 일어났다. 유다와 이두미아와 사마리아와 갈리리가 공동의 적에 반항하여 단결했다. 거대한 세계의 패자 로마제국에 대항하여 마치 우표딱지 같은 작은 나라가 궐기한 것이다.

---

1) 유월절—유대인에게는 매주의 안식일 외에 한해에 3회 큰 절기가 있으며 그날도 휴식의 날이지만 안식일과 달리 음식 준비에 관계 있는 일은 허락되었다. 이 제일들은 성지에서의 농작물 수확과 관계가 있지만 이스라엘의 생활 가운데 역사적인 사건을 기념하는 것이다.
이 축제일들의 첫째는 유월절이며 니산 달(3,4월月)의 19일에 시작해서 7일간(팔레스타인 이외에서는 8일간) 계속되며 누룩 없는 빵을 먹고 누룩이 든 음식은 일체 삼가며 그래서 사실상 절기가 시작되기 전부터 그런 음식은 집안에서 멀리해야 할 정도이다. 유월절은 자연이 재생하는 계절인 봄의 축제로서 이집트 탈출로 민족으로서의 탄생을 축하하는 것이다. 축제는 감동적이고 아름다운 가정 예배, 세델(秩序)로 시작되며 여기에는 유대민족의 가장 귀중한 기억과 가장 강한 소망이 담겨져 있다. 세델의 중심적 특징은 누룩 없는 빵과 씀바귀 거기에 포도주로 하나님의 역사적 속죄로 이집트의 구속에서 구출된 이스라엘의 고통과 기쁨을 회상하는 것이다. 굶주린 자는 누구나 와서 먹도록 초청하는 일로부터 세델은 시작된다. 가장 마지막 아이가 '왜 오늘밤은 다른 밤과 다른가요'하고 질문하여 네 가지를 묻는다. 이에 대답하여 감동적인 해방 얘기와 거기에 숨겨져 있는 세계의 속죄를 위한 더욱 위대한 약속에 대해서 얘기해 준다. 예배는 도중에 식사를 하며 마지막 하나님의 나라가 도래하는 희망 가운데 시편, 찬송가, 민요를 부르고 마친다.
성전시대에 제사는 유월의 희생양을 잡고 그것을 먹는 일로 시작했다. 그리고 이 축제의 농사 적인 면은 수확을 주는 하나님에 대한 감사로서 제단에 보릿단을 바쳤다. 이지도 엡스타인의 ≪유대주의≫에서 유월절에 대하여 이상과 같이 설명하고 있다.

8. 봉해진 관

로마 제국의 속령이 되어 있던 나라들은 유대인이 강력한 거인 로마에게 덤벼드는 것을 어처구니없다는 듯이 바라보고 있었다. 유대인이 거의 승리로 끝낼 듯이 보이는 때도 있어서 보통이라면 작은 원정대만으로 수습될 전쟁에 군사력을 대폭적으로 투입하지 않으면 로마는 패배하고 말 것 같기도 했다. 로마는 온 세계가 그 귀추를 주시하고 있음을 느꼈다. 위험한 도박이었다. 조금이라도 주저하는 빛을 보였다가는 아니 유대인이 승리하는 꼴이라도 된다면 로마제국 전토가 반란의 정신으로 불붙게 되리라고 로마는 느꼈다. 그래서 그들은 유대인의 목숨을 건 승부에 걸맞은 가차없는 태도로 대처했다. 잔학하기 이를 데 없는 살육이 벌어졌다. 그리고 그에 대항하는 보복의 살육이 감행되었다.

전쟁 일년 동안은 로마에게 충격적이었다. 가까운 시리아에서 로마장군 세스투스 갈루스가 그 군단을 이끌고 반란 진압에 가세하였지만 반격을 받고 비참한 꼴이 되어 돌아갔다. 정황이 너무나 중대하게 되자 네로 황제는 그의 장군들 가운데서도 가장 용맹이 뛰어난 베스파시아누스를 택하여 선발된 군단을 지휘하도록 명했다.

일 년에 걸친 가혹한 싸움의 결과 베스파시아누스는 겨우 한 장군이 지휘하는 갈리리군을 제압했다. 이 장군이야말로 뒤에 유대인 역사가로 알려진 오세푸스였다. 그의 이름은 요셉 벤 마타디아스(38~100)로서 일반적으로는 프라비우스 요세푸스로 알려져 있으며 그의 저술은 운명적인 이 싸움의 수년 동안의 일을 직접적으로 증언한 유일한 글로 남게 되었다.

요세푸스는 팔레스타인의 유복한 유대인 제사 계급 가문 출신이었다. 로마의 최고 학부에서 교육을 받은 그는 유대로 돌아와 군인으로서 생애를 끝내려고 결심했다. 그리고 갈릴리군의 뛰어난 지휘관이 되었다. 갈릴리 군이 파멸되고 요세푸는 포로가 되어 베스파시아누스 앞으로 끌려갔다. 뒷날의 로마황제와 뒷날의 역사학자는 여기서 친구가 되었다.

요세푸스는 베스파시아누스의 허가를 받고 예루살렘을 포위하러 가는 로마군에 동행했다. 그 정쟁의 역사를 쓰기 위해서였다. 그 때문에 요세말스는 배신자로 불려지고 지금도 많은 유대인이 그렇게 생각하고 있다. 그러나 그의 저서 ≪유대전기(戰記)≫, ≪유대 고대기≫는 기원전 100년에서 기원 100년까지의 유대인 운명의 2세기 동안의 일을 알기 위한 자료로서는 가장 귀중한 것이다.

전쟁이 3년째로 들어서면서 전세는 천천히 베스파시아누스에게 유리하게 돌아갔다. 기원 68년 그는 이미 유대를 점령하고 있었지만 진짜 목표인 예루살렘은 아직 떨어지지 않고 있었다. 몇 번이나 공경히 반복되었지만 좀처럼 떨어지지 않았다. 유대인의 의지력에는 로마군단이 당해낼 도리가 없었다. 베스파시아누스는 패배를 맛보기보다는 타협안을 생각하고 우선 예루살렘을 포위하는 것으로 만족하기로 했다. 예루살렘에 포위된 사람들을 굶게 하면 유대인도 항복하리라고 예상했다.

전쟁은 소강 상태였다. 군사적 견지에서 말한다면 68년이라는 해는 대단한 의미는 없다. 그러나 유대인 정신사의 견지에서 본다면 이해는 중요한 전화점이 된 것이다. 예루살렘에 요하난 벤 자카이라는 철학자 랍비가 나타나 포위된 예루살렘의 꺼져가는 유대주의 정신에 새로운 생명을 불어넣어 주었다. 요세푸스와 마찬가지로 이 요하난 벤 자카이도 평화주의자였다. 요세푸스도 그렇게 생각했던 것처럼 그도 열심당의 방침대로 가면 종말은 비극적이 될 수밖에 없다고 생각했다. 전쟁의 장래에 희망을 가질 수 없었던 그는 전장(戰場)을 버리고 요세푸스처럼 베스파시아누스를 만났다. 그러나 요하난 벤 자카이의 경우는 배반자로 불리지 않았을 뿐 아니라 오히려 유대주의를 구출한 사람이라고 칭찬 받게 되었다.

요하난 벤 자카이는 바리새파의 중요한 지식인이었다. 그는 유대인에게 닥쳐올 참극, 즉 로마가 유대인을 강제로 이산시킬 것을 예상하고 유대인의 학문이 생존하기 위한 기초를 쌓아두지 않으면 유대주의는 사멸해 버릴 것이라고 염려하고 있었다. 공민권을 빼앗기고 그리스 로마 세계로 분산해 가는 유대인에게 학문의 횃불을 꺼뜨리지 않고 전하는 학교가 필요하므로 그것을 창설해야 한다고 하는 생각에 꽉차 있었다. 그는 운명이 이미 결정되어 있는 예루살렘을 빠져나가야 했다. 베스파시아누스와 의논할 필요가 있었다.

포위된 예루살렘은 지옥과 같았다. 사람들은 굶주림과 악역(페스트)으로 한 번에 몇 천 명씩이나 죽어갔다. 예루살렘을 이탈하는 것은 금지되어 있어서 그것을 어기면 사형이었다. 평화주의자로 의심받으면 열심당 사람들이 성벽 밖으로 내던져서 죽였다. 성 밖에서는 로마군이 그랬던 것처럼 성안에서는 열심당이 절대의 권위를 갖고 있었다.

열심당의 눈을 가리기 위해서 요하난 벤 자카이는 계략을 짜냈다. 2,3인의 제자를 불러 그 계략을 애기했다. 제자들은 거리에 나가 옷을 찢으며 그들의 위대한 스승 요하난 벤 카이자가 병사했다고 슬프게 알렸다. 그들은 병의 전염을 막기 위해 스승의 유해를 성밖에 매장하겠다고 신청하여 열심당의 허가를 받았다. 상복을 입고 재(?)를 바르고 슬픔에 빠진 제자들은 봉해진 관속에 살아 있는 요하난 벤 자카이를 넣어 예루살렘에서 실어 내어 베스파시아누스의 천막까지 갔다. 거기서 관을 열고 살아 있는 랍비를 나오게 했다.

칼을 옆에 놓고 군단을 대비시켜 승리를 확신하고 있는 이 베스파시 아누스장군은 자기 앞에 나타난 수염을 기르고 조상으로부터 전해진 술이 달린 옷을 입고 두려워하는 기색도 없이 자신을 쏘아보는 이 유대인을 어떻게 생각했을까. 빈사상태에 빠진 예루살렘을 봉해진 관속에 숨어 도망쳐 나온 이 유대인 늙은이의 소망은 도대체 무엇일까. 목숨을 걸고 여기까지 찾아왔으니 목숨을 구걸하려 온 것이 아닐까. 장군은 잠자코 있었다.

랍비가 입을 열었다. 나는 예언할 것이 있다. 그리고 청원할 것이 하나 있다고 말했다. 장군은 들어보자고 말했다. 요하난 벤 자카이는 대담하게도 베스파시아누스는 머지않아 황제가 되리라고 예언했다. 그리고 그렇게 되었을 때에는 자기와 몇 사람의 제자가 예로부터 전해오는 유대인이 성서를 조용히 공부할 수 있도록 팔레스타인의 어느 마을에 조그마한 학교를 세우도록 허가해 달라고 말했다. 베스파시아누스는 예언을 듣고 깜짝 놀라고 더구나 랍비의 청원이 군인인 그에게는 전혀 의미가 없고 아주 쓸모 없는 요청이라고 놀랐지만 예언대로 된다면 요청은 들어주겠다고 약속하였다.

요하난 벤 자카이는 별다른 초능력으로 예언한 것도 아니었다. 그가 빈틈없는 계산을 한 것에 불과했다. 그 해에 네로가 자살했다. 로마에는 왕위 계승에 대한 법이 없었기 때문에 가장 강한 사나이가 왕위에 오르는 것은 당연한 일로 생각되었다. 벤 자카이의 생각으로는 가장 강한 사나이는 베스파시아누스였던 것이다. 그 해 3인의 무능한 자가 차례 차례로 로마 왕위에 올랐다. 각각 왕위에 오르자 수개월 안에 암살되었다. 요하난 벤 자카이의 예언은 적중했다. 69년 로마 원로원은 베스파시아누스에게 황제가 되지 않겠느냐고 물었다. 교육도 받지 못하고 미신적인 베스파시아누스는 그저 그 수염난 랍비의 예언에 두려움을 느끼고 자카이와의 약속을 지켰다. 자카이는 예루살렘의 북쪽 야부네(얌니아) 마을에 최초의 에쉬바(yeshiva), 즉 유대학문소를 창설했다. 이것이 그 뒤의 유대인 생존에 중심적인 역할을 하게 되었다.

황제에 취임하기 위해 로마로 향하는 베스파시아누스는 아들 디투스에게 유대인과의 전쟁을 맡기기로 했다. 이 전쟁과 그에 따르는 예루살렘의 파괴는 역사에서 정당한 평가를 받지 못하고 있다. 그리스도교도는 막연하게 '복음서[1])의 예언대로 되었다고 기억하고 있을 뿐이다. 더구나 예언이 씌어진 것은 실제의 파괴가 일어난 뒤의 일이다. 유대인은 이 사건에 관해서라면 묘하게 감정적으로 된다. 이렇게 양자가 모두 고대의 대전쟁의 하나이며, 강대한 두 적이 싸운 그 장관(壯觀)을 간과하고 있는 것이다.

알렉산더 대왕은 그 광대한 대제국을 획득하는데 3만 2천 명의 병사를 사용했다. 카이자르가 게르마니아를 정복하고 브리타니아를 침략하는데 사용한 군단병력은 2만 5천 명도 채 안 되었다. 한니발이 알프스를 넘어 로마를 공격했을 때 병사의 수는 5만 이하였다. 티투스는 이미 포위되어 있는 예루살렘의 유대인을 쳐부수기 위해서 8만의 군대를 사용해야만 했다. 그 때 예루살렘을 방위하고 있던 것은 2만 3천 4백 명의 유대인 병사했다.[2)]

그럼에도 불구하고 그들은 패할지도 모른다는 생각에서 정예 로마군으로 하여금 예루살렘을 직접 공격하는 일을 피하도록 했다. 그 대신 심리전으로 공격하여 유대인을 두려워하게 함으로써 항복하기를 기다리려고 했다. 그는 병사에게 완전한 전투 장비를 갖추게 하고 예루살렘의 성벽을 둘러싼 군대 시위를 했다. 로마군의 가공할 군사력을 과시하기 위한 것이었다. 그야말로 천지가 자욱하게 이는 먼지에 덮여 7만의 보병이 행진하고 1만의 기병이 달리자 피를 빨아들인 대지가 전율하였다. 예루살렘 문 근처에는 몇 천대나 되

---

1) 실제로는 4개의 '복음서' 가운데 단 하나 ≪마가복음≫만이 예루살렘의 파괴에 관한 '철학'을 말하고 있다. ≪누가복음≫, ≪마태복음≫, ≪요한복음≫은 전혀 다루지 않고 있다. 마가가 그 '복음서'를 서술한 것은 70년경이며 그것은 로마인이 예루살렘을 파괴한 해였다. 예루살렘은 이미 그 때까지의 3년 사이에 로마의 포위 아래 있었기 때문에 그 장래를 예언하는데 별다른 예언적 능력이 필요치 않았다.

2) 요세푸스는 ≪유대 전기(戰記)≫ The Jewish War 가운데 유대인의 전력을 다음과 같이 추정하고 있다. 시몬 바르 기오라의 지도아래 1만명. 기젤라의 요한 지휘아래 6000명. 이두미아인 5000명. 열심당원 2400명.

는 파성추(破城槌)가 투입되었다. 시위는 3일간이나 계속되었다. 쇼가 끝나자 성루(城壘)에서 구경하고 있던 유대인들은 떠들썩하게 박수 갈채를 했다.

이에 화가 난 티투스는 공격 명령을 내렸다. 2주일 동안 예루살렘의 북쪽 성벽을 겨냥하여 공성포(攻城砲)가 폭스바겐만큼이나 큰 바위덩어리를 쏘아댔다. 성벽에는 커다란 구멍이 뚫렸다. 이 구멍으로 군단병이 쏟아져 들어갔고, 유대인은 필사적으로 방어했다. 그것은 칼과 칼, 창과 창, 절망과 절망이 부딪치는 1대 1의 전투였다. 유대인은 2주간의 잔학한 백병전으로 로마인을 내쫓아 버렸다.

그러자 티투수는 도저히 예사로운 전투로는 이길 수 없음을 깨닫고 유대인을 굶주리게 함으로써 저항하지 못하게 하는 방법밖에 없다고 생각했다. 티투스는 밖으로부터 물도 식량도 일체 반입되지 못하도록 예루살렘의 석벽과 같은 높이의 토벽을 쌓아 예루살렘의 밖의 세계와 완전히 단절시켰다. 이 광막하고 물 없는 호(壕)에서 이 모양을 본 로마인 이외의 사람들은 그 토성(土城)위 성내의 유대인이 보는 앞에서 기둥에 못박아 창으로 찔러 죽이는 책형(磔刑)을 당했다. 하루에 500명이 책형에 당하는 일도 흔했다. 썩은 시체 냄새가 꽉차고 처형된 자의 죽음을 슬퍼하는 통곡소리가 하늘을 찔렀다. 그래도 1년을 버티고 전쟁은 4년째로 접어들었다. 티투스는 당황했다.

그러나 종말은 가까워지고 있었다. 파성추와 이동할 수 있는 다리(橋)를 사용하여 로마병이 예루살렘 성벽을 습격했다. 흰개미 떼처럼 성내에 쏟아져 들어간 그들은 굶주려서 맥없는 사람들을 살육했다. 무적 로마군단은 유대인에게 멸시당한 4년간의 배패에 자존심이 상한 것이다. 그래서 가혹한 살육만이 그들의 상한 허영심을 채우는 것이었다. '성전'에는 불을 지르고 영아들을 그 불길 속에 던졌으며 여자들은 강간당했다. 제사들은 학살되고 열심당 당원은 성벽 너머로 내던져졌다.

참살을 모면한 자들은 끌려가서 로마에서 거행되는 개선 행진에 전시(展示者)가 되거나 노예로 팔렸으며 투기장에서 야수의 밥이 되거나 사람들의 오락을 위해서 로마의 다루페이아 바위 위에서 밀려 떨어지기도 했다. 그 뒤에 로마인들은 그들 자신의 역사가 타키투스에 의해 이렇게 비판되었다.— '로마인은 황제를 낳고 그것을 평화라고 한다.' 타기루스는 포위된 뒤에 살육된 무방비 상태의 유대인 일반 시민은 모두 60만 명에 달한다고 추측했다.

언뜻 보기에 이 유대전쟁은 로마제국의 일부에서 일어난 잔물결 같은 것이어서 1,2군단만 가지면 진입할 수 있는 것이었다. 그러나 실제는 그렇게 되지 않았다. 그것은 무서운 전쟁이었다. 로마인에 의해 죽은 유대인의 수는 엄청났지만 동시에 로마측도 극심한 손해를 보았기 때문에 일단 승리는 했지만 그것은 수지가 맞지 않는 승리였다. 로마가 이긴 것은 그들이 더 용감했다던가 전쟁 기술이 뛰어나서가 아니라 수가 많았기 때문이었다. 로마인은 승리 뒤에 숨은 이 빈약함을 숨기기 위해서 장려하기 짝없는 개선 퍼레이드를 벌렸다. 이 전쟁을 기념하는 주화(鑄貨)를 만들고 티투스의 개선문까지 건조하였다. 보통 개선문이란 극히 불리한 조건에서 강국을 상대로 싸워 이긴 경우에 그것을 기념하여 세우는 것인데—. 지금도 로마에는 이 티투스의 개선문이 서 있다. 그러나 이것이 무엇을 상징하는 것일까. 벌써 이 세상에서 사라진 옛날의 정복자 로마인을 상징하는 것인가, 아니면 아직 정복되지 않고 살아 있는 옛날의 '정복된 적'으로서의 유대인을 상징하는 것인가.

이 유대전쟁에서는 또 하나의 측면이 있었다. 유럽의 중심지역은 확실히 계속 복종했지만 제국의 동쪽 절반은 이 전쟁으로 용기를 얻었다. 예루살렘은 4년간이나 로마군단을 적지하며 접근시키지 않았다. 유대인은 로마인이 무적이 아니라는 것을 노출시켰다. 바야흐로 근동지방에서는 반항 정신이 넘치게 되었다. 유대인은 로마의 보복적 강탈로 궁핍한 지경에 빠졌지만 유다의 유대인 마음속에도 또다시 반항정신이 꿈틀거리기 시작하였다.

기원 113년 두 번째의 유대인 반란은 파르디아가 로마영토에 침입한 것이 자극이 되었었다. 트라야누스 황제도 파르디아에 진격했지만 이집트, 안티오키아, 키레네, 키프로스에서 유대인이 반란을 일으키고 있었다. 사태를 우려한 트라야누스는 파르디아전을 일시 중단하고 우선 유대인부터 처치하기로 했다. 전쟁은 3년간이나 맹렬하였다. 결과는 반반이었다. 유대인은 무기도 병사도 모자라 항복해야만 했다.

그리고 이것은 로마에게는 희생이 큰 전쟁이었다. 군사력을 크게 소모하고, 로마는 파르디아 전쟁을 재개할 수도 없어 중도에 단념해 버렸다. 유대인의 두 번째 봉기는 또한 로마의 역사를 결정적으로 전환시켰다. 그때까지 승리에 도취한 로마는 영토를 확대시키고 있었지만 아무래도 형세가 불리하게 된 것이다. 117년의 하드리아누스 황제 즉위 때부터 로마제국의 영토는 줄어들기 시작하였다.

트라야누스 뒤에 황제가 된 하드리아누스는 막대한 전비가 쌓이는 유대전쟁의 종결로 한숨 놓게 되자 유대인에게 예루살렘에 '성전'을 재건해도 좋다고 허가했다. 그러나 유대가 평온해지자 마음이 변하여 약속을 깨고 자기가 성전을 세우겠다고 나서 여호와 신을 위한 것이 아닌 츄피터의 신전을 세워버렸다. 그는 거이에다 '아엘리아 카피톨리나'라고 이름을 붙여 예루살렘을 로마의 시로 만들어버렸다. 그러나 만일 하드리아누스가 두 번째 반란에서 패배한 유대인이 세 번째 반란을 또 일으킬 리가 없다고 생각했다면 그것은 큰 오판이었다.

유대인에게는 희망의 들끓고 있었다. 군인 메시야가 나타났다. 위대한 학자가 그의 사도(使徒)이며 참모였다. 말에 탄 메시야란 시몬 벤 코제바 또는 바르 고호바(별의 아들)이며 학자는 랍비 아키바이다. 갑옷을 입은 메시야와 존경받는 학자와의 결합이 의기 소침했던 유대인을 단결시켰다.

바르 고호바의 청년 시대에 관해서는 거의 알려져 있지 않았다. 최근 사해(死海) 근방의 무루바트에서 발견된 편지를 읽으면 그는 독재적이고 성급한 군인이며 훌륭한 체력을 갖춘 매력적인 인격자여서 그를 만나는 사람들은 맹목적인 신뢰와 완벽한 대담성을 갖게 됨을 알 수 있다.

탈무드는 그의 성격에 대해서 다른 한 면을 묘사하고 있다. 경건성의 결여이다. 탈무드에는 바르 고흐바의 말이라고 해서 이런 인용이 있다. '하나님이여, 우리를 돕지 마소서. 우리의 승리가 당신의 덕분이라고 일러져서는 안 되겠습니다.' 산헤드린도 바르 고흐바가 메시아라고 주장하는데 대해서는 편견을 가지고 있었다. 랍비 아키바의 신뢰와 명성이 바로 고흐바를 구한 것이다.

랍비 아키바야말로 이 시대의 가장 걸출한 인물이었으며 유대역사에서도 높이 평가되고 있는 학자의 한 사람이다. 그는 처음에는 반 문맹인 양치기였다. 그는 바로 옛날 얘기에 있는 것처럼 예루살렘에서도 첫째가는 유복한 사람의 딸과 사랑에 빠져 결혼했다. 그는 아내의 성화에 못 견디어 자기 아들과 함께 학교를 다니며, 토라의 공부를 시작하였다. 그런데 그의 학문은 놀라운 성과를 보여 토라의 해석이나 인간과 신의 관계에 대해서도 대단히 계발적인 새로운 통찰을 가지게 되었으며 정신적으로나 실제적으로도 유대인의 지도자가 된 것이다. 그의 토라 해석은 모든 지역에 사는 유대인에게 받아들여졌다.

시몬 바르 고흐바가 자기는 메시아이며, 다윗의 후예라고 말한 것을 지지한 것은 이 랍비 아키바였다. 이 두 사람이 로마를 향해서 반항하는 무기를 잡으라고 말했을 때 몇 만 명이나 되는 유대인이 종파를 초월하여 그 기치 아래 모여들었다. 그러나 그리스도교도들은 달랐다. 그들은 고민했다. 그들도 로마의 지배로 유대인과 같은 정도로 또는 그 이상으로 고통받고 있었기 때문에 보통 때 같으면 유대인의 반란에 가담했을 것이다. 그러나 그들은 이미 예수라는 메시아를 가지고 있었기 때문에 또 다른 고흐바라는 메시아를 인정할 수 없었으며 유대인과 로마의 결투에 가담할 수 없었다.

기원 132년 반란이 발발하자 로마인은 놀랐다. 그들은 유대인의 반란의 의지나 세 번째 전쟁을 할 능력에 대해서도 완전히 과소평가를 하고 있었다. 유대인은 전투에서 계속 승리하였으며, 로마인은 두려웠다.

일반적으로 이 전쟁의 규모나 그 중요성에 대해서 충분한 평가를 받지 못했지만 하드리아누스 황제는 달랐다.. 그는 만일 로마가 패배하기라도 한다면 그것이 제국에 대해 얼마나 큰 위협이 되는지를 충분히 알고 있었다. 그런 가능성을 생각하고 그 불행을 피하기 위해서 가장 우수한 장군이라고 생각되는 율리우스 세베루스를 부리타니아 전선에서 소환하였다. 세베루스는 켈트족의 반란을 진압하기 위해서 출전하고 있다.

히드리아누스는 세베루스가 아니더라도 병력을 축소해도 부리타니아를 진압할 수 있다. 그리고 제국을 유지하는데 있어서 켈트인은 유대인만 진압할 수 있다. 그리고 제국을 유지하는데 있어서 켈트인은 유대인만큼 위협이 되지 않기 때문이라고 생각했다. 세베루스는 3만 5천의 정예부대의 선두에서서 '성지'에 들어가 수적으로는 훨씬 떨어지는 바르 고호바의 군대를 맞이했다. 그런데 로마군은 면목없는 패배를 맛보았다.

세베루스도 전투로 이기지는 못한다고 깨달았다. 그래서 미국 남북전쟁에서 셔만 장군이 취한 수단, 즉 전면전쟁을 하기로 방침을 세웠다.

아군의 군대가 사용할 수 없는 것은 모조리 파괴하고 태워버리는 전법이다. 말할 것도 없이 세베루스는 여기에 더 하나의 로마 방식을 보탰다. 그것은 전투원이건 비전투원이건 닥치는 대로 죽여버리는 것이다. 남자 여자 아이 그리고 가축이 닥치는 대로 살육되었다. 그것은 완만하고 야비하며 가혹하고 가차없는 싸움이었으나 로마로서는 그 방법밖에 없었다. 이 전쟁에서 패할 수는 없었다. 2년 동안에 걸친 집요하고 가차없는 살육으로 인구가 부쩍 줄어버린 유대인 측의 전선이 동요하기 시작했다. 135년 바르 고호바의 군대는 항복했다. 바르 고흐바는 이미 전사한 뒤였다. 로마인은 랍비 아키바를 철저하게 고문하고 처형함으로써 그 분노를 풀었다. 도망칠 수 있었던 자는 파르디아로 가서 거기서는 진정한 환영을 받았다.

예루살렘과 옛 팔레스타인 유다에는 유대인의 출입이 금지되었다. 전쟁에서 죽음을 모면한 자나 파르디아로 도망친 자는 노예가 되었다. 그러나 세 차례의 유대전쟁 가운데서도 세 번째 전쟁이 로마에게 가장 큰 희생을 주었다. 하드리아누스는 전쟁 종결을 원로원에 보고하였는데 그때 관례적인 끝맺음 말인 '나 및 나의 군대는 건전하며'라는 구절을 넣지 않았다. 그도 그의 군대도 건전치 못했기 때문이다. 하드리아누스의 체면은 그만 납작해지고 말았다. 그의 군대는 많은 사상자를 내고 티투스의 경우처럼 그 승리는 수지가 맞지 않는 것이었다. 각지에서 자유를 요구하는 움직임이 보이고 제국은 흔들리기 시작했다. 전선은 이미 명확한 경계선이 없어지고 말았다. 오히려 많은 무장한 사나이들이 파도같이 밀려드는 장소가 되어 있었다.

세 차례에 걸친 유대전쟁을 이렇게 다루는 것은 역사에 충실한 것이 못되며, 실제 이상으로 지나치게 중요시하고 있다. 세 차례의 유대전쟁은 무적인 로마제국에 아무런 흠도 없었다고 할 의견도 있을 것이다.

역사학자는 원칙적으로 이 세 차례의 유대·로마전쟁을 거의 찾지 않으며 일반에게는 거의 아무 것도 알려져 있지 않기 때문에 그런 소극적인 의견도 당연하다고 생각된다. 이들 전쟁의 의미나 성격은 군대에 일어난 사건과 비교해 보면 알기 쉬울지도 모른다. 1956년의 러시아 대한 헝가리의 반란은 단지 2,3개월밖에 안 걸렸다. 그러나 그것에 의해서 소비에트 공산당이 흔들리고 모든 위성국가들이 반항 태세를 취하려고 했다.

그 때 헝가리가 2,3개월로 약화되지 않고 유대인이 로마에 대해서 한 것처럼 4년간에 걸쳐 실제로 러시아와 전쟁을 했다고 가정해 보자. 러시아측 사상자(死傷者)가 2,3백이 아니라 2,3천이었다고 가정해 보자. 한 차례의 반란 뒤 다시 두 번째 봉기가 있었다고 가정하자. 그리고 그 때마다 헝가리인은 러시아의 보병대와 전차대에 항쟁해서 수년이나 버티고 그 때마다 상대에게 타격과 극심한 손해를 주었다고 가정하자. 그런 사건으로 러시아가 약해지지 않았다거나 조그마한 적에게 다대한 희생을 치르고서야 겨우 이겼다고 해서 명예를 떨어뜨리지 않았다고 누가 말할 수 있겠는가. 이렇게 생각하면 로마에 대한 유대인의 반항은 종래에 예기하여온 것보다 훨씬 중요한 의미가 있음을 알 수 있다고 생각된다.

하드리아누스황제 시대가 되자 유대인의 로마 시대는 끝났다. 분명히 제국 종말 때까지 많은 유대인이 그 지배아래 살았지만 로마는 이제 유대인의 생활에 그다지 영향을 주지 못하게 되었다. 기원 212년엔 로마가 모든 유대인에게 공민권을 주는 등의 방법으로 유대인을 받아들였지만 이번에는 유대인 쪽에서 로마인을 거부했던 것이다.

전례 없는 기묘한 일이 일어난 것이다. 유대인은 주도권을 잡은 대다수를 거부하는 내면적인 정신력을 가졌으며, 말하자면 이미 '경계인(境界人 : marginal)'으로서의 소수가 되어 있었던 것이다. 그들은 자기들의 문화가 로마인의 그것보다 훌륭하다고 확신했다. 이러한 새로운 불굴의 정신력은 어디서 생긴 것일까.

그 비밀은 죽어 가는 예루살렘에서 몰래 반출된 봉해진 관속에 랍비 요하난 벤 자카이의 정신 속에 숨겨져 있었던 것이다. 자카이가 야브네에 창설한 유대 학문소는 학교로서의 기능을 하기 시작했다. 그것은 새로운 형태의 내면적인 유대인을 작동시키는 '모세적 발전기(發電機)'의 생산 공장이 되었다. 이들 '모세적 발전기'에는 확실히 '야브네제(製)'라는 검인이 찍혀 있었지만 부품의 대개는 그리스제(製)'라는 도장이 찍혀 있었던 것이니 확실하다.

9. 펜은 칼보다 강하다

역사를 정치적 측면에서 보는 학자는 보통 그리스 로마시대의 유대인에 대해서는 한두 마디 언급할 뿐이다. 그리고 유대인에 대해서 쓰는 일은 대개 정해져 있어서 '유목민의 소집단'이라든가 '편협한 광신자'라든가 '할례를 하고 돼지고기를 끝까지 먹지 않으려는 편벽된 자'등으로 쓰는 것이다. 이런 태도는 대개 당시의 그리스나 로마인의 저술가들의 태도를 모방한 것이다. 그러나 이런 판단은 유대인을 경멸하고 있다기 보다 오히려 유대인의 역사나 문학이나 문화를 모르고 있다는 것을 반영하고 있는 것이다. 그러나 이것만으로는 설명이 불충분하다.

정치적 측면에서 역사를 보는 학자의 대부분은 아무래도 사상이라는 것을 다루기가 어렵기 때문일 것이다. 그들은 구상적인 사건만을 배열해 놓는다. 역사를 전쟁과 전리품의 연속으로 바라보는 편이 오히려 낫다. 그들의 역사책에 기록된 나라들은 가장 광대한 영토를 획득한 나라들을 장려한 건축물을 세운 나라들이다. 유대인은 그런 것을 소유하거나 만든 적도 없기 때문에 그러한 역사학자가 유대인은 역사의 부속물이라고 생각하는 것도 무리는 아니다. 그리스 조각, 로마의 대리석 욕탕 도로의 길 같은 것은 참으로 훌륭하다. 그들의 문명이 훌륭했던 것은 의문의 여지가 없는 것이다.

그리스인이나 로마인이 흔히 유대인을 경멸 적으로 얘기했다고 해서 별 의미가 있는 것은 아니다. 그들은 자기들 이외의 사람을 경멸하고 있었다. 그리스인이나 로마인이 공공연하게 유대인을 멸시한 이유를 찾아보면 그들의 가치 판단의 토대는 무너져 버린다. 나무 십자가에 산 사람을 못박는 로마인이 유대인의 할례 의식에 전율한 것이다. 맨손이 노예를 야수와 싸우게 하고 그것을 오락이라고 한 로마인이 노예의 신분에서 자유롭게 된 것을 축하하는 유대인의 유월절을 야만스럽다고 생각한 것이다. 인간과 가축에게 결코 휴식을 주지 않고 일을 시키며 그것을 근면이라고 부른 그리스인이나 로마인은 자유인과 노예와 동물이 함께 휴식하는 7일째의 안식일을 지키는 유대인을 경멸의 눈으로 본 것이다.

그리스인에게는 갓난아기의 머리 모양이나 코 모양이 좋지 않으면 죽여버리는 습관이 있었는데 그것을 보고 공포에 떠는 유대인의 꼴을 보고 우아한 그리스인은 깔깔 웃었다. 유대인은 아가씨들을 성전의 매춘부로 만들지 않았고 남색(男色)을 가장 고상한 사랑의 형태라고 생각하지는 않았으며 인간의 열락(悅樂)보다도 신에 대한 책임 쪽이 중요하다고 생각했기 때문에 그리스인이나 로마인은 유대인을 야만이라고 한 것이다.

조각도 회화도 건물도 문화의 지표이다. 문학도 그렇다. 문학은 어떤 문명의 문화를 반영한다. 가장 정직한 거울이다. 그리스인은 위대한 문학을 가지고 있다. 그러므로 그들은 문화 국가연합의 일원이다. 그리고 유대인도 문학을 가지고 있었다. 유대인이 만든 '문학'을 야만인이 만들 수 있었을까. 2000년간이나 생존하며 서양 문명의 기초가 된 문학을 만들 수 있었을까. 오늘날 그리스나 로마의 작품은 대학의 특별한 과정으로 일종의 지성의 훈련으로 학습되고 있지만 유대인의 문학은 인류의 산 원리가 되어 있다. 유대인의 문학적 업적은 달리 필적하는 것이 없고 비류(比類)가 없으며 '편협한 광신자들'의 업적이 아니라 계시에 의해 이끌어진 극히 문명적인 사람들의 일이었다.

겨우 최근에 와서 문화사 학자나 그 밖의 자립적인 학자가 그리스와 유대사상의 경이적인 결합과 서로 상대에게 준 영향에 대해서 연구하게 되었다. 그들은 그리스 철학 안에 강렬한 유대주의의 영향을 발견하며 유대주의 신학의 저술 가운데 그리스적인 사고가 분명하게 존재하는 것을 밝히고 있다.

그리스 문명 가운데 두 가지 흐름이 혼합되어, '헬레니즘'이라는 문화적 혼성물이 태어났다. 흐름의 하나는 그리스의 예술, 건축, 과학, 철학이며 다른 하나는 그리스적 생활, 습관, 도덕 그리고 종교이다. 우리는 헬레니즘에 대항한 바리새파가 그리스의 습관이나 도덕에 반대하면서도 그 예술과 철학을 받아들이는데 반해서 사두개파는 그리스의 습관이나 도덕에는 찬성하며 예술과 철학에는 반대했던 것을 앞에서 보았다. 유대인에게 예루살렘의 출입이 금지되었을 때 사두개파는 소멸하였다. 그들의 종교는 예루살렘의 '성전'에 묶여 있었기 때문이다. 이젠 '성전'은 없어졌다. 그들의 예배식은 제물을 바치는데 얽매여 있었는데 이제는 그것도 할 수 없었다. 교양은 유연성을 잃고 사상은 시대의 추이를 따라갈 수 없게 되었다. 사두개파에게 자극과 활력을 주는 새로운 사조(思潮)는 일어나지 않았다. 사두개파는 동방의 이교도와 마찬가지로 헬레니즘의 실질적인 내용이 아니라 외면적인 허식만 차용하여 다른 사람과 같이 활기를 잃었다. 유대주의 사상의 횃불을 들고 나간 것은 바리새파였다. 이 횃불이 던지는 광명은 분명히 유대적인 성격을 가지고 있었지만 횃불에 불을 붙인 것은 그리스의 철학자들이었다.

유대주의와 그리스의 사상의 상호작용에 대해서 생각하기 전에 우선 양자 사이에는 깊은 차이가 있었던 것도 밝혀두지 않으면 안 된다. 그 차이에 대해서 다음과 같이 말한 사람이 있다. 유대인은 묻는다. '나는 무엇을 할 것인가' 그리스인은 묻는다. '왜 나는 그렇게 하지 않으면 안 되는가'. 어떤 유대인 역사학자는 이런 식으로도 말하고 있다. '그리스인은 아름다움의 신성을 믿었다. 유대인은 신성의 미를 믿었다.' 헬레니즘을 사랑한 유대인은 유대주의를 미적으로 말하면 답답한 뼈대 없는 삶이라고 생각했다. 그러나 헬레니즘 문화의 제요소에 감동하면서도 그리스인의 소박한 우상숭배, 인간의 괴로움에 대해서 나타내는 둔감한 정신성을 희생해서라도 아름다움을 숭배하는 것, 조잡한 궤변, 야만적인 영아 살해 등에 대해서는 혐오감을 품었다. 원형 극장의 연극이 소포클레스의 희곡 상연이 아니라 단지 외설적인 구경거리에 불과한 것이 너무나 많다. 미술품을 감상하는 의미는 아름다움의 추구에 있는 것이 아니라 미소년을 좇거나 고급 매춘부의 비위를 맞추려는 경우가 너무나 많았다.

그러나 만일 몇 천 명이나 되는 유대인이 이것을 목격했다면 역시 몇십만 명이라는 그리스인이나 로마인도 유대인을 보고 있었을 것이 아닌가. 유대인의 생활방법은 그들에게 큰 감명을 주었다. 그들은 유대교의 무성적(無性的)인 상징이 마음에 들었고 그리스나 로마 제신(諸神)들처럼 밤을 타서 남의 아내를 범하는 따위의 일을 하지 않는 유대인의 신의 존엄에 경의를 표한 것이다. 유대인이 당시의 이교도 민족 사이에 횡행한 통음난무(痛飮亂舞)의 환난에 빠지지 않기 때문에 감복한 것이다. 그리고 유대인이 물질적인 욕구를 채우는 것보다 정신적 · 학문적인 이상, 가족의 이상을 추구하는 것을 부러워한 것이다.

기원전 100년에서 기원 100년의 200년간 그리스와 로마의 가정에는 몇 천 자루나 되는 안식일의 밀초(??) 불빛이 여기저기 밝혀졌다. 안식일에 밀초를 켜는 사람이 너무 늘어나자 로마의 철인 세네카는 이 현상을 우려한 나머지 유대인의 습관이 일반에게 너무나 보급되어 로마인이 그들에게 몰릴 위험이 있다고 말할 정도이다.

세네카의 이 의견은 말만의 기교가 아니다. 그리스인이나 로마인이나 그 밖의 이교도들 대부분이 유대인의 덕과 사상에 대해서 느낀 경의는 확실히 그 나라의 기초를 위태롭게 할 정도였다. 그리스도교 포교 운동을 활발히 하지 않았다면 그 나라들이 유대교 나라가 될 가능성도 있었다.

오늘날 기원 1세기 로마제국 인구의 1할이 유대인이었던 사실을 알고 있는 사람은 적다. 7천만 명 가운데 7백만 명이다. 그 7백만 명 가운데 4백만 명이 몇 세기 동안이나 유대인이었던 조상의 혈통을 이은 유대인이며 나머지는 개종해서 유대인이 된 이교도 혹은 개종하여 유대인이 된 이교도의 자손이었다. 이것이 유대인과 이교도 사이의 지적 결합의 실제적인 양상의 하나이다. 엄격한 식이법(食餌法)과 할례에 의무가 없었다면 개종자는 반듯이 더 많아졌을 것이다. 초대 그리스도교는 바울 시대에 이 두 가지 조건을 버렸다. 그래서 이교도들은 입문자격(入門資格)이 유대주의처럼 엄격하지 않은 이 그리스도교로 모여든 것이다.

이런 사실로 보아 그리스 로마시대에 유대인 인구가 많은 알렉산드리아, 안티오키아, 키프로스 그 밖의 도시에서 일어난 일련의 유대인에 대한 반란의 의미를 이해할 수 있다. 많은 이교도들은 유대교로 개종한자나 개종시키려는 유대인이나 모두를 증오했다. 이 증오는 뒤에 가서 극히 적극적으로 포교운동을 함으로써 유대인보다도 훨씬 많은 개종자를 획득한 그리스도교도에게 쏠리게 되었다. 이교도가 유대인을 증오한 또 한 가지 이유는 유대인의 태도 탓이었다. 온 세상이 그리스인이나 로마인을 모방하는데 유대인은 대개 그것을 경멸했다. 그리스인도 로마인도 이러한 유대인의 우월적인 태도가 마음에 안 들었다. 유대인이 강대한 다수와 잡혼하기를 거부하기 때문에 증오는 더욱 심해졌다.

그러나 그들이 조바심하는 최대의 원인은 로마제국의 관료제도에서 누가 좋은 자리에 앉느냐 하는 실제적인 문제에 있었다. 유대인은 중요한 자위에 앉아 학문을 닦는데 그 수가 인구에 비해 아주 많았다. 유대인은 이집트, 시리아, 다마스코스, 그리스 등 각지에서 입법, 사법, 행정 그리고 학문분야에서 높은 지위에 있었다. 유대인은 각별한 도움을 좇거나 뇌물에 의지한 것이 아니다. 지성이 뛰어나고 근면했기 때문이다. 지성도 근면함도 우연히 익혀진 것이 아니라 유대인 지도자들이 몇 세기 전부터 생각해낸 혁신적인 신기축(新機軸)의 덕택이었다.

보통교육이 의무교육으로 되어 있었기 때문에 유대인은 읽기 쓰기를 할 수 있었다. 그들은 일신교를 믿고 불가사의 신을 믿기 때문에 지적 능력이 높아졌다. 그들은 '옮길 수 있는 천막 집' 덕분에 어떤 특정한 장소에 매이지 않고 그 일관성을 잃지 않았으며 기회가 있으면 이동할 수 있었다. 그리스의 지식인도 로마의 귀족도 또다른 나라의 귀족들도 근로는 천한 것이라고 생각했지만 유대인은 근로에 대해서 위엄성을 부여하고, 교육, 교양, 시야(視野)에 여러 가지 우수한 점을 가진 유대인이 취직 전선에서 눈부신 성적을 올린 것은 이상한 것이 아니다.

그로부터 5세기 후 그리스도교도가 권력을 잡게 되자 능력이 우수하다고 해서 유대인을 중요한 지위에 앉혀서는 안 된다는 법률을 시행하여 중요 직책은 모두 유대인이 차지하게 되는 사태를 방지한 것이다. 성공이 질투를 부르는 것은 자연적인 현상이었다. 그러므로 알렉산드리아, 안티오키아, 키프로스의 비유대인이 로마에 반항하는 유대인을 약탈하여 로마인을 도왔다고 해서 이상할 것이 없다.

그러나 이 시대에 유대인과 그리스인의 사상이 두드러지게 결합하고 그것이 광범위한 것이 된 중요 원인은 유대 신학이 그리스 철학 및 문학에 영향을 주기 시작한 데 있었다. 유대인들에 의해서 씌어진 어떤 한 권의 책이 그리스 로마 세계에 지대한 영향을 주는 운명을 지니고 있었다. 그 한 권의 책이란 그리스어로 번역된 구약성서이며 그것은 ≪70인역(Septuagint)≫이라고 하여 그리스 문학의 위대한 작품이 된 것이다. 그것은 베스트 셀러가 되어 유대인보다도 이교도들이 이 책을 더 많이 보았다고 한다. 이처럼 유대인의 휴머니즘과 철학을 그리스인이나 로마인에게 편 것은 칼이 아니라 말이었다. 바울이 그리스인과 로마인을 상대로 설교하였을 때 그가 말하는 것은 별로 기이한 가르침이 아니었던 것이다. 사람들은 이미 구약성서를 알고 있었던 것이다.

기원전 444년 '모세 5경'이 정전(正典)이 된 것은 이미 말했다. 그로부터 500년간 유대인은 페르시아, 그리스 그리고 로마의 지배아래 있으면서 오늘의 구약성서를 구성하는 각 서를 쓰고 재 편찬하였으며, 공인(公認)하에 정전이 되게 한 것이다. 성서의 각 서는 ≪에즈라기≫와 ≪다니엘서≫의 수 장(章)이 아람어로 씌어진 이외에 모두 히브리어로 씌어졌다. 하스몬 왕조 시대에 각 서에다가 히브리어 표제가 붙여지고 그 표제는 오늘날에도 변하지 않았다. 각 서의 순서도 정해졌다. 그후 오늘에 이르기까지 변경된 것이 없다.

구약성서의 그리스어 역이 왜 ≪'70인역'(Septuagint)≫이라는 이름이 붙여졌는지에 대해서는 재미있는 얘기가 전해진다. 기원전 250년경, 유대인이 가지고 있는 저명한 책 얘기가 이집트 프톨레미오왕 필라델푸스에게 알려졌다. 그래서 그는 70인의 유대인 학자를 불러모아 그 책을 번역하자고 제안했다. 그런데 전기(傳記)에 의하면 70인의 학자는 각자가 개별적으로 번역작업을 하였는데 그 70편의 번역이 완성되고 보니 그것들은 말 하나 하나가 모두 같았다. 신의 지도가 여기서 증명되었다는 것이다. 그래서 이것은 '70인', 그리스말의 'Septuagint'라고 불리게 되었다고 한다.

이 그리스어역 성서에 대한 세속적인 얘기는 전설과는 전혀 다르다.

알렉산드리아나 안티오키아나 다마스코스나 아테네의 유대인들이 히브리말을 잊어버리고 그리스말을 사용하게 되었다는 것은 가혹한 현실이었다. 유대인의 지도자들은 히브리어보다도 우선 성서의 내용이 중요하였다. 그리스어의 성서를 만드는 편이 성서를 전혀 읽지 않는 것보다 유대인에게 훨씬 유익하다고 생각한 것이다. 그래서 성서를 번역하기로 결정한 것이다. 유대인의 지도자들은 옳았다. ≪Se ptuagint≫는 반은 다른 민족에게 동화된 유대인을 유대주의로 환원시키는데 큰 역할을 한 것이다.

≪70인 역≫이 유대인에게 끼친 영향도 컸지만 그것은 그리스인에 대해

서도 더욱 큰 영향을 주었다. 이 책을 읽고 유대교로 개종하는 자가 나타났다. 그러나 그것보다도 훨씬 의미 깊은 일은 개종하지 않은 자도 유대주의를 보다 깊이 이해하게 됨으로써 유대인과 그 문화를 더욱 존중하게 되었다는 사실이다.

지성의 교류가 활발하게 되었다. 유대신학이 보급되어 그리스 사상에 영향을 주었을 뿐만이 아니라 장차 나타날 그리스도교의 교리에도 영향을 주었다. 전에 생각했던 것처럼 그리스도교 교리는 바울의 가르침만으로 이루어진 것이 아니라 거기에는 필론이라는 유대인 철학자의 저서가 준 영향이 있다고 생각하는 학자도 있다. 필론은 기원 35년인가 40년경에 구약성서와 그리스 철학자 플라톤의 저작을 종합하는 작업을 착수했다. 오늘날에는 필론의 얘기가 유대인이나 그리스도교도에게 별로 알려지지 않고 있지만 아마 그는 랍비 아키바나 바울보다도 유대주의와 그리스도교의 형성을 위해서 더욱 중요한 역할을 했다고 생각된다. 필론은 그리스 형이상학의 구조를 완전히 구사해서 유대주의를 구성했기 때문에 새로운 신학의 형성을 위해서 유대인과 그리스도교도에 대한 그 영향은 큰 것이었다.

필론은 알렉산드리아에서도 손꼽히는 유복하고 그리스 문화에 동화된 가정에 태어났다. 최고의 사학(私學)에서 배우고, 그리스어와 라틴어를 유창하게 구사했는데 히브리어는 시원치 않았다. 플라톤의 열렬한 제자인 그는 유대교의 최선의 부분과 그리스 철학의 최선의 부분을 종합하자는 생각에 매달리게 되었다. 실제로 어떤 생애를 보냈는지는 분명치 않지만 하나의 극적인 사건에 대해서는 잘 알려져 있다. 광기(狂氣)있는 칼리굴라 황제가 전부터 자기를 신으로 숭배하라고 요구하고 있었는데 유대인이 알렉산드리아에서 쌓아올린 명성과 부유함을 시기한 알렉산드리아 사람들은 애국을 빙자해서 유대인에게 복수하기 위해 이것이 다시없는 기회라고 생각했다. 그들은 그것이 유대인의 신앙에 위배된다는 사실을 잘 알면서 유대인도 카리굴라를 신으로 인정해야 한다고 주장했다. 예상대로 유대인이 거부하자, 그들을 국적(國賊)이라고 부르며 정당한 의분이라는 구실로 유대인의 재산을 약탈했다. 필론에게는 로마에 가서 광기 어린 황제와 애기하여 해결해야할 책임이 맡겨졌다.

카황은 전혀 희망이 없을 뿐 아니라 전혀 되지도 않는 일이었다. 칼리굴라는 기분 내키는 대로 어떤 때는 가슴앓이를 고친다고 로마의 귀족 몇 천 명을 죽이기까지 했다. 이런 광기 어린 사나이를 숭배할 수 없다는 몇 사람의 유대인 때문에 자기가 신이라는 망상을 버려달라고 부탁하는 일이야말로 미친 짓이었다.

그러나 필론은 현대의 정신분석과 의사가 편집병 환자를 다루는 방법으로 칼리굴라를 다루어 임무를 완수했다. 필론은 냉정하게 위엄을 갖추고 질문에는 솔직하게 대답하며 마치 황제가 정신 바른 사람인양 대함으로써 유대인이 황제의 조상(彫像)을 그들의 성전 안에 세우지 않더라도 훌륭하고 충성스러운 시민일 수 있다고 설득하자 황제도 대체로 납득한 듯 하였다. 칼리굴라의 최종적인 결정이 어떤 것이었는지 우리가 알 수 없다. 이 근친 상간의 지랄병 환자인 황제는 41년에 암살되었기 때문이다. 그 뒤를 이은 것은 클리우디우스황제인데 그는 로마인들에게 어떻게도 할 수 없는 우둔한 황제로 여겨져 있었지만 알렉산드리아 사람들에게 유대인에 대한 약탈을 중지하고 배상하라고 명령하여 사람들을 놀라게도 하고 낙담시키기도 했다.

그리스어역 구약성서밖에 몰랐던 필론은 유대인의 성서에 그리스의 옷을 입힘으로써 다시 그리스 지식인에게 받아들여지게 하자고 생각했다. 그는 플라톤의 철학과 우의적(友誼的) 해석의 수법을 빌렸다. 필론은 확실히 신은 세계를 창조했지만 그것은 직접 손을 써서 그렇게 한 것이 아니라 로고스(Logos : 이성) 즉 말씀1)을 통한 것이었다고 말하였다. 나아가서 인간의 정

1) 이 생각이 직접 그리스도교도에게 원용(援用)된 것은 분명하다. 가령 ≪요한복음서≫는 '태초에

신은 신으로부터 낳은 것이므로 인간은 신성 자체도 인식할 수 있다고 말했다. 신성을 인식하는 데는 두 가지 방법이 있는데 하나는 예언적 충동을 통해서 하나는 내면적인 신비적 명상에 있어서라고 했다. 필론의 의견으로 유대교는 인간이 도덕적으로 완전하게 되기 위한 수단이며 '토라'는 신과의 결합으로 통하는 길이라고 말하게 되었다. 바울은 필론의 로고스의 우화라는 개념과 내면적 ·신비적으로 신을 묵상한다고 하는 개념 위에다 그의 그리스도론을 세운 것이다. 유대인은 필론의 철학에서도 바울이 이용한 것과 정반대의 것을 사용했다. 즉 예언의 정신이다. 그들은 토라에서 새로운 의미를 구함으로써 유대주의를 세워나간 것이다.

토라 안에 새로운 의미를 추구하는 태도가 침식 작용을 갖는 시대의 흐름에도 불구하고 유대교를 언제나 새로운 것으로 하여온 것이다. 그리스인과의 만남의 유대인에게 과학과 철학을 가르쳐 주었다. 그들은 과학을 도구로 해서 다시 극히 정교한 그리스적 논리의 형식을 적용함으로써 토라에서 새로운 의미를 찾은 것이다. 그리스 철학은 유대인의 사고를 넓혔다. 그러나 유대인은 이론가인 동시에 실제가이기도 하였다.

유대인이 없다면 유대주의도 없다. 그래서 유대인 지도자들은 유대주의를 존속시키기 위해 유대인이 먼저 스스로를 존속시킬 의무가 있다고 하는 교훈을 토라 속에서 발견한 것이다. 존속하기 위한 새로운 방법과 수단을 발견하는 것이 유대인 지도자의 책임이었다. 그리고 이제는 실제로 사상을 보존하기 위한 노력이 필요하게 되어 있었다.

말씀이 계셨다. 말씀은 하나님과 함께 계셨다. 말씀은 하나님이었다'라고 시작된다. 아이로니칼하게도 이젠 이것이 그리스도교의 가르침이라기보다는 유대교의 가르침에 가깝다. 그리스도교도는 하나님과도 동등한 '하나님의 아들'을 생각했지만 요한의 지시에 따라 유대인은 '말씀' 즉 토라(律法)를 하나님과 동격으로 생각했다. '말씀은 하나님이다'라고 생각하는 것은 유대인 쪽인 것이다.

10. 이산(디아스포라)을 위한 유대주의

세 차례 걸친 로마와의 전쟁으로 유대인의 정치적 운명은 극한 상황에 몰려 경제적으로나 사회적으로도 붕괴 직전에 있었다. 기원 2세기 대부분의 유대인은 국적도 없이 로마 세계의 여러 지방으로 이산(離散)해 갔다. 그들은 인도에서 대서양에 걸친 3대륙, 2제국, 10여 나라로 흩어져 갔다. 그들은 이미 2000년에 걸친 역사를 살아 왔다. 이론적으로나 역사적으로나 유대인은 벌써 그 민족의 통일성을 상실하고 소멸되어 버렸어야 할 터였다. 그런데 그들은 소멸하지 않았다. 그들은 이 새로운 도전을 목전에 두고 다시금 존속을 위한 새로운 방법을 생각해낸 것이다. 그것이 '이산(離散:Diaspora)을 위한 유대주의'였다.

'디아스포라'라는 말은 그리스말의 '사방으로 흩어지는 것', '산산이 흩어지다'에서 나온 말이며 오늘날에 와서 이 말은 이스라엘에 살고 있지 않은 유대인을 의미하게 되었다. 실제로 '디아스포라'라는 말에는 그 이상의 의미가 있다. '디아스포라'라는 것은 삶의 방법을 나타내는 말이며, 하나의 지식적 개념, 존재의 방법 그리고 정신의 존재 양식을 가리키는 말이다. 그 복잡한 내용을 이해하기 위해서 그 말의 역사를 되살펴 보기로 하자.

유대의 제 1왕국의 붕괴와 그에 계속되는 바빌로니아 포로 시대부터를 '이산'시대라고 부르는 학자도 있다. 그러나 만일 그렇게 파악한다면 디아스포라와 추방이라는 두 말은 동의(同義)가 된다. 페르시아가 유대인에게 고향으로의 귀환을 허가했을 때 대부분의 유대인은 팔레스타인으로 돌아가지 않고 그 땅에 눌러 사는 길을 택하였다. 페르시아가 승리하기 이전에 유대인이 바빌로니아에 산 것은 자유 의지가 아니라 강제적인 것이었다. 그러나 해방된 뒤에 눌러 사는 것은 자유 의지에 의한 것이었다. 즉 이전에는 '추방'된 신세였으나 이번에는 '이산'의 생활을 한 것이다.

'추방'과 '이산' 사이에는 가장 본질적인 차이가 있다. 고향 땅을 쫓겨난 신세가 되어 살아가는 사람들은 독자적인 문화를 창조하는 것이 아니라 동화 과정에서 점차 소멸해 가든가 유목적인 생활로 되돌아가 활기를 잃어갈 것이다. 이것이 추방된 민족의 역사였다. 그러나 유대인만은 그렇지 않았다. 유대인은 이산에 의하여 새로운 문화를 싹트게 한 것이다. 이산 문화의 핵은 항상 뚜렷이 유대적이었지만 각 지방문명의 중요한 특색을 띠기도 하였다. 이산 문화가 그리스의 옷을 입기도 하고, 아랍의 옷을 입기도 하며 또는 미국의 아이비리그(ivy-league) 미국 동부 명문 대학 출신 지도자들의 복장을 하고 있더라도 그 중심은 항상 신이며 일신교였다. 그리스처럼 문명이 철학적인 양상을 띠고 있으면 유대인은 철학자가 되었다. 아랍처럼 시인과 수학자가 두드러지게 중요한 역할을 하는 문명 속에서는 유대인은 시인이 되며 수학자가 되었다. 근대 유럽처럼 과학과 추상적인 사고가 그 특색을 이루는 문명에서는 유대인의 과학자가 되며 이론가가 되었다. 미국처럼 실용주의적인 경향과 도시에 살지 않고 교외에 살며, 거기서 도시로 출퇴근하는 경향이 강한 장소에서는 유대인이 실용주의적이 되고, 교외 거주자가 되었다. 유대인은 문화나 문명이 그들의 기본적인 윤리적 일신교와 모순되는 경우에 있어서만 순응하거나 적합하지 못했다. 유대인은 자기들이 살고 있는 문명의 일부를 형성하게 되지만 그 속에서 역시 독자적인 존재로 존속하였다.

추방 시대가 끝난 뒤에도 바빌로니아에 눌러있기로 한 유대인 지식인들은 처음으로 바빌로니아에 이산 문화의 거점을 구축하였다. 그리고 훗날 그것이 예루살렘의 예술과 문화에 영향을 끼치게 되었다. 가령 유대인은 페르시아의 예술 형식에 스스로의 특징을 가미시켰다. 오늘날에는 이 유대적 특징이 비잔틴 회화를 매우 닮고 있다. 그리스가 페르시아를 정복하여 유대인이 그 지배아래 들어갔을 때에도 유대인의 문화가 그리스 문명의 색조를 띠게 된 것은 예상할 만한 일이었다.

그리스가 지배했던 시대에 유대 문화의 중심지가 다시 두 곳 늘었다. 하나는 예루살렘이고, 하나는 알렉산드리아였다. 이것으로 유대인 문화의 중심지는 세 곳이 되었다. 하나는 고향인 예루살렘이고, 나머지 두 곳은 이산 문화이다. 기원전 200년에서 기원 100년에 이르는 300년간 알렉산드리아의 유대인들은 새로운 지적 고양(高揚)을 보였으나 그 뒤에는 확실히 열세를 보였으나 '성전' 파괴에서 300년, 그 불길은 기어이 꺼졌다. 바빌로니아의 유대인 사회는 그 뒤 2세기 동안 이산의 지식 활동을 계속했지만 기원 2세기 중엽 유대인이 불운에 빠져 있을 때 그들을 지도한 것은 황폐한 유대의 작은 마을 야브네에서 비쳐오는 빛이었다.

랍비 요하난 벤 자카이의 마음에는 전면적으로 이산된 상황 속에서 유대적인 사상을 지키는 방법이 무엇이냐 하는 물음이 떠나지 않았다. 활활 불타고 있는 예루살렘을 지평선 너머로 바라보며 야브네에 유대교의 학문소를 창설했다. 거기에는 그와 그를 에워싼 랍비들이 있었다. 유대인은 온 세계에 퍼져 있었다. 나라를 잃고 몇 천이라는 조각으로 나뉘어져 광대한 지역으로 흩어지고 이국의 언어, 이국의 종교 가운데 살게 된 민족이 소멸하지 않고 살아남을 방법이 있을까. 그러한 민족의 주체성을 유지하는 방법은 무엇인가? 정치적인 힘도 없고, 경찰도 없고, 군대도 없는 상태에서 무엇을 할 수 있는가?

랍비 벤 자키아와 그 제자들이 예측하고 있던 위기란 도대체 어떤 것이었던가? 유대인이 세계의 노예시장에서 팔려감으로서 소멸해 버리는 위험, 유대인 스스로가 문화 유산을 포기해 버리는 위험, 자기들의 말을 잊어버리는 위험, 지배적인 다수파에게 압도되어 버리는 위험, 나아가서는 다른 종교에게 감염되어 버릴 위험, 유대인이라는 자각이나 선민(選民)이라는 긍지도 내던져버리는 위험이다. 랍비 벤 자카이와 그의 제자들은 이런 문제들을 하나하나 검토하여 유대인이 유대인으로서 생존재 가는 방법을 연구하였다. 그들이 1000년에 걸쳐서 계통화한 법은 탈무드의 일부를 구성하게 되었지만 정치적인 힘을 사용하지 않고 보급시키는 방법으로 유대인 사이에 그러한 법을 넓혀갔다. 그것은 질의응답(Response), 말하자면 일종의 통신교육 같은 것이었다. 유대인은 대단히 견고한 내면적 규율을 몸에 익히고 있어서 사상적 지도자들에게 보내오는 중요하고 실제적인 사상을 자기의 직관으로 받아들임으로써, 자기들의 자유 의지로 그 가르침에 따른 것이다. 유대교에 있어서의 카리스마적인 힘은 신에게서 모세의 율법으로 모세의 율법에서 구약성서로, 구약성서에서 제사 계급으로 계승되어 왔는데 이제 그것은 학식 있는 사람들, 즉 랍비들에게 전수(傳授)된 것이다. 이렇게 하여 지식인의 시대가 도래한 것이다.

유대인이 노예가 됨으로써 소멸해 버리리라는 것은 임박한 현실 문제였다. 유대인 지도자들은 그 위험을 피하기 위해서 모든 유대인은 그 형제의 보호자이며, 모든 유대인들은 형제라는 사상을 확립하였다. 그 시대에 노예로 팔려 가는 자는 그 몸값을 치를만한 부자가 아닌 이상 끝장이었다. 그런데 유대인들은 전혀 새로운 생각을 해냈다. 그것은 노예로 팔려 가는 유대인이 있으면 그 노예는 가까운 유대인 사회에 의해서 7년 이내에 다시 사오지 않으면 안 된다는 것이다. 학자들은 히브리어가 몇 백이나 되는 언어 가운데서 단편화하여 분산되지 않도록 최초의 히브리어 사전을 만들고 문법책을 지었다. 근대 히브리어는 이전보다 단어의 수는 많지만 현재에도 히브리어를 말할 수 있는 사람이라면 고대 이스라엘인의 히브리어도 이슬람 문화권에 거주한 유대인의 히브리어도, 중세 유대인의 히브리어도 별다른 책의 도움 없이 읽을 수 있다.

여러 다른 나라에 사는 까닭으로 유대교 자체가 변화하고, 그 결과 유대인끼리 서로 예배 방법 등을 인정하지 않게 되는 사태를 피하기 위해서 시나고그(會堂)에서의 예배의식도 표준화하였다. 그리스도교의 위대한 음악가들이 그리스도교도의 기도를 불멸의 음악으로 고정시킨 것처럼 위대한 유대인의 시인들은 유대교의 예배식을 위한 불명의 기도문을 썼다. 그 말의 아름다움을 능가하는 것은 없다. 그것들을 적절하게 번역하는 것도 불가능하다. 에즈라와 느헤미야가 명한 것처럼 1주에 2일, 그리고 토요일에는 사람들 앞에서 토라가 낭독되어야 한다는 습관은 계속되었지만 그 방법은 변화하였다. 토라를 낭독하는 사람은 별다른 자격이 없어도 된다. 위엄이 있고 몸가짐이 단정한 사람이면 회중 가운데서 누가 읽어도 좋도록 되어 있다. 그래서 시나고그에 갈 때는 가장 좋은 옷을 입는 전통이 생겼다. 신과 그 말씀에 대해서 경의를 나타내기 위해서이다.

유대인이 스스로에게 일정한 규율을 부과하게 되자면 그것을 위한 사회적인 조직이 필요했다. 그래서 각각 다른 기능을 가진 몇 가지의 조직이 고안되었다. 걸어서 오갈만한 범위의 지역에 13세 이상의 남자 유대인이 10명 있으면 그들은 종교적 공동체(히브리어로 민냔)를 조직해야 한다. 보행 범위 지역에 120명 이상의 남자 유대인이 있으면 공동 사회를 형성할 수 있었다. 그 공동 사회의 기능에는 그 나라의 법률에 저촉되지 않는 한 자기들 사이에 일어난 쟁의(爭議)를 자기들의 재판소에서 재판하는 일도 포함되어 있었다. 그러한 조직을 갖게 된 공동 사회는 몇 가지의 원칙을 구체화해야 했다. 그들은 나라의 정부에서 요구하는 세금 이외에 스스로 다시 과세해야 했다. 그것으로 유대인은 자급하여 이교도의 정부나 그리스도교도의 정부에 경제적인 원조를 구하러 가지 않기 위해서였다. 이 돈은 주로 교육과 자선을 위해 지출되었다. 어느 공동 사회도 보통 교육을 위한 학교제도를 확립하도록 되어 있었다. 과부의 자녀, 고아 그리고 가난한 자에게는 교육이 무료였다. 남자아이에게는 이것이 의무교육이었지만 읽기 쓰기 이상을 배우려는 여자 아이도 거부해서는 안 되도록 되어 있었다. 교사직이 매력 있고 존경받는 만큼 교사에게는 높은 급료가 지불되어야 한다는 규정도 있다. 굶주리는 자가 있어서는 안 되었다. 가난한 자와 원조를 요청하는 자에게는 모두 받는 자의 존엄을 상하지 않도록 원조를 주도록 되어 있었다. 유대인은 나라의 원조에 의지하면 안 되며 공동사회에 의지해야 한다고 되어 있다. 이 시대에는 항상 자기들의 공동사회 사람들의 뒷바라지는 자기들끼리 보아준다는 유대인의 관습이 생겼다. 이것은 오늘날에도 세계 유대인에게 있어서 극히 기본적인 원칙이다.

유대인 인구가 감소되지 않도록 영아 살해와 독신주의에는 중벌을 내렸다. 지참금이 없는 신부에게는 공동사회가 대신 주어야 했다. 잡혼은 금지되었다. 여기서 다시 강조해 두는 것은 유대인이 거부한 것은 아니었다. 그리고 유대인이 비유대인을 차별한 것과 가령, 백인이 흑인을 차별한 것 사이에는 심리적으로 차이가 있다는 것도 말해 둔다. 유대인은 타자가 아니라 자기 스스로를 속박한 것이다. 그것은 우월감에서가 아니라 원래 적은 인구가 잡혼으로 그 특지를 상실하는 것을 피하기 위해서였다. 미국 남부의 백인이나 남아프리카의 네덜란드인은 우월감에서인지 공포심에서인지 타자에 대해서 정치적 또는 그 밖의 제한을 가한다. 그러므로 바로 말해서 유대인은 차별한 것이 아니라 다만 스스로를 구속했을 뿐이다.

유대인은 자치권을 지키며 반역죄라는 허물로부터 자신들을 지키기 위해서 네 가지 법을 만들었다. 이것은 역사에도 그 유례가 없는 것이다.

첫째로, 어떤 유대인도 경건한 유대인이 지킬 수 없는 유대법을 지킬 필요가 없다. 과거에는 그 법을 지킬 수 있었을지라도 다른 시대에는 지킬 수 없는 것이 증명되면 그것은 무효가 되던가 재검토되어야 한다.

둘째, 유대인은 유대 재판소에서도 비유돼 재판소에도 비유대 문서의 유효성을 인정해야 한다. 그리고 어떤 재판소에서도 어떤 말로 한 맹세도 유효하다.

셋째, 유대인은 그 거주하는 나라의 법률을 지켜야 한다. 단 종교를 멋대로 금지하거나, 근친상간을 강조하거나, 우상을 숭배하거나, 살인을 강요하는 따위의 법은 별도이다. 그러므로 가령 그 나라의 손해배상에 관한 법률이 유대법과 다를 경우에는 비유대 법정의 판결에 따라야 한다. 그러나 어떤 법이 마음대로 유대인에게 유대인의 종교에서 금지된 식물을 먹으라고 할 경우에 유대인은 그러한 법에 복종할 필요가 없다. 왜냐하면 그런 것을 거절했다고 해서 그 나라를 위험하게 하는 것이 아니기 때문이다.

넷째, 원칙은 세계에서 기원 135년의 유대인의 정황과 같은 정황을 겪은 사람들이 채택한 것이다. 그것은 유대인이 그 거주하는 나라의 방위를 위해서 싸워야 한다는 것이다. 전시 아래서 그것이 만일 유대인끼리 싸우는 것을 의미하는 것이라 할지라도.

이 시대에는 이미 하나의 원칙이 세워졌는데 그것은 그 뒤 20세기에 걸쳐서 그들의 성격을 변화시키리만큼 깊은 심리적 영향을 미친 것이다. 그것은 팔레스타인을 재정복하고 거기에 유대 국가를 건설하려는 생각을 버리라는 것이었다. 팔레스타인은 오직 영혼의 고향에 불과하며, 경건한 유대인이 거기서 죽기 위해서 가는 것이라면 무관하다는 것이었다. 유대인은 기원전 10세기, 유목생활을 버리고 전쟁의 백성이 되었지만, 기원 2세기에는 평화의 백성이 되었다. 유대인은 안주하는 장소를 가진 것을 감사하는 표시로서 그 거주하는 나라의 방위를 위해서 싸우지만 군사적인 민족으로서는 싸우지 않으며, 어느 누구라도 공격하지 않는다는 것이다. 정치적 시오니즘이 성숙하여 팔레스타인을 다시 정치적인 의미의 고향이 되게 하자고 주장하기까지 유대인으로서 옛날의 고향을 재건하기 위해서 무기를 잡는 싸움은 없었던 것이다.

역사의 이 전환기는 유대인의 포교활동도 중단되고 말았다. 유대인 지도자들에게는 그 바라는 바를 실행하는 정치력이 일체 없었기 때문에 그들은 오직 자유의지에 의한 수용에 따를 수밖에 없었다. 그래서 새로운 개종자가 너무 많아지면 장래 세대에는 유대인으로 사는 의지가 약해질까 봐 두려워하였다. 그래서 그 후에는 그리스도교도나 다른 이교도가 스스로 유대인에게 가서 개종하겠다고 부탁해야 할 판이 되었다. 그 경우에도 강력하게 단념하라고 충고하지만 그래도 고집하면 개종을 허락했다. 여러 가지 장해가 있었지만 유대주의는 너무나 많은 사람들의 마음을 끌어당겨서 6세기의 그리스도 교회는 개종자의 물결을 막기 위해서 유대교로 개종한 그리스도교도는 사형한다고 선표할 정도였다.

유대인은 '인간은 다른 인간과 떨어져서 외딴 섬처럼 살 수 없다'는 것을 누구보다도 잘 알고 있었다. 그들은 유대주의의 존속을 보증하는 방법과 동시에 비유대인 사회에 사는 유대인의 행동이 어떠해야 하는가에 대해서도 계통적으로 설명하게 되었다. 유대인의 공동체 안에서 그리스도교도가 죽으면 그 매장은 그리스도교의 의식 규범에 따라 거행한다. 유대인의 의사는 유대인과 비유대인을 동등하게 치료한다. 그리고 환자가 가난하여 치료비를 낼 수 없으면 무료로 한다. 유대인은 자기들만의 보살핌이 아니라 일반인의 복지에도 공헌해야 한다. 경제 원조는 유대인, 비유대인의 구별 없이 요구하는 자에게 구별 없이 준다. 유대인은 자기가 아무리 가난해도 언제나 반듯이 자기보다 가난한 자가 있음을 알기 때문에 자선으로 받은 돈을 자선으로 다른 사람에게 주는 것을 이상하게 생각하지 않는다. 유대인은 그리스도교도와 달라서 비유대인은 천국에 가지 못산다고 생각하지는 않았다. 오히려 그들은 '세계 나라들의 바른 사람들이 천국에 간다'고 말하고 있었다.

로마제국 붕괴 이전 결정적인 의미가 된 몇 세기 동안 정해진 규칙은 유대인에 대해서 헤아릴 수 없는 감화력을 주었다. 그 규칙으로 인해서 유대인은 어느 곳에 살든지 그 나라의 문화를 받아들이고 또한 자기들의 주체성을 상실하지 않게 되었다. 유대인은 이미 교회와 국가를 분리하는 것을 배우고 있었다.

기원 100년에서 600년까지의 500년 사이는 유대인에게 있어서는 과도기였다. 그 오랜 세월 동안에는 우세하고 유일한 문화도 없었고 헬레니즘도 쇠퇴하였으며 로마제국도 멸망해 가고 있었다. 그러나 로마제국이 한꺼번에 와르르 무너진 것은 아니다. 오히려 점차 쇠퇴해 갔지만, 최종적으로 그 몰락에 박차를 가한 것은 의외의 두 가지 사건이었다. 그 하나는 유대의 작은 마을에 그 발단이 있었으며, 또 하나는 중국이었다.

즉, 하나는 그리스도교의 성장, 또 하나는 훈족의 이동이다. 그 뒤의 유대인의 역사는 초기 그리스도교의 기원의 구조를 형성하는데 있어서 극히 깊은 관련이 있다. 그 관계는 도저히 끊을 수 없다. 로마가 그리스도교에 의해서 그 정신을 짓밟히고 훈족에 의해서 그 신체를 빼앗김으로써 어떤 충격을 받았는가를 보기 전에 먼저 그리스도교의 기원에 대해서 생각해 보고자 한다.

Ⅲ. 모세와 그리스도와 카이자르

—여기서는 어떠한 과정을 거쳐서 유대교의 '아버지이신 신'이란 신앙에 대항하는 크리스트교의 '신의 아들'이란 신앙이 확립되었는가를 이단적(異端的)으로 고찰해 본 것이다. 나아가서는 이 그리스도교가 어떻게 로마의 권세에 도전하여 마침내 유럽 세계의 신앙으로까지 불리게 되었는가를 고찰하는 것이다.

그리스도교의 탄생

기원전 100년~기원 600년

로마의 역사	연 대	유대·그리스도교의 역사
혁명의 시대, 제왕정치(帝王政治)의 도래(到來). 로마의 제패	100 B. C ~1. A D	유다, 로마의 통치 아래 놓임. 헤로데가 유다왕에 지명됨. 그리스도 탄생
네로, 베스파시아누스, 디투스 황제 등의 시대, 브리타니아 정복	1~100	로마인의 손에 그리스도가 처형됨. 바울이 유대교의 그리스도파를 이교도에 전파하다. 예루살렘이 파괴됨. 바울의 서간 집필 '복음서'의 집필(70~120)
트라야누스, 바드리아누스, 마르쿠스 · 아우렐리우스 제황제의 시대, 국내 경제의 붕괴, 도덕의 문란	100~200	제 2, 제 3회의 로마에 대한 유대인의 반란, 로마의 그리스도교 박해 격심해짐. 그리스도교의 분열
북부의 게르만인과 동부의 발티아인이 로마의 국경을 위협함 군부(軍部)의 독재, 제국의 분열	200~300	유대인, 로마의 시민이 됨. 그리스도교 신자들 '이단설(異端說)'에 의해서 그리스도교도는 불온분자로 간주됨
콘스탄티누스 황제, 한 때 국가를 통일함. 데오도시우스의 시대, 제국의 영구적인 분할, 최초의 반달 족 침입	300~400	콘스탄티누스 황제, 그리스도교를 인정함. 니케아 종교회의. '신약성서'의 정전화(正典化)(395년). 비(非)그리스도교도의 권리를 제한하는 최초의 법 제정
반달족, 고트족, 훈족, 로마를 공략. 로마 점령당함 만족(蠻族)의 왕들, 로마의 왕이 됨 유럽 봉건시대의 시작	400~600	그리스도 교회, 로마 제국에서 지위를 확립함. 교황 제도의 확립 그리스도교 세계에 오직 홀로 남은 비그리스도교도로서의 유대인

11. 구세주(메시야)와 사도

지금까지 줄곧 유대인들은 그리스도교도들이 사실상 범하지 않은 부정을 고의로 범했다고 주장하면서 비난해 왔다. 그리스도교도들도 유대인들이 범하지도 않은 죄를 들먹이며 비난해 왔다.

그러나 짐짓 꾸며댄 편견, 도저히 화해할 길 없는 적의로 보이는 것도 실은 양자간의 심리적인 왜곡이나 단순한 인간적인 약점 때문인지도 모른다. 초기의 유대교와 그리스도교의 관계를 좀더 잘 이해하기 위해서는 지금까지와는 다른 새로운 각도에서 검토해 볼 필요가 있다.

누가 그리스도교를 창시하였는가? 누가 그것을 널리 퍼뜨렸으며 어떻게 하여 그것이 세계적인 종교가 되었는가? 상당한 기간 동안 그리스도교의 모든 개념은 전부 예수가 생각해 낸 것이라는 견해가 압도적이었다. 그러던 것이 1947년 한 획기적인 사건이 발생했던 것이다. 기원전 100년 혹은 200년의 것으로 보이는 문서가 발견되고 그것이 또한 그리스도교 신앙과 너무도 흡사한 내용을 담고 있었던 것이다. 이것이 이른바 '사해(死海)사본(寫本)'이며, 이 발견을 계기로 원시(原始) 그리스도교의 기원에 대한 수수께끼가 풀린 셈이다.

'사해사본'의 발견은 고고학(考古學)계의 어떤 발굴 성과보다도 가장 중요한 것으로 하인리히 쉴리만의 트로이나 미케네 문명의 발견까지도 그 중요성에 견주면 뒤로 처진다. '사본'이 발견된 경위는 실로 상상 밖의 우연이었다. 위대한 학자가 발견한 것도 아니요, 계획적인 탐험에 의해 발굴된 것도 아니었다.

1947년의 이른 봄 '이리의 마호메트'라는 베드윈의 한 젊은 암상인에 의해 발견되었던 것이다. 그는 밀수한 한 떼의 양을 몰고 몰래 아랍 팔레스타인 국경을 넘어 베들레헴으로 가던 길이었다.

당시 팔레스타인은 위기에 직면해 있었다. 이미 가망이 없던 국제 연맹의 팔레스타인 위임통치도 종결되어 가던 무렵이었다. 제 1차 세계대전이래 위임통치국이 되어 있던 영국도 이듬해 봄에는 물러갈 준비를 하고 있었다. 아랍은 영국만 물러가면 즉각 침략을 개시하려고 노리고 있었다. 아랍은 그날을 대비할 겸, 연습 삼아 유대인을 적격하고, 유대인은 이에 총을 들고 맞겨루고 있었다. 영국은 아랍 편이었으므로 유대인들은 영국이 하루 속히 물러가도록 방해를 놓았다. 영국 측에서는 방해한 사람을 잡아 교수형에 처했으므로 유대인들도 영국 병사를 잡아 교수형에 처함으로써 보복했다. 팔레스타인은 문자 그대로 일촉즉발(一觸卽發)의 화약고였다.

'이리의 마호메트'가 생계를 꾸미고 다닌 때는 바로 이런 어려운 상황속에서였다. 베들레헴의 암시장에 가면 유대인들이 좋은 값으로 양을 사주었다고 하지만 그러자면 아랍과 영국군의 감시의 눈을 피해서 지나다니지 않으면 안되었다. 이곳 국경 근처에서 태어나고 자란 그는 사람들이 잘 모르는 길을 알고 있었다. 그는 사해에 면한 험하고 울퉁불퉁한 길을 택해서 다녔다. 그러던 어느 날 그는 무리를 떠나 달아나는 양 한 마리를 쫓아 가다가 묘한 동굴 하나를 발견하게 되었다. 그는 무심코 돌을 집어 동굴 안에 던져 보았다. 그러나 놀랍게도 안에서 질그릇 같은 것이 깨지는 소리가 났다. 그는 겁이 나서 그 자리를 도망쳤지만 곧 동료 한 사람과 함께 동굴로 다시 돌아와 그 안을 뒤져보게 되었다. 두 청년은 동굴 속에서 흙으로 빚어 만든 주둥이가 퍼지고 길쭉하게 생긴 항아리 같은 단지 몇 개를 발견했다. 그것은 마치 라켈(라헬:Rachel)이 야곱을 만났을 때 썼음직한 혹은 모세가 시뽀라를 처음 보았을 때 양의 무리를 돌보며 그녀가 쓰던 물 단지를 연상시키는 그런 것이었다.

항아리 속에서는 양피지(羊皮紙)로 된 몇 개의 두루말이가 나왔다. 양피지에는 히브리 고어(古語)로 글이 적혀 있었다. 그것은 기원전 100년에서 200년경의 것으로 성서의 사본과 엣세네파 사람들이 저술한 원고라는 것을 알았다. 그러다 보니 이 베드윈의 두 청년은 어쩌다 엣세네파의 '게니지(genizah)' 즉 종교적인 저술의 원고를 보관해 두는 창고와 우연하게 맞닥쳤던 것이다.

두루마리는 전문가의 손에 넘어가고 틀림없는 구약성서의 사본과 그때까지도 알려지지 않았던 엣세네파의 저술 원고라는 새로운 사실을 알게 되었다. 무엇보다도 학자들을 놀라게 한 것은 이들 두루말이에 실려 있는 엣세네파의 유대주의와 원시 그리스도교가 실로 그 내용을 그대로 따 옮긴 것처럼 닮아 있었다는 점이다.

두루마리가 발견된 주변을 다시 조사하자 여러 개의 두루말이가 또 나왔다. 더구나 뜻밖에도 밥티스마의 요한과 예수가 설교했었다는 장소 근방에서는 유대교 엣세네파의 낡은 사원의 유적이 발견되었다. 원시 그리스도교와 엣세네파의 신앙은 마치 어느 한쪽이 거울에 비친 듯이 닮아있었다.

두루마리가 발견된 주변을 다시 조사하자 여러 개의 두루말이가 또 나왔다. 더구나 뜻밖에도 밥티스마의 요한과 예수가 설교했었다는 장소 근방에서는 유대교 엣세네파의 낡은 사원의 유적이 발견되었다. 원시 그리스도교와 엣세네파의 신앙은 마치 어느 한쪽이 거울에 비친 듯이 닮아있었다.

몇 개의 완전한 사본과 단편, 초고(草稿) 속에서 발견된 것들 중에서도 가장 중요한 것은 ≪종규요람(宗規要覽)≫, ≪하박국서 주해(註解)≫, ≪빛의 아들과 어둠의 아들과의 싸움≫, ≪사두개파 단편≫ 등이다. 이들 사본과 초고에는 엣세네파 신앙의 핵심 부분이 기록되어 있으며 오늘날 많은 학자들은 이들 두루마리가 원시 그리스도교의 기원을 공개해 줄 수 있는 자료가 될 것으로 믿고 있다.

엣세네파의 정치적인 기원에 관해서는 이미 술회했거니와 신앙면에서는 이를테면 '공정한 스승'이라고 일컫는 하나님께서 보내주실 메시아를 믿고 있었다. 이 메시아는 '어둠의 아들' 손에 잡혀 참혹하게 죽었다고 되어 있다. '공정한 스승'을 믿은 사람들은 스스로를 '신께서 택하신' 자로 믿고 자신들의 종교적 공동체를 '새 계약'의 사람들이라 일컬었다. 새 계약자들은 세례를 받고 공동체에 가입하였다. 그들은 신약성서의 '최후의 만찬'에서와 거의 같은 좌석에 관한 전례서(典禮書)를 가지고 있었다. ≪종규요람≫에는 그리스도교의 성찬식을 묘사한 것이 아닌가 할만큼 닮은 의식이 묘사되어 있다. 엣세네파와 그리스도교 신앙의 경이적인 유사점에 관해서는 소르본느 대학의 A. 듀폰=소메르 교수가 적절한 경의를 내리고 있다.

유대교의 '새 계약'에서 보게 되는 모든 것은 그리스도교의 '새 계약'을 향한 예보요, 준비과정이었다. 신약성서에 묘사되어 있는 '갈릴리아의 스승'은 모든 면에서 '공정한 스승'의 경이적인 재래(再來)로 보게 된다. '갈릴리아의 스승'은 '공정한 스승'과 마찬가지로 참회와 빈곤과 겸허함과 이웃사랑 그리고 정결을 설교했다. 모세의 법을 지키라, 전부 지키라 그러나 그 법이란 그 자신의 계시에 의해 완벽해지고 완성된 법이다'라고 말했다. '공정한 스승'과 마찬가지로 그도 또한 신께서 '택하신' 자요, 신께서 보내신 메시아였다. 그도 또한 '공정한 스승'과 마찬가지로 사제들에게, 사두개파 사람들에게 미움을 샀다. '스승'과 마찬가지로 죄를 등에 메고 죽임을 당했다. '교사'와 마찬가지로 예루살렘을 규탄하였다. 그 예루살렘은 '그'를 죽임으로써 로마인에게 빼앗기고 파괴되어 버렸던 것이다. '스승'과 마찬가지로 그도 최후의 심판을 내리는 자였다. '스승'과 마찬가지로 그도 교회의 창시자이지만 신도들은 역시 그의 영광스러운 부활을 열망했던 것이다. 엣세네파의 교회에서 그러했듯이 그리스도교의 가장 중요한 의식은 성찬식이며 이를 주재하는 자는 사제이다. 양자 모두 공동체의 감독자로서 '주교(主教)'를 가졌다. 양 교회의 이상은 근본적으로 통일성과 사랑에 의한 영적인 결합으로서 재산을 공동 관리하는 데까지 그것을 권장하고 있다.

이러한 유사점은—여기서 나는 다만 이런 것에 대한 간단한 예만 들었지만—전체적으로 대조해 볼 때 매우 흥미 있는 일이다. 그런데 여기서 당장 일어나는 의문은 어느 쪽이 먼저냐 하는 문제다. 어느 쪽이 어느 쪽에 영향을 끼쳤는가? 해답은 극히 간단명료하여 의론의 여지도 없다. '공정한 스승'은 기원전 65년에서 53년 사이에 죽었고 나사렛의 예수는 기원 30년에 죽었다. 유사점을 찾아낼 때마다 우리는 어느 쪽이 어느 쪽의 영향을 받았을까 하고 생각해 보게 되지만, 그리스도교가 영향을 받은 쪽이다. 이와 동시에 예수에 대한 신앙의 탄생—즉 신교회의 창시(創始)—에 관해서는 다시금 불길을 타오르게 하여 사람들의 신앙을 한 몸에 모은 새 예언자, 새 구세주의 실제의 역사적인 행위를 말하지 않고서는 설명이 불가능해진다.

사해사본이 발견되기까지는 요셉, 필론 그리고 로마의 학자 플리니우스 등의 몇몇 학자가 엣세네파와 그 종교적인 습관에 관해서 설명했을 뿐이다. 대개의 경우 엣세네파는 무시되어 왔다. 1864년 크리스천 D·긴즈버그라는 묘한 이름의 영국 학자가 ≪엣세네파, 그 역사와 교의(敎義)≫라는 제목의 논문을 발표했다. 그는 논문 가운데서 직관적으로 사해사본이 그 훨씬 뒤에야 증명한 점을 주장하였던 것이다. 하지만 그 논문은 아무런 확증도 없이 추측만으로 써낸 엉터리 학자의 저술로 하등의 의미도 없다고 하여 뒤편으로 밀려났다.

그러나 사해사본이 발견되자 이들 학자들의 정당성이 증명되기에 이르렀다.

필론도, 플리니우스도, 긴즈버그도 정당했다. 이른바 '그리스도교'는 예수가 탄생되기 200년 전에 이미 존재하고 있었던 것이다. 그리스도는 '그리스도교'를 보다 위대하게 하고 고귀하게 한 대변자일지언정 창시자는 아니었다.

이 중대한 발견을 기회로 그리스도교와 유대주의 학회나 단체에서 큰 반응이 일 것으로 알았는데 의외에도 침묵만이 흘렀다. 그도 그럴 것이 그리스도인들은 그들 종교의 기원을 온전히 유대인인 랍비들에게 돌릴 아량은 없었던 것이다. 예수가 유대인이었다는 사실을 안 것만으로 족했다. 더 이상 캐어 왈가왈부할 필요성을 느끼지 않았던 것이다. 유대인 측에서도 마찬가지였다. 그리스도교의 중심인물이 유대인 출신이었다는 사실을 인정하는 것으로 입을 다물었다. 즉 그리스도교가 전면적으로 유대교의 산물이었다는 점까지 인정할 아량은 없었다.

그래서 이 엣세네파의 사해사본은 이름조차 알려지지 않은 학자들이 맡아가지고 극히 특정한 전문지에 이 중대한 발견에 대해 연재를 하거나 혹은 통속적인 저술가의 손에서 만지작거려져서 어느 쪽에도 상해입지 않을 상투적인 표현으로 소개됨으로써 본질적인 의미를 상실한, 하등의 가치도 없는 것으로 전락되고 말았다.

기원 1세기, 로마 학정의 멍에 밑에서 피를 흘리던 고뇌의 유대에서는 많은 예언자와 설교자 그리고 성인들이 당시 있었던 24개 종파를 제각기 대표하여 로마의 멍에에서 유대인을 구해줄 메시야의 도래에 대해 설교하고 있었다. 각 종파는 제각기 특색을 지닌 구원의 사상을 설파하고 있었지만, 그 중에서도 엣세네파의 예언자와 설교자가 제일 많았다. 이 엣세네파 중에서도 가장 중요한 역할을 해낸 것이 예수였다. 역사가 그것을 말하고 있다.

예수 그리스도란 그리스어로 '메시야의 요수아'라는 뜻으로 '메시야'라는 말은 기름 부어 세운 자라는 뜻의 히브리어의 '마아시야'에서 나온 말이다. 그리스도의 생애에 관한 연월일(年月日)에 관해서는 학자들간의 의견이 구구하므로 여기서는 대략 살펴보는 것으로 그친다.

유대가 헤로데왕의 통치를 받던 무렵, 기원 전 7년 아니면 4년에 예수는 베들레헴이나 혹은 나자렛 마을에서 태어났다. 그리고 기원 30년이 아니면 33년에 십자가에 달렸다. ≪누가복음서≫와 ≪마태복음서≫는 그가 다윗왕가의 자손이라고 하였지만 각기 제시하고 있는 계보가 다를 뿐만 아니라 서로 모순되고 있다. 나머지 두 '복음서'는 그 점에 관해서는 언급도 하지 않고 있다. 예수는 열두 살 때 예루살렘에 따라갔다가 거기서 토라에 관한 의론을 펴고 있는 랍비들의 말에 귀를 기울였다. 하지만 모세의 경우와 마찬가지로 예수의 경우에도 어릴 적에 관한 일이나 성년 초기에 관한 일은 아무것도 알 수 없다. 사해사본을 통해서 알게 된 일로 추축하건데, 그는 바로 최근에 발견된 엣세네파의 수도원에서 그 시기를 보낸 듯싶다. 그 수도원은 신약성서가 예수가 청년시절을 보냈다고 기록한 바로 그 부근이다.

열 두 살 때 예루살렘에 간 다음, 예수는 '복음서'에서 자취를 감추었다가 기원 28년에서 30년 사이에 즉 서른 살이 되어서야 다시 모습을 나타내는데 그때 그는 밥티스마의 요한에게서 세례를 받았다. 요한이 '밥티스마'의 요한으로 불렸던 것은 엣세네파는 '세례' 즉 물에 그 몸을 담금으로써 상징적으로 영혼을 깨끗하게 할 수 있다고 가르치고 있었기 때문이다. 이 같은 생각은 유대인에게는 이단적인 것이 아니었다.

유대인들은 그때까지의 몇 세기에 걸쳐 여러 가지 형태로 물에 의한 재계(齋戒)의 의식을 행하고 있었다. 요한은 또한 자기를 가리켜 신의 사자라 하였고 그 사명은 신의 나라가 이르렀음을 알리는 일이라고도 했다. 요한이 바리새파 사람이나 사두개파 사람의 재판을 받지 않은 것을 보면 바리새파 사람이나 사두개파 사람도 요한의 발언이 모독이라고 여기지는 않았던 모양이다. 요한은 정치적인 이유나 종교적인 이유로 죽임을 당했던 것이 아니다. 그를 죽인 것은 유대인도 아니었다. 요한은 로마가 임명한 갈릴리아의 통치자, 이두미아인의 왕 헤로데 안티파스의 손에 잡혀 죽었다. 그 이유는 요한이 안티파스와 그의 질녀와의 결혼은 법에 위촉되는 근친상간이라고 크게 비난했기 때문이다.

예수가 구세주로서 공적(公的)인 생활을 시작한 것은 세례를 받고 부터이다. 그가 성직자로서 생활한 기간은 이것은 ≪공관복음서≫가 1년으로 ≪요한복음≫이 3년으로 기록하고 있지만 이것은 ≪요한복음≫ 에 기록되어 있는 유월절의 회수에 대해 언급된 바를 어떻게 해석하느냐에 따라 달라진다.

예수는 자신의 복음을 전하는 스승이 되었다. 그의 가르침에는 유대주의를 배척하는 빛도, 찬양하는 빛도 담겨져 있지 않다. 그는 자유주의자로 모든 부정에 대해 반대했다. 이 점은 예언자의 전통이다. 모세의 가르침을 따르라, 가난한 자를 도와주고, 원수를 사랑하라고 가르쳤다.

그는 넘치는 사랑과 조용한 어조로 차근차근 설교를 했다. 그는 또한 명석하고도 적절한 비유를 빌어 그의 생각을 피력했다. 그의 사상은 귀를 기울이는 자의 가슴으로 곧장 전달되었다. 그는 로마의 지배 밑에서 비참한 생활의 사막에 있던 사람들의 가슴에 오아시스처럼 위안을 안겨주었다. 양순한 사람들의 그의 주변에 모여와서 그의 말에 귀를 기울이고 그의 사상으로 위안을 받았으며, 그가 가리키는 희망에 힘을 얻었다.

그가 가르친 말씀 가운데는 다른 유대교의 예언자나 랍비 다른 종파가 전하는 가르침과 모순되는 점은 없었다. 예수는 유대인으로부터 위협이나 협박을 받을만한 일은 없었다. 그러나 로마로부터 위험인물로 지목되고 있었다. 왜냐하면 로마는 공포에 의해 통치되고 있는 나라로 정의를 내세우는 가르침이 이미 안전할 리가 없었던 것이다. 유대는 불지른 반란의 화약고와도 같은 존재였으므로 로마에서는 의심스러운 자는 모조리 체포하여 산채로 가죽을 벗기거나 거꾸로 매달아 죽임으로써 사고를 미연에 방지하려고 했다.

기원 33년 예루살렘은 유월절을 기념하기 위해서 세계 각처에서 운집해 온 순례자들로 혼잡을 이루고 있었다. 흥분된 공기가 가득차 있었으며 그 때는 지방에서의 반란이 겨우 진압된 뒤였다. 또 반란이 일어날 것이라는 소문이 자자하게 퍼지고 있었다. 사람들은 유대인의 전설이 예언했듯이 나귀등에 타고 성으로 들어오신 메시아의 이야기로 꽃을 피우고 있었다. 로마인들은 성가신 일이 일어날 것을 짐작하고 위구에 싸여 있었다. 메시아는 큰불이 종이 장을 타오르게 할 수 있었기 때문에 자칫하면 조그만 계기로도 반란이 일어날 조짐이 엿보였다. 유대의 총독 본디오 빌라도는 그의 첩을 중앙행정 수도인 가이사리아에 두고 예루살렘으로 올라왔다. 그는 군단을 이끌고 왔으므로 성안에는 쇳소리로 쩔그럭거렸다.

사람들의 입에서 입으로 전해지던 메시야란 바로 예수였다. 예수가 예루살렘에 당도했을 때는 바로 이렇게 술렁거리는 분위기로 숨막힐 듯하였다. 그는 이 때 자신이 메시야임을 공공연하게 선언할 결심을 하고 있었다. 그가 목표한 곳은 '성전'이었다. 거기서 일어나고 있는 비행(非行)을 개혁하는 일이었다. 하지만 정치적인 견지에서 미루어 볼 때, '성전'의 개혁을 서두르기에는 가장 적합치 못한 시기를 택한 셈이다.

그 뒤에 일어난 일은 애매하게 처리해 버리고 있다. 신약성서의 독자들은 그들 나름의 지혜로 이와 같은 사건을 해석하고 예수가 행하려고 했던 '성전'의 개혁을 유대인들이 받아들이지 않으려고 했다는 것은 실로 어리석은 짓이었다고 여기고 있다. 오늘날의 일이라면 그와 같은 해석을 내릴 수도 있다. 그러나 기원 33년의 예루살렘이 무대가 될 경우에는 이야기가 달라진다. 신약성서를 읽는 사람들은 예수가 예루살렘에 입성한 그 날 몇몇 제자를 제외하고는 그가 메시야임을 알아보는 사람은 없었다는 점을 잊고 있다. 예수는 그 때까지 이 사실을 사람들에게 밝히지 않고 있었다. 그는 '성전'에서의 사건이 있은 뒤에 비로소 자신의 정체를 밝혔던 것이다.

네 복음서의 기록이 제각기 상이하여 도대체 그가 언제 자신의 정체를 밝혔는지를 확실하게 알 수는 없다. 그러나 어쨌든 간에 예수가 예루살렘에 입성한 그 시작에 그의 제자들은 그가 메시야라는 것도 또한 메시야라는 것을 성명 하리라는 것도 깨닫지 못하고 있었다. 그렇다면 그에 관해 깜깜 무소식이었을 예루살렘 사람들이 제자들마저 모르는 일을 어떻게 알 수 있었겠는가?

신약성서의 독자가 잊고 있거나 깨닫지 못하고 있는 일이 또 한가지 있다.

그것은 '성전'에서 드리는 예배에 대해서 개혁을 종용하기 시작한 것은 예언자들이었다는 사실이다. 이 일은 예수가 태어나기 800년 전으로 거슬러 올라간다. 예수의 시대에는 두 파의 유대주의가 병존(竝存)하고 있었다. 하나는 성전과 제물의 유대주의요, 다른 하나는 시나고그(회당)와 기도의 유대주의였다. 오늘날 가톨릭과 프로테스탄트의 두 그리스도교가 병존하고 있는 것과 같은 상황이다. 때문에 예수는 '성전'을 중심으로 드리는 예배를 개혁하고자 했던 최초의 인물은 아니다. 예수가 나타났을 때 예언자가 행한 개혁에 의해서 이미 '성전'의 예배 그 자체가 폐지되어 있었다.

예수는 이 목숨을 건 성전예배를 앞에 하고 산 제물로 바쳐지는 짐승을 매매하는 일 '성전' 경내에서 금전을 교환하는 일을 제지시키려고 했던 것이다. 그 시대에는 산 제물 감으로 '성전' 밖에서 비둘기를 팔고 사는 일이 이미 오래된 습관으로 되어 있었다. 오늘날 교회나 절에서 양초나 십자가를 팔고 있는 것과 같은 현상이다. '성전'에서 제물을 바치기 위해 먼 곳에서부터 유대인의 순례자들이 찾아왔으므로 이들 순례자들의 편의를 위해서 여러 가지 화폐를 교환해 주는 일도 상인들의 할 일이었다.

주일학교 교재 가운데는 도박이 성행했던 것으로 암시하고 있는 것도 있다. 그런 암시를 할만도 하지만 그래도 네 복음서의 어디에도 그런 암시의 증거가 될만한 대목은 없다. 예수가 반대한 것은 돈놀이 한 일을 말한 것이 아니라 '성전' 경내에서 금전을 취급한 바로 그 일이다. 그렇다면 아마도 예수는 오늘날 교회나 절에서 헌금함을 돌려 돈을 걷는 일도 반대할 것이다.

예수는 '성전'에 당도하자 성전 안에서 팔고 사는 사람들의 상을 두들겨 부수고 돈 장수들을 성전 뜰에서 내어쫓았다. 만일 오늘날 부활절 예배 도중에 누군가가 교회에 쳐들어와 촛대며 십자가를 때려부수고, 헌금함을 돌리고 있는 헌금위원을 교회 밖으로 내쫓는다면 신도들은 상당히 격분할 것이다. 이와 마찬가지로 '성전' 경내에서 그런 물건을 거래해 줄 상인들이 있어

주기를 바랐던 유대인들도 화를 냈다. 이런 침입자가 사제나 목사의 명령으로 붙들리게 될 것은 뻔한 노릇이다. 하지만 유대인들은 이때 예수를 붙들어 들이지 않았다. 그들은 로마인들과 아옹다옹하게 될 것을 원치 않았으므로 이 사건이 그대로 잊히기를 원했다.

그러나 일이 그렇게 되지는 않았다. '성전'에서 어떤 소동이 일어났었다는 소문이 로마인들을 긴장시켰다. 그 일 때문에 폭동이 일게 되지나 않을까? 봉기냐? 반란이냐? 책임 있는 유대 시민들은 만일 로마가 군대를 풀게 되면 살육과 약탈, 고문이 있으리라는 것을 짐작했다. 그래서 유월절의 흥분이 식고, 군대가 돌아가고, 포위된 것이나 다름없는 상태에서 풀려날 때까지 예수를 건드리지 말아야겠다고 생각했을지도 모른다. 그들은 주의 깊게 경과만을 살폈다. 예수의 제자가 이때 비로소 예수를 '유대인의 왕'이시다, '메시야'이시다 하고 공공연하게 외치기 시작했다. 그것이 로마인으로 하여금 의심과 시기심을 불러일으키게 했다. 복음서에 의하면 유대인들은 '성전'에 온지 사흘째 되는 날 체포한 것으로 되어 있다.

그리고 인류의 역사에 남을 그 파란의 열 두 시간이 찾아왔다. 예수가 체포되고 여기에 따르는 열 두 시간에 관한 기록으로는 네 복음서에서 보게 되는 기록만이 단서가 되고 있는데 이들은 사건으로부터 40년내지 90년이나 지나서 기록된 것들이다. 이들 네 기록은 많은 모순 점을 지니고 있지만 그런 점은 차지하고, 복음서의 기술을 통합해 보면 예수는 그 나라의 최고 재판소 격인 산헤드린의 명령에 따라 야간에 체포되었다. 그리고 산헤드린에 따라서 모독 내지는 종교적 타락을 이유로 사형을 언도 받았다. 사형은 매수된 증인의 입회 하에 대제사장의 성전에서 집행한다는 요지로 되어 있다. 더구나 복음서의 기술한 바에 의하면 본디오・빌라도는 유대인들의 무리를 두려워 한 나머지 사형선고를 호락호락 수락해 버린 것으로 되어 있다.

성서시대의 유대인의 재판수속을 알고 있는 사람이라면 복음서의 기록을 그대로 받아들이기는 어려울 것으로 본다. 그 당시의 유대교 법에 의하면 야간의 체포는 금지되어 있었다. 안식일 혹은 명절 전날 밤, 아니면 그 당일에 재판을 행하는 일도 법이 금하고 있었다. 산헤드린 회의는 '리스케트 하가지트(Lisget Haggâzit:석실(石室))'이란 이로 불리던 방에서만 행하였고 대제사장의 성전이든 기타 어떤 장소에서도 행해지는 일은 결코 없었다. 산헤드린이 나서서 체포하는 일 따위는 있을 수 없는 것이다. 무엇보다도 두 사람의 증인이 선서하고 고발하지 않는 한 그 누구도 산헤드린에서 재판 받는 일은 없었다. 검찰관이라는 직종도 없었으므로 고발하는 증인은 피고 앞에서 법정에 대한 죄가 어떤 것임을 진술하지 않으면 안 되며 피고는 자기를 위해서 변호해 줄 증인을 세울 수가 있다. 그 다음에 법정은 원고와 피고와 피고 측의 증인을 심문하고 반대심문을 한다. 탈무드에도 사실 죄의 심문을 받은 사나이가 사형장으로 끌려갈 때에도 앞에 나서서 "누구누구, 즉 아무개의 아들 누구누구는 이만저만한 죄를 짓고 지금 사형장으로 끌려가고 있는바 그의 증인은 누구누구이다. 피고에게 유리한 증언을 해줄 자 있으면 속히 나와서 그 진상을 아뢰어라!"하고 커다랗게 외쳐야 한다고 되어 있다. 그러하거늘 유대인의 고등재판소가 자진하여 모든 법규를 깨고 그처럼 장기간의 습관을 파기했으리라고는 믿어지지 않는다. 산헤드린 같은 위엄 있는 기관이 그와 같은 일을 했다고 믿는다면 이는 마치 미합중국의 최고기관이 야간에 누군가를 체포하여 그 죄상을 성립시키기 위해 그날 밤중으로 증인을 색출하여 당장 사형에 처하라고 선고하리라는 것을 믿는 거나 다를 바 없다. 그것도 열 두시간 이내에 말이다.

본디오 빌라도의 잔혹하고 강경한 성품을 이해하는 학자라면 빌라도가 한 사람의 유대인을 살리기 위해 정성으로 자비를 베푸는 재판관으로 묘사되어 있는 점은 아무래도 믿지는 못할 것이다. 사실 빌라도의 잔인성과 욕심이 너무도 좋지 못한 평판을 사게 되자 디벨리우스 황제는 그가 로마의 명예를 손상시켰다는 이유로 그를 면직 처분시켰을 정도이다. 예루살렘을 포위할 만큼 막강한 군사를 인솔한 로마의 장군, 본디오 빌라도가 몸에 지닌 것이라고는 디필링 뿐인 유대인의 '민중'에게 겁을 냈다고 믿기도 어렵다.(디필링은 기도드릴 때 한 쪽 팔에 감아두는 가죽으로 된 작은 상자로 양피지에 성서의 글귀를 적은 것을 보관할 때 쓴다.)

유대인들은 예수를 로마인들에게서 지키기 위해 잡아들였다고 보는 편이 타당한 추측이 되지 않을까 한다(어쨌든 로마인들에게 있어서는 한사람의 유대인을 매달아 죽이는 것쯤은 아무 것도 아니었기 때문이다).

하지만, 로마인들은 예수를 벌하겠으니 로마에 넘기라고 유대인들에게 요구한 것이 아닐까? 그래서 유대인들이 모처럼 예수를 붙들어 들인 일이 헛수고가 되었다. 복음서는 이와 같은 추측을 뒷받침해 주는 근거를 가지고 있다. 복음서에 의하면 예수를 채찍으로 때리고 고문한 것은 로마 군사이다. 그의 머리에 가시 면류관을 씌우고 그의 몸에 '유대인의 왕'이라고 쓴 조소의 명찰을 매달아 준 짓거리 등은 로마인들의 잔악성에서 나온 짓들이다.

예수는 하늘을 우러러 "엘리 엘레 라마 사박다니"—아버지여, 아버지여, 왜 나를 버리시나이까?—라고 외쳤다. 그리스도의 이 고뇌를 생각하면 우리는 가슴이 에어지는 느낌이다. 복음서는 십자가에 달린 예수를 보고 운 것은 유다의 백성들이라고 기록하고 있다. 운 것은 로마인들이 아니었다. 로마인들은 예수가 입고 있던 옷을 누가 가질 것인가를 제비뽑기 위해서 주사위를 굴리기에 바빴다. 그것은 로마인들에게 의한 잔학 행위였음을 말해주고 있다. 유대인들의 정의(正義)가 과오를 저지른 것은 아니었다. 유대인들은 그들의 전(全) 역사를 통해서 사람을 십자가에 매어 단 일이 한번도 없거니와 누구를 십자가에 매어 달라고 요구했던 일도 없다. 게다가 신약성서 자체가 유대인이 그리스도교도의 옹호를 맡고 나왔다는 것을 기술하고 있다. ≪사도행전≫ 5장 34~39절에는 바리새파의 라반, 가말리엘이 당당하게 일어나 그리스도교도를 박해하는 로마인들을 만류하는 장면이 있다. 요셉도 예수의 아우 야곱이 로마인의 손에 잡혀 죽었을 때 목숨을 걸고 엉터리 같은 왕에게 항의한 것은 다름 아닌 바리새파 사람들이었다고 기록하고 있다.

예수가 죽자 그리스도교의 막이 내려지는 것 같았다. 그러나 그것은 유대교의 구원의 가르침에 힘입어 되살아났다. 유다의 유대인이라면 누구든지 죽은 뒤의 부활을 믿었으며 사후의 세계에 대해서는 지극히 자유로운 사고를 하고 있었다. 바리새파 사람들의 저서에는 물론 엣세네파의 사해사본도 이 점에 대해서 많이 서술하고 있다. 이 기록들은 모두 예수 시대보다 100년은 앞서 기록된 문서들이다. 때문에 예수가 십자가에 달려 죽은 날부터 세어 첫 번째 맞는 일요일에 여인들이 기도를 드리려고 무덤을 찾아갔더니 무덤을 막았던 돌이 없어지고 무덤 속은 텅 비어 있더라고 복음서가 쓰고 있는 것도 별로 이상할 것이 없다. 여인 가운데 한 사람은 예수의 환영을 보았다. 제자의 두 사람도 같은 환영을 보았다. 이 소문은 삽시간에 슬픔에 젖어 있던 예수의 신봉자들 사이에 퍼졌다. 모두들 예수가 다시 살아나심을 믿었다. 예수뿐만 아니라 그리스도교도 다시 살아났다.

기원 30년에서 50년에 이르는 예수 사후의 20년 그리스도교도는 모두 유대인이었다. 유대교의 한 종파로서의 그리스도교는 다른 종파와 별다를 것이 없었다. 새 개종자들은 대체로 유대교의 다른 종파에서 그리스도교라는 새로운 신앙에 가입하였다. 이 교도들은 그리스도교도가 되기 위해서는 먼저 유대교로 개종하여 유대인이 되지 않으면 안 되었던 것이다. 가톨릭 교도가 프로테스탄트가 되든, 프로테스탄트가 가톨릭으로 개종을 하든 마찬가지로 그리스도교도이듯이 모든 그리스도교도는 유대인으로 간주되었던 것이다.

기원 50년 이후 그리스도교가 이교도에 의해 세계적인 종교가 되기까지 유대교와 그리스도교간의 분립은 없었다. 분립은 그리스도교회의 진정한 창시자(創始者)로서 등장한 한 유대인의 구상(構想)이며 그 업적의 결과였던 것이다. 그는 사울이라는 이름의 다르소 사람이었지만 그리스도교도들 사이에서는 바울로 불리고 있었다. 여기서 보는 그와 예수와의 관계는 이른바 '탈무드'와 '토라'의 관계와 같다. 그가 예수의 사상에 주석(註釋)을 달아 해석하고 인간이 살아갈 길을 제시하였기 때문이다.

프리드리히 니체는 바울의 '미망(迷妄)함이여, 그의 교활함보다 못지 않구나'라고 탄했다. 마르틴 루터는 '힘의 바위'라고 불렀다. 바울은 예수와 같은 시기에 태어났다. 그는 로마 시민이며 거만한 사나이였다. 로마의 법률과 그리스 철학을 배웠다. 더구나 그는 바리새파의 경건한 유대교도였었다. 그가 예루살렘에 갔을 때 예수도 마침 그곳에 와있었지만 둘은 한 번도 만난 적이 없었다. 바울은 예루살렘에서 필론의 저작에 접해 거기에 탐닉되어 많은 영향을 받았다. 그는 훌륭한 성서학자가 될 수도 있었다. 하지만 역사는 그를 그리스도교의 성인으로 키웠던 것이다.

만일 바울이 현대인이었다면 아마도 정신병원 의사의 신세를 면치 못했을 것이다. 그는 그의 생애를 통해서 깊은 죄악감에 시달렸다. 죄악감은 가차없이 격렬하게 그를 몰아세웠다. 에르네스트 르낭은 그를 두고 '추하고 작은 유대인'이라고 했다. 바울은 체구가 왜소하고 내반슬(內反膝:무릎이 바깥쪽으로 굽은 기형)인데다 한쪽 눈을 볼 수 없는 이른바 신체의 일부가 불구였던 모양이다. 그는 주기적으로 말라리아의 열에 떠 발작을 일으켰고 때로는 환각에도 시달렸다. 간질 증세가 있었다는 말도 있다. 독신주의자로 타인에게도 독신을 권장하고 그 어떤 극단적인 경우에만 결혼을 인정했다.

그는 젊었을 때 그리스도교라는 유대교의 새 종파에 맹렬히 반대했다. 가혹하리만큼 신도들을 공격하고 그리스도교의 최초의 순교자 스데파노에게 불리한 증언을 했을 정도였다. 스테파도는 예수가 메시아임을 주장하고 하나님과 동등하다는 것을 최초로 공헌한 사람으로 그것은 당시에 지독한 모독으로 여겨졌었다.

오늘날 크리스천·사이언스(의약을 쓰지 않고 신앙의 힘에 의존하여 만병을 고칠 수 있다는 일종의 정신요법이 특징)를 창립한 메리 베이커 에디가 예수의 딸이며, 하나님과 동격이라고 선언하는 것이나 다를 바 없었다.

《사도행전》 9장 1~2절에 의하면 바울은 '여전히 살기를 띠고 주의 제자들을 위협하며, 대사제에게 가서 다마스코스에 있는 여러 회당에 보내는 공문을 청하였다. 그렇게 해서 그리스도교를 믿는 사람은 남자 여자할 것 없이 눈에 띄는 대로 잡아서 예루살렘으로 끌어올 수 있는 권한을 받았다.

바울의 그리스도의 환상을 본 것은 이 심부름으로 다마스코스로 향해 가던 도상에서였다. 이 만남은 이보다 2000년전에 일어났던 아브라함과 하나님의 해후를 연상시켜 준다. 그러나 그 뒤에 일어난 사건의 성질은 전연 다르다.

'네가 왜 나를 박해하느냐?'

하고 예수가 그에게 묻고 있다. 바울은 너무나도 강렬한 그리스도의 환상의 빛에 눈이 부시어 시력을 잃고 사람들의 손에 이끌려서 다마스코스까지 걸어갔다. 여기서 그리스도교파의 유대인인 아나니아가 바울의 눈을 다시 뜨게 해주고 그에게 세례를 주어 그리스도교로 개종시켰다.

여기서도 아브라함과 하나님의 만남에서 생각해 보았던 그대로 생각해 보기로 한다. '그런 일이 사실 일어났었을까?' 여기서도 마찬가지의 대답을 하게 된다. 역사적인 견지에서 본다면 그리스도가 실제로 바울 앞에 나타났었을까 아니면 바울이 환각을 본 것일까? 그건 아무래도 상관없다. 어쨌든 간에 바울이 이 시점에서 개종한 것이 2000년의 그리스도교사(教史)에 있어서 매우 중요한 역할을 해온 것만은 사실이다. 그것이 역사를 이루었으므로 우리는 이 점을 생각해 보지 않으면 안 된다.

그러나 예수와 만났고, 잃었던 시력을 다시 되찾고 그리고 그리스도교로 개종까지 한 바울이 그 뒤 14년간 거의 모습을 드러내지 않고 있다.

기원 45년 바르나바라는 사도가 바울에게 새 교회를 향해 같이 전도 여행을 떠나 줄 것을 권유해 올 때까지 바울에 대한 이야기는 나오지 않는다. 바울의 경이적인 선교활동은 이때부터 시작되며 마침내 그는 그의 스승인 바르나바를 능가하는 존재가 된다.

최초의 선교 여행에서 돌아온 바울은 여기서 유대인과 결별(訣別)하는 그 운명적인 결심을 하게 되었던 것이다. 그는 두 번에 걸쳐 '사도교회'에 자기를 사도로 받아들여 달라고 탄원을 냈으나 두 번 다 거절당했다. 그리고 그는 이교도의 개종 문제로 예수의 아우 야곱과 다투게 된다. 그때까지의 습관으로는 유대인이 아닌 인종이 개종을 원할 경우에는 먼저 유대교로 개종한 다음에 다시 그리스도교로 개종해 오는 절차를 밟아야 했다. 여기서 바울은 이교도는 유대교로 개종하는 절차 없이도 곧장 그리스도교가 될 수 있었으면 좋겠다는 생각을 하게 되었다.

바울은 그리스도교의 입문(入門)을 거절당하고 예수의 아우 야곱과의 논쟁에서도 패하자 여기서 세 가지의 결단을 내리기에 이르렀다. 그의 이 결단이 그리스도교에서 유대주의적인 요소를 완전히 제거해 버림으로써 그리스도교를 전혀 다른 하나의 종교로 키워낸 계기가 되었다.

유대인들이 그리스도교를 믿으려고 하지 않았으므로 바울은 이교도들을 찾아갔다. 그는 그의 새 종교로 간편하게 개종시키기 위해 두 번째 결단을 실행했다. 그것은 유대교의 식사법을 취소하고 할례를 폐하는 일이었다. 세 번째 결단은 그리스도를 '율법'과 대체시킨 일이다. 이것이 '신'을 섬기는 종교와 '신의 아들'을 섬기는 종교로 완전히 분리되는 결정적인 계기가 되었고 이는 실로 궁극적인 결행이 아닐 수 없었다.

유대인들은 그 당시나 지금이나 인간과 하나님과의 교통은 오직 율법에 적힌 하나님의 말씀을 통해서만이 가능하다고 믿고 있다. 이에 대해서 바울은 인간은 그리스도를 통해서만이 하나님을 알게 된다는 그의 새로운 교의(教義)를 폈다. 유대인과 그리스도교도 간의 분열은 결정적인 것이 되었다.

바울은 사도들의 교회를 떠나 야곱과 다툰 뒤 그 유명한 선교 여행길에 올랐다. 이 때 그는 히브리어의 사울이란 이름에서 로마인의 바울이란 이름으로 개명했다.

그는 선교 여행길에 오를 때는 대체로 실라와 디모데, 혹은 이 두 사람 둥의 한 사람과 같이 떠났다. 디모데에게는 바울 자신이 할례를 베풀어주었다. 기원 50년에서 62년까지의 이 여행기간에 그는 '바울의 편지'를 썼던 것이다. 그의 편지가 그리스도교와 관련된 최초의 저술이 된다. 복음서는 첫 번째 것이 70년, 네 번째 것이 120년에 기록되었으므로 바울의 저작보다 훨씬 뒤의 일이 된다.

바울의 편지와 복음서에서 보게 되는 그리스도교 역사의 기록이 유대인을 대상으로 씌어 있지 안고 이교도들을 대상으로 쓰고 있는 점을 생각하면 어째서 그와 같이 기록되었는지를 이해할 수 있다. 대상은 데살로니가 사람들, 갈라디아 사람들, 고린도 사람들, 로마 사람들, 골로새 사람들, 필립보 사람들, 에베소 사람들이다.

바울 자신으로서나 복음서의 저자로서나 개종시키려는 상대를 성가시게 할 수는 없었을 것이며 권력자들의 비위를 거슬려서도 안 되었을 것이다. 권력자들을 건드려 봤자 사자의 밥이 되거나, 거꾸로 매달려 죽게 되는 세상이었으므로 바울은 도시에서 도시로, 나라에서 나라로 전전하면서 선교를 폈는데 그는 유대인의 시나고그를 사용하여 선교의 설교를 하고 있었다.

왜냐하면 시나고그에 대해서는 여러 가지 다른 의견이나 사상에 대해서 매우 관대했기 때문이다. 하지만 바울에게는 관대하지 않았다.

'전에도 말한 바 있지만 다시 한번 강조하겠습니다. 누구든지 여러분이 이미 받은 복음과 다른 것을 전하는 자가 있다면 그는 저주를 받아 마땅합니다'

≪갈라디아≫ 1장 9절.

바울은 유대인에게서 그리스도교를 빼앗아간 것만이 아니었다. 그는 원초 그리스도교를 점차로 별개의 바울판(版) 그리스도론(論)이라고 할 수 있을 것으로 변질시켰던 것이다.

원초 그리스도교에서는 예수가 인간으로 부활한 뒤에 비로소 신성(神性)을 인정받았던 것이다. 바울은 그리스도는 탄생 이전부터 신이셨다고 생각했다.

원초 그리스도교에서는 예수는 신의 아들이었다. 바울에 의하면 그리스도는 신과 동격(同格)이며 동질(同質)이었다. 예수는 인간을 사랑함으로써 신을 사랑하게 된다고 하였다.

바울은 그리스도와 일체(一體)가 됨으로써 그리스도를 사랑하게 된다고 하였다. 바울은 또한 '구세주 예수'라는 초기의 중요한 개념을 '죄를 속죄하신 그리스도'로 변질시켜 버렸다. 바울의 사상에서 무엇보다도 중요한 위치를 점유하고 있던 것은 원죄(原罪)라는 관념이었다.

바울에 의하면 인간은 이류 최초의 죄인(罪人)인 아담의 원죄로 더럽혀져 있다. 이 죄에서 구원받으려면 최초의 '속죄자' 그리스도에게 의존할 수밖에 없다는 것이다.

즉 그리스도는 그의 죽음으로 인간의 죄를 속죄하셨다는 것이다.

바울의 가르침은 이교도들의 마음을 크게 감동시켰으므로 5년이 지나자 그리스도교도가 된 이교도의 수는 그리스도파의 유대인의 수를 훨씬 웃돌게 되었다. 유대인의 그리스도교는 어느새 소수파가 되어 '가난한 자'들로 불리고 있었지만, 그것도 어느덧 소멸되어 버리고 사람들의 뇌리에서 잊혀져 갔다. 바울은 모세의 가르침을 근거로 하면 전통을 깨뜨려 버렸으므로 그리스도교는 이미 유대교의 일파가 아니었다.

로마인들도 그리스도교도를 유대인으로 간주하지는 않고 그들을 특정한 민족의 종교가 아닌 어떤 독자적인 종교를 믿는 자들로 보게 되었다.

바울은 어디서 그와 같은 조직력을 몸에 지니게 되었는가? 트로츠키가 어떻게 해서 조직력을 몸에 지녔는가, 하는 정도로밖에는 바울에 대해서도 알 수가 없는 것이다.

러시아의 유대인 게토(외국의 유대인 거리)의 지식인이었던 트로츠키가, 찌들고 피로에 지친 러시아 황제의 군대를 승리의 적군(赤軍)으로 바꿔 놓았듯이 로마의 유대인으로서 국제적 지식인이었던 바울도 그리스도를 잃고 의기소침해 있던 제자들을 전투적인 종교운동가로 바꿔 놓았던 것이다.

바울은 기원 62년에 로마에서 죽었다.

바로 황제에 의해 참수형에 처해진 것으로 전해지고 있지만 이 때 이미 그리스도교는 로마 제국이 무시할 수 없는 세계적인 운동으로 확장되어 있었다.

12. 교회의 승리

그리스도교가 그 당초의 300년을 지탱해 낸 것은 이른바 기적이라 하겠다. 내부의 바람잘 새 없는 분열과 대립으로 그리스도교도 이것으로 막을 내리는 것이라고 여겨진 적도 있었다.

이 초기의 300년에 걸친 존속을 투쟁하던 시기에 그리스도교도들은 유대인과 대적할 겨를이 없었다. 그리스도의 신성(神性), 그와 신(즉 아버지)과의 관계에 대한 많은 의견들이 엇갈리는 속에서 이들은 이러한 견해를 둘러싼 구론(口論)으로 정력을 경주하고 있었기 때문이다.

신도의 수를 줄지 않게 하는 노력도 중요한 과제 중의 하나였다. 그리스도파가 유대교에서 분리되어 나오자 로마는 의혹의 눈길을 보내왔고 불온한 움직임으로 경계 받기 시작하면서 가혹한 박해 속에 휘말리게 되었다. 로마의 원형 경기장에서는 숱한 그리스도교도들이 무참하게 사자의 밥이 되었다. 이것은 로마인들의 그리스도교도에 대한 대책으로 이런 방법을 생각해 낸 것이 네로 황제이며 이 대책은 3세기 동안이나 계속되었다. 그러나 신도의 수가 감소된 이유는 대부분 3세기 동안이나 계속되었다. 그러나 신도의 수가 감소된 이유는 대부분 전향(轉向)에 있었다. 오늘날에도 공산주의자가 되는 것을 금지하는 나라가 있듯이 로마에서는 그리스도교도가 되는 것을 금지하였던 것이다. 그리스도교도가 불온분자로서 로마 법정에 끌려나왔을 경우, 그리스도교도가 아니라고 하면 무죄요, 그리스도교도임을 자부하면 사형 감이 되는 것을 양자택일을 강요당했다. 흔히 그리스도교에서 전향함으로써 살기를 택했다.

독일의 법학자 루돌프 좀이 그의 ≪교회사 대요(敎誨師 大要)≫에서 지극히 간결하게 술회한 바 있다. '교회가 승리한 것은 그리스도교도의 공로가 아니라 오히려, 그리스도교도의 태도에도 불고하고 라고 할 수 있다, 그것은 복음서의 힘으로 승리한 것이다.'

로마 제국의 그리스도교도들의 입장은 1950년대의 미국 공산주의자들의 입장과도 같았다. 로마시대의 자료를 보면 이 점을 잘 알 수가 있다. 자료란 비티니아의 총독인 젊은 플리니우스가 트라야누스황제 앞으로 보낸 112년의 편지와 여기에 대한 황제의 답장이다.

소생이 소상하게 알지 못하는 바를 귀하게 여쭈어 보는 것이 소생의 도리인가 하옵니다. 소생이 결단을 내리지 못할 때, 또 미처 알지 못할 때 하교(下敎)를 청하기에 가장 적합한 분은 귀하이옵니다.

소생은 그리스도교도의 재판정에 나가본 일이 없습니다. 따라서 흔히 어떤 벌칙을 내리는지도 모르고 있습니다.…나이에 따라 차별할 것인가. 약한 자와 강한 자를 같이 취급할 것인가, 전향하는 자는 용서할 것인가. 오랫동안 그리스도교도로 있은 자는 전향을 했더라도 용서해서는 안 될 것인가, 해도 될 것인가, 죄가 없어도 그리스도교도라면 벌할 것인가, 아니면 그리스도교도이기 때문에 범하는 죄만을 벌할 것인가, 소생은 이러한 문제로 몹시 고민하고 있습니다.

그런데, 소생은 지금까지도, 그리스도교도를 다음과 같이 처리해 왔습니다. 소생은 먼저, 너는 그리스도교도냐 하고 묻습니다. 그렇다고 대답하면 같은 질문을 두 번, 세 번 되풀이하고 그리스도교라면 사형 감이라고 위협을 합니다.

그래도 여전히 그리스도교도라고 내대면 소생은 사형을 선고합니다. 어떤 죄를 시인하더라도 그들의 누그러질 줄 모르는 완고한 고집은 벌을 받아 마땅합니다.

…이름만 기재하고, 서명하지 않은 소책자가 유포되었습니다. 그리스도교도가 아닐 뿐더러 그리스도교도가 되었던 적도 없다고 대답하는 자들까지도 모두 벌을 주어야 한다고 소생은 생각했습니다.

…밀고인에게 지명 당한 자 가운데는 그리스도교도라고 대답했다고 나중에 이를 취소한 자도 있었습니다. 전에는 그랬지만, 지금은 아니다, 이미 3년 전에 전향했다고 말하는 겁니다. 어떤 두 사람은 전향한 자가 20년이나 된다고 했습니다.

그들은 모두 귀하의 상(像), 여러 신들의 조상(彫像), 그리고 저주받은 그리스도를 숭배하고 있습니다.

소생은 이런 문제에 대해서 귀하여 하교를 바람이 타당하다고 판단했습니다.

…왜냐하면, 온갖 연령의 사람들이, 온갖 계급의 사람들이, 남녀 불문하고 협의를 받아 어려움을 겪고 있기 때문입니다. 그리고 이와 같은 사태는 앞으로도 여전히 계속될 것이기 때문입니다.…

트라야누스 황제는 다음과 같은 답장을 보냈다.

친애하는 플리니우스경, 경은 그리스도교도로 비난받는 자들을 취조함에 있어, 옳은 판단을 내리신 것으로 아오. 두루 적용될 수 있는, 확실하고 신속한 판결을 기대하기는 어려운 일이니 말이오. 이 쪽에서 그리스도교도를 찾아내려고 해선 안 되오. 그와 같은 소송이 있고 죄가 판명되면 그 때 벌하시오. 단, 다음과 같은 점에 유의하기 바라오—자기는 그리스도교도가 아니라고 부정하고 나서는 자가 있어 그가 우리들의 신을 숭배하고 있다는 사실이 입증될 경우에는 과거에 대한 의혹이 남는다고 하더라도 전향했다는 사실을 참작하여 용서해 주어야 하오. 서명 없는 소책자 따위는 어떤 경우에도 판단의 수단 재료로 살아서는 아니 되오. 그것은 그릇된 전례(前例)나 조작할 뿐, 우리네 시대 정신과는 맞지도 않는 것이오.[1]

트라야누스의 시대는 극히 짧은 유예 기간에 불과했다. 그의 뒤를 계승한 자들은 더욱 심하게 그리스도교도들을 박해했고 온갖 사회적인 주류에서 그리스도교도들을 추방해 내는 일에도 점점 박차를 가하고 있었다. 이 박해와 배척이 초기 그리스도교도의 특질을 형성시켰거나 이는 그리스도교도들이 중세의 유대인에 대해 기술한 그들의 특질 묘사와 비슷하다.

---

1) ≪그리스도교회 자료≫ Documents of the Christian Church, 옥스퍼드대학 출판국, 1947년.

에드워드 기본은 ≪로마제국의 쇠망사(衰亡史)≫에서 다음과 같이 말했다.

그리스도교도 가운데 많은 자들이 상인이거나 지식층의 직종에 종사하고도 있어 그리스도교도에 대해 일반인들이 안고 있는 의념(疑念)을 제거해 버릴 필요가 있다고 생각했다. 세간의 멸시가 그들에게 겸손과 온순과 인내를 몸에 붙이도록 가르쳤다. 박해 당하면 당할수록 그들은 더욱 굳게 뭉쳤다.

그러나 최종적으로는 '복음서'의 힘이 승리를 거두게 했다. 그리스도교도 자신이 일보 후퇴할 때마다 복음서가 그들로 하여금 이보 전진시켰기 때문이다. 1세기에는 그들은 사자의 밥이었다. 2세기에 들어서자 불온 분자로 낙인찍히고 3세기에는 미움을 샀지만 4세기가 되자 그들은 어느새 로마제국을 지배하는 자들이 되어 있었다.

어째서 그와 같은 결과를 초래하였는가 하는 점만을 생각할 것이 아니라 왜 그리스도교도들은 로마인에게 그토록 증오의 대상아 되어 박해를 받아야만 했던가 하는 점도 생각해 보지 않으면 안 된다. 로마인의 종교관을 알아보기 위해 이미 에드워드 기본의 문구를 인용해 본 바 있거니와 로마인은 모든 종교는 한결같이 진리를 지녔고, 한결같이 허위요, 한결같이 유용하다고 생각하고 있었다. 그리스도교도만은 예외이지만 이외에는 어느 종교가 특히 박해를 받는다거나 하는 일은 없었다. 로마인의 유대인에 대한 억압적인 조치는 언제나 반듯이 유대인의 반항적인 태도에 대한 보복이었다. 유대인에게 가해진 잔학도 예컨대, 역시 유대인들처럼 로마의 권위에 반항한 카르타고인에게 가해진 그것보다 더 가혹했던 것은 아니었다.

로마인이 어째서 그리스도교도들을 박해했는가 하는 점에 흥미를 지니는 학자는 극히 드물다. 그리스도교도는 박해 당했다는 사실을 기록하는 것으로 그치는 예가 많다. 에드워드 기본은 여기서 그치지는 않았지만 애석하게도 그의 기술은 이 문제에 대해 객관적이라기 보다는 흥미 위주의 읽을 거리에 지나지 않는다. 불가지론자(不可知論者)들은 초기의 교회발전 양상을 조롱저인 안목에서 터치한 그의 태도에 흥미를 느끼고 있다. 경건한 그리스도교도는 기본이 그리스도교도에 관해 쓴 부문에서 그의 무식을 여지없이 드러냈지만 유대인에 대해 쓴 통렬한 견해는 옳다고 보았다. 유대인도 이 기본론(論)을 인정했으나 그것은 전연 상반되는 견지에서 그러했다. 유대인은 기본이 유대인에 대해 쓴 부분에는 그의 무식이 드러나 있지만 그리스도교도에 관한 그의 의견은 옳다고 보는 것이다.

이처럼 기술은 유보(留保)하지 않을 수 없었다고 하더라도 어째서 로마인이 그리스도교도만은 눈의 가시처럼 대했는가 하는 점에 대한 기본의 설명은 확실히 진상의 핵심을 찔렀다고 볼 수 있다. 기본은 로마인이 볼 때 유대인은 엄연히 하나의 국가 민족으로, 그들은 종교에 있어서도 독자성이 인정되었다고 보고 있다. 그러나 그리스도교도의 경우는 하나의 종파일 뿐, 국가가 아니며 이 때문에 결과적으로 여러 이웃 구가에 동요를 끼쳤다는 것이다. 유대인은 로마 제국의 정치에도 적극적으로 참가하고 있어서 로마의 부정에 대해 항거할 때만 아니면 로마 군사와 어깨를 나란히 하고 로마 제국을 지키기 위해 싸움터에서도 나갔다.

그러나 그리스도교도는 주류(主流)에서 벗어나 정치적인 책임이나 병역에서는 점점 멀어져 갔다. 때문에 기본은 그리스도교도가 무슨 잘못을 저질렀기 때문에 증오의 선상에 오른 것이 아니라, 그 존재의 기초부터가 범죄적이었다고 말하고 있다.

그리스도교도가 로마 제국에서 권력을 장악하게 된 그 시기와 경위에 있어서는 불명료한 점이 아무 것도 없다. 연대는 324년으로 콘스탄티누스가 그 권력을 주었다. 4세기초에만도 그리스도교도는 전체적으로 볼 때 아직 소수파였지만 제국 안의 종교집단으로서는 최대의 것이 되어 있었다. 군게 결속된 이 집단이 흔들리는 제국을 떠받칠 하나의 힘이 될지도 모른다고 충분히 생각할 수 있었다. 이쯤 되자, 콘스탄티누스는 '거꾸러뜨릴 수 없으면 친구가 되는 편이 낫다'라고 한 격언에서 따라 그리스도교를 합법적인 종교로 인정했을 뿐만 아니라 그리스도교만을 합법적인 종교로 결정해 버렸다. 그 당시 그리스도교도의 인구는 전 인구의 20퍼센트에도 달하지 못했다.

교회는 권력을 장악한 뒤에도 평온하지만은 않았다. 잇따라 문제가 일어나고 자칫하면 교회가 붕괴 될 듯이 보였다. 콘스탄티누스는 교회에 정치적인 권력을 부여하는 점에 아시아적(的)인 전횡(專橫)이라는 달갑지 못한 전통을 남기게 되었다. 325년, 그는 '니케아' 공회의(公會議)를 소집하여 이른바 '니케아 신조(信條)'를 채택했다. 이때부터 모든 그리스도교도들은 이 교리에 따르지 않으면 안 되게 되었고, 여기서 상위 되는 의견은 절대로 금지되었으며 이단시되었다. 여기서 초기 그리스도교회의 독점적인 성격이 확립되고 말았다.

이때까지 그리스도교도들은 서로 대화를 통해서 의견의 상위점을 해결해 왔지만 이후에는 창칼에 의해 강제로 종교적인 견해의 일치를 보게 되었다. 기본이 추정하는 바에 의하면 그리스도교가 권력을 장악한지 100년 동안에 그들이 죽인 그리스도교도의 수는 그 이전의 3세기 동안 로마인이 죽인 수를 훨씬 상회한다고 말했다.

통일된 유일의 교회라는 문제와 함께 통일된 한 가지의 성서도 문제가 되었다. 신약성서가 정전(正典)이 된 과정은 구약성서의 경우와 같다. 복음서가 여러 개나 되어 저마다 자기 것이 옳다고 주장하므로 많은 모순이 있게 되었고, 이런 상태에 어떤 질서를 세워 체계화시키자는 위견이 시도된 것이 170년경이다. 이즈음 신약성서에 정경서(正經書)의 일람표를 작성하자는 최초의 시도가 있었다. 이것이 바로 뮤라토리 정전(正典)(이태리의 L·A·뮤라토리가 사서(司書))로 근무하고 있던 밀라노의 암브로시우스 도서관에 있던 사본(寫本)-역주)이다. 오늘날 우리가 알고 있는 형태의 신약성서는 그리스도의 사후 362년, 즉 395년까지는 존재하지 않았다. 공식견해(公式見解)로서의 교리(敎理)에 적합한 것만이 새 정전(正典) 속에 수록되었다. 그 밖에는 금서(禁書)가 되었다. 그 밖의 복음서가 어떤 것이었는지는 알 길이 없다. 그러한 복음서를 소지하는 자는 이단자로 몰려 사형에 처해졌다.

신약성서가 최종적으로 정전화(正典化)된 시기와 로마 제국이 최종적으로 분열된 시기가 일치했다. 395년, 데오도시우스 대제가 죽자 그의 아들 아르카디우스가 제국의 동쪽 부분을 차지하여 콘스탄티노플을 수도로 정하고 또 하나의 아들 호노리우스가 서쪽 부분을 맡아 로마를 수도로 정했다. 제국은 줄어든 대로 국경지방은 여전히 그대로 있었지만, 유대인, 로마인, 그리스도교도 거기에 야만족까지 나대어 설치는 바람에 제국은 침식될대로 침식되어 다음 세기에는 완전히 붕괴되고 말았다.

유대인으로 말미암은 변화에 대해서는 이미 언급한 바 있다. 예의 세 차례에 걸친 로마 대 유다의 전쟁이다. 이 세 차례의 전쟁을 치르는 동안 로마의 속국들은 속속 불온한 움직임을 보이기 시작했고 적국은 국경지방에서 공격의 기회만을 노리게 되었다. 이로 인해 조세(租稅)가 오르고, 국경지방의 경비를 위해 병력이 증강되자 제국의 자원이 크게 축났다. 로마는 유다와의 첫 전쟁을 치른 뒤에는 결국 그 이상의 영토확장은 기대할 수 없게 되어 있었다. 그리고 세 차례 째, 전쟁을 치른 뒤에는 영토가 줄어들기 시작했다.

제국을 악화시키는 원인이 된 그 이후의 일련의 사태는 로마인들 자신이 빚어낸 것이었다. 노예제도로 중산계급의 입장이 바뀌고 노동은 고통스러운 것으로 생각하게 되었다. 성도덕(性道德)이 문란해지고 가족제도가 흔들렸다. 앞서 유대인들이 반기를 들었던 부패하고 부당한 과세 제도가 제국 그 자체를 침식했다.

로마 제국의 붕괴를 촉진시킨 세 번째의 원인은 그리스도교도라는 것이 많은 학자들의 의견이었다. 초기의 그리스도교도들은 세계의 종말이 가까웠다고 믿어 정치적인 책임에 소홀해짐으로써 중앙집권제가 무너졌다. 금욕적인 생활이나 처녀성이 동정을 강조하는 나머지 결혼을 하고도 성교섭이 없는 부부가 많아 그 때문에 인구가 감소되었다. 내세(來世)만을 생각하고 신학(神學)에 열중하는 동안 공민(公民)으로서의 의무와 애국심, 그리고 학문은 등한시되었다.

1세기에서 4세기까지 이렇게 3종(種)의 정황(情況)이 제국의 붕괴를 속속 재촉해왔던 것인데 5세기에 접어들자 또 다시 새로운 사태가 하나 더 끼여들었다. 만족(蠻族)의 침입이었다.

5세기의 서유럽에 만족을 투입시킨 주원인이 되었던 것은 이보다 500년 전의 중국이었다. 기원전 1세기, 중국의 황제들은 영토 안의 불안정(不安定) 분자들을 제거시킬 결심을 했다. 농민으로서 정주(定住)할 생각을 하지 않는 유목민과 도시에서 취직할 생각을 하지 않는 유목민들이 그 대상이었다. 이런 죄 없는 나그네들을 상대로 한 전쟁(전쟁이라고는 하지만 살육전(殺戮戰)이 아니라 다만 중국의 국경 밖으로 그들을 몰아냈다.) 이 몇 차례 되풀이되자 이 때문에 어떤 물리적인 변화가 일어났다. 즉 이것은 코르세트(Corset)의 법칙이라고나 할까, 어느 부분을 조이면 다른 부분이 부풀어 나오는 식이었다. 이들 유목민(그들은 훈족(Hun族)이라고 불렸는데 이 이름은 이 민족 대이동을 일으킨 원인이 된 한조(漢朝)의 이름에서 얻어진 것이다.)은 중국에서 쫓겨나 타국으로 빠져 나왔다.

그들은 살 곳을 찾아 북인도, 남러시아, 그리고 발칸지방에 삶의 뿌리를 내리게 되었다. 그러나 거기에는 이미 다른 유목민들이 있었다.

서고오트족(Visigoths족), 반달족, 동고오트족(Ostrogoths족)이 그것이다. 중국황제에 밀려나온 훈족은 여기서 서고오트족과 반달족과 동고오트족을 그들이 살고 있던 자리에서 독일, 프랑스, 이태리, 스페인 등의 서유럽으로 몰아냈다. 먼저 4세기에 서고오트족이 로마에 침입했다. 이어 5세기에는 반달족이 밀고 들어갔다. 게다가 북쪽에서는 골 사람이 들어왔다. 그들은 차례차례 로마를 약탈했다.

그리고 바야흐로 유럽 전역을 방랑하던 훈족이 힘을 길러 위협을 떨치고 있었다. 그들은 그저 수가 많은 것을 미끼로, 반달족과 고오트족을 유럽으로 내몰았던 것이지만 이제는 그들 자신이 국경을 넘나들게 되어 있었다. 그들은 아틸라(Attila)라는 새로운 지도자를 찾아냈다. 아틸라는 조직이 안 되어 있던 아시아 유목민인 훈족을 잔인한 기마대로 길러냈다. 그들은 안장과 발잔등 사이에 식량인 날고기를 채우고 피가 흐르는 황폐한 대지를 밟고 프랑스로 들어갔다. 훈족의 기마대가 지나간 자리에는 풀도 나지 않았다는 말을 남겼다. 이때 유럽은 사상(史上) 처음으로 아시아의 나라에 공납(貢納)하는 속국(屬國)이 되는 위험이 놓였다. 이보다 100년 전에 프랑스에 침입한 서고오트족이나 반달족은 인류에게 응보하는 앙갚음이라고 했었지만 이번에는 그들이 유럽을 구해 주러 온 것이다. 451년, 그들은 트로이 전쟁에서 훈족을 무찔렀다. 이것을 샤론전쟁이라고도 한다. 아틸라는 그의 군대를 이태리로 철퇴시켜 이번에는 로마를 위협했다.

아틸라가 급사함으로써 참극은 벗어났다. 지도자를 잃은 훈족은 뿔뿔이 흩어져 역사에서 사라졌다.

그러나 훈족의 침략은 이미 제국의 힘을 쇠퇴시키고 국경을 붕괴시켰으며 정체(政體)를 혼란 속에 빠뜨렸다. 동에서 북에서 기어든 다른 침입자들도 훈족의 뒤를 이어 거침없이 파괴시키고 있었다. 그러나 로마의 약탈에도 한도가 있었다. 어느덧 이전의 로마 제국의 서쪽 절반이 완전히 붕괴되었다. 사람들은 침략자와 온전히 혼합되어 있었다. 새로운 국가가 탄생했다. 권력의 자리에 오른 고오트족이나 반달족의 왕들은 정치에 대해서는 거의 무지(無知)했다. 아직 보존되어 있던 제국의 부분도 와르르 무너져 수백을 헤아리는 작은 국가로 갈라졌다. 지난날의 그리스의 영화도, 지난날의 로마의 영광도 모두 사라졌다. 유럽에 봉건시대가 찾아왔다.

교회는 만족(蠻族)과 과감히 싸웠다. 그들을 무기로 대적할 수는 없었으므로 그리스도교도로 받아 들여 동화시키기로 했다. 교회는 침입해온 만족의 이교도를 개종시키는 일로 인하여 스스로의 생명을 위태롭게 했다. 수많은 이교도들을 극히 짧은 기간에 개종시킴으로써 갑자기 확장된 교회는 교리(教理)가 애매해지는 위험을 안고 말았다. 서양의 마르크시즘이 동양의 실제적인 적용 과정에서 변질되어 버렸듯이 예수 그리스도를 섬기는 동방의 종교도 서양에 있어서 실제의 적용과정에서 변질되었던 것이다.

6세기에 교황제도(教皇制度)가 확립되어 교회는 확고한 중심 체제를 이루게 되었다. 이전에 있던 이단적인 종파는 어느 새 깨끗이 박멸되어 버리고, 전에 있던 서로마 제국의 이교도들도 개종했다. 교회는 이제 겨우 한시름 놓게 되었고 이제부터는 평온 속에서 세력범위의 정황을 관찰할 수 있는 단계에 이르렀다. 이리하여 6세기에는 그리스도교도에게 무시당하고 있던 유대인의 일이 다시금 화제에 오르게 되었다.

왜일까? 그 대답은 간단하다. 콘스탄티누스에 의해 인정받게 되기까지 그리스도교도는 로마의 학대에서 자신들을 지키기에 분분하여 유대인들의 생각까지 할 겨를이 없었다. 콘스탄티누스의 사후(死後) 300년은 이단적인 교리와 싸우고 신을 두려워할 줄 모르는 만족과 대적하는 일로 급급하여 비교적 잠잠하게 있는 유대인들의 일까지 생각할 겨를이 없었다. 그리스도교도는 이른바 유대인을 재발견한 셈이지만 이것이 큰 문제였다. 그리스도교도의 세계가 대해(大海)처럼 확대된 즈음에도 오로지 유대민족만이 그리스도교로 동화되지 못한 유일한 집단으로 남아 있었던 것이다. 여기서 그리스도교도는 스스로에게 어떻게 할 것인가를 물었다. 필요하다면 힘으로라도 세례를 받게 할 것인가? 그들은 믿음이 없는 이교도에 대해서는 그 방침을

셨다. 개종하지 않는 만족에게 그러했듯이 유대인들을 아예 죽여 없앨 것인가?[2] 그리스도교도가 안고 있던 이 딜레마와 유대인이 처했던 불안정한 입장은 중세에 있어서의 유대인의 가장 큰 문제거리였다.

그리스도교의 초기의 6세기 동안에는 유대인에게 있어서 비교적 평온하였지만 많은 유대인 사학자들은 그 시기가 흡사 박해의 연속이었던 것처럼 말하고 있다. 그 증거로 유대인은 이러저러한 직종에는 써주지 않았다. 이러이러하게 권리를 박탈당했다는 등 몇 가지의 법례(法例)를 들고 있다. 이런 부당한 처사를 들춰낼 때, 이들 역사가들이 잊고 있는 것은 그 당시의 유대인은 모든 인간에 대해 부정이 행사되고 폭력이 가해지던 땅에, 또한 그와 같은 시대에 살고 있었다는 점이다. 600년이라면 긴 세월이다. 때때로 부당한 처사가 행사되었다고 해서 그것이 일반적인 주의(主義)로 확립되고 박해로 일관한 방책이었다고 말할 수는 없는 것이다.

기원 212년, 카라칼라 황제는 제국에 사는 유대인에게 평등의 권리를 부여했을 뿐만 아니라 공민권도 주었다. 그리스도교회를 인정키로 한 콘스탄티누스는 유대인에게서 몇 가지 권리는 박탈했지만 공민권은 탈취하지 않았다. 역사의 변덕이 그리스도교도가 획득한 모든 것을 상실시키고 유대인을 예루살렘이나 '성전'이나 산헤드린의 시대로 되돌아가게 해주는 것처럼 보인 시기도 있었다.

그리스도교도들이 '배교자(背教者)'라 일컫는 율리아누스 황제가 361년에 즉위하자 그는 그리스도교를 방기(放棄)하고, 예배를 금지했으며, 제국을 이교(異教)의 시대로 돌리려고 했다. 유대인의 특권도 온전히 회복되고, 그는 예루살렘과 '성전'을 재건시키는데 그 힘을 빌리려고까지 했다. 율리아누스는 유대교에 개종하려고 했다. 그러나 2년 뒤에 그는 죽고 말았다. 이와

2) 교황제도가 이미 확고부동하게 확립된 뒤, 7세기에는 교황들은 강제적인 개종을 금지시켰다. 뒤에 언급하겠거니와 중세에 유대인을 보호하게 한 것은 교황들이었다.

함께 그리스도교도의 불안도 유대인의 희망도 모두 사라졌다.

'성전'이 파괴된 다음 세대에 유대인과 그리스도교도의 단절은 결정적인 것이 되었다. 바울은 확실히 유대교의 그리스도파 사상을 이교도들의 가슴에 심어주었지만, 그리스도교도들은 '이산(離散·디아스포라)'의 유대인의 시나고그(회당)에 모여 로마의 학대에서 몸을 지켰던 것이다. 그들은 그 시나고그 안에서 유대인을 그리스도교로 개종시키는 일에 힘을 기울였다. 유대인들은 자신들의 친절이 짓밟힌다고 느끼고 예배 속에 사교(邪敎)에 반대하는 기도를 첨가시켰다. 그리스도교도는 이 기도를 드릴 수는 없었으므로 시나고그를 면죄구역으로서 이용하는 것도 끝났다. 유대인이 세 번째로 로마에 반대했을 때 그리스도교도는 바르코흐바를 구세주로 인정할 수는 없었으므로 그들의 왕국은 내세(來世)에 있다는 것을 선언하고 유대주의나 유대인에 관계된 모든 것에서 완전히 몸을 빼고 말았다. 소외 과정은 이처럼 최종적인 지점에 이르게 되어 유대교와 그리스도교는 완전히 분리되었던 것이다.

유대인에게서 분리된 그리스도교도는 딜레마에 빠졌다. 그들은 그리스인이나 로마인이 여전히 존중하고 있는 구약성서를 중상하지 않을 수 없는 입장에 놓였지만 신약성서를 정당화시키기 위해서는 구약성서가 필요했던 것이다. 왜냐하면, 이교도의 부활절 의식의 중심적인 존재가 되어 있던 아티스, 오시리스, 아도니스 같은 신과 같은 예수를 동일 신(神)으로 여기는 자들이 많았기 때문에 그리스도교도는 이런 이교도들과 싸우지 않을 수 없었다. 그리스도교회는 구약성서 속에 그리스도교의 도래를 예언하고 있는 부분이 있다고 주장함으로써 이 딜레마를 교묘하게 해결해 버렸다. 한 유대인 학자는 이 일을 다음과 같이 요약했다.

여기서 그들(그리스도교도-저자)은 진정한 '약속의 계승자'는 그들 자신과 그들 교회의 신도들이라고 공언하고 모든 호의적인 언급과 축복은 자신들에게 향해진 것이요, 모든 비난과 저주는 유대인에게 향해진 것이라고 주장했다.

이 당치도 않은 억지 이론에 이어 공식견해(公式見解)로서의 유대인의 역사가 묘사되었다. 거기서 유대인은 모세나, 아론이나, 다윗이나, 사무엘이나, 예레미야나, 이사야의 말씀을 따른 자들이 아니요, 다단이나, 아비람, 아합, 마나쎄의 말에 따른 자로 되어 버렸다. …소중히 받아들여 온 예언자의 말씀은 그리스도교의 광신자의 손에 걸려 유대인을 비난하고 저주하는 말로 둔갑되었다.

두 신앙의 편협한 광신적인 태도가 오해와 증오의 벽을 가로막아 놓았다. 그리고 격렬한 감정에 휘말려 지내는 동안 어릴 때부터 타자(他者)의 신앙의 광명을 바라보는 일에 익숙해져 있던 이들 사람들의 눈에까지 상호의 신앙이 지니는 빛은 비치지 않게 되고 말았다. 중세의 암흑에 철학자들만이 신조와 참배의 다양성을 토대로 한 유대=그리스도교의 전통 있는 일관성을 인식하고 있었을 따름이다.[3)]

그리스도교도의 학자인 제임스 파크스도 언급하였다. '자신들의 종교지도자가 위대한 나머지 그처럼 많은 희생을 치르지 않으면 안 되었던 사람들도 드물 것이다.'

총괄적으로 보면 300년에서 600년에 이르는 사이에 로마에서 유대인 차별에 대한 법률이 네 번 발포되었다. 앞서 계시한 바 있는 콘스탄티누스 대제의 법령(315년), 유대인의 남성과 그리스도교도 여성의 결혼을 금지한 콘스탄티누스의 법령(399년), 유대인이 정부의 고관이 되는 것을 금지한 데오도시우스의 법령(439년), 그리고 유대인이 그리스도교도의 증인이 되어 주는 일을 금지한 유스티니아누스의 법령(531년)이 그것이다.

외견상으로는 확실히 이들 법령은 차별적이고 경멸적인 면을 보여 준다. 하지만 그 뒤의 중세 유대인들의 생활상을 알자면 이들 법령의 진정한 성격과 그 의도한 바를 먼저 터득해 두지 않으면 안 된다. 그렇지 않고서는 이

---

3) 제이콥 버나드 이에거스 ≪유대주의 사상의 발전≫ Jacob Bernard Agus, The Evolution of Jewish Thought, P. 144

시대와 그리고 2,3세기의 시대와의 차이를 정확히 알아 볼 수 없는 것이다. 이들 법령을 20세기의 시점에서 생각하면 안 된다. 6세기라는 시대의 사상에서 포착해야 하는 것이다. 이들 법령이 유대인에게만 적용되었던 것이 아니다. 이른 유대인, 사마리아인, 마니교도4) 이단자, 이교도들을 대상으로 한결같이 적용되고 있었다.

법령은 두 가지 목적을 지니고 있었다. 하나는 새로 탄생된 신흥종교를 다른 종교와의 경쟁으로부터 보호하는 일, 다른 하나는 요직(要職)을 같은 종교의 신도에게 줌으로써 보호하는 일이다.

역사가가 유대인만이 이들 법령의 희생자였다고 주장하는 것은 우리로 하여금 법령의 의도를 이해하지 못하게 방해하는 것이다.

이들 법령은 오늘날의 미국의 법률과 본질적으로는 다를 바 없지만, 오늘의 법은 종교적인 치장대신 내셔널리즘의 치장을 하고 있기 때문에 아무도 트집을 잡지 못하고 있다. 오늘날 미합중국에서 공직(公職)에 오르자면 시민권이 그 전제조건이 되듯이 중세의 그리스도교국가는 개인의 종지(宗旨)를 공직이라는 지위를 얻기 위한 자격으로 삼았던 것이다. 초기의 미국이 그 신흥산업을 유럽과의 경쟁에서 보호하기 위해 보호관세제도(保護關稅制度)를 만들었듯이 초기 그리스도교회도 보호적인 법령을 제정함으로써 동방 종교와의 경쟁에서 스스로를 지켰던 것이다. 오늘날도 가톨릭 국가인 스페인에서는 프로테스탄트가 공직에 오르는 것이 금지되고 있다. 루터파인 핀란드에서는 가톨릭교도는 대통령이 될 수 없다.

유대인은 2세기에 스스로 선교활동을 폐지하고 말았지만 유대교는 여전히 많은 이교도와 그리스도교도들의 관심을 끌었다. 그리스도교회는 이러한 경향에 종지부를 찍기 위해서 배교(背教)하는 신도들은 사형에 처한다는 포

---

4) 소아시아에서 유럽으로 로마 군사에 의해 들어온 신비주의적인 동양의 종교, 많은 민중이 이 종교를 따르게 되어 한 때 그리스도교회는 이 때문에 큰 위협을 당했다.

고령을 내렸다.

숱한 노예들이 유대교로 개종했다. 유대인들은 모세의 가르침을 따라 7년의 종살이를 마치면 노예들을 자유의 몸으로 풀어주었기 때문이다. 그러자 교회는 유대인은 노예를 부려서는 안 된다고 명했다. 유대인 남성은 그리스도교도의 여성들에게 있어서 특히 매력적인 존재였다. 유대인 남성은 가정을 잘 보살핀 뿐만 아니라, 자녀들의 교육에도 상당한 열의를 쏟는다는 평판이 높았기 때문이다. 때문에 콘스탄티누스 법령은 이와 같은 결혼을 금지했던 것이다. 그러나 그리스도교도의 남성과 유대인 여성의 결혼은 묵과되었다. 왜냐하면 이런 경우의 결혼은 그리스도교회 측에서는 새로운 개종자를 얻는 것이 되었기 때문이다. 유대인은 이와 같은 차별적인 잡혼금지법(雜婚禁止法)을 별로 언짢아하지 않았고 오히려 환영했다. 왜냐하면, 유대인 자신이 잡혼의 금지를 자신들에게 부과할 필요는 없세 되기 때문이다.

지난날의 유목민, 새 개종자가 된 문맹(文盲), 반달조그 서고오트족, 골인, 동고오트족, 훈족과 같은 인종은 그리스의 과학, 문학, 철학 등의 엄연한 교육과정을 거친 유대인들과 도저히 겨루지 못했다. 따라서 자연히 교육받은 유대인들이 여러 나라에서 요직(要職)에 올랐기 때문에 만족(蠻族) 출신의 황제들은 이 자연적인 경과를 저지하기 위해 법률을 만들지 않으면 안 되었다. 그러나 이따위 법률은 준수되기는커녕 곧 파기되어 버리는 수가 많았다. 마치, 법률이 유대인이 하원위원이 되는 것을 금지하고 있던 영국에서 유대인인 벤자민 디즈렐리가 수상(首相)직을 맡아보았던 것처럼 유대인은 이 그리스도교의 세계에서 재판관이며 행정장관 자리를 맡아보거나 학자나 상인, 노동자, 농민이 되어 살았던 것이다.

확실히 이 3세기 동안에도 때때로 박해는 있었다. 법령에 의해서 유대인이 자유를 박탈당하는 경우도 있었다. 부당한 과세를 하는 일도 있었다. 하지만 이런 것도 어쩌다 취해지는 조치이고 대개의 경우는 무시되었다. 이 3

세기는 그리스도교도와 이교도가 서로 주도권을 쟁취하기 위해서 생사를 걸고 싸운 피비린내 나는 시대였다는 것을 잊어서는 안 된다. 서고오트족과 반달족, 훈족과 골인, 그리스도교도와 이교도가 몸차림에 개의치 않고 서로 잡아죽이던 시대에 유대인이 살아 남았다는 것이 오히려 이상할 정도이다. 방금 개종한 반달족이 개종하지 않은 유대인과 개종하지 않은 골인 사이에 미묘한 구별을 두는 등, 도저히 바람직하지 못한 일들이다.

어쨌든 유대인은 이 동란기(動亂期)를 살아 넘겼다. 6세기를 맞았을 때, 그들은 새롭게 대두되어 오는 새 문명의 문턱에 서 있었다. 비잔틴 문명, 이슬람문명, 그리고 봉건제도의 문명이다. 비잔틴제국에서 그들을 기다리고 있는 것은 문화의 죽음과 추방이었다. 이슬람세계에서는 찬란하고 지적(知的)인 사업이 그들을 기다리고 있었다. 그리고 봉건시대에는 슬픔과 위대함이 그들을 영분(領分)이 되었다. 그러나 여기서 먼저 물어야 할 것은 그들이 어떻게 해서 살아왔는가 하는 점이다.

Ⅳ. 보이지 않는 탈무드 세계

—한 줌의 유대인이 흩어져서 이국(異國)의 문화 속에 묻혀 살았던 3세기 동안 그들은 탈무드의 보이지 않는 교훈의 힘에 의해 중요한 의미와 영향력을 가지게 된 지적(知的) 세계에의 성장을 이룩했다. 그리고 그 교의는 중세기 유럽의 게토(getto)에서 스스로 소멸되었다.

탈무드 시대

500 B. C~1700A. D.

세계사	연대	탈무드사
페르시아, 바빌로니아를 멸망시킴. 유대인의 자유 회복, 페르시아제국 그리스에 의해 멸망함. 유대인은 그리스의 통칭을 받음.	B. C. 500 ~200	토라(Torah (율법))의 주석(註釋)으로서의 미드라쉬(Midrash) 방법이 창안되어 탈무드 탄생의 최초의 계기가 됨.
유대인, 그리스의 통치에서 벗어나 하스몬 왕조를 수립. 로마제국, 유대를 속령(屬領)으로 함. 그리스도교 창시. 로마제국에 대한 유대인의 반란이 일어남. 예루살렘 파괴됨.	B. C. 200 ~ A. D. 200	토라를 최초로 추가 보완하여 미쉬나(Mishna)로 제정. 구승(口承) 율법이 시작 됨.
그리스도교, 로마제국의 국교가 됨. 구(舊) 바빌로니아와 파르티아에 사산 왕조 수립됨. 로마 제국 쇠퇴. 반달족, 최초로 로마 제국을 침공. 미국을 침공	A. D. 200 ~400	미쉬나를 정전(正典)으로 함. 미쉬나의 추가 보충이 금지됨. 게마라(Gemara)로 불리는 해석의 시작. 바빌로니아에 유대 학문소가 창설됨.
만족(滿足)의 왕들이 유럽에서 권력을 장악함. 구 동로마제국 영토에 비잔틴제국이 수립됨. 이슬람교 창시. 사산왕국 붕괴	400~700	팔레스타인 게마라 완성. 바빌로니아 게마라 더욱 발전하여 지적 향상에 기여함.
이슬람교도, 근동·팔레스타인·이집트·북아프리카·스페인 등을 정복. 그리스도교의 암흑시대, 유대인의 황금시대 도래함. 샤를르마뉴의 지배.	700~1000	게마라의 추가 금지. 탈무드로서 알려지게 된 미쉬나와 게마라를 종합 정리하는 임무가 사보라임에게 부여됨
이슬람제국, 살르탄 영토로 분할됨. 새로운 침공과 제 1회 십자군 원정에 의해 더욱 쇠퇴.	1000 ~1200	사보라임, 정지작업 완성, 마이모니데스 시대가 도래함. 탈무드 이산(離散)의 유대인의 법이 됨.
십자군의 충격과 몽고의 침공으로 이슬람제국 붕괴. 터키, 이집트를 점령. 그리스도교도, 스페인을 다시 점령. 유대인의 생활 무대가 동에서 서로 옮겨짐.	1200~ 1500	라쉬에 의해 프랑스에 예쉬바(학문소가 창설됨. 알파시, 탈무드를 법전화함. 유럽 전역에 예쉬바가 설립됨.
이슬람제국 멸망. 터키에 의해 비잔틴 제국 붕괴함. 르네상스가 끝나고 종교개혁이 시작됨. 종교전쟁이 자주 일어남. 서유럽의 봉건시대 종식.	1500~ 1700	'쉴르한 아루흐' 세 번째로 탈무드를 법전화. 성장을 계속하는 유기체로서의 탈무드 및 자유주의적 영향력을 가진 것으로서의 탈무드가 종식됨.

탈무드의 발전

토라—모세 5경

창세기, 출애굽기, 레위기, 신명기,

연 대	항 목	발전내용
B. C.455	토라	히브리어로 기록. 에즈라와 느헤미아에 의해 예루살렘에서 정전(正典)이 됨
400~200	미드라쉬	히브리어로 기록. 모세 율법에 대한 비공식 해석과 성서의 평석(評釋)으로 탈무드적 학문의 시초가 됨
B. C. 200~ A. D. 200	미쉬나	히브리어로 기록. 하라하(율법), 하가다(설화) 등 두 가지 교훈으로 이루어짐

미쉬나 완결. 게마라 작성 착수.

연 대	항 목	발전내용
200~400	팔레스타인 게마라	아람어로 기록. 일부는 히브리어 하라하, 하가다 및 미드라쉬(주석) 등 세 가지 주요 부분으로 이루어짐
200~500	바빌로니아 게마라	아람어로 기록. 일부는 히브리어. 형식은 팔레스타인 게마라와 같으나 내용은 지적 면에서 우수함

게마라 완결. 탈무드 시대로 접어듦

연 대	항 목	발전내용
500~700	사보라임	미쉬나와 게마라를 종합 정리해서 편찬하는 업무가 맡겨진 학자들에게 이 명칭이 부여되었음 사보라임이 완성한 것을 탈무드라 함
700~1100	가오님	탈무드에 기초를 두는 학문을 넓히는 바빌로니아의 대학장 명칭
1100	라쉬의 주해와 토사포트	프랑스에서 출생한 라쉬가 탈무드를 시대에 적응하도록 다시 해결한 것을 토사포트라 함

법전화(法典化)의 시작

연 대	항 목	발전내용
1100	알파시	북아프리카의 페즈에서 출생한 알파시가 탈무드를 히브리어로 법전화함
1700	미쉬나 토라	스페인의 코르도바 태생이니 마이모니데스가 두 번째로 탈무드를 법전화한 것. 히브리어로 기록.
1600	쉴르한 아루흘	스페인의 톨레도 태생인 요셉 카를로가 팔레스타인에서 세 번째로 탈무드를 법전화한 것 히브리어로 기록

13. 명문의 학소
-예쉬바-

사산왕국 깊숙이 위치한 수라, 품베디타, 네하르디아 등 세 곳에 유대교 신학 학문소(學問所:yeshiva)가 있었다. 4세기에서 12세기까지의 일이다. 이곳은 과거 파르디아 왕국과 셀레우코스 왕국 및 페르시아, 바빌로니아 등이 속령(屬領)으로 한 적이 있었던 지역이다. 이른바 '아이비 리그(Ivy League)'적(미국 동부의 오랜 전통을 가진 대학들의 특징을 가진)인 예쉬바 즉, 학문연구소는 오늘날의 하버드, 옥스퍼드, 소르본느와 같은 것으로 12세기에 유럽에 세워지기 시작했던 최초의 대학의 원형이었다. 여기서 유대주의 사상이 '탈무드(學問이라는 뜻)'로 알려지게 된 지식과 학문의 집대성(集大成)으로서 결실되었다. 탈무드는 유대인의 생존을 돕고 유대사의 1500년의 방향을 설정하는데 결정적인 역할을 했다. 이 1500년은 사산 왕조에서 이슬람 문화를 거쳐 봉건시대에 이르는 시기이다. 이것은 근동에 있어서의 유대사의 과거와 서양에 있어서의 유대사의 미래를 연결하는 다리였다. 이 다리의 한쪽 교각은 성문(成文) 율법 위에 다른 한쪽은 구승(口承) 율법 위에 세워져 있었다. '레스폰사(Ros- ponsa)'의 전달자가 이 다리를 건너 이집트나 그리스, 이태리, 스페인, 프랑스, 독일 등 각지의 유대인에게 '율법'을 전했던 것이다. 그들은 유대인이 있는 곳이라면 어디든지 갔다. 이 시대가 유대주의의 탈무드 시대로 일컬어지는 것이다.

탈무드의 학문 내지 탈무드주의는 세 가지 일을 완수했다. 즉 신의 성격을 바꾸었고, 유대인의 성격을 바꾸었으며, 유대인의 정치사상을 바꾼 것이다. 일찍이 예언자들은 신을 저의와 도덕의 신으로 자비와 공정의 신으로 바꾸었지만 탈무드 학자들은 신을 일상생활의 행위에 도입하여 유대인 자신의 행위는 신의 속성(屬性)의 색조를 띠고 있지 않으면 안 되는 것으로 했다. 토라는 종교적인 유대인을 만들었지만 탈무드는 그 유대인의 관심을 과학적인 사고(思考)와 이론적인 사고로 넓혔다. 성서는 유대인을 민족주의자로 만들었지만 탈무드는 인간을 다스리는 규범의 틀을 형성함으로써 어디에 가도 살아 나갈 수 있는 유대인을 낳았던 것이다.

탈무드는 언제나 탈무드라는 이름으로 알려졌던 것은 아니다. 그 씨가 뿌려진 것은 기원전 5세기였으나 성장 발전이 계속된 이 지식과 학문의 집대성에 '탈무드'라는 명칭이 붙은 것은 6세기에 이르러서였다. 역사적 의미에서 고찰하면 바빌로니아의 예쉬바가 수행한 과제는 과거로부터의 전통을 미래의 유대인 문화 속에 융합시키는 것과 그 뒤의 급속히 변전(變轉)하는 유대인의 운명을 수호하는데 필요한 유연성을 율법에 부여하는 것이었다. 그럼 여기서 팔레스타인과 바빌로니아에서 발단한 탈무드의 발자취를 따라 그로부터 18세기의 유럽의 게토(유대인 거주지역)에서 마침내 붕괴할 때까지의 경로를 고찰해 보기로 한다.

탈무드에의 씨는 우연한 기회에 뿌려졌다. 기원전 5세기에 에즈라와 느헤미야라는 페르시아의 유대인 두 사람이 모세 오경을 정전화(正典化)하고 신과 모세는 해야 할 이야기를 다했으니 새로 '신성'한 율법을 추가하면 안 된다는 태도를 표명했을 때 탈무드라는 발상(發想)의 계기가 마련된 것이다. 그러나 당시의 현실은 이러한 움직임에는 구애됨이 없이 여전히 계속되었다. 여호수아가 태양의 움직임을 멈추었듯이 에즈라와 느헤미야는 사람들의 생활을 정지시킬 수 없었다. 생활의 양상은 자꾸 변화를 거듭하면서 아브라함의 멍청한 자손들에게 차례로 새로운 문제를 던지고 있었다. 모세의 율법이 시대의 흐름과 함께 대두한 새로운 요청에 부응하지 못하는 것처럼 보였을 때 유대인들은 생각했다. '시대에 뒤떨어진 토라를 버려야 할 것인가, 아

니면 토라의 테두리 속에 생활을 밀어 넣어야 할 것인가?'

예수의 사후 그리스도 교도들도 이와 같은 문제에 부딪쳤다. 장차 다시 나타날지도 모를 '공정(公正)한 스승'이 나는 예언자가 말한 바 있는 메시야다라고 주장하는 것을 막기 위해 그리스도교도들도 유대인의 방법을 사용했다. 즉 그들은 신약성서를 정전화하고 거기에 더 이상 추가하는 것을 금지했는데 이것이 그리스도교를 일정한 틀에 박아 넣는 결과를 가져오고 말았다. 어떠한 수정도 허용되지 않았고 새로운 삶의 방식도 용납되지 않았다. 서양의 문화는 대략 천 년에 걸쳐 폐쇄된 사회로서 존재했다. 이것이 깨진 것은 내부에서 일어난 이단설의 압력과 혁명이 봉건사회를 무너뜨렸을 때였다.

유대인은 그와 같은 함정에는 빠지지 않았다. 그들은 생활을 폐쇄하지도 않았고 토라를 버리지도 않았다. 그들은 새로운 문제에 대처하기 위해서 모세의 율법에 보칙(補則)을 가하기도 했고 그것을 다시 해석하기도 했다. 과거의 낡은 규범에 새로운 문제를 밀어 넣고 두드려 맞추는 것이 아니라 새로운 정황에 알맞은 새로운 규범을 만들었던 것이다.

토라에 보칙을 덧붙인다는 것은 우연한 기회에 의식되지 않고 시작되었다. 에즈라와 느헤미야는 토라가 낭독될 때 이해하기 어려운 대목은 통역자가 설명하지 않으면 안 된다고 결정했다. 그러나 제기된 질문은 이들 페르시아의 유대인 개혁자가 기대하고 있던 것과는 다른 것이었다. 청중은 난해한 히브리어의 단어나 어구의 의미보다 모세 오경이라는 시대에 뒤떨어진 율법과 시대사조를 어떻게 부합시키는가를 알고 싶었던 것이다.

현자처럼 행세하는 그 유혹에 말려들지 않을 사람이 어디 있겠는가. 지혜 있는 자로서의 대우를 받아 우쭐해진 토라의 통역들은 그러한 질문에도 답변할 수 있게 되었다. 그리하여 큰 인기를 모았다. 토라의 통역자들은 마치 기원전 5,4세기의 그리스 철학자들이 그랬던 것처럼 사상의 시장에서 고객을 응대한 셈이었다. 그들은 모세 오경이 일상생활의 현실에 부합될 수 없다고 주장하지는 않았다. 토라에는 모든 질문에 대한 해답이 마련되어 있을 뿐만 아니라 시대의 변천에 수반해서 제기되어진 문제나 의문도 예측되어 있다고 그들은 말했다. 그리고 성서를 배우는 자가 성서 속에서 해답을 찾아내는 지성을 가지고 있는지 없는지가 문제가 되는 것이라고 그들은 주장했다.

모세 율법의 최초의 재해석은 단순한 기지 이상의 것이었는지도 모른다. 그런데 얼마 안 가서 해석자들은 자신들의 창의(創意)에 열중하여, 서로 경쟁을 벌이면서 단순한 기교에 그치지 않는 사색의 깊이를 추구하게 되었다. 그리하여 새로운 성서학 즉 미드라쉬(Mi- drash:주해)라는 학문이 탄생했다. 이것을 감지한 사람은 없었으나 이때 미래의 탈무드의 싹이 트기 시작했던 것이다.

페르시아의 지배 아래서 보내던 평온한 생활은 기원전 4세기 말엽의 그리스 제패와 함께 종말을 고했다. 헬레니즘으로부터 문화적 충격을 받아 유대인의 생활방식에 동요가 일어났다는 것은 이미 기술한 바와 같다. 그리스적인 회의론(懷疑論)의 영향을 받은 유대의 젊은이들은 초기의 미드라쉬의 성서해석이 너무나 소박하다고 해서 인정하지 않았다. 그들의 의문은 상당히 솔직한 것이었다. 도대체 토라는 그들의 문제를 해결할 수 있는가 없는가?

유대인은 과감하고도 통렬하게 그리스인을 비난했으나 한편으로는 은밀히 그리스 철학이나 과학을 배우고 있었다. 플라톤의 사상, 아리스토텔레스의 논리, 유클릿의 과학 등에 의해 지적으로 풍요해진 유대인은 새로운 도구를 가지고 토라를 관망했다. 그들은 유대적 계시에 그리스적 이지(理知)를 가미했던 것이다. 이와 같이 세련된 방법으로 이룩한 것을 미쉬나(Mishna)라고 한다. 이것은 히브리어로 '되풀이한다'는 뜻이다.

미쉬나는 바빌로니아와 팔레스타인에서 각기 별도로 발생했지만 기원전 200년경에는 이미 유대인의 생활에 침투하기 시작했다. 그러나 모든 유대인이 묵묵히 이것을 받아들인 것은 아니다. 사두개파는 이에 대해 맹렬히 반발했고 바리새파는 이것을 적극적으로 옹호했다. 미쉬나에 반대한 사두개파의 주장은 초기의 그리스도 교회가 이단설을 제창하는 자들에게 사용한 이론과 비슷했다. '신의 말씀은 성서에 명백히 제시되어 있다. 이것을 그릇된 해석으로 흐리게 하면 안 된다. 그렇게 할 권리는 아무에게도 없다.'고 그들은 주장했다.

바리새파의 의견은 이와 반대였다. '토라는 사제들에게만 주어진 것이 아니라 모든 인간에게 부여된 것이다. 사제는 "성전"에서의 예배를 관장하기 위해 선출된 것뿐이지 신의 말씀을 독점적으로 전하기 위해서 존재하는 것은 아니다. 신이 인간에게 토라를 내려 준 것이라면 당연히 신은 모든 해답이 그 속에 포함되도록 배려했을 터이므로 인간이 곧 그 진리를 전면적으로 파악할 수가 없다고 해도 그것은 토라의 심층(深層)에 결함이 있기 때문이 아니다. 인간의 통찰력이 결여되어 있기 때문이다. 미쉬나는 인간이 신의 의도를 살피는 방법이다'라고 바리새파는 말했다.

바리새파가 사두개파를 누르고 우위한 입장을 확보했다. 유대주의는 모든 평신도의 것이 되어 토라를 배운 자라면 누구든지 의견을 개진할 수 있게 되었다. 토라를 배우고 그것을 이야기하는 새로운 현자들이 생겼는데 그들 가운데는 부유한 자도 있었고 가난한 자도 있었으며 신분이 높은 자도 있었고 농부도 있었다. 문제가 되는 것은 학문뿐이었다. 유대인들은 이 지성의 기교에 경탄하면서 미쉬나는 역시 신의 전능을 현시(顯示)하는 것이라고 생각했다. '신은 아브라함과 모세의 시대에 이미 필연적으로 도래할 오늘날의 문제를 알고 있었다'고.

미쉬나에 관심이 집중되자 랍비들은 불안을 느꼈다. 머지않아 미쉬나와 토라가 권위다툼을 하게 되지나 않을까, 사람들은 원전(原典)을 잊어버리고 파생적인 추론(推論)에만 환심을 기울이게 되지나 않을까 하는 불안이 생겼다. 이러한 결과가 초래되는 것을 방지하기 위해 미쉬나의 기록이 금지되고 기억에 의해서 전승(傳承)되도록 했다. 그리하여 미쉬나를 '구승율법'이라고 부르게 된 것이다.

기원전 35년경 미쉬나에는 두 학파가 있었다. 하나는 힐렐학파이고 또 하나는 샤마이학파였다. 이 두 학파는 각기 큰 영향력을 가지고 있었지만 그 성격상의 차이가 현저했다. 샤마이학파는 특히 재산의 소유권에 대해서 편협적인 법해석에 치우쳐 있었고 힐렐학파는 인권에 중점적인 주의를 기울여 폭넓고 유연한 원리를 지키려고 했다. 샤마이의 해석은 보수적이고 당파적인 느낌을 주었으며 힐렐학파는 자유주의적이고 보편적인 경향을 가지고 있었다.

벤 자카이가 지키려고 한 것은 구승율법의 자유주의적인 전통이었다. 그러기 때문에 기원 10년의 예루살렘 붕괴 후의 야브네 학문 연구소가 그에게 있어서는 극비 중요한 의미를 갖는 것이 되었다. 이 야부네에서 그리고 그 후에는 바빌로니아에서 벤 자카이를 비롯한 여러 랍비와 장로 현자들이 이역(異域)에서 살아가는 유대인들의 생존을 위해 율법을 체계적으로 명확하게 설명하는 일을 했다. 이 문제에 대해서는 제 10장 '이산(離散)을 위한 유대주의'에서 기술했다.

135년의 세 번째 반란이 일어난 뒤 하드리아누스 황제의 보복적 수탈의 소용돌이 속에서도 유대인은 재빨리 일어섰으나 팔레스타인의 지식생활은 몹시 타격을 받았다. 노벨상 수상자들이 히틀러가 판을 치는 유럽에서 미국 대륙으로 도피했던 것처럼 유대인 지식층은 하드리아누스의 학정에서 벗어나 펠레스틴을 버리고 바빌로니아로 갔다. 그리고 그 지방의 학문을 풍요하게 하는데 공헌했다.

팔레스타인은 곧 정치적 수면기에 들어가 19세기에 시오니즘이라는 구혼자(求婚者)가 나타날 때까지의 2천 년동안 계속해서 잠을 잤는데 그 잠이 들기 전에 한 위인이 나타났다. 유다 하나시였다. 그는 로마제국의 마르쿠스 아우렐리우스 안토니우스 황제의 학우(學友)였던 것으로 알려져 있다. 유다 하나시는 미쉬나에 대한 대중의 환심이 점점 높아지는 것을 보고 위구(危懼)를 느꼈다. 그는 당대의 카엘케골과도 같은 존재로 과학이 압도적으로 우위를 점하는 20세기의 인간의 마음을 괴롭히는 딜레마를 이미 그때 직관적으로 알고 있었던 것이다. 하나시는 미쉬나의 해석자들이 토라가 아니라 이성에 근거를 둔 윤리철학을 개발하여 하나님의 명령에 입각한 도덕이 아니라 과학에 기초를 둔 도덕을 생각해 낼지도 모른다는 위구심을 가졌다. 그렇게 되면 어차피 인간은 윤리와 도덕을 거절하게 되겠지, 왜냐하면 윤리와 도덕도 신으로부터 받은 계시가 아니라 인간이 만들어낸 것으로 간주될 터이리라고 그는 생각했다. 과학에 대해서는 가치판단을 할 수 없다. 그래서 그는 더 이상 미쉬나를 증보(增補)하지 않기로 마음먹었다. 말하자면 미쉬나를 정전화하는 것과 같은 일인데 이것으로 구승율법이 더 이상 발전하는 것을 중지시키려고 했던 것이다. 그는 이 과제를 완수한 것으로 알고 죽어갔다. 현관문은 닫아걸었지만 뒷문을 닫는 것은 잊고 있었다.

바빌로니아에 학문 연구소가 창설된 것은 마침 그 무렵이었다. 3세기에 로마의 수탈에서 벗어나기 위해 팔레스타인에서 바빌로니아로 탈출한 사람들 가운데 랍비 유다의 천재적 신봉자 두 사람과 제자 한 사람이 있었다. 그들은 각기 학문 연구소를 창설하여 후세에 가서 명성을 떨치게 했다. 이 세 곳의 학문 연구소에서 학위를 받으면 부유한 가문의 딸과의 결혼이 가능할 정도였다. 7세기 동안 유대인의 '저명인사록'은 이 연구소 졸업생들 이름으로 메워져 있었다.

미쉬나를 폐쇄하여 고정시킨다는 결정과 '리스폰사(Responsa)'가 필요하다는 수백 만 디아스포라 유대인의 요구 사이에 끼어 난처해진 랍비 아리카와 사무엘, 에제킬의 세 사람은 문단속을 하지 않은 뒷문으로 '미쉬나의 집'에 침입하기로 마음먹었다. 랍비 아키라와 사무엘은 유다의 제자였고 랍비 에제킬은 문하생 이였다. 그들은 토라를 해석하는데 새로운 부문을 설정하고 그것을 '게마라(Gemar-a・보유(補遺)라는 뜻)'라고 했다. 실제에 있어서 게마라는 히브리어 대신 아람어로 씌어진 것으로 말하자면 미쉬나를 재탕한 것과 같은 것이었다. 그러나 두뇌가 극히 우수한 평석자(評釋者) 몇 사람이 나타나 게마라를 토라와 동등한 정도까지 높였다.

기원전 2세기에는 보수적인 유대인이 미쉬나가 토라의 신성함을 모독했다고 항의했지만 미쉬나를 옹호한 자유주의자가 이번에는 게마라가 미쉬나의 존엄성을 모독했다고 항의했다. 그러나 효과는 없었다. 리스폰사를 전달하는 사람들은 유대인 세계의 구석구석까지 그것을 가지고 갔다. 그때도 게마라는 일체 기록되지 않았다. 게마라는 점점 불어나 미드라쉬와 미쉬나와 함께 기억되었으며 그 기억으로 전승되었다.

유대인 가운데서는 학문의 길을 닦은 사람이 큰 명성과 신망을 얻게 되었다. 학자는 크게 존경받았다. 유대인의 전설의 영웅은 검으로 괴수(怪獸)를 죽이는 기사가 아니라 지혜로 무지몽매라는 용을 죽이는 현자였다. 문맹은 수치로 여겨졌으며 무지한 자는 돈 많은 사람이건 가난한 사람이건 멸시를 받았다. 유대인 랍비들은 학식 있는 사생아가 무식한, 귀족의 자녀보다 훌륭하다고 말했다. 잉태한 여자들은 예쉬바 주위에 몰려 와서 아직 태어나지도 않은 아이가 학문에 뜻을 두도록 기원했다.

마술과도 같은 힘을 가졌다는 약이 있었는데 이것은 그럴 마음이 내키지 않는 처녀를 유혹하는 미약(媚藥)이 아니라 토라를 배울 생각이 없는 젊은이로 하여금 그런 생각을 가지게 하는 약이라고 했다. 이와 같이 교육을 위해 미신까지 동원되었던 것이다.

기원 300년에서 600년까지의 300년 동안 바빌로니아의 유대교 학문소는 어느 누구에게서도 방해를 받지 않고 있었다. 그런데 그 후 유대인의 정치적 운명이 급변하자 구승율법을 성문화하여 기록하면 안 된다는 원칙을 포기하지 않을 수 없게 되었다. 종교의 자유를 짓밟는 불관용(不寬容)이 새로이 대두했기 때문이다.

조로아스터(Zoroaster: 불의 호지자(護護持)라는 뜻)교는 기원전 8시에 창시된 페르시아인과 사신인의 종교였다. 이 종교는 예언자가 밝힌 유대교의 강력한 영향을 받고 있었으며, 그 후에는 그리스도교도의 영향도 받았다. 기원 6세기 메이야이라고 불리는 격렬한 종파가 정치 권력을 장악하게 되자 그들은 그리스도교도와 유대인을 상대로 종교전쟁을 일으켰다. 그리하여 관용의 시대가 끝나고 자유도 사라져 버렸다.

사산왕국 뿐만 아니라 로마에도 불안한 공기가 가득차 있었다. 이 세기는 만족(蠻族)이 대 이동하는 시대였다. 많은 사람들이 이동하고 있었다. 과거의 규범은 무용지물이 되고 신흥세력이 권력을 장악했다. 여러 국가가 멸망하고 폭력이 사회의 예의인 것 같은 양상마저 띠게 되었다.

랍비들은 격동하는 이 시기에 유대인의 학문이 완전히 상실되어 버리지나 않을까 하고 두려워했다. 왜냐하면 사라센인과 반달족이 칼을 휘둘러 학자의 독을 자를 때마다 미쉬나와 게마다의 2백 50만 단어가 죽어버렸기 때문이다. 그리하여 랍비들은 그 신조(信條)를 굽히고 미쉬나와 게마라의 기록을 허용하지 않으면 안 된다고 생각하게 되었다. 그 일은 히브리어와 아랍어에 능통한 '사보라임'이라고 불리는 학자들에게 맡겨졌다. 그들이 마쉬나와 게마라를 합쳐서 편찬한 것이 탈무드이다.

이 과업이 완성되는 데는 200년이 걸렸다. 만일 구승율법을 배우는 자들이 그 이전에 율법을 비밀리에 기록해 두지 않았더라면 더 긴 세월이 소요되었을 것이다. 기억을 돕기 위해 많은 학자들이 각양각색의 비망록을 비치하고 있었다. 그러나 신의 길은 신기한 것이어서 그와 같은 위배(違背)도 언젠가는 유용하게 되는 것이다. 사보라임들도 그들의 전임자와 마찬가지로 입법자가 되고 싶다는 유혹을 이기지 못했다. 따라서 그들은 해결되지 않은 논제에 부딪칠 때마다 자기들의 해석을 덧붙여서 문제를 해결하려고 했다. 말하자면 공식적인 원전에 비공식적인 게마라를 추가하는 셈이었다. 그런데 이 추가 기록은 아직도 그들의 창의의 기념탑으로서 존재하고 있다.

탈무드에는 유대주의 사상의 세 주류(主流)가 흐르고 있다. 두 주류는 탈무드의 두뇌를 흐르고 한 주류는 마음을 흐르고 있다. 탈무드는 35권 1만 5천 페이지를 통해 세 조류(潮流)가 서로 얽혀서 흐르고 있는 것이다. 하나는 하라하(율법)라고 하는 복잡한 법적 문제이고 또 하나는 하가다(설화)라고 하는 것인데 이것은 윤리, 도덕, 행동, 신앙에 관한 철학적 논고이다. 그리고 나머지 하나는 미드라쉬(주해)라고 하는 범주에 속하는 것으로 성서 이야기에 대한 감동적인 평석(評釋)이나 현인의 말이나 이야기를 담은 것이다.

법과 질서, 윤리와 도덕은 인간의 여러 가지 생활양상에 관련되어 있는 것이므로 탈무드가 의학, 위생, 천문학, 경제학, 정치 분야 등에 언급하는 것은 이상한 일이 아니다. 탈무드의 다양한 내용은 새로운 시야를 틈으로써 유대인의 지식의 범위를 넓히고 낡은 지식을 버리고 새로운 지식을 얻는 것을 가능하게 했다. 탈무드 연구는 유대인을 법률학자로 만들었을 뿐 아니라 의사나 수학자, 천문학자, 문법학자, 철학자, 시인, 실업가를 낳기도 했다. 보통교육을 받고 10년 내지 15년 동안 탈무드를 연구하는 그들의 전통이 유대인을 과학적인 학문과 지적인 일, 이론적인 경향 등을 좋아하는 사람으로 만든 것은 아닐까?

그럼 여기서 모세 율법이 탈무드에 의해 어떤 방법으로 윤리적 체계로까지 높여졌는가를 고찰해 보기로 한다.

유대인의 관습 중에서도 비유대인이 가장 당혹하게 만드는 것은 음식들을 법에 따라서 청정(淸淨: Kosher)한가 어떤가를 결정하는 문제이다.

그리스도교도는 대개 청정한가 그렇지 않은가 하는 복잡한 이 문제를 유대인은 돼지고기를 먹지 않는다는 식으로 간단하게 해석하고 있다. 대략적으로 말하면 '카쉬루트(Kashrutho)'라고 불리는 이 청정 식사법은 모세 오경에 있는 세 가지 율법에 기초를 두고 있는 것이다. 즉 새끼 양을 그 어미양의 젖으로 삶지 말자, 자연사(自然死)했거나 사고사(事故死)한 짐승의 썩은 고기를 먹지 말라. 그리고 ⓐ 반추동물이 아니고 우제(偶蹄)가 아닌 짐승의 고기를 먹으면 안 된다. ⓑ 날지 못하는 새나 깃털이 없는 새를 먹으면 안 된다. ⓒ 지느러미와 비늘이 없는 고기를 먹어서는 안 된다—는 것 등이다. 이상으로 보아도 알 수 있듯이 유대인이 돼지고기에 대해서 트집을 잡은 것이 아니라 돼지가 토라에 복종하지 않았다는 것뿐이다. 돼지는 우제류에 속하는 동물이므로 자격이 절반은 있지만 반추동물이 아니기 때문에 낙제했다. 많은 유대인들이 돼지의 이 결점을 용서하고 그리스도교도와 어깨를 나란히 하고 햄 샌드위치를 먹게 된 것은 벌써 오래 전부터의 일이다.

새끼 양을 그 어미양의 젖으로 삶지 말라는 율법은 유사 이전의 제의(祭儀)에 그 기원을 두고 있다. 오늘날에 있어서도 새끼 양을 그 어미양의 젖으로 삶는 것을 원시부족(原始部族)의 제의 의식에서 흔히 볼 수 있는데 유대인은 이러한 관습을 금지함으로써 동물에 대한 잔혹성 그 자체를 없애게 되었다. 동물의 뱃속에 있는 새끼의 연한 고기를 얻기 위해 아직 분만기가 되지 않았는데도 무리하게 분만시키는 것을 탈무드는 금지하고 있다. 미국에서도 이것이 아직도 금지되어 있지 않다. 탈무드는 이유(離乳)되지 않은 새끼가 있는 어미동물과 그 새끼를 짐을 운반하는 노동에 사용하는 것도 금지하고 있다. 이 원칙을 잊지 않도록 탈무드는 도살된 동물의 고기와 그 동물에서 얻은 산물을 함께 요리하면 안 된다고 규정했다. 이를테면 우유나 버터로 쇠고리를 요리하면 안 되는 것이다. 그런데 오늘날에 와서는 벌써 3천 년이나 지나 그 이유는 충분히 알았으나 쇠고기 샌드위치와 우유를 함께 먹어도 된다고 생각하는 유대인이 많다.

토라는 썩은 고기를 먹는 것을 금하고 있다. 그런데 미쉬나는 썩은 고기란 무엇이냐고 물었고, 게마라도 물었다. 그들이 생각해낸 해답을 추려서 밀고 나간 결과 문제는 적정한 도살법에 있다는 결론에 도달했다. '편리한 방법이라고 해서 또 돈벌이가 되는 방법이라고 해서 도살법을 결정할 수는 없다. 동물에게 고통을 주는 방법은 옳지 않다는 견지에서 도살법을 생각하지 않으면 안 된다'고 하는 것이다. '도살을 했건 어떻게 했건 고통을 주면서 죽인 동물의 고기는 부패육(腐敗肉)이다'라고 탈무드는 정의했다. 고통이 없는 죽음이란 어떤 것을 말하는가 의학을 공부한 랍비들은 날이 무디지 않은 예리한 칼로 다른 상처는 일체 내지 않고 경정맥(頸靜脈)이나 경동맥을 단칼에 끊어서 죽이면 동물은 고통을 느끼지 않는다고 말했다. 이 방법으로 도살하면 피가 흘러나와 버리기 때문에 동물의 피를 마셔서는 안 된다는 성서의 계율을 지킬 수도 있다. 유대인은 오래 전부터 주위의 비유대민족이 가진 도구를 사용하여 동물을 때려죽이거나 쏘아 죽이기도 하고 또 찔러 죽이기도 하는 것을 보아 왔다. 미국에서는 1920년대에 업튼 싱클레어가 ≪정글≫을 써서 사람들의 주의를 환기할 때까지는 갖가지 잔인한 도살법이 허용되어 있었으나 의회는 그때 사회여론이 너무 귀찮아졌기 때문에 고통이 보다 적은 도살법을 정하게 되었다.

그럼 여기서 오늘날의 생활을 예로 들어 '리스폰스'가 어떤 방법으로 기능을 발휘했는가를 설명해 보기로 한다. 바빌로니아의 예쉬바가 아직도 존속하는 것으로 가정하고 센트 루이스 교외에 있는 유대인 공동체가 '자동차와 교외생활과 시나고그'라는 까다로운 문제를 어떻게 해결하면 좋은가 하고 질문했다고 하자. 이 문제는 풀기가 어렵다. 토라는 안식일에 일하는 것을 금지하고 있다. 1900년 어느 예쉬바의 법정은 자동차와 운전을 노동이라고 규정했다. 그런데 그로부터 상당한 시일이 경과한 뒤 도시 주변이 개발되고 발전되었다. 따라서 시나고그는 몇 백 미터 걸어가면 되는 곳이 아니라 멀리 떨어진 곳으로 자리가 옮겨졌기 때문에 도저히 걸어서 갈 수는 없다. 그래서 회중은 시나고그를 텅 비게 하든가 자동차를 운전하는 죄를 범하던가 둘 중의 하나를 선택하지 않을 수 없게 된다. 이 문제를 어떻게 해결할 것인가. 질문은 예쉬바에 송부되어 미결사항란에 기입된다. 그리고 차례가 오면 이 문제가 상정되어 법정은 최고 재판소와 같은 방법으로 그 내용을 청취한다. 그 결과 이러한 말이 나올 것이다. '당연한 일이지만 신은 예배당이 텅 비는 것도 원하지 않고 율법이 깨뜨려지는 것도 원하지 않는다. 그런데 예배당까지 자동차 운전하는 것을 노동으로 간주한다고 말한 사람은 누구인가? 신은 그와 같은 말씀을 하지 않았다. 모세도 하지 않았다. 노인이 뙤약볕 아래 먼 길을 걷거나 겨울의 추위 속을 오래 걸으면 건강에 해롭다. 예배란 기쁨을 자지고 생각해야 할 일이지 두려움을 안고 행하는 것은 아니다.' "특히 요구를 받은 것도 아닌데 일부러 무거운 짐을 지는 자는 어리석다"고 옛 현자는 말하지 않았던가. 더욱이 8세기의 랍비 유다 벤 에제킬도 '편협적으로 성서의 글자를 풀이하는 것만으로 생활을 보내려고 하는 것은 어리석은 일이다" 라고 말하지 않았는가?'

그리고 나서 예쉬바 법정은 전례(前例)의 유무를 조사한다. 그리고 적절한 토의를 거듭한 끝에 '1900년의 결정은 잘못이었다. 시나고그까지 자동차를 운전하는 것은 노동이 아니라 기쁨이다'라는 판결을 내리게 될지도 모른다. 판결이 내리면 그것은 동일한 토론이 제기되고 있는 예쉬바에 전해지고 또 '리스폰사'를 통해 모든 유대인 사회에 전달된다.

그러나 이제는 이와 같은 중앙의 권위라는 것이 없다. 그러므로 랍비나 랍비의 집단이 각기 자기들의 문제를 해결한다. 오늘날 정통파의 유대인은 교외에 나가지 않고 시나고그에 가기 위해 도시에 거주한다. 보수파로 일컬어지는 유대인은 착잡한 심정으로 예배당까지 차를 몰고 간다. 그리고 개혁파로 불리는 유대인은 안식일에 자동차를 운전하는 것은 기쁨일 뿐만 아니라 종교적인 의무이기도 하다고 확신하고 있다.

여기서부터 사보라임의 이야기로 돌아간다. 앞에서는 그들이 미쉬나와 게마를 종합하여 탈무드를 편찬했다는 데까지 설명했다. 유대인에 있어서 6세기가 황량한 시대였다면 7세기는 밝은 희망의 시대였고 8세기는 새로운 힘과 존엄성이 눈부신 곳으로 그들을 인도한 시대였다.

14. 탈무드의 동맥경화

탈무드 주의는 5세기에 페르시아에서 시작되어 그리스 로마, 이슬람 그리고 봉건시대까지 명맥을 유지했다. 즉 1800년까지 계속된 것이다. 탈무드는 유대인을 통일된 하나의 종교집단으로 결합시키고 결합력 있는 공민사회로서 정립하는 기능을 다했다. 변천하는 유대사를 밟는 탈무드에는 변질하는 생활에 적합한 해석이 부여되지 않으면 안 되었다. 탈무드의 사상과 활동은 유대주의 이상(理想)을 살려나가기 위해 적절한 시기에 즉시 올바른 해답을 내릴 수 있는 것으로서 발전하지 않으면 안되었다.

전장에서는 역사적 조건에 변화에 따라 유대인의 일상생활도 변했다는 점을 설명했는데 그와 동시에 유대인의 태도나 종교관도 변했던 것이다. 이 장에서는 국가라는 기구의 개념이 지역적인 것으로부터 보편적인 것으로 어떻게 변화해 갔는가를 탈무드의 또 하나의 면에서 고찰해 보고자 한다. 그러자면 기원전 500년의 페르시아의 유대인으로 거슬러 올라가야 한다. 왜냐하면 탈무드가 정치적 문제에까지 그 고찰 범위를 넓히게 된 원인이 페르시아의 지배하에 있을 당시의 역사적 조건에 있었기 때문이다. 거기서 출발하여 유대인이 거주했던 지역의 그 후의 문명에 있어서도 그 과정이 계속되었던 것이다.

역사적 사건은 진공(眞空)속에서는 일어나지 않는다. 역사를 생각하는 행위는 꿈을 생각하는 것과 유사하다. 꿈을 꾼 당자는 눈을 떴을 때 기억하고 있는 부분의 표면적인 내용밖에는 모른다. 그 내용이란 생생하고도 부조리한 것이다. 그러나 그 이면에는 잠재적인 내용이나 숨은 의미가 있지만 이것은 기억하지 않고 있다. 우리는 역사도 이런 식으로 관망해 버린다. 잠재적인 힘에 의해서 생기는 외면적인 사건의 의미를 파악하는 대신 표면적인 것만을 보고 판단하는 것이다. 탈무드주의를 지탱하고 있던 잠재적인 힘은 유대인의 자치(自治)였다. 유대인은 스스로 다스릴 수 있다. 이것이 보다 좋은 방법이다라는 것을 당시의 지배자에게 제시할 수 있을 경우에는 언제나 자치가 허용되었다.

우리는 이미 유대사 전체에 흐르는 역설적인 경향을 보았다. 유대인은 독립을 상실했지만 자유를 획득했다. 국토는 잃었지만 민족성은 잃지 않았다. 국가는 황폐했지만 그들 자신의 정부는 침해되지 않았다. 어떤 시대에는 싸움터에서 전멸했지만 또 어떤 시대에는 교황이나 황후, 귀족, 설탄(회교국 군주 sultans), 칼리프(모하멧의 후계자 caliphs)와 어깨를 나란히 했다. 압력이 가해지고 있는 코르크에서 압력을 빼면 코르크는 즉시 수면 위로 떠오르는데 이와 마찬가지로 억압이 풀리면 유대인은 언제나 문명의 표면에 나타나곤 했다. 망명한 유대인 정치 지도자들은 모자를 벗고 굽실거리면서 정복자에게 접근한 것은 아니었다. 그들은 대사급 신분을 가진 자로서 대우를 받았고 국가 원수에게 부여되는 명예를 받았다. 그러나 유대인에게는 나라가 없었다.

유대인은 팔레스타인으로부터의 최초의 망명 시대에 바빌로니아 정부의 높은 지위에 올라 있었다. 페르시아의 정복자들은 유대인의 학식과 지성에 감탄했다. 성서에는 팔레스타인의 총독이 되기 전의 느헤미야는 페르샤왕의 '술을 따라 드리는 사람'[1]이라고 기록했다. 그리스인도 프톨레미오 왕조의 사람들도 셀레우코스 왕조의 사람들도 모두 유대인의 자치 능력에 탄복하고 페르시아인과 마찬가지로 관용을 베풀었을 뿐만 아니라. 그보다 더욱 큰 정치적 자유를 주었다. 로마시대에는 행정관 제도가 생기기 전까지 유대인은

1) '…… 그때에 내가 왕의 술을 따르는 사람이 되었었느니라' ≪느헤미야≫ 1장 11절.

자기들의 왕을 옹립하고 있었다.

첫 번째의 유대인 반란이 있은 뒤 기원 70년 로마는 행정관에 의한 통치를 종식시키고 유대인에게 새로운 자치제도를 허용했다. 이것은 파트리아크(Patriarch)에 의한 자치제라고 일컬어졌다. 파트리아크란 힐렐의 자손으로 알려진 랍비들이다. (힐렐 자신은 다윗 왕의 후손이라고 말했는데 그가 제시한 가계도는 예수를 다윗왕의 후예라고 하는 복음서의 계도 못지 않게 복잡한 것이었다.) 나시(Na- si : 왕자)로 불리는 파트리아크들에게는 마치 실존하는 국가를 대표하는거나 다름없는 신분이 로마로부터 부여되어 있었다. 이른바 '다윗의 후손'인 이들에 의한 자치는 가마리엘 2세의 시대인 기원 85년부터 후계자를 두지 못한 채 425년에 죽은 가마리엘 4세의 시대까지 계속되었다.

유대인은 자신들이 세 번이나 로마에 맞서 반란을 일으켰다는 사실을 생각한다면 로마의 관대한 처사에 감사해야 한다. 로마인이 보복적 수탈을 감행할 때는 갑자기 생기를 되찾은 것처럼 보였지만 이것은 그들이 반유대적이어서 그랬다기보다 그것이 정치적인 문제였기 때문이다.

네 번째의 반란을 미리 막는다는 의미로 하드리아누스 황제는 유대인을 추방했으나 안토니누스 피우스(138~161 A. D)는 그 뒤를 계승하자 곧 유대인의 입국을 허용했다. 그는 유대인을 무척 존경했다. 그래서 유대인은 그의 치하에서 높은 신분을 갖게 되었다.

탈무드라는 나무는 이와 같이 방임적(放任的)인 몇 가지 문명의 토양 속에 뿌리를 내렸다. 기원전 500년에서 기원 500년까지이다. 그렇게 되지 않았더라면 유대주의에서 볼 수 있는 보편국가의 이념도 자라지 않았을 것이며 탈무드도 성장하지 않았을 것이다.

일찍이 3세기에 페르시아제국의 영토였던 땅을 이어받은 사산왕조는 그리스나 로마보다 더 많은 자유를 유대인에게 주었다. 평온리에 지난 간 4세기의 유대인은 말하자면 '황제'와 '교황'을 옹립하고 있었다고 해도 좋을 정도였다. 정치를 관장하는 우두머리는 엑실라크(ex -ilarch), 즉 '디아스포라(離散)의 왕자'로 불렸는데 그 지위는 국가원수의 지위와 같은 것으로 세습제였다. 그의 생활은 영화와 극을 이룬 것이었다. 자신의 궁전을 가지고 있었고 언제든지 사산왕을 만날 수 있었으며 과세하는 권리와 재판관을 임명하는 권리도 장악하고 있었다. 그러나 유대인을 정신적으로 지도한 것은 바빌로니아의 학문연구소 책임자들이었다. 가온(대사(大師))으로 불리는 그들은 유대인과 사산인으로부터 크게 존경받고 있었다. 엑실라크는 행정권과 사법권을 장악하고 있었지만 가오님(가온의 복수)은 입법권을 쥐고 있었다.

7세기에서 8세기에 걸쳐 회교도가 사산왕국과 비잔틴제국 및 로마의 영토에서 일부분을 잘라내는 것처럼 자기들의 국가를 건설했는데 그때 회교도는 유대교나 그리스도교에는 회교에 동화될 수 없는 요소가 있다는 중대한 문제를 내포하게 되었다. 유럽의 그리스도교도들은 유대인이 왜 그리스도교로 개종하지 않는지를 이해하지 못했지만 그러한 그들도 유대인과 마찬가지로 완고하게 회교로 개종하는 것을 거부하고 있었다. 그래서 그때까지는 유대인의 결점으로 생각하던 것을 이번에는 그리스도교도의 미덕으로 간주하게 되었다. 그들은 회교로 개종하려 하지 않는 유대인과 그리스도교도에 대한 회교도의 증오가 사라졌을 때 그리스도교도는 2류 인간으로 취급하고 유대인에게는 자치를 인정했다. 가온은 회교의 지배하에서 국가원수가 되었고 유대인의 바빌로니아 학교의 책임자들에게는 말하자면 '유대주의 추기경'이라고도 할 만한 자리가 주어졌다. 실로 역사는 있을 수 없는 일로 생각되는 것을 있을 수 있게 해버리는 것이다.

12세기에 바그다드를 방문한 나바르의 류델라에서 온 유대인 여행자, 벤냐민은 유대인과 회교도가 가온을 얼마나 존경하고 있는가를 다음과 같은 글로 묘사했다.

그리고 언제나 목요일이 되면 그는 위대한 칼리프에게 인사라 하고 가는데 그때는 비유대인과 유대인 기사가 그를 호위했다. 행렬 선두에서는 호위자가 '다윗의 자손인 우리 주인을 위해 길을 비켜라'고 떠들면서 돌아쳤다. 아밀 타리크라 사이도나 벤 다우드(Amilu ta- rikla saidna ben Daoud)라고 아랍어로 말한 것이다. 막상 그는 수가 놓인 비단옷을 입고 머리에는 큰 터번을 두르고 있었다. 그 터번에는 사슬장식 속에 마호메트의 휘장(徽章)이 새겨진 흰 천이 길게 달려 있었다.

그는 칼리프 앞에 나가 그 손에 키스했다. 그러자 칼리프는 일어서서 그를 왕좌에 앉혔다. 왕좌는 마호메트가 그를 위해서 만들게 한 것이었다. 칼리프의 궁전에 나오는 회교도 왕자들은 한 사람도 빠짐없이 일어섰다.2)

이와 같은 세월이 흐르는 동안 신의 개념이 달라진 것처럼 정치에 대한 탈무드의 개념도 달라졌다. 예언자들은 유대인의 신으로서의 여호와라는 개념을 보편적인 신이라는 관념으로까지 높였다. 탈무드 학자들은 유대인만을 위한 정치라는 유대주의 정치이념을 모든 인간에게 보편적으로 적용할 수 있는 정치이념으로 바꾸었다. 예언자들은 유대주의에는 유대인만을 대상으로 하는 법과 모든 비유대인까지도 대상으로 하는 원칙이 있다고 생각했다. 탈무드학자들은 유대인이 유대인으로서 살아나갈 수 있게 됨과 동시에 어떠한 세계에서나 보편적인 인간으로서도 생활할 수 있는 법을 생각했다. 탈무드 학자들은 여러 지역에 흩어져서 생활하는 유대인은 국가라는 테두리 속에 분산되어 있는 인류를 상징하고 있다고 생각했던 것이다. '이들 개개의 국가의 필요에 부응해서 법이 계정 되지 않으면 안 된다. 그리고 동시에 모든 국가가 하나의 인류로서 공존할 수 있도록 법이 제정되지 않으면 안 된다'——보편성을 목표로 하는 탈무드의 이 정치개념은 인류가 형제로서 맺어지

---

2) ≪The Jew in the Medieval World(중세사회에 있어서의 유대인)≫ Jacob R. Marcus.

는 것을 꿈꾸었던 이사야의 사상을 구체화하려는 것이었다. 강력한 통일국가가 존재하는 탈무드는 이와 같은 보편성을 기초로 생각할 수 있었다. 그러나 국가가 차례로 붕괴해 버리자 탈무드의 보편적인 영향력도 약해졌다. 12세기에 이슬람제국이 붕괴되기 시작하자 ≪아라비안 나이트≫속의 이야기처럼 가오님의 빛나는 업적도 소멸되었다. 일찍이 계몽적인 정신이 융성했던 지역을 이제는 편협적인 정신이 지배하게 되었다. 이러한 경향은 바그다드에서 스페인으로 급속히 번져 나갔다. 유대인은 바로 그 전에 동(東)에서 서(西)로 옮겨가기 시작, 15세기에는 이 이동을 끝냈다.

유대인은 이미 로마제국 시대부터 유럽에 살고 있었다. 9, 10세기에는 이태리 독일, 스페인 등지에 최초로 에쉬바가 설립되었다. 유럽의 에쉬바는 근동에서 이동해 온 학자들을 맞아 크게 융성, 쇠퇴되고 있던 바빌로니아의 예쉬바를 능가하게 되었다. 이태리와 독일에 있던 학문소는 명성이 높아 널리 알려져 있었으나 그 수명이 짧았다. 스페인의 학교는 그리 알려져 있지는 않았지만 장차 극히 중요한 의미를 갖게 될 운명에 있었다. 15세기에 이르러 탈무드 연구는 두 방향으로 갈라졌다. 바빌로니아의 전통을 이어받은 이태리와 독일의 학문소는 과거에 치우쳐 있었고 스페인의 학교는 지난날의 그리스적인 발상(發想)에 따라 미래를 생각하고 있었다. 이태리와 독일의 에쉬바는 그래도 몇 사람의 위대한 탈무드 학자를 배출했지만 그들이 죽은 뒤에는 그 영향력도 사라져버렸다. 스페인의 경우는 마이모니데스나 스피노자 같은 철학자를 낳았는데 그들의 영향력은 후세에도 전해졌다. 이 새 학파에 대해서 이야기하기 전에 고전적 탈무드학(學)의 장렬(葬列)을 전송하지 않으면 안 된다.

프랑스는 예외였다. 가오님의 후계자가 된 사람은 라쉬[2]라고 하는 프랑스의 유대인이었는데 그는 많은 사람들로부터 존경받았다. 사람들은 '라쉬

2) '랍비 쉴로모 이츠하키'의 두문자를 따서 라쉬라고 했다

가 없었더라면 탈무드는 깡그리 잊혀졌을 것이다'라고 말했다. 라쉬의 전기를 쓴 어느 저술가는 '라쉬는 죽은 뒤에 부여되는 명예를 살아 있는 동안에 얻었다'고 기술했다.

라쉬는 1040년 프랑스 북부의 트로아에서 태어났다. 그는 방랑 학생으로 독일의 에쉬바에서 탈무드를 공부하고 졸업한 후에는 프랑스의 고향으로 돌아가 에쉬바를 창설했다. 훌륭한 학교가 설립되면 유대인이란 것은 자연히 거기에 모여들게 마련이다. 프랑스 1만, 유대인 100세대인이 트로아의 학교로 세계 각국에서 학자들이 모여들었다. 이 학자들은 그리스도교도의 집에 숙소를 정했다. 일반적인 통념으로는 중세기에 있어서의 유대인과 그리스도교도는 서로 증오하고 있었던 것으로 생각되고 있지만 라쉬와 트로아의 유대인들은 인근의 그리스도교도와 밀접한 관계를 가지고 있었다. 라쉬는 에쉬바에서 공부하던 시절부터 그리스도교도가 부르는 노래를 좋아했다. 그는 그리스도 교회의 찬송가에 깊은 흥미를 느꼈으며 그리스도교 목사에게는 히브리어 노래를 가르쳐주었고 프랑스어 자장가를 히브리어로 번역하기도 했다.

역사가 시작된 이래 유대인은 '그 시대에 그 인물이 나타난다'는 것을 믿고 있었다. 라쉬는 그 시대에 있어서의 '그 인물'이었다. 11세기의 유럽의 생활은 탈무드에 적응되지 않았다. 사람들은 아랍어도 모르고 흔히 쓰이는 말의 의미도 이해하지 못했으며 탈무드를 생활에 적용하는 방법도 몰랐다. '리스폰사'는 죽어가고 있었다. 그리하여 평석자(評釋者)의 주해(註解)가 없이도 이해할 수 있는 보편적인 탈무드가 필요하게 되었다. 라쉬는 이 요구에 응했다. 그는 그 시대에도 관련되는 부분을 일상용어로 고쳤다. 그의 용어는 명석하고 아름다웠으며 따뜻한 인간미에 넘쳐 있었다. 또 그에게는 보기 드문 기능과 학식이 있어 그의 평석은 거룩한 것으로 인정되었을 뿐만 아니라 문학으로서도 사랑을 받았다. 라쉬는 프랑스어 못지 않게 우아하고도 재치 있는 히브리어로 썼다. 히브리어에 적절한 역어(譯語)가 없을 때는 프랑스어의 어휘를 사용하여 히브리문자로 표기했다. 라쉬가 사용한 프랑스어 가운데 3천 단어 이상은 현재의 프랑스어 어휘에서 자취를 감추어 버린 것이므로 라쉬의 저작은 중세 프랑스어 연구의 중요한 자료가 되어 있다.

라쉬의 성서 평석은 그리스도교 신학자들에게도 큰 영향을 주었다. 그 중에서도 특히 니콜라 드릴라는 라쉬의 저술을 널리 이용했다. 릴라의 신학은 젊은 마틴 루터에게도 큰 영향을 주었다.

위인의 아들들은 좀처럼 그 아버지의 뒤를 계승하려고 하지 않지만 라쉬의 경우는 그 아들들뿐만 아니라 손자들까지도 1105년에 라쉬가 죽은 뒤 그 일을 이어 받았다. 라쉬의 덕분으로 탈무드에 대한 관심이 다시 싹트고 리스폰사에 대한 요구가 너무나 많아졌기 때문에 라쉬의 자손들은 게마라의 주석을 모방한 새로운 탈무드적 평석의 학파를 창시하지 않을 수 없게 되었다. 이것을 토사포트(Tosap- hot '추가'라는 뜻)라고 일컬었다. 이 때 탈무드는 최종적이고도 결정적인 것이 되어 그 이상의 추가는 일체 허용하지 않게 되었다. 기원전 2세기의 랍비들이 두려워했던 것이 12세기에 와서 현실화한 것이다. 사람들은 지식의 원천으로서 토라보다 탈무드 쪽으로 이끌렸다. 그들은 원전(原典)보다 평석을 중히 여겼다. 이때 랍비들은 모든 문을 닫고 창문에 쇠를 잠그기로 했다. 그 이상의 보충이나 각주(脚註)는 일체 금지하기로 했다. 그리하여 탈무드의 법전화시대가 다가온 것이다.

12세기에서 15세기에 이르는 시대는 유대인에게 불길한 시대였다. 여덟번에 걸친 십자군의 원정과 이슬람제국의 멸망, 르네상스의 대두와 소멸, 종교개혁, 유럽 봉건제도의 붕괴와 새로운 '민족주의'의 형성 등 변화가 많았다. 유대인은 서유럽 각국에서 추방되어 동유럽으로 흘러갔다. 거기서는 협소한 거주구역에 수용되었다. 시대가 변천함에 따라 탈무드의 기능도 변했다. 이전에는 확장되는 유대인 사회에 적용되었지만 이제는 오무라드는 유대인 사회를 상대로 하게 되었다. 연락로가 끊기고 예쉬바가 폐쇄된 이 위험한 시대에 무엇보다도 필요한 것은 새로운 문제를 신속하게 해결하는데 사용할 수 있는 법전이었다.

이와 같은 법전이 필요하게 되리라는 것은 이미 11세기에 예상되었다. 이 요구는 세 단계로 나누어져서 충족되었다. 맨 처음으로 11세기에 탈무드의 법전화가 시작되었는데 그 일을 한 사람은 75세인 모로코의 유대인 알파시였다. 그는 마치 유산을 따지는 탕아(蕩兒)처럼 탈무드를 조사하여 자기들에게 관련이 있다고 생각되는 것만을 남기고 나머지는 모두 버렸다. 게마라의 기본적인 결정만을 남긴 것이다. 알파시가 하는 일은 꽤 훌륭한 것이기는 했으나 체계가 서 있지 않아 갈팡질팡했다. 보다 완전하고 더욱이 간략하게 분류된 탈무드 문자를 읽을 줄 아는 자라면 누구든지 사용할 수 있는 참고서가 필요했다. 그리하여 유대사는 다시 그 시대에 그 인물을 배출했다. 그 인물은 모체스 벤 마이몬(1135-1204)으로 유대인에게는 랍밤이라는 이름으로 알려져 있었고 그리스도교도들 사이에서는 마이모니데스라고 불리고 있었다. 후일 그는 서유럽을 교화(敎化)한 합리주의 철학의 선구자가 되었다.

마이모니데스는 두 문명의 영향 속에서 살았다. 이슬람문명과 그리스도교 문명이었다. 그는 스페인의 코르도바 명문에서 출생했는데 그 가문에는 재판관, 학자, 재정가(財政家)등이 있었다. 그가 태어난 것은 스페인의 무어인 국가가 망해가는 시대였다. 자유주의적인 그리스도교도에서 쳐들어오는 광폭한 알모하드 만족(蠻族)의 협공을 받아 피난했다.

그들이 스페인을 떠난 것은 침략자를 두려워해서가 아니라 침략자가 문화적으로 뒤떨어져 있다고 생각했기 때문이다. 마이모니데스 일가는 당시 학문의 중심지였던 북아프리카의 페즈에서 살게 되었고 마이모니데스는 거기서 탈무드와 의학을 공부했다. 알모하드의 세력이 아프리카까지 확대되었을 때 마이모니데스 일가는 거기서 다시 동부로 피난, 이집트의 카이로에 정착하게 되었는데 당시 카이로는 아직 개명적(開明的)인 파티마 왕조의 지배하에 있었다. 그곳에서 마이모니데스는 이집트의 칼리프와 살라딘의 의사가 되었다. 그의 높은 평판을 전해들은 영국의 리챠드왕은 왕실의 시의(侍醫)가 되어 달라고 요청했으나 그는 봉건제도하의 유럽의 거친 분위기보다 아랍 문명의 문화 속에 있는 편이 낫다고 생각하고 리챠드왕의 요청을 거절했다.

마이모니데스가 수행한 역할을 역사적으로 보면 예언자적 유대주의를 유대인의 생명선으로 부활시킨 데서 찾을 수 있다. 그는 자기가 법전화한 탈무드를 '미쉬네 토라'(Mishneh Torah) 즉 제 2의 토라라고 일컬었는데 이것은 의미가 깊은 말이다. 권위는 지금까지도 모세 오경에 있다는 점을 명시하려고 했던 것이다. 그는 놀라운 정밀성으로 탈무드를 소화했으므로 14권으로 된 책에 게마라에 있는 일체의 중요한 계율과 율법을 수록할 수 있었다. 그는 미신을 비난하고 기적을 합리적으로 해명했다. 람밤(마이모니데스)과 탈무드는 동의어가 되었다.

유대인에게 마이모니데스가 '미쉬네 토라'의 저작자로 알려져 있지만 그 밖의 사람들에게는 철학자로 알려져 있다. 그 저작물 가운데서 특히 유명한 것은 ≪길 잃은 자들을 위한 길잡이≫이다. 이 책에서 그는 유대주의 방법과 그리스적 방법은 똑같이 정당하다는 견해를 밝혔다. 그리스 철학자의 사고(思考)에서 큰 영향을 받았기 때문에 그의 신학에도 아리스토텔레스적인 시야가 스며들어 있다. 그의 넓은 시야와 사상적인 관용, 그리고 합리주의는 경이적인 것이다. 마이모니데스는 르네상스의 인도주의 선구자였는데 그의 종교적인 저작물 이외의 저술은 유대인보다 회교도와 그리스도교도들에 의해 열심히 연구되었다. 그는 시대를 앞서가는 예언자였다. 그 시대의 사상밖에 모르는 어느 유대인들은 마이모니데스의 철학 저작물을 불살라 버렸다. 1232년의 일이었다. 이것은 12년 후 그리스도교도에 의해 저질러진 탈무드의 분서(焚書)를 예언적으로 알리는 사건이었다.

그런데 마이모니데스는 지식인으로서는 속물이어서 일부러 학식 있는 자들을 대상으로 저술해 놓고는 아무도 자기를 이해해 주지 않는다고 생각하고 있었다. 그러나 그의 저술은 명석하고 위대한 소설가의 글처럼 아름다운 문장으로 엮어져 있었다. 상당히 복잡한 이론도 그의 필봉(筆鋒)에 걸려들면 간단명료하게 되었다. 그의 철학적인 저술은 일반대중으로부터 완전히 외면 당했지만 반대로 종교적인 저술은 대환영을 받았다.

15,16세기에 이르러 그리스도교 세계가 점차 확대됨에 따라 유대주의 세계는 점점 축소되었다. 그리고 넓은 세계를 관망해 온 탈무드도 하루살이 생활을 하게 되었다. 학문의 기초가 탈무드에서 떨어져 나가자 학문은 뿌리 없는 나무처럼 시들기 시작했다. 경화(硬化)된 동맥에서는 새로운 사상이 자유롭게 흐르지 못했다. 예쉬바의 시대는 끝났다. 유대인이 할 수 있는 최선의 일은 더 이상 문맹이 불어나지 않도록 예쉬바를 유지하는 것이 고작이었다. 누구나가 가질 수 있는 탈무드가 필요했다. 모든 문제를 해결해 주는 민중을 위한 문고판(文庫判) 같은 탈무드가 필요했다.

정성을 다해서 이 과제를 수행한 사람은 유대주의 학자 중에서도 마음에 가장 부드러운 학자, 모험심에서가 아니라 주위의 정황(情況)에 의해 국제적 존재가 된 유대인이었다. 그러나 유대사상 세 번째인 그의 탈무드 법전화는 복이 됨과 동시에 화가 되기도 했다. 요셉 카로(1488~1575)는 스페인의 톨레도에서 태어나 1492년에 일어난 스페인의 유대인 대추방의 물결에 휘말려 들었다. 카로의 양친은 터키의 지배하에 있던 콘스탄티노플로 가서 정착했지만 당시 터키는 유대인의 팔레스타인 거주를 찬성했기 때문에 그는 1525년 예루살렘 북쪽의 세프드로 이주 그곳에 예쉬바를 창설했다.

카로의 ≪만인을 위한 탈무드(evertman's talumd 1565≫는 그 이름도 내용에 어울리게 '쉴한 아루흐', 즉 '준비된 식탁'이라 불렀다. 이것은 다망한 인간을 위한 법전이요, 만능의 지침으로 어떠한 유대인이라도 그 자신이 어떠한 율법이 있는가를 판단할 수 있었다. 탈무드의 수수께끼는 명확히 풀려서 법전화되고 정연하게 분류되어 있었다. 이 책에서 얻은 지식이 있으면 누구나가 대학자와 논쟁을 벌일 수 있었다. '준비된 식탁'의 출현에 의해 유대인의 게토와 그 밖의 공동체의 자치가 가능해질 조짐을 보였다.

그러나 철학적 측면에서 생각하면 '준비된 식탁'은 스스로 파괴하는 요소를 내포하고 있었다고 볼 수 있다. 유대인은 모든 사물을 '준비된 식탁'의 테두리 안에서 생각하게 되었기 때문에 유대주의는 경화(硬化)했다. 16세기의 게토의 유대인 생활이 그랬다. 탈무드에 적혀 있는 것은 모두 유대주의 그 자체라는 사고방식에 묶이게 되어 거기서 빠져 나온 것을 마치 이단적인 행위에 대한 것과도 같은 두려움을 안고 관망하게 되었던 것이다. 이것은 유대인의 보편적 경향을 갖는 사상을 속박했다. 그러나 반면 나폴레옹의 제국주의가 게토의 벽을 무너뜨렸을 때 유대인의 입장을 유리하게 하기도 했다. 음산하고 황량한 교실에서 얼굴이 창백한 게토의 학생들은 탈무드를 배우고 율법과 논리의 치밀한 원칙을 배웠다. 소년 시절부터 그들은 라쉬의 인도주의를 배웠고 마이모니데스의 합리주의를 배웠다. 그리고 추상적인 언어로 사색의 내용을 표현하는 방법을 배웠고 가정된 상황에서 이미 폐기된 법을 적용하거나 또는 구체적인 언어로 상상력을 구사하는 방법도 배웠던 것이다.

게토의 벽이 무너져 내렸을 때 이들 학자는 외계의 밝은 햇살에 눈이 부셨다. 그들의 앞길에는 새로운 직업이 기다리고 있었는데 그 직업도 그들이 탈무드에서 배운 내용에 의해 특징이 부여된 것이었다. 어떤 자는 정의나 자유 또는 평등에 대한 열렬한 사랑을 탈무드에서 배워 보다 좋은 세계를 위해서 싸우는 이상주의자가 되었고, 또 어떤 자는 그리스 철학 전래의 추상적 사고방식을 살려 이론과학자나 수학자가 되었다. 탈무드를 시대에 뒤진 무미건조한 것으로밖에 생각지 않았던 자는 유대교에 등을 돌리고 개종이라는 행위 속에 '유럽문명에의 길'을 발견했던 것이다.

V. 마호메트, 알라, 그리고 여호와

—낙타를 탄 한 아랍인이 '알라'의 이름으로 세계적인 제국을 세웠다. 거기서 유대인은 창조의 '황금시대'를 맞았다. 그러나, 어느덧 회교의 초승달은 흐려지고 그리스도교의 십자가가 모습을 드러내면서 세상은 암흑 시대로 돌입했다.

이슬람사(史)	연대	유대사(史)
유사이전(有史以前). 아라비아를 헤매던 유목민(遊牧民)은 달과 별과 카바의 '검은 돌'을 숭배하고 있었다	5,000 B. C ~1 A. D	기원전 5000년부터 기원전 2000년까지는 아무것도 없다 기원전 2000년부터 기원 1년까지 — 아브라함으로부터 예수까지
아랍문명의 시작 최초의 조직적인 상업활동 도시의 발달	1 A. D~500	유대인이 아랍 반도로 이동하기 시작 상업의 확장 수공업을 전함. 아랍인은 유대의 일신교(一神教) 사상을 상찬(賞讚)하다 유대인은 '성서의 백성'으로 불리고 있었다
도시의 발달 상업과 공업의 발달 마호메트가 이슬람교를 창시하다 아브 바크르는 무력으로 이슬람교를 확장하다	500~700	비잔틴과 사산왕조가 파멸적인 전쟁을 벌이고 있었다 유대인은 아랍으로 대이동 새로운 도시 건설에 협력 마호메트교에의 개종은 거절하다 단기간 박해받다
마호메트교는 카스피해에서 북 아프리카로 그리고 스페인으로 전파되다 프랑스에서는 마르텔에 의하여 포교가 저지 당하다 마호메트교의 황금시대 제국은 설탄 왕비국과 칼리프 왕국으로 분열	700~1,000	유대교의 황금시대 종교적으로 크게 관대했던 시대 유대인의 번영 가라이트파의 반대가 시작되다 유대인은 코즈모폴리턴이 되다 그리스의 서적 번역이 시작되다
유럽으로부터 십자군의 공격 동쪽에서 몽고군의 침략 터키 사람은 이집트와 합병하고, 알모하데스 제국 북 아프리카를 점령 그리스도교도가 재차 스페인을 정복 이슬람 제국의 종언(終焉)	1,000~1,500	유다 팔레비 시대 이슬람 제국에의 몽고족 침략을 피하여 그리스도교와 유대인이 도망치다 유대인의 중심이 동쪽에서 서쪽으로 옮겨지다 라쉬와 마이모니데스 시대 카라이트파의 반항이 끝나다 유대교의 황금시대 종언

15. 역사는 메카로

유물론으로 역사를 분석하고자 하는 학자는 기원 7세기에 아랍 사막에 불쑥 나타난 마호메트 제국을 어떻게 설명할 것인가. 그 당시 베드윈 사람들의 생산 양식은 전세기(前世紀)의 그것과 별로 달라진 것이 없었다. 기후도 변하지 않았다. 신의 뜻이 아니라면 역사 위인 설(歷史 偉人說)이라도 따르는 수밖에 없다. 이것은 어느 개인이 정히 그럴 수밖에 없는 한 순간에 기회를 잡아 역사를 자기의 의지대로 만들어낸다는 그런 예(例)에 속한다. 회교는 실로 마호메트라는 한 사내의 창조물이었다.

마호메트의 메시야로서의 성격은 유대인이 전한 바 '메시야는 비천한 신분'이라는 규정을 따르고 있다. 유대인 이전에는 가령 석가든 공자든 또는 조로아스타든 종교 지도자는 귀족이나 왕자였다. 아브라함도 한란으로 옮겨가기 전까지는 호상(豪商)이었는지 모르지만 구약성서에는 양치기로 되어 있다. 모세도 이집트 궁전에서는 왕자로 자라났는지 몰라도 일단 신의 부름을 받고는 장인의 양들을 돌보는 양치기가 되었다. 예수도 목수였다. 그리고 마호메트는 낙타를 부리는 사람이었다.

마호메트는 역사상에서도 전혀 조작된 이야기 같은 인물이다. 그는 유대주의 영향을 깊이 받아 아랍인은 모두 아브라함의 자손이며 유대인이든 그리스도이든 알라의 이름 아래 참된 형제로 맺기 위해 회교도가 되라고 선포했다. 그는 이를테면 성공한 돈키호테요, 무장한 예언자로서 자기 환상의 정당함을 믿고, 이성(理性)의 힘을 앞세우는 자들의 편협성을 깨드리면서 꿈을 현실로 바꾸어 놓았던 것이다. 낙타나 부리던 마호메트의 전격적인 이 출현은 그야말로 아연실색할 정도였다. 백년도 채 되지 않은 사이에 그 당시 알려졌던 세계의 절반이나 그의 제국에 휩쓸려 들어갔다. 이슬람은 그리스도교가 포교(布敎)에 실패한 지역에서 성공하고 있었다. 이 신흥종교는 한 세기 동안에 지중해의 남반부를 에워싼 여러 나라를 석권했다.

아라비아 반도는 이스라엘을 사이에 두고 이집트에 그리고 시리아를 사이에 두고 터키에 접(接)하는 세계 최대의 반도이다. 반도는 홍해와 아라비아해와 페르시아만을 거느리고 그 몸을 드러내고 있다. 마치 가톨릭 승려의 삭발한 부분처럼, 두세 개의 도시를 잇는 녹지(綠地)의 가장 자리가 중심 지대의 사막 약 130만 평방 킬로를 둘러싸고 있다. 거기에는 태고적부터 베드윈과 크라이쉬 아랍이 살고 있다. 문명이 뒤졌지만 다산족(多産族)인 이들은 오천 년에 걸쳐 셈족의 아랍인을 번식시켜 그 자손들을 슈메르나 아카드나 바빌로니아의 도시에 보내서 그들의 여성적인 문명에 야성적인 활기를 불어넣었다.

아랍인의 신앙은 혼합적인 자연 숭배로서, 인간의 상상력으로 신성(神性)을 부여한 것이면 무엇이든지 숭배하게 마련이어서 이를테면 하늘이든 별이든 나무든 돌이든 다같이 신앙의 대상으로 삼아왔다.

이 다양성은 메카의 카바 사원(寺院)에 모신 '흑선(검은 돌)'이라 불리는 운석(隕石)을 신의 상징으로 숭배함으로써 통합되었다.

베드윈 아랍은 사막의 주민이었다. 한편 쿠라이쉬 아랍은 해안 지대에 살면서 대상(隊商:카라반)들이 왕래하는 통로의 종점에 무역촌을 개발했다. 여기서 베드윈은 대상들로부터 빼앗은 사치품을 생활필수품과 바꾸었던 것이다. 그러나 상업과 공업이 발달하면서 도시가 번창하여 예술활동이 활발해진 것은 기원 1세기말에 유대인이 이주하면서부터였다. 기원 700년경부터 조금씩 이주하기 시작한 유대인은 5,6세기에 와서는 마치 홍수처럼 밀어닥쳤다. 사산 왕조와 비잔틴 왕조의 충돌이 일어나자 시리아나 팔레스타인에 살던 유대인들이 아리비아로 밀려나게 되었던 것이다.

일찍이 프톨레미오왕조와 셀레우코스 왕조가 그러했듯이 사산 왕조와 비잔틴 제국도 시리아와 팔레스타인을 둘러싸고 계속 전쟁을 벌이고 있었다. 그러나 좀처럼 승부가 나지 않은 채 계속된 전쟁으로 그만 지쳐버린 두 나라는 상호용인조약(相互容認條約)을 맺었다. 그런데 전쟁의 발단이 된 지역에 살고 있던 유대인과 시리아인, 레바논인 등은 전란의 와중에 끼어 억울하게도 무참히 죽어갔다. 한편 이 전쟁이 장기화될 것으로 내다본 많은 유대인들은 서로마 제국 쪽으로 발길을 돌렸다. 비잔틴에는 자유가 없다는 경고를 들었던 것이다. 긴 안목으로 상황을 점친 자들은 군대의 발길이 덜 닿는 지역을 따라 동쪽으로 이동했다. 아라비아였다.

아라비아에 새로 이주한 유대인은 갖가지 수공업과 금속 세공업을 전해주고 야자수를 재배했다. 이것은 그 뒤에 아일랜드 사람에게 감자가 그렇듯이 이슬람 사람에게 없어서는 안 될 식물이 되었다. 그들은 메디나의 도시를 건설했다. 쿠라이쉬 아랍인이 마을을 도시로 확장하는 일에도 협조했다. 유대인은 인종도 많았지만, 이미 2500년 동안 경험을 쌓아 온 만큼 메카를 국제적인 분위기의 도시로 발전시켰다.

보호를 받고 있다는 것을 고맙게 여겨 오던 유대인은 포교(布敎)와 약탈을 위해 침략해 온 그리스도교도의 군대를 쳐부수는 데도 협력을 아끼지 않았다. 그리스도교는 들어올 수 없었지만 유대교는 용납되었다.

그것은 칼의 힘으로 된 것이 아니라 유대인의 훌륭한 행동으로 말미암은 것이다. 그리스인이나 로마인이 그랬듯이 아랍인들도 다 유대교의 무성적(無性的)인 심벌이나 금욕적인 유일신(唯一神) 사상 그리고 가정과 교육을 중시하는 유대인의 태도가 마음에 들었다. 아랍인은 유대인을 '성서의 백성'이라 불렀으며 유대인과 아랍인은 어깨를 나란히 하여 사이좋게 지냈다.

≪70인역(人譯)≫(그리스어로 번역된 구약성서)이 로마 제국에서 바울이 이교도를 대상으로 포교하는데 유용하게 쓰인 것처럼 아랍인이 구약성서

에 관해서 대강이나마 예비 지식을 얻게 된 것은 이슬람을 탄생케 하는 첩경이었다. 역사의 영웅이 아랍인의 자연물 숭배와 그리스도교의 구원의 가르침과 유대교의 일신교(一神敎)를 융합하여 새로운 신의 모습을 만들어낼 무대 장치는 이미 갖추어져 있었던 것이다. 그 영웅은 바로 마호메트요, 신앙은 이슬람이요, 그 원동력이 된 사상은 유대교였다.

예언자란 아마도 2000년쯤의 시간이 흐른 뒤에 평가되어야 할 것이다. 그 정도의 시간이 지나야 인간적인 속성도 신성(神性)을 나타내는 특성에 가려져 보이지 않게 될 것이다. 마호메트의 예언자로서의 역사 연령은 아직 짧기 때문에 까다로운 역사가가 그에게 전적인 신성을 부여하지 않는다고 해도 무리는 아니다.

마호메트(569~632 A. D)은 여섯 살도 채 안 되어 부모를 여의고 처음에는 할아버지와 삼촌의 손에서 자라났다. 할아버지도 삼촌도 그에게 글을 가르친 바 없지만 그는 나주에 계시를 받아 그 자리에서 글을 깨우치게 되었다. 아브라함이나 모세나 예수의 경우와 마찬가지로 마호메트의 젊은 시절에 관해서도 열 두 살에 대상(隊商)을 따라 시리아로 가서 유대교와 그리스도교에 접하게 되었다는 것 이외에는 아무 것도 알려져 있지 않았다. 그는 그 때의 경험으로 '성서의 백성'에게 존경심을 품게 되었으며 그것은 평생 동안 변하지 않았다. 유대인 장로(Patriarch)는 그에게 영웅이었으며 그는 나중에 마호메트교의 성전(聖典)인 ≪코란≫에 이에 관한 기록을 남기고 있다. 25세 때 그는 40세 된 유복한 미망인과 결혼하여 25년동안 그 여인만을 유일한 아내로 삼고 살았다. 그는 51세에 아내를 잃고 나서 하렘(후궁)에 10명의 아내와 두 명의 첩을 두었는데 그들의 나이도 여러 층이었던 만큼 마호메트의 여성 체험도 풍부했던 듯싶다.

그의 키는 중간 정도였고 검은 머리카락은 수염이 이어진 듯이 자라 허리까지 닿을 만큼 길었다. 웃는 일은 드물었지만 유머 감각은 날카로웠다. 그러나 위엄을 잃지 않도록 조심했다. 마호메트는 아랍인의 전통을 자랑스럽게 여기면서도 동족의 유치한 다신교적(多神敎的)인 경향과 민족 정신의 결여가 마음에 걸렸다. 그도 모세처럼, 사상이 흐트러진 채 전쟁밖에 모르는 부족을 통일시키고 그들에게 공통된 종교를 심어 주어 존경받는 민족이 되게 하리라고 마음먹었다. 이같은 꿈이 그의 행동을 낳았다. 자기야말로 이런 꿈을 실현할 책무를 짊어진 예언자라는 확신이 그로 하여금 계시를 받도록 인도했다.

마호메트가 신과 대면하게 된 것은 어느 동굴에서였다. 마호메트의 나이 40세가 되던 해 총독을 구할 방도를 곰곰이 생각하고 있을 때였다. 그를 내심으로 믿는 자에게는 이 동굴에서의 체험이야말로 마호메트가 모세나 예수의 참된 후계자라는 뚜렷한 증거가 되는 것이며 그를 믿지 않는 자에게는 마호메트가 성서를 그만큼 잘 알고 있었다는 증거에 불과한 것으로 비칠 것이다. 신은 아브라함이나 모세나 예수 앞에 그 모습을 나타냈거니와 마호메트에게 대해서도 천사 가브리엘의 모습으로 나타났다. 마호메트가 기록한 ≪코란≫에 의하면 천사 가브리엘이 그에게 글자가 새겨진 문자판을 보여 주며 읽으라고 명하자 마호메트는 까막눈이었지만 그 순간 대뜸 읽혀지더라는 것이다. 문자판에는 참된 신 알라는 마호메트를 지상에 보낸 신의 사자(使者)로 삼는다고 기록되어 있었다.

마호메트는 자신의 새로운 종교를 먼저 아내에게 가르쳤다. 그리고 친척들에게 전하고 나중에는 저항에 부딪혔다. 그리스도교도가 과거에 그랬듯이 마호메트도 먼저 노예를 최초의 개종자로 끌어들이려고 했다. 그 때문에 그는 쿠라이쉬 아랍인의 눈총을 받게 되었다. 마호메트가 나라의 경제 체제를 위협한다고 생각했던 것이다. 그는 십 년 동안이나 줄곧 싸웠지만 결국 가혹한 학대에 못 이겨 메카를 떠나 메디나로 도망쳤다. 메디나에 가면 유대인들이 자기를 지지해 주리라고 기대했던 것이다.

그의 종교는 유대교를 근거로 한 점이 많았으므로 유대인들이 자기를 모세나 예수의 후계자로 받아들여 이교도를 상대로 싸우는 자기에게 가담하리라고 믿어 의심치 않았던 것이다. 그러나 유대인이 마호메트의 말문을 막아버리자 그는 유대인에게 공격의 화살을 보내기 시작했다. 비록 글을 깨치지 못했지만 타고난 지혜는 있었다. 유대인이 협력하지 않는다면 그들의 재산을 빼앗으려고 생각했다. 유대인에게 싸움을 걸 경우 그들의 종교에서는 허용되는 그 부(富)를 아니꼽게 여기고 있는 쿠라이쉬 아랍인의 반발을 사는 일은 없으리라는 심산이었던 것이다. 그러나 마호메트는 약탈물을 쿠라이쉬 아랍과 나누지 않고 혼자 차지하고는 만 명이나 되는 장정을 무장시켜 메카로 진격했다. 쿠라이쉬 아랍인은 유대인의 편을 들지 않은 것을 후회했지만 이미 때는 늦었다. 그들은 마호메트의 군세(軍勢) 앞에 무릎을 꿇었다. 이년쯤 지나자 아랍 전토가 마호메트의 손아귀에 들어갔다. 마호메트의 새로운 종교는 이슬람이라 불리면서 아랍 세계에 군림하게 되었다. 632년 마호메트는 세상을 떠났다.

윌 듀란트는 마호메트를 두고 '그 인물의 영향력으로 그의 위대함을 저울질한다면, 그(마호메트)가 바로 그러한 위인 중의 한 사람이었다'고 말한바 있다. 마호메트가 알라신의 말씀으로써 아랍을 정복했다면 마호메트의 친구요 후계자인 아브·바크르는 알라신의 칼로 정복했다고 하겠다. 아브 바르크는 코란을 든 채 그것을 기다리고 있을 리가 없는 세계로 초승달 형(形)의 칼을 휘둘러가며 휩쓸었던 것이다.

6세기의 아랍인은 사막의 유목민(遊牧民)이었으나, 7세기에는 진군하는 정복자, 8세기에는 지중해를 회교도의 바다로 바꾼 대제국의 주인, 9세기에는 예술, 건축, 과학 등의 분야에서 첨단을 달리하는 찬연한 문명인이 되었다, 그 무렵 유럽은 스스로 파 놓은 어두운 늪 속으로 마냥 빠져들고 있는 판국이었다. 아랍인이 거쳐간 나라들은 모두 함락되었다. 635년에 다마스코스, 638년에 팔레스타인, 640년에 시리아, 614년에는 이집트가 각기 정복되었다. 636년 사산 왕조의 패배는 실로 비참했다.

숫자로 열세(劣勢)였던 아랍군이 사산 왕조에게 공격을 퍼붓던 날 병력이 우세했던 사산 왕조의 군대는 눈을 뜰 수 없게 불어닥치는 모래바람을 만났던 것이다. 그것은 병력 8만이나 되는 대제(大帝)의 러시아군이 눈보라를 만나 병력 8000밖에 안 되는 카알 12세의 스웨덴 군에게 패했던 저 1700년의 나르바 전투의 경우와 다를 바 없는 불운(不運)이었다. 그러나 피터는 그 뒤 칠월에 날짜를 받아 스웨덴에 복수를 가했다.

사상 왕조도 두 번째의 기회가 있었지만 결과는 그들의 병력 15만이 3만의 아랍 군세(軍勢)에 무참히 깨어지는 것으로 끝났다. 이리하여 사산 왕조도 끝장이 났다.

기원 700년 비잔틴 제국의 동반부와 북아프리카는 어느새 마호메트 교도의 손아귀에 들어갔다. 711년 노예 출신인 타리크가 이끄는 아랍인과 베르베르족의 군대는 스페인을 침략했다. 715년 그들은 어느새 피레네 산맥을 넘고 있었다. 아무도 그들의 행군을 막지 못할 것 같았다.

그러나 프랑스인이 훈족(族)의 침입을, 샤론 전투에서 막아냈듯이 샤르르 마르텔의 통치하게 있던 프랑스인도,732년 침략자인 마호메트교도를 투르에서 막아냈다. 이 전투에서 이슬람교도와 그리스도교도는 서로 교착상태에 빠지게 되었다. 동쪽은 비잔틴 제국에 의해서 서쪽은 프랑스에 의해서 마호메트교의 포교가 저지되기에 이르렀고 아프리카와 아시아 쪽의 그리스도교 전파는 마호메트 교세(敎勢)에 의해서 저지당했다.

마호메트 교도는 이슬람 제국의 통치를 받는 민족을 두 유형으로 분류하고 있었다. 과학에 관심을 갖는 그룹과 이에 무관심한 그룹이 그것이다. 유대인, 그리스인, 페르시아 전자에 속하고 중국인, 터키인, 그리스도교도가 후자에 속한다. 그들은 과학에 관심을 갖는 전자에게는 경의를 표했지만 과학에 무관심한 후자는 경멸했다. 그리스도교도는 숫자상으로는 유대인을 훨씬 앞지르고 있었지만 이슬람 제국에서는 위인도 나타나지 않고 또 그들 자신의 것이라고 할 만한 특징적인 문화도 형성하지 못했다. 한편 유대인 쪽은 이 시기에 황금시대를 이루어 철학, 의학, 수학, 언어학의 분야에서—그러니까 미술을 제외한 온갖 분야에서 각각 걸출(傑出)한 인물들을 낳았다.

마호메트가 죽자, 곧 정치적인 방편으로 날조하여 이용했던 반(反) 유대인 감정은 사라져 버렸다. 비(非) 마호메트 교도에 대한 차별적인 법률도 대개는 무시되었다. 마호메트 교도는 타인의 신앙에 대해서는 로마인보다도 더욱 너그러웠다.

이와 관련해서 오마르의 조약(637년)을 알아보자. 이것은 오라므가 내놓은 법령으로서 그리스도교가 지배하고 있던 시리아와 팔레스타인을 정복하고 나서 발포(發布)된 것인데 마호메트 교도가 발포한 적잖은 차별법의 하나이다. 이 법은 그리스도교도에게만 적용된다고 밝혀져 있다.

이에는 유대인도 마땅히 포함되었으리라고 생각되지만 그런 확증은 찾아볼 수 없다. 이 법은 교회나 도로상에서 그리스도고도는 십자가를 표시하면 안 된다. 종교적 심벌을 공개적으로 들고 다니거나 몸에 걸면 안 된다. 장례 행렬에서 큰 소리로 조가(弔歌)를 부르면 안 된다. 회교도를 구타하면 안 된다. 앞머리 가락을 자르면 안 된다. 한 눈에 그리스도교도라는 것을 알아볼 수 있는 옷차림을 하면 안 된다. 진정한 회교 신도를 모방하면 안 된다. 회교로 개종하려는 그리스도교도를 방해하면 안 된다. 교회에 정탐꾼을 숨어들게 하면 안 된다. 이웃 회교도의 집보다 높은 집을 지으면 안 된다고 규정하고 있다.

규정에 따르면 비회교도는 누구나 보호를 받기 위해서 인두세(人頭稅)를 내지 않으면 안 되었다. 그것으로써 그들의 병역은 면제되었다. 그들에게는 공직에 나설 권리가 박탈되어 있었다. 그러나 유대인에게만은 이 법률이 무시되었다. 유대인에게 인두세가 부과되는 일은 극히 드물었으며 그들은 가끔 회교도의 군대에도 종군하여 적지 않은 공적을 쌓아 계급도 당당해졌다. 정부 기관에서는 최고의 지위에 오르기도 했다. 수상이 된 사람이 있는가 하면 왕후(王侯)의 자리에 오른 사람도 있었다.

마호메트교 문명권 안에서의 유대인의 황금시대는 이슬람 제국의 명맥과 운명을 같이했다. 즉 이슬람 제국이 무너졌을 때 유대인의 황금시대도 종언(終焉)을 고했던 것이다. 이슬람 제국이 멸망하기까지는 로마제국의 경우와 마찬가지로 상당한 시간이 걸렸다. 기원 100 0년경부터 붕괴될 조짐을 보이기 시작하다가 마침내 멸망한 것은 1 500년이었다 멸망하게 된 경위는 극히 복잡해서 간단히 말해 버릴 수 없다.

대대로 교제되어 온 왕조를 보면, 무언가 기묘한 경향을 훑어 찾아낼 수 있다. 무제한의 낭비와 극단적인 절약이라는 정반대의 경향을 번갈아 가며 보이고 있는 것이다. 어떤 칼리프는 사치삼매(奢侈三昧)에 빠져 국가의 재정을 엉망으로 만들어 놓았는가 하면 그 후계자는 구두쇠로 일관하여 국고(國庫)를 가득 채우고 있다. 그런데 돈 씀씀이가 헤픈 왕은 수완이 좋았고 인색한 왕은 이렇다 할 치적(治績)을 남기지 못했다. 가령 돈을 마구 뿌리는 왕은 국고를 결단내면서도 문화를 육성했고 인색한 왕은 돈을 남겼을 망정 나라의 명예에는 먹칠을 했다. 계속 확장되는 제국의 영토에서 황금이 흘러 들어오는 동안에는 한껏 사치한 생활을 누릴 수 있었다. 그리하여 마호메트교도들은 세계에서도 손색이 없는 아름다운 도시를 이루고 방탕한 왕들과 함께 가장 불안한 정체(正體)를 부둥켜안고 있었다. 어느새 각 지방의 총독들은 이같은 권력의 진공지배에 뛰어들어 자기의 관할지역을 자기 영토라고 선언하게끔 되어 버렸다. 1000년에는 이미 공고하고 통일된 마호메트 제국은 존재하지 않았다. 그것은 이를테면 몇 개로 독립된 칼리프 왕국의 집합체에 불과했다.

과거와 같은 통일성이 깨지자 이슬람 제국은 만족(蠻族)의 침략을 받게 되었다. 13세기 징기스칸이 거느린 몽고인들이 북동으로부터 제국을 공략해 들어왔다. 그들이 서쪽으로 전진해 간 것은 어떤 신비적인 운명의 손길이 달리 작용해서가 아니었다. 징기스칸이 거느린 몽고인들은 쇠가죽으로 몸을 두르고 산 짐승이면 고양이든 개든 쥐든 가리지 않고 먹었으며 때로는 사람의 피까지 마셨다. 이슬람과 몽고인이 처음으로 맞부딪쳤을 때 40만의 이슬람 군대는 맥없이 패퇴했다. 징기스칸은 복카라 도시를 박살내고 3만 명을 살육하고는 다시 문명의 요람지로 진군을 계속했다. 그들은 도서관을 불태워 버리고 도시를 약탈하고 사람의 목을 베어 나치스가 강제수용소에서 시체를 보기 좋게 쌓아올린 것처럼 자른 목을 피라미드 모양으로 차곡차곡 쌓아올렸던 것이다. 만족이었지만 심미적(審美的)인 데가 있었다. 바그다드가 함락되었을 때는 80만이 살육되어 거리는 수라장이 되고 재물은 약탈당하고 여인들은 욕을 보고 노예로 팔려갔다. 그러나 승전으로 의기충천했던 몽고인은 생각지도 못했던 방향에서 뜻밖의 타격을 받았다. 1303년 다마스코스 전투에서 이집트인들이 그들을 제압했다. 이미 때는 늦었던 것이다. 그들이 남긴 파괴의 상처는 너무나 커서 그 지역은 오늘날에도 그 당시의 파괴에서 제 모습을 채 돌이키지 못하고 있다.

마호메트 제국으로서 아직 남아 있는 지역도 다른 세력으로부터 위기에 싸여 있었다. 티무르 왕조의 세력과 무갈 왕조가 아라비아 반도를 제압했다. 투르크인이 이집트, 팔레스타인, 시리아, 이라크를 병합했다. 알모하데스라고 알려진 미개한 만족이 북아프리카를 통치하고 있었다. 페르디난도 왕과 이사벨라가 거느린 스페인 인은 마침내 무어인의 손아귀에서 스페인을 되찾았다.

1500년 세계사에서도 가장 경이적인 제국 관용적이고 개명(開明)했던 그리고 화려하고도 낭비적인 제국 수학자와 시인과 무장(武將)과 아첨꾼 등이 들끓던 그 제국은 결국 망하고 말았다.

16. 이슬람 문화 속에서의 유대·르네상스

현대인이 생각하는 이슬람 시대의 유대인 상(像)은 실제와는 전혀 다르다. 그들은 성서에만 관심을 쏟고 있던 유대인과는 달랐던 것이다. 게토시대의 유대인이 뉴욕과 유대인과 다른 것처럼 르네상스가 그 각성이 성서의 백성인 유대인을 과거의 유대인과는 전혀 다른 새로운 인간으로 바꾸어 놓았던 것이다. 그 당시의 유대인은 쾌락주의자 호색가 도락자(道樂者), 세속적인 철학자, 과학자, 세속적인 작가와 시인이었다.

그러나 이 유대인의 르네상스에는 어딘가 기이한 점이 있었다. 유대적인 것이 아니었다. 마호메트교도풍의 새로운 복장 밑에 숨겨져 있었던 것은 유대교가 아니라 헬레니즘이었다. '유대·르네상스'는 유대교의 부활이 아니라 헬레니즘의 부활이었다. 그리스·로마시대에 헬레니즘과 싸웠던 유대인, 에피큐로스파의 사상과 대결했던 유대인이 이번에는 유대인의 해방자를 환영하고 사치 풍조를 받아들이며 합리주의를 찬양했던 것이다. 그때까지는 아예 엄두도 내지 못했던 직업이 유대인의 새로운 직업이 되었다. 유대인은 천문학자, 수학자, 건축가, 번역가, 심지어는 재무대신의 자리에도 올랐다. 바그다드의 카이로와 코르도바에 지사(支社)까지 둘 정도의 국제적인 실업가가 나오기도 했다. 포도주는 축도(祝禱)를 드리기 위한 것만이 아니라 여인의 아름다운 입술에 건배하기 위한 것으로 쓰였다. '토라'를 배우는 것만이 사랑을 의미했던 것은 옛날의 일이요, 지금은 유혹적인 미소를 탐내는 것을 의미하게 되었다. 노래는 이미 애도가(哀悼歌)만을 가리키는 것이 아니라 삶의 홍겨움을 돋구는 것이기도 했다. 마호메트교에 동화(同化)될 문호는 넓게 열려 있었지만 유대인은 그래도 유대교의 문 밖을 나서지는 않았다.

그런데 어째서 헬레니즘이 아랍 세계에 거주하는 유대인의 생활 속에 또 다시 모습을 드러낸 것일까? 그 경위는 간단하다. 그들은 아랍인의 위촉을 받아 그리스인의 저작(著作)을 파고드는 동안에 비로소 헬레니즘 문화의 정신과 깊이 접촉하게 되었던 것이다. 원시 그리스도교도에게는 이단인 그리스인의 저작 따위는 아무 쓸모도 없었고, 침략자인 만족 역시 그리스어에는 관심도 없었다. 게다가 대부분의 저작은 없어지고 언어마저 잊어버리게 되었다. 그러나 그리스 문화와 과학 계통의 저작은 시리아어로 번역되었거나 교양 있고 부유한 유대인의 도서관이나 그리스도교도로 개종하지 않은 로마인의 도서실에 소장되어 남아 있었다. 이 지식의 보고(寶庫)가 있다는 사실이 아랍인의 귀에 들어가자 그들은 그것을 아랍어로 번역하려고 생각했다. 번역 작업은 그 당시의 국제인전 즉 히브리어, 아랍어, 그리스어, 라틴어, 시리아어, 페르사어를 동시에 구사할 수 있었던 유대인에게 맡겨진 것이다.

모제스 하다스는 그리스의 과학과 휴머니즘의 유럽에 대한 전파를 '유럽에의 회로(回路)'라고 불렀지만 그 회로는 8세기에 유대인의 손으로 열려 1400년까지 계속 전달되었다. 그들은 먼저 그리스어와 시리아어에서 아랍어로 번역했지만 그러다가 어느덧 그리스와 아랍어에서 히브리어로 번역하게 되었다. 그리고 얼마 안 가서 히브리어의 문학과 철학을 아랍어로 번역하게 되었다. 여기에서 상호간에 문화교류가 이루어지게 된 것이다. 거기에 지삼의 파트너가 가담하게 된 것은 그 직후의 일이다.

유럽의 개명(開明)한 왕들이 유대인들의 업적을 전해 듣고 유대인 학자나 언어에 관한 전문가 및 번역가들을 자기 나라로 초대하여 그리스인의 저작과 아랍인의 저작 르시고 히브리어 문학을 라틴어로 번역시켰다. 라틴어는 그 당시 유럽의 학문 언어였다. 1212년에 신성 로마제국의 황제가 되고

1215에 독일 왕이 되고, 1229에는 예루살렘의 왕이 된 프리드리히 2세는 비록 두 번이나 파문 당한 혹독하고도 오만한 사내였지만 민완(敏腕)한 왕으로서 유대인 학자를 초정하여 나폴리 대학에서 히브리어를 가르치게 했다.

서유럽의 왕들에게 초청 받은 초기의 유대 지식인 가운데서도 특히 탁월했던 사라믄 이븐 다우드였다. 그는 히브리어와 그리스어와 아랍어로 된 저작을 라틴어로 번역했을 뿐만 아니라 아라비아 숫자와 '영(zero)'의 관념을 유럽에 전했던 것이다. 유클릿트의 '기하원본'이나 바빌로니아의 탈무드 학자 사디아 가온의 저작이 유대인 학자에 의해 라틴어로 번역되었다. 그들은 시나고그에서 그리스도교도와 회교도와 함께 플라톤과 소포클레스 및 아랍 수학자의 저작, 천문학자의 저작, 유대인 철학자 시인의 저작 등을 신성 로마교회의 언어로 번역하였다.

이러한 사실들이 유대인 자신에게는 어떠한 영향을 미쳤는가? 그들은 그런 일에 종사하는 동안 거의 그리스인처럼 되어 버렸다. 유대인이 알렉산더 대왕에 정복된 헬레니즘 문명을 처음으로 접했을 때 그들은 헬레니즘에 대해서 어떻게 대응해야 할 것인지 망설이지 않을 수 없었다.

성서를 문화의 핵심에 두고 있던 유대인에게는 모름지기 그들의 종교만이 참된 종교이며 신으로부터 받은 성서가 있다는 것이 바로 그것을 증명해 준다는 확고한 신념이 있었다. 그 이상의 증거는 필요치 않았다.

때문에 철학이나 논리학이나 과학을 빌어서 자신들의 사상을 변호할 필요성을 느끼지 않았다. 철학이나 논리학이나 과학이나 그 근본을 따지고 들면 결국 회의주의가 낳은 것이기 때문이었다. 알렉산더와 그 지배하에 있는 그리스인이 유대인을 대했을 때 양자(兩者)는 서로가 상대를 어떻게 이해해야 할 지 알 수 없었다. 여기에서 처음으로 그리스인은 '신앙'이라는 것에 직면했고 유대인은 '이성(理性)'이라는 것에 부딪치게 되었다. 유대인의 지도자들은 그들의 근원적인 사상 체계가 그리스인과의 사상전(思想戰)에서는 승산이 없으리라는 것을 알아차렸다. 그래서 그들은 그리스인들에게서 논리학과 철학이라는 무기를 빌었다. 그리스적인 사고로 보강된 유대인의 신앙은 신앙이 결여된 그리스인의 사상보다도 우세하다는 사실이 나중에 입증되었다. 그리스인은 사라졌지만 우연한 일로 그리스인의 문화적 전통을 이어받은 유대인은 살아 남았던 것이다.

유대인은 어떠한 일도 참아낼 수 있었지만 자신의 지적(知的)인 호기심만은 뿌리치지 못한다. 헬레니즘에 흡수 내지 동화(同化)되어 버릴 위험이 없어지자 그들은 '헬레니즘 사상'을 더욱 파고들고 싶은 생각이 들었다. 이성이라는 판도라의 상자를 열었던 것이다. 맹신(盲信)을 버리고 합리주의적인 사고라는 새로운 안경을 걸친 것이다. 그리하여 당연한 귀결로 신앙이냐 이성이냐 하는 분열이 생기게 되었다. 그 갈라진 틈새를 메우기라도 하려는 듯 보수주의자들은 신앙과 이성을 마치 동전의 표리(表裏)와 같은 것이라고 주장했고, 자유주의자들은 양자(兩者)는 아예 서로 용납될 수 없는 것이라고 주장했다. 새로운 긴장을 빚게 되었고 이런 긴장 속에서 유대철학과 과학이 탄생하였던 것이다.

이런 긴장은 새로운 경향을 낳았다. 그때까지는 유대인의 저작이라면 반듯이 성서와 관련된 것이었지만 그로부터는 그 외에도 한 개인의 인간적인 관심사도 집필하게 되었다. 그들의 관심이 넓어지자 새로운 언어가 필요했고 따라서 저술가들은 새로운 말을 만들어 내게 되었다. 세속적인 문학의 언어에 알맞도록 문법을 새로 써냈으며 사전을 만들었다. 히브리어에 새로운 생명을 불어넣어 괄목할 만한 성장을 보게 되었다.

지금이야말로 유대인은 개시(開示)된 운명으로서의 자신의 역사를 인식하게 되었다. 시인은 상징과 이미지를 빌어 유대인의 삶의 모습(현상)을 해명하려고 시도했다. '쫓겨난 유대인'이라는 시적(詩的)인 메타포가 생겨난 것도 이 무렵이거니와 그것은 오랜 세월 동안 '방황하는 유대인'의 전형(典型)이 되었으며, 그리스도교도는 그 이미지에 외경(畏敬)을 품게 되었고 유대인은 공포를 느끼게 되었다. '이산(離散: 디아스포라)'은 자연적인 원인에서 비롯된 것이 아니라 신이 유대인이 저지른 죄에 대해서 내린 징벌로서 신이 유대인을 고향에 돌려보내기로 작정할 때까지 이산은 계속되리라고 내다본 것도 시인들이었다.

이같은 생각이 유대인에게는 전혀 강박관념처럼 되었으며 그 결과 19세기에는 시오니즘이 나타났는데 신이 정치적인 행동의 책무(責務)를 유대인의 어깨에 지워주기까지 그들은 정치적인 주체성을 상실한 채 그대로 있었던 것이다.

유대인의 '이성주의 시대'도 훨씬 뒤에 나타난 그리스도교도의 '이성주의 시대'와 똑같은 과정을 밟았다. 프랑스의 백과전서파와 함께 나타난 유럽의 이성주의는 20세기 전체주의의 혁명적인 시대에 붕괴했다.

위대한 탈무드 학자와 함께 나타난 유대교의 이성주의도 16세기 종교개혁의 혁명적인 시대에 붕괴한 유럽의 그것과 마찬가지로 유대인의 이성 주위도 영원한 성(城)이 아니라 한갓 공중누각(空中樓閣)에 불과했다.

유대교를 생기 있게 살려 가는 데는 신앙의 따뜻한 온기가 필요했던 것이 아닐까? 차가운 이성이 유대교 안에서 얼어붙은 신을 추방해 버린 것은 아니었을까? 인간은 차츰 합리주의 철학자의 기계적인 신을 거부하고 낭만주의의 인간적인 신을 찾게 되었다. 마호메트 제국이 무너졌을 때 유대인은 이미 신앙에의 회귀라는 과도기를 넘고 있었다. 이것이 유럽의 게토의 유대인에게 있어서 하나의 지주(支柱)가 되었던 것이다. 합리주의적인 사상뿐이었더라면 그들은 스스로 목을 매달아버렸을지도 모른다. 이사야가 예언한 바와 같이 그들은 인류를 같은 동포로 삼는다는 웅대한 환상을 펭개쳤을지도 모른다.

유다 할레비라는 신인의 생애는 이성주의에서 로맨티시즘으로 옮아가는 이런 변모를 상징하고 있다. 그와 동시에 이슬람 제국의 우대인의 생활양도 보여 주고 있다. 유다는 1075년에 스페인의 톨레도에서 태어났다. 부유했던 그의 부모는 유다를 최고의 학교에서 교육시켰다. 그는 거기서 해석학, 문법, 아랍어, 천문학, 시 등을 배웠다. 그 뒤 탈무드를 연구하기 위해서 남부 스페인에 있는 르세나의 유명한 예시바로 갔다. 르세나는 유대인이 세운 도시라고 전해지고 있는데 실상 거기에는 학문을 연구하기 위해서 많은 유대인이 모여 있었으므로 '유대인의 도시'라고도 불리는 곳이다. 할레비는 24세에 이미 소문난 명의(名醫)로서 출세한 사람이다. 그는 톨레도에서도 문벌이 좋은 집안의 딸과 결혼하였으며 명망도 높고 재산도 넉넉한 데다 덕(德)까지 고루 갖추고 있었다.

그러나 헬레비의 마음속에는 막연한 정열 같은 것이 깃들어 있어서 그는 항상 고민했다. 자신을 표현하고 싶다는 욕구, 자기 자신을 바로 찾고 싶은 갈망이 있었던 것이다. 마치 폴 고갱이 은행가로서의 직업을 버리고 처자마저 내버려 둔 채 타히티 섬을 찾아가 그림을 그린 것처럼 할레비 역시 의사를 그만두고 처자를 버린 채 방랑 시인이 되었던 것이다. 그는 스페인을 두루 돌아다니면서 귀를 기울이는 사람들을 위해서 노래를 지어 읊조렸다. 그는 코르도바에도 갔다. 코르도바는 이를테면 당시의 파리라고 할 만한 도시였다. 할레비는 이 도덕이 문란한 향락의 국제도시, 악과 덕, 미망(迷妄)과 지성의 도시에 머물기로 했다. 그는 환락의 몸을 내맡긴 채 거기서 위안을 찾고 오마르 하이얌이 지은 '르바이야트'나 셰익스피어의 14행시를 연상케 하는 시를 썼다.

잠에서 깨어나라. 사랑스런 이여,
갓 깨어난 얼굴빛을 보여다오.

꿈속에서 그대에게 입맞춘 이가 있거든,
내 해몽해 주리, 그 꿈을.

그러나, 감각적인 희열에는 곧 싫증을 느꼈다. 그의 의식은 시나 연애보다 더 깊은 곳을 더듬고 있었다. 그는 유대교와 유대인의 역할이 무엇인가 하는 물음에 마음을 빼앗기고 있었던 것이다. '연애시인'은 '신을 노래하는 시인'으로 탈바꿈했다.

하나님, 당신 곁을 떠나면
나는 살아 있으면서도 죽은 것이옵니다.
하지만, 당신 곁에 있으면
죽음 속에서라도 살아 있을 수가 있습니다.

로맨틱한 시를 쓰는데 열중했던 그는 이성으로써 마음을 침체하게 해서는 안 된다고 경고하고 있었다.

그리하여 그리스의 지혜에 속지 말아라.
그것은 열매를 맺을 수 없고, 있는 것 그저 꽃뿐인 걸.

19세기 유대인의 민족주의는 할레비의 위대한 철학적인 시, ≪욥기≫에 견주어 쓴 ≪하 쿠자리≫에 예시되어 있다. 이 작품의 주제는 유대 민족사에 나오는 어떤 경이적인 이야기를 둘러싸고 전개된다. 그 이야기는 만일 그가 그 작품 속에서 부여하고 있는 확증이 없다면 한갓 지어낸 이야기로 처리되고 말았을 것이다.

그런데 그 이야기로 말하면 때는 740년 볼가와 돈 두 강을 사이에 둔 카스피해의 서해안에 살고 있던 카자르 왕국의 타타르 족에 관한 것이다. 그들은 그리스어를 사용하며, 그리스도교와 이교를 반반씩 섞어 놓은 듯한 종교를 가지고 있었지만 부란 왕의 끈질긴 권유로 유대교로 개종했다. 그렇다고 해서 타타르 족의 습관이나 성격이 달라진 것은 아니다. 그들은 대초원의 무서운 장수들로서 페르시아나 비잔틴인에게도 무서운 존재였다. 키에브의 군주들은 해마다 조공을 바치며 우호관계를 맺으려고 애썼다.

카자르의 지배는 250년이나 계속되었으나 부득이한 일로 약골의 왕을 모시게 되었다. 그 때의 키에브왕은 억센 임금이었다. 969년 키에브의 스비아토슬라브 공(公)은 카자르를 쳐부수고 그가 건국 중이던 새로운 러시아 나라에 카자르의 영토를 병합해 버렸다. 스비아토슬라브의 어머니니인 올가는 두 번이나 그리스도교로 개종했다. 그것이 관례였다고 주장하는 학자가 있는가 하면 콘스탄티노플로 두 차례나 즐거운 여행을 하기 위한 구실이었다는 의견도 있다. 어쨌든 두 모자(母子)는 다같이 그리스도교에 개종하는 일을 귀족의 특권으로 생각하고 있었기 때문에 러시아의 농민은 개종할 수 없었다. 스비아토슬라브의 뒤를 계승한 블라디미르는 생각이 달라서 누구에게나 평등하게 그리스도교를 허용했으므로 이를 고맙게 여긴 그리스도교회는 블라디미르를 성인(聖人)으로 모셨다. 그리하여 일찍이 유대교였던 카자르 왕국도 러시아의 일부가 되어 러시아 정교(正校)의 의식에 따라 성호를 긋게 되었다.

이 카자르 왕국이 유대교로 개종한 것이 할레비 시(詩)의 주제이다. 새로운 종교를 찾고 있던 불란왕은 마호메트교도와 그리스도교도가 서로 자신들의 신앙에 관해서 논의하는 것을 들었다. 그는 이 두 사람이 유대교가 그들 종교의 모태(母胎)라는 말을 듣고 관심이 쏠렸다. 곧장 유대인 학자를 불러 물었더니 이 유대인 학자는 유대교는 어느 한 사람에게 계시된 가르침이 아니라 신이 시나이 산에 모여 있던 60만 명의 유대인 앞에 모습을 나타내고 '토라'를 내어주었다고 하는 역사적인 사건에서 비롯된 가르침이라고 설명했다. 그것은 완결적(完結的), 최종적인 것으로서 그 자리에서 그들에게 내린 종교라고 그 학자는 말했다. 유대교의 성장은 개인에게 차례로 내린 계시에 의해서 촉진되고 있는 것이 아니라 인간과 신이 만났던 그 때의 경험에 의해서 성립된 것이며 신은 어디에나 현존해 있지만 신의 불가시적인 존재는 신의 도성 예루살렘 이외에는 없다고 말했다. 이 학자는 불란을 개종시킨 뒤 예루살렘으로 향했다.

—작자인 할레비는 이렇게 적고 있다.

할레비는 이같은 자기 견해에 아주 유혹되기라도 한 것처럼 예루살렘으로 향했다. 그가 다마스코스로 가기까지의 자취는 알려져 있지만 그 뒤의 일은 전혀 알 길이 없다.

할레비의 생애는 이슬람 문명 속에서 살았던 유대인의 운명을 상징하고 있는 것일까? 유대인은 할레비처럼 탈무드를 배웠으며 얼마 안 가서 새로운 직업을 얻어 부유해지고 명성도 얻었다. 그는 환락에 몸을 맡기기도 하고 합리주의에 몰두하기도 했다. 그러나 마침내는 그도 역시 할레비처럼 이성주의를 버리고 신앙을 선택하여 토라로 귀의했다. 할레비는 유대교 정신의 성(城)이라고 할 수 있는 예루살렘으로 신의 불가시적(不可視的) 존재를 모시고 있다는 예루살렘에 다다랐던 것일까? 유대인은 예루살렘에 도착했는가, 아니면 할레비의 운명처럼 그들도 도중에서 소식이 끊긴 것일까?

할레비의 신과의 '사회계약'이란 생각은 유대인의 상상력을 포착함으로써 유대인의 상상력을 생생하게 키워주었고 살아남기 위한 힘으로 발전했다. 유대인의 운명은 예루살렘에서 성취해야 한다는 새로운 사상이 사람들의 마음을 휘어잡았다. 새로운 '유대사관(史觀)'이 새로운 유대사를 형성하기에 이르렀던 것이다.

17. 유대주의 개혁운동의 대두와 쇠퇴

이슬람 시대에, 한때 종교 사상의 분열로 유대교는 산산조각이 날 뻔했다. 그것은 가톨릭교회와 프로테스탄트교회의 분열과 너무나 흡사했다. 탈무드의 지혜와 헬레니즘의 합리주의와 마호메트교의 관용이 한데 어울려 유대인의 문학을 낳고, 또한 번영을 가져왔다. 그러나 유대인 사이의 정신적인 조화는 이루지 못했다. 랍비들을 거부하여 들고일어난 카라이트파의 반항은 8세기에 대두하였다가 완전히 붕괴된 때가 15세기였기 때문이다. 이 카라이트파의 반항이 16세기의 프로테스탄트의 반역과 너무나 흡사해서 가톨릭은 종교개혁의 시대에 프레테스탄트에게 '카라이트파'라고 별명을 붙일 정도였다.

후스의 분형(焚刑: 1415년)과 사보나롤라의 분형(1498년)이 종교개혁의 지도자 루터를 등장케 한 선구가 되었지만 유대인에 의한 거짓 메시아의 잔혹한 죽음(710년과 740년)은 카라이즘의 지도자 아난 벤 데이비드의 등장을 예고했던 것이다. 프로테스탄트와 카라이트파의 반항의 주된 요인은 비슷했으면서도 그들의 걸어간 길은 설로 달랐다. 가톨릭교회의 반동개혁은 그리스도교회의 마지막 분열을 막는 데는 주효(奏効)하지 못했지만 유대인의 랍비들은 유대교의 결정적인 분열을 피하기 위해서 재빨리 행동했다. 그들은 악폐를 바로잡고 카라이트파의 주장을 무효로 돌리고 나서 그 개혁을 마친 유대교의 이미지를 내세우면서 '무슨 일도 이처럼 소동을 피우느냐?'고 천연스런 얼굴로 물었던 것이다. 그러나 그것은 아슬아슬한 싸움으로써 700년이나 계속된 끝에 카라이트파의 반대는 겨우 소멸되고 전통적인 유대교에 대한 위협이 차츰 물러가게 되었다.

유대교 사상의 대부분이 그러했던 것처럼 카라이즘도 바빌로니아에서 생겨났다. 그것은 도시 유대인에 대한 농촌 유대인의 반항에서 비롯되었다. 도시에서 멀리 떨어진 촌락에 사는 유대인의 생활은 이슬람 시대에 와서도 그 이전에 비해 달라진 점이 거의 없었다. 농촌 사람들에게는 술에 빠진 도시생활에게 필요한, 복잡한 탈무드의 법은 소용이 없었다. 탈무드주의는 도회지의 랍비들이 그들을 '토라'에서 떼어놓으려고 짜낸 술책으로밖에는 보이지 않았다. 그들은 '모세 오경'의 간결함과 성서의 명석한 의미로 돌아가고 싶었다. 지엽적인 해석으로는 만족할 수 없다는 것이다. 칼이즘이란 말은 히브리어의 카라(karab)—즉 성서를 '읽다'에서 파생된 말로서, 문자 그대로 말하면 '성전주의(聖典主義)'로서 '랍비주의' 즉 '율법주의'에 대립되는 것이다.

카라이즘의 발단에 관해서는 온갖 증오와 반감에 뒤덮여 있을 뿐, 사실은 잘 알려져 있지 않다. 카라이즘의 창도자가 나타나기까지는 몇 사람의 '메시야 지원자'가 있었다. '메시야 지원자'란 실패하고 돌아간 메시야의 면류관을 나만은 받으리라고 노렸던 사람들을 가리킨다. 최초의 '메시야 지원자'는 대략 700년경에 나타났지만 이름을 알 수 없다. 신에게서 받은 충고였는지, 아니면 인간에게서 받은 그것이었는지는 몰라도 그는 빗나간 방침에 따라 행동했다. 그는 유대인의 예언자일뿐만 아니라 마호메트교도의 예언자라면서 탈무드로부터 유대인을 해방시키고 코란으로부터 마호메트교도를 해방시킬 '말씀'을 알고 있노라고 공언(公言)했던 것이다. 아랍인과 유대인은 단결했다. 아랍인이 그를 체포하고, 아랍인과 유대인이 그를 이단으로 선언하고 양측이 동석한 법정에서 사형을 선고했다. 이리하여 유대인 판(版) 후스도 끝장이 났다.

그로부터 30년, 740년경의 일이다. 역시 페르시아에서였는데, 두 번째 메시야가 나타났다. 그는 아브 이사라는 옷만드는 사람이었는데 구변이 좋아 군대 지휘에도 탁월한 능력을 갖고 있었다. 아브 이사는 탈무드를 부정하고 랍비의 역할을 부인하면서 유대인은 자기의 깃발 아래 모이라고 외쳤다. 그러나 눈 깜짝할 사이에 만 명이나 되는 유대인으로 구성된 군대가 나타나 그를 예언자다, 구세주다 하면서 추켜세웠다. 이 같은 성공에 눈이 어두워진 그는 판단을 그르쳤다. 신이 도와주리라고 믿어왔던 그는 페르시아인과 아랍인에게 싸움을 걸었다. 이것으로 이 유대인 판(版) 사보나롤라도 끝장이 났다. 그는 끝가지 유대교에 대한 신앙을 고백하면서 죽어갔다.

이와 같이 처음의 두 사람은 실패하고 말았지만 아난 벤 데이비드(740~800)는 성공했다. 그는 유대인판 루터였다. 아난 벤 데이비드는 빈자(貧者) 출신이라는 메시아 지원자의 전통에서 벗어난 자로서 유복한 왕자, 데이비드 왕가의 후손으로서 가오님의 최고 권위자가 될 수 있는 정당한 자격을 갖추고 있었다. 그에게 어떤 일이 일어났었는가 하는 점에 관해서는 완전히 대립·모순되는 두 가지 설이 있는데, 거기에 공통되는 점이라곤 주인공의 이름이 아난 벤 데이비드라는 사실뿐이다. 여기서는 그 두 가지 설을 모두 소개하여, 어느 쪽이 진실에 가깝다고 생각되는지는 독자의 판단에 맡기기로 한다. 그것은 마호메트교도가 프로테스탄트의 루터가 진짜 루터냐, 가톨릭의 루터가 진짜 루터냐 하며 판단을 내리라고 다그치는 것이나 다름없는 착잡한 문제이다.

먼저 랍비파의 설을 보라, 아난의 재기(才氣)가 이단적인 생각에 중독 되어 있다고 본 랍비들은 아난의 멍청한 동생을 가온에 임명했다. 그러나 랍비들이 두려워하고 있던 대로 이에 대한 복수로서 아난은 이단적인 사상을 끄집어내어 유대교 사상을 분열시키려고 했다. 아난 벤 데이비드는 회교도의 왕에게 체포되어 재판에 넘겨져 사형언도를 받았다. 그는 감옥에서 자기와 비슷한 죄를 짓고 사형을 기다리는 마호메트교도를 만났다. 이 마호메트교도는 아난에게 지혜를 알려주었다. '들어보게, 유대교라 해도 여러 가지가 있지 않는가. 대신(大臣)에게 뇌물을 받치고 칼리프 앞에 머리를 조아리며, 내 동생이 한 종교를 다스리고 있는지, 두 종교에 군림하고 있는지 물어보게, 칼리프가 하나라고 대답하면 천만에 나와 동생은 서로 다른 두 종교를 다스리고 있다고 말하게. 그리고, 틈을 주지 말고, 자네의 새로운 신앙과 동생의 신앙이 다르다는 것을 설명하는 걸세.'

그리고 나서 아난은 환상을 보았다. 환상 속에 예언자 엘리야가 나타나 탈무드를 내놓으며 비난하지 말고 사람들을 토라로 돌아오게 하라고 명했던 것이다. 작전은 성공했다. 칼리프는 그를 자유의 몸이 되도록 풀어주었다. 이리하여 카라이즘이 탄생했던 것이다.

카라이트파의 옹호자들은 그런 이야기는 엉터리라며 펄쩍 뛴다. 그들은 아난이 학자들 가운데서도 가장 뛰어났으며, 경건하여 신을 사랑하고 악을 미워한 신중한 사내였다는 것이다. 그는 이스라엘의 외로운 사람들에 의해 가온으로 뽑혔으며 가온으로서의 그는 일찍이 토라가 지녔던 영광을 부활시키려 했던 것이다. 랍비들은 탈무드를 해석하기보다는 토라를 낭독하는 편을 택한 이 정의의 사나이를 두려워했다. 그래서 그들은 아난을 중상하며 칼리프 앞에서 그를 헐뜯었다. 이단자로 사형해 달라고 청원했던 것이다. 그러나 아난의 위대함을 존경하던 칼리프는 아난이야말로 메시아라고 직감하고 당장 그를 자유의 몸이 되게 하였다. 아난은 랍비들이 그가 하는 말을 귀담아듣지도 않을뿐더러 그를 원수로 대하기로 작정했다는 것을 알아차리고 가온의 자리를 내놓았다. 그는 칼리프의 허락을 받아 성지(聖地)로 향하기로 결심했다. 거기에서 토라의 우월함을 역설하여 그의 신앙을 널리 펴게 되었다는 것이다.

이 두 가지 설이 과거와 미래에 어떠한 그림자를 던지고 있었는지를 독자들은 짐작했을 것이다. 약간의 차이는 있지만 이것은 그리스도의 드라마의 재현(再現)인 것이다. 다소의 차이점을 제거한다면 여기에 가톨릭 교회가 루터에게 퍼부었던 비난과 루터가 가톨릭교회에 되돌려보낸 반론(反論)이 있다. 아난의 새로운 종파는 절망에서 솟구어 나온 것일까, 아니면 감옥에 갇혀 있을 때 체험한 계시에서 나온 것일까? 그것은 알 수 없다. 그러나 어느 쪽이든 카라이즘은 200년이 지내는 동안 흩어진 유대인 사회의 각계각층으로 스며들었다.

예수의 가르침과 마찬가지로 아난의 가르침도 제자들의 손으로 기록되어 그의 이름으로 확대되기 전까지는 간결한 것이었다. 제자들에 의하면, 아난은 토라에서 신의 왕국의 도래가 임박했다고 하는 메시아적인 희망을 전하는 복음을 역설한 것으로 되어 있다. 대체로 카라이트파는 탈무드가 억지로 규제하려는 것은 모두 거절했다. 마치 원시 그리스도교 시대에 바울이 바리새파의 가르침을 모두 거부했던 것처럼, 탈무드가 정해 놓은 식이법(食餌法)의 대부분이 폐지되었다. 기도할 때 성서의 어구를 적은 양피지를 넣어 둔 작은 가죽 상자를 사용하던 것도 중지했다. 카라이트파는 의학을 인정하지 않았고 의사에게 향했던 발길도 끊었다. 성서에 '나는 너를 고치는 주'라고 하지 않았던가. 카라레이트파의 이 교리가 크리스천・사이언스의 기초가 되었는지도 모른다.

8세기에 탈무드가 정하는 법을 거절하는 것은 그 나름대로 일리가 있다고 하더라도 기원 전 12세기에 주어진 토라의 문자 그대로의 가르침에 따라 살아간다는 것은 극히 곤란한 일이다. 어느덧 카라이트파는 그들이 살던 당시의 생활과 태고적의 법의 틈바구니에 끼여들게 되었다. 거기서 최초의 미쉬나의 교사들이 한 것처럼 문명적이요, 현실적인 카라이트파 학자들은 성서의 상세한 풀이인 양 '구승율법'을 개발했던 것이다. 그러나 카라이트파에는 핵심적인 교리가 없었기 때문에 개인이 구승율법을 제각기 해석해도 무방하게 되었다. 질서가 없었다. 아난의 후계자인 베냐민 나하벤디가 스승의 사상에 수정을 가하여 이 반항의 종파를 비로소 통일시킨 카라이트 운동을 전개했던 것이다.

랍비들은 처음에 이를 묵살해버리면 카라이즘은 사라지리라고 생각했으나, 예상 밖의 기세로 그것이 확대되는 것을 보고는 경계심을 일으켰다. 그들의 운동을 억제하기 위해서 이론 투쟁을 벌였지만 전혀 보람이 없었다. 카라이즘의 이단사상은 널리 퍼져 나아갔다. 가톨릭교회와 프로테스탄트의 경우와는 달라서 랍비들과 카라이트파가 전쟁을 할 수는 없었다. 만일 그 당시, 유대인이 팔레스타인에 국가를 세우고 살았더라면 전쟁이 일어나 유혈참극을 빚었을까? 유대사의 과거에 있었던 분열, 즉 그리스시대의 친(親)그리스파와 반(反) 그리스파의 대립, 하스몬 조(朝) 시대의 바리새파와 사두개파의 대립, 로마시대의 열심당과 평화당의 대립이 빚은 항쟁을 미루어 생각한다면, 아마도 그 해답은 긍정이겠지만 어쨌든 이 때의 유대인에게는 군대가 없었으므로 단지 카라이트파에 대한 논쟁만이 더욱 격렬해졌을 뿐이다.

랍비파와 카라이트파와의 논쟁은 성자의 풍채를 지니고 마키아벨리의 교활함을 갖춘 학자 사디아 가온의 등장으로 탈무드주의자들에게 유리하도록 전개되었다. 사디아 가온은 최초의 '유대주의의 헬레니즘적 아라비아적 르네상스'의 지식인이었다. 그는 아리스토텔레스 철학을 탈무드에 도입한 최초의 합리주의 철학자였다. 882년 이집트에서 태어난 사디아는 젊은 나이에 바빌로니아에서도 가장 탁월한 예쉬바의 대표자가 되었다. 그는 천성적으로 호전적(好戰的)인 성격을 지니고 있었다. 먼저 카라이트파의 기세를 누르고 계속해서 그들의 운동을 약체화(弱體化) 시킨 것은 바로 이 사디아였다.

사디아 가온은 카라이즘 속에는 뛰어난 점이 상당히 많다는 것을 인정했고 그 종파에 가담하는 사람들의 포부가 어떤 것인지를 이해하게 되었다. 그가 제일 먼저 착수한 일은 성서를 아랍어로 번역하는 일이었다. 그렇게 하면 히브리어를 모르는 유대인이라도 토라에 무엇이 기록되어 있는지 알기 위해 카라이트파 설교사의 도움을 받지 않고도, 스스로 읽을 수 있기 때문이다. 마치 16세기에 루터가 라틴어의 신구약성서를 독일의 구어체로 번역하여 누구나 다 읽을 수 있게 한 것과 같다. 그리고 사디아는 카라이즘의 가장 좋은 교설(敎說)을 탈무드에 추가했다. 그렇게 해놓고 나서 카라이즘에 대한 공격을 개시했는데 그것은 너무나도 재기(才氣)에 넘치는 압도적인 공격이었다.

바로 눈앞에서 자신들의 운동을 가로채는 것을 본 카라이트는 똑같은 방법으로 싸우기로 했다. 그들은 먼저 자신의 체계를 개혁했다. 아주 뛰어난 학자 몇 사람이 나섬으로써 인심을 선동하는 운동에 가담하는 사람이 늘어났다. 이 학자들은 히브리어를 과학적으로 연구하여 히브리어학을 고돌 발달시켜 바울이 그리스도교에의 입문(入門)을 수월하게 한 것처럼, 카라이트파도 입문자격(入門資格)에 관대한 기준을 적용하기로 했다. 랍비파는 열심히 히브리어를 연구할 뿐만 아니라 훌륭한 문법서를 만들어 성서를 더욱 읽기 쉽게 하고 법에 대한 해석도 그 이전보다 더 융통성 있게 조처했다. 14세기에는 이미 시대의 흐름이 카라이트파에 대해서 냉담해졌다. 18세기에는 한때 유대교를 온통 삼켜버릴 것처럼 기세가 높았던 이 운동도 거의 사라져 버렸다. 오늘날에는 마치 역사가 소화(消化)해서 남겨놓은 것처럼 리투아니아와 크리미아에 겨우 만 명 정도, 그리고 이스라엘에 2,000명 가량의 신도가 각각 남아 있는 형편이다.

카라이트파의 운동은 무용한 것은 아니다. 그것은 역사의 어느 시점에서 탈무드주의가 침체하는 것을 방지했던 것이다. 그것은 탈무드주의가 자신의 정교(精巧)함에 마음이 사로잡혀 있을 뿐만 아니라, 현실생활과의 관계를 다시 되찾으려 하는 움직임을 촉구했던 것이다. 그것은 뜻있는 경험이었다. 유대교는 폐쇄적인 입장을 버리고, 새로운 사상을 정면으로 대함으로써 자신을 방위하는 길을 배웠다. 유대인은 사상을 정면으로 대함으로써 자신을 방위하는 길을 배웠다. 유대인은 이런 경험을 통해서 두 가지 사실을 배웠다. 유대인은 이런 경험을 통해서 두 자기 사실을 배웠다. 완전한 자유는 무질서이지만 전적인 순종 뒤에 오는 것은 죽음뿐이라고.

이로써 이슬람 제국 시대의 유대인에 관한 이야기는 마치고자 한다. 운명에 의해서 뿌려진 이야기의 씨앗은 장려(壯麗)한 성장을 이루고 지성으로써 배양되었다. 그리고 또한 운명의 손으로 매장되었다. 15세기에는 이미 동방 유대인의 생활이 서유럽으로 이동되었다. 그것은 유대인의 통로가 게토로 통하게 된 역사의 분기점이기도 했다. 그러나, 여기서 마호메트 시대의 유대사를 뒤로하고, 로마제국이 붕괴한 뒤의 6세기의 유럽으로 돌아가기 전에, 사막에서 저 찬란하고도 개명한 문화를 탄생시킨 훌륭한 아랍에 관해서 부언하고자 한다.

마호메트 제국은 확실히 멸망해 버렸지만, 그것을 이룩한 인간적인 요소는 오늘날까지도 살아 있다. 아랍문명은 다른 나라를 약탈하고 그 위에 구축된 것이 아니며, 다른 민족의 능력을 밟아 뭉개고 이룩한 것도 아니었다. 그것은 그들 자신의 깊은 창조력의 샘에서 솟아 나온 것이다. 아랍인과 유대인은 700년 동안 평화롭게, 서로 존경하면서 공존했다.

오늘날, 아랍 세계에 사는 유대인이 지극히 비참한 처지에 놓여 있다고 하더라도 그것은 아랍인이 유대인을 그러한 상황에 몰아넣은 것이 아니다. 그러한 정황은 그 뒤에 밀어닥친 정복자들에 의해서 유대인과 아랍인 모두에 대해 똑같이 비려놓은 것이다.

지금 아랍 세계는 잠에서 깨어나고 있다. 아랍인의 역사의 흐름에 밀려났던 밑바닥에서 부상(浮上)하기 위해 아랍인이 유대인을 이용하고 있더라도 그들이 동일한 무력 외교에 의존하고 있는 다른 나라들보다도 지나치게 지탄받아야 할 까닭은 없다. 유대인 지도자가 자신의 국가 이익이라는 측면에서 생각하더라도 과거에 그러했던 것처럼 우호관계를 맺고 정당한 목적을 달성할 수 있다고 아랍 지도자를 설득하는 것은 있을 수 있는 일이다. 세심한 정치적 배려를 통해서 현재의 이스라엘과 아랍의 긴장을 완화시킬 수는 있다. 긴장의 원인은 뿌리깊은 인종적 적대심이나 종교적 대립이 아니기 때문이다. 일시적인 정치 문제가 원인이 되었던 것이다. 역사는 유대인과 아랍인이 싸우지 않고 서로 협조하면서 공존할 수 있다는 것을 보여 주고 있다.

Ⅵ. 왕후(王侯)와 황색의 별

—개종이라는 간단한 몸짓(처신)만으로도 유대인은 자신을 게토 따위에 갇히지 않고 살아갈 수 있었다. 그러나, 그 간단한 몸짓 대신 치욕의 노랑색 별을 선택했던 것이다. 그리고 그들은 중세의 왕후(王侯)에게 있어서 다른 무엇으로도 대신할 수 없는 존재였던 것이다. 왜냐하면, 저 암흑의 시대에 오히려 학문의 횃불을 끄지 않고 진취적인 기상을 잃지 않았던 것은 유대인뿐이었기 때문이다.

중 세

그리스도교도 기원 500년~1500년
유대인 기원 500년~1800년

유럽역사	연대	유대역사
로마의 붕괴. 오스트로고트족의 이태리 침입. 비시고트족 스페인 침입. 프랑크족과 부르고뉴족 프랑스 침입. 서쪽 만족(蠻族)의 그리스도교화(教化). 암흑 시대. 봉건제, 유럽 정착. 구원의 시대.	500A. D. ~800	많은 유대인이 스페인에서 강제로 개종됨. 이태리, 프랑스, 독일에 거주하도록 권유받음. 도시의 건설과 상업의 발달에 협력을 요청 받음. 유럽의 중산 계급이 됨.
샤를르마뉴, 유럽의 중심지대를 통합. 프랑크 왕국의 성립. 교황의 속권(俗權) 획득. 바이킹의 침입. 중앙집권정부의 붕괴. 암흑시대는 어둠이 짙어지다. 구원의 사상 다시 크게 일어나다.	800~900	샤를르마뉴가 유대인을 초청함. 유대인의 유럽에 있어서의 대 상업 조직 확립. 최초의 유대 신비주의 저작.
동유럽 및 북유럽의 그리스도교화(教化). 윌리암 1세 정복 왕의 영국 침략. 암흑시대 빛이 비추기 시작. 신성 로마 제국의 성립. 구원의 사상 변함이 없다.	900 ~1100	유대인은 윌리함 1세와 함께 영국에 가다. 금융업 융성. 구라파의 은행가가 되다. 그리스 시대 저작의 번역 계속됨. 유럽 최고의 교육정도를 지니고 있음.
십자군의 2세기. 로마・가톨릭 십자군, 그리스정교의 콘스탄티노플 함락. 알비죠아파의 이단설. 제 4회 라테란 공의회. 유럽 최초의 대학 창설. 구원의 사상, 변함이 없음.	1100 ~1300	십자군이 통과하여 유대인은 라인란트를 떠남. 자유스런 폴란드에 정착, 그곳 경제를 발전시킴. 최초의 '제의살인(祭儀殺人)'이란 중상과 '성찬식 빵의 모독'이란 중상을 퍼뜨림. 최초로 탈무드 분서(焚書). 유대인, 영국에서 추방. 신비주의 '조하르' 저작됨.

문예 부흥의 시대. 새로운 휴매니즘 의 형성. 새로 이단설이 몇 개 나타나 교회를 괴롭힘. 상업주의 성장. 중산계급의 권력 증가, 봉건제도 붕괴의 조짐. 구원시대 종언.	1300 ~1500	프랑스의 유대인 추방(1400), 스페인 및 포르투갈에서 추방(1500). 박해는 경제적인 이유에 동기가 됨. 서유럽에서는 유대인의 상업적 관심이 약화되고, 동유럽에서는 고조됨. 신비사상의 저작은 형이상적인 성격을 띰.
문예부흥기의 종언. 종교개혁의 시대. 종교전쟁의 세기. 반동 종교 개혁 웨스트팔리아 조약 체결. 국가주의적 국가의 대두. 시민층 세력의 성장. 과학의 발견이 유럽의 사상을 재형성함.	1500 ~1700	이태리 독일, 중앙 유럽에서 유대인을 게토로 몰아 넣었다. 러시아에 정착. '거주지의 울타리' 제정. 신비주의(카발라)의 저작. 삽바타이 제비운동. 유대인의 영국, 폴란드, 프랑스에 재입국이 용인됨. 궁정 유대인 출현. 프랑크파의 이단설 하시디즘의 대두. 유대교 학문의 퇴폐. 심리적 반(反) 유대교 탄생
러시아 및 프로샤, 강대국으로 대두. 폴란드의 분할. 루소의 '사회계약론'이 새로운 국가 개념의 기초를 형성. 루이 16세 쓰러짐. 프랑스 혁명이 유럽을 동요시킴. 나폴레옹 권력을 장악. 산업주의 시대.	1700 ~1800	

18. 십자군과 르네상스 및 종교개혁

구제의 시대

그리스도교 역사를 연구하는 학자에게 있어서 중세의 유대사는 봉건 시대라는 갖가지 색깔로 이루어진 피륙의 무늬 속에 얽혀들어 거의 식별할 수 없는 한 가닥의 실에 불과하다. 유대 민족의 역사를 연구하는 학자의 눈에는 이 실이 유대인의 목을 죄어 숨막히게 하는 것처럼 비칠 것이다.

그런데, 오늘날에 와서 우리가 본다면 중세 유대역사는 여러 가지 색실로 된 한 가닥의 실로서, 그것이 전체의 디자인 속에 어우러져 있는 것으로 비춘다. 역사의 전체상(全體像)을 이해하지 못하면, 유대사는 무의미한 사건의 나열로서, 뚜렷한 의미도 동기도 없는 하찮은 박해의 역사가 되어 버릴 것이다. 그러나, 전체상(全體像)을 포착할 수 있다면 종교적인 요인, 경제적인 요인, 그리고 심리적인 요인이 얽혀서 형성되어져 있는 성좌(聖座)와 같은 것이 뚜렷이 되어 보일 것이다. 중세의 유대사에는 그리스도교사와는 정반대의 방향으로 움직이는 경향이 나타난다. 그리스도교도의 운명이 내리막길을 달리면 유대의 그것은 오르막길에 들어서고, 그리스도교도에게 운이 트이면 유대인의 그것은 벽에 부닥치곤 했다.

중세의 세계는 유대인에게 서로 중첩되는 세 가지 태도를 보여왔다. 최초의 것은 6세기에 뚜렷한 모습을 들어내기 시작하여 11세기에는 사라져 갔다. 두 번째의 것은 십자군 시대의 2세기와 르네상스 시대의 2세기에 걸쳐 나타났다. 세 번째의 것은 종교개혁 무렵에 나타나 1500년에서 1800년까지 3세기에 걸쳐 존재했다. 유대교 대(對) 그리스도교라는 드라마를 역사적 배경으로 삼고 이 세 가지 태도를 검토해 보고자 한다.

폼페이우스가 유대를 정복한 뒤로는 유대인과 로마인은 끊을래야 끊을 수 없는 관계에 놓이게 되었다. 흰 독수리의 깃발을 쳐든 로마군의 뒤에는 자유경쟁 경제의 표지(標識)를 내세운 유대인이 따랐다. 유대인은 기원전 2세기에는 이미 이태리, 기원전 1세기에는 프랑스에, 그로부터 100년 뒤에는 스페인에 이르렀다. 기원 3세기에는 북쪽으로 독일의 케른까지 진출했다. 만족(蠻族)이 동쪽에서 서유럽으로 침입해 왔을 때, 유대인은 이미 수세기에 걸쳐 거기에서 살고 있었던 것이다.

6세기에 이르자 오스트로고트, 뷔시고트, 반달, 훈, 프랑크, 부르군드 등 각 만족의 파괴적인 행위도 거의 그쳐 가고 있었다. 무지(無知)가 판치고 인권 따위는 온데간데없었으며 빈곤이 전반적인 상황을 이루고 있었다. 대체로 말해서 8세기말경에 현재 이태리, 프랑스, 스페인, 독일 등의 이름으로 알려진 유럽의 여러 왕국이 대두했다. 그 권력 구조에 변동이 일어나는 경우는 있었지만 11세기에는 이 네 나라가 다시 영국까지 합쳐서 1500년까지 유럽의 중추적인 존재로 군림했었다.

오스트로고트는 이태리에 정착하여 기적직이게도 테오드리크와 같은 훌륭한 대왕을 세웠으며 그 대왕이 나라를 혼란에서 구해냈던 것이다. 뷔시고트는 약탈을 자행하면서 스페인으로 진군하여 거기에 왕국을 세웠으나 레카레드 왕 치하의 587년, 그들은 그리스도교로 개종했다. 반달족은 닥치는 대로 약탈을 일삼으면서 프랑스로 향했다. 가는 도중에 그들은 식량이 될 만한 것은 무엇이나 먹으면서 강간을 자행했고 팔 수 있는 것은 모두 팔아 버리고 남은 것은 깡그리 파괴했다. 그들은 겨우 북아프리카에 초라한 왕국을 세웠지만, 다행하게도 600년에 종말을 고했다. 반달족은 프랑스인과 부르군드

족을 합쳐 프랑크 왕국을 세우고 5세기말 클로비스 왕 때 가톨릭으로 개종했다. 독일에는 훈족, 슬래브인, 알라마니인, 프리슬랜드인, 잭슨인, 바발리아인 등이 뒤섞여 살고 있었다. 남부 독일은 600년경에 대체로 그리스도교로 돌았으나, 700년경에는 옛날로 되돌아갔다가 800년에 와서 다시 재(再)세례가 행해졌다. 그리하여 샤를르마뉴란 이름으로 알려진 '칼 대제', 즉 육척 거구의 사나이, 라틴어를 유창하게 구사하며 그리스어에 능통하고 다만 글씨는 못 썼지만 예술과 과학을 장려하여 유대인을 격려한 저 진보적인 왕 칼 대제가 유럽의 중심지대를 하나의 왕국으로 통일한 것이 바로 이 무렵이었다. 800년의 크리스마스, 붉은 얼굴에 긴 수염이 달린 샤를르마뉴의 대관식(戴冠式)이 거행되어 교황이 그 앞에서 무릎을 끓고 경의를 표했던 것이다. 이것이 카이자르의 재현이었던 것일까. 결코 그런 것은 아니었던 것 같다. 샤를르마뉴가 정교하게 구축한 제국은 그의 뒤를 계승한 경건하고 오만한, 그리고 허영심이 강한 자손들의 꼴사나운 정치로 인해서 맥없이 무너지고 말았다.

그 무렵, 유럽은 또다시 재난에 휩싸였다. 만족이 재차 침입해 왔던 것이다. 북방에 있는 스칸디나비아의 안개를 헤치고 기괴한 갑옷을 두른 장정들이 맹수와 같은 모양의 배를 타고 들이닥쳤던 것이다. 배를 젓는 사람들은 바다의 사나이 바이킹들로서 이들을 약탈밖에 몰랐다. 스케국크스[1]와 스크라마삭스[2]로 무장하여 그들은 유럽을 쳐서 약탈했다. 억센 솜씨로 유대인이든 비유대인이든 가리지 않고 살육하고 사원과 교회를 마구 파괴했다. 그런가 하면 모습을 나타냈을 때처럼 홀연히 자취를 감추어 버린다. 드디어 승복 차림의 수도사들이 그리스도의 십자가를 스칸디나비아의 톱니 모양으로 된 해안으로 가져갔던 것이다.

---

1) skeggΦx-날카로운 날이 선 갈고리 모양의 도끼로서 배에 걸어두고 배를 끌거나 사람의 머리를 가르기에 알맞게 생겼다.

2) Seramasax 한쪽만 날이 있는 칼. 룬 문자로 주문이 새겨져 있다.

처음엔 그리스도교가 남유럽과 서유럽에 전파되었지만, 이번에는 동쪽과 북쪽에도 전파되었던 것이다. 10세기 초엽에는 이미 현재의 폴란드, 보헤미아, 불가리아, 러시아 지역에 그리스도교가 뿌리를 내리고 있었다. 10세기 말에는 북부 독일, 덴마크, 스웨덴, 노르웨이 그리고 아이슬란드로까지 확대되었다. 유럽에서 맨 마지막으로 그리스도교화 된 곳은 핀란드와 리투아니아였다. 스웨덴의 포교자가 핀랜드인을 개종시키기 위해서 선교사가 1세기에 걸쳐 선교를 계속했지만 그 노력도 보람없이 언제나 공기의 신(神)우코의 마력이 스웨덴 군대를 핀란드의 늪에 빠뜨려 버리곤 했다. 그러나 결국 기적이 마력을 이겨냈다. 1155년의 일이었지만, 성스러운 호수라는 뜻의 피하야르비 호(湖)에서 핀랜드인은 물에 던져져 강제로 세례를 받았다. 이 의식(儀式)에서 핀랜드인은 익사해 버렸지만 그들의 혼은 구원받았다고 할 수 있다. 이것을 보고 우코는 달아나 버렸다. 그리고 살아 남은 핀란드인은 그리스도교로 개종했으나 그와 동시에 그들은 스웨덴 영주들의 노예가 되었다.

리투아니아는 1250년에 튜톤 무사단(武士團) 십자군으로부터 자신을 방어한다는 정치적인 이유에서 그리스도교로 개종했지만 그 뒤 10년이 지나자 다시 원래의 이교도로 돌아갔다. 두 번째 개종한 것은 그로부터 1세기 뒤의 일인데, 이교도였던 리투아니아 대공(大公)인 야기엘로가 로마 가톨릭교의 폴란드 여왕 야드비가와 결혼하게 되면서 이 두 나라의 귀족들이 차츰 그리스도교로 동화되어 갔다. 거기에 이어 리투아니아의 민중 가운데도 서서히 그리스도교가 침투해 들어갔다.

10세기에는 그리스도교에 개종하는 자가 대단한 기세로 불어났지만 이 시대는 유럽 암흑시대의 밑바닥이기도 했다. 12세기까지 유럽 대륙에는 대학이라곤 단 하나도 없었다. 6세기의 저 무지몽매한 인지(人智)는 어느덧 깊이 가라앉은 무감각 상태가 되었고 인간의 권리 같은 것은 교회나 국가에 대한 범죄로 간주되었으며, 빈곤은 극도에 달하여 비루할 정도였다. 그것은 영혼의 근원만을 문제 삼았던 시대였다. 기원 1000년이라는 해는 유대인에게나 비유대인에게 있어서 일종의 전환점이었지만 그 전환의 방향은 정반대였다.

유대인은 놀라운 행운을 입어 중세의 제 1기에 보였던 일반적인 황폐를 면했다. 확실히 그 4세기 동안에 피살된 유대인의 수는 많았으므로 유대 역사에 관해서 통계만을 수집하고 있는 사람들에게는 이 시대야말로 억압적인 것으로 보일 것이다. 그러나, 몬테뉴의 경구(驚句)를 끌어내어 그들을 위로하기로 하자. '우리의 친구가 겪는 불행에는 어딘가 불쾌하지 않은 데도 있다.'—, 가령 만족이 침입하기 이전의 로마는 인구가 100만 명이었으나, 잇달아 쳐들어온 만족의 약탈을 당하고 나서는 인구가 겨우 5만으로 줄어들었던 것이다. 고트족이나 반달족이나 프랑크족이나 바이킹이나 모두 그들이 그리스도교도가 되기까지는 살해한 상대방의 종교에 대해서는 일체 개의치 않았다.

이태리에서는 데오도리크 대왕(454~526)이 그의 영토 안에 있는 모든 도시에 유대인을 불러들여 거기에서 정착하도록 권했다. 로마, 나폴리, 밀라노, 그리고 그의 새 도시 라벤나로 불러들였던 것이다. 그들은 상인이요, 은행가요, 재판관이요, 농부요, 보석상이요, 직공들이었다.

이태리에 거주하고 있던 유대인 가운데서도 아브라함이나 모세의 후예는 약 3분의 2정도였고, 아마도 3분의 1은 로물루스와 레무스의 후예들일 것이다. 기원 100년경의 옛날이 유대교로 개종한 이교도가 그들의 선조였기 때문이다.

프랑스나 독일에서도 사정은 비슷했다. 샤를르마뉴는 유대인이 세계 각처로부터 그의 제국으로 모여들도록 장려했다. 그는 유대인에게 산업을 개발하여 상업을 발전시켜 주기를 기대하고 있었으므로 도시에서 거주하기를 원했다. 그리고 유대인에게는 자유로운 자치(自治)를 허락했다. 많은 유대인이 왕의 궁정에서 고관직으로 올라앉아 특히 외교분야에서 눈부신 활약을 하였다. 유대인에게 왜 그처럼 특별한 대우를 했던가? 그 이유는 간단하다. 봉건제도는 다만 세 종류의 사회계층밖에 인정하지 않았다. 11세기의 어느 현자(賢者)의 말을 빌린다면, 그것은 '전쟁을 하는 귀족과 기도를 드리는 승려와 일하는 농노'만의 사회였다. 시민이라든가 상인계급이라는 것은 존재하지 않았다. 유대인이 바로 그것을 메우는 소임을 담당하게 되었던 것이다.

스페인의 경우는 초기의 정황이 조금 달랐다. 레카레드 왕은 새 개종자답게 맹렬하고 열광적으로 백성들에게 칼의 힘을 빌려 가차없이 개종을 다그쳤다. 비시코트가 개종했을 뿐만 아니라 숱한 유대인까지도 개종시켜 버리려고 극성을 부렸다. 회교도가 스페인을 정복하고 모든 사람에게 신앙의 자유를 부여했을 때, 강제로 개종된 유대인의 상당수가 완전히 유대교로 돌아올 리는 없었다. 이들 '숨은 유대인'은 이를테면 국제인이 되어 대신(大臣)이나 대공(大公)의 궁정에 출입하면서 자신에 넘쳐 의젓하게 살아가고 있었다. 그들은 대신이나 대공 집안의 사위가 되기도 했다. 그들이 바로 훗날에 스페인이 안게 된 가장 골치 아픈 문제가 되었던 존재인 것이다. 그 문제는 마침내 15세기말에 폭발하여 뼈아픈 결과를 빚었다.

이와 같이 살펴보면, 봉건시대 초기의 유대사를 형성한 경세에는 처음부터 두 가지 역설이 내포되어 있었음을 알 수 있다. 그리스도교 전체를 바라보더라도 비 그리스도교도로 남아 있었던 것은 유대인뿐이었다는 점, 그리고 그뿐인가, 아이러니컬하게도 그리스도교도가 봉건체제 속에 갇히어 유폐(幽閉) 당한 데 반해서 유대인은 그 밖에서 자유롭게 살아갔다는 점이다.

다른 이교도가 강제로 개종되거나 살해되었는데도 어째서 유대인은 개종을 강요받지도 않고 살해당하지도 않았던가. 어째서 특별한 대우를 받았던가. 그리스도 교회는 그들을 보호했는가.

교회는 그 자체의 논리를 지닌 채 이 역설적인 정황을 빚어냈던 것이다. 중세의 문화는 종교를 그 중심에 두고 있었기 때문에 유대인이 그리스도교도가 되는 것이 중요한 일이었다. 유대인이 유대인이었던 예수를 시인하지 않는다고 하면, 교회로서는 예수가 보편적인 신성함을 지닌다고 주장하기가 어려워진다.

처음에는 유대인에게 그리스도교를 받아들이도록 하기 위한 수단으로서 그들에 대한 회유책(懷柔策)을 써보았다. 그러나, 유대인은 개종하려는 낌새를 보이지 않았다. 교회는 당황했다. 유대인을 그저 무시하는 것만으로는 예수가 보편적인 의미에서 신성할 수는 없다는 것을 암암리에 인정하는 셈이 되어 버린다. 그것은 예수와 같은 출신인 유대인을 다른 이교도에게 한 것처럼 살해한다면, 유대인이 결국 그리스도는 신이라고 인정했다고 교회가 공언(公言)할 수도 없게 될 것이다. 유럽의 유대인은 이처럼 미묘한 존재였다. 그들을 개종하도록 할 수도 없는가 하면 살해할 수도 없었던 것이다. 여기에서, 유대교가 그리스도교도의 신앙에 의혹을 품는 일이 있어서는 안 된다는 이유에서 유대인을 봉건체제의 울타리밖에 놓아두게 되었다. 교회는 이런 방법을 취함으로써 자신의 교도를 유폐시키고 유대인을 자유롭게 해주는 것이 된다는 점을 미처 생각하지 못했다.

이 시대의 유대인을 대상으로 한 어떤 법률은 별로 신기한 것이 아니었다. 그것들은 실제로는 구약성서와 탈무드가 비유대인을 대상으로 해서 정한 법에 준하여 제정한 것이었다. 옛 유대교의 법에 따르면 비유대인은 이스라엘의 왕이 될 수 없으며 또한 유대인을 지배할 수 있는 지위에 오를 수도 없다고 되어 있다. 팔레스타인의 법은 유대인과 그리스인의 혼합이 지나치게 극단으로 흐르는 것을 방지하려는 뜻에서 유대인이 비유대인에게 토지를 팔지 못하도록 금하고 있다. 그리스도교도도 유대인에 대하여 이 같은 법을 제정했던 것이다. 그러한 법의 옳고 그름을 오늘의 기준으로 따져 보더라도 아무

소용이 없다. 그것들은 다만 그 당시의 사회를 반영하는 것이라고 말할 수밖에 없다.

중세 초기의 유대사를 순교의 역사라는 틀 속에 집어넣으려고 하는 사람들에게는 쓸모 있는 자료가 별로 없다. 콘스탄티누스나 데오도시우스나 유스티니아누스가 제정한 것 같은, 가끔 유대인을 상대로 발포했던 차별법령은 대개 파기되는 경우가 많았다. 역사를 마음대로 몰아갈 듯이 행동하던, 참을성 없는 자들은 여기저기서 걸핏하면 유대인 추방법을 발표했다. 그러나, 봉건사회는 아직 상인계급을 출현시킬 단계에 이르지 못했다는 사정 때문에 유대인은 결국 사죄를 받고 다시 불러들여지게 되었던 것이다. 이와 같은 예외적인 차별법이 교회의 공식적인 방침이었던 것은 아니다. 그것은 아메리카 합중국의 공식 방침에 흑인에 대한 린치가 포함되어 있지 않다는 것과 마찬가지의 얘기다. 교황 그레고리 1세가 유대인을 강제로 개종시켜서는 안 된다는 명령을 내렸을 때(591년)부터 제 4회 라테란 공의회에서 교황 인노센트 3세가 유대인은 황색 배지를 달아야 한다고 결정했을 때(1215년)까지, 유대인은 비교적 자유롭게 원만한 번영을 누리면서 지내왔던것이다.

11세기에 이르기까지 그리스도교회는 유대인도 얼마 안 가서 자신들의 잘못을 깨닫게 될 것이라고 생각하고 완고한 유대인에 대해서도 관용을 베풀 수가 있었다. 어쨌든 교회의 세력은 절대적이어서 왕후들도 순종했고 민중도 다스리기 쉬웠다. 그런데, 11세기 이후에는 사태가 의외로 번져 중세 유대인의 생활양상은 바뀌고 말았다. 굴욕적인 복장을 강요하는 법이 생기는가 하면 '공혈(供血)을 위한 살인'이라든가 '성찬식 빵의 모독' 따위의 터무니없는 비난을 받는 등 게토에 유폐되는 일은 중세 초기에는 일찍이 볼 수 없었던 것인데, 그것은 모두 십자군과 르네상스와 종교개혁이 불러들인 것이었다.

다시금 구원을

중세사의 초기에 있어서 '구원'이 중요한 요소였다고 하면, '다시금 많은 구원'은 십자군의 본질을 이해하는 열쇠가 된다. 황금과 마찬가지로 인간에게는 구원이 아무리 많다고 해도 흡족하지 못한 법이다. 십자군의 기원은 확실히 그 당시의 종교, 정치, 또는 사회적인 구조에 깊이 뿌리박고 있었지만 그러한 기원 자체는 유대사에 있어서는 아무 관계도 없었다. 그러나 십자군 그 자체는 크게 관계되고 있다.

이 시대의 역사를 살필 때에는 렌즈의 초점을 어떻게 맞출 것인지에 대해서 주의하지 않으면 안 된다. 유대인에게만 초점을 맞춘다면 이 시대는 단지 유대인의 거주지의 약탈, 유대인의 재산의 약탈, 그리고 약탈에는 반듯이 따르게 마련인 강간, 이와 같은 음산한 이야기밖에 없는 것처럼 보인다. 그러나 시야를 넓혀 유대인뿐만 아니라 그리스도교도 쪽으로도 눈을 돌리면 전혀 다른 광경이 비춰진다.

십자군 병사들 가운데는 경건한 그리스도교도로서, 성지 예루살렘을 사교도(邪敎徒)로부터 되찾아 그리스도교도의 성지로 삼으려는 마음에 불타고 있는 자들이 많았다. 그런가 하면, 약탈과 살육의 기회를 찾아 참가한 자들도 많았다. 기사와 그를 따르는 기사 견습의 종자(從者)들만이 전장의 이슬로 사라질 수 있었던 기사도의 시대는 이미 지나가 버렸다. 지금에 와서는 평민에게도 영예로운 전사(戰死)가 허용되었지만, 사람들은 그같은 기사와 특권을 부여한 것을 별로 기꺼이 받아들이지는 않았다. 그래서, 징병제가 없었던 그 당시에는 십자군 원정에의 열의를 부채질하기 위해서 노예에게는 자유를 약속하고 범죄자에게는 사면을 약속했던 것이다.

이와 같이 선전한 결과, 의기가 충전하여 정력적이었으나 규율도 없고 식량의 비축도 적은 길들지 않은 폭도들이 도처에서 모여들었다. 성지에 도착하기 훨씬 이전에 십자군은 식량이 떨어졌다. 무장한 분견대(分遣隊)는 지나는 길에 무방비의 마을을 습격했다. 최초의 습격대상은 유대인 마을이었다. 이같은 포악한 행위에 대해서 유럽은 교황에게 항의했고 그리스도교도는 유대인을 구조하기 위해서 뛰어들었다. 그러나 이윽고 약탈은 일반화되고 그리스도교도까지도 피해자가 되었다. 싸움을 확대되었다. 탈환한 성지에 간신히 도착한 십자군 병사의 수효보다도 도중에서 쓰러진 병사의 수가 더 많았다.

십자군은 부분적인 승리를 거두기도 했지만, 거의가 계속 참패를 거듭하고 있는 동안에 뒤를 이을 십자군은 민중의 지지를 얻기가 난감해졌다. 사교도로부터 성지를 되찾는다는 십자군의 목적이 풍요한 비잔틴 제국의 약탈로 변하자 그들의 적은 어느덧 마호메트교도가 아니라 그리스도 정교(正教)의 가톨릭 교도로 바뀌었다. 유대인에 대한 습격으로 시작된 약탈행위는 마침내 그리스도교도의 피비린내 나는 대살육으로 변질되었던 것이다.

콘스탄티노플과 로마의 관계가 5세기에 비잔틴 제국이 성립된 이래 결코 순탄한 것은 아니었지만 세월이 흐를수록 점점 더 경화(硬化)되었다. 1094년에는 두 도시의 사교(司教)가 서로 파문을 선언하게끔 되었다. 라틴인은 '정치적인 분신으로 인해서 그리스의 분립교회를 증오하게 되었으며, 한편 그리스인 쪽에서는 라틴의 거친 이단자를 경멸했다.'3) 기본에 의하면, 비잔틴 제국의 역사는 '취약하고 비참한, 아무 쓸모 없고 할 일 없는 이야기'라고 한다. 그의 군사력은 지적인 빈곤에 의해서 상쇄되어 버렸다. 그 110년의 역에서 비잔틴 문화는 단지 세 가지의 예술 양식을 낳았을 뿐이다. 비잔틴 교회와 비잔틴 회화와 비잔틴・코러스 소년이 그것이다. 주목할 만한 사상도, 철학자도, 저술가도 과학자도 나오지 않았다.

십자군 원정이 시작되기 이전에 유대인이 비잔틴 제국에서 추방된 것은

3) 스티븐 런시먼, 《비잔틴 문명》 Byzantine Civilization. p.100

삼중(三重)의 의미에서 행운이었다.4) 그 덕분에 그들은 대학살을 모면했고, 비난을 모면했으며, 게다가 이것 또한 유대인 박해의 실례라고 야단스럽게 써 댈 연대기(年代記) 편자의 붓을 모면했던 것이다.

1183년, 비잔틴의 그리스인은 제국 영토 내에 있던 이태리인을 남김없이 죽였다. 이태리인은 1204년, 제 4회 십자군원정에서 역사상 유례없는 대참살(大慘殺)로써 보복했다. 십자군의 야수와 같은 성격은 교황을 비롯하여 왕후나 백성들에게까지도 큰 충격을 주었으나 그들의 공포는 도저히 학살을 저지할 수 없었다. 비잔틴은 십자군의 손에 의해서 마치 해부용 시체처럼 작살이 나고 거리마다 십자군의 재정을 대었던 이태리 도시국가에 전리품으로 받쳐졌다. 그리스는 50년 뒤에 또 다시 콘스탄티노플을 탈환했지만 이미 제국은 쇠퇴해 있었다. 1453년, 제국은 투르크인의 맹습 앞에 거꾸러졌으며, 동방에서의 그리스도교의 본거지는 사라지고 말았다.

제 5회 십자군 원정은 큰 성과를 거두지 못했으며 6회, 7회에 와서는 이미 열광(熱狂)이 가시었다. 8회 이후, 드디어 불은 꺼졌다. 그것이 완전히 끝장이 나자 유대인이나 그리스도교도나 모두 좋아했다. 그러나 아이러니컬하게도 십자군은 처음에 기대했던 바와는 정반대의 결과를 초래했다. 예루살렘의 함락은 그리스도교도를 단단히 결속시키리라고 기대했지만 결과는 그와 반대로 그리스도교 신앙이 다른 어떤 신앙보다도 우월하다는 신념에 큰 동요를 받게 되었던 것이다. 수천이나 되는 그리스도교도가 마호메트교도의 보다 뛰어난 문화를 목격했던 것이다.

십자군 원정의 시대에 해방된 농노는 콘스탄티노플을 보고 사라센 왕국의 영화를 목격하고서는 다시 농토로 돌아가려고 하지 않았다. (사라센이란 아

4) 런시먼에 의하면, 유대인은 로마누스 1세(919~944) 치하에 비잔틴 제국에서 추방당했으나 그 뒤에 재입국을 허락 받았다. 기본의 말을 빌면, 비잔틴 제국의 유대인 역사도 '하찮고 볼품없는' 비참과 박해의 이야기였다. 런시먼은 '박해자는 세속의 권력자들이었지 교회는 아니었다'고 덧붙이고는 있지만….(≪비잔틴 문명≫ p.105)

랍인의 로마 명칭이다.)농노들은 거리에 정착하게 되었으며 거리는 불어나서 도시가 되었다. 어딘가 불안정한 분위기가 유럽 세계에 만연되어 있었다. 그것이 마침내 두 개의 방향에서 자기 표현의 길을 찾았다.

하나는 르네상스라는 창조적인 배출구요, 또 하나는 종교 개혁이라는 종교적 반항이었다. 르네상스에는 유대인도 전면적으로 가세하여 눈부신 성과를 남겼다. 종교개혁에 관해서는 남의 집안 소동에는 말려들고 싶지 않다고 애써 버텨보았지만 결국은 보기 좋게 실패하고 말았다.

유럽 전체가 이미 르네상스를 맞이할 준비를 갖추고 있었지만, 맨 먼저 여기에 눈을 돌린 자가 이태리였다. 이태리는 아직 모양이 잡히지 않은 시대의 원망(願望)을 지적인 힘으로 변화시킬 재능을 지닌 사람들이 있었던 것이다. 그들의 작업이 1320년에서 1520년까지의 200년 동안 유럽을 밝히 비추고 있었다. 그러나, 이태리 전토가 이 인문주의의 부흥에 관여한 것은 아니었다. 남쪽의 나폴리, 북쪽의 밀라노, 동쪽의 베네치아, 그리고 서쪽의 제노바를 연결하는 장방형(長方形)의 지역에서 그 활동이 전개되었던 것이다. 르네상스는 단테, 페트라르카, 복가치오 등의 인문주의자들의 작업에서 비롯되어 첼리니, 티치안, 미켈란젤로 등의 예술가와 함께 막을 내렸다. 그 발단과 종언(終焉)의 중간에 레오날드 다빈치, 프라 필리포 리피, 벨리니 등의 이름이 있다. 감상적인 유대 역사가의 할 일은 유대인으로서는 아무도 르네상스에 공헌하지 않았다고 기록하는 일이다.

이태리의 경우, 르네상스는 개인에게 주안점을 두었으며, 기본적으로는 비종교적인 경향으로 흘렀다. 북유럽의 르네상스는 대강 10 0년쯤 뒤늦게 시작되었는데 기본적으로는 종교적인 경향이 흘렀다.

요한 로이힐린(1455~1522)이 그 좋은 예이다. 로이힐린은 유럽 역사의 방향에 깊은 영향을 끼침으로써 신교(프로테스탄티즘) 탄생의 기초를 다지는데 누구보다도 큰 공헌을 남겼다. 로이힐린의 인문주의적인 철학은 다름 아닌 헤브라이즘적인 것이었다. 그는 라틴어로 교육을 받은 그리스도교도이기는 했지만, 히브리어를 유창하게 구사하고, 히브리 문학에도 조예가 깊었다. 더욱이 카발라에 대해서도 연구하고 있었다. 카발라는 르네상스기의 유대인과 그리스도교도의 학자나 과학자에게 침투되어 있던 유대교의 신비주의적 형이상 철학이었다. 교리에서의 편향(偏向)이 죽음을 의미했던 시대에 그는 목숨을 걸고 중상(中傷)으로부터 유대인을 지켰고, 비방으로부터 탈무드를 지켰으며, 또한 그리스도교도 사이에 유대교 사상을 폈다.

로이힐린의 노력의 덕분으로 헤브라이즘은 독일의 인문주의 학문에 크게 작용한 것이 분명하다. 그러나, 유대인이 르네상스의 창조에 수행한 보조역으로서의 구실은 그것만큼 명백하지는 않다. 그리스 학문의 유럽 문화에의 재도입이 르네상스를 낳았다는 데에 학자들의 의견이 일치되고 있다. 그리고, 그 점에 대해서는 흔히 페트라르카의 공적을 들고 있다. 그러나, 그렇다고 하더라도 르네상스가 일어난 지역이 바로 유대인이 일찍이 활약했고, 또한 그 당시에 다시금 그 활약이 드러나게 된 지역이었다는 점에도 불가사의한 우연 이상의 것이 있는 것이다. 르네상스가 처음 대두한 곳은 영국도, 프랑스도, 독일도 아니었다. 그것은 그때까지의 과거 3세기에 걸쳐서 유대인이 그리스어, 아랍어, 히브리어의 고전을 라틴어로 활발하게 번역해 온 지역에서 일어났던 것이다. 프리드리히 2세가 유대인을 불러들인 곳은 르네상스의 중심지인 나폴리로서, 유대인들은 거기에서 그리스어의 저작을 번역하기도 하고, 그리스도교도에게 히브리어를 가르치기도 했던 것이다. 페트라르카는 유대인의 발자취를 따른 것이다. 물론 이러한 우연히 증거가 될 수는 없지만 이점에 관한 연구나 평가도 필요한 것이 아닐까.

구원의 마지막

황제나 교황이 르네상스는 화려하기만 한 것이 아니라 위험을 안고 있다는 것을 깨달았을 때는 이미 시기가 늦었다. 그것은 인간의 마음을 해방시키고, 인간에게 다시금 사고(思考)할 것을 가르쳤다. 기성 질서를 의혹의 눈으로 바라보게끔 되었다. 특히 과학의 출현은 그리스도교도가 중대시해 온 편견을 동요시켰다. 판도라의 상자를 열어버린 인간이 다시 뚜껑을 덮으려고 해도 이미 때는 늦었다. 스페인만이 거기에 성공했다. 스페인은 르네상스가 발붙이기 전에 뚜껑을 덮어버렸기 때문이다. 스페인 정신의 순결을 지키기 위해서였다. 1305년, 스페인에서는 모든 과학의 연구가 금지되었다. 이단자 탄압의 종교재판의 맨 처음 희생자는 유대인이 아니라 그리스도교도였다. 갈릴레이는 사상을 위해서 죽는 것을 거부하고 살기를 선택했다. 이태리의 종교재판이 끌려 나왔을 때, 그는 공중 앞에서 전향하였지만 그 뒤에도 몰래 연구는 계속했다. 그러나, 스페인이 과학을 억제한 수법은 너무나 철저했기 때문에 오늘날에 와서도 스페인 사람에 의한 중요한 과학적 발견은 아직 나타나지 않고 있다.

르네상스의 위험을 안고 있는 조류(潮流)는 교회의 권위에 반항하는 이단적인 조류에 합류했다. 이단설(異端說)로서 특히 중요한 것은 12,3세기의 알비죠아파의 그것이다. 그들의 운동이 직접적으로는 이단 탄압의 종교 재판을 초래했고, 간접적으로는 유대인의 스페인 추방의 원인을 빚었던 것이다.

광신적인 귀족들은 교의에 회의를 품는 남부 프랑스의 알비죠아의 그리스도교도를 징벌했다. 목숨을 잃으면 재산도 잃게 된다는 것이 통칙(通則)이었기 때문에, 이들 귀족 일당은 죽음으로 숙청 당하는 이단자의 수호와 귀족의 금고에 축적되는 황금의 양이 정비례한다는 사실을 곧 착안했다. 이단자 사냥은 실로 벌이가 대단했다. 프랑스의 어느 거리에서는 2만 명의 알비죠아파의 신자들이 경건한 손에 살해되어 그들의 재산은 고스란히 몰수당했다.[5] 교황은 이 유혈 사태를 우려하여 사적(私的)으로 이단자 사냥을 해서는 안 된다는 금지령을 내렸다. (그후에는 어떤 지역이 제멋대로 유대인 사냥을 해서는 안 된다는 금지령도 내렸다). 그리고, 회의를 품는 자가 정말 이단자인지의 여부는 '이단자 심문소'에서 결정하게 되었다. 종교재판이 시작되고부터 1세기 동안, 심문소에는 유대인이나, 회교도나 그 밖의 비그리스도교도를 재판할 권한이 없었고, 그 대상은 그리스도교도뿐이었다.

그리스도교회는 피흘리는 것을 몹시 꺼렸으므로 유죄로 판결된 자는 화형에 처하기로 했다. 현대인은 신앙을 굽히지 않는다고 해서, 화형에 처한다는 것을 끔찍스럽게 생각하면서도 정치적인 신조를 굽히지 않는다고 해서 사살되거나 교수형에 처해지는 것은 예사롭게 생각한다. 그런데도, 이단자를 죽여도 좋다는 사상이 구약성서에 근거를 두고 있다는 사실은 아이러니컬한 일이다. ≪신명기≫ 17장 2~5절에는 이렇게 적혀 있다.—'너희 하나님 여호와께서 주시는 성안에서든지 남녀 불문하고 너희 하나님 여호와의 눈에 거슬리는 일을 하는 사람이 생겨 하나님께서 맺어주신 계약을 깨뜨리는 일이 있을 것이다. 내가 시키지도 않았는데 해나 달이나 하늘의 모든 천체와 같은 다른 신들을 찾아가서 섬기고 엎드려 절하는 사람이 생길 것이다. 이런 일이 있다는 보고를 듣거든, 너희는 그것이 사실인지 들어보고 잘 조사해 보아야 한다. 만일 이스라엘 가운데 누군가가 그같이 불측한 일을 한 것이 사실로 드러나거든, 그런 못할 짓을 한 자가 남자든 여자든 성문 밖으로 끌어내어 돌로 쳐죽여라.'

교회의 입장에서 본다면 그리스도교도만이 이단의 죄를 범하게 마련이므로, 벌주는 방법이 시대에 적합하도록 수정된 이 모세의 법은 그리스도교도에게만 적용되었던 것이다. 여기서 불가사의한 운명의 장난으로 인해서 그리스도교도끼리 서로 화형으로 살해할 때에도 유대인은 비교적 안전했다.

---

5) 역사학자들은 30년 동안 십자군에 의해서 알비죠아파라는 혐의를 받은 100만 명 이상의 프랑스인이 살해되었다고 추정하고 있다. 십자군 원정이 진행되었던 200년 동안 살해된 유대인은 최고 10만으로 추정된다.

알비죠아의 운동이 프랑스에서 독일로, 그리고 동유럽으로 퍼져가자, 스페인도 피해를 받게 되지나 않을까 하고 불안에 쌓였다. 스페인이 불안해하게 된 데는 그 나름대로의 곡절이 있었다. 스페인에는 개종한 유대인이 다수 살고 있었다. 그들은 후에 스페인 사람에게는 '콘베르소(개종자:conversas)'라고 불리었고, 유대인에게는 '마라노(Maranoa)', 즉 '돼지'라고 불려지게 되었다. 마라노라고 불리게 된 것은 유대인인지 스페인인지 어째서 그런 칭호가 남아 아직도 스페인의 '숨은 유대인'을 유대인들이 마라노, 즉 돼지라고 부르는가를 생각해 보는 것은 흥미 있는 일이다. 유대인이 '숨은 유대인'의 비극적인 운명에 관해서 야단스럽게 비탄을 표명하지만….

개종한 유대인의 문제는, 광신적인 레카레드 왕이 9만 명에 달하는 유대인을 개종시킨 6세기로 거슬러 올라간다. 그 이후 얼마만큼의 유대인이 유대교로 돌아왔는지, 마호메트 교도가 스페인을 정복했을 때, 유대교도인 동시에 그리스도교도라고 하던 사람들은 얼마나 되었던가. 그것은 알 수 없다. 14세기에 이르러 비로소 콘베르소 즉 '개종자'나 마라노, 즉 '돼지'라는 호칭이 '숨은 유대인'에게 주어졌던 것이다.

그리스도교도가 마호메트교도로부터 재차 스페인을 되찾으려 하고 있을 때, 십자군 병사는 처음에 유대인과 회교도를 어떻게 식별했으면 좋을지를 몰랐다.

그 양자는 비슷한 복장을 하고 같은 언어를 사용하고 있었다. 그래서 하는 수 없이 '재 정복자'들은 유대인과 아랍인을 다같이 평등한 편견 밑에 살해했던 것이다. 그러나, 스페인의 군주나 대공이 유대인의 학문과 연구를 다시 고쳐 보고 나서는 스페인의 무역과 문화의 융성을 위해 어떻게 해서라도 유대인을 스페인에 머물러 있도록 하기 위해서 갖가지 유혹을 뻗쳤다. 그러나 일단 스페인이 그리스도교국으로서의 지반을 다지고 나서는 전국저인 개종운동을 실시했던 것이다. 그것은 크게 성공하여 15세기 말엽에는 유대인이 아닌 마라노가 스페인 정부안에서 문제가 되었다.

마라노는 학문과 그 세련된 생활로써 권세 있는 지위에 오르게 되었다. 그들은 스페인 귀족 가운데서도 거물들과 인연을 맺고, 대공이 되거나 왕족의 친척이 되었을 뿐만 아니라 사제나 대사제의 자리에까지 올랐다. 이러한 사실은 그같은 지위를 바라지 않는 그리스도교도를 궁지에 몰았으며 그들은 정통적인 그리스도교도가 수모를 당하고 있다고 분개했다. 한편 정통파의 유대인은 유대인으로서 정통 유대교가 모멸 당하고 있다고 해서 화를 냈다. 마이모니디스와 라시가 유대인에게 마라노에게는 보다 친절을 베풀지 않으면 안 된다. 만일 그들이 유대교로 돌아오고 싶어하는 경우에는 다시 한 번 배려를 베풀어 대우해야 한다고 새삼스레 포고(布告)를 내리지 않을 수 없었던 사정에서도 엿볼 수 있다.

스페인의 제사직(祭司職) 계급에서도 마라노의 문제가 골칫거리였다. 교회는 불안한 표정으로 육체의 고행보다는 삶의 열락을 소중히 여기는 마라노의 태도가 끼치는 영향이 점점 커지는 것을 바라보고 있었다. 알비죠아 운동 때처럼 이단자 심문을 가하여 문제를 한꺼번에 해결하는 편이 좋겠다고 생각한 사람이 많았다. 마침내 1432년에 결정을 내려 먼저 마라노를 대상으로 해서 어떠한 이단적 경향도 근절하라는 명령하에 토마스 드 토쿠메마다가 종교재판소장으로 임명되었다.

유대인은 토쿠마다를 '최고 악질'이라고 부르며 스페인의 종교재판은 특히 유대인을 괴롭히기 위해서 안출(案出)된 도구라고 주장했다. 필자는 토쿠마다를 변호하거나 종교재판의 공포를 경시(輕視)하거나 할 의도는 없지만 유대인의 역사를 박해의 역사 이상의 것으로 이해하기 위해서는 토쿠마다와 그의 역할을 그 시대의 사회 구조에 비추어 이해할 필요가 있는 것이다. 종교재판은 다시금 넓은 시야에서 이해되지 않으면 안 된다. 그렇게 된다면, 그것은 다시 두려운 구조를 띠고 다가올 것이다. 토쿠마다의 열광은 20세기의 이성적 인간에게는 두렵지만 그는 남달리 야만적인 도살자였던 것은 아니다. 그는 유대인을 살해하는 것보다도 가톨릭교를 살리는데 관심이 있었다. 개종도 하지 않고, 유대인으로서 존속하기를 택한 유대인은 종교재판의 대상에서 제외되었다. 오토 다 페(autos-da-fe) 즉 '신앙에 의한 행위'라고 불리는 재판의 불길에 던져진 것은 이단으로 판정이 난 마라노와 그리스도교의 양자였던 것이다. 죽음은 수 주간의 고통스런 고문을 거쳐 조금씩 찾아온다. 이 시대에도 물론 처참하게 죽은 유대인은 있었지만 그들은 폭도의 희생이 된 것이지 교회의 공식적인 종교재판에 의해서 유죄로 판결된 것은 아니었다.

'마라노의 이단'이 억압당하자, 토쿠마다는 스페인에 유대인이 있는 한 분명히 유대교가 가톨릭교에 대해서 언제까지나 위험한 존재가 된다는 이유로 유대인을 스페인에서 추방할 권한을 부여해 달라고 간청했다. 교황은 거절했다. 토쿠마다는 교황이 잘못을 범하고 있으며, 자기만이 정당하다고 확신하고 있었으므로 이사벨라 여왕에게 유대인을 추방하라고 압력을 가했다. 토쿠마다는 이사벨라의 청죄사(請罪師)였다. 이사벨라 여왕과 페르디난드왕은 아브라함 히니오르라는 스페인에게 유대인의 중매로 결혼한 사이다. 여왕과 왕은 유대인 추방에는 마음이 내키지 않았다. 그러나 스페인 교회에서는 끈덕지게 성화를 대는 바람에 결국 승낙해 버렸다.

유대사에는 자주 나오는 이야기로서, 이것도 진실한 이야기로 믿어 온 것인데, 그 무렵 돈 아이삭 아브라바넬이라는 인물이 중재(仲裁)에 나섬으로써 하마터면 이 추방계획도 파기될 것처럼 보였다. 아브라바넬은 천재적인 재정가인 동시에 랍비요, 학자였다. 당시 스페인 왕조의 재정 대신이었던 그는 유대인 추방의 계획이 있다는 말을 듣고 이사벨라와 페르디난드에게 만일 추방령을 취소한다면 거액의 황금을 받치겠다고 제의했다. 그러나 그때

마침 의혹을 품고 도청(盜聽)하고 있던 도쿠마다가 갑자기 들이닥치더니 십자가를 높이 쳐들고 소리쳤다.

'저 사악한 유다가 은화 30냥으로 팔아넘긴 주를 보시오. 그것이 괜찮다면 주를 비싸게 파시오.' 몹시 겁에 질린 왕과 왕비는 유대인 추방령에 서명했다. 그것은 칼럼버스가 아메리카 발견이라는 성과를 가져온 저 항해 명령을 받아낸 것과 같은 해, 같은 달이었다.

모세가 이집트에서 이스라엘 자손들을 인도해낸 것처럼 돈 아브라바넬은 스페인에서 유대인을 이끌고 나왔다. 당시 스페인에 살고 있던 유대인 15만 명 가운데, 약 5만 명은 선조 대대로 1500년 동안이나 스페인에서 거주한 자들로서, 그들은 고향을 등지기가 싫어 대가를 지불하고 거기서 그대로 눌러 앉았다. 대가란 그리스도교로 개종하는 일이었다. 나머지 10만 명 가운데서 만 명 정도는 죽었다. 4만 5천명은 이윽고 투르크로 이주하고, 약 1만 5천 명은 북아프리카와 아시아에, 1만 명은 남부 프랑스와 폴란드에, 1만 명이 이태리에 각기 머물러 살게 되었다. 그리고 5천 명이 유럽 각지와 아프리카, 아시아 등지로 흩어져 갔다. 이 5천 명의 이산자(離散者) 중에 남아프리카로 간 최초의 이주자가 섞여 있었다. 아브라바넬은 이태리로 이주하여, 거기에서 나폴리 왕을 섬겼으며 얼마 뒤에는 베네치아의 총독 고문이 되었다.

북아프리카나 이집트나 오토만 제국에 살던 유대인은 수세기 걸쳐 종교와 경제 활동에 있어서 거의 완전한 자유를 누릴 수 있었다. 그리스도교도는 투르크인을 몹시 경멸하고 있었지만, 유대인에 대한 투르크인의 방침은 일찍이 이슬람 제국의 그것과 비슷했다.

포르투갈에서도 마라노를 종교재판에 붙여 1496년에는 추방하겠다고 했다. 포르투갈을 도망쳐 나온 유대인은 북아프리카, 북이태리, 오토만 제국으로 이주했다. 16세기 후반에는 또한 스페인과 포르투갈에 남아 있는 마라노들이 폴란드나 나미로 도망쳤다.

스페인과 포르투갈에서 대부분의 유대인이 나와 버리자 종교재판소가 이번에는 개종한 무어인을 재판하게 되어 그들도 1502년 추방당했다. 이렇게 되고 보니, 이번엔 심문을 받는 것은 그리스도교도였다. 16세기, 17세기, 18세기의 유럽에는 '신앙에 의한 행위가 지른 불꽃이 마치 홍진(紅疹)처럼 번져 갔다. 교회는 종교재판도 화형도 제재할 힘을 잃고, 그리스도교도와 유대인은 운명을 같이하게 되었다. 그러나 화형에 처한 유대인 한 명에 대하여 처형된 그리스도교도의 수효는 1천 1명이었다.

이단의 경제학

중세의 유대인 정치사와 그리스도교도의 그것은 기묘한 역비례(逆比例)의 관계에 놓여 있음을 보았거니와 이런 경향은 경제면에서도 엿볼 수 있다. 그리스도 교도의 물질생활이 호전되면, 유대인의 그것은 악화되었다. 이 현상을 설명하기 위해서는 번거로운 마르크스주의 이론은 필요가 없다. 그것은 예로부터의 보편적인 법칙, 그것도 극히 단순한 법칙에 따라서 그렇게 된 것이다. 봉건체제의 내부에 있던 사람들은 유대인의 갖가지 행동방식이 보다 탁월한 것을 보고 유대인의 지식과 기술을 받아들였다. 그리고는 유대인을 쫓아내어 경쟁상대를 없앤 다음, 이번에는 그들이 상업에 손을 대기 시작했던 것이다. 13,14,15,세기와 '봉건제와 게토'에서 유출(流出)되어 온 그리스도교는 유대인에 의해서 이미 모든 지위가 굳게 다져진 것을 보고 그들을 직장에서 몰아낼 법을 제정하여 게토로 보내고, 그때까지는 유대인이 담당했던 경제적 역할을 넘겨받았던 것이다.

그리고 이같은 사태는 마침 기회가 좋아 시기적으로도 그리스도교회측에 의한 유대인 문제의 재검토와 일치한 것으로, 교회는 유대인의 경제적인 입장이 박탈당한다는 새로운 경향에 불평이 있을 수 없었다. 이단자가 소수로 고립되어 있는 동안 교회는 사랑에서 나온 엄격성으로써 그들을 쉽게 근절할 수 있으려니 생각했다. 그러나 이단자가 사라지기는커녕 마냥 붙어나기만하는 것을 보고, 교회는 방자(放恣)하게 구는 것은 용서하지 않으리라고 생각했다. 그리스도교 세계의 한 가운데에 존재하는 소수파 유대인의 신앙을 더 이상 허락할 만한 여유가 없었다. 왜냐하면 유대인은 개종을 거부하는 것으로써 신앙의 자유라는 사상을 체현(體現)해 왔기 때문이다. 그리고 많은 그리스도교도의 지식인이 히브리어 공부나 성서의 연구를 위해서 차츰 유대인한테 찾아가 도움을 받게 되어, 처음에는 단지 교회를 곤혹(困惑)시키는 데 불과했던 유대인의 고집도 지금에 와서는 서로 한 통속이 되어 있다고 생각하게 되었다. 유대인을 그리스도교 세계의 주류(主流)에서 추방하지 않으면 안 되었다. 게토에 가두어 버리자는 제안이 대단히 좋은 해결책이라고 생각했다.

교회의 불안은 1215년에 교황 인노센트 3세에 의해서 소집된 제 4회 라테란공의회에서 먼저 드러났다. 여기에서는 세 가지 의제를 토의하게 되어 있었다. 그리스도교 교리의 재정의, 알비죠아 이단설의 위협의 처리, 그리고 개종하지 않는 유대인이 지닌 위험에 대한 대책 등이었다. 유대인을 그리스도교 사회에서 소외시킬 목적을 띤 반유대적인 차별 법이 고안된 것은 이 제 4회 라테란회의에서였다. 유대인은 옷에다가 유대인임을 표시하는 배지를 부착시켜야 한다고 정해졌다.

이리하여 유대인은 새로운 시대를 맞이하게 되었다. 그들에 대한 증오가 더해갔다. 최초로 탈무드가 분서(焚書)를 당했다. 제의를 위해서 유대인은 살인을 한다는 중상(中傷)이 떠돌게 되었다. 교회로서는 애당초 그렇게까지는 밀고 나아갈 의도는 없었다. 여기서 근거나 터무니없는 비방을 금지한다는 칙령을 자주 내렸지만 이미 효과는 거의 없었다. 이젠 시대가 나아가는 방향을 바꿀 수는 없었다. 그리스도교 세계에 새로 탄생된 중산계급은 유대인을 그들의 거주지에서 쫓아내고 그들로부터 재산을 몰수할 것을 희망했다. 영국의 경우가 이런 경향을 잘 보여주고 있다. 제일 먼저 유대인이 '제의 살인(ritu- al-munder)'을 했다는 중상이 나온 곳이 바로 거기였으며 유대인 추방이 강행된 곳은 영국이 최초였다. 유대인은 1066년에 윌리엄 1세(정복왕)의 초청을 받아 영국으로 갔다. 왕은 강력한 국가를 세우는 데 유대인의 자본이 필요했던 것이다. 왕은 강력한 국가를 세우는 데 유대인의 자본이 필요했던 것이다. 프랑스나 이태리나 독일의 경우와 마찬가지로 여기에서도 유대인은 부(富)를 쌓아 올리고 사회에서 중요한 지위를 차지하게 되었다. 윌리엄을 계승한 루파스는 '가치 있는 재산을 잃고 단지 신민(臣民)을 얻는 데 불과하다'는 이유로 유대인이 그리스도교도가 되는 것을 금지했을 정도였다. 1200년에는, 영국과 이태리의 대금(貸金)이 유대인 금융업자를 밀어내게끔 되었다. 1290년, 이 왕국은 이젠 유대인이 없어도 해 나갈 수 있다는 판단을 내리고 유대인을 추방했다.

경제와 역사의 수레바퀴는 벌써 회전을 시작하고 있었다. 영국으로부터의 추방은 다른 나라에서의 추방을 예고하는 조짐일 뿐만 아니라 그리스도교 세계 안에서의 사회적인 세력과 종교적인 세력의 충돌까지 예시하는 징조인 것이다. 유대인은 14세기에 이미 프랑스에서 나와 버렸다. 15세기에는 독일 제국(諸國)이 유대인을 추방했다. 이 세기도 저물 무렵, 스페인에서도 추방이 있었고, 포르투갈에서도 탈출이 있었다. 이러한 나라들은 유대인을 추방함으로써 그 나라의 경제나 사회의 병폐가 문제가 아니라 바로 유대인이 문제의 화근이라는 구실로 들먹거리는 반항이 표출되는 것을 피해 보려는 것이었다. 그러나 유대인 추방이라는 처방은 몸에 종기가 나서 일어나는 두통을 아스피린으로 고쳐 보려는 것이나 다름없다. 1517년에 마틴 루터가 그의 95개조의 항의서를 비텐베르그 교회 문에 못을 박아 걸어 놓았을 때, 가톨릭교회의 절대적 권위에 대해서 오랜 양상으로 그리스도교회의 전체에 던져졌던 것이다.

이미 르네상스도 유대인도 용서할 여지가 없었다. 르네상스도 유대인도 사치한 탓으로 양자(兩者)는 물러나 주지 않으면 안 되게끔 되었다. 1516년 유대인을 완전히 격리시킬 최초의 게토가 베네치아에 생겼다. 1550년 유대인은 제노바에서 추방되었다. 1569에는 이미 대개의 교화 영지(領地)에서 유대인은 추방당하고 말았다. 16세기 중엽에는 1000년 동안 유럽에서 유대인의 중심지가 되어 온 서유럽에서도 유대인은 거의 사라지고 없었다. 그들은 살해된 것이 아니었다. 다만 자취를 감추어 버린 것이다. 그들은 어디로 간 것일까?

그들은 동쪽으로 이동했다. 독일, 폴란드, 오스트리아, 리투아니아 등 여러 나라의 왕에게 초청을 받아 갔던 것이다. 그 이유는 6,7세기에 유대인이 서유럽으로 초청 받아 갔던 이유와 똑같다. 가량, 폴란드의 샤를르마뉴, 즉 카시미르 대제(1333~1370)는 유대인에게 폴란드에 와서 살기를 권하면서 토지와 마을을 임대해 주기로 했다. 물론 상업과 산업을 일으킨다는 조건부였다. 1500년에는 어느덧 유대인의 중심이 완전히 동유럽으로 이동되었다.

종교개혁은 유대인 사회의 사회적 구조뿐만 아니라 경제 구조도 바꾸어 놓아, 유대사에 있어서는 중요한 의미를 지니고 있다. 유대사에서의 그 의미를 이해하기 위해서 종교개혁의 성격을 검토해 보지 않을 수 없다.

제우스의 머리에서 태어났다는 팔라스·아테네와 같이 성숙한 종교개혁이 독일에서 불쑥 생겨난 것은 아니었다. 그 도래(到來)의 징조는 이미 1세기나 앞서서 비롯되었다. 1415년의 후스의 화형, 1498년의 사보나롤라의 화형은 반항의 정신을 잠시 가라앉혔지만 그 불을 끌 수는 없었다. 그리스도교도 사이에는 신앙과 이성을 사회적으로 효용성 있는 것으로 바꾸어 버리는 탈무드 학자적인 연금술사(鍊金術師)는 없었다. 16세기, 대륙에는 독일의 루터, 스위스의 쯔빙글리, 프랑스의 칼빈, 스코틀랜드의 녹스 등이 지도한 종교적인 반항이 폭발되었다.

가톨릭 교회는 각국에서 프로테스탄티즘을 깨뜨리려고 했지만 허사였다. 스칸디나비아, 잉글랜드, 스코틀랜드, 북독일, 그리고 폴란드가 신교국이 되었다. 그 운동은 프랑스로도 번져갔다. 중세의 유대인 학살치고도 성(聖) 바돌로뮤의 학살(1572년 8월) 같이 혹심한 것은 없었다. 이것은 가톨릭교도가 위그노교도가 잠든 사이를 이용하여 겨우 12시간 동안에 3만 명이나 학살한 것이다. 30년 전쟁 때에는, 가령 마그데부르그를 비롯한 도시가 파펜하임이나 틸리, 그리고 발렌스타인 장군 등이 이끄는 기병대에 습격 당했을 때 경험한 바와 같은 철저한 잔혹성을 경험한 유대인 사회가 더러 있었다고 해도 실은 얼마 안 되었다. 신앙이 다르다고 해서 가톨릭교도와 프로테스탄트교도가 서로 살해했던 만큼 이번엔 그들에게 지금까지의 유대인이 겪은 참사를 경험할 차례가 돌아온 것이다. 필자는 유럽을 뒤흔든 종교 전쟁의 세기에서의 유대인이 죽음을 경시하기 위해서 이런 이야기를 하는 것은 아니다. 다만, 이후에 일반사의 경향과 명백한 반유대교적 행동을 구별할 필요가 있기 때문에 말해 두는 것이다.

가톨릭교도와 프로테스탄트의 싸움이 일진일퇴(一進一退)하면서 계속되는 동안, 유대인은 두 진영에 있어서 중요한 의미를 띠기 시작했다. 유대인의 학문과 이상주의와 윤리적인 행동은 유대인에 대한 비방을 믿지 않았던 수많은 그리스도교도에게 높이 평가되었다. 가톨릭교도나 프로테스탄트도 만일 유대인을 자기네의 동지로 삼을 수만 있다면 가톨릭교와 프로테스탄티즘의 틈바구니에서 헤매는 자들을 설득할 수도 있지 않을까 하고 생각했다.

루터는 완벽한 자신에 넘쳐 유대인에게 루터파에 가담할 것을 제안했다. '예수는 유대인으로 태어났다'는 1523년의 논문에서 루터는 이렇게 말했다.

[가톨릭교도] 그들은 유대인을 숫제 개처럼 비인간으로서 다루어 왔다. 그들이 해 온 것

이라곤 유대인을 저주하고, 그 재산을 빼앗아 가는 것뿐이었다. 나는 여러분들에게 유대인을 다정하게 대하고 그들에게 성서에 관해서 가르쳐 줄 것을 권하며 부탁한다. 그러면, 그들이 우리 곁으로 오는 것을 기대할 수 있다. 그들을 따뜻하게 맞아들이고 살아갈 양식을 위해서 우리들과 경쟁하는 것도 허용해야 한다. 아직 고집부리는 자가 있다고 하더라도 그것을 개념할 것은 아니다. 모든 사람이 다 착한 그리스도교는 아닐 터이니까.

그의 성실한 제언을 유대인이 거절한 것은 루터에게는 전혀 생각지도 못했던 잔혹한 타격이었다. 거기에서 그는 가차없는 반유대주의로 돌았다. 그러나 그때의 루터는 이미 환멸을 맛보았고, 친구에게도 배반당한 사람이었다는 것을 고려하지 않는다면 공명하지 않다. 그는 유대인을 적대시했을 뿐만 아니라 신교를 통해서 자유의 몸이 되려고 했던 독일의 농노들에 대해서도 적대시하게 되었다. 광신자를 제외하고는 어느덧 그에게 귀를 기울이는 자는 없었다. 다른 사람들은 경제적, 정치적 목적을 위해서 루터의 신교주의를 이용하고 있었다.

가톨릭과 프로테스탄트의 커다란 결투는 '30년 전쟁'(1618~1648)이라 불리고 있거니와, 그것은 유럽의 종교 형세를 변화시켰을 뿐만 아니라 그 정치나 경제의 윤곽도 변화시켰다. 유럽의 북반부는 대체로 프로테스탄트가 되고 공업화되었다. 남반부는 주로 가톨릭의 입장을 취했고 농업국으로 머물러 있었다. 북쪽의 서부 여러 나라는 자본주의 사회로 바뀌었다. 북쪽의 동부에서는 봉건제도와 중상주의(重商主義)와 자본주의적 경향이 혼합되어 있었다. 신교가 결정적인 승리를 거둔 지역에서는, 반듯이 봉건제도가 쇠퇴하기 시작했다. 종교개혁의 물결이 지나간 뒤에 새로운 사회계급이 탄생되었는데, 그들은 이윽고 근대의 공업사회를 형성하게 되었다.

혁명의 역학(力學)

유대역사를 재형성한 현상을 이해하기 위해서는 종교개혁을 둘러싼 사회적 추세에 관해서 알아둘 필요가 있다. 해답은 교회와 봉건제도 사이에 걸쳐 있는 기묘한 관계 속에 숨겨져 있다. 교회와 봉건제도는 함께 성장했다. 교회가 봉건제도를 보호하고, 봉건제도는 교회를 지켰다. 교황과 황제 사이의 긴장은 교회와 봉건국가와 제도를 둘러싼 것이 아니라 다만 어느 쪽이 보다 많은 권력을 장악하느냐 하는 문제에 지나지 않았다. 양자가 모두 상대를 망하게 하려는 생각은 추호도 없었다. 교황과 황제들은 서로 줄곧 상대방을 제쳐놓으려고 했으나 제도 자체는 그대로 존속되었다.

가톨릭 교회와 봉건국가의 견고한 체제는 먼저 십자군과 르네상스에 의해서 심한 동요를 받았다. 십자군은 앞에서도 본 바와 같이 농노들의 육체를 장원과 그 영지에서 해방시켰다. 르네상스는 인간의 정신을 부동(不動)의 교리와 스콜라 철학에서 해방시켰다. 자유의 몸이 된 농노는 거리에 정착하면서 농지에서 밭가는 일이 아니라 물건을 생산해서 파는 입장으로 바뀌었다. 그들은 자유시장에서 물건을 팔아 금을 벌어들였다. 이것은 일찍이 유대인이 하던 일이었다. 그리스도교도 사이에 일어난 이런 직업의 변화가 봉건제도의 막을 내리게 하고, 자본주의의 출발을 고했다. 금과 교환하여 이익이 남는 물건을 좋은 물건으로 치고 그렇지 않은 것은 나쁜 물건이라고 생각하게 되었다. 교회가 아니라, 시장이 도덕을 결정하게 되었다.

이들 새로운 상인들에게는 보다 많은 상품을 만들기 위한 노동력이 필요했다. 나아가서는 많은 자유시장이 봉건제도의 법적 규제에서 보다 자유로워지는 것이 요구되었다. 그러나, 이같은 새로운 요구는 낡은 체제를 견지하려는 봉건 귀족의 욕구와 배치(背馳)되는 것이다. 귀족들이 그렇게 나빠서가 아니라 다만 그들은 그들에게 이익이 되는 봉건제도를 유지하려는 타산적인 인간이었다는 것뿐이다. 우리들이라도, 자기가 향수(享受)하고 있는 이익을 잃게 되면 난감하게 생각하여 현상의 경제체제를 유지하려고 하지 않겠는가.

상업이 번창하고 새로운 중상계급의 손으로 보다 많은 부(富)가 축적되면 이 계급이 지니는 세력도 커진다. 어느새 이 중산계급은 대담하게 봉건군주에게 반항하게 되었다. 교회는 봉건제를 지지하고 있었으므로 그들은 이 권력투쟁에 관여하게 되었다. 그리하여 사회적인 항쟁에 병행하여 종교적인 항쟁이 일어나고 있었던 것이다.

교회에 개혁이 필요하다는 것은 명백했다. 가톨릭 교회가 착수한 반동 종교개혁이 자신의 구폐(舊弊)를 바로잡기 위한 것이었다는 것으로도 그것을 짐작할 수 있다. 신교의 운동은 순수한 종교적 개혁운동으로서 시작했지만 경제의 새로운 통향의 배후에 있던 사람들은 그 기후를 포착하여 자기를 경제적인 요구에 부합되도록 왜곡해 버렸다. 그리고 새로운 프로테스탄티즘은 점차로 낡은 가톨릭이 허락하지 않았던 것을 허락하게 되었다. 1521년 워르므스의 국회에서 루터가 교황에게 도전장을 던진 때부터 1648년 가톨릭과 프로테스탄트가 유럽의 중앙을 달리는 동서간의 휴전선으로 한 웨스트팔리아에서 '웨스트팔리아 조약'을 체결하기까지 이 종교운동은 아주 조금씩 사회개혁으로 옮아갔던 것이다. 유럽의 생산양식에 변화가 일어나자 변화를 일으킨 사람들은 자기들이 하는 일을 합법화하는 나라를, 또한 자기들의 생활을 성화(聖化)하는 종교를 찾게 되었다. 그들은 프로테스탄트의 신앙을 선택하고 거기에 자본주의 국가를 결탁시켰다. 양자는 신랑 신부와 같이 사이좋게 지냈던 것이다.

십자군의 원정에서 종교개혁의 종언(終焉)까지의 사건을 연대순으로 추적해 본다면, 유대인의 운명이 비유대인 세계의 사회적 동향과 관련되어 있음을 알 수 있다. 1290년 유대인은 가톨릭이요, 봉건제도인 영국에서 쫓겨났지만, 1655년에는 프로테스탄트의 중상주의국(重商主義國)이 된 영국에 재차 입국이 허용되었다. 가톨릭교이며 봉건 사회인 프랑스에서는 1400년과 1500년 사이에 추방되었으나 17세기에 와선 개혁 가톨릭의 중상주의국이 된 프랑스에 재차 입국이 허락되었다. 14,15,16세기의 가톨릭 봉건사회인 독일 제국(諸國)도 유대인을 추방했지만, 16,17세기에는 주로 프로테스탄트 중상주의를 표방한 그 밖의 독일제국에 의해 받아들여지고 있다. 15, 16세기에 스페인과 이태리 제국(諸國)에서 추방되었던 유대인은 근대에 이르기까지 재 입국하지 못했다. 결국 서유럽의 가톨릭 봉건사회는 종교적 이유에서 유대인의 거주를 거부했으며, 경제적으로도 그들을 필요로 하지 않았으므로 재입국을 허락하지 않았다. 그런데, 프로테스탄트 제국(諸國)쪽에서는 중상주의적인 유대인을 재입국시켰던 것이다.

동유럽 제국은 가톨릭 이였지만, 유대인을 추방한 뒤 다시 입국시키고 있다. 그 당시 그들 사회의 경제는 유대인이 담당했던 역할을 계승할 만한 중산계급을 탄생시키지 못했기 때문이다. 그러나 동유럽의 제후(諸侯)는 서유럽에서 보여준 것처럼 새로운 계급이 자신들의 존재에 대한 위협이 되리라는 것을 알고 있었으므로 그리스도교도 시민계급이 탄생되는 것을 바라지 않았다. 그들은 중산계급으로서의 기능을 맡을 '유대인을 수입'했다. 그리스도교도의 농노는 봉건제의 감옥에 끌려가고, 유대인은 게토에 갇혔다. 그리고, 봉건 영주는 부재중(不在中)에 영토를 빼앗길 염려도 없이 수렵을 즐길 수 있었다. 그러나 유대인이 귀족을 섬기고 있는 동안 그들은 농노에게는 착취 계급으로 보이지 않게 될 것이며, 동유럽에 혁명의 물결이 밀어닥치면 그리스도교도의 귀족과 유대 상인들은 다같이 증오를 받아 살육 당하게 되어 있었다.

16세기와 18세기 사이에 정해진 일련(一連)의 뒤죽박죽한 유대인 차별법도 이렇게 살펴본다면 이해가 간다. 그리스도교도로부터 차츰 유대인을 격리시키는 것만으로는 만족치 않고 유대인을 웃음거리로 만들어 우롱(愚弄)함으로써 그들의 모든 존엄을 빼앗고 예로부터의 지식까지도 잊어 버리게 하려는 목적으로 만든 법률이 이제 와서는 일반에게 중세기 전체에 걸쳐 존재했던 법이라고 알려져 있지만 사실은 그것들은 16세기에 와서 모습을 나타냈던 것이다. 이같은 새로운 법은 차츰 유대인 박해를 관념적인 것으로 만들어 버렸고 끝내는 그러한 차별법의 기원조차 모호하게 되어 버렸다. 그리고 치욕적인 유대인의, 인간성이 무시된 심벌만이 남게 되었다. 우선, 유대인은 노란 배지를 부착하게끔 되었다. 그리고는 게토에 갇혀 고립되었다. 토지를 소유할 수도 없었다. 특별히 정해진 복장을 착용하지 않으면 안 되었다. 그리스도교도와 길에서 엇갈리게 되면 비켜서서 길을 양보해야만 했다. 시나고그를 세우는 것도 금지되었다. 그리스도교도와 친분을 맺어서는 안 되었다. 유대인이 종사할 직업도 제한되었다.

어느덧 그리스도교도의 신세대는 일찍이 자랑할 만한 풍부한 학식을 지녔던 유대인은 모르고, 캐프턴이라 불리는 검고 긴 코트를 입고 치욕스런 노랑색 별을 달고 조롱의 대상이 된, 바보스런 모습의, 차양이 달린 모자를 쓴 게토의 유대인밖에는 몰랐던 것이다.

그러나, 이러한 법령은 어디선가 본 듯한 느낌이 든다. 그렇다, 이것은 별로 새삼스러운 것이 아니다. 이러한 것은 회교국에서 그리스도교도의 권리를 제한했던 오마르의 법과 똑같은 것이다. 그리스도교도가 이번에 그 법을 유대인에게 적용한 것뿐이다. 그렇다고 해도 한 가지만은 중대한 차이가 있다. 오마르의 그것은 그리스도교도의 법적 권리를 제한했을 뿐이지 그들에게서 인간으로서의 존엄마저 빼앗으려고 하지는 않았던 것이다.

유대인의 운명도 여기에서 끝장이 났다. 유대인의 중세는 유럽 사회에서 양면(兩面) 가치적인 존재였던 데서 시작되었다. 중세가 종언(終焉)을 맞이했을 때 유럽의 눈으로 본 유대인은 '혐오할 존재'의 상징이었다.

그러나, 이 암흑 속에서도 아직 빛은 남아 있었다. 그리스도교도가 바보스런 모습을 한 게토의 유대인을 조소했다고 해소 유대인은 그러한 사람들을 경멸의 시선으로 되돌아보았다. 유대인은 그래도 집단으로서는 아직 유럽에서 가장 교육정도가 높은 그룹이요, 보통교육제도를 가지고 있는 유일한 그룹이었다. 그들은 3500년의 문화적 전통을 지닌 채 게토에 들어앉았다. 그들은 황량한 육체적 존재의 조건을 탈무드나 구약성서의 빛으로 비추이면서 지성과 신앙의 위안을 얻었던 것이다.

그러나, 유럽인은 유대인을 가장 추악한 이름으로 부르면서도 유대인에게 그들 자신의 경제적 문제를 해결해 달라고 부탁하러 왔던 것이다. 그들은 유대인을 마구 중상하면서도 유대인에게 상담을 청하여 국가적인 사업에 도움을 받았다. 유대인에게 침을 뱉은 그들은 그러면서도 유대인에게 거절당했다. 단지 한 마디로, 단지 몸짓 하나로 유대인은 유럽 최고의 영예를 누리는 시민이 될 수 있었다. 개종이었다. 세례를 받는 순간, 유대인의 '악'도, '악의'도 사라지고 '더러운 개'로 다루어지던 그들은 곧 '아름다운 개'가 될 수 있었다. 그들은 착한 그리스도교도가 될 수 있었다. 하인리히 하이네는 세례를 '유럽 문명에의 여권(旅券)'이라 불렀다. 이 여권을 얻은 유대인도 있지만 대부분의 유대인은 이를 외면했다. 그들은 비방하는 자의 그것보다도 우수하다는 확신에 차 있었기 때문에 아무리 혹심한 중상에 대해서도 초연하게 살아갔다.

셰익스피어는 기묘한 방법으로 ≪베니스의 상인≫에서 이 유대인과 그리스도교도의 관계를 정확하게 그리고 있다. 안토니오도, 비싸니오도 샤일록을 갖은 욕설로 매도하지만 그런데도 비싸니오는 샤일록을 자택의 만찬에 초대한다. 그리고, 이 우정 있는 초대를 거절하는 것은 샤일록쪽이었다.

…좋아, 당신네들과 팔고 사기도 하고, 같이 얘기도 나누고, 같이 산책도 하고, 그밖에 다른 일도 하겠소만, 같이 먹고, 마시고, 기도를 드리는 것만은 못 하겠소.

그런데, 포오셔에게 속아넘어간 샤일록에게 내려진 벌이란 무엇인가. 그는 결국 안토니오의 생명을 빼앗을 생각이었다. 얼마 안 가서 사형을 받을 것이다. 그렇게 보는 것이 자연스럽다. 그런데, 전연 딴판이었다. 재판관의 역할을 맡고 있는 공작은 안토니오의 제안을 듣고 샤일록은 그리스도교도가 되어야 한다고 명하고 있다. 샤일록의 모든 '악덕'은 그리스도교도가 됨으로써 미덕으로 변질될 것이기 때문이다. 마침 유대인의 손에서 빼앗아 그리스도교도의 것이 된 대금업(貸金業)이 미덕으로 변질되었듯이, 그런데 샤일록은 개종한다고는 서언(誓言)하지 않는다. 그는 오히려 유대인으로서 머리를 쳐들고 기가 죽는 일도 없이 당당하게 퇴장하는 것이다.

이 시대에 관해서 한 가지 더 말해 둘 것이 있다. 그리스도교도가 유대인을 중상해서 바보로 만들고 있는 동안 유대인의 뛰어난 업적을 알아 볼 수 있는 눈을 잊어버렸다고 하면, 유대인 역시 그 박해에 대한 경멸감으로 안목이 흐려져서 중세의 눈부신 업적을 알아 볼 수 없게 되었던 것이다. 중세는 반 아이크, 뒤레르, 기베르티, 베로키오, 단테, 쵸셔, 옥캄, 코페르니쿠스, 레오나르도 다빈치, 미켈란젤로를 탄생시켰던 것이다. 그들의 천재의 그늘에서 돌에는 생명이 부여되고, 그림을 웅변이 되었으며 언어는 인간의 마음속에 사상을 새겨 넣게 되었다. 하늘에 닿을 만큼 천탑을 높이 세운 고딕 사원은 어떤 특정한 신앙의 표현이라기보다는 인간 정신에의, 그리고 신에의 상찬(賞讚)을 나타내고 있는 것이다.

19. 폭력의 협주곡

중세의 그리스도교 시대만큼 유대인에게 심하게 개종(改宗)을 권고한 때도 없었다. 그리고 개종을 거부한 데 대한 박해가 그 시대만큼 집요하게 행사된 때도 없었다. 바빌로니아 사람도, 앗시리아 사람도, 페르시아 사람도 유대인이 세금만 내주면 되지 않느냐 하는 태도였다. 그리스 사람과 로마 사람들은 경의의 표시로서 그들 신들의 발밑에 약간의 향유를 부어주면 그것으로 족하다고 여겼다. 유대인들이 그들의 종교로 개종해 오든 말든 상관하지 않았다. 다른 모든 사람들의 살해되고, 참수형을 당하고, 목이 매어 달리고 고문에 붙여진 이유와 같은 이유로 유대인들도 목이 베어지고 목이 매어 달리고 또 고문을 당했던 것이다. 이유는 분노나 전쟁이나 단순한 열락(悅樂)을 추구하여, 혹은 본보기로서 반항에 대한 벌로서, 탈세에 대한 형벌로서 등이었다. 결코 개종을 거부했기 때문이 아니었다.

마호메트교도는 그리스도나 여호와의 신보다도 우월한 알라신의 위대함을 인식하지 못한다는 이유로 그리스도교도나 유대인들을 멸시했을 지는 모른다. 그러나 마호메트교도는, 유대인과 그리스도교도를 회교도로 개종시키는 것을 일생의 사면으로 여긴 적은 없었다. 로마인에게는 그리스도교도들의 노력이 순수한 광기(狂氣)로 비춰졌을 것이요, 그리스도인에게는 우스꽝스럽게 비쳤을 것이다. 다른 신앙을 가진 사람들에게는 그저 딱한 광경으로 비춰졌을 것이다. 유대인은 그리스도교도에게 간섭하지 않았다. 그런데 문제는 그리스도교도 쪽에서는 유대인에게 상관하지 않고 그냥 두지를 않았던 것이다. 중세의 폭력협주곡이라 일컬을 만한 박해는 거의 예상 가능한 진전을 보였다. 명확하게 3악장으로 분류되어 있었던 것이다. 제 1악장은 엄숙한 종교적 아다지오, 제 2악장은 광적인 경제적 정황의 알레그로, 그리고 제 3악장은 등골이 오싹해지는 안단테이다.

이들 3악장 중에서도 종교의 아다지오가 가장 재미있다. 거기에는 인간이 인간의 목숨을 앗는데 사용하는 여러 가지 '정의'라는 구실을 찾아볼 수 있기 때문이다. 중세의 교회는 근대국가만큼 인간의 목숨을 경시하지는 않았었다. 무지한 자일지라도 정당한 이유 없이 유대인을 죽이거나 하는 일은 저지르지 않았다. 일말의 가책도 없이 일정(一定)의 수속에 따라 수 백만 인간의 목숨을 잇는 것은 20세가만의 발명인 것이다.

11세기까지만 해도 유대인의 박해는 이렇다 할 근거도 없었고 그다지 역사적인 의미도 지니지 못했었다. 11세기에 들어서서 유대인의 박해는 종교적인 단계에 오르게 되었다. 그 전체를 통틀어 살펴보면 네 가지의 중요한 모티브를 발견하게 된다. 그것은 유대인은 계단에 피를 받치기 위해 살인을 한다는 비방, 성찬식 때 쓰는 떡을 모독했다고 하는 중상, 탈무드의 분서(焚書), 그리고 종교적인 논쟁이다.

유대인이 제단에 피를 받치기 위해 살인을 한다는 중상은 유대인이 그리스도교도의 남아(男兒)를 죽여서 유월절의 떡 (유월절에 유대인이 먹는 누룩을 넣지 않은 떡)에 그 피를 바른다는 터무니없는 미신에서 비롯된 말이었다. 그런 생각이 중세 사람들의 마음을 빼앗기는 쉬운 일이었다.

구약성서가 일반인들의 언어로 번역된 것은 16세기에 들어서서의 일이기 때문이다. 그때까지 사람들은 성서의 말씀을 적당히 꾸며진 전설로 받아넘기고 있었다. 이와 같이 사람들은 구전(口傳) 방법을 통해서 출애굽기의 이야기를 전해 들었고, 이스라엘 백성의 탈출을 성공시키기 위해 신이 어떻게 해서 이집트의 사내아이를 죽였는가를 전해 들었다. 그래서 이미 유대인이 그리스도교도의 아이를 죽였는가를 전해 들었다. 그래서 이미 유대인이 그리스도교도의 아이를 죽였다는 말을 곧이 듣게 되었다. 유대인들은 이미 아브라함의 시대에 인간을 제물로 받치는 일을 하지 않고 있었으나, 영국과 독일의 드루이드교도들은 기원 1세기까지도 여전히 인간을 제물로 받치는 습관을 버리지 못했다. 이미 구약성서에서 짐승의 피를 먹는 것을 금했지만 그래도 그리스도교도들은 짐승을 잡아먹었고, 오늘날에도 먹고 있다. 중세의 그리스도교도들은 이런 일을 결코 염두해 두지 않았던 것이다.

1144년, 영국의 노위치 마을에서 한 소년이 없어졌다. 그러나 한 배교(背敎)의 유대인이 '유월절의 제물'로 쓰기 위해 유대인들이 소년을 죽였다고 입방아를 놓았다. 영국에 히스테리가 만연되었다. 그러나 유대인에 대한 공공연한 보복이 있기 전에 살인의 흔적이 없는 소년의 시체가 발견되었다. 오늘날의 우리로서는 이해할 수 없는 일이지만 이 소년의 시체는 성인(聖人)으로 추앙되어 그가 낳은 고장의 교회에 안치되었다.

그런데 그 일이 있은 100년 뒤, 노위치 사건이 또 다시 재발했다. 유대인이 그리스도교도의 소년을 유괴하여 십자가에 달아 죽이고, 그 피로 유월절의 떡을 물들였다는 소문이 퍼졌던 것이다. 유혈사태를 두려워한 왕은 모든 유대인에 대해서 모두 구속될 신분이라고 선언하고, 20명의 유대인을 유죄로 잡아들였다. 이 20명의 유죄는 유대인을 제외한 모든 사람들이 만족할 수 있게끔 성립시켰다. 20명은 그대로 고문을 받았으며 미리 준비되어 있던 자백서에 서명하고 사형에 처해졌다. 뒤에 그 문제의 소년의 시체가 발견되었을 때, 몸에는 한 방울의 피로 뽑히지 않았고, 십자가에 달렸던 흔적도 없었지만, 이것은 그야말로 기적이 일어난 것이라고 함으로써 간단히 일을 해결해 버렸다. 이 소년도 성인으로 추앙되었다.

이와 같이 하여 형(型)이 결정되고 그 후 2세기, 유럽 대륙에서는 이 '제물로 삼기 위한 살인'이라는 유대인에 대한 중상모략이 마치 질병처럼 번져 나아갔던 것이다. 역대의 교황들은 이런 허위의 비방이 퍼지는 것에 경계심을 안고 이러한 중상모략은 그리스도에 대한 모독이라고 해서 몇 가지의 금령(禁令)을 포고했다. 개명적(開明的)인 황제였던 프리드리히 2세도 교황의 의견에 찬성하고 그런 소문을 퍼뜨리는 자를 잡아 사형에 처했다. 17세기의 폴란드와 말기의 제정 러시아에서는 그와 같은 일이 잠깐 있었지만 전반적으로 15세기에는 이미 '제물의 살인'이라는 중상모략은 일어나지 않았다.

14세기의 독일에서는 유대인이 성찬식의 떡을 훔친다는 소문이 한창 떠돌았다. 린트플라이쉬라는 광신자가, 유대인이 절구에 성스러운 떡을 으깨는 장면을 보았다며 민심을 선동하여, 미쳐 날뛰는 폭도들을 이끌고 유대인 마을을 덮쳐 닥치는 대로 살인을 했다. 독일의 권력층에서는 린트플라이쉬의 영향력이 너무 확대되는 데에 경계심을 느껴 터무니없는 민심의 동요를 막기 위해 아예 그를 잡아 교수형에 처해 버렸다. 14세기 후반에 이르자 이 떡을 모독한다는 비방도 자취를 감추고 말았다. 유대인이 독일을 떠나게 되고, 권력자들은 국내 경제가 침체하는 것을 보고 유대인이 성찬식의 떡을 모독하고 있다는 근거 없는 중상모략을 일삼는 자들을 교수형에 처함으로써 눈 깜짝할 사이에 그와 같은 비방이나 헛소문은 종지부를 찍었던 것이다. 유대인들은 그와 같은 중상모략이 두 번 다시없을 것이라는 보증을 받고, 독일로 돌아와 달라는 요청을 받아들였다.

최초의 탈무드의 분서(焚書)는 1244년 파리와 로마에서 있었다. 그리고 14세기의 프랑스에서는 네 번의 탈무드 분서가 있었지만 그 뒤 200년 동안은 그런 일이 없었다. 탈무드 분서가 가장 심했던 때는 1553년과 1554년으로 이태리 제국(諸國)에서 열 두 번이나 있었다. 그리고 1558년과 1559년에 로마에서한 번씩 있고는 마지막이 되었다. 동유럽에서는 탈무드가 1757년에 단 한번 불살라졌을 뿐이다.

탈무드 분서에 있어서 재미난 것은 탈무드가 소각되었다는 뜻이 아니다.

중세에는 번역된 모든 신약성서가 라틴어가 아닐 때는 모두 소각되었는데 그 빈도는 탈무드의 그것보다 많았다. 재미난 것은 히브리어로 된 구약성서는 한 번도 불살라진 일이 없다는 점이다. 분명히 토라가 시나고그를 약탈하는 미쳐 날뛰는 듯한 폭도들에 의해 밟아 뭉개지거나 불질러진 시나고그와 함께 타버린 적이 한 두 번이 아니었는데도 그와 같은 행위가 교회에 의해 인정된 적도 없거니와 공식적으로 토라가 부인된 적도 없었다. 유대주의는 독신(瀆神)이라 치부되었고 유대인은 그리스도교로 개종하지 않는다고 해서 학살당했지만, 토라는 경애되고 있었다. 왜냐하면 토라는 신(神)의 법(法)이었으므로, 어느 교황은 다음과 같이 말했다.—'우리는 토라를 상찬하고 존경한다. 전능의 신께서 모세를 통해 그대들의 조상에게 내려주셨기 때문이다. 하지만 우리는 그대들의 신앙을 그리고 그대들의 토라의 잘못된 해석을 질책하는 바이다.'

반(反) 유대인적인 제물을 위한 살인을 한다는 중상도, 성찬식의 떡을 모독하는 중상도, 탈무드의 분서도 맨 처음에는 그리스도교로 개종한 유대인이 꾸며낸 허위이고 보면 흥미 있는 일이 아닐 수 없다. 얼마 전까지만 하더라도 형제이던 그들을 그토록 가혹하게 적대하게 된 동기를 분석해 보면 매우 재미있는 심리연구가 될 것이다. 그렇게 볼 때, 역시 몇몇의 개종한 유대인을 포함하고 있던 신약성서의 저자들이 그들과 함께 개종하지 않은 유대인들에게 어째서 그렇게까지 혹심한 공격을 했었는지 그 단서를 캐낼 수 있을지도 모른다.

종교논쟁도 역시 배교(背教)의 유대인이 발명해 낸 것이다. 개종한 유대인의 거의 모두가 탈무드의 지식도 풍부해서, 새로운 동포인 그리스도교도에게 그들의 지식을 자랑하고 싶었는지, 아니면 교회에 아부하고 싶었는지 여하튼 권력을 쥔 인간의 귀에 입을 바짝 들이대고 유대인들이 얼마나 잘못을 저지르고 있는지를 공개토론에서 들어내 보이기만 한다면 유대인 사회

전체가 개종해 올지도 모른다고 속삭였던 것이다.

'신과 신앙의 시합(試合)'이라 일컬은 이들의 신학논쟁은 지적(知的) 체스와 러시아 루울?을 결합시킨 것과도 같았다. 만일 그리스도교도 학자가 유대인에 대해 지적하는 비난을 유대인의 학자가 분쇄하지 못한다면 유대인 사회는 강제적인 개종을 피할 수 없게 되는 것이다. 더구나 보다 앞선 유대 신학의 학문을 가지고 그리스도교도의 학자의 역부족(力不足)을 파헤치기라도 하는 날엔 목숨을 잃게 되는 위험이 뒤따랐다. 상대방에게 승리를 안겨주면서도 주안점(主眼點)에서는 양보를 하지 않자면 실로 고도의 승부사(勝負師) 정신이 필요했다. 정신신경이 튼튼한 자만이 이와 같은 승부에서 살아남을 수가 있었다.

때로는 교황이나 황제까지도 심판으로 동원되었는데 이들은 유대인의 학식과 담대함과 교묘함에 망연해질 때가 많았다. 유대인들은 대개의 경우 상대방을 공격해서 패하게 하는 것이 아니라 어느 결에 더 이상 손쓸 길이 없도록 궁지에 몰아 넣음으로써 승리를 거두었다. 상대방이 구약성서의 권위를 부정하지 않으면 아무래도 승리할 수 없다는 데까지 몰아넣는다. 만일 그리스도교도가 구약성서를 부인하면 그것은 이단설(異端說)이 되어 버리는 것이다.

이와 같은 논쟁법을 잘 알고 있던 루터는 가톨릭의 요한 마이어 본 에크와의 논쟁에서 이 테크닉을 썼다. 에크가 4세기에 있었던 어느 성인을 증인으로 내세워 논증하면서 루터에게 그대는 어느 성인을 가지고 권위의 근거로 삼겠느냐고 다그쳤다. 루터는 자신만만하게 성 바울이라고 외쳤다. 누가 성 바울의 권위에 감히 도전해서까지 이기려고 할 것인가?

이와 같은 신학논쟁의 하나가 최초의 탈무드 분서의 계기가 되었다. 네 사람의 랍비에게 대립한 것은 니콜라스 도닌이라는 개종한 유대인과 그의 인솔한 전문가들이었다. 프랑스의 황태후와 대주교가 자리를 같이 했다. 심판자들은 랍비의 패배를 선언하면서 탈무드를 불사르라고 외쳤지만 황태후와 대주교는 심판에 속임수가 있음을 눈치채고 판결 내리기를 마다했다. 그러나 도난은 국왕에게 소송을 제기했다. 이렇게 되자 1244년 드디어 최초의 판결이 내리게 되었지만 그 기간은 무려 4년이나 걸렸다. 결정은 어디까지나 정치적인 배려를 감안해서 내려졌고 결국 탈무드는 소각되었다. 이처럼 경각 시합풍(試合風)의 논쟁에서 가장 유명한 것은 1263년, 아라곤의 왕 제임스 1세 앞에서 행해졌던 논쟁이다. 본래 유대인이었던 프라 파울로 크리스티아니에 의해 모세 벤나호만이라는 학자가 메시야의 도래에 관한 논쟁에서 도전을 받았다. 나호만은 이때, 멋과 품위가 넘치는 기지로써 논쟁을 겨루었는데 왕은 이러한 나호만의 신변안전을 위해 그를 패자로 선언한 다음, 뒤에 많은 상금을 내리고 '나는 그처럼 부당한 주장이 그처럼 품위를 갖추어 변호되는 장면을 일찍이 본 적이 없다'라고 칭찬했다 한다.

중세의 유대인은 아마도 이 세상 최초의 이른바 '갇힌 청중(聽衆)'이 아니었을까? 15세기의 어느 교황은 집단개종을 위한 설교를 착안하기도 했다. 유대인들은 강제로 성당 같은 곳으로 소집되어 가서 주교나 대주교, 때로는 교황까지 동원되어 유대교 악과 그리스도교의 미덕에 대해 강조하는 설교에 귀를 기울여야 했다. 항상 마음을 놓아서는 안 되었다. 어쩌다 졸기라도 하는 날엔 무례를 범했다 하여 가차 없이 사형에 처해졌다. 유대인들은 공포에 떨며 설교를 듣고, 그들을 성대하게 전송하고서는 조심스럽게 그것을 잊어버렸다. 강제적인 설교집회는 18세기말까지 계속되었지만 그것은 실제로 큰 효과를 거두었다기보다는 열심히 들어주는 청중 앞에서 한껏 으스대어 볼 수 있는 순간을 누리기 위해서였는지도 모른다.

흑사병이라 불리는 '선(腺)페스트'의 유행(1348~1349)은 구라파 인구의 3분의 1에 해당하는 엄청난 생명을 앗아갔는데 이것까지도 유대인 살육의 이유로 이용되었다. 흑사병은 유럽을 휩쓸기 이전에 먼저 몽고와 이슬람

제국을 휩쓸은 일이 있다. 몽고인과 마호메트교도와 유대인들은 삼자 모두가 그것을 유대인의 탓이라고는 추호도 생각하지 않았고 목숨을 잃기는 다 마찬가지였다. 그러나 중세 사람들의 마음은 이런 일을 생각해냈던 것이다. 그들은 유대인이 우물에 독약을 탔다고만 믿었다. 이것은 어디까지나 과학적인 설명이 되어 특히 독일인들의 마음에 들었다. 착한 독일인들은 이 유행병으로 목숨이 오락가락할 지경에 이르렀어도 애써 역시 흑사병으로 다 죽게 된 유대인을 처형장으로 끌고 갔던 것이다.

1200년에서 1600년까지의 4세기 동안은 유대인들에게 있어서 고통의 시기였지만 그리스도교도 역시 고통스러운 시대였다. 유대인에 대한 중상이 마술이나 '이단'이라 불리지 않고 '제물로 삼을 살인' 또는 '성찬식의 떡을 모독'했다는 말로 불려졌다고 해서 오해하면 안 된다. 가슴 밑바닥에서 움직이는 심리나 재판이나, 입증방법, 그리고 고문하는 모양을 볼 때 그것은 마찬가지였다. 제물로 삼을 살인을 했다는 유대인이 화형장으로 끌려갈 때 바로 옆의 시장 광장에서는 마법을 썼다는 그리스도교도가 화형에 처해지고 있었다. 산채로 불 태워지는 유대인과 그리스도교도들의 절규가 함께 하늘에 계신 신께 미쳤다. 신께서는 대체 이게 무슨 일인가 하고 괴이하게 여기셨을 것이다. 하지만 한 가지만은 확실히 차별이 있었다. 이에 대해유대인은 아직까지 아무도 공식적으로 항의한 바가 없다. 사형에 처해진 그리스도교도는 멋있는 카나타와 연도(連禱)와 할렐루야의 합창 속에서 승천하지만 유대인은 장단조차 맞지 않는 애도가 속에서 실로 처량하게 장사 지내졌다.

중세의 폭력 협주곡의 제 2악장은 경제의 알레그로이지만 이것은 제 1악장이 끝나기도 전에 시작되었다. 종교개혁의 성격이 종교적인 반항에서 경제적인 반항으로 천천히 변질되어감에 따라 유대인에게 가해지는 폭력도 점차 종교적인 색상을 버리고 경제적인 색상을 띄기 시작했다. 종교개혁과 때를 같이하여, 16세기말에는 서유럽으로부터의 추방이 계속된 결과로서 유대인의 생활은 압도적으로 동유럽으로 옮겨졌다.

1000년에서 1800년에 이르는 시대의 동유럽에 있어서의 유대인 박해는 거의 600년에는 1600년까지의 서유럽에서 있었던 유대인 박해의 역사의 재현으로서 동유럽의 세 나라, 즉 폴란드와 러시아와 프로샤에서의 유대인 관계의 역사를 대충 훑어보면 충분할 것이다. 거기에는 깜짝 놀랄만한 공통점이 있다.

유대인은 라인랜드에서 약탈을 일삼는 십자군의 손아귀에 벗어나기 위해 독일을 떠났지만 1100년에는 이미 폴란드에 정주하고 있었다. 거기서 그들은 번영을 누렸다. 독일과 오스트리아에서 유대인이 많이 들어오면 들어올수록 폴란드의 귀족들은 쌍수를 벌려 환영했다. 경신왕(敬神王)이던 볼레슬라브 5세는 유대인에게 자유로운 자치제를 허가했다(1264년). 그것은 당연했다. 유대인은 왕의 도시건설에 협조하고 공업과 상업을 일으켰으며 유럽과 어깨를 견주게 해 주었기 때문이다.

유대인들은 귀족처럼 토지와 재산을 소유할 수 있었다. 그들은 도시에도 촌락에도 살았다. 폴란드와 샤를르마뉴, 즉 카시미르 3세 대왕은 대학을 세우고 무역을 장려하고 공업과 상업을 융성하게 하기 위해 계속 유대인을 불러들였다. 리투아니아 대공(大公) 비토보트는 유대인의 입국을 위해 문호를 개방했다.

1400년에는 서유럽에서 유대인을 괴롭힌 악덕이 어느새 동유럽의 유대인을 괴롭히고 있었다. 제물로 삼기 위한 살인의 비방이 승려들의 선동에 의해서 온 폴란드 안에 히스테리의 물건을 이루었다. 카시미르 4세는 불안에 떠는 유대인들을 달래려고 했지만 서양에 만연되는 이단적인 경향을 보고 경계심을 느낀 로마 가톨릭의 성직자들이 새로운 이단설에 유대인을 결부시켜 버렸다. 성찬식의 떡을 모독했다는 죄가 유대인과 프로테스탄트 양자에게 뒤집어 씌워졌다. 최초의 학살 즉, 유대인에 대한 조직적인 습격이 폴란드에서 일어난 것은 1500년경의 일이다.

승직단의 협박에도 동요하지 않는 강한 왕들이 나와 일시적으로 질서가 회복될 때도 있었다. 지기스문트 1세와 2세는 둘 다 성찬식의 떡을 모독하고 어쩌고 하는 추문에는 불같이 화를 냈다. 지기스문트 2세는 그것을 기만(欺瞞)이라 나무라며, '나는 이 불길한 악의에 충격을 받고 있다. 나는 성찬식의 떡에 피가 섞였다는 따위의 말을 믿을 만큼 어리석지는 않다'고 말했다.

15세기의 폴란드는 위대하였지만, 16세기에는 약한 왕들과 강한 귀족들의 시대가 계속되어 어지러워졌다. 정황은 복잡하고 혼란하여 일촉즉발의 사태였다. 힘없는 정권은 강한 귀족들과 광신적인 승직단에 휘둘렸다. 폴란드의 시장을 송두리째 매점해 버릴 기회만을 노리고 있던 독일의 무역업자들은 유대인을 몰아내기 위해서 반(反)유대 감정을 선동했다. 농민들은 귀족에게는 억압당하고, 독일인에게는 속고, 폴란드 귀족을 위해 세리의 일을 맡고 있는 유대인에게는 세금을 빼앗겼으며, 승려들에 의해서 봉건제의 감옥에 갇혀 있었기 때문에 이들 네 종류의 인간에 대한 증오를 가슴 깊이 새겨 언제든지 복수할 날이 오기만을 기다리고 있었다. 그것은 1648년에 터졌다.

중세 폴란드와 투르크 국경에 살고 있던 그리스 정교도의 코작인은 증오의 대상인 로마 가톨릭의 폴란드인에 대해서 모반을 일으켰다. 그들을 지도한 사람은 빈틈없고 잔악한 복단 후밀니키라는 수령이었다. 그의 자식은 폴란드 귀족의 손에 산채로 가죽을 벗겨졌었다. 1939년에 공격해 들어온 히틀러의 전차대(戰車隊)에 폴란드의 기마대가 대적할 수 없었던 것과 마찬가지로 향수를 뿌리고 채색도 아름답게 단장한 폴란드 귀족의 기병대가 복단의 누더기를 걸치고 땀냄새를 풍기며 예리한 칼을 휘둘러대는 대초원의 용사들에게 당할 재간이 없었다. 그들은 제 1차 세계대전 때 폴란드의 들에 쓰러진

보병들처럼 쓰러지고 말았다. 폴란드의 농민들은 복수의 기회가 왔음을 알고 코작에 가세했다.

코작의 잔인성은 끝이 없었다. 적은 폴란드의 귀족, 로마, 가톨릭 사제들, 독일의 무역상, 그리고 유대인이었다. 어째서 유대인이 적이 되는가? 유대인은 폴란드에 살고 있었으며, 그리스정교도가 아니었기 때문이다. 코작은 포로의 살점을 도려재고, 산채로 가죽을 벗기고, 약한 불로 천천히 태워 죽이는 등 잔인하게 괴롭혔다. 갓난아기를 칼로 베어 두 동강을 내는가하면, 수녀나 귀족의 여인과 유대여인의 배를 가르고 거기에 산 고양이를 집어놓고 봉합했다. 그들은 목을 매달아 죽일 때도 두 가지 방법을 즐겼다. 그 하나는 폴란드 귀족과, 독일의 상인과 로마 가톨릭 사제와 유대인을 각각 한 사람씩 섞은 4인조를 만들어 목매는 방법, 다른 하나는, 유대인과 사제와 개였다. 개가 없을 때는 거세한 돼지를 썼다. 그리고 하루의 일을 마치면 그 돼지를 내려 먹었다.

유대인들은 대초원에서 쳐들어 온 도깨비 떼를 피해 도시로 모여들었다. 그러나 거기서도 학살은 일어났다. 음흉한 코작은 유대인을 내주면 도시에 있는 폴란드인의 생명을 건드리지 않겠다고 했던 것이다. 폴란드인은 유대인들을 인도(引導)했다. 그러자 유대인의 방위력을 잃은 폴란드는 그대로 무력한 사냥물처럼 코작의 손에 참살당했다. 이 10년간의 반란 동안 목숨을 잃은 유대인의 수는 10만을 헤아렸다. 같은 모양으로 잔혹하게 죽어간 폴란드인의 수가 몇 10만을 헤아릴지는 정확하게 알 길이 없다. 100만을 넘을지도 모른다. 폴란드의 들에는 학살되거나 고문당한 사람들의 팔다리가 뒹굴어 도살장을 연상시켰다. 10년의 세월이 지나고 코작에게도 피로의 기색이 엿보이자 평화의 조짐이 나타나기 시작했다.

그러나 애처롭게도 폴란드의 고통은 끝장을 보지 못했다. 17세기 후반에 또 다시 코작의 봉기가 있었다. 그 참상은 최초의 반란 때보다도 심했다. 그리고 스웨덴의 두 차례에 걸친 침략과 투르크와의 처참한 전쟁, 18세기가 되어서도 평화도 찾아오지 않았다. 먼저 러시아의 침략을 받았으며, 그 후 내란이 있었다. 러시아와 프로샤와 오스트리아의 '성스러운 동맹'은 폴란드를 갈기갈기 찢어발겼고, 그 뒤에는 이미 폴란드의 흔적은 찾아볼 수 없었다. 폴란드의 유대인은 러시아와 독일과 오스트리아의 역사에 말려 들어가게 되었다.

러시아의 유대인의 초기의 역사는 특이한 희비극(喜悲劇)이었다. 러시아가 유대인을 쫓아내려고 하면 할수록 거기에는 점점 더 많은 유대인이 몰려들어오는 것이었다. 마침내 러시아도 체념하고 그 서쪽 국경을 따라 '방역선(防疫線)'을 긋고, '여기까지는 좋다, 하지만 이 너머로는 들어오지 말라'고 경고한 다음 어떤 결과가 일어나는지를 두고 보았다. 그들은 상당히 오랜 기간을 기다리지 않으면 안 되었다.

오늘날 우리가 알고 있는 러시아는 1700년 피터 대제의 도래(到來)까지는 존재하지 않았다. 그 이전의 러시아는 여러 개의 공국(公國)이 무질서하게 몽켜 앉은 광대한 지역으로, 타타르인과 코작인들이 널려 살고 있었다. 유대인은 서쪽 국경지방의 여러 공국과 도시에 살고 있었다. 1500년까지는 평화롭게 살았지만, 어쩌다 뜻밖의 사태가 벌어지고 모스크바의 교회에서는 경계경보를 알리는 종소리가 요란하게 울려 퍼졌다.

리투아니아의 두 유대인이 그리스정교(正教)의 사제 두 사람을 유대교로 개종시켰다. 이 두 개종사제는 유대교를 매우 진지하게 받아들여 러시아 각지에서 성 바울을 방불케 하는 포교활동을 폈다. 그러자 이외의 사태가 벌어졌다. 러시아 사람들이 유대교에 마음이 끌려 꼬리를 물고 개종해 왔다. 이 신(新)러시아 ·유대교는 모스크바 궁전에서도 대인기를 얻어 모스크바 공(公)의 며느리는 유대 여인이 되었다. 러시아 정교회는 겁을 먹고, 이 유대 이단설(異端說)을 마치 로마 가톨릭 교회가 프랑스에서 알바죠아파를 가혹하게 억압했던 그런 수법으로 엄중하게 처단했다. 먼저 개종한 러시아인을 잡아 죽였다. 죽어서까지 포교 활동을 펼 수는 없을 것이라고 생각했기 때문이다.

그 다음은 유대인의 차례였다. 스웨덴의 엘릭 9세의 집단개종 방법을 잘 알고 있던 러시아인들은 우선 그 수법을 썼다. 300명의 유대인을 폴로츠크강과 비데브스크강에 빠뜨려 죽였지만, 기적이 일어나지 않자 참을성이 없는 러시아인은 체념하고 유대인을 나라 밖으로 몰아내기 시작했다. 절대로 돌아와서는 안 된다고 다짐을 받았다.

유대인들은 돌아오지 않았다. 끌려왔던 것이다. 전부터 있던 유대인들을 몰아내는 속도보다도 빠르게 새로운 유대인이 들어오고 있었다.

1655년, 러시아 정교회가 아아 이것으로 유대인을 마지막 한 사람까지 다 몰아냈다 하고 한숨 돌리려는 순간, 러시아는 폴란드에게서 탈취한 리투아니아의 일부를 합병시킴으로써 또다시 유대인을 받아들이지 않을 수 없게 되었다. 일은 다시 처음부터 시작하지 않으면 안 되었다. 새로 개입된 유대인들도 대충 몰아냈다고 여겨질 때, 이번에는 피터 대제가 발틱해안에 있는 스웨덴 영토를 러시아영토로 가입시키는 바람에 거기에 살고 있던 유대인이 자동적으로 러시아로 들어오게 되었다. 이것은 1721년의 니스타트조약에 의한 것이었다. 피터 대제는 선조들과 마찬가지로 유대인을 두려워하고 있었지만, 유대인의 권력과 자유를 보호했다.

1762년, 캐더린 대제(러시아의 여제(女帝)는 러시아에는 유대인을 일체 거주시켜서는 안 된다고 서명해 버렸다. 그러나 그로부터 10년 뒤 캐더린 치하의 러시아에는 유럽 전토에 사는 유대인의 총수(總數)를 훨씬 웃도는 유대인이 살고 있었다. 세 번에 걸친 폴란드의 분할(1722년, 1793년, 1795년)로 90만 명의 유대인이 러시아 영(領)으로 들어왔기 때문이다.

캐더린과 그 후계자는 이미 체념하고 있었다. 게다가 새로 빼앗은 영토의 경제적인 면에서 유대인이 필요하다고 느낀 이유도 있었다. 그러나 러시아 농민의 마음은 순직하고 무지해서 그대로 유지해 나가는 수밖에 없었다. 유대인은 폴란드와 리투아니아와 우크라이나의 어디든 마음대로 활보할 수 있었지만 오히려 모국적인 러시아에서는 인구의 95퍼센트에 해당되는 농민이 이동할 수조차도 없었다. 캐더린과 그 후계자들은 농민을 꼼짝 못하게 묶어두는데 성공했다. 1917년의 혁명 이후, 모스크바에 온 그들은 전차(電車)를 처음 보고 땅에 무릎 꿇으며 '오오, 신이여!'하고 십자를 그었던 것이다. 그들은 악마가 아니면 유대인을 보았다고 착각했던 것이다.

유대인은 러시아의 서쪽 국경 주변에 살아도 좋다고 허락을 받았는데, 그것을 '거주지의 테두리' 혹은 그대로 '테두리'라고 불리고 있었다. 유대인은 이곳에 자치정부를 확립했다. 1700년부터 1800년까지의 러시아 지식계(知識界)는 활동을 중지한 상태에 있었지만 유대인 쪽에서도 그러했다. 위대한 탈무드 학자인 빌나 가옹이라든가 그 밖의 몇몇 학자를 제외하면 이 시대의 유대인들은 그저 멍청하게 지내고 있었다. 러시아 학살의 시대도, 러시아 지식인과 러시아의 유대인의 지적개화(知的開花)도 19세기가 되어서 시작되었다.

그러나 독일 유대인의 정황은 이와는 사뭇 달랐다. 수많은 역사가들은, 이미 2세기에는 유대인인 로마병이 독일의 야만인을 지키는 국경경비대로서 로마 제국의 북쪽 국경에 주둔해 있었다는 것을 입증할 만한 충분한 증거가 있다는 의견을 갖고 있다. 로마제국은 일반적으로 독일인은 인간에 가까울 뿐, 완전한 인간이 못된다고 믿었기 때문에 애써 정복하려고 하지 않았던 것이다.

유대인은 독일인에 정주하게 된 최초의 문명인이었는지도 모른다. 로마시대에는 유대인이 마인쯔나 케룽이나 라인란트나 그 밖의 도시에 살았다는 것을 알 수 있다. 8세기에는 유대인이 마그데부르크, 워르므스, 아우그스부르크에 있었다고 추측하고 있지만 독일의 대도시에 번영한 유대인 도시가 있었다는 기록은 10세기 이후의 것이다. 유럽의 나머지에 있어서와 마찬가지로 십자군의 출현이 있을 때까지 여기에도 유대인 박해에 관한 이야기가 거의 없다. 독일에서는 13세기에 들어서서 유대인 추방이 유행했지만 신성로마제국의 기묘한 구조가 유대인을 완전한 추방에서 구하는 결과를 빚었다. 신성 로마제국이라는 호칭은 바르바롯사(빨간 수염)라고 불리던 프리드리히 1세가 지어준 이름인데, 이것은 자치력을 지닌 다종다양한 국가들이 연합하여 이루어진 나라였다. 어느 공국(公國)이 유대인을 추방하면 다른 공국은 그들을 반갑게 맞아들였다.

독일인은 그들을 배양해내는 야만종족으로서 지금까지 가장 걸맞았기 때문이다. 유대인을 박해하는 데 있어서도 그들은 가장 야만적이었다. 흔히 중세의 반(反) 유대적 조치로 여겨지는 거의가 독일・오스트리아의 것으로, 독일 땅에서 가꿔낸 것들이다. '제문을 위한 살인'이며 '성찬식의 떡을 모독'했다는 말이며 '흑사병'의 중상이 날조되어 사디스트와 물신(物神) 숭배자들은 발악을 하며 민중에게 광기(狂氣)를 불어넣었다. 이와 같은 집단 중의 하나는 단원들이 팔뚝에 가죽띠를 두르고 있었기 때문에 암레다(Armleder, 완장)라고 불리고 있었다. 그들이 살인하는 모습은 유대인에 대한 증오의 표현이라기보다는 그들 자신의 정신 질환을 나타내는 발작과도 같은 것이었다.

독일인은 유대인들을 사기치는 데 있어서 철저했다. 독일의 지방 귀족들은 유대인들에게 보호해줄 터이니 오라고 유인한 다음, 자유의 칙허장(勅許狀) 따위를 주고 그 내용을 반듯이 지킨다고 십자가에 걸어 맹세하고 있으면서 뒤에 가서는 유대인의 재산을 빼앗고, 토지를 몰수하고는 폭력단처럼 달려들어 보호료를 물게 했다. 이런 상황에도 불구하고 유대교의 정신이 살아 남고 유대인의 문화가 끊임없이 지속해 내려왔다는 것은 놀라운 일이다. 탈무드 연구는 아직도 그 힘을 발휘하고 있었다. 장 쟈크 루소는 1762년 ≪

사회 계약론≫에 다음과 같이 기록하고 있다.

> 오로지 탈무드와 제의에 관한 법(法)을 통해서만이 자주 복종할 것을 강요받고, 뿔뿔이 흩어져 외견상으로는 파멸한 것처럼 보였던 이 위대한 민족은 항상 법을 준수함으로써 오늘날까지 스스로를 보존해 온 것이다.… 그 습관과 제의는 소멸되지 않고 존속한다. 그것은 세상 끝날까지 이어질 것이다.[1)]

16세기의 독일에서 아주 이색적인 논쟁이 벌어졌다. 요하난 요셉 페퍼코른이라는 배교의 유대인이 유대교를 중상한 것에 대해 요한 로이힐린이 탈무드를 옹호하기 위해서 논쟁을 벌였을 때의 일이다. 이 논쟁은 종교개혁에도 영향을 미쳤다. 페퍼코른이라는 사람은 푸줏간을 경영하고 있었는데 절도죄로 체포되자 그리스도교로 개종해서 유대인 법정의 재판을 피했다. 유대인 쪽에서 볼 때 이 사람은 무지몽매한 바보였지만, 독일인 쪽에서 볼 때 이 사람은 학자였다. 페퍼코른이 탈무드가 그리스도교에 대한 모독이라고 발언하자 그에게 유대문학에서 반(反) 그리스도교적인 요소를 배제시키라는 일거리를 맡겼다. 유대인이 이 일에 관해서 황제에게 소송을 내자, 황제는 요한 로이힐린에게 이에 대한 조사를 명명했다.

신앙과는 아무 상관도 없는 일로 지식인과 반 지식인 사이의 싸움에 도화선이 그어졌다. 페퍼코른에게 가세한 것은 예컨대 파리대학이나 마인쯔대학 등의 세속적인 연구진이었다. 로이힐린 쪽에 가담한 것은 빈 대학이나, 추기경, 대주교들, 게다가 작센의 선거후(選擧侯)까지 포함된 신빈 대학이나 계열의 사람들이었다. 마틴 루터도 로이힐린 편에 가담하여 논쟁은 어느덧 종교개혁을 지향하는 쪽의 강령(綱領)이 될 만큼 확대되었다. 실제적인 정황판에서 최종적으로는 로이힐린의 패배로 결론이 지어졌지만, 현실적으로는

1) 이 주는 ≪사회 계약론≫에서라기보다는 단편 ≪유대인≫에서 인용한 것이 아닐까 한다.

페퍼코른 쪽의 참담한 패배로 끝났던 것이다. 탈무드 연구를 금지하는 법은 풀리고, 유대문학은 페퍼코른의 도움을 빌지 않고 꽃피울 수 있게 되었다.

페퍼코른의 세력이 패배함에 따라 독일의 기질도 사디즘에 반대하는 경향을 나타나게 되었다. 최초의 사디스트는 빵장사를 하는 빈센트 페트밀르히라는 사람으로 그는 폭도들을 조직하여 프랑크프르트의 유대인 마을을 습격했다. 그들의 수효는 유대인의 수보다 훨씬 많았으므로 그들은 닥치는 대로 여자와 아이들까지 죽였다. 2년 뒤에 페틈닐르히와 그 부하들은 황제의 명으로 체포되어, 프랑크프르트의 광장에서 참수되었다. 독일에 있어서의 무법시대에 일시적인 안정이 깃들었다.

폭력협주곡의 최종 악장, 즉 마음의 안단테는 17세기에 시작되었다. 이 시대의 역사는 어느덧 유대인을 다시 서유럽으로 불러들이고 있었다. 이 서유럽에로의 회귀(回歸)는 유대인이 스페인 사람의 폭정을 전복(轉覆)한 네덜란드에서 살게 된 1593년, 올리버 크롬웰의 초대를 받아 영국으로 갔던 1655년, 잘못하여 프랑스에 눌러 살게 되버린 1648년을 비롯해서 시작되었던 것이다. 프랑스의 경우는 30년 전쟁을 종결시킨 웨스트팔리아 조약에 의해서 알사스 지방을 병합했을 때, 그곳에 있던 유대인이 프랑스 영(領)으로 들어가 버렸다.

반(反)셈주의의 감정은 유대사에서의 그 중세사에 그 기원을 지닌 것이 확실하지만, 그 전모가 확실히 드러난 것은 근대에 들어서서이다. 산업혁명에 의해 유럽에 새로운 계급이 탄생되지마자 경제적인 정황에 의해 산출된 개인적인 반 유대인 감정은 비록 느리지만 반셈주의라는 인종편견으로 변질되어 갔다. 그것은 마음 밑바닥의 불안 때문에 생기는 편견이었다.

이들 3악장 중에서도 제 3악장인 심리의 안단테는 가장 치명적인 것이었다. 유대인에게 치명적이었다는 뜻이 아니라 문명 바로 그것에 대해서 그러했던 것이다.

20. 용감한 황색 배지

중세기는 두 가지 유대교를 산출했다. 그 두 가지는 각각 특유한 생활양식과 문학, 철학을 가지지만 신은 동일한 신이다. 그 하나는 600년에서 1500년에 걸쳐 가장 왕성했었다. 또 하나는 16세기가 되어서 왕성하게 되었다. 전자가 쉐파르딕(Sephardic) 즉 스페인의 유대교이며 후자는 아쉬케나직(Ashkenazic) 즉 독일의 유대교이다.

양자 중 스페인의 유대교가 보다 오랜 것이며 세련되어 있다. 그것은 '토라'와 '탈무드'와 아리스토텔레스, 아베로에스,[1] 형이상학, 과학, 종교문학 그리고 세속 문학의 혼합이였다. 그것은 바빌로니아, 그리스, 페르시아, 로마 그리고 이슬람의 각 문명의 여과기를 통해서 이루어진 문화였다. 900년에서 1500년에 걸친 시대에 복장, 예의 범절, 도덕, 학문 등 유대인의 문화패턴을 결정한 것은 스페인의 유대인이었다.

독일 유대인의 생활양식이 그것과 식별할 수 있는 개성을 나타내기 시작한 것은 16세기 초엽이었다. 역사의 압력으로 유대인이 서유럽에서 동유럽으로 이동하면서 생활 조건의 변화에 따라 문화도 변질했다. 스페인 유대인의 세계는 여유가 있었다. 거기서는 애가체(哀歌體)의 시를 쓰며 인간 정신의 비를 탐구하는 시간의 여유가 있었다. 그러나 독일 유대인의 세계에서는 시작(詩作)의 시간적 여유도 없고 과학도 소용없었다. 살기 위해서 종교가 필요했다. 확실히 탈무드주의는 낡은 형식에 역행하여 일상 생활의 사소한

1) 아베로에스는 이슬람 세계에서도 특히 뛰어난 학자였으나 그리스도 교회는 그의 저작을 판금했다. 그래서 중세의 그리스도 교도는 그에 관해서 알 수가 없었다.

일에만 마음을 빼앗기게 되었지만 그것은 역시 유대인을 지켜준 것이다. 쉐파르딕은 스페인어나 프랑스어나 이태리어를 사용하여 그 시야를 넓혔다. 아쉬케나지스는 히브리어와 토라와 탈무드를 가지고 점점 축소해 가는 자신들의 세계를 지켰다. 세례를 강요하는 그리스도 교도들의 사술(邪術)에서 내 몸을 지키려고 한 것이다.

16세기에는 아시케나직 문화가 우세해짐으로써 쉐파르딕 문화는 거기에 흡수되고 말았다. 그러므로 스페인 유대주의의 역사는 기본적으로 스페인 추방 시대까지의 서유럽 유대인의 역사이며, 독일 유대주의의 역사는 기본적으로 15세기 이후의 라인강 이동의 유대인 역사인 것이다. 이 두 가지 중세기 유대인의 문화 형태를 좀더 자세히 살펴보기로 하자.

그리스도교도의 봉건시대 생활이 마치 감옥과 같은 것이었다는 비유도 이미 사용한 바 있다. 사람들의 생활은 모두 제한하는 철장에 갇혀 있었다. 철장 속에 갇혀 있는 것은 이른바 제 3계급, 즉 농민이며 그들이 전 인구의 95퍼센트를 차지하고 있었다. 철장 밖에 있으면서도 눈에 보이지 않는 쇠사슬로 그 철장에 매여 있는 것이 승려 계급과 귀족 계급이었다. 감옥 안에도 있지 않고 또한 철장에 매여 있지도 않았던 것이 유대인, 말자하면 '제 4계급이라고도 할 수 있는 유대인이었다.

봉건제의 농노라고 불린 농민들은 태어나서 죽을 때까지 매여 있었다. 승려가 되던가 또는 특별히 재능이 있는 아이가 아니면 그 영지에서 다른 영지로 옮겨갈 수 없었다. 보행 거리 범위밖에 있는 것을 볼 수 있는 길은 거의 없었다. 이치로야 농노는 자유민이었지만 재산을 가질 수도 없었다. 영주가 토지와 함께 그들을 팔아 버릴 수도 있었다. 15세기가 되어서도 자유민조차 영주의 허가 없이 자기 재산을 매각할 수 없었다. 농노는 자기의 밀을 제분하는 데도 영주의 곡물창고에서 제분해야만 했다. 빵을 굽는 데도 영주의 가마에서 구어야 했다. 그리고 그 대가는 물품이나 노동으로 갚아야 했다. 나무 접시만을 소유할 수 있었으며 가족의 다소를 막론하고 스푼은 하나로 정해져 있었다. 매매행위나 옷감의 종류도 제한되어 있었다. 영주는 농노의 소유물을 이리저리 시험해 볼 수 있었다. 새식시들도 예외는 아니었다. 그러나 세 가지 점에서 농노는 귀족과 공통점이 있었다. 일반적으로 그들은 다같이 무지하고 문맹이며 미신에 빠져 있었던 것이다.

귀족들도 또한 구속되어 있었다. 사회가 그들이 할 역할을 엄격히 규제하고 있었으며 그들은 그대로 해야만 했다. 신분에 맞는 복장을 하고 결투를 해야 할 경우에는 해야 하며 싫어도 경기에 나가야 하고, 신분에 맞는 여자와 결혼해야 한다. 인생은 하나의 의식적인 춤과 같은 것이었다. 관습을 깨뜨리면 신분이 박탈되거나 추방되기도 했다. 종교적인 관습을 깨뜨리면 파문이나 화형을 당했다.

유대인에 대해서는 아무런 제한이 없었다. 이동도, 결혼도, 물품의 매매도 자유로웠다. 봉건제라는 것을 고안해 낸 사람은 상인, 직공, 의사, 은행가 등을 어떻게 다루어야 할지를 정하는 일을 잊었던 것이다. 승려는 일하지 않아도 좋게 되었으며 귀족은 일하고 싶어 하지 않았고 농노는 부르조아계급 즉 중산계급의 직업을 갖지 못하도록 금지되어 있었다. 중산계급의 직업을 가질 수 있는 인간은 유대인밖에 없었으며 유대인은 없을 수 없는 존재가 되었다. 유대인은 삐걱거리며 잘 돌아가지 않는 봉건사회 기구의 윤활유였다. 그래서 유대인은 교황이나 황제로부터 자유를 받고 있었다. 그러므로 그들은 고을이나 마을에 정착하도록 초청된 것이다.

그들의 '평온한 세기' 동안 유대인의 생활은 격변 없이 잔잔히 흘러갔다. 이 시대 전체에 대해서는 일반적으로 오해가 있다. 유대인이 중세 1200년간 어둡고 축축한 게토에 갇혀 산 것으로 생각되고 있는 사실이다. 그러나 실제로는 유대인이 경험한 중세의 게토는 1500년에서 1800년 사이의 일이며 그것도 부분적인 것이어서 북이태리와 독일어권 제국과 폴란드의 몇몇 도시에 한정되어 있었다. '게토'라는 말과 유대인 거주 지구 사이에는 큰 차이가 있다. 유대인 구역이라는 것은 자발적인 것이지만 게토는 외부로부터 강제된 것이다. 한쪽은 자유를 의미하고 다른 쪽은 유폐(幽閉)를 의미했다.

유대인은 처음에는 그리스도교와도 섞여서 고을이나 마을에 살았다. 그러나 생활이 도시화됨에 따라 그들은 유럽의 대도시로 모여들게 되었다. 그리고 그때 그들은 스스로의 의지로 유대인 거주지역에 살게 되었다. 그들은 자기들의 지역을 자랑으로 생각하고 있었으며 새 도시에 살게 될 때에는 미리 왕에게 특별 윤허에 의해서 그런 권리를 인정해줄 것을 요구했다. 그러한 유대인 거주지구에 살고 있는 것은 유대인만도 아니었다. 많은 귀족이나 시민이 유대인 거주지구에 살기를 원했다. 유대인은 지적인 분위기를 가지고 있기 때문에 오늘날에도 그리스도교도가 유대인이 많이 살고 있는 지역에 살려고 하는 것과 같은 것이다.

대성당과 궁전 사이에 유대인의 집이 있었다. 1555년, 타이버강 왼쪽 기슭에 최초로 로마의 게토가 세워졌을 때 교황은 달리 새로운 일을 한 것이 아니었다. 교황의 일은 유대인을 유대인 지구에 가두는 일이 아니라 거기에서 그리스도교도를 내쫓는 일이었다. 그리스도교도는 그곳에 좋았기 때문에 몇 차례의 종교재판을 거쳐서야 겨우 그들이 그곳에서 나간 것이다. 로마의 유대인 거주지구의 주민이 100퍼센트 유대인이 되는데는 1세기 이상이나 걸렸다.

1500년까지는 독일, 오스트리아, 보헤미아의 유덴슈타트(Judenstadte) 즉 '유대인 도시'에서도 서유럽의 다른 유대인 거주지구와 마찬가지로 자유가 있었다. 프라하의 쥬덴슈타트는 특히 유명하다. 보통 미국인이라면, 자유 시민으로서 빼앗길 수 없는 투표권을 행사하라고 알리기 위한 종을 단 시(市) 공회당은 청교도의 건국의 아버지들이 고안해 낸 것이라고 알고 있다. 그러나 프라하의 유대인들은 그보다 훨씬 앞서 있었다. 그들은 이미 15세기에 자기들의 유덴슈타트에 시(市) 공회당을 세운 법에 대해 어떻게 판단할 것인지를 투표하기 위해서 집회 개최를 알리는 큰 종이 달려 있었다.

중세기 전반의 유대인의 일상 생활은 어떤 것이었을까. 유대인의 르네상스 시대는 확실히 좀더 상세하게 살펴 볼 가치가 있다. 말할 것도 없이 모든 나라의 생활이 또는 모든 시대의 생활이 완전히 같았다는 얘기가 아니다. 그러나 차이는 있지만 유대인을 움직이고 있던 정신과 생활 양식은 같은 것이었다.

이태리인은 유대인을 교육 있는 민족으로 인정하고, 특별히 부른 것이 아니라 오히려 직관적인 방법으로 유대인을 르네상스로 몰아 넣고 흡수해 갔다. 그들은 유대인으로부터 철학, 과학, 의학 그리고 수학을 배웠지만 미술과 건축에 있어서는 유대인보다 훨씬 우수했다.

유대인은 농업을 제외하고 그 당시에 존재했던 모든 직업에 종사하고 있었다. 그들 중에는 의사, 수술의사, 학자, 시인, 천문학자, 약제사, 제무 대신, 궁정 대신, 은 세공사, 금 세공사, 과학기구 설계가 등도 있었다. 사자 조련사, 마술사, 노새(騾馬)장사, 군인, 제화공, 양복공, 뱃사람, 행상인 등도 있었고 모피 견직물 상인, 전당포, 향신료상, 직공, 수출업자, 수입업자 그리고 대장장이나 날품팔이 노동자도 있었다. 더구나 18세기 폴란드의 게토 유대인이라면 공포로 머리카락이 곤두 설 직업에도 종사하고 있었다. 르네상스의 유대인은 극작가, 무대 감독, 배우, 무용가, 화가, 조각가도 있었다. 유대인 가운데는 코렐리나 비발디와 같은 음악가는 없었지만 그래도 다음 합성 음악(Polyphonic music)을 시도하고 소나타나 무반주 5부 합창, 칸소네나 무용곡 등을 작곡했으며 멜로 드라마를 쓰기도 했다.

여성의 활동도 활발했다. 의사나 은행가가 된 여성도 있었고 여배우나 가수가 된 여성도 있었다. 유대인은 막대한 재산을 쥐고 있었기 때문에 그들은 귀족이나 총독 등과 나란히 미술의 후원자가 되기도 하였다. 우수한 건축가를 고용해서 주택이나 회당의 설계를 하여 현존하는 것에도 르네상스의 장려함이 뚜렷이 보인다.

르네상스기의 유대인의 생활습관이나 도덕 문제는 헬레니즘시대의 그것을 생각나게 한다. 르네상스기의 유대인 젊은이들도, 역시 향락주의와 탈무드주의에 의해 분열되었다. 정통파 유대인은 역시 이때도 '부도덕한 이태리인'에 대해서 같은 비난을 퍼부었지만 이번에는 왠지 그들의 비난에 옛날과 같은 열정도 없었고 자발적인 느낌이 없었다. 유대인 아가씨들은 사춘기가 되면 곧 결혼하는 습관을 버렸다. 세실 로스 저 ≪르네상스의 유대인≫에는 1487년에 시칠리아를 통과한 한 랍비가 씁쓸한 말투로 이렇게 말했다고 쓰고 있다—. '대부분의 아가씨들은 이미 임신한 몸으로 결혼식에서는 것이다.' 유대인 거주지구 밖에서뿐만 아니라 내부에서조차 유대인과 그리스도교도의 매음굴이 많이 있어서 그리스도교도와 유대교도는 여기서 사귀는 것이다. 르네상스의 창부에 관해서 회상록에 그 직업상의 기술적 차이에 대한 언급이 없는 것을 보면 아마 이 점에서는 그리스도교도도 유대인도 큰 차이가 없었던 모양이다.

신분이 좋은 유대인 남자들은 유대인 거주지역에는 정숙한 부인을 두고 도시에는 아름다운 첩을 두기도 했다. 고명한 유대인 지식인에 대해서 동성애 스캔들이 들리는 일도 있어서 사람들은 만찬회의 지루함을 소문 얘기로 메웠다. 그러나 단 한 가지 유대인이 다른 사람들과 겨눌 수 없는 영역이 있었다. 그것은 폭력에 의한 범죄이다. 확실히 성급한 유대인 젊은이가 르네상스풍(風)으로 라이벌에게 단도질을 하는 일도 있었지만 사디스틱(sadistic)한 행위, 계획적 살인, 강간, 유아 학대 등은 유대인 사이에는 거의 없는 현상이었다. 가령 스페인에서의 유대인 추방만 해도 그들이 그리스도교가 아니라는 이유 이외에는 아무런 비난도 포함되어 있지 않았다.

당시의 문학에는 유대인을 풍자하거나 멸시한 것이 있지만, 그럼에도 불구하고 평소에 그들은 바보 취급을 받지 않고 살고 있었다. 이태리에서 탈무드가 불태워졌을 때 어떤 그리스도교도는 이것으로 탈무드가 독신죄(瀆神罪)에 걸려 무효가 되었으니 유대인도 ≪데카메론≫의 가르침에 따라 사는 게 좋을 것이라며 농담을 했다고 한다.

르네상스기의 이태리에서 절정에 도달한 이런 생활도 13세기 영국에서의 추방, 14세기 프랑스에서의 추방, 15세기 스페인에서의 추방, 16세기 이태리로부터의 추방으로 끝났다. 16세기 르네상스에 종교개혁이 일어났을 때 그리스도교회는 다가올 루터파와의 항쟁에 대처할 준비를 해야했다. 도박은 크고, 유대인은 자기편 귀퉁이의 말 '졸'에 불과했다. 다만 유대인이 가톨릭의 가르침을 믿지 않는다고 해서 추방하고 게토에 가둘 필요가 생겼을 뿐이다. 우호적인 시대도 끝났다. 종교전쟁의 세기가 박두한 것이다.

독일을 중심으로 해서 중앙유럽에는 아쉬케나직 게토의 새로운 생활 형태가 형성되고 있었다. 무력한 유대인에 대해서 치욕을 준 것은 거기서였다. 짧은 3세기 동안 이제까지 없었던 형태의 오욕으로 더럽혀진 유대인이 된 것은 바로 그 땅에서였다.

'게토'라는 말은 이태리어를 그 기원으로 삼고 있지만 유래는 아직 분명치 않다. 히브리어의 get(분리)를 라틴어화한 것이라는 설, 또는 소구(小區)라는 의미의 이태리어의 borghetto에서 나온 말이라는 설 등, 여러 가지 설명이 있지만 가장 일반적인 통설이 되고 있는 것은 '대포주조소(大砲鑄造所)'라는 의미의 이태리어 gheta에서 나왔다는 설이다. 베니스의 최초의 유대인 게토는 주조소 근처에 있었기 때문이다.

원래 유대인은 그리스도교도로부터 스스로를 격리시키기 위해서 유대인 거주지구로 들어간 것이 아니었다. 다만 그럴 필요가 생겼기 때문이었다. 유대인들은 도시가 확대됨에 따라 시나고그나 묘지, 시 공회당 등 그들의 여러 가지 시설 근처로 이동해야만 했다. 이런 시설과 유대인의 생사가 깊이 결부되어 있기 때문이다. 교황과 공국(公國)의군주들이 유대인을 게토로 강제 이주시키게 됨으로써 비로소 유대인은 그리스도교도로부터 격리되게 된 것이다.

독일이나 오스트리아나 보헤미아에 있던 전형적인 게토는 원칙적으로 한 줄기 도로를 중심으로 구성되며 그 도로의 한쪽 끝에 시나고그가 있고 다른 쪽 끝에는 묘지가 있었다. 그러한 유대인 사회의 인구는 대개 100명에서 500명 정도였다. 1000명이 되는 경우는 예외였다. 게토 전체는 출입구의 역할을 하는 하나의 문을 제외하고는 벽으로 둘러싸여 있었다. 현대인은 이것도 유대인 유폐(幽閉)의 예라고 생각하지만 중세에는 모든 도시가 벽으로 쌓여 있었으며 밤이 되면 닫히게 되어 있었다. 유대인은 그 일에 대해서 1700년이 되기까지는 불평을 하지 않았다. 그 시기에는 그리스도교도의 생활에서 벽이나 문이 없어졌는데 게토에는 그것이 남아 있었기 때문이다.

게토 생활이 빈민굴 생활로 변질하는 것은 간단한 일이었다. 그러나 탈무드의 가르침과 선견지명이 있는 랍비들 덕분에 게토는 빈민굴이 되지는 않았다. 미국 흑인의 빈민굴의 부동산 대부분은 부유한 백인의 소유인 것처럼 중세의 게토도 부유한 그리스도교도의 소유인 경우가 많았다. 만일 유대인이 단호하게 자기 주장을 하지 않으면 인구 밀도가 높은 게토의 집세는 입주자를 망하게 했을 것이다. 랍비들은 셋집을 얻기 위해서 유대인끼리 집세를 올리는 행동을 금지시켰다. 유대인이 다른 유대인을 그 집에서 내쫓는 일은 용납되지 않았으며 그리스도교도의 집주인이 다른 그리스도교도에게 부동산을 팔게 되어 거기에 살고 있는 유대인을 추방하고 다른 유대인을 들여놓으려는 책동도 용납되지 않았다. 가령 집주인이 그런 술책을 부렸다고 하더라도 추방된 유대인은 친척집에 동거시키고 그 빈집에 세를 들려는 유대인은 일체 나타나지 않는다는 사실이 드러날 뿐이었다. 집주인이유대인 사회가 제시한 조건을 받아들이지 않는 한 그 집은 지구가 멸망하는 날까지 빈집으로 남아 있게 되는 것이다. 교황들은 유대인의 법이 그런 것인지를 이해하고, 그것을 보호함으로써 그들의 이해를 보이려고 했다. 유대인은 게토를 청결하게 유지하고 항상 수리하여 깨끗하게 했다.

폴란드의 대도시 몇 군데를 제외하고는 동유럽의 비독일어권 제국에는 게토가 없었다. 거기서는 유대인의 대부분이 슈테틀(shtetl)이라는 마을이나 작은 동리에 살고 있었다. 그곳에는 막다른 골목의 큰길이나 성벽이나 닫힌 문은 없었다. 거기서는 어머니 격인 러시아 자체에 출입하지 않는 한 유대인은 자유로이 왕래할 수 있었다.

게토는 유대인을 고립시켰다. 슈테틀은 유대인과 비유대인을 결합시켰다. 슈테틀은 어느 지방의 중심적인 마을이기도 했고 미국의 번화가처럼 마을 안의 중심가이기도 했다. 유대인은 비유대인과 마찬가지로 닭이나 염소, 양, 소나 말을 길렀다. 비유대인만이 돼지를 길렀는데 돼지는 유대인이 버리는 쓰레기를 좋아했고 유대인의 생활을 잘 알고 있는 어미돼지가 새끼들을 몰고 와서 안식일의 음식 찌꺼기를 찾아 헤매는 모습이 자주 보였다. 그리스도교도 농민은 돼지새끼가 유대인의 냄비 속에서 자취를 감출 염려가 없음을 잘 알고 있었기 때문에 이것은 어느 쪽에나 편리한 일이었다. 유대인은 돼지에게 쓰레기를 치우게 한 것이 되고 그리스도교도는 무료로 돼지에게 먹이를 준 것이 되며 돼지로서도 캐비지 수프와 감자와 청어의 식사로부터 일시 해방되는 것이다.

≪중세 유대인의 생활≫이란 책에서 이스라엘 아브라함즈는 1600년 경 프라하 게토의 유대인의 직업으로 60여종의 직업을 열거하고 있는데 거기에는 의사, 금세공사, 인쇄업, 서점, 작가, 건축가, 음악가, 가수 등이 포함되어 있기는 하지만 주류는 이미 양복점, 양화점, 제조업자, 모피상, 푸줏간, 마차제작인, 이발소 등에 있었다. 유대인은 법률에 의해 점잖은 직업에

서 쫓겨나고 1700년에는 직종이 훨씬 감소되어 1800년까지 행상과 극소수의 소규모적인 소매상이 유대인의 주된 직업이 되어 있었다.

게토와 수테틀의 생활은 '이후스'(Yichus)를 구하는 데 그 주안점이 있었다. 이후스는 매우 번역하기 어려운 말이며 가장 가까운 말로 옮긴다면 '신망'이라든가 '신분' 따위가 된다. 이후스가 있다는 것은 마치 여성의 매력과 같은 것이다. 그것이 있으면 다른 무엇이 부족해도 전혀 문제가 되지 않는 그런 것이다. 만일 그것이 없으면 다른 무엇을 가지고 있어도 전혀 소용이 없는 그런 것이다. 이후스는 가정의 배경, 전통, 학문이나 지식, 거기에 직업 등을 총합한 것이며 보통은 세습적인 것이지만 학문으로 획득되는 것이었다. 좋은 몸가짐이 가문의 이후스를 유지하는 데 가장 필요한 것이다. 이후스를 가진 자는 행동과 학문과 자선의 세 가지 점에서 스스로 높은 수준을 지켜야 한다. 술꾼이거나 사기꾼이어서는 안 된다. 이후스의 말은 법이며 그 말을 어기는 것보다는 차라리 고문을 받고 죽는 편이 나은 것이었다. 만일 비유대인이 그를 모욕하면 그는 그자의 눈을 엄하게 노려본다. 그러면 모욕한 자는 그 눈의 엄청난 위엄에 질려버리는 것이다.

프로스트(prost), 즉 범인(凡人)은 학문을 해서 이후스가 된다. 유대인 가정에서는 아무리 가난한 집의 경우에 있어서도 가장 중한 지출은 교육비였다. 부친보다도 모친이 자녀 교육에 열심이었다. 모친은 적은 생활비를 쪼개어 은밀히 모은 돈으로 둘째, 셋째 아들도 교육시킬 수 있으리라는 생각을 버리지 않았다. 그리스도교도는 유대인의 이 기질을 존경했다. 피터 아빌라드의 한 문하생은 이렇게 기록하고 있다.

'그리스도교도가 자기의 자제를 교육시키는 것은 신을 위해서 그러는 것이 아니라 자녀의 하나가 승려가 되면 부모나 형제 자매를 원조할 수 있다는 실리가 있기 때문이다. 그러나 유대인의 경우는 아무리 가난해도 자녀 모두에게 교육을 시킨다. 그것도 그리스도교도처럼 실리를 위해 서가 아니라 신

의 법을 이해할 수 있도록 하기 위해서이다. 그리고 아들뿐만이 아니라 딸들도 교육을 시킨다.[2]

유대인의 교육 수준이 그렇게 높아진 것은 12세기의 서유럽에서였다. 가령 보통 교과과정(curriculum)으로는 성경, 히브리어, 탈무드, 시가(詩歌), 철학과 계시의 관계론, 아리스토텔레스 논리학. 유클릿 기하학, 산수, 아르키메데스나 그 밖의 수학, 광학(光學), 천문학, 음악, 역학(力學), 의학, 자연과학, 형이상학 등이 포함되어 있으며 그것이 일반적인 경향이었다. 아일랜드의 역사학자 W. E. H. 레키는 중세 유대인의 지성을 다음과 같이 정의하고 있다.

'그들의 주위에 있는 자들은 분별없는 무지의 어둠 속에 엎드리고 있었다. 심한 미신에 얽매어 있는 그리스도교도의 지성은 치명적인 무기력 속에 빠져 지식에의 사랑도 진리의 탐구도 포기하고 있었다. 그때 유대인은 지식을 구하는 길을 가고 있었으며 학문을 축척하고 그들의 신앙을 지키는 것과 같은 흔들림이 없는 일관성을 가지고 전진하려고 했다. 그들은 가장 실력 있는 의사, 민완(敏腕)한 재정가, 가장 심원한 철학자로서 존경받는 사람들을 배출한 것이다.'[3]

그러나 '모친이 은밀히 모은 돈'으로도 전처럼 좋은 교육을 시킬 수 없게 되었다. 14세기에는 유대인의 교육도 하강선을 맴돌기 시작하여 15세기가 되자 그리스도교도의 교육의 질이 높아졌다. 17세기에는 교과과정이 읽기 쓰기와 성서와 탈무드의 연구로 축소되었다. 유대인은 자녀들에게 고등 교육을 시키기 위해서 그들을 그리스도교도가 운영하는 대학에 보내지 않으면 안 되게 되었다.

---

2) 시몬 노베크(Simon Novech)편, ≪고대 및 중세 유대의 위인들≫ (Great Jewish Personalities in Ancient and Medieval Time) p.240.
3) ≪유럽의 합리주의≫ (Rationalism in Europe) 제 2권 p.271.

게토와 수테틀 생활은 유대인과 비유대인의 심리적 거리를 더 넓혀 놓았다. 양자를 떼어놓은 것은 각기의 가치관이었다. 유대인의 자녀들은 자기들을 자기들의 가치관이 안식일에도 시궁창이나 헛간 앞뜰에서 맨발로 뛰어노는 비유대인 아이들의 가치관과 엄연히 다르다는 것을 재빨리 눈치챘다. 유대인 아이들로서 보자면 지적인 것, 정신적인 것은 모두 유대적인 가치이며 관능적이고 거칠고 천한 것은 모두 그리스도교 세계의 속성으로 보였다. 게토에서는 한정된 교육밖에 시키지 못하였는데도 집단으로서의 유대인은 유럽에서도 교육 정도가 가장 높은 집단으로 존속했다. 아무리 그리스도교도가 유대인을 조소해도 유대인은 그리스도교도를 경멸하고 있었다. 그들은 자신의 문화와 가치와 윤리는 자신에게 수치를 주는 자들의 그것보다 우수하다고 확신하고 있었기 때문이다.

게토 생활이 자아내는 여러 가지 모욕적인 결과 다음으로 유대인이 싫어한 것은 어떤 것을 의미하기 위해서 붙여야 했던 특별한 배지였다. 슈테틀에 살고 있던 유대인은 이 배지를 달지 않아도 되었었다. 착실한 그리스도교도는 유대인이 싫어하는 짓을 하지 않았지만 건달들은 배지를 보고 놀려댔다. 그러나 유대인은 용감하게 이 배지를 달고 있었다. 배지는 황색이며 별 모양이 많았지만 나라나 시대마다 색깔과 모양이 변했다. 평등한 대우를 받기 위해서 유대인이 해야 할 일은 세례를 받는 일뿐이었는데 그들은 그것을 받지 않았으며 그리스도교도는 유대인을 존경했다.

외면적으로는 흡사하지만 게토와 슈테틀의 유대인 사이에는 뛰어넘을 수 없는 간격이 있었다. 게토 생활은 도시적이고 국제적인 생활이었지만 슈테틀의 생활은 촌락의 생활이었다. 세계는 분명히 좁아졌지만 그래도 게토의 유대인은 밖의 세계의 지식인이나 과학이나 실업과 접촉을 가진 데 반해서 수테틀의 유대인은 무지한 농민과 허영심만 강하고 오만하며 교양 없는 봉건 영주와 접촉할 뿐이었다. 서유럽의 유대인은 새롭게 과학이 진보하고 있음을 알고 있었다. 새로운 정치운동에도 말려들고 있었다. 동유럽의 유대인은 신비주의와 미신에 빠져 있었다. 독일, 오스트리아, 프랑스, 폴란드, 영국의 유대인이 과학이나 산업이나 재정 분야에서 대활약을 하고 있을 때에도 폴란드, 러시아, 헝가리, 리투아니아의 유대인은 아직 촌락과 농민 사회의 구성원이었다.

21. 게토의 자본가

유대인은 시대에 따라 여러 가지 특이한 재능을 발휘해 왔다. 이교시대에는 종교 분야에서 그 재능을 발휘했지만 그리스 로마시대에는 휴머니즘에서, 마호메트시대에는 철학에서, 근대에는 이론과학 분야에서 각각 활약했다. 중세에는 경제 분야에서 그 재치를 발휘함으로써 그리스도교도 학자들 사이에서는 중세 유대인이 자본주의를 발명했다는 의견조차 있다.

그리스도교와 공산주의 창시자가 유대인이라는 것을 유대인은 그다지 마음내키지 않는 대로 일단 시인하지만 자본주의를 창시한 것이 유대인이라고 하면 그것은 단호히 부정한다. 독일 경제학자 베르너 좀바르트가 예의 물의를 일으킨 ≪유대인과 근대자본주의≫(191 1년)를 발표하여 자본주의에의 길은 아마도 게토에서 시작되었을 것이라고 지적한 뒤에도 유대인 학자들은 대체로 그 가설의 타당성을 증명하기보다는 오히려 그의 설을 부정하는 데 정력을 쏟아 왔다. 겨우 최근에 와서야 좀바르트의 가설의 적극적인 면이 재검토되게 되었다. 그러나 아무튼 아직은 그 시비가 가려지지 않고 있다.

유대인이 자본주의의 기원을 만들었다는 설을 유대인이 승인하게 되지 않는 이유는 알 만하다. 오늘의 반셈주의자들과 공산주의자들도 유대인을 '약탈자적 자본주의자'로 부르고 있다. 좀바르트 자신도 1933년에는 나치스 당원이 되었다. 그러나 반셈주의자는 울타리 양쪽에 있는 격이어서 만일 그쪽이 편리하면 유대인을 '약탈자적 공산주의자'라고 부른다. 나치스도 유대인이 '그리스도교 따위의 병폐를 낳았다'고 비난하였다. 이런 것은 정신병자와 살인자들의 폭언이기 때문에 상대하지 않아도 된다. 아무튼 무엇인가를 만들어 내는 것과 그것을 받아들여 이용하는 것과는 다르다. 그리스도교이건, 자본주의이건, 공산주의이건, 그런 것이 어떠한 낙인이 찍혀 있든 그것들은 유대인의 오명(汚名, stigma)아 아니라고 오히려 그리스도교도의 오명(stigma)이다. 왜냐하면, 이 세 가지 사상을 받아들이고 신봉한 자의 수는 유대인보다도 그리스도교도 쪽이 훨씬 많았기 때문이다.

그러므로 확실히 유대인이 자본주의를 시작했다는 발상도 그리 경솔하게 배척할 필요는 없다. 자본주의는 유럽의 서반지역에서 생겼지만 그것은 때마침 거기에 유대인이 살고 상거래를 하며 은행의 기능을 하고 있던 시대의 일이었다. 이 책은 '유대사의 해석'의 역사를 짚어 가는 것이기 때문에 그 설이 옳다는 전제가 아니더라도 적어도 검토해 보는 것은 좋을 것이다.

이미 옛날 이교시대부터 사람들은 일을 하고, 산업을 일으켰으며 무역을 해왔다. 그러나 왜 자본주의가 탄생한 나라가 인도, 중국, 이집트, 그리스, 로마가 아니었을까. 이들 나라나 제국은 역사의 어떤 시기에 중세 유럽의 어느 나라도 도저히 따를 수 없을 만큼의 많은 금이나 은을 보유하고 있었다. 그리고 또 하나 유대인이 자본주의를 발명했다고 한다면 왜 그들은 역사의 가장 이른 시기에 그렇게 하지 않았는가. 그리스에서도, 로마에서도, 유대인의 인구는 중세와 같을 정도로 많았으며 몇 세기 동안이나 그들은 거기 살고 있었다. 중세의 상거래는 다른 시대의 그것과 어떻게 달랐던가. 중세 문명에 있어서의 유대인의 공헌의 특질은 무엇이었던가.

유대인은 그들이 살아온 문명의 안에서 그들 독자의 문화를 만들어온 것은 이미 보았다. 그들의 문화도 그것을 에워싼 문명의 색조(色調)를 띠었다. 중세가 되기까지 유대인은 항상 그들이 살고 있는 문명의 성원이라고 생각되었다. 중세의 유대인은 봉건체제의 밖에 있었다. 번거로운 것 같지만 봉건제에는 승려와 귀족과 농노라는 오직 세 가지 계급밖에 없었음을 상기해 주기를 바란다. 거기서 상인 계급이라는 입장을 메우는 역할이 유대인의 것이 되었다. 그러나 유대인은 봉건제의 기구의 일부를 맡은 자가 아니며 토지도 소유하지 않고 국가 권력의 배경도 없었기 때문에 (다만 왕의 가재(家財)로서 개인적으로 소유되어 있었다) 봉건국가 기구 밖에서 기능하는 말하자면 '추상적인 경제(abstracteconom)'를 만들지 않으면 안 되었다. 이것은 그 이전 시대의 다른 문명에 있어서 국가 조직 내부에서 기능할 수 있었던 전날의 '구상적인 경제'와 대조적이었다.

역사적으로 보아도 유대인에게는 '추상적인 세계(concret economies)'에 살며 생존할 준비가 있었다. 그러한 과도기를 맞이하기에는 외적인 조건도 좋았다. 이산은 이미 유대인 경제의 거점이 3대륙 3문명에 미치는 상황을 만들어 내고 있었다. 국제적인 분위기 속에서 상거래가 이루어지게 되었다. 그러나 이것만으로는 불충분했다. 자유기업의 자본주의가 뿌리내리기 위해서는 아직 몇 가지 조건이 필요했다. 그것은 무엇이었는가.

자본주의라는 말을 대체로 생각할 수 있는 범위의 경제 생활을 가리키는 용어라서 그다지 구별을 하지 않고 사용하는 학자도 있다. 그러한 용법으로 자본주의는 태고적부터 존재해 온 것이라고 주장하는 것이다. 확실히 부의 축적, 이자를 받는 대금, 투기, 전리품에 의한 재산의 획득 등에서 볼 수 있는 '자본주의'는 훨씬 옛날부터 있었다. 그러나 이것은 용어 본래의 의미에서의 자본주의는 아니다. 경제 용어에서 말하는 자본주의는 보통 '잉여 재산'을 만들기 위해서 재산을 사용하는 특정한 방법을 말한다. 잉여 재산은 일정한 원리에 따라 다시 재산을 만드는 데 사용한다. 그러한 자본주의에 있어서는 자유로운 계급 노동과 자본의 이동, 자유 시장, 국제법, 계약 의무의 수행, 신용, 유통 증권, 유동 자산의 존재가 전제이다.

그 이전에는 거래가 구체적이었다.—즉 '현금거래'였다. 무역상은 어떤 나라에서 상품을 사서 다른 나라에서 보다 비싸게 그것을 팔았다. 중세 초기의 유대인은 이와는 다른 방법을 고안해냈다. 그것은 신용과 유통 증권에 근거한 것이다. 이 방법은 오늘날에는 단순하고 초보적인 방법이지만 로마시대나 중세에는 기괴하고 사악한 방법이라고 생각된 것이다. 로마의 채무에 관한 법도, 또 모라의 그 법을 기초로 해서 제정된 중세의 법도 모든 부채는 개인 본인의 것이며 채권자는 지불기일 이전에 그것이 필요하게 되어도 부채증서를 제삼자에 팔 수 없게 되어 있었다. 가령 독일 법은 이점에 대해서 분명히 하고 있다. 채무자는 본래의 채권자 이외의 사람을 제외하고는 아무에게도 지불 의무를 지지 않는다는 것이다. 채권자가 사망하면 차용금을 지불하지 않아도 되었다. 영국의 경우도 1850년까지는 청구권을 한 개인에게서 다른 개인에게 양도할 수 없게 되어 있었다. 그러나 '탈무드' 법은 비개인적인 신용제도를 인정하고 부채는 그 지불을 요구하는 자에게 갚도록 되어 있었다. 오늘날, 은행 업무를 가진 기관이 그러한 지불 청구에 대해서 응하도록 되어 있는 것과 마찬가지이다. 그러한 유통증권 제도가 유연성을 가지며, 재산 축적에 얼마나 요긴한지는 구태여 설명하지 않더라도 오늘날, 서구에서 로마나 중세 시대와 같은 제도가 시행되어 수표, 어음, 할무금, 융자 등이 없었다면 어떻게 될지를 상상해 보면 곧 알게 된다.

손쉽고 새로운 신용 제도와 모든 채무에 대한 책임을 확립함으로써 국가 상호간의 사업이 촉진되며 이것이 국제적 자본주의로 발전하는 것이다. 그 개념 차제는 사악한 적이 아니다. 다만 국가간의 자유기업 무역을 의미할 뿐이다. 그러나 국제적인 자본주의가 번영하기 위해서는 몇 가지의 조건이 충족될 필요가 있다. 정부는 국제협정을 준수해야 하며 자유무역을 보호해야 한다. 나가서 외자를 보호하며 자산의 수용에 대해서도 보호를 해야 한다. 이산은 유대인을 위해서 그러한 조건을 만들었으며 탈무드는 법적인 틀을 만들어 주었다.

이산한 유대인은 확실히 3대륙, 3문명으로 흩어져 있었지만 그들은 하나의 민족이며 하나의 종교, 하나의 언어, 하나의 법으로 결합되어 있었다. 그들을 이교도 국가에 살면서 그 나라 정부의 허가를 받고 '국가 안의 국가'로 조직되어 있었다. '유대인의 나라들'은 탈무드의 법과 윤리로 다스려지며 탈무드로 유대인 국가 연합을 조직하고 있었다. 탈무드에는 국제법이 있으며, 유대인의 종교 생활뿐 아니라 도덕, 윤리, 그리고 사업 행위를 규정하고 있었다. 제 4절은 사범(私犯), 무역규칙, 손해, 부동산, 상업, 서약의 존엄, 계약의 이행 등에 관한 법이며 탈무드는 광범위에 걸친 유대인의 경제 활동을 규정하는 국제법으로서 기능한 것이다. 랍비들은 종교적인 관습뿐 아니라 상거래에 관한 규칙도 알아야 했다. 학자나 철학자도 경제적인 문제에 말려들었다. 그래서 마이모니데스는 공정한 이자에 의한 대금(貸金)은 '당시의(기원 1300년)' 경제에 필수 조건이었다고 말하고 있다.

당시 유대인은 탈무드라는 형태로 국제법을 가지고 있었으며 그것이 유대인과 유대인의, 유대인과 국가의, 유대인과 비유대인 사이의 상행위를 규정하고 있었다. 탈무드는 유대인의 비유대인에 대한 책임을 지는 의무가 더욱 크다고 규정하고 있다. 봉건체제 자체가 유대인의 자본주의발전에 크게 공헌했다. 유대인은 세 가지 계급 어디에도 소속되지 않았기 때문에 유대인의 노동력, 생산력은 상업과 산업의 전문직에 기울어졌다.

광역에 걸친 유대인의 상업 활동은 10세기에 이미 나타났다. 유대인은 유럽이나 북아프리카나 근동에 있었을 뿐만 아니라 인도나 중국에도 무역소를 가지고 있었다. 인도나 중국에서의 유대인의 상업 활동은 널리 알려져 있으며 마르코 폴로도 13세기에 중국에 갔을 때 유대인과 그 업적 얘기를 기록할 정도였다.

유대인은 상거래를 촉진하기 위해서 비공식 어음 교환소 같은 것을 설치하고 거기서 대부나 약속 어음의 유통을 하도록 했다. 남프랑스 항구 몽페리에 등이 그 예이다. 12세기의 유대판(版) 마르코 폴로인 투델라의 벤쟈민이라는 사나이는 몽페리에를 묘사해서 '여기서는 각국에서 오는 그리스도교도나 회교도 상인을 만날 수 있다. 그들은 포르투칼, 팔레스타인, 그리스, 프랑스. 영국 등지에서 찾아온다.'고 기록하고 있다. 몽페리에는 큰 유대인 사회가 있어서 그것이 번영하고 있을 뿐만 아니라 세계 각지에서 학생이 모여드는 유명한 학문연구소(예쉬바)도 있었다.

11, 12, 13세기에는 지중해 항구의 대부분에서 사실상 유대인의 상업 활동이 지극히 활발했었다. 투델라의 벤쟈민은 유대인의 유리공장과 많은 조선소 애기를 자상하게 기록하고 있다. 조선소에서는 확대되는 무역을 위해서 새로운 배를 건조하고 있다. 스페인에서 추방되던 1500년경까지 유대인은 양모와 견직물 무역에 특별히 활기를 띠었었다. 사탕과 후추를 비롯한 향신료의 수입도 주로 유대인이 했다. 이태리에서 추방되거나 거기서 게토 생활을 하기 이전의 그들을 이태리의 견직물과 염색산업을 장악하고 있었으며 인도와의 교역도 대단히 왕성했었다. 동유럽에 이주한 유대인은 실업적 재능도 가지고 갔다. 유대인이 거기까지는 거의 국내 상업도 외국 무역도 없었던 폴란드가 유대인이 살게 되면서부터 산업이 왕성해졌다. 그 뒤에 유대인은 강력한 한자 동맹(Hanseatic league)과 경쟁하기 위해서 내륙의 교역로를 개발하여 바르샤바, 프라하, 비엔나 등의 동유럽 제 도시는 중요한 무역의 중심지가 되었다.

W. E. H. 레키는 몇 세기에 걸쳐 유대인이 국제 무역을 추진하는데 있어서 가장 중요한 역할을 했다고 지적하고 있다.[1] 그들에게는 잘 조직된 통화교환제도가 있으며 각국이 어떤 물자를 필요로 하는지 어떤 물건을 팔고 싶어하는지를 알고 있었으며 장기 투자로 자진해서 자본을 투자하는 의지를 가지고 있었기 때문이다. 만일 그것이 그대로라면 별로 수치로 여길 이유가 없다. 세계는 그저 그들을 모방해 온 것에 불과하다.

---

1) ≪유럽 합리주의≫ (Rationatism in Europe) 제 2권, p.272.

그러나 중세에는 그런 것이 고상한 직업이 아니었다. 유대인은 그러한 직업으로 그리스도교로부터 모욕을 당하였다. 그러나 그 뒤에 그런 직업은 유대인에게는 과분한 것이 되어 유대인은 그런 직책을 그리스도교도에게 빼앗기고 말았다. 그런 직업 중에서도 금융업이 가장 악평을 받았었다. 그러나 어쩌면 금융업이야말로 유대인이 중세에 이룬 공헌 가운데 가장 중요한 것이었는지도 모른다. 그것이 없이는 봉건제도 자체가 붕괴되었는지도 모른다.

흉년이 되면 농민이 다음 해의 파종할 종자를 사기 위해서 돈을 꾸러 가는 곳은 유대인이었다. 가축이 병들어 죽고 새로 사야 할 경우에, 질병으로 식량이 떨어졌을 때, 세금이 밀려 알량한 가재조차 영주에게 빼앗길 곤경에 처했을 때, 봉건제도 아래의 사람들은 유대인에게 간 것이다. 귀족도 성(城)을 팔거나, 돈이 많이 드는 시합을 하거나, 봉건 사회의 전원 생활 경비를 충당하기 위해서 유대인의 돈이 필요했다. 교회는 유대인의 돈으로 대성당을 짓고, 벽화를 발주하여, 새로운 수도원을 만들었다. 유대인의 금융은 너무나 중요한 의미를 가졌으며 라벤나시가 베니스 공화국으로 편입되기를 청원했을 때는 참혹한 상태에 있는 빈민들을 구제하기 위한 대부 은행을 개설하기 위해서 유대인을 끌어들인다는 조건이 붙을 정도였다. 르네상스의 광명이 넘치는 플로렌스도 자본의 유통을 유지하기 위해서 유대인이 입주하기를 간청한 것이다.

왜 유대인만이 금융업에 종사하고 있었는가. 왜 그리스도교도는 은행업을 경영하지 않았는가. 유대인이 이 중요한 기능을 담당했다고 해서 왜 그처럼 악평을 들어야 했던가. 대답은 금융의 정의(定義) 자체에 걸려있다. 그리스도교회는 돈 빌려주는 것을 '금융'이라고 부르지 않고 '고리 대금'이라고 불렀다. 현대에 와서는 '고리 대금'이라면 법외 이자를 받는 대금을 의미하지만 중세에는 아무리 낮은 이자라도 이자를 받고 돈을 빌려주면 그것을 '고리 대금'이라고 불렀다. 오늘날 자기의 은행저금에 대해서 3퍼센트의 이자를 받는 그리스도교도도 중세 그리스도교회의 기준으로 말하면 악마의 마음을 가진 고리 대금업자가 된다. 교회는 이자를 붙여 대금하는 것을 죄라고 생각했기 때문이다. 그리스도교도는 영혼이 지옥에 떨어지는 일이어서 대금을 할 수 없었다. 그러나 유대인이 그것을 한다면 얘기는 달라지는 것이다. 유대인은 그리스도교도가 아니므로 교회 쪽에서 본다면 그들은 이래저래 지옥으로 떨어질 신세이니 대금(貸金)이라는 죄를 하나 더 보태봤자 그들이 내세에 받게 될 벌에 별 차이가 있겠느냐는 생각이었다. 그리스도교도가 유대인에게 금융을 담당케 한 것은 마치 유대인이 그리스도교도에게 '안식일의 이교도'라는 역할을 맡겨 자기들에게 허락되지 않은 기능을 기들에게 대행시킨 것과 흡사하다. ('유대인은 안식일에는 일체의 일을 하면 안 된다')

중세의 유대인의 금융에 대한 태도는 오늘의 서양의 태도와 같다. 탈무드는 오늘의 의미에서의 '고리 대금'을 금하고 있다. 즉 법외 이자를 받는 대금을 금했다. 탈무드는 고리 대금을 살인자에게 견주고 있었다. 탈무드는 이미 2000년에 오늘의 양심적인 은행이 가지고 있는 것과 같은 배려를 하고 있었다. 실업(實業)도 상업을 조장하기 위한 것으로 금융을 장려하며 랍비들이 허용할 수 있는 이자율을 정하도록 되어 있었다. 이자율은 오늘날과 마찬가지로 이자율이 변동하는 금융 시장의 동향에 따라 결정되며 끊임없이 병동하고 있었다. 실제로는 중세에 그리스도교도에 대한 금융 이자를 정하는 것은 랍비들이 아니라 교황 자신이나 황제나 왕이 결정했었다.

융성해진 그리스도교도의 중산계급에 의해서 유대인이 여러 가지 직업에서 추방되자 이전에는 그토록 악평하던 유대인이 가졌던 직업도 훌륭한 것으로 생각되게 되었다. 그리스도교도가 우선 손댄 직업의 하나가 금융업이었다. 교회는 그때까지도 그 직업을 금하고 있었지만 말이다. 비꼬는 그리스도교도는 어깨를 들썩이며 당시의 속담 따위를 들먹였다. '고리 대금하면 지옥 가고, 고리 대금 안 하면 구빈원(救貧院) 간다네'라고 유대인이 아직 상업의 경쟁 상대로서 강적이라는 것을 깨닫자 이들 시민 계급인 그리스도교도는 귀족이나 왕후와 짜고 '악한' 유대인을 추방하고 '착한' 그리스도교도가 성공하도록 꾀하였다.

그러나 유대인이 금융업으로부터 밀려나자 이자가 오르고 그 정도가 지나치게 심해서 교황 자신들이 그리스도교도의 대금은 무자비하다고 공공연히 비난했다. 그들은 법외 이자로 돈을 빌려준다는 의미의 '고리 대금 업자'였다. 그들의 탐욕을 모르는 자는 없으며 단테는 그의 ≪신곡≫에서 이들 그리스도교도 고리 대금 업자를 연옥에서도 최하층에 갇힌 자로 묘사했다. 영국, 프랑스, 이태리 등지에서는 사람들이 왕 등에게 청원해서 유대인이 대금업을 다시 해도 좋다는 허가를 해달라고 했다. 그러나 이미 때는 늦었다. 그리스도교도의 고리 대금 업자에게 있어서 대금업은 너무나 달가운 것이었다. 그들은 이익 분배를 받는 귀족들에 의해서 보호되고 있었다. 더욱이 유대인은 이미 모두 동유럽으로, 폴란드로 이동해 갔으며 거기서 그들이 다한 기능은 그 나라들로부터 감사를 받고 있었다.

종교 개혁은 유대인에게도 비유대인에게도 큰 사회적 · 경제적 변화를 가져왔다. 종교 개혁은 먼저 유럽 서반부에서 뿌리를 내렸다. 그래서 가장 격심한 변화가 일어난 것도 당연히 서유럽에서였다. 30년 전쟁의 폐허로부터 새로운 경제 계급이 일어나서 그들은 새로운 사회 질서를 구축했다. 경제학자는 일반적으로 자본주의가 발행한 것은 이 시기였다고 본다.

종교의 개혁 운동이 어떻게 해서 사회 혁명으로 변화했는가. 막스 웨버가 말하는 것처럼 프로테스탄티즘이 자본주의를 낳았는가. 아니면, 변증법적 유물론자가 주장하는 것처럼 자본주의에 의해서 프로테스탄티즘이 태어났는가. 베르너 좀바르트의 견해처럼 유대인이 자본주의를 만들었는가. 아니면, 대학 교과서 등에 흔히 있는 것처럼 자본주의는 갑자기 출현한 것인가.

아니면, 자본주의의 형성에는 모든 사람의 손길이 작용했는가. 어쩌면 여기서 유물론자의 의견이 소용될지도 모른다.

유물론자는 생산 형태가 우리의 정치와 종교를 결정한다고 말한다. 인간이 생산에 종사하는 한 그는 반듯이 다른 인간과 어떤 특정한 관계를 맺게 된다. 이런 특정한 관계는 사람의 의지와는 관계없이 생기는 것이다. 이들 새로운 관계의 총화는 새로운 생산 형태에 의해서 생기는 것이지만 그것이 그 사회의 경제 구조를 결정하게 된다. 우리의 매매 방법이 경제적 의미에서의 우리의 행동을 결정하고, 우리의 행동은 우리가 여하히 사업을 하는가 하는 표현에 불과하다.

여기서 유물론자는 그의 가장 중요한 주장에 도달한다. 그에 의하면, 경제 구조야말로 우리의 사회적, 법적, 정치적 그리고 종교적 제도의 기초를 이루고 있다고 말한다. 우리는 자기가 하고 있는 일을 지키기 위해서 뿐만 아니라 그 방법을 보호하기 위해서 여러 가지 제도를 만든다. 가령, 미국의 실업은 '자유 기업'이라는 체제 위에 세워져 있고 미국의 법은 그것이 법에 적합한 방법이라고 보증하고 있으며 종교도 그것만이 유일한 길이라고 말하고 있다. 그러나 생산양식에 변화가 일어나면 모든 법이, 즉 우리의 사상이 변화하며 새로운 사회가 생기게 되어 있다.

간단한 예로서 이것을 설명할 수 있다. 우리 나라의 생산력을 높이기 위해서 큰 자본이 필요하다고 할 때에는 절약과 저축이 위대한 덕으로 여겨졌다. 벤쟈민 프랭클린도 '한 푼 저축하면 한 푼 모은다'고 했다. 그런데 오늘날처럼 우리의 생산 기구가 가져오는 막대한 상품을 우선 소비하는 것이 중요한 시대가 되면 저축이 아니라 소비가 미덕이라는 식이 된다. 소비에 대한 도덕관은 '절약'에서 '경제를 신뢰'하는 것으로 변질되었다. 인간의 의식이 인간의 존재를 결정하는 것이 아니라 인간의 사회적 존재가 인간의 의식을 결정한다고 유물론자는 말하는 것이다.

그렇다면 유물론자의 경제 진화론에 있어서는 영웅도 없고 악인도 없다는 얘기가 된다. 그러나 프로테스탄트 개혁에 이어서 일어난 새로운 자본주의는 쉽게 받아들여지는 생활양식은 아니었다. 가톨릭과 루터파 교회가 자본주의자에게 퍼부은 비난의 혹독함은 오늘의 미국 사공회의소가 공산주의를 배척하는 방법과 비교가 안될 정도였다. 자본주의라는 말이 교회의 만찬회에서 진지하게 고상한 말로 사용되기까지는 200년의 세월이 흘러야 했다.

30년 전쟁은 종교 전쟁이었을 뿐만 아니라 사회 개혁이었기 때문에 그것은 새로운 국가의 개념을 만들어 내기도 했다. 그리고 그 새로운 국가 개념은 향상된 중산 계급에게는 아주 적합한 것이었다. 사회의 이념은 스스로의 종교에 대한 충성에서 스스로의 국가에 대한 충성으로 변화했다. 프랑스인이고, 영국인이고, 네덜란드인이라는 것이 그리스도 교도냐, 프로테스탄트냐, 가톨릭이냐 하는 것보다 중요하게 생각하게 되었다. 종교개혁 이전에는 왕의 권력이 귀족에 의해서 지탱되어 있었다. 종교 개혁 이후, 그것은 성장을 계속하는 중산계급에 의해 지탱하게 되었다. 그것은 완만하고 눈에 띠지 않는 변화였지만 용서 없는 과정이었다. 과거에는 귀족이 병사와 무기와 돈으로 왕을 지지하여 자기들의 영토를 다스리기 위해서 필요한 일을 해야 했다. 그러나 이제는 그러한 일이 국가의 기능이 되고 국가는 그 군대를 유지하며 행정관계 직원에게 보수를 주고 관료에게 급료를 지불하기 위한 돈이 필요하게 되었다. 관료 기구 없이는 근대 국가는 도저히 기능을 발휘할 수 없다. 그래서 유럽의 통치자들은 언제나 유대인에게 의뢰하는 것이었다. 베르터 좀바르트는 다음과 같이 말하고 있다.

'대체로 생각해서 유대인이 어떤 측면에 있어서나 근대 국가 성립에 영향을 끼쳤다고는 도저히 상상할 수 없을 것 같다. 이 문제를 생각할 때 우리 머리에 떠오르는 정치가 중에는 유대인이 한 사람도 없다. 샤르트 5세, 루이 11세, 리슈루, 마자린, 콜베르, 크롬웰, 프로샤의 프리드리히 윌리암, 프리드리히 대왕… 이중에는 유대인이 없다. 그러나 이들 근대 국가의 정치가나 통치자 얘기를 할 때 유대인의 일을 필연적으로 생각하지 않을 수 없다. 유대인과 통치자는 손을 맞잡고 역사가들이 근대라고 부르는 시대를 간 것이다. 그들의 관심은 일치하고 서로 공명(共鳴)했다. 유대인은 근대 자본주의의 구현자이며 통치자는 그 힘과 결탁해서 자신의 입장을 확립하거나 유지한 것이다. 그러므로 근대 국가의 건설에 있어서 유대인이 한 역할에 대해서 언급할 때 필자는 조직자로서의 유대인의 직접적 영향을 말하고 있는 것이 아니라 오히려 그 과정에서의 그들의 간접적인 협력을 말하고 있는 것이다. 나는 유대인이 등장하는 국가에 대해서 그 국가의 유지와 발전에 필요한 물질적 수단을 준 일, 유대인이 각기의 나라에서 군대를 지탱하고 있었음을 염두에 두고 있는 것이다. 새로운 국가의 기초는 군대라고 하는 성채(城砦)에 있었던 것이다.'2)

17세기, 18세기 유럽 통치자들은 재빨리 유대인의 재정적 재능을 간파했다. 유대인은 다시 서유럽으로 불러들여져 거기서 그들은 이윽고 역사를 형성하는 역할을 담당하게 된 국제적 은행제도를 창시했다. 그러나 유대사에 있어서의 이 부분은 대개 근대사에 속한다.

중세 유대사로서 얘기할 만한 것은 오히려 '궁정(宮廷) 유대인'이라고 불린 사람들의 얘기일 것이다. 그들은 중앙 유럽 특히 독일어 제국에서 두각을 들어냈다. 그들이 담당한 역할에 대해서 학자들이 진지하게 생각하게 된 것은 극히 최근이 일이다. 궁정 유대인과 그 역할에 대해서 연구하는 역사가는 새로운 견해를 제출하고 있다.

궁정 유대인은 1900년대의 국제적 은행업자의 원형이었다기 보다는 오히려 오늘날의 재무장관이나 재무대신의 원형이라고 생각하는 편이 적절한 거이다. 그의 일은 군대의 보급 장교, 왕족의 재정 대리인, 화폐 주조소의 책임자 일을 맡는 것을 비롯해 나가서는 신 재원의 확보, 차관의 교섭의 채권의 발행, 신세(新稅)의 연구 등의 일도 있었다. 즉, 궁정 유대인은 재정 수단에 의해서 귀족들로부터 통치자를 해방하는 하나의 형식을 만든 것이

---

2) 베르너 좀바르트의 ≪유대인과 근대 자본주의≫ (Werner Sombart, The Jews and Moder Capitalism) p.49~50.

다. 30년 전쟁 후의 신성 로마제국의 200이나 되는 주요 대공국(大公國), 공국, 영주령의 거의 모두가[3] 궁정 유대인을 거느리고 있었다. 예수회(제즈이트)의 힘으로 황제 중에서도 가장 가톨릭적이라고 하는 샤르르 5세조차도 로스하임의 요슬이라는 이름의 호퓨데(Hofjude), 즉 궁정 유대인을 거느리고 있었다. 요술은 왕의 조폐소 소장으로 일하며 재무를 담당했으나, 그의 힘은 극히 커서 왕은 요슬없이 일하려고 하지 않았다.

궁정 유대인은 그들을 보호한 왕후(王侯)들에 대해서 절대적인 충성을 지켰다. 그들은 자유롭게 궁정 출입을 할 수 있었으며 왕과 식사를 같이하기도 했다. 여러 가지 호칭이 주어지기도 했다. 그러나 그들이 게토에 사는 동포를 잊은 일이 없었다. 궁정 유대인은 그들에게 있어서는 매개자이며 게토의 유대인을 위해서 큰 공헌을 했다. 개종하기만 하면 궁정 유대인은 국가의 최고 지위에 오를 수도 있었을 것이다. 놀랍게도 그들은 그렇게 하지는 않았다. 그러나 개종에 대한 이 거부가 귀족의 마음속에 그들에 대한 증오심을 심어준 것은 아니었다. 귀족이 증오한 것은 궁정 유대인이 혁신적인 자본주의 국가의 도래를 알리는 혁명적인 존재였기 때문이다. 그렇게 되면 귀족의 권력도 특권도 잃을 것이다. 귀족은 궁정 유대인에게서 닥쳐올 자신들의 파멸의 운명을 간파하고 있었던 것이다.

3세기에 걸친 궁정 유대인의 역사는 개성이 풍부한 사람들, 모험적인 직업을 만들어냈다. 그 가운데서도 가장 화려하고 대담했던 것은 아마도 뷰르템베르그의 칼 1세(Karl Alezander)의 재무장관이었던 요셉 슈스 오펜하이머(1698~1738)일 것이다.

오펜하이머는 오늘날 솜씨 좋은 재정적 신기축을 가지고 귀족으로부터 해방하는 표본을 보인 근대 개정가, 정치가의 원형으로 보고 있다. 그래서 오

---

3) 웨스트팔리아 조약(Treaty of Westphalia)이 체결된 뒤의 신성 로마제국은 2,000개의 독립령으로 분열되며 그 가운데는 수 평방 킬로 미터의 작은 영지도 있다.

펜하이머는 부르템베르그의 귀족들에게서 지독한 증오를 받았다. 귀족은 그들을 지탱하고 있던 제도가 모두 역사의 과거로 밀려나가고 있음을 깨닫지 못하고 그들의 어려움을 모두 오펜하이머의 탓으로 돌렸다.

오펜하이머의 극적인 생애는 리온 포이흐트방거의 역사소설 ≪유대인 슈스(üss)≫의 주제가 되었다. 포이흐트방거에 의하면, 요셉 슈스 오펜하이머는 아름다운 유대인 여배우 미카엘 슈스와 볼펜뷰텔 공인 미남 그리스도교도 마샬 하이데르스도르프 사이에서 태어났다. 그녀의 남편 오펜하이머는 유대인의 순회 극단의 연출가였다. 모세 율법에 의하면 적자(嫡子)이건 사생아이건 유대인의 모친에게서 출생한 아이는 부친이 누구이든 유대인으로 간주되기 때문에 요셉은 유대인이었다. 그리스도교도의 법으로는 그는 그리스도교도로 간주된다. 뷰르템베르그 왕가의 혈통을 받은 그리스도교도이다.

젊은 날의 요셉은 자기 부친의 일을 모르고 튜빙겐 대학에서 몇 가지 언어와 수학과 법률을 배웠다. 그는 즐겨 귀족이나 황족과 교제하였고 부자이며 미남이며 기지가 넘치는 머리 좋은 청년이었으므로 사람들은 자진해서 그와 사귀려고 했다. 그는 미혼의 귀족여성들과 여러 가지 연문(戀聞)을 퍼뜨렸다. 그는 어느 영주령(領主領)의 인지세(印紙稅) 일과 어느 자유시의 화폐 주조에 관한 계약의 일로 일련의 재정상의 처리를 해 주었는데 그것이 왕가의 관심을 끌게 되었다. 우연한 일로 그는 뷰르템베르그 궁정과 관계를 맺게 되었다.

오펜하이머는 궁정에서는 많은 여성의 침실에서 인기가 있었고 사교계에서도 인기를 독점했다. 이렇게 그리스도교도의 귀족들과 끊임없이 교제하면서도 그는 늘 게토를 방문하여 고통 가운데 있는 유대인을 돕는데 힘쓰고 정부 요직에 앉기 위해서 그리스도교로 개종한 그의 이복 형제를 경멸하고 있었다.

귀족들은 점점 자신의 특권이 상실되고 약체화되어 가는 것을 느끼고 모든 증오심을 '유대인 슈스'라는 이 남자에게 집중시키게 되었다. 칼 알렉산더의 죽음이 그들에게 오펜하이머를 처치하는 기회를 주었다. 음모가 꾸며지고 슈스는 반역죄로 체포되었다. 형의 선고를 기다리는 감옥 속에서 슈스는 자기 출생의 비밀을 알았다. 자유의 몸이 되어, 유럽의 왕가 소생으로서 생애를 보내기 위해서 그는 자기가 누구이며 자기가 세인의 존경을 받는 마샬 하이데로스도르프의 아들이라 밝히기만 하면 충분했다. 그러나 그는 그렇게 하지 않고 침묵 속에 사형 선고를 받았다. 그는 그때까지 유대인으로서 살아왔고 유대인으로서 죽으려고 했다. 1738년 어느 눈이 내리는 날 그는 교수대로 향해 갔다. 그리스도교도 폭도들은 그에게 오물을 끼얹고, 유대인은 '들으라 이스라엘이여, 주님은 우리의 하나님, 주님은 한 분이시다'라고 노래했다.

그 날밤 유대인들은 목숨을 걸고 마샬 하이데로스도르프의 아들을 교수대에서 내리고 대신 아무도 모르는 시체를 두고 사라졌다. 유해는 다른 공국(公國)으로 운구되어 비단으로 싸서 아브라함의 하나님, 이사악의 하나님 그리고 야곱의 하나님이라고 영창하는 소리를 들으며 유대인의 무덤에 안장되었다.

그와 함께 장사지낸 것은 새 자본주의 정신이 아니라 중세의 정신이었다.

22. 카발라와 악귀 쫓기

우리는 이제까지 유대인이 유대사의 중세를 육체적으로는 어떻게 살아왔는지를 살펴보았다. 그들은 위험 지대에서 안전지대로 봉건 시대의 장기판 위를 말차기 놀음을 하듯 더듬어 살아왔기 때문에 이제는 더 갈 곳도 시간도 없는 막다른 길에 선 것이다. 그러나 그 12세기라는 시간을 유대주의 정신은 어떻게 살아갔을까? 유대사의 이 시기에 유대주의의 한 심리적 통일성을 준 공통 요소라는 것이 있었을까? 만일 '구원 그리고 더 큰 구원이 중세 그리스도교도의 대요(大要)'라고 한다면, 아마도 '카발라'1) 그리고 '더 큰 카발라'는 중세 유대인 정신의 대요가 될 것이다.

신비사상은 유대인의 생활에 있어서 별로 새로운 것이 아니었다. 그것은 유대주의 자체와 함께 생겨나 기원전 12세기의 시나이 산에서의 토라를 받기 이전에도 이미 존재해 있었다. 율법을 받은 뒤 유대교의 신비 사상은 그다지 중요시하게 되지 않았다. 신비주의자(K -abalists)들의 의견에 의하면 카발라는 토라와 함께 받았으며 토라는 모든 사람에게, 카발라는 일부 숨은 성인에게만 계시된 것으로 되어 있다. 그것은 성인들, 극소수의 비법 전수자(秘法 傳授者) 일단에게 전해졌다고 되어 있다.

모든 시대를 통해서 이 신비주의 조류는 토라나 탈무드와 함께 흐르고 있었지만 언제나 토라와 탈무드의 당당한 업적 배후에 가려져 있었다. 카발라는 그것을 믿는 자들에게 의해서 ≪성서≫로부터 정통성이 부여되어 있는

1) Kabala라는 말은 '받는다'는 의미의 Kabeil에서 나왔으며, '전승' 또는 '제시'라는 의미이다. 이것이 유대주의 안의 신비주의 철학에 주어진 명칭이었다.

제 2의 구승 율법(口承 律法)이라고 생각되었다. 그것은 토라와 함께 성장했지만 언제나 그늘에 숨겨져 있었다. 유대주의 안의 밀교적 철학이라는 말하자면 뒷길을 가고 있었던 것이다. 그러고 그것은 공인된 적이 없는 예언을 조로아스터교의 부활 신화를, 그리고 과학을, 수비학(數秘學)을, 그노시스파적인 이단설을 육성시킨 것이다.

유대인 성인이나 학자는 몇 세기 동안이나 카발라를 농축하고 모양을 가다듬어 그것에 생명을 불어넣으려고 노력했던 것이다.

그러나 신비주의의 저류가 비로소 표현화한 것은 기원 8세기가 되어서였다. ≪창조의 서(創造 書)≫가 남이태리에서 정리되었다. 13세기가 되자, 제 2의 저류가 중세 유대 문명에 그 모습을 드러냈다. 그것은 ≪조하르(Zohar)≫가 스페인에서 저술되었을 때의 일이다 ≪창조의 서≫는 주로 신과 접하는 체험의 황홀 상태에 주로 관심을 두었지만 ≪조하르≫는 유대 신비주의, 신과 우주와 과학에 관한 형이상학적 연구의 백과사전과 같은 것이다. ≪창조의 서≫와 ≪조하르≫, 둘을 합해서 카발라라고 부른다. 카발라는 신비 사상의, 극히 유대적인 형이상철학의 체계이다.

≪조하르≫가 나타나자 카발리즘은 곧 하나의 통합된 조류로서의 흐름을 멈추고 두 개의 흐름으로 나뉘어졌다. 하나는 합리적 과학적 경향으로 흐르고 그 방법론도 형이상학적이 되었다. 이 흐름은 뒤에 가서는 스피노자와 서양의 합리주의 철학자나 과학자를 낳게 되었다. 유대인과 그리스도교도 양쪽에 신봉자를 발견한 것이다. 또 하나의 흐림의 원류는 독일에 있었던 것으로 그것은 몇 세기 동안이나 동유럽을 흐르고 있었다. 그것은 신비주의와 함께 생겨나서 곧 '악귀 쫓기'(Kinnahorra)[2] 즉 미신을 그 중심에 두는 것으로 쇠퇴해 간 것이다.

---

2) Kannanhorra라는 말은 이딧쉬어 하나와 히브리어 둘, 즉 kein, ayyin, ha'ra'ah의 세 마디를 연결시킨 것이다. ayyin ha'ra'ah는 악귀의 눈, kein은 부정어(否定語)이다. 이것은 '악귀를 쫓아낸다'는 의미이며 중세 유대인의 미신을 상징하는 말이다.

≪조하르≫와 ≪창조의 서≫는 라틴어를 비롯해서 다른 유럽 말로 번역되고 유대인과 그리스도교도의 신학자나 인문학자나 과학자는 카발라에 근거하거나 카발라에서 자극을 받고 저작하여 그것이 각 대학에 전해졌다. 이 신비주의적 저서들은 17세기의 과학의 돌연한 개화에 큰 역할을 했을지도 모른다. 카발리즘의 영향이 절정에 달했던 것은 17세기였다. 동시에 쇠퇴하기 시작한 것도 이 시대였다. 과학이 다시 탄생하여 아마도 다시는 카발리즘 자체가 필요 없게 되었기 때문일 것이다.

이론만으로는 그들의 이른바 '고양된 경험으로서 신을 체험한다는 가르침은 설명되지 않기 때문에 카발리스트들은 그들의 이론에 상징적 사고와 상징적 언어를 도입하였다. 그들은 말의 일상적인 의미를 버리고, 문자에 수치(數値)를 부여하였으며, 문자와 수치 양쪽에 신비적 속성을 부여하였다. 이 상징적 언어는 1에서 10까지의 숫자와 히브리어의 알파벳 문자 전체로 성립되어 있지만, 이것을 모두 합해서 지혜에 이르는 32의 신비주의적인 길이 형성되도록 되어 있었다. 카발리스트는 이 추상적인 기호를 가지고 경이적인 형이상 세계를 쌓아 올린 것이다. 그 세계에서는 어떤 요소가 다른 요소로 변질하거나 숫자가 보통은 물질에 의해서 소유되는 속성을 의미한다. 그리고 그 세계는 그 자체의 축에 따라 회전한다. 카발리스트들은 또한 날카로운 언어 감각과 양식에 대한 강한 열정을 가지고 있었다. 그들은 위대한 시가(詩歌)를 창작하며 그것은 오늘날에도 히브리어 기도서나 문학에 남아 있다.

중세에 있어서의 카발리스트들의 역할을 과학자의 그것에 견주어 본다면 17세기 서부 유럽에 갑자기 일어난 과학으로의 경도(傾倒)의 풍조가 조금 설명될지도 모른다. 훗날 갈릴레오나 뉴톤 등 비유대인 과학자의 업적에 의해서, 카발리스트들의 일은 빛을 잃었지만 그렇다고 해서 그 이전의 유대인 과학자의 공헌을 평가하면 안 된다는 일은 되지 않을 것이다. 진공 가운데 새로운 사상이 생길 수는 없을 것이다. 새로운 사상은 언제나 비옥한 지성의 토양에서 꽃을 피우는 것이다.

초기의 유대인 과학자 가운데 아브라함 바르 히야(Abrahan bar Hiyya)라는 사람이 있었는데, 그는 그리스어와 아랍어의 과학 저서를 라틴어로 번역했을 뿐만 아니라 자기도 지리학, 천문학, 수학, 그리고 과학의 방법론에 관한 몇 가지 책을 썼으며 이 모두가 라틴어로 번역되었다. 히브리어에 의한 최초의 과학 방법론을 개발한 것은 그였다.

카발리즘과 과학을 결합시킨 학자는 아브라함 이븐 라티프(1220 ~ 1290)라는 스페인의 유대인이었다. 그는 카발리즘과 아리스토텔레스 철학과 수학과 자연과학을 합해서 통합된 하나의 체계를 세웠다. 그의 저서는 라틴어로 번역되고 그것이 13세기 스페인의 탁월한 그리스도교 학자였던 레이몽 률리의 주목을 끌게 되었다. 률리는 과학을 억누르고 있는 스콜라 철학[3]의 멍에를 타파하는 방법을 찾고 있었으며 카발라와 이븐라티브의 저서를 그의 훗날의 저서 ≪아르스 마그나≫(Ars Magna)의 도약대로 삼았다. ≪아르스 마그나≫는 중세 유럽의 대학에서 널리 읽혀졌다. 그는 북아프리카에서 '복음서'를 설교했다고 해서 마호메트교도에게 돌에 맞아 죽었다.

프랑스의 유대인으로 수학자이며 천문학자이기도 했던 임마누엘 본되스는 14세기에 십진법을 고안해낸 것으로 되어 있지만 그것은 유럽의 과학자가 십진법을 알게 된 150년 전의 일이다. 그는 수학에 새로운 개념을 도입하였고 그가 만든 천제도는 뱃사람들에게 널리 이용되고 있었다. 역시 14세기의 일이지만 레비 벤 게르손은 당시의 과학 이론의 방법론이 오류라고 비판하고 새로운 삼각법을 만들었지만 그것은 근대 삼각법의 기초가 된 것이다. 그는 또한 '야곱의 지팡이'라고 부르는 4분의(四分儀)를 발명했다. 마젤

3) 이것은 새로 발견한 아리스토텔레스 철학과 그리스도교 신앙을 통합하려고 하는 중세의 한 철학 체계이다. 스콜라 철학은 그리스도교를 해방하는 대신 오히려 과학을 죽이고 말았다.

란이나 칼럼버스나 바스코 다 가마 등의 항해는 이 '야곱의 지팡이'를 사용한 것이다.

그런데 카발리즘이 그리스도교 세계에 크게 퍼진 것은 15세기 및 19세기가 되어서였다. 가령 15세기말에는 피코 델라 비란돌라라는 르네상스 인문학자이며 철학자가 《조하르》를 라틴어로 번역했다. 그러나 그리스도교 학자이고 카발리즘을 펴는데 가장 공헌한 사람은 말할 것도 없이 요한 로힐린이다. 그는 16세기 초두 그의 신학적 철학이 카발라에 기초하고 있다고 분명하게 인정하고 있었다.

16세기에는 가장 위대한 신비주의 사상 학자의 한 사람인 이삭 루리아(1534~1572)에 의해서 카발리즘에 새로운 형이상철학이 첨가되었다. 루리아는 아리(Ari), 즉 '사자(the lion)'라고 불려졌다. 루리아의 이론이라는 것은 모든 물질과 사고는 3단계로 된 사이클에 따라 전개된다는 것이다. 세 가지 사이클이란 수축(收縮) 또는 '테제'(thesis)라는 의미의 '찜쭘'(tzimtyum)과 용기(容器)의 파괴 또는 '안티테제'(antithesis)라는 의미의 '쉐비라트 하켈림'(shevirat hakeilim), 회복 또는 통합을 의미하는 '틱쿤'(tikkun)이다.

기원 2세기에 그리스와 로마의 멸망과 함께 사멸한 서양의 철학과 과학은 16세기와 17세기에 재생했다. 1500년에 걸친 철학과 과학의 암흑 시대가 한쪽의 에픽테투스나 마르쿠스 아우렐리우스와 다른 쪽의 베이콘, 데카르트, 록크, 라이프니츠, 코페르니쿠스, 케플러, 갈릴레오, 뉴톤 등의 사이에 가로놓여 있는 것이다. 그런데 이런 재생을 자극하는 무엇이 있었던 것이 분명하다. 그것이 무엇이었을까. 라티프나 룰리나 피코 델라 미란돌라나 로이힐린—1300년대에서 1600년경까지—등의 유대인 및 그리스도교도 학자들의 신비주의적인 형이상학적 사고, 다시 히야, 본피스, 게르손—1200년대에서 1500년경까지—등의 유대인 과학자들의 공헌이 17세기 유럽에 있어서의 철학의 재생과 과학 방법론 확립을 위해서 지적인 토대를 구축했다고 할 수는 없을까?[4)]

우리는 여기서도 또한 이상한 역사의 우연을 만나는 것이다. 그리스도교도에 의한 과학과 철학의 갑작스런 발전은 1100년에서 1500년 사이에는 일어나지 않았으며 동유럽에서 일어난 것도 아니었다. 그것은 17세기의 서유럽에 일어난 일이며 유럽이란 유대인의 카발리스트와 과학자들이 400년 동안 왕성하게 활약한 곳이었다. 코페르니쿠스, 케플러, 갈릴레오, 뉴톤, 베이콘, 데카르트, 록크, 라이프니츠 등이 카발리스트의 사상이나 유대인의 과학 저서에 대해서 알고 있었던 것은 확실할 것이다. 17세기에는 이러한 저서를 모두 라틴어로 읽을 수 있게 되어 있으며 도서관이나 대학에 널리 배포되어 있었던 것이다.

그러나 이상과 같은 우연의 일치가 있었다고 해서 그것이 곧 증거가 된다고 할 수는 없는 일이다. 그러나 그렇다고는 해도 서양의 과학과 철학은 17세기에 왜 그토록 대담한 비약을 했을까. 이렇게 말하면 시간적 발생으로 인과율을 설명하려는 것이 논리적으로 오류라고 할지도 모른다. 그러나 필자는 이 시대의 학자들이 그때까지보다 더욱 의의 깊은 해답을 끌어내기 위한 도구를 가지고 있었다고 생각한다.

앞에서도 말했지만 동유럽에서는 카발라가 전혀 다른 방향으로 흐르고 그 색조도 대단히 달랐다. 유대인의 생활이 13세기와 16세기 사이에서 유럽에서 동유럽으로 옮겨간 것을 여기서 상기해 주기 바란다. 유대사는 바야흐로

---

4) '과학혁명에 관한 하나의 경이적인 사실은 그 최초의 아마도 가장 중요한 단계는 새로운 계량기가 망원경이나 현미경이나 정확한 시계 등, 즉 후에 과학의 최첨단에서 나오는 물음에 대해서 정확하고도 과학적인 해답을 주기 위해서 불가결한 것으로 된 이러한 도구가 발명되기 이전에 일어났다고 하는 사실이다. 실제 그 최초의 여러 단계에서는 과학혁명은 기술적 도구를 놀리는 일보다는 오히려 어떻게 물음을 하는가 지적 시야에 있어서의 하나의 계통적 변화에 의해서 초래된 것이었다. 사고방법에서의 그러한 혁명이 왜 일어났는가에 관해서는 분명치가 않다.(A. E. 크롬비 ≪중세 및 근대초기 과학≫의 A. E. Cormbie, Medieval and Early Modern Science, 제2권 p. 122)

서유럽과 아니라 동유럽에서 형성되고 있었던 것이다. 거기서는 카발라는 유대인의 고통을 덜어주는 역할을 하고 있었다. 카발라가 메시야의 도래가 가까이 왔다고 가르친 것이 유대인의 희망을 이어준 것이다.

신비주의자들은 6세기에 ≪창조의 서≫가 저작된 이래 그 책에 숨겨진 신앙을 유대인의 메시야의 도래를 앞당기는 방법으로 이용하려고 해온 것이다. 신비주의자인 카발리스트들은 인간이 신을 가까이하면 신이 메시야를 빨리 보내고 유대인의 고통을 그치게 하며 유대인을 괴롭히는 자들의 계획을 방해해 주도록 신을 움직일 수 있다고 설교하고 있었다. 카발리스트들의 이러한 가르침은 사람들의 상상력을 불지르고 사람들은 메시야의 도래를 기다렸다. 사람들은 실망하지 않았다. 중세에는 거의 매 세기마다 '메시야'라고 하는 자가 나타났기 때문이다. 그러나 그것은 예언자적인 카발리스트들이 기다리고 있던 그런 방법으로 도래하지는 않았다.

카발라는 가장 열렬한 신봉자들에 의해서 사람들로부터 점점 떨어져 나아가게 되었다. 앞에서도 본 것처럼 유럽에서는 카발라는 형이상학자나 철학자나 과학자의 소유물이 되어 그들은 카발라를 물질과 우주의 본질에 관한 이론을 생각하는데 이용했던 것이다. 동유럽에서도 카발라는 뒤에 가서 학자나 신비론 자들의 소유물이 되어 신과 천국이 어떤 것인가를 생각하는 수단으로 사용하게 되었다. 카발라의 과학자나 철학자나 신비론자가 사람들의 욕욕을 등한시하면 사기꾼이나 미치광이가 학자들이 들어가기를 두려워하는 장소로 끼여들었다. 그들은 자기 나름대로의 카발라를, 일반인이 이해할 수 있는 카발라를 가르쳤다. 카발라의 쇠퇴와 연결된 미신에의 토양은 확실히 준비되어 있었던 것이다.

유대인 역사라고 하면 언제나 훌륭한 예언자나 랍비가 학자들 얘기만 나오지만 때로는 엉뚱한 미치광이나 모험가나 사기꾼 얘기로 단조로움을 깨어 보는 것도 괜찮은 일이다. 그들은 카발라가 낳은 부산물이었기 때문에 그 나름대로 유대사의 일부를 형성하고 있는 것이다. 아브라함 아불라피아(1240~1291)는 신비주의의 거짓 예언자 가운데서도 가장 중요한 자이다. 아불라피아는 품격 높고 고귀한 스페인계 유대인 집안에 태어나서 젊어서부터 카발라 공부에 몰두했다. 그는 예루살렘 순례 도중에 스페인으로 돌아가 스스로 예언자임을 선언하라고 강권하는 소리(계시)를 들었다. 아무도 그를 상대해 주지 않았다. 그는 그저 부잣집 아들로 알려져 있을 뿐이었다. 1280년, 그는 또다시 계시를 들었는데 그것은 전번보다도 더욱 놀라운 것이었다. 교황 니콜라스 3세를 유대교로 개종시키라는 계시였다. 그러나, 계시는 계시이고 들은 사람은 어떻게 해서라도 복종하려고 하는 것이다. 아불라피아는 교황을 만나러 갔다. 교황은 접견을 허락했다. 그러나 아불라피아가 찾아 온 용건을 안 니콜라스 3세는 깜짝 놀래서 당장 화형에 처하라고 명령했다. 이 사건의 충격은 교황에게도 지나친 것이어서 그는 3일 뒤에 죽어버렸다. 아불라피아는 재판관들을 설득해서 결국 화형은 면하고 시실리아로 갔다. 거기서 그는 또다시 계시를 들었는데 그것으로써 그의 지위는 이미 메시야로 승격되어 있었던 것이다. 그러나 아불라피아는 메시야가 되기에는 마음이 약했다. 그는 그를 사기꾼이라고 비난하는 랍비들의 공격을 견뎌내지 못하고 또다시 여행길을 떠났다. 그런데 또 계시가 있었다. 이것이 최후가 되어 그는 역사에서 사라지고 말았다.

베네치아에서 1502년 어느 봄날 아침, 아쉐르 레믈린이라는 젊은 카발라 연구가가 꿈속에서 자기는 예언자 엘리아라는 것을 알고 꿈을 깨었다. 사람들은 단식하고 몸을 깨끗이 하면 메시야가 도래하리라는 사실을 알리기 위해서 예언자 엘리야가 그 해에 지상에 돌아왔다고 깨달은 것이다. 유대인은 그에게 찾아가 그의 옷깃에 입맞추며 예언자로 존경했다. 사람들은 레믈린 자신이 메시야가 아닌가, 그가 겸손해서 그런 말을 하지 않는 것이라고도 생각했다. 자기 고향에서는 예언자가 인정받지 못한다는 격언도 있지만 그의 할아버지조차 다음 해의 유월절에는 새 메시아와 함께 팔레스타인에서 누룩 없는 빵을 굽고 있으리라고 말하며 유월절에 쓸 누룩 없는 빵을 구울 가마를 부수어 버렸을 정도였다.

1502년이라는 해는 또한 그리스도교로 개종한 유대인 수가 많아서 그리스도교로서는 한몫 잘 본 해였다. 와야 할 메시야가 오지 않는데 실망하고 그 때문에 모처럼 몸을 깨끗하게 하고 있던 경건한 사람들은 단식이 보람없게 되면 안되겠다는 생각으로 그리스도교도가 되는 세례를 받았다.

16세기에는 또 한 사람의 멋진 책사(策士)가 나타났다. 그는 뜻맞는 성인(聖人)과 짜고 역시 메시야 소동을 일으켜 장대한 음모를 교황과 왕들이 말려들게 하였다. 1524년 베네치아의 어느 여름날의 일이다. 찬란하게 아름답고 나는 듯이 달리는 아랍 백마를 타고 그 말에는 어울리지 않는 한 인물이 나타났다. 말 위의 인물은 까맣고 귀신과 같은 작은 사나이, 이름을 데이빗 루베니라고 하는데 그는 터키 전선 저쪽 아라비아에서 용감한 유대인의 무장들을 지휘하고 있는 루벤족 왕의 형제라며 자기 소개를 하였다. 이교도와 싸우는 유대 십자군에 대해서 교황의 원조를 청하기 위해 파견되어 왔다고 그는 말하는 것이었다.

이 작은 인물의 인품은 참으로 매력적이었기 때문에 교황 클레멘트 7세는 루베니의 접견을 허락했다. 교황은 오히려 그의 말을 믿고 싶었다. 가톨릭교는 때마침 여러 가지 문제로 고민에 쌓여 있었다. 프로테스탄트의 이단설이 당당하게 얘기되도록 되어 버렸다. 그리스도교 세계는 위기에 빠져 있었다. 터키가 유럽으로 진격해 오고 있었다. 그러한 때에 터키군의 뒤쪽에서 그리스도를 낳은 그 유대인이 이끄는 군대가 진을 치고 있다는 얘기다. 교황의 점성술사들도 길조라고 점쳤다. 교황이 극동 사정에 밝은 포르투갈 왕에 의논하자 루베니가 진정한 왕국의, 진정한 사자(使者)가 틀림없다고 보증하고 원조까지 자진했다. 그래서 루베니는 교황의 축복을 받고 돛대에 유대인 깃발을 휘날리며 포르투갈로 배를 띄웠다. 유대인들의 기쁨은 보통이 아니었다. 교황은 그가 잊어버린 10부족(支?)의 한 부족인 왕의 사자와 접견한 것이다. 포르투갈 왕도 사자의 신분을 보증했다. 사람들로서는 루베니가 메시야가 아닌가하고 의심할 정도였다.

그런데 리스본에서는 죤 3세와 루베니가 암흑의 땅 아라비아, 터키군 뒤편에 있는 루벤족의 용감한 병사들에게 어떤 무기를 보내줄 것인가에 대해서 한창 토의를 거듭하고 있었다. 왕은 친절하게도 이 정상 회의 기간 중에는 마라노의 박해를 중지했을 정도였다. 그러나 포르투갈에서는 대혼란이 일어났다. 그때까지 숨어있던 마라노가 나타나 루베니가 메시야라고 찬양한 것이다. 그래서 종교재판에 관계하고 있던 승려들은 장래에 참고라도 할 듯이 그들 마라노의 이름을 마구 기록했다. 그리스도교도가 유대교로 개종하기 시작했다. 그렇게 되니 왕과 승려들은 경계심을 품게 되고, 자기를 의심하게 되었다고 느낀 루베니는 재빠르게 이태리로 배를 띄워 버렸다. 죤 3세는 다시 마라노의 박해를 개시하고 개종한 자들은 화형에 처해 버렸다.

루베니는 이태리에서 포르투갈 마라노의, 말하자면 '숨은 그리스도교도'라고는 할 수 있는 디오고 피레스라는 사나이를 만났다. 디오고는 유대주의에 대해서는 전혀 몰랐는데 개종하여 할례를 받고 솔로몬 몰코라고 개명을 하자 기적적으로 유대주의의 전부가 순간적으로, 하늘의 계시로 나타났다는 것이다. 그러나 종교재판소는 유대교의 계시를 달갑게 생각하지 않았기 때문에 몰코는 팔레스타인으로 도망쳐서 거기서 계시로 받은 탈무드 지식에다가 학문적 카발리즘을 첨가했다. 2,3년이 지난 뒤에는 이태리로 돌아가 '최후의 심판'이 가까웠다고 대단한 확신을 가지고 설교하며 스스로 자기가 메시야라고 믿게 되었다. 옛부터의 메시야의 관례에 따라 그도 가난한 자, 병자, 불구자, 소경, 옴 앓는 자, 문둥병자들에게 설교하여 그 평판이 높아 교황은 종교재판에 걸리지 않도록 배려할 정도였다.

루베니와 몰코는 일치단결해서 의기 양양하게 레겐스부르그 당시의 라티스본으로 가서 신성 로마제국의 칼 5세에게 터키인에 대항해서 동맹을 맺자고 제안하여 유대인 왕에 대한 아랍의 원조로 요청했다. 이두 사람이 만일 칼 5세에 대해서 조금만 예비지식이 있었다고 하더라도 역시 주저하지는 않았을 것이다. 칼 5세는 바보인 모친에게서 출생하여 막대한 뇌물로 황제가 되었다. 그는 로마를 약탈한 뒤 교황에 의해서 대관(戴冠)하였지만 로마교황의 대관을 받은 황제는 그가 마지막이다. 이 황제는 끝내 읽기 쓰기를 못했지만 불관용(不寬容)의 정신은 젊어서부터 몸에 베어 있었다. 그는 프로테스탄트의 수가 격증하자 벼락치기로 종교재판을 진행시켜 '과오를 고치지 않는 완고한 프로테스탄트는 산 채로 화형에 처하라, 참회한 자는 목매어 죽이라'고 포고했다. 금요일마다, 그리고 사순절 동안 승려들과 지낸 황제는 피가 흐를 때까지 자기 몸에 매질을 했다고 한다.

루베니와 몰코의 얘기를 듣게 된 사람은 이 칼 5세이다. 그는 두 사람을 체포하여 종교재판소로 넘겼다. 몰코는 유대교에서 전향하면 처형을 면할 것이라고 권했으나 자기가 메시야라고 믿고 있던 그는 인류를 구원하기 위해서 자기는 희생되어야 한다고 주장하여 1532년 화형을 받았다. 그 뒤 몇 세기 동안이나 그를 믿는 자들은 그가 부활했다고 믿고 있었으나 그래도 지도가 없는 몰코교는 드디어 소멸되고 말았다.

루베니는 어떻게 되었는지 분명하지 않다. 화형 되었다는 설도 있고 감옥에서 결박된 채로 죽었다는 설도 있으며 말 잘하는 덕분으로 궁지를 면했다는 설도 있다. 그가 도대체 어떤 자였는지 진상을 아는 자는 없으며 그 뒤의 운명도 알려져 있지 않다. 그의 일기를 읽으면 폴란드의 유대인이었으리라고 추측된다. 아무튼 그는 르네상스 정신을 가진 사기꾼이었다.

카발라가 낳은 메시야 중에서도 삽바타이 제비(1626~1676)가 가장 흥미 있고 복잡한 인물이며 유대사에 있어서도 가장 중요하다고 말할 수 있다.

그가 나타난 것은 유럽이 30년 전쟁으로 완전히 피폐한 시대였으며 그리스도교도도 유대인도 살육에는 진절머리가 난 시대였다. 삽바타이 제비는 자기가 메시야라고 선언했을 때 사람들은 이제는 소원을 성취했다고 생각했다. 부유한 자도, 가난한 자도, 배운 자도, 무지한 자도, 터키에서 영국에 이르는 유럽의 모든 계층의 유대인 100만 명이 그야말로 갈망하던 메시야라고 환호하며 맞아들였다.

삽바타이는 터키의 스미르나에서 태어났다. 그의 부친은 그 지방에서 영국 상인의 중개인이었다. 삽바타이는 최고 학교에서 교육을 받았으며 히브리어와 아랍어에 능했다. 젊었을 때 그는 카발라의 영향을 받고 오늘날의 분열증 증세와 같은 증후를 보였다. 당시는 그것이 성인의 증표로 여겨졌다. 이스라엘을 구원하라는 명령의 소리가 그에게 들리는 것이었다. 그는 그 소리에 응하여 입으로 부를 수 없는 신의 이름을 불러서 신을 모독하고 유대교가 가르치는 모든 단식을 폐지하였으며 탈무드를 통렬히 비난하였다. 그것은 마치 8세기의 카라이트파의 방법과 흡사했다. 그가 자신을 메시야라고 선언하자 사람들은 새로운 복음을 들으려고 그의 천막으로 모여들었다.

삽바타이는 전도 여행에 나서 이집트로 갔다. 거기서 그는 대단한 화제거리가 된 결혼을 했다. 국제적인 편력(遍歷)의 창부 사라(Sa- rah)와 결혼한 것이다. 사라라는 인물은 너무나 엉뚱하여 그렇기 때문에 오히려 그녀의 얘기는 지어낸 얘기 같지는 않다. 6세 때 폴란드의 학살에서 유대인인 양친을 여윈 그녀는 수도원으로 끌려갔다. 그녀는 10대가 되자 결혼해서 들어앉기 전에 유럽 구경을 하기로 하고 수도원에서 도망쳤다. 그는 그 기지(機智)와 목가적인 아름다움과 무르익은 육체를 가지고 폴란드로부터 암스테르담까지 무사히 여행했다. 암스테르담에서 그녀는 두 가지 환청(幻聽)을 들었다. 하나는 삽비타이 제비에 대해서 얘기하는 소리고 또 하나는 그녀가 삽비타이의 아내가 되어야 한다는 음성이었다. 성서에는 성인과 창부가 짝이 되는 일이 자주 있었다. 호세아는 고멜이라는 창부와 결혼했다. 전설에 의하면 메시야는 음행한 여인과 결혼하리라는 것이다.

결혼 후, 삽바타이는 팔레스타인으로 갔지만 거기서는 대중이 그를 메시야라고 미친 듯이 떠받들었다. 랍비들은 참을 수 없다고 판단하여 그를 파문했다. 삽바타이는 터키로 돌아갔으나 거기서도 유대인들에게 메시야로 환영받았다. 터키에서는 아랍에 유대인 군단이 있어서 터키를 정벌하기 위해서 메시야가 와서 명령하기를 기다린다는 소문이 퍼졌다. 삽바타이는 이 소문을 믿었다. 그는 설탄을 타도하기 위해서 콘스탄티노플을 공격한다고 발표했다. 설탄은 이 자를 사형하면 순교자를 만들어 주는 것이 되므로 어떻게 처리할지 몰라서 그저 투옥하기로 했다. 그랬더니 몇 천의 군중이 모여들어 삽바타이는 옥중에 매여 있는 채 사람들을 만나면 가르침을 폈다. 이에 경계심을 일으킨 설탄은 죽음이냐, 아니면 회교로 개종해서 자유의 몸이 되느냐 둘 중의 하나를 택하라고 강요했다. 삽바타이는 개종과 자유 쪽을 택했다.

그의 개종은 삽바타이 운동을 그 밑바탕부터 흔들어 놓았지만 그래도 그 운동은 종식되지 않았다. 확고한 카발리스트들은 이것이야말로 카발라가 예언한 것이다. 카발레에서는 메시야가 '겉으로는 악인이고 내심은 착하다'고 예언되었다고 말했다. 더구나 개종한 삽바타이는 그래도 역시 유대인의 메시야라는 역할을 버릴 수 없었다. 설란은 그 운동이 분명히 새로운 힘을 얻고 있음을 보고 삽바타이를 다시 투옥했다. 삽바타이는 종생토록 옥에 갇혀 거기서 죽었다. 마지막에는 경건한 신자들이 찾아와서 그의 죽음을 애도했다. 삽바타이 운동에서는 바울이나 아부 바크르와 같은 인물이 나오지 않았기 때문에 삽바타이라는 스승이 죽은 뒤에는 운동을 조직하는 자가 없었으며 그것은 서서히 소멸되어갔다.

삽바타이가 환상에 잡힌 성인(聖人)이었던가 아니면 사기꾼이었던가는 현재에도 의견이 엇갈려 있지만 삽비타이의 후계자라고 자칭하는 야곱 프랑크에 대해서는 진짜 사기꾼이었다는 것으로 의견이 일치되어 있다. 프랑크의 동판화(銅版畵) 초상을 보면 미남자이며 강력하고 날카롭고 검은 눈을 가지고 있다. 곧게 뻗어 내린 콧등과 육감적인 입술 위에 검은 수염을 기르고 터키모자를 한쪽 귀가 덮이도록 멋지게 쓰고 있다. 우크라이나에서 1726년에 태어났지만 행상을 하고 있던 그는 터키로 가서 거기서 카발라를 배우고 돈메라고 부르는 삽바타이 운동 일파에 가담했다. 청렴으로 구원받는 일은 누구나 할 수 있다. 그는 부정(不淨)으로 구원을 받는 것이야말로 훌륭한 일이라고 주장한다. 그래서 프랑크의 신비주의의 길은 성적인 난행을 가지고 자행되었다.

프랑크가 종교라는 미명 아래 어떤 성적인 난잡 행위를 하고 있는지를 듣게 된 랍비들은 그를 파문했다. 터키인도 그를 못마땅한 외국인으로 여겨 국외로 추방하여 이에 협력했다. 프랑크는 거기서 폴란드로 가 이번에는 자기가 삽바타이 제비의 환생(還生)이라고 선언하여 설교했는데 그의 교리는 그리스도교의 '삼위일체론'과 흡사해서 그는 성부와 성신과 삽바타이라는 삼위일체론을 주장했다.

그를 믿는 자들이 금을 받침으로써 그는 부자가 되었다. 원래는 공작의 소유였던 성을 사서 귀족처럼 차려 입고 장려한 마차를 타고 다니며 '프랑크 공작'이라 자칭하기조차 했다. 폴란드 유대인 사회는 그를 이단과 음란죄로 파문했다. 그러나 프랑크 파의 무리는 그 지방의 그리스도교 주교에게 호소하여 자기들은 탈무드파와 필사의 항쟁을 하고 있는 '조하르파'(Zoharists)이며 유대인이 아니라고 주장했다. 주교에 의해 논쟁이 개시되고 그 결과 폴란드에서는 최초, 최후의 사건으로 탈무드가 소각(燒却)되었다. 제 2회 논쟁에서 프랑크파 무리는 개종자가 되어 대거 세례를 받았다. 폴란드의 귀족들이 그들의 대부(代父)가 되었다.

세례를 받은 프랑크파 무리의 대부분은 원래 유대인의 학문을 그 배경에 가지고 있었기 때문에 세례를 받고서도 그 학문을 버리지 않았다. 그들은 러시아와 폴란드에서 지위가 높은 공직에 있었고 귀족이나 왕족과 인연을 맺었으며, 러시아나 폴란드의, 훗날에 보이는 자유주의적 경향을 육성하는 모태가 된 것도 그들이었는지도 모른다.

프랑크의 생활은 점점 영화를 더했지만 그의 영광도 마침내 종말을 고했다. 그리스도교회가 그의 삼위일체 이론을 듣자마자 투옥해 버린 것이다. 그러나 폴란드 왕이 대부(代父)가 되었을 정도의 이 새로운 개종자를 화형에 처할 수는 없는 노릇이었다. 그는 13년간 감옥에서 신음하다가 마침내 러시아가 폴란드를 침략하여 그를 석방했다. 그래서 프랑크는 오스트리아로 가서 비엔나 사교계의 인기를 독차지했다. 마리아 테레사 여황제조차도 그를 '복음의 사자(使者)'로 존경했다고 한다. 그의 동료들은 창기병과 같은 복창에 창을 가지고 말을 탔다. 창에는 카발리스트의 표지가 붙은 작은 깃발을 날리고 있었다.

프랑크는 1791년 뇌출혈로 죽었는데 프랑크파가 죽기까지는 좀더 기다려야만 했다. 부친의 방법을 계승한 아름다운 그의 딸 이브에 의해서 프랑크파가 유지되었던 것이다. 그 당시에 그린 그녀의 초상화는 그 풍만한 젖가슴을 겨우 조금 가린 척 한 깃을 넓게 튼 옷을 입고 있었다. 그녀는 《조하르》의 학문과 자신의 침실의 신비를 결합시킴으로써 회비제(會費制)의 프랑크주의를 유지하고 돈벌이 종교를 만듦으로써 그녀의 젊음은 유지할 수 없었으며 중년이 되고 나이를 먹어감에 따라 회원도 차츰 줄었다. 이 유대인판 데오도시아도 1817년에 부채와 빈곤으로 죽고 말았다. 그녀의 젊은 시절에 알았던 사람은 그녀를 '성부인'(聖婦人)이라고 불렀다.

카발라나 삽바타이 운동이 왜 그렇게 강하고 집요하게 유대인의 마음을 끌었을까? 사기꾼들이 사람들을 이용한 것은 확실하지만 그 희극 속에는 어떤 드라마가 압축되어 있으며 그것은 자기 표현을 요구하고 있었다. 그것은 확실히 유대인의 생활에 대해서 영향력을 미치고 있었던 것이다. 카발라의 신비주의적 요소는 대체로 탈무드의 종교 논리에서 도피하려고 하는 감정의 원초주의(原初主義)로의 복귀를 표현하고 있을 것이다. 카발리스트의 철학은 탈무드주의 철학과는 달랐다. 탈무드는 이성의 도움을 받아 진리를 추구하는데 비해서 카발라는 직관에 의해 진리를 경험하려고 하는 것이다. 그것은 진리나 통찰이 상징화되는 '신화'로의 복귀였다. 신화 속에서 고통하는 유대인은 중세의 생활이 그들에게 퍼부은 모욕으로부터 도피할 수 있었다. 카발라는 그들이 다시 스스로의 운명을 장악할 수 있다는 생각을 안겨 줄 수 있었다. 카발라만 있다면 그저 맥없이 메시야를 기다리는 것이 아니라 그의 도래에 영향력을 가질 수 있으리라고 생각한 것이다.

삽바타이 운동에는 또 하나 사람들의 마음을 움직이는 것이 있었다. 그것은 무의식의 차원이며 이전에 있었던 유대인다움의 복귀였다. 유대인다움이 정의(定義)의 문제가 아니라 감성의 문제로 남아 있던 단계이다. 카라이즘은 탈무드에 속박되지 않고 자유로이 토라를 해석하기 위한 싸움이었다. 삽바타이 운동은 진일보하여 탈무드도 토라도 없이 유대인이기 위해서는 어떻게 해야 하느냐하는 탐구였다. 삽바타이파의 견해로 유대주의를 형성하는 것은 토라나 탈무드가 아니라, 유대주의가 토라나 탈무드를 낳았다는 것이 되었다. 그러므로 삽바타이가 토라를 가르치고 있는 613의 '미츠보드'(Mitzvoth) 즉 계율을 포기한 것은 필연적이었다. 왜냐하면 그는 '유대주의 사상' 그것만으로 유대인을 유대인답게 할 수 있다고 생각했기 때문이다. 이와 흡사한 것이 유대인의 과거 역사에도 있었던 것 같다. 이집트를 탈출해서 사막을 방황할 시기의 일이지만 그 때도 그들은 새로운 신 여호와를 강요당한 엄격함에 항의해서 옛날의 원시적 제의와 신화의 세계로 복귀한 일이 있었다. 프랑크파는 이런 무의식적 반항을 극단적으로 강행하여 원시적인 풍요의 제의로 역행했던 것이다. 이 지나친 행동은 유대인의 분별심에 충격을 주었다.

그러나 삽바타이 운동이 암시한 정신은 그렇게 쉽사리 잊혀지지 않았다. 동유럽 유대인은 그들의 잠재 의식 속에 표현되지 않은 이러한 감정을 표현해 주는 사람을, 이 정신을 더러운 흙탕에 빠뜨리지 않고 신의 신비를 가지고 영혼을 높여주는 사람의 출현을 기다리고 있었던 것이다. 18세기 유럽, 유대사의 중세의 황혼기에 한 새로운 유대주의 종교 운동이 일어난 것은 이러한 심리적 토양이 있었기 때문이었다. 이 유대인들이 대망하던 메시야는 아무런 예고도 없이 갑자기 유대인 앞에 나타난 것이다. 그는 발 쉠 토브였다. 그와 함께 하시디즘[5] (Hasidism)이 탄생했다.

1700년의 동유럽이 상황은 어떤 의미에서는 예수 시대 1세기의 고대 팔레스타인의 상황과 흡사했다. 그 시기의 일상생활은 로마의 압정 아래 오직 목숨이 살기 위한 생활로 퇴폐해 있었다. 유대주의가 여러 갈래로 분열하고 서로 항쟁하고 있었다. 유대주의의 엄격한 도덕에 여러 가지 외국의 영향이 흘러들어 혼합되었다. 조로아스터교의 부활신앙, 이교의 풍요 제의(豊饒 祭儀), 아도니스나 오시리스를 제사하는 동방의 신비주의 등 여러 가지 신앙이 잡다하게 혼입되어 있었다. 거기에 있었던 원시적인 회구나 이설(異說)은 모두 그리스도교 안에서 하나의 통합을 발견한 것이다. 그리스도교는 이들 부활제의와 죽은 아들의 신앙, 신비주의, 신화, 제례(祭禮)에서 가장 좋은 것을 골라 마침내 그것을 고상한 구원의 천국을 약속하는 종교로 변조한 것이다.

하시디즘이라는 새로운 신앙도 이와 흡사한 방법으로 정치적 억압, 사회불안, 삽바타이 운동의 메시야 신앙, 프랑크 파의 성적 의식(性的 儀式), 신비적 의식, 계시, 고행 등을 가진 유사한 토양에서 자란 것이다. 하시디즘도

---

5) Hasidiwm을 마카비 반란 시대의 핫시딤 당과 혼동해서는 안 된다. 양자 사이에는 아무런 관련이 없다.

마치 그리스도교가 동양적 제의를 초월한 것처럼 이러한 경향을 초월해 버렸다. 하시디즘은 사람들의 희구를 새로운 유대주의의 조류로 끌어들였지만 삽바타이 운동이나 프랑크파의 운동에서 보이는 외설스러움이나 조잡한 경향을 버리고 남은 것은 영혼의 고양을 지향하는 새로운 종교 운동의 정수(精髓)뿐이었다. 그리고 원시 그리스도교가 정치에 대해서 비현실적이었던 것처럼 하시디즘도 정치적 역할과 신과의 관계에서 생기는 또 하나의 역할, 즉 이 세상 인간의 이중적인 역할에 대해서는 비현실적이었다.

하시디즘은 단순한 것이 아니라 복잡한 현상이었다. 그것은 지식에 대한 무지의 승리를 의미했다. 탈무드는 무지한 인간은 경건할 수 없다고 가르치고 있다. 하시디즘은 그 반대를 가르쳤다. 유대주의의 전통은 버리고 유대주의의 정신을 긍정했다. 그것이 가장 유대적이라고 선언하고 스스로의 전통을 창조했다. 하시디즘이란 희열을 통해서 얻어지는 힘과 황홀에 대한 긍정이었다. 프랑크파와 같은 감각적인 황홀히 아니라 신을 앎으로써 생기는 황홀이다. 발 쉠 토브는 단번에 약함을 강함으로, 패배를 승리로 변화시켰다. 예수가 바리새파 지식인들과 대립한 것처럼 발 쉠 토브도 역시 탈무드 학자들과 대립했다. 하시디즘과 원시 그리스도교는 동질의 정신을 가지고 있었다.

제자들에 의하여 발 쉠 토브(착한 이름의 스승)라고 알려져 있던 하시디즘의 창시자 이스라엘 벤 엘리제는 제야곱 프랑크와 동시대인이며 1700년경에 역시 우크라이나의 같은 지방에서 태어났다. 제자들이 구전(口傳)하는 그의 생애는 놀라운 정도로 예수가 흡사했다. 그의 양친이 상당한 나이가 된 뒤의 일인데 천사가 나타났다고 한다. 천사의 말에 의하면 신은 아브라함과 사라를 축복하여 아들을 주리라, 그 아들은 지상 인류에게 신의 메시지를 전달하라리는 것이었다.

노년에 발 쉠 토브를 낳고 양친은 그가 어릴 때 죽었다. 그가 6살이 되자 탈무드의 규칙에 따라 유대인 사회의 장로들이 그에게 무료로 교육을 시켰다. 그는 청년 시대에 기적을 행하면서 극히 가난하게 살았다. 오늘날에도 아직 그의 가르침을 받은 사람들은 그 기적들에 대해서 놀라움으로 얘기하는데 스치기만 해도 병자가 낳았고 싶은 물위를 걸었으며 그가 노려보기만 해도 나무가 타오르고 비밀스런 '이름'을 말하기만 하면 망령(亡靈)을 좇았다고 한다. 어느 날 그는 한 창부를 괴롭히는 동네 사람들 앞에 나타나서 그 창부를 만지자 그녀는 완전 무결한 성녀(聖女)가 되었다. 그는 하늘의 신과 직접 얘기했다. 그가 한 마디 하면 고통당하는 영혼을 지옥에서 구원해냈다. 그의 주위에는 언제나 광채가 있었다고 한다.

이러한 말은 제자들이 전하는 것이다. 다른 사람들은 그에 대해서 그렇게 호의적이 아니다. 발 쉠 토브는 게으르고 어리석은 자였으며 무엇을 해도 성공하지 못하는 무책임한 실패자였고 가는 곳마다 꼭 일에서 쫓겨났다고 하는 사람도 있다. 제자들은 발 쉠 토브는 밤이면 몰래 공부를 하고 낮에는 잠을 잤으며 그가 실제로 어떤 자라는 것을 발표할 시기를 신이 지시하기까지 고의로 똑똑치 못한 자로 행세했었다고 단언한다. 발 쉠 토브는 42세가 되었을 때 자기의 정체를 나타낸 것이다.

발 쉠 토브는 일체 글을 쓰지 않기 때문에 그가 한 말은 제자들이 전하는 말에 근거할 수밖에 없다. 그의 언동은 예수의 경우와 같으며 대개는 우화나 예화로 남겨 있다. 1760년, 그가 죽을 때 신자의 수는 10만 명이었다. 그 절정기에는 하시디즘이 동유럽 유대인 절반의 마음을 사로잡은 것이다. 그의 제자 도브 베르가 전 유럽에 하시디즘의 가르침을 폈다. 그러나 이미 그 초기에 하시디즘에 대한 심한 반대가 일어나서 창시자가 죽은 지 100년이 지나자 하시디즘은 그 힘을 잃었다.

공격에 의해서 약체화되었다기보다는 스스로 내적 약화에 의했던 것이다. 신흥종교도 혁명과 마찬가지로 일찍이 제도화되지 못하면 자체 내부에서 안고 있는 파괴 요인에 의해서 붕괴도어 버리는 것이다. 하시디즘도 예외는 아니었다. 전통을 형성하기 위한, 또는 운동에 방향을 주기 위한 조직이 없었기 때문에 운동은 전통을 가꾸지도 못한 채 여러 가지 방향으로 발전해 갔다. 하시디즘의 랍비 한 사람 한 사람이 각기 세력권을 갖게 되었으며 하시디즘의 판도는 몇백이나 되는 하시디즘의 '영지', '영토'로 분열되어 마치 신성 로마제국의 판도와 같았다. 각 지구가 한 사람의 랍비를 영주처럼 모시는 형편이었다. 그 지위는 세습적인 것이 되고 지혜나 능력은 연고(緣故)나 정치력에 밀려나고 말았다.

그리스도교에는 바울이라는 조직자가 있었기 때문에 하나의 확립된 종교로 남게 되었지만 하시디즘 운동에는 끝내 그러한 실천가가 출현하지 못하고 1세기 반이 지나자 거의 소멸되고 말았다. 그러나 그 영향은 죽지 않았다. 아직 불기가 남아있던 재 속에서 유대 르네상스가 일어난 것이다. 그것이 이른바 하스칼라(Haskala), 즉 "계몽주의 운동"이라고 하는 것과 마틴 부버가 대표하는 현대의 유대 신학 실존주의이다.

돌이켜 보건대 유대사의중세사 1200년은 확실히 그리스도교도에게도 유대인에게도 암흑시대였지만 흔히 얘기되는 정도로 어둡지 않았으며 피비린내 나는 것도 아니었다. 그러나 아직 의문은 남는다.— 유대인은 어떻게 살아 남았는가? 어떤 역사학자가 다음과 같은 한 마디로 그 대답을 요약하고 있다.— '어떤 민족의 존속하는 비밀은 패배를 받아들이는 그 능력에 있다.' 유대인은 기어이 체념하지 않았기 때문에 살아남았다. 유대주의는 패배주의 종교는 아니다. '최후의 심판'이라는 사상은 없다. 그와는 반대로 미래에 대해서 절망하는 것은 잘못이라고 가르친다. 인간이 사는 세계는 오직 하나밖에 없으며, 그 세계는 이 땅위에서 기쁨과 신의 이름으로 사는 것이다.

유대인의 전 역사를 통해서 유대인과 신 사이의 대화는 조금도 쇠퇴하지 않고 계속되어 왔다. 그 논조가 유대주의 철학의 변화에 따라 변화할 뿐이다. 그리고 유대주의 철학은 항상 탈무드주의라는 분류에서 분기(分岐)하려는 경향을 갖는다. 그러나 언제나 약 1세기 전후를 배회한 뒤 이들 탈선한 철학은 소멸되고 탈무드로 되돌아왔다. 탈무드로 되돌아오지 않은 예외로서 세 가지가 있으며, 탈무드주의자가 보자면 이 세 가지 예외는 이단설의 여운을 가지고 있다.

유대사에서는 세 번에 걸쳐서 분류를 떠나려고 했던 철학이 있어 탈무드에 도전했다. 탈무드주의에 대한 최소의 위협은 그리스 로마 시대의 그리스도교였다. 그러나 탈무드주의는 그리스도교라는 유대교의 한 종파에서 재빠르게 그 몸을 떼어놓음으로써, 독자적인 길을 계속할 수 있었다. 이슬람 시대에 부닥친 것이 그 제 2의 위협, 카라이즘 운동이었다. 카라이즘의 주요 교리를 차제 속에 흡수하자 탈무드주의는 그 위협을 무효하게 만들었다. 중세에 제 3의 위협이 닥쳐왔는데 그것이 카발리즘이었다. 그때 탈무드 주의에 이의를 제기한 사람이 너무나 많아서 탈무드 주의자들은 거기에서 떠날 수도, 또한 그것을 삼켜 버릴 수도 없었다. 카발리즘은 수세기 걸쳐서 탈무드 주의와 어깨를 나란히 하고 공존하여 어느 쪽이 유대인 생활의 주류인지 아무도 확언하지 못하는 일이 많았다. 오늘날에는 카발리즘이 유대인의 생활에 대해서 끼치는 영향력이 확실히 없어졌지만 당시의 카발리즘의 위협은 대단했던 것이 사실이다. 그러므로 탈무드주의의 장래도 그 귀착이 아직 분명해졌다고 할 수는 없다. 오늘날에도 탈무드주의의 저류가 아직 강하고 그 수원(水原)도 아직 고갈되었다고 할 수는 없지만 탈무드 학문 자체는 역시 소수자의 것이다.

유대인의 역사에 있어서 중세는 무익한 경험이 아니었다. 중세는 유대인을 근대를 향해서 교육시킨 것이다. 유대인은 봉건 체제 내부에는 있지 않았기 때문에 그들은 어떤 제도에도 속박되는 일이 없었으며 살아가는데 있어서는 세계주의(cosmopolitan)이며 사상으로는 보편주의자로 성장해 갔다. 여러 가지 언어를 사용하고 여러 가지 문화의 가치를 알 수 있었다. 편견을 갖지 않았기 때문에 한 나라에서 다른 나라로 물질이나 사상을 나를 수 있었다. 교육 있는 국외자(局外者, outsider)인 그들은 사회를 객관적으로 바라보며 그 약점과 강점을 평가할 수 있었다. 그들은 사회의 비평가가 되고 새로운 사회 정의를 말하는 예언자가 된 것이다.

중세의 교황과 귀족이 만일 하고자 했다면 유대인을 멸절시킬 수 있었겠지만 그들은 그것을 바라지 않았다. 그들에게 있어서 유대인은 없어서는 안 될 존재였음을 알고 있었기 때문이었다. 유대인은 그들의 의사와 외교관이며 실업가, 재정가, 암흑시대의 학문의 사도였다. 그러나 만일 유대인이 무용지물이었다면 죽여 없애 버렸을 것이라고 암시하는 것은 중세의 정신을 말함에 있어서 정확성을 잃은 말이 될 것이다. 사회적, 경제적 또는 종교적인 압력이 강화되어 유대인이 방해가 되자 그들은 추방되었다. 죽인 것은 아니었다. 그리스도교회는 모든 인간에게 영혼이 있음을 알고 있었으며 영혼을 구원하기 위해서만 생명을 빼앗은 것이다. 서구 사회가 이제는 그들을 살려둘 여지가 없다고 판단, 몇 백만의 인간을 냉정하게 살육할 생각을 갖게 된 것은 종교가 그 억제력을 상실한 때였다.

언젠가는 중세 유대인의 진짜 역할이 역사에 의해서 정당하게 알려질 때가 올지도 모른다. 그때 비로소 유대인은 황색 배지를 단 쓸모 없는 인간이었다는 생각을 버리게 될 것이다. 또는 유대인의 1200년에 걸친 중세의 나그네 길은 풍요한 중세라는 교직물(交織物: tapestry)에 짜여진 의미도 없고 쓸모 없는 실에 불과하다는 생각도 사라질 것이다. 그때 비로소 유대인은 유럽 계몽주의를 들여오는 데 공적이 있는 사람들로서, 즉 중세사의 중요한 일부를 담당한 사람들로서 이해하게 될 것이다.

Ⅶ. 근세 사상의 협곡에서

—급속하게 좁아지고 있는 자유세계로의 탈출은 게토에 있어서의 유대인의 두 번째 탈출이었다. 유대인은 일국의 국무총리나 장군 또는 호상(豪商)이 되었으며 동시에 지적 전위(知的 前衛)의 일원이 되기도 했다. 이것은 유대인이 유대인으로서 생존할 수 있는가 어떤가를 시험하기 위한 새로운 도전으로 바빌로니아 시대를 연상케 하는 성질을 가지고 있었다.

근대사의 변천

일반사	연 대	유대사
아메리카대륙 발견 스페인과 포르투갈이 남아메리카를 탐험 영국과 프랑스가 그 북부를 탐험 네덜란드, 프로테스탄트를 국교로 하고 스페인으로부터 독립 영국 스페인 함대를 격파, 폴란드, 상업국으로 융성하기 시작함	1500A. D ~1600	유대인, 스페인과 포르투갈에서 떠남 남아메리카의 초기 이주민 가운데 유대인이 있었음 네덜란드, 유대인의 서유럽으로의 귀환을 최초로 허용
폴란드, 유럽을 부활시킴 렘브란트와 상업의 시대 도래함 크롬웰 영국에서 세력을 얻음 전(前)자본주의에의 길이 열림 폴란드, 해상 제패의 힘을 잃고 북아메리카 식민지도 영국에 빼앗김 북아메리카에 있어서의 영국 식민지 확대 13개 식민지 성립	1600~ 1700	폴란드의 유대인 금융과 상업으로 성공, 학문분야에 있어서도 명성을 떨침 세계는 스피노자의 저술을 침묵으로 맞아드림 영국·영국·유대인의 재입국을 허가, 프랑스에서의 유대인의 계속 거주가 허용됨 북아메리카의 13개 식민지에 처음으로 유대인 거주.
오스트리아, 러시아, 프로샤가 유럽의 지배적 세력으로 등장 계몽시대가 시작됨 프랑스 혁명 세계를 뒤흔듦 나폴레옹에 의해 유럽의 지도자 바뀜 영국의 식민지와 본국과의 분쟁은 식민지의 독립전쟁으로 발전 아메리카합중국 수립됨	1700~ 1800	유대인, 오스트리아 및 독일의 게토에서 이탈하기 시작 그리스도교에의 개종이 성해짐 모세 멘델스존 개혁파 유대주의를 창시, 러시아와 폴란드에서 하시디즘이 널리 퍼짐 유대인, 프랑스혁명에 의해 프랑스 국적을 얻음 나폴레옹, 유대인을 프랑스의 생활에 융합시킴 준즈와 빌르나의 가이온시대 도래함 소수의 유대인 독일에서 아메리카 대륙으로 이주.
로마노프왕조, 계몽주의로부터 러시아를 탈취 나폴레옹 패배 신성동맹 구(舊)체제적인 군주제도를 부활시키고 혁명이 억압되어 있던 자유를 회복함 국가주의 사조가 유럽 전토를 뒤덮음 그리스, 터키 로마로부터 독립 이태	1800~ 1900	통치자의압제로 러시아의 유대인은 빈곤에 빠지고 마침내 학살을 당하는 운명에 놓임 하시디즘이 압박을 받음 하스칼라 탄생 세속적인 히브리문학과 이디쉬 문학이 융성 서유럽의 계몽주의가 문학 금융, 정치 등의 분야

리 통일. 독일제국(諸國) 통일. 산업혁명이 유럽에 있어서의 경계전선의 양상을 바꿈. 증권시장이 하나의 세력권으로 형성됨. 유럽제국 주의에 의해 아프리카대륙이 여러 조각으로 분할됨. 보불전쟁 일어남. 미국, 태평양 연안까지 서부를 개척. 수백만의 이민 쇄도.		에 있어서의 유대인의 활약을 고무함. 유럽의 엘리트로서 그리고 전위적(前衛的) 지식인으로서도 활약. 반(反)셈주의 정치 운동화함. 칼 마르크스, 공산주의를 창시. 드레퓌스 사건 일어남. 헤즐, 정치적 시오니즘을 창시. 이민의 물결이 독일과 러시아의 유대인을 미국으로 싣고감.
노벨상 제정. 제 1차 세계 대전이 일어나 희생자 8백만 명을 냄. 러시아 혁명 일어남. 국제연맹 결성. 이태리 파시스트 국가가 됨. 독일에서는 히틀러가 권력을 장악. 만주사변. 에티오피아 전쟁. 스페인 시민전쟁 등은 사상 최대의 대학살을 초래한 제 2차 세계대전의 서곡이었음. 국제연합 결성. 중국의 공산화. 미국, 러시아와 함께 세계의 지배세력이 되다.	1900~ 현재	로젠쯔바이크와 부버(Buber)에 의해 유대의 실존주의가 형성됨. 프로이트와 아인슈타인, 근대인의정신에 혁명을 초래. 팔레스타인, 영국의 위임 통치령이 됨. 수십 만 유대인 시오니즘의 영향을 받아 팔레스타인으로 가서 불모의 땅을 개간. 나치스, 유대인 5백만 명을 포함하여 1천 2백만 명을 살해. 미합중국은 30만 명의 독일 유대인 망명자를 받아들임. 이스라엘 국가 탄생. 아랍군, 국경 확보. 미국 유대인, 유럽의 유대인으로부터 지적인 홀(笏)을 이어받음.

23. 해방의 해부학

중세의 유럽 역사는 귀족이 교회의 지배에 복종하고 일반 평민도 순종하는 데서 시작되었다. 그리고 근세 유럽사는 교회는 국왕의 지배에 추종하고 평민은 반항하는 데서 시작되었다. 인간과 신과의 관계에 대한 개념을 중심으로 형성되어 있던 중세 국가는 가톨릭이라는 유일한 신앙에 의해서 통합된 인류의 보편적 사랑을 지표로 하고 있었다. 근세 국가는 인간과 국가 사이에 존재하는 '사회계약'의 개념을 중심으로 성립되어 있었다. 정치권력의 패턴이 교회로부터 일반 시민에게, 신앙으로부터 이성으로, 귀족으로부터 은행가(銀行家)에게 옮겨진 것이다.

중세의 유대사는 영국에서는 1300년에, 프랑스에서는 1400년대에, 스페인에서는 1500년대에 끝났다. 어느 경우나 모두 유대인이 그 나라에서 추방되었을 때였다. 근세 유대사는 17세기에 유대인의 서구라파거주가 다시 허용된 시대부터 시작되었다. 독일에 있어서는 18세기에 시작되었는데 그 세기는 최초의 계몽주의 물결이 게토의 벽에 밀려닥친 시대였다. 동구라파에 있어서의 유대인 근세사는 19세기가 된 뒤에 시작되었다.

중세 유대사는 그리스도교의 역사와는 역행하는 형태로 흘렀지만 근세에 와서는 병행했다. 그리스도교도를 삼켜버린 사상은 유대인도 집어 삼켰다. 종교의 가치 저하를 인식한 자가 그리스도교도 가운데 있었고 유대인 속에도 있었던 것이다. 그리스도교도와 유대인은 어깨를 나란히 하고 민주주의를 위해서 싸웠다. 그리고 똑같이 포학(暴虐)의 희생자가 되었으며 또한 과학이라는 새로운 신 앞에 무릎을 꿇은 것이었다. 근세 유대사의 드라마가 그 영예와 비극을 펼쳐 보이는 것은 이와 같이 신과 인간과의 관계에 질적인 변화가 일어나 있던 서유럽 문명의 테두리 안에서의 일이었다.

근세 유대사는 다섯 가지 특징을 가지고 나타난 하나의 실존주의적 경향으로 볼 수 있다. 서유럽의 환상, 동유럽의 퇴보, 미국의 기억상실, 나치스의 악몽 그리고 이스라엘의 각성 등이다. 그러나 이것만으로는 시대파악에 혼란이 빚어지기 때문에 우선 17세기로 거슬러 올라가 거기서 유대인이 서유럽으로 돌아가기에 이른 역사를 따라 다시 동유럽으로 되돌아가서 해방의 실태를 분석해 보기로 한다. 해방은 유대인의 행동이 직접 가지고 온 것이 아니라 그리스도교도의 태도의 변화에 의해서 초래된 것이다. 그럼 먼저 유대사를 임의의 부분으로 나누어서 각기 분석하고 그 다음에 주로 유대인의 직접 행동에 의해서 수립된 이스라엘이라는 국가를 하나를 통합된 유대사의 견지에서 분석하기로 한다.

서(西)를 목표로

샤를르마뉴의 왕권이 쇠퇴한 뒤부터는 유럽의 판도가 전쟁보다도 왕족의 침실에서 일어난 일들에 의해 형성되어 나갔다. 누가 누구와 결혼하는 가라는 것이 누가 어느 지방을 통치하는가를 의미했기 때문이다. 특히 스페인은 네덜란드까지 포함, 유럽 대륙의 거의 모든 국가의 왕실에 그 왕족의 자손을 갖게 되었다. 창세기 등의 계도(系圖)보다 훨씬 복수심 강하고 광신적인 전제적 독재자가 1556년 프로테스탄트의 자본주의국가 네덜란드의 지배권을 계승하게 되었던 것이다. 가톨릭교도이며 봉건적 군주인 필립 2세는 프로테스탄트와 자본주의라는 이중의 '악(惡)'을 멸망시키기 위해서 종교재판과 알바공(公)을 이용했다. 알바공은 유대왕국에 있었던 로마제국의 행정관처럼 학살로서 사상을 멸망시킬 수 있다고 생각한 인물이었다. 이에 대해 폴란드인은 반란을 일으켰고 청교도인 영국여왕 엘리자베스 1세도 로마 가톨릭과 스페인의 세력 증대를 위험시하고 네덜란드와 공동전선을 형성했다. 필립 2세는 이 동맹을 깨뜨리기 위해서 1백 32척의 선박과 3천 1백 65문의 대포로 무적함대를 조직했다. 그러나 역사는 굴복하지 않았고 프란시스 드레이크 경우 1588년, 스페인 함대를 패주시켰다. 함대의 잔존 선박은 헤블리디즈 열도 근대에서 폭풍우를 마나 모두 침몰, 수백 명의 스페인 수병이 아일랜드 해안에 표착(漂着)했다. 여기서 많은 스페인 수병들과 아일랜드 처녀가 맺어졌다고 하는데 이것으로 스페인 이름을 가진 검은머리의 아일랜드인이 많이 있다는 사실을 설명할 수 있을지도 모른다.

네덜란드에서는 또다시 역사학자의 주목을 거의 받지 않은 이상한 일들이 일어났다. 독립한 지 20년이 지내자 이 작은 국가는 모든 유대의 세력을 상대로 돌려 상업국으로서의 지배권을 다투게 되었다. 1602년에는 폴란드 제국주의의 주요한 무기로서의 동인도 회사가 설립되었고 1605년에는 유럽에 있어서의 상업의 중심지가 되어 수도 암스테르담은 세계 금융의 중심지로 되어 있었다. 이와 같은 폴란드의 융성은 유대인 폴란드 재입국과 그 시대에 있어서의 그들의 무역, 금융 분야에서의 활약과 때를 같이한 것이었다. 1539년, 최초로 스페인에서 네덜란드에 온 유대인이란 1492년의 유대인 추방 때 스페인을 떠나기보다는 그리스도교가 되는 편이 낫다고 해서 그대로 남아 있다가 마라노라고 불리게 된 자들의 자손이었다.

제일 처음 네덜란드에 들어와서 살게 된 유대인들은 비밀리에 유대교 의식을 행함으로써 폴란드 프로테스탄트의 의심을 사게 된 것으로 전해지고 있다. 이것은 가톨릭교도의 음모가 틀림없다고 생각한 당국은 '속죄의 날'에 한창 기도중인 암스테르담의 유대인을 급습했다. 가톨릭교도의 소굴을 발견했다는 판단 아래 감행한 일이었다. 유대인 중에 폴란드어를 아는 자가 없어 일이 크게 터질 것 같았지만 다행히도 그들의 대변자이던 라틴어 학자가 폴란드인 가운데서 독일의 라틴어 학자를 찾아내고 그가 신성 로마교회의 상용어로 사정을 설명했다. 그리고 종전대로 폴란드에서 살게 해 준다면 스페인과 포르투갈의 마라노들—학식도 있고 재산도 있는 자들이었다—을 암스테르담으로 불러 스페인에 대한 폴란드의 투쟁에 협조시키겠다고 약속했다. 폴란드 당국은 그 의미를 이해하지 못해 식견 있는 자들에게 문의했던 바, '유대인은 가톨릭교도가 아니고 페이피스트(가톨릭교도를 경멸하는 뜻)도 아니다. 그들은 히브리 민족의 일원이다'라는 회답이 돌아왔다. 그래서 그리스도교도와의 결혼과 국교에 대한 비판을 금지한다는 조건을 붙여서 폴란드의 거주를 허용했다. 이 두 가지 조건은 유대인의 희망과도 일치하는 것이었으므로 그들은 동의했다. 그리하여 포르투갈에서, 스페인에서, 가까운 독일의 게토에서 유대인들이 속속 네덜란드로 이주해 왔다.

스페인과 포르투갈의 마라노들이 그들의 팽대한 학식과 기술, 연고관계, 인간관계 등을 가지고 들어왔기 때문에 암스테르담은 얼마 안 가서 '새 예루살렘'이라고 불리게 되었다. 그들은 모든 항구에 상업의 거점을 확보했다.—지중해 연안에, 인도에, 오토만제국에, 남아메리카에, 북아메리카에, 당시 뉴 암스테르담으로 불리던 뉴욕에 진출하여 새로운 산업을 일으키고 새로운 교역(交易)의 길을 터놓았다. 또한 새로운 공장을 세웠고 평판 높은 은행을 개설했다. 그리고 폴란드의 동인도회사 중역이 되기도 했다. 암스테르담이 세계적 보석무역의 중심지가 된 것도 그들의 활약에 힘입은 바가 컸다. 렘브란트는 활약하는 유대인상을 그렸다. 17세기가 끝날 무렵에는 암스테르담의 유대인 수가 만 명 가까이 되어 있었다.

그러나 세계무역에 있어서의 폴란드의 우위(優位)는 올리버 크롬웰이 영국에서 권력을 장악한 17세기에 종말을 고했다. 크롬웰은 항거(抗拒)와 개혁과 자본주의를 결속시켜 승리를 획득했다. 그가 자본주의를 위해서 수행한 역할은 루터가 독일에서 수행한 역할과 같은 것이었다. 자유경쟁 기업이 아이론사이드(Ironside: 철기병)라 불리는 그의 군대의 호위를 받고 영국에 정착했다. 크롬웰은 호국의 신과도 같은 존재가 되었다. 그리고 영국과 아일랜드의 가톨릭교도들은 마치 중세기에 유대인이 신흥세력으로 대두한 그리스도교도의 중산계급에 의해 모든 지위적 직업을 빼앗겼던 것처럼 프로테스탄트에게 길을 비켜 주기 위해 각기 직업이나 지위를 내놓았다. 자본주의는 새로운 체제 속에 깊이 뿌리를 박았고 모든 부정이득은 새로 부각한 자들 수중으로 넘어갔다. 영국은 무역으로 주목을 돌렸다. 그리고 얼마 안 가서 영국의 선박이 전세계의 화물을 운송하게 되었다.

암스테르담의 유대인은 크롬웰 치하의 새로운 영국 자본주의 정신을 민첩하게 감지하고 그들의 대표를 보내 1290년이래 입국이 금지되어 있던 영국에의 재입국 가능성을 타진했다. 크롬웰은 확대일로에 있는 자기의 상업에 훌륭한 인재를 고용하려는 고용주의 눈으로 유대인을 관망했다. 그는 유대인이 암스테르담에서 어떻게 활약하고 있는지를 알고 있었고 상업의 복음(福音)을 널리 전하는 유대인들이 중요한 지위를 차지하고 있다는 것도 알았다. 크롬웰은 유대인의 대표인 랍비마낫세 벤 이스라엘을 만나게 될 날을 기다렸다. 렘브란트의 동판화(銅版畵)에 담긴 마낫세의 모습은 1650년대의 전형적인 유대인상이라기보다 듀마의 소설에 나오는 근위대 기병 포르도스에 가까운 표정과 복장을 하고 있었다. 코밑 수염에 어울리는 반다이크 턱수염이 빳빳하게 풀을 먹인 흰 깃을 덮고 있는 모습이며 챙이 넓은 모자를 아무렇게나 쓰고 있는 그 느낌은 '탈무드' 학자라기보다 말을 타는 기병 같았다. 신동(神童)이라 불린 마낫세는 열 여덟 살 때 암스테르담의 유대인 회중(會衆)의 랍비가 되었는데 거기서 유대인으로서는 처음으로 인쇄소를 개설했다. 그의 저술은 라틴어와 스페인어로 번역되었다. 이것을 계기로 그는 당시 그리스도교도에 대해서 유대인의 학문을 대표하는 존재가 되었다.

청교도의 마음의 움직임을 정확하게 파악한 마낫세는 프로테스탄트의 정신에 호소하기로 작정했다. 유대인이 어느 정도로 영국의 상업발달에 공헌할 수 있는가에 대한 설명을 기대하고 있던 크롬웰과 그 요로(要路)의 관계자들은 기대한 바와는 어긋나게 마낫세로부터 '유대인을 입국시킴으로써 "최후의 심판"의 날을 빨리 오게 할 수 있다'는 이야기를 들었다. 그의 이 주장의 논거(論據)는 극히 단순한 것이었다. 다니엘서에는 유대인이 세계 도처에 살게 되지 않는 한 구제는 있을 수 없다고 씌어 있지 않은가. 그렇다면 영국에 유대인을 거주시키지 않는 이상 이 예언의 현실화는 있을 수 없는 일이 아닌가.

이것은 효력을 나타냈다. 영국의 당국자들은 경쟁상대가 되는 유대인에 대해서 국민이 어떠한 반응을 일으킬지 알 수 없었지만 유대인은 영국인의 구제와 국가경제 발전에 필요 불가결하다는 확신이 서 있었기 때문에 공식적인 결정은 피하기로 했다. 그 대신 유대인들에게는 공식 초청을 받지 않더라도 영국에 와서 살 수 있다고 전했던 것이다.

여기서도 묘한 우연의 현상이 나타났다. 유대인은 법률에 의해서 소매상에 종사할 수 없게 되어 있었기 때문에 그들은 은행이나 금융, 국제무역 등의 분야로 진출했다. 네덜란드의 경우와 마찬가지로 유대인은 영국에서도 성공하여 높은 지위를 차지하게 되었다. 그들은 온 세계에 상업상 거점을 설치했고 '왕립 거래소'에도 출입하면서 부(富)를 쌓아 올렸다. 얼마 후 영국은 폴란드에 도전하기에 이르렀다. 그리고 마침내 경쟁상대를 물리치고 유럽 제 1의 무역국이 되었다.

17세기의 영국 지배자들은 유대인에게 그리스도교도의 부당한 고리대금업의 멍에를 벗겨 줄 것을 의뢰했다. 그리스도교도의 고리대금업은, 유대인이 영국에서 추방되었던 13세기 이래 계속해서 영국의 금융시장을 지배해 왔다. 윌리엄 3세(오렌지 공)가 유대인 은행가 솔로몬 메디나에게 기사 칭호를 부여한 것은 이 점에 있어서의 그의 업적이 컸기 때문이다. 7년 전쟁 때에는 윌리엄 피트가 유대인에게 프랑스와의 전쟁에 경제원조를 해달라고 부탁했다. 그리고 국채를 법정가(法定價)를 넘는 높은 가격으로 독점적으로 팔고 있는 그리스도교도 은행가들에 대한 영국정부의 제재에도 협력해 줄 것을 의뢰했다. 그 결과 다시 유대인 몇 사람에게 기사 칭호가 부여되었다. 은행업에 종사하고 있던 유대인들은 개인적으로는 높은 이율로 이익을 얻을 수 있었지만 법 외의 높은 이율을 금지하는 법을 제정하는데 협력했다. 그리하여 결국 유대인 은행가들의 경쟁적인 움직임으로 이율이 낮아진다.

영국에 마라노가 살게 된 지 100년 후 독일과 러시아의 게토에서도 유대인이 이주해 왔다. 그러나 마라노들과는 교류를 갖기 않고 따로 생활했다. 스페인계의 세파딤은 독일계의 아쉬케나짐보다 우수하다고 생각했기 때문이다. 그들은 교제하지 않았을 뿐만 아니라 일부러 마나노들을 멀리하고 있었다. 세파딤은 학문의 세계에서 대두하여 부(富)를 쌓고 영국문화를 흡수해 나갔다. 스페인인이 힘으로 해결하려다가 실패한 것을 영국인은 무관심으로 수행했다. 세파딤이 영국 교회에서 세례를 받겠다고 했던 것이다. 교회는 이 '몹쓸' 유대인들을 두 팔을 벌리고 반가이 맞았으며 유대인들은 세례증명서에 귀족으로서의 신분증명서까지 덧붙여 받고 크게 기뻐했다. 독일계 유대인과 러시아계 유대인들은 그들의 거주구역에 틀어박혀 있다가 19세기가 되어서야 영국의 상류사회에 그 모습을 나타냈다.

유대인이 프랑스에 제 입국한 것은 루이 14세 때였는데 이것은 단순히 역사의 부산물로서 일어난 일이었다. 프랑스가 1648년의 웨스트팔리아 조약에 의해서 오스트리아의 알사스를 획득했을 때 수많은 게토의 유대인도 인수했다. 그 유대인들은 150년 동안 프랑스의 문화나 과학, 경제등에 아무런 영향도 주지 않았다. 사소한 금전대부와 헌 옷가지를 소매하는 것이 150년 동안의 그들의 생활 수단이었다. 다만 궁정의 유대인은 루이 13세에서 16세에 이르는 네 사람의 루이왕을 섬기면서 살았다. 왜 프랑스에서는 영국이나 네덜란드에서처럼 유대인이 번영하지 못했는가 해답은 간단하다. 당시의 프랑스에서는 유대인과 그 기능이 조금도 필요하지 않았기 때문이다. 그 시대의 프랑스는 프로테스탄트 사회도 아니고 자본주의 사회도 아니었다.

게토에서 세례반(洗禮盤)

서유럽에 있어서의 유대인의 문제는 어떻게 하면 게토에 들어갈 수 있는가 하는 점에 있었고 동유럽의 경우는 어떻게 하면 1600년부터 거주해 온 게토에서 빠져나갈 수 있는가 하는 점에 있었다. 오스트라에서 게토로부터의 이동이 시작된 것은 스페인 태생인 마리아 테레사가 아버지인 찰스 6세로부터 전쟁으로 황폐해진 그 나라를 이어받았을 때였다. 육욕이 깊은데다 모성애도 강한, 빈틈없는 야심가로 개명적인 반면 미신적이기도 했던 그녀는 열여섯 명의 아이를 낳았으며 볼테르와도 교제했다. 그녀는 유럽에서 제일 우수한 포병대를 갖고 있었지만 프로테스탄트와 유대인을 몹시 두려워했다. 그래서 그리스인의 그리스화 운동을 연상케 하는 방법으로 보헤미아인과 셀리지아인, 마자르인, 모라비아인, 폴란드인, 루마니아인 그리고 유대인 등 자기의 지배하에 있는 모든 국민에게 오스트리아 문화를 덮어씌우려고 했지만 실패했다. 그 다음에는 강압과 회유의 양면정책을 썼다. 그 결과 여러 가지 봉건적 계약이 해소되었고 농민의 처지도 개선되었다. 그러나 유대인은 프라하와 빈에서 추방되고 말았다. 그런데 그녀는 불과 2,3년 후에 유대인을 다시 불러 들였다. 궁지에 빠진 개정, 여론의 경향, 공평이 유지되기를 바라는 마음 등 상당히 복잡한 심정으로 이와 같은 조치를 위한 것이었다. 그러나 유럽 최고의 궁정 유대인만은 일관해서 그 위치에 머물러 있었다. 군수물자의 충분한 공급과 재정의 흑자를 유지하기 위해서 그들을 놓지 않았던 것이다.

마리아 테레사는 개종하지 않는 유대인을 몹시 두려워했으나 개종한 유대인에게는 크게 호감을 보였다. 개종한 유대인들은 성직이나 귀족 계급 등을 포함하여 거의 소망대로 출세할 수 있었다. 게토 태생인 조셉 본존넬펠스의 생애는 개종한 유대인이 18세기의 오스트리아에 준 문화적, 인간적 영향을 여실히 반영하고 있다. 존넨펠스는 어릴 때 개종, 오스트리아 군대에 들어가 사병생활을 했고 또 법률을 공부했다. 그리고 후일 고문을 폐지하는 법률을 제정했으며 오스트리아 국립극장을 창설하고, 왕립 예술원장이 되었다. 그는 마리아 테레사와 그녀의 후계자인 조셉 2세의 우인이기도 했다.

조셉 2세는 오스트리아의 왕위를 계승했을 때 '나는 조건을 붙이지 않고 인간을 사랑한다'고 말했다. 이 말을 들은 유럽의 왕족들은 전율을 느꼈다. 계몽주의를 설명하는 것은 우아한 일이었지만 그것을 실천하는 것은 극히 저속한 일이었다. 요셉 2세는 왕위에 오른지 1년 후 '신앙의 관용'을 포고했는데 그 대상에는 유대인과 프로테스탄트도 포함되어 있었다. 가톨릭교도와 유대인을 대등하게 본다는 것이 조셉 2세와 의도한 바는 아니었지만 이 포고가 유대인에게는 '게토에서 나와도 좋다. 복장의 차별을 없애도 된다. 마음에 드는 직업에 종사해도 된다. 공장을 설립해도 된다. 자녀를 공립학교에 넣거나 대학에 보내도 된다'는 것을 의미했다.

조셉 2세가 베푼 관용의 치세(治世)에 오스트리아 사교계에는 새로운 유형의 유대인이 등장했다. '살롱의 유대인'이 그것이다. 그리스·로마 시대나 이슬람 시대에 그랬던 것처럼 여기서도 유대인은 교육을 지레로 해서 성공을 거두었다. 그들은 부유해졌고 재능과 기지가 뛰어났으며, 연극이나 음악, 문학 등에도 흥미를 갖고 있었기 때문에 그리스도교도 가운데 지식인들도 자연히 유대인이 모이는 살롱으로 접근했다. 일요일 아침 예배를 마친 뒤 유대인 살롱의 우아하고 세련된 분위기 속에서 휴식을 취하는 것은 상쾌한 일이었다. 거기서는 왕족이나 귀족 또는 연극, 미술, 문학 등 각계의 저명인사를 만날 수도 있었다.

그러나 모든 유대인이 그렇게 생활한 것은 아니다. 한정된 소수의 유대인들뿐이었다. 1800년경에는 오스트리아의 유대인이 세 계층으로 뚜렷이 나뉘어 있었다. 나아갈 자유는 있지만 빈곤에 얽매여서 게토를 떠나지 못하는 대다수의 유대인 그룹과 화려한 살롱 유대인의 작은 그룹, 이보다 더 작은 성직자와 귀족 및 관리의 그룹 등이었다.

프로테스탄트 국가인 프로샤의 유대인의 운명은 가톨릭 국가인 오스트리아의 유대인 운명과 비슷했다. 근세 프로샤는 호엔쫄레른 왕가 출신인 네 명의 프리드리히에 의해 건국되었다. 그들은 잔혹성과 계몽주의를 극히 교묘하게 혼합해서 프로샤 왕국을 수립했다. 인구가 250만인 이 왕국은 8만 3천 명이나 되는 유럽에서 가장 무서운 상비군에 의해 수호되고 있었다. 정의를 위해서 사용한다던 고문이 폐지되고 농노들은 속박에서 풀려나 자유의 몸이 되었다. 초등학교 교육은 의무교육이 되었고 가톨릭교도와 유대인에게는 신앙의 자유가 부여되었다.

유대인이 처음으로 베를린에 살게 된 것은 대선거후(大選擧侯)인 프리드리히 빌헬름(1640~1688)의 시대이며 1712년에는 베를린에서 유대인이 정식으로 최초의 시나고그 낙성식을 거행했다. 대선거후가 왜 유대인에 대해서 흥미를 가졌는가. 그 이유에 관해서는 현재도 여러 가지로 논의되고 있다. 심리학적 견지에서 역사를 고찰하려는 학자는 궁중 유대인의 바람기 많은 아내에 대한 대선거 후의 불륜의 사랑 때문이 아닐까하고 풀이했다. 경제적인 면에서 역사를 보려는 학자는 유대인이 산업을 융성시켜 그의 재정을 윤택하게 했기 때문일 것이라고 말했다. 여하튼 그 원인이 어디 있든 그에게는 유대인에게 자유의 문을 개방할 이유가 없었다. 다만 행운을 탄 극소수의 유대인이 확대되어 가는 독일의 도시로 진출했다는 것뿐이었다. 다른 나라에서 그랬던 것과 마찬가지로 유대인은 속박에서 풀려나자 실업과 학문을 목표로 사회의 계단을 오르기 시작했다.

'살롱의 유대인'은 프로샤와 독일의 도시에도 출현했다. 그리고 자유의사에 따라 세례를 받는 자들도 나오기 시작했다. 게토 밖으로 나오자 유대주의의 의의를 찾으려는 지도자가 없어 유대인은 해방되는 순간 동화해 버리려는 것처럼 보였다. 그러나 여기서도 시운(時運)을 얻어 적절한 인물이 나타났다. 그는 최초의 유대주의 개혁운동을 혼자 힘으로 추진해 나간 영웅이었다.

무대극의 연출가라면 유대인의 문화운동이라고도 할 수 있는 이 연극의 주역으로 게토의 추악한 곱사등이 사나이를 선택하지는 않았을 것이다. 그러나 역사는 이것을 선택했다. 모세 멘델스존(1729~1786)이었다. 그는 데사우의 게토에서 태어난 곱사등이었는데 그리스교도에게 유대주의 지식을 새로이 전달하는 역할을 완수했을 뿐만 아니라 놀랍게도 그리스도교의 가치관을 게토의 유대인에게 인식시키려고까지 했다. 그는 게토의 생활이 유대인의 생활이라는 사고방식을 깨뜨렸다. 그리고 세속적인 학문을 학교교육으로 복귀시켰으며 독일에 거주하는 유대인의 마음을 바로 눈앞까지 밀려와 있던 자유시대의 물결에 대처시켰다.

모세 멘델스존은 열네 살 때 세속적인 교육을 받기 위해 도보여행으로 베를린에 갔다. 거기서 그는 루소와 볼테르의 영향을 받고 모든 전통적인 개념에 반항한 독일 계몽주의 운동에 휘말려 들어갔다. 임마누엘 칸트의 우인이 되었던 그는 당시 독일 굴지의 극작가이던 고트홀드 레싱과도 알게 되었다. 멘델스존을 모델로 한 레싱의 희곡 ≪현자(賢者) 나단≫이 유럽 전역에서 대호평을 얻어 게토의 거주자라는 당시의 일반적인 유대인관이 풍요한 문화유산을 이어받은 자랑스러운 유대인이라는 인상으로 바뀌어 갔다. 멘델스존은 철학 저술에 의해 '독일의 소크라테스'로 불리게 되었다. 그는 문예평론에서는 독일 굴지의 명평론가가 되었고 미술평론 분야에서는 심미적 비평의 기초를 다졌다.

멘델스존은 '살롱의 유대인'이 되었고 그의 계몽주의는 그 자신을 그리스도 교회로 인도했다. 그의 유대주의에 회귀(回歸)는 신과의 해후에 의한 것이 아니라 역사가 가져온 요행에 의한 것이었다. 그는 종교문제에 대해서 기회를 엿보는 것은 좋지 않다는 공공연한 비난을 받고 그리스도교를 공박하던가, 아니면 세례를 받던가, 둘 중에 하나를 택하지 않으면 안 되게 되었다. 양심과 싸운 끝에 그는 다시 유대주의 정신 쪽으로 방향을 돌렸다.

궁지에 몰린 유대인과 그들이 직면하고 있는 위기를 멘델스존은 명백히 보고 있었다. '만일 유대인이 그대로 게토에서 산다면 활기를 잃고 하찮은 존재가 되어버릴 것이다. 그렇다고 계몽주의를 받아들일 준비도 없이 다만 봉건제도를 타파하고 있는 사회의 추세에 의해 게토에서 밀려 나아간다면 주류인 그리스도교도의 세력에 삼켜버릴 뿐이겠지, 내게는 할 일이 두 가지 있다'고 멘델스존은 생각했다. 첫째 유대인에게 자신을 스스로 해방시키기 위한 수단을 부여하는 것이고 또 하나는 낡은 종교적 기준이 거부당하게 되었을 경우의 대응책으로 유대주의적 가치관을 지탱하는 새로운 기초를 다지는 것이었다. 마치 헤라클레스가 두 강의 물줄기를 끌어 30년이나 청소하지 않았던 아우게아스(Augeas) 왕의 불결하기 짝이 없는 외양간을 씻어낸 것처럼 멘델스존도 계몽주의 운동의 강물을 게토로 흐르게 하여 수세기에 걸쳐서 축적되었던 관례를 씻어냈다.

게토에서 풀려나기 위한 유대인 자신의 수단은 독일어가 아니면 안 되었다. 이 점을 고려하고 멘델스존은 히브리어로 쓰인 '모세 오경'을 아름답고도 명석한 독일어로 번역했다. 그는 유대인이 일단 독일어를 배우면 독일의 비종교적 문학이나 과학서적을 읽게 될 것이라고 예상했는데 이것은 적중했다. 유럽의 과학, 수학, 문학, 철학 등이 흘러 들어오게 되자 게토의 교육은 젊은 유대인들의 마음을 더 이상 붙잡아 둘 수 없게 되었다. 청년들은 게토를 떠났다. 그러나 울짱 없는 들판으로 나간 것은 아니었다. 그때 이미 멘델스존은 계몽주의에 막 직면한 유대인을 위해 머지않아 도래할 개혁파 유대주의의 윤곽을 생각하고 있었다. 그는 몇 권의 저서와 팜플렛에 근세 유대주의의 기초가 되는 원리를 조직적으로 기술했다. 그리고 루소의 ≪사회 계약론≫을 유대인에게 적용할 수 있도록 개정했다. 그러나 신을 제외하지는 않았다.

멘델스존은 어느 시대에 제정된 세속적인 법은 그것이 필요치 않은 다른 시대에 신이 부여한 법으로 간주되어서는 안 된다고 주장했다. 죽어 가는 봉건국가 내부에 있는 '유대인 국가'에 유대인이 들러붙어 있지 않으면 안 될 이유는 없다는 것이다. '유대인은 누구든지 "게토—정부"와의 관계를 청산하고 비유돼 국가와 "계약"할 권리가 있다. 그리스도교도들도 봉건제도와의 인연을 끊고 "국가의 시민"이 되지 않았는가. 유대인의 해방은 그들을 게토에 묶어 두고 있는 법을 폐기해야 달성된다. 유대인의 종교는 일상생활의 사소한 일에 얽매일 것이 아니라 영원한 진리에 대해서 생각해야 한다. 유대인이 유대인으로서 생존하기 위해서는 일시적인 법에 영구히 들러붙지 말고 과거의 신의 시대에 유대인을 연결시키는 법을 지켜야 한다'고 그는 주장했다.

멘델스존의 이 주장은 미쉬나와 게마라를 주장한 그리스·로마시대의 바리새파의 의견을 근대적으로 바꾸어 말한 것에 지나지 않는다. 그러나 멘델스존의 이 주장에는 두 가지 사항, 즉 종교적인 법에 위반하는 것은 사적인 죄이지 국가가 처벌할 범죄는 아니라는 것과 파문(破門)의 권리가 종교적인 통일에 사용되어서는 안 된다는 것 등이 부가되어 있다.

멘델스존은 시대를 앞서가는 예언자였다. 근대 유대인과 근대 국가와의 관계에 대해서 그가 제기한 문제는 30년 후에 나폴레옹이 제기한 문제와 완전히 일치하는 것으로 그때 유대인에게 주어진 해답은 멘델스존의 그 주장이었다.

러시아에 거주하는 유대인의 '18세기 이야기'란 것은 존재하지 않는 것과 다름이 없다. 러시아의 계몽주의는 유대인에게 미치지 않았고, 러시아인에게도 영향을 주지 못했다. 폴란드와 영국의 유대인이 크게 번영하고 있을 때, 오스트리아와 프로샤의 '살롱의 유대인'이 그 살롱에서 그리스도교도와 교환(交歡)하고 있을 때, 독일에서 멘델스존이 계몽주의의 복음을 설명하고 있을 때, 리투아니아에서 루마니아에 이르는 러시아의 완충지대의 유대인은 단조로운 생활을 보내고 있었다. 이와 같은 생활은 당시 그 의미를 이해할 수 없었던 한 사건에 의해서 그리고 또 그 이름이 예수보다 더 많이 서적에 실린 한 사나이에 의해서 마침내 정신이 정치적 혼수상태에서 깨어날 때까지 계속되었다. 한 사건이란 프랑스 혁명이고 한 사나이란 나폴레옹 보나팔트이다.

나폴레옹 제국주의와 유대인 해방

19세기의 유럽의 운명과 유럽의 유대인의 운명은 18세기의 프랑스에서 이미 결정되어 있었다. 프랑스에 영향을 끼친 사건이 전 유럽에도 영향을 주었기 때문이다. 어느 역사학자가 간결하게 표현했듯이 '프랑스가 재채기를 했을 때, 유럽은 감기에 걸린 것'이다. 프랑스의 역사를 좌우하는 것은 왕이나 왕족이 아니라 사상가들이었다. 프랑스의 지식인 네 사람이 유럽의 사상을 바꾸고 있었다. 그 네 사람 가운데 유대인은 끼어있지 않았다. 볼테르의 통렬한 지성이 교회의 기초를 침식했고, 디드로 의 이성(理性)과 과학, 예술의 ≪백과사전≫이 신앙의 가치를 동요시켰으며 루소의 ≪사회 계약론≫이 낡은 국가관념을 뒤흔들었고 콘도르세(condorset)의 ≪인류의 무한한 진보≫가 새로운 합리주의적 인간상을 형성하는데 희망을 주었다.

그 중에서도 루솔의 ≪사회 계약론≫은 프랑스 혁명의 원동력이 되었을 뿐만 아니라 19세기의 국가주의 사상을 강렬하게 불타오르게 하는데 있어서도 큰 역할을 했다. ≪사회 계약론≫에는 당초의 정부는 국민과 통치자 사이의 계약에 의해 호혜적(互惠的)인 것으로 시작되었으나 시대가 변천함에 따라 계약은 과학이나 예술, 정치 등의 간섭을 받고 쇠퇴, 마침내 소실되고 말았다고 기술되어 있다. 루소는 국가는 통치자의 의사를 표시하는 것이 아니라 피통치자의 의사를 표시하는 것이어야 한다고 주장했다. 피통치자는 모든 복지(福祉)를 위해 일정한 권리를 체념하지 않으면 안 된다. 그러나 만일 통치자가 국민에 의해 위임된 권리를 침해한다면 국민은 그 계약을 파기할 수 있다.

여기서도 문제가 되는 것은 어느 쪽이 앞서는가 하는 점이다. 새로운 사상이 먼저 생겨 그것이 낡은 제도를 타파했는가, 아니면 낡은 제도의 붕괴가 새로운 사상을 초래했는가? 새로운 생산양식이 기성질서를 무효로 했는가, 아니면 기성질서의 소멸이 새로운 사상의 대두를 촉진했는가? 어느 쪽이 앞섰건 프랑스 혁명의 지도자들이 합리주의자의 개념을 포착하고 그것을 사람들의 마음을 사로잡기 위한 슬로건으로 사용한 것만은 확실하다. 루이 16세는 프랑스의 정치가 자유, 평등, 박애라는 사상의 세균에 감염되는 것을 스위스 용병(傭兵)의 머스킷 소총으로는 막을 수 없었다.

프랑스 혁명은 국민이 이해하지 못하는 왕에 대한 반란에서 시작되어 그들의 지도자도 제어할 수 없는 광란의 발작으로 발전했다. 이성이 흐려지고 공포가 수단이 되어 무서운 사건이 잇달아 일어났다. 바스티유 감옥은 민중의 습격을 받았다. 마침내 프랑스는 공화제를 선포하고 왕과 왕비를 처형했으며 매월 350명의 귀족이 길로틴의 이슬로 사라졌다. 1793년 11월에는 그때까지의 프랑스의 '신'을 공식적으로 그 왕좌에서 끌어내리고 1794년 6월 로베스피에르를 '대사제(大司祭)'로 받들어 그를 숭앙하게 되었다.

그러나 혁명을 일으킨 자들은 한 사람씩 혁명의 역학(力學)에 의해 죽어갔다. 마라는 혁명을 배신했다는 이유로 샬롯 코르데에 의해 자기 집 목욕탕 속에서 암살 당했고 당통은 혁명 노선을 고수했다는 이유로 로베스피에르에 의해 길로틴에서 목이 달아났다. 그리고 로베스피에르는 혁명에 의해 타락하지 않았다는 죄목으로 자기 당(자코방당)의 당원에 의해 목이 잘렸다.

혁명이 시작되었을 때 유대인은 공화제의 적으로서 제일 먼저 그 명부에 이름이 실려 있었다. 이유는 간단했다. 교회는 혁명의 적인데 유대인은 그 교회와 함께 구약성서를 인정하고 있으니 공화국의 적이 되는 것은 당연하다는 것이었다. 멘델스존의 망령과 프랑스인 귀족 미라보 백작이 없었더라면 프랑스의 유대인은 혁명의 여파에 삼켜 버렸을지도 모른다. 미라보 백작은 웅변가로서 그 이름이 널리 알려져 있던 인물로 자기집 침대에서 임종을 맞이할 수 있었던 몇몇 혁명 지도자 중의 한 사람이었는데 베를린에서 멘델스존을 만난 적이 있었다. 그는 멘델스존을 통해서 3500년의 역사를 가진 유대문화의 전통을 알게 되었던 것이다.

바스티유 습격이 있은 뒤 유대인 지도자가 혁명 재판소에 나타나 유대인에게도 시민으로서의 평등한 권리가 있다고 주장했다. 미라보는 이것을 귀담아들었다. 논의가 거듭된 끝에 이 문제는 투표로 결말을 내게 되었다. 반유대파는 자기들의 승리를 확신하고 있었으나 결과는 그들에게 참패를 가져다주었다. 파리의 60개 지구 중에서 53개 지구가 유대인의 평등권에 찬성했던 것이다. 그리하여 1791년 프랑스의 7만 유대인은 평등한 권리를 갖는 시민이 되었다.

그러나 프랑스 공화국과 유대인이 얻은 새 자유는 함께 위험 속에 놓이게 되었다. 유럽의 황후들은 미국 대륙에서 영국 왕에 반대하는 일반 민중이 독자적으로 법을 제정하고 '독립선언'이라는 위험한 교조(敎條)를 내세워 혁명적 급진적 공화제를 확립하는 것을 전율을 느끼면서 바라보고 있었다. 그들의 '독립선언'은 명백히 도발적 과대망상증 환자인 루소의 《사회 계약론》을 모방한 것이었다. 이와 같은 일이 바로 이웃의 프랑스에서도 일어난 것을 왕후들은 더욱 전율을 느끼면서 관망했던 것이다. 그들은 이것을 힘으로 제압하지 않으면 안 되었다. 그리하여 오스트리아, 프로샤, 스페인, 영국 등 각국 군대가 자유니 뭐니 하는 따위의 이단(異端)은 짓밟아 버리지 않으면 안 된다면 프랑스로 진격했다.

이들 침략군을 원조하기 위해 프랑스 귀족들은 국내에서 제 5열을 조직, 쿠데타로 파리를 탈환할 목적으로 반혁명테러를 감행했다. 그런데 그들은 24세의 나폴레옹 보나파르트라는 포병장교의 존재를 무시하고 있었다. 나폴레옹은 '포도탄(葡萄彈)을 한 방 가볍게' 쏘아 귀족들의 반란을 분쇄했다. 그때부터 1815년까지 유럽의 역사는 몸집이 조그마한 이코르시카 청년, '아자키오의 빈민의 아들'의 것이 되었다. 그는 유럽 여러 나라를 하나씩 정복할 때마다 마치 결혼 축하연이라도 베풀 듯이 자기 가족에게 왕관을 씌워주었다. 자기 손으로 제관(祭冠)을 집어쓴 그는 '나는 루이 16세의 계승자가 아니라 샤를르마뉴의 뒤를 잇는 사람이다'라고 단언했다.

제위에 오른 나폴레옹은 황제와 신(神)의 권능을 아울러 발휘할 작정이었다. 인간의 신에 대한 신앙은 암묵(暗默)한 가운데 물질에 대한 신앙으로 변해갔다. 그는 성직자들은 굴종시켰고 혁명이 가져온 사회적 물질적 수확을 '나폴레옹 법전'에 의해 재확인했으며 국가기관이 관리하는 학교제도를 확립하고 부르주아적 가치에 대한 상(賞)이라고도 할 '레종 도뇌르' 훈장을 제정했다.

이러한 것이 유대인에게는 어떠한 영향을 끼쳤을까? 중세의 유대인은 거의 완전한 자치를 허용 받아 독립되어 있었다. 중세에는 평등이라는 것이 어디에도 존재하지 않았기 때문에 유대인은 평등한 대우를 받지 못했다고들 말하지만 이 점은 별로 문제가 되지 않는다. 그래도 유대인은 자기들의 재판소와 경찰, 재판관, 조세제도(租稅制度)를 가지고 있었다. 이와 같이 유대인은 이른바 국가 속의 국가를 형성하고 봉건사회의 그리스도교가 갖지 못했던 자유와 권리를 향유하고 있었다. 일반적으로 말하면 유대인의 생활은 귀족이나 고위 성직자의 생활보다는 낮았지만 게토에 가두어지기 이전의 유대인의 생활 정도는 농노나 반(半) 자유민이나 자작농, 자유민들의 생활보다 훨씬 높았다. 유럽의 본건제도가 타파되자 나폴레옹은 프랑스 안에 있는 '유대인 국가'와 정복 대상아 되어 있는 여러 나라에도 존재하는 '유대인 국가'를 어떻게 조치하는가 라는 문제에 부딪혔다.

연극 같은 일에 취미를 가졌던 그는 '유대인 명사회의(名士 會議)'라는 것을 개최하고 일견 무의미하게 여겨지는 12항목의 질문을 던져 참석자들을 아연실색케 했다. 유대인은 일부다처제를 채택할 것인가, 이혼은 허용되는가, 그리스도교도와의 결혼이 허용되는가, 프랑스 태생인 유대인은 자기를 프랑스 인으로 생각하는가, 유대인은 프랑스 국법에 자진해서 복종할 것인가, 랍비가 가지고 있는 경찰권(警察權)이란 어떤 것인가—등이었다. 유대인 명사들은 이러한 질문이 무엇을 의미하는지를 완전히 이해할 수 없어서 술렁댔지만 마음의 동요를 누르고 진지한 태도로 이 질문을 취급하지 않으면 안 된다는 것을 알아채고 있었다. 2,3주간 뒤에 그들은 나폴레옹이 기대하고 있던 바와 같은 회답을 보냈다. 즉 유대인은 일부다처제가 좋다고는 생각하지 않는다. 이혼은 허용된다. 유대인의 이교도와의 결혼은 금지되어 있지만 그리스도교도는 이교도로 간주하지 않는다. 프랑스는 프랑스계 유대인의 국가이므로 프랑스에서 출생한 유대인은 어떠한 적으로부터도 프랑스를 지킨다. 랍비는 경찰권이 없다—는 회답이었다.

그래서 나폴레옹은 비장의 수법으로 사람들을 깜짝 놀라게 했다. 로마 제국에 의해 '성전'이 파괴된 이래 한 번도 열린 적이 없었던 '산헤드린'을 1800년 만에 개최한다는 것이었다. 나폴레옹은 이 산헤드린에서 유대인 대표들이 보낸 회답을 재확인함으로써 모든 유대인을 속박할 수 있게 되기를 바라고 있었던 것이다. 유대인 지도자들은 나폴레옹이 무엇을 의도하는 지를 알았지만 그래도 '산헤드린'이라는 위풍당당한 이 기관이 부활하는데 감격하여 눈물을 흘렸다. 이 소식은 유대인 세계에 전해졌다. 나폴레옹이라는 이름을 모르는 유대인은 한 사람도 없었다. 유럽과 미국의 시나고그에서는 나폴레옹을 위한 특별예배가 올려졌다.

산헤드린은 나폴레옹의 목적을 달성하자 곧 와해되고 말았지만 '유대인 명사 회의'의 회답을 확인함으로써 모세의 율법은 본래 종교적인 법이지 세속적인 법이 아니라는 것, 유대인은 국가에 충성하지 않으면 안 된다는 것, 랍비의 권한은 공민과 사법부문에는 미치지 않는다는 것, 유대인은 자치민이 아니라 국민의 일원이라는 것 등을 선언했다. 이 순간부터 봉건적 요소는 그 종말을 기다리는 역사의 유물이 되었다.

나폴레옹의 군사적 패배는 워터루와 함께 찾아왔고 정치적 패배는 빈 회의(1815)와 함께 초래되었다. 오스트리아의 프랜시스 1세가 반동적인 유럽의 군주들을 초청해서 개최한 이 빈 회의에 왕후들은 화려한 옷차림에 미녀들을 데리고 역사를 역전시킬 굳은 결의로 참석했다. 그들은 구체제가 회복되지 않으면 안 된다고 해서 '신성동맹'이라는 조약을 체결했다. 이것은 군주제도를 전복시키려는 민주 혁명이 일어났을 경우에 사회적 진보와 경제적 진보를 일체 정지시키고 서로 돕자는 동맹이었다.

그러나 유럽에는 미증유의 혁명이 잇달아 일어났다. 거센 자유의 바람이 유럽 전역에 불어닥쳐 반항운동의 불길을 치솟게 했다. 1820년, 1830년, 1848년의 각 혁명이 그것이다. 민주주의는 도중에서 몇 번이나 패배했지만 결코 죽지는 않았다. 그리고 최후의 승리를 쟁취했다. 프랑스 국민은 부르봉 왕조의 재흥을 반대했고 그리스는 터키의 지배권을 타도했으며 이태리는 국가를 통일했고 독일에서는 비스마르크가 국가를 재건했다. 유대인은 그리스도교도와 어깨를 나란히 하고 싸웠다. 반동파에 가담한 경우도 있었지만 민주주의를 위해서 싸운 경우가 많았다. 그들은 국가주의 사상에 물들어 각기 프랑스인, 이태리인, 독일인, 오스트리아인, 영국인으로서 싸웠다. 이와 같이 깃발을 흔들면서 인류애를 고취하고 서로 살육전을 벌이는 동안에 증기

기관과 전기가 생활양식을 바꾸었다. 산업혁명은 왕좌보다 주식 거래소의 의자가 더 중요하다는 풍토를 조성했고 독일의 새 정부는 영국의 세계 지배권에 도전하기 위해서 세력을 강화했다. 세계는 인간이 의식하지 못하는 가운데 제 1차 대전을 향해 돌진하고 있었다.

19세기의 이태리에 있어서의 유대인 해방은 19세기의 유럽에서 부침(浮沈)하던 그들의 운명과 병행하고 있었는데 이것은 동시에 서유럽 여러 국가에 있어서의 유대인 해방의 전형이기도 했다. 나폴레옹의 군대에 의한 로마의 해방은 극적인 것이었다. 프랑스군 지휘관은 관솔불로 밝힌 식전에서 환호하는 민중에게 '이태리인과 유대인에게 자유와 평등과 신앙의 자유를 준다'고 선언했다. 이태리 전역에서 게토의 벽이 무너졌다. 이태리인은 랍비를 '시민 랍비'라고 부르면서 유대인의 손을 잡고 대로를 활보했다. 도처에 '자유의 나무'가 심어진 것이다.

나폴레옹의 워털루 패배는 유대인과 민주주의적 이태리인에게도 패배를 의미했다. 나폴레옹이 패배한 순간 추방당했던 군주들은 낡은 제복의 먼지를 털고 '신성동맹' 가맹국의 군대에 의해 여러 조각으로 분할된 이태리에서 왕위에 복귀했다. '자유의 나무'는 쓰러지고 유폐되었던 교황이 부활, 종교재판이 재개되었으며 유대인은 게토로 쫓겨 들어갔다. 이태리인은 시민권까지 박탈당했다.

그러나 이미 때는 지났다. 이태리인은 개인의 자유라는 사상에 물들어 혁명에의 의지를 키우면서 반동파와 싸우기 위한 비밀결사를 조직했다. 그 중에서도 영향력이 가장 컸던 것이 '카르보나리당'이었는데 이 결사는 그리스도교의 이상에 인도되어 유대인의 운동자금을 사용하며 그리스도교도와 유대인 양자를 함께 참여시키고 있었다. 그들은 1820년에 최초로 반란을 일으켰으나 신성동맹군의 개입으로 좌절당하고 말았다. 자유와 빵을 요구하는데 대한 응답은 총검과 탄환이었다. 이 봉기는 좌절되고 말았지만 자유를 얻기 위한 투쟁은 그치지 않았다. 규제쁘 마찌니는 교황과 외국의 지배로부터 이태리를 해방하기 위해서 새로운 혁명 결사를 조직했다. 랍비들은 이 결사에 참가하도록 설교했고 유대인은 마찌니의 '청년 이태리당' 산하게 결속했다. 이 운동이 제 2의 혁명(1830~1831)인데 이것도 결과는 참패로 돌아갔다.

그러는 동안 새로운 영웅이 나타났다. 그는 바로 규제쁘 가리발디였다. 1849년의 혁명 때 마찌니와 함께 투쟁했던 가리발디는 맨 처음으로 이태리를 통일하는데 성공했다. 해방세력을 찬양하고 새로운 이태리 공화국의 선언을 듣기 위해서 전국 각처의 유대인이 로마로 모여들었다. 이 공화국을 위해 희생적으로 싸운 유대인은 각기 단명했던 이 정부의 요직을 맡았다. 그러나 새 공화국은 신성동맹에 의해 괴멸되고 이태리는 다시 산산조각으로 분할되었다. 통일을 위한 지하운동은 계속되고 있었다. 유대인은 카부르 백작이 이끄는 해방 통일전선에 가담하여 가리발디의 혁명당원과 함께 시실리와 나폴리를 탄환하기 위한 투쟁을 벌이기도 했고 마찌니의 혁명결사에 가담해서 싸우기도 했다. 그리고 혁명이 성공하여 새로운 입헌 군주제가 선포된 1861년에는 이태리인과 함께 목이 쉬도록 감격의 환성을 올렸다.

유대인은 새로운 이태리에서 높은 지위를 차지하게 되었다. 국민은행 창설자인 루이기 루자티는 수상을 지냈고 다섯 번이나 재무대신을 역임했다. 카부르의 해방 통일전선에서 싸운 꾸제쁘 오톨렝기는 유대인으로는 처음으로 이태리 군 참모를 거쳐 국방상이 되었다. 시드니 소니노라는 유대인은 수상을 두 번이나 지냈으며 제 1차 세계대전 당시에는 외무대신으로서 독일, 오스트리아 이태리 3국 동맹을 폐기하고 이태리를 연합군 측으로 돌리는데 힘을 썼다. 가톨릭의 로마시는 에르네스 토나단을 시장으로 선출했다. 이태리의 민사 소송법을 체계화한 루도비코 모르타라는 이태리 최고 재판소장을 거쳐 법무대신을 지냈다.

19세기의 독일에 거주하던 유대인의 생활상은 이태리의 경우와 비슷했다. 독일에서는 1798년 베토벤의 출생지인 본에서 처음으로 게토의 벽이 무너졌다. 일단의 독일인들이 노래를 부르면서 밀어닥쳐 문을 파괴해 버린 것이다. 이와 같이 독일의 게토는 하나씩 소멸되어 유대인은 독일 시민이 되었다. 유대인은 이태리에서 그랬던 것처럼 반혁명 세력에 가담하여 모든 국민에게 자유를 주는 새 국가 건설을 위해 싸우는 독일인에 협조했다. 프로샤에서는 군대의 장교나 사병으로서 그리고 정치가나 관리로서 활약했다. 빈 회의에 의해 신성 로마제국 뒤에 도래할 독일연방에 프로샤를 합병해서 통일하려고 했던 카이젤이나 비스마르크에게도 협력했다. 1870년 나폴레옹 3세가 프로샤에 선전포고를 했을 때 비스마르크의 군대에 가담해서 프랑스로 진격한 유대인은 7000명을 넘었다. '독일 지상주의'는 그리스도교도인 독일인 사이에서만 아니라 유대인 사이에서도 유행병처럼 번져갔다. 독일인 사이에서만이 아니라 유대인 사이에서도 유행병처럼 번져갔다. 독일의 유대인은 독일의 그리스도교도와 함께 승리를 축하했고 프랑스의 유대인은 프랑스의 그리스도교도와 함께 복수를 맹세했던 것이다.

오스트리아에 있어서의 유대인 해방은 처음에는 장애물이 부딪혔지만 그 뒤 독일에 있어서의 과정과 거의 같은 경로를 밟았다. '신앙관용'은 조셉 2세의 사망과 함께 매장되고 말았다. 그리고 방종한 반동이 초래되었다. 그때까지 얻은 자유는 탄압을 받아 궤짝 속에 처넣어지고 그 궤짝 뚜껑 위에 빈 회의의 주인공들과 신성동맹 가맹자들이 눌러 앉은 것이다. 궤짝 속에서는 그리스도교도와 유대인 자유주의자들이 1848년의 혁명을 양성(釀成)하고 있었다. 1848년의 혁명은 뚜껑 위에 앉아 있던 군주들을 날려 버리고 오스트리아인이 빼앗겼던 것을 되돌려 주었다. 빈 회의의 주도자였던 메테르니히의 운명은 기묘하게 풀려 나갔다. 혁명가들이 그에게 교수대에 매달겠다고 말하자 그는 19세기 최후의 궁정 유대인의 한 사람이었던 솔로몬 로드칠드 남작에게 도움을 청했다. 로드칠드는 그의 탈주를 도왔고 망명 후의 생활까지 돌보아 주었다.

농노(農奴)와 슬라브주의 및 유대인

비스툴라강(江) 서쪽에서는 유대인 해방운동이 급속히 진전되었지만 러시아와 그 완충지대에 거주하는 유대인의 정치적 생활은 쇠퇴할 뿐이었다. 폴란드가 분할된 뒤에는 '거주구역의 울타리'안에서 마음대로 돌아다닐 수 있었지만 그래도 문맹자들인 러시아 농노와 무식한 지주들 사이에서 고독하게 살고 있었다. 문화적 유산은 한결같이 무의미한 활동이 되풀이되는 촌락의 생활 속에 파묻혀 침체해 갈 뿐이었다. 아이들은 세속적인 교육에서 완전히 격리되어 있었는데 이것은 육체만을 살려두는 막다른 골목길에서 지성의 죽음을 의미하고 있는 것이다. 그러던 중 19세기에 접어들자 러시아에 거주하는 유대인의 역사가 역전했다. 그들의 생활은 육체적 위험을 내포하게 되었으나 지적인 면에서는 생기가 솟아난 것이었다.

19세기에는 로마노프 왕조의 다섯 황제가 러시아를 통치했다. 그들은 막 영향력을 발휘하려는 계몽주의를 배격하고 봉건제도를 확립하여 정책 따위는 세우지도 않고 가혹한 수법과 온정을 혼합한 통치수단으로 러시아를 지배했다. 농노에게 자유는 주었으나 토지는 주지 않았다. 고문은 폐지했지만 경찰을 강화하여 경찰국가를 만들었다. 계몽주의를 설명하긴 했지만 대중을 문맹 그대로 방치했다. 유대인에 대한 정책에도 많은 모순이 있었다. 유대인의 자치는 폐지했지만 시민권은 주지 않았고 유대인에게 농약을 주라고 귀찮게 권했지만 토지를 소유하는 것은 허용하지 않았다. 그리고 유대인과 러시아인을 융합시키려고 하면서도 한편으로는 점점 좁아지는 '거주지의 울타리' 밖으로는 나가지 말라고 했다. 그러는 동안 그들의 선의와 악의는 똑같이 러시아인과 폴란드인, 유대인의 미움을 사게 되었다.

1801년에 알렉산더 1세가 즉위했을 때 러시아의 백 만 유대인은 그를 해방자라고 찬양했다. 알렉산더는 정치범에 특사를 내렸고, 고문을 폐지했으며 농노의 해방을 허용했다. 유대인은 희망하는 직업에 종사할 수 있게 되었다. 러시아의 학교에서 교육을 받아도 되고 대학에도 갈 수 있으며 러시아 국내라면 모스크바에서 살든 어디서 살든 상관없다고 했다. 이러한 자유는 나중에 가서 거의 유명무실한 것이 되고 말았지만, 그래도 행상인이나 양치는 유대인의 자녀들은 그러한 가업(家業)에서 벗어나 상인이나 제조업자 또는 기술자가 될 수 있었다. 대부분의 유대인은 거주구역 내에서 살고 있었으나 그래도 러시아의 농노보다는 생활 정도가 높았다. 19세기 초엽의 러시아 농노는 흙으로 지은 오두막집에서 가축과 함께 살았으며 주인의 채찍이 휘둘러지는 대로 움직였다.

그런데 알렉산더 1세는 빈 회의에 참석, 그 석상에서 심경의 변화를 일으켜 자기의 자유주의적 경향을 돌이켜 생각하고 전율을 느꼈다. 그리하여 러시아를 철저한 경찰국가로 만들고 유대인을 협소한 거주구역에 처밀어 넣는 작업에 착수했다. 이것이 실현되기 전에 그는 죽었지만 그의 계승자인 니콜라이 1세도 형이 느꼈던 것과 똑같은 불안감을 안고 있었다. 러시아인도 폴란드인도 유대인도 그의 폭정의 손이 뻗쳐 오는 것을 예감했다.

유대인은 직업을 빼앗기고 도시에서 쫓겨나 거주구역으로 들어갔다. 하룻밤 사이에 10만의 유대인은 돈 한 푼 없는 무숙자가 되었다. 12세에서 18세까지의 유대인 청소년은 특별 징병제도에 의해 군대에 끌려갔는데 이 징병은 양친과 아들을 영원히 떼어놓는 것을 의미했다. 징병에 걸리면 복무기간이 끝나기 전에 죽어버리든가 혹독한 고문 끝에 개종당하기 때문이었다. 그래서 징병 기피자가 생겼고 이 징병 기피 현상은 새로운 러시아적 직업을 낳았다. 유괴가 그것이다. 유대인은 이러한 유괴자를 '낚아치기'라고 불렀다. 낚아 치기들은 징병 인원수를 채우기 위해 유대인 청소년들을 낚아채려고 유대인 거주구역을 어슬렁거렸다. 이것은 1812년의 미영(美英) 전쟁이 일어나기 바로 전에 영국인이 미국인을 자기네 상선에 태우려고 납치하거나 유괴했던 수법과 비슷했다.

만일 유대인에게 창의(創意)가 없었더라면 유대인 사회의 종말을 초래하는 또 하나의 칙령(勅令)이 내려졌을 것이다. 유대인의 자치제는 해소되고 유대인 사회는 러시아 정부의 직접 관할 하에 놓이게 되어 있었다. 서유럽 각국에서는 유대인의 자치제를 해소하는 대신 그들에게 시민권을 주었지만 봉건체제를 고수하는 러시아는 유대인에게 시민권을 주지 않았다. 유대인이 러시아의 정치와 정의를 경멸한 것은 당연한 일이었다. 러시아의 정의에 의존하는 것은 유대인의 파멸을 의미하는 거나 다름이 없었다. 부패와 타락이 마치 스페인에 주둔한 나폴레옹 군대에 유행했던 성병처럼 러시아 전국에 만연되어 있었다.

그렇다면 자기들의 나라도 없고 보호해 주는 나라도 없는 유대인은 어떻게 생존했는가? 그들은 헤브라(Hevras)라고 하는 일종의 즉석정부(卽席政府) 즉 자치정부의 기능을 고아 양육, 장례, 교육, 가난한 적령기 처녀들의 혼인, 무료식당, 공예 등 여러 부문으로 나누어 각각 그 기능을 다하도록 하는 협의회를 조직했다. 각 협의회에는 회원이 지켜야 할 규칙이나 정관이 있었다. 유대인은 어떤 문제가 생기면 해당하는 협의회에 가서 해결하는 방법을 상의했다. 협의회에는 한두 사람의 랍비가 있어 사건을 처리하고 판결을 내려주었기 때문에 러시아 법정에 의존하는 일은 거의 없었다.

1850년에는 유대인 거주구역이 그 전의 절반으로 줄어들었고 유대인의 생활도 빈곤과 기아와 절망 속에서 허덕이게 되었다. 1855년 니콜라이 1세의 유해가 러시아인과 폴란드인과 유대인이 증오의 눈으로 지켜보는 가운데 매장되었을 때 로마노프 왕조극의 제 1막이 끝났다.

그리고 이번에는 변덕스러운 왕조극의 제 2막을 보게 되었다. 대담하게도 알렉산더 2세는 4천만 명의 농노를 해방하고 그리스 정교회의 권력을 억압했으며 유대인 청소년의 강제 징병을 폐지하고 누구나가 교육을 받을 수 있도록 했다. 그리고 러시아 사회의 문호를 개방하고 거주구역에 있던 300만 유대인을 풀어놓았다. 여기서도 유대인 역사의 낯익은 현상이 나타났다. 구라파의 은행과의 연결과 금융능력으로 눈을 돌린 알렉산더 2세는 유대인의 협조로 러시아의 산업을 개발하려고 했던 것이다. 그는 러시아에 은행을 설립하는 일을 유대인에게 맡겼다. 러시아의 철도왕으로 알려져 있던 사무엘 펄리아코프는 러시아의 동부와 서부를 연결하는 철도를 부설하고 그 공적에 대한 포상으로 나이트 작위(爵位)를 받았다. 금융, 법률, 건축, 의학, 산업이 유대인의 직업이 되었다. 이와 같이 새로운 생활양식을 가지게 된 유대인은 전체의 5%이고 나머지 대다수는 거주구역 안에서 생활했다. 그러나 25년간 계속되었던 징병제가 폐지되고 교육의 길도 열려 러시아의 유대인은 다시 희망을 갖게 되었다.

그런데 두 번째로 찾아온 이 자유도 눈 깜박할 사이에 사라지고 말았다. 제 2막의 계몽주의 무대가 끝나고 제 1막의 무대장치가 다시 준비되었다. 유대인은 러시아를 휩쓴 반동의 물결에 밀려 또다시 거주구역 울타리 안으로 쫓겨 들어갔고 자유주의자로 간주된 자는 사살당하거나 시베리아 유형지로 보내졌다. 이에 대한 반응으로 폴란드인은 반란을 일으켰다. 러시아는 궁핍한 농민과 토지 없는 농노, 낮은 노임으로 혹사당하는 공장 노동자, 억압적인 노동조건, 불만을 품는 소수민족 등을 안고 벌겋게 상처 입은 살갗을 드러낸 채 괴로워했다. 러시아 제국은 뼛속까지 병에 걸려 있었다.

그 독자성은 인정되지 않았지만 알렉산더 2세는 이 병을 고치려고 '아스피린 요법'을 적용했다. 병든 슬라브 정신을 치료하기 위해서 러시아식 국가주의, 즉 '슬라브주의'를 내세운 것이다. 슬라브주의자는 러시아는 서유럽을 모방하지 말고 러시아 본래의 위대한 슬래브 정신으로 돌아가야 한다고 주장했는데 이것은 진실을 감춤으로써 통일을 이룩해보겠다는 운동이었다. 슬라브주의자는 무지와 문맹과 빈곤을 무시하고 러시아의 국가상(國家像)을 만들었다. 이 세 가지 현상에 눈을 돌리는 자는 근시적인 불온분자로 간주되었다. '하나의 러시아, 하나의 신조(信條), 한 사람의 황제'가 슬라브주의의 슬로건이었고 황제(러시아의 작은아버지)와 교회(러시아의 거룩한 어머니)에 대한 복종이 범슬라브 국가를 하나로 묶어 두는 비법의 수단이었다. 하기야 비밀 경찰과 폭력단의 도움도 얼마간 빌리기는 했지만.

러시아인은 공포에는 공포로 대응했다. 1881년 맑게 개인 어느 날 허무주의자들이 사제(私製) 폭탄을 던져 알렉산더 2세를 산산조각으로 날려버렸지만 비참한 사회상은 개선되지 않았다. 그 결과 그들은 우유부단한 알렉산더 3세를 새로 얻었을 뿐이었다. 이 황제는 자기들의 특권 이외에는 조금도 관심이 없는 귀족들이 조종하는 대로 움직였다. 이들 귀족의 우두머리 격인 최고 종교회의 의장 포메도노스체프는 민주주의는 문둥병과 같은 것이고 선거는 위험천만한 것이라고 생각하고 있었다.

그는 조직적인 학살계획을 짜놓고 비참한 생활을 저주하는 러시아 민중의 마음을 돌리기 위한 방책으로 유대인에 대한 러시아인의 봉기를 대대적으로 지원했다. 유대인 문제에 관한 그의 해결책은 '3분의 1을 개종, 3분의 1을 추방, 3분의 1을 아사(餓死)시키는 것'이었다. 그의 계획에 의한 유대인 학살은 로마인의 투기(鬪技)처럼 러시아 민중의 오락이 되었다. 로마가 그리스도교도를 사자의 먹이로 한 것을 모방한 듯이 그는 러시아의 유대인을 자기네 농민의 먹이로 했던 것이다. 이와 같이 계획적인 학살이 러시아 전역에서 일어나자 세계는 이에 대해서 항의했다. 2만 명의 유대인이 모스크바에서 추방되었고 미국으로 이주한 유대인은 수십 만에 이르렀다. 당시 미국에서는 이민제한에 없었다. 그러나 탈출할 길을 찾지 못한 수백만 유대인은 공포와 빈곤 속에서 유럽이나 미국의 유대인 독자가들로부터 전달되는 원조로 목숨을 부지해 나갔다.

로마노프 왕조도 부르봉 왕조처럼 결코 경험을 통해서 배우는 일이 없었다. 러시아 최후의전제군주인 니콜라이 2세도 빵을 요구하는 민중을 투시했기 때문에 총탄에 쓰러졌다. 그리하여 러시아도 입헌 개혁주의에 종지부를 찍고 혁명의 길을 밟게 되었다. 최후의 심판이 다가오고 있었던 것이다.

제 1차 세계대전 때의 '민주주의를 위해 안전한 세계를'이라는 슬로건은 서부전선에만 해당되는 것이었다. 왜냐하면 동부전선에서는 러시아군의 후퇴와 함께 러시아의 반동세력이 전진해 왔기 때문이다. 자유주의적인 정당이 정부를 지지한다고 선언하고 집결했으나 니콜라이 2세는 오만하게도 이를 물리치고 애국심이 넘치는 그들의 포부마저 인정하지 않았다. 패전을 거듭한 끝에 러시아의 명예와 힘이 상처투성이가 되자 그는 자신이 직접 군대를 지휘하기로 했다고 발표했다. 이 어처구니없는 말을 듣고 러시아는 온통 놀랬다. 군사지식이라고는 조금도 없는 백지라는 것을 알고 있었기 때문이다. 이것은 황제의 측근에서 아첨하는 귀족들도 인정하는 바였다.

니콜라이 2세가 군대를 지휘하기 위해 전선에 나아가자 '민주주의'라는 단어의 철자법도 모르는 왕이 알렉산드라가 국내 정치를 맡게 되었다. 그녀는 그리고리 라스푸틴이라는 무식하고 호색한인 수도사(修道士)의 꼭두각시 노릇을 했다. 알렉산드라 왕비의 아들의 혈우병을 최면술로 고쳤다는 이 라스푸틴은 인간을 구제하는데는 육욕의 죄를 범하는 것이 필요하다고 주장하는 편신교도파(鞭身敎徒派:kh- lysti sect)에 속하는 자였다. 러시아는 긴 손톱 밑에 때가 낀 그의 수중으로 굴러 떨어졌다.

러시아는 빈사상태에 놓여 있었다. 질병과 굶주림과 죽음이 전국 각지에 번져 있었다. 전사자와 전상자의 수효도 불어났다. 무질서와 궁핍과 파업이 도처에 만연했다. 입헌 개혁주의의 사회개선을 기대하고 있던 사람들은 이 체제를 뒤엎어 버리지 않으면 나라꼴이 안 된다고 생각하게 되었다. 암살 당한 라스푸틴의 시체는 네바강의 얼음 속에 버려졌다. 의회가 권력을 장악하고 황제를 퇴위시켰다. 니콜라이 2세와 그의 전 가족은 에카테리나부르크에서 총살당했다.

마지막 두 황제의 통치하게 있던 러시아의 유대인에게는 변화가 일어나고 있었다. 유대인의 거주 지역으로 새로운 사상이 흘러 들어간 것이다. 유대인은 100년 동안 러시아의 작은아버지인 전제군주의 횡포를 참아가며 목숨을 부지해 왔다. 그들은 정치에는 말려들지 않도록 주의하고 있었다. 그러나 유대인 청년들은 장례식뿐인 거주구역의 생활에 진저리를 냈다. 조심스럽게 처신하는 것도 지긋지긋했다. 1세기에 걸친 양보는 치욕과 굶주림과 학살을 초래했던 뿐이었다. 모든 일에 싫증을 느낀 유대인의 가슴속에 투지가 생겨 자유를 주십시오 하고 애원하는 것이 아니라 자유를 달라고 요구하게 되었다. 그들은 정치에 참여하기도 했고 지하운동에 가담해서 싸우기도 했으며 황제가 마지못해 대의원 선거를 허가했을 때는 엄중한 경고에도 불구하고 입후보하기도 했다. 황제가 의회를 해산시킨 뒤에는 러시아의 자유주의자와 함께 유대인 자유주의자도 교수대에서 처형당했다. 로마노프 왕조의 재건을 기도하는 백 러시아 장군의 군대와 싸우기 위해 레온 트로츠키가 조직한 단체에 가담한 유대인도 있었다.

유대인은 유럽의 동부와 서부에서 각각 다른 역사를 만들어냈다. 러시아군의 제복을 입은 유대인이 독일군 제복을 입은 유대인과 싸우는 전장에서 우익과 좌익의 정치가 충돌한 사상의 세계에서 정통파와 개혁파가 맞부딪히는 신학 분야에서 유대인은 모두 형제라고 생각했던 유대주의 학문의 세계에서 두 역사가 엇갈린 것이다.

이와 같이 근세 유대사는 유대인이 전면적인 시민권을 획득하기 위해서 초조하게 18세기의 문을 두들기는데서 시작되었다. 프랑스 혁명은 혁명의 냄비 속에 남는 찌꺼기로서 유대인 해방을 두고 갔다. 어디든지 나폴레옹의 군대가 가면 게토의 벽이 무너졌던 것이다.

그러나 해방된 유대인은 인류의 새로운 퇴폐풍조—인종 차별주의—에 의해 자기들이 짓밟힐 때가 온다는 것을 모르고 있었다. 다음 장부터는 인종차별주의 가운데 반(反)셈주의라는 증상을 해부해 보기로 한다. 그리고 나서 유대인 역사에 나타난 두 조류의 행방을 좇기로 한다. 하나는 주위의 그리스도교 문화에의 동화(同化)를 추구했던 서유럽의 조류이고 또 하나는 유대적 가치관의 재확인에 이르는 동유럽의 조류이다. 그 뒤에는 이 두 흐름이 합류하고 그것이 테제(thesis:王)와 안티테제(Antithesis:反), 신테제(synthesis:合) 등 공교로운 3부작으로 전개되어 나가는 것을 보게 된다. 즉 계속적으로 일어난 이민의 물결을 타고 세계 각국에서 미국에 모여든 유대인이 융합하는 것, 히틀러의 강제 수용소에서 죽음에 직면하는 것, 재건된 이스라엘 국가에서 재회하는 것 등이다.

24. 인종차별 예행연습

19세기가 끝날 무렵 역사상 특이한 현상이 나타났는데 이것은 1850년 이후의 유대사의 운명에 가장 중대한 영향을 주었다. 그것은 반(反)셈주의라는 현상이었다. 반셈주의에 대해서는 성격뿐만 아니라 그 기원도 알아두지 않으면 안 된다. 반셈주의와 국가주의와 인종 차별주의의 혼합물이 우리 시대의 야만적인 포학성을 낳았고 500만 유대인을 학살하는 참극을 빚어냈기 때문이다. 반셈주의는 언제 일어났는가, 왜 일어났는가, 어떤 성격을 가지고 있는가, 어떤 경로로 보급되었는가?

반셈주의는 유대사가 시작된 이래 4천년 동안 계속해서 존재하고 있었다고 생각하는 사람이 많다. 이것은 주로 외관상으로는 반셈주의처럼 보이는 과거의 사건에 많은 학자들이 소급적(遡及的)으로 반셈주의라는 이름을 붙였기 때문이다. 이와 같은 일반적 견해와는 달리 반셈주의는 1879년 이전에는 존재하지 않았다. '반셈주의(anti- Semitism)'라는 말도 1879년 한 독일인과 유대인과 그리스도교도 사이에 형성된 전혀 새로운 관계를 표현하기 위해 지어낸 것이다.

여기서 문제가 되는 것은 각각 다른 동기를 가진 여러 가지 폭력행위가 모두 동일한 언어로 표현되어 왔다는 점에 있다. 따라서 근세 유대사의 특유한 과정을 이해하기 위해서 그리고 근세사가 다른 시대의 역사와 어떻게 다른가를 이해하기 위해서도 '반셈'과 '반유대'의 어의(語義)를 명백히 구별하지 않으면 안 된다. 이 두 언어는 각기 다른 가치 판단을 의미하기 때문이다.

가치 판단을 하는데 있어서 어의를 구별하는 것이 얼마나 중요한가. 이것은 간단하게 예증할 수 있다. 사람을 죽이는 모든 행위를 '살인'이라는 언어로만 표현한다면 어떤 결과가 초래되었는가. 정당방위를 위한 살인이라든가 과실치사 또는 제 2급 살인이라는 구별이 없어진다. 어떤 동기로 어떻게 죽이든 모두가 일률적인 살인이다. 그러나 법률은 살인 행위에는 여러 종류가 있음을 인정하고 그 동기에 의해 살인 등급이 결정되는 것으로 보고 있다. 미리 계획된 살인과 과실로 인한 살인은 그 동기가 다르듯이 반셈적 행위와 반유대적 행위는 배후의 심리적 동기가 다르다. 그러면 어떻게 다른가.

반셈주의는 네 가지 점에서 반유대주의와 다르다. 첫째 반셈주의는 비논리적이고 비이성적이며 무의식적인 충동에서 생긴다. 먼저 편견을 내세우고 그 편견을 정당화하기 위해서 행동한다. 그러나 반유대주의는 논리적이고 이성적이며 의식적인 동기에서 생긴다. 동기가 있고 행위가 있다. 둘째, 반셈주의는 '유대인종'에 대한 것으로 개인으로서의 유대인과는 관계가 없다. 반유대적 행위는 종교를 달리하는 민족의 각 개인에 대한 것과 같은 이유로 그리고 같은 방법으로 개인으로서의 유대인에게 그 행동 목표를 돌린 것이다. 셋째, 반셈주의는 유대인만을 추적 목표로 한다. 유대인의 죄로 일컬어지는 것과 같은 행위를 한 다른 인종은 모두 제외하고 유대인만을 추적한다. 반유대주의의 경우는 유대인이 우연히 공격 대상이 될 때가 많다. 넷째, 반셈주의는 문제의 해결을 추구하지 않는다. 유대인의 구제를 제시하지 않으며 유대인으로서 존재하는 것 이외에는 어떠한 길도 제시하지 않는다. 그리고 그 길을 선택하는 가능성도 제시하지 않는다. 유대인을 명백히 그 대상으로 하고 있는 반유대주의의 경우는 유대인을 공격자의 종교로 개종시키는 것을 목표로 한다.

유대인을 혐오하는 사람들을 반셈주의자로 간주해서는 안 된다. 미국인이나 프랑스인 또는 영국인이 모든 인류로부터 호감을 살 수 없는 것과 마찬가지로 유대인도 만인의 호감을 얻을 수는 없다. 유대인이라고 해서 그렇게 되어야 한다는 이유는 없다. 볼테르는 유대인을 좋아하지 않았지만 반셈주의자는 아니었다. 그는 유대인을 모두 무지몽매한 것으로 보았지만 그것이 유대인을 불태워 죽이는 이유가 될 수는 없다고 생각했다. 여기에 상위점이 있다. 싫으면 보지 않는 것이다. 고통을 주라든가, 죽이라고 하는 것이 아니다. 반셈주의의 진수(眞髓)는 유대인으로서 존재하는 그 자체를 '범죄'로 간주하는데 있다. 이 범죄는 유대인이 자기 종교를 스스로 포기해도 소멸되지 않는다. 중세의 유대인은 세례를 받으면 곧 명예 있는 시민이 되었었다. 반셈주의는 반셈주의자의 마음속에 있는 심리적 문제로 취급된다. 역사의 실례를 들어 이 문제를 고찰해 보자.

카토가 카르타고인을 멸종시키라고 로마인을 선동한 것은 세 번이나 로마에 도전한 카르타고인을 두려워했기 때문이다. 로마는 카르타고를 완전히 파괴하고 네 번째의 포에니 전쟁이 일어나지 않도록 하기 위해서 카르타고인을 살해하거나 노예로 팔았다. 이와 같은 객관성으로 관련되어 있던 같은 종류의 역사적 사건을 보면 2세기에 로마가 예루살렘을 파괴하고 유대인을 팔레스타인에서 추방한 것은 반셈적 편견에 의한 것이 아니었다는 점을 알 수 있다. 카르타고인처럼 유대인은 세 번이나 로마에 반항했기 때문에 카르타고인의 경우처럼 벌을 받은 것이다. 그 후 로마가 유대인에게 그들이 바라던 공민권을 부여했다는 사실이 그러한 정치적 행위에 편견이 없었다는 것을 시사하고 있다.

스페인에 거주했던 유대인의 경우도 그렇다. 18장 '십자군과 르네상스 및 종교개혁'에서 강조했지만 스페인의 이단 심문(異端 審問)은 이단이 협의를 받은 그리스도교도만을 대상으로 한 것이지 유대인을 대상으로 한 것은 아니었다. 개종한 유대인인 마라노들은 그리스도 교도이므로 이단 심문의 대상이 되었던 것이다. 그들은 다른 그리스도교도가 심문을 받은 것과 똑같은 이유로 이단의 싹을 잘라 버린다는 목적에 따라 심문을 받았다. 이단 심문의 대상이 되지 않았던 유대인은 추방당했다. 유대인이 추방된 후 300년 동안 종교재판과 화형장의 불은 계속해서 타올랐다. 그 희생이 된 것은 주로 그리스도교도였다. 유대인도 그 시대의 부수적인 희생자였지만 유대인종이라는 '죄 때문에 끌려 나가서 단죄되는 양(羊)은 아니었다.

유대인에 대한 오늘날의 아랍세계의 감정은 비논리적 · 비객관적 요인에 의해서 생긴 것인가, 아니면 객관적 · 당파적 · 정치적 고려에 의해서 생긴 것인가, 그 여부는 차치하고 아랍인은 유대인이 아랍인의 영토에서 아랍인을 쫓아냈다고 생각하기 때문에 유대인을 두려워하는 충분한 이유가 있다고 본다. 아랍인은 뿔뿔이 흩어진 당파를 통합하기 위해 공포를 이용하는 종래의 정치수법을 쓰고 있는 것이다. 그것은 분명히 반유대적이기는 하지만 반셈주의는 아니다.

여러 가지 공포에서 자행된 폭력에 편견으로 그 이유를 붙인 히틀러 시대의 독일의 유대인 박해와 비교하면 쉽게 이해할 수 있다. 유대인은 독일에 반항한 일도 없고 이단설을 퍼뜨린 적도 없으며 독일 영토를 가로챈 일도 없었다. 그들은 독일문화에 크게 공헌했고 제 1차 세계대전 때는 비유대인인 독일인과 함께 용감하게 싸웠다. 유대인의 '죄'는 나치스의 마음속에만 있는 것이었다. 그러므로 유대인의 피를 10분의 1만 이어받아도 그 자는 '죄'를 짊어지고 있는 것이 되었다. 나치스의 철학은 독일뿐만 아니라 구라파 전역에서 유대인이 없어지기를 원했다. 이와 같은 나치스의 꿈은 중세기의 경우처럼 개종이나 추방에 의한 것이 아니라 학살에 의해서 실현되어 갔다. 이러한 경로를 따라서 고찰하면 반셈주의는 인간의 두뇌 속에 존재하는 사고(思考)가 아니라 정신적 도착(倒錯)이라는 것을 알 수 있다.

유대인이 살아 온 기원전 2000년에서 기원 1800년까지 즉 이교의 시대와 그리스, 로마, 이슬람시대 그리고 중세의 문화 시대에 이르기까지는 비이성적이고 인종 차별적인 반셈주의가 눈에 띄지 않았다. 우리는 지금까지 유대인이 그 3800년 동안 어떻게 학살당하고 고문을 당했으며 노예로 팔렸는가를 보았다. 많든 작든 그러한 시대에 그와 같은 박해를 당하지 않은 자가 있었을까. 반유대적 폭력은 다른 소수민족에 대해서 휘둘러진 폭력과 조금도 다르지 않았다. 그 3800년 동안 역사에서 자취를 감춘 민족의 수를 보면 그들이 얼마나 많은 피를 흘렸는가를 알 수 있다. 중세에 있어서의 반유대 폭력의 역사는 분명히 그 이전의 것보다 복잡하지만 앞에서 말한 바와 같이 네 가지 점을 구비한 비이성적 반셈주의는 아니었다. 중세의 그리스도교도의 반유대 폭력은 유대인의 그리스도교도에의 개종을 거절하는데서 시작되었다. 그런데 반셈주의는 이 개념과 정반대 되는 사상에 근거를 두고 있다. 반셈주의는 개인으로서의 유대인을 증오하는 것이 아니라 유대 인종으로 존재한다는 그 개념을 배격한다. 셈주의자가 증오하는 것은 개념이므로 유대인이 개종하더라도 그들의 마음속에는 아무런 변화도 일어나지 않는다.

그렇다면 어떻게 해서 반유대적이라는 적의(敵意)가 반셈주의라는 편견으로 변했는가. 이 변화는 사고상(思考上) 어떻게 일어났는가. 변화는 세 단계를 거쳐서 초래되었다. 이 세 단계는 겹쳐진 부분도 있다. 첫 단계로서 근세 반셈주의의 토양(土壤)은 변화하는 경제조건이 낳은 불안정한 새사회계급 속에 있었다. 둘째 단계에서는 이 사회계급이 우월감을 가지도록 국가주의가 인종 차별주의로 변질되었고, 셋째 단계에서는 반유대 감정이 반셈주의로 변하여 정치적 진정제로 사용되었다.

우리는 종교개혁이 봉건체제에 대해 얼마나 치명적으로 작용했는가, 그리고 프로테스탄트의 대두와 더불어 새로운 중상(重商)주의가 얼마나 발달했으며 자유무역과 자유경쟁 정신이 얼마나 발달했는가를 알았다.

이 새 정신은 인간의 사고방식에도 영향을 주었다. 그때까지의 종교는 교계력(教戒力)을 잃어가고 있었기 때문에 일반 대중은 교회를 중심으로 하는 사회를 좋은 것으로 생각하지 않았다. 종교가 정치에서 분리되고 그 의의를 전면적으로 상실하자 유대인의 그리스도교에의 개종문제는 중대했는지를 이해하는 사람은 오늘날에 와서도 그리 많지 않다.

자본주의와 식민지주의가 완전히 뿌리를 박은 1800년에는 또 하나의 변화가 일어났다. 산업혁명이 그것이다. 산업혁명이 일어난 지 백 년밖에 되지 않았는데 오늘날 이처럼 발달했으니 신기하게 여겨진다. 1850년대의 기업체 종업원 수가 평균 50명이 되지 않았다는 사실도 언뜻 믿어지지 않는다. 산업의 발달로 노동자와 고용주 사이의 직접적인 관계가 해소되고 간부급 노동자와 고용주 측의 지배인이 양자 사이에 개입하게 되었다. 종합 공장이 개설되고 부재관리(不在管理) 현상이 나타났으며 노동자는 상호 소원(疏遠)해져 한 공장에서 일하는 5천명 노동자가 '고독한 군중'이 되었다.

이와 같이 산업이 발달하자 또 하나의 변화가 일어났다. 수공업이 소외된 것이다. 옛날에는 사람들이 자기 손으로 말굽이나 신발, 옷가지 등 속을 만드는 것을 자랑스럽게 생각했다. 그 당시의 인간은 완전한 것을 만드는 창조자였다. 이 수세공(手細工)의 긍지는 일관직업이라는 생산 양식이 생기자 상실되고 말았다. 노동자는 제품에서 소외되고 말았다. 그들은 제품의 일부분을 만들고 있을 뿐이었다.

이와 같은 경제적 변화는 극히 중대한 사회적 의미를 가지고 깊은 심리적 영향을 끼쳤다. 기계가 노동자의 가치를 떨어뜨리자 제품을 생산하지 않고 서비스를 제공하는 전혀 새로운 사회계급이 존재하게 되었다. 이 계급은 지난 100년 동안 점차 커지고 이와는 반대로 생산성에 의해서 살고 있는 그 계급의 모체로서의 노동자 계급은 점점 적어졌다. 우리는 지금 구체적인 물품을 생산하는 사람이 차츰 감소되고 많든 작든 그 제품을 관리하는 사무에 종사하는 사람이 점점 불어나는 사회를 만들고 있다.

계속해서 팽창하는 이 계급은 고급 관리, 사무원, 서푼짜리 문필가, 풋내기 학자, 말단 광고업자, 하급관리 등으로 구성되어 있다. 그들의 발은 노동자의 휴게실에 있고 머리는 지배인의 응접실에 있다.

이 계급이 한나 아렌트가 ≪전체주의의 기원≫에서 사회의 데크라세(déclassé) 즉 '계급 탈락자(階級脫落者)'라고 부른 근세사회의 무정형(無定形)의 집단이다. 그들이 데크라세라고 불리게 된 것은 그전의 계급과 사회적 보장을 잃어버렸기 때문이다. 이 계급을 전문직과 관리직으로 구성된 화이트 칼라(white-color) 계급과 구별해서 '영락한 화이트 칼라 계급'이라고도 한다. 이 불안정한 계급 탈락자 집단에 근세의 반셈주의 신봉자들이 많았다. 독일의 히틀러도 이 계급 중에서 가장 열렬한 신봉자를 발견했다.

사회를 하나의 구성체로 뭉쳐 놓고 있던 종교의 힘이 약해지자 인간의 잠재적 적대심(敵對心)을 누르고 있던 심리적 요인도 약해졌다. 사회적 변화는 불확실성을 초래했고 심리적 변화는 불안을 가져왔다. '영락한 화이트 칼라계급'은 경제적 변화의 영향을 가장 크게 받았고 이전의 가치와 계급을 표시하는 상징(象徵)으로부터도 철저하게 소외당했다. 이 계급은 근대사회에서도 가장 불안정한 위치에 놓여 있기 때문에 그 불안도 컸던 것이다. 그들은 이 불확실성과 불안한 감정을 완화하기 위해서 잃어버린 명예와 사회적 보장을 찾아 줄 지도자를 물색했다. 그리고 불안을 해소시켜 줄 사상을 추구했다. 과거에는 종교가 이 역할을 했다. 그러나 종교가 무력해졌으므로 다른 힘이 필요했다.

'샤를르의 법칙'은 기체에 대해서만이 아니라 정치에도 적용된다. 정치가들은 그들이 가진 정치적 유용성에 상합하는 적극성을 가지고 그들을 선동했다. 근대국가는 이 계급 탈락자들에게 선거권을 주었으므로 세력을 획득하려는 정치가에게는 그들이 중요했다. 서유럽에서는 새로운 권력 투쟁이 시작되었다. 한편에서는 강력한 중앙 집권체제가 중세기의 봉건 군주국에 중산계급의 대두를 누르고 적대했던 것처럼 새로 대두한 노동계급에 적대했다. 또 한편에서는 자유주의적 민주세력이 보다 널리 정치에 참여할 수 있고 물질 면에서도 보다 윤택한 생활을 할 수 있게 된다는 슬로건을 내걸고 노동계급을 새로운 사회에 동화시키려고 했다. 경제 불황과 산업의 여러 가지 변화로 인해 불안정의 한계점까지 밀린 계급 탈락자들은 자기들이 멸시하던 노동계급에 흡수될 운명에 놓이게 되었다. 그들은 자기들의 권력을 노동계급에 넘겨주어야 하는 사회주의와 공산주의의 사상을 두려워했다.

혁명이 전염병처럼 번지면서 일어났고 사회주의와 공산주의가 탄생했던 19세기 중엽은 정치가들이 계급 탈락자와 유대인도 쓸모가 있다고 인식한 시대이기도 했다. 그들은 계급 탈락자를 '완충장치'로 사용할 작정이었다. 계급 탈락자들은 좌익세력의 침식(侵蝕)을 상쇄(相殺)해 버리기 위해 자기들을 이용하려는 우익세력 쪽으로 기울어졌다. 계급 탈락자의 불안정은 사회적, 경제적 조건에 의한 것이 아니라 유대인의 악덕한 행위에 의한 것이라고 우익 정치가들은 설명했다. 그들이 자본주의를 두려워할 경우에는 유대인은 착취하는 자본주의자가 되었고 공산주의를 두려워할 경우에는 음모를 기도하는 공산주의자가 되었다. 유대인만 없으면 계급 탈락자는 모두 사회의 중요한 기둥이 될 수 있다는 논법이었다.

이것이 반셈주의의 시작인 것이다. 반셈주의는 정치운동이 아니라 정치적 무기였다. 중세의 유물이었던 반유대 감정이 새로운 용도에서 끊임없이 이용되는 동안 서서히 반셈주의로 변질되어 간 것이다.

종교적으로 경건한 중세의 정치가는 유대인이 그리스도교도의 마음에 의념을 안겨주지 못하도록 유대인을 추방하라고 했지만 근세의 세속적인 정치가는 그렇게 해도 자기의 목적 달성에는 무익하기 때문에 유대인을 추방하라고 말하지는 않았다. 만일 유대인이 추방된다면 계급 탈락자들은 얼마 안 가서 유대인이 없어져도 자기들의 처우는 조금도 개선되지 않는다는 사실을 알게 될 것이다. 당초 반셈주의 이용자들은 유대인을 영원한 희생물—살아 있는 제물—로 보존하지 않으면 안 된다고 생각했다. 그들은 유대인을 죽여 없애라는 새로운 종류의 전체주의 정치가가 나타나리라고는 예상하지도 않았고 또 그것을 바라고 있지도 않았다. 그리고 자기들의 무책임한 선전(宣傳)이 정신병자나 가학성(加虐性) 변태성욕자의 손아귀에 빠져 살인철학으로 바뀌어 버린다는 것을 예기하지 못했다.

암 세포가 분열하듯 그 과정이 눈에 띄지 않는 은밀한 방법으로 일은 시작되었다. 계급 탈락자들은 유대인을 비난하는 정치가의 말에 귀를 기울이기는 했으나 그들 자신의 반유대인 감정은 차츰 안정성을 잃고 흔들리기 시작했다. 그리고 반셈주의를 정당한 것으로 생각한 자도 그 정당성에 대해서 확신을 갖지 못했다. 그들의 반셈주의 슬러건 배후에는 그들이 유대인을 증오하는 이유는 유대인과는 아무런 상관이 없고 자기들의 내부 어딘가에 그 이유가 있다는 것을 인식하는데서 생기는 또 하나의 불안이 잠재하고 있었다. 그들은 이 불안과 의혹을 걷어내 줄 지도자를 원했고 아무대도 석연치 않은 이 증오의 감정을 훌륭한 것으로 생각하게 해 줄 지도자를 원했다. 그들의 소원은 이루어졌다.

19세기 말엽 세 사람의 인종론자가 계급 탈락자들에게 '인종교(人種敎)'라는 새로운 종교를 전수하고 그들의 빈약한 입장을 우월한 것으로 상양(賞揚)해 주었다. 이와 때를 같이 하여 반셈주의는 침착성이 없는 불안정한 감정을 훌륭한 증오의 감정으로 바꾸는 소질을 갖춘 세 권의 저서에 의해 표면상으로는 과학처럼 보이게 되었다. 세 사람의 인종론자는 프랑스의 아르투르 드 고비노백작, 동일의 프리드리히 니체, 영국의 휴스턴 스튜어트 챔벌린이고 유사과학 서적의 저자는 프랑스의 에듀아르 드루몽, 러시아의 세르게이 닐루스, 독일의 알프레드 로젠베르크 등이다.

인종차별 사상의 발상지는 독일이 아니다. 이것은 1800년대의 초기에 유럽 국가주의의 드러난 알몸에 진통(陣痛)을 주면서 태어났다. 인종론자는 당초에는 멸시를 받았지만 19세기 말엽에 가서는 중요시되기 시작했다. 시류의 방향에는 이미 불길한 조짐이 나타나 있었던 것이다. 국가주의는 루소,

버크, 제퍼슨, 피히테, 로크, 마찌니 등 훌륭한 인문들에 의해 선량한 의도로 발상(發想)된 것이었다. 그 중에는 유대인이 한 사람도 없었다. 1712년에 출생한 루소로부터 1872년에 죽은 마찌니에 이르기까지 이 사회철학자들의 생애는 그들의 사상처럼 중첩되어 있었다. 그들의 사상적 핵심은 인간을 신에 복종하는 존재로 보는 대신 국가의 국민, 국민의 한 사람으로 보는데 있었다. 사이비 철학자들은 이 국가주의 사상에 들러붙어 거기서 인도주의를 빨아내고 인간의 평등한 권리가 아니라 인종에 기초를 두는 독기 서린 사상을 만들어냈다. 이 인종론자들은 덕(德)의 원천을 '피'라고 풀이했고 힘의 원천은 복음이 아니라 '초인(超人)'이라고 생각했다.

인종론을 최초로 창도한 고비노백작은 프랑스의 하급 외교관이었는데 그는 중요한 지위에 오르지 못한 것을 몹시 불만스럽게 여기고 있었다. 1853년에 발행된 ≪인류의 불평등≫에서 고비노는 맨 처음으로 백인종의 우월성을 체계적으로 창도했다. 한나 아렌트는 '고비노는 욕구불만의 귀족과 낭만적 지식인과의 기묘한 혼합체이다. 그의 인종론은 우연한 계기에서 생긴 것이라고 볼 수 있다'고 그를 평했다. 고비노는 모든 문명이 붕괴되는 배후에는 단 하나의 원인이 있다고 전제하고 그 원인이란 귀족계급의 우수한 피가 일반 대중의 천한 피에 의해서 더럽혀지는 것이라고 주장했다. 즉 선민인 아리안인의 피가 민주주의라는 과정에 의해 비아리안 인종의 피로 더럽혀지고 있다는 것이다. 그는 유대인이라고는 하지 않고 비아리안인이라고 말했다. 그가 공포의 눈으로 관망한 것은 프랑스의 중산계급과 하층계급이었다. 바로 이 계급에 속하는 자들이 열등한 피로 복유럽계 아리안인의 후손인 프랑스 귀족의 피를 더럽히고 있다는 것이었다. 당초 프랑스인들은 이와 같은 그의 주장을 무시했으나 독일인은 그 즉시 찬동했다. 고비노는 ≪인류의 불평등≫ 덕분에 초인이라는 관념을 생각해 낸 니체와도 우인이 되었다.

최근 니체를 인도주의의 윤리적 후계자로 보는 자들이 나타났지만 화려하고도 신경질적인 그 문체에는 일단 상찬을 받을 가치가 있다고 해도 역시 그는 '나치스의 아버지'가 틀림없다. 그의 윤리는 토라나 성서의 윤리가 아니라 시야가 좁은 나치스의 윤리관에 근거를 둔 것이다. '피로 글을 써라. 그러면 정신이란 피를 의미한다는 것을 알 수 있다'고 그는 말했다. 니체는 선악의 피안(彼岸)에서 여러 가지 훈사(訓辭)로 자기가 생각하는 초인적 덕의 기초를 밝혔다. '일을 하지 말라 투쟁을 하라', '평화를 추구하지 말라, 승리를 획득하라', '남자는 무인(武人)으로서 교육하라, 여자는 무인을 즐겁게 하는 것으로서 교육하라', '여자를 상대로 하는가, 그렇다면 채찍을 잊지 말라'—등. '의견이 하위라고 해서 그것을 물리칠 이유는 되지 않는다…. 우리는 본질적으로 허위의 의견일수록 더욱 필요 불가결하다고 생각하기 때문이다'고 니체는 말했는데 이 말을 따른다면 그의 초인사상은 선악을 초월한 것이라 할 수 있다. 그의 철학은 그리스도교에 대한 전면적 부정론에 연결되었다. 복음서나 모세 십계명을 뿌리째 파기한 것이었다. 나치스의 초석이 된 저작을 완결하는 데는 10년이 걸렸다. 그는 이것을 끝내고 미쳐서 죽었다. 니체는 자기의 저술 내용을 별로 창도하지는 않았는지 모르지만 여하튼 그는 예언자다운 명석한 두뇌로 다가올 새 시대의 도덕을 예견하고 있었다. 나는 여기서 니체를 두고 이러니저러니 시비를 운위하려는 것은 아니다. 다만 그의 철학이 초래한 영향에 대해서 고찰해 보고 싶은 따름이다. 역사를 창조한 것은 인간 니체가 아니라 그의 저작물이었다.

휴스턴 스튜어트 챔버린은 독일에 거주했던 영국인으로 고비노의 사회 이론과 니체의 철학 및 반셈주의를 연관시켜 《19세기의 기초》를 저술했는데 이것이 독일에서는 1899년에, 영국에서는 1911년에 각각 출간되었다. 이 책에서는 고비노가 주장한 귀족의 우월성이 북유럽인의 우월성으로 바뀌서 인종과 피를 결합시킨 사이비과학 같은 시회학이 형성되어 있었고 거기에다 아리안 인종과 초인(超人)에 관한 궁극적 이론이 전개되어 있었다. 다른 여러 인종론자들과 마찬가지로 챔벌린도 자기 나라를 배신하고 제 1차 세계대전 때 독일로 망명했다.

인종론자가 자기들의 철학을 확대하면 반셈주의자가 그것을 실제로 적용하게 되었다. 그리고 유대사는 필요에 따라 속악(俗惡)하게 왜곡되고 개변되었다. 인종주의와 반셈주의를 최초로 통합한 책은 1886년에 출간된 드루몽의 ≪유대인의 프랑스(La France juive)≫인데 그는 이 저술에서 왜 그와 같이 반유대 감정을 느끼는가하는 이유를 달았다.

3900년의 유대사에 비로소 참신한 유대인상이 등장했다. 음모를 기도하는 유대인상이었다. 중세의 유대인상은 어리석고 조잡한 이투성이 무골자(無骨者)로 묘사되었는데 이것은 올바른 그리스도교도라면 그따위 유대교로는 개종하지 않는다는 생각을 그리스도교도 마음속에 심어 주기 위한 혐오할 유대인상이었다. 반셈주의는 유대인이 우수한 지성과 지식과 기능과 재능을 가지고 있다는 새로운 정의를 내렸지만 이제는 그러한 장점들이 모두 악(惡)이 되고 말았다. 퇴색한 백색계급이 자기들에게는 그와 같은 우수성이 없다는 것을 알았기 때문이다. 드루몽은 이러한 지적 재능을 악덕이라 하고 범용(凡庸)을 미덕이라고 했다. 그리고 ≪프랑스의 유대인≫을 통해서 유대인이 지성과 지식과 기능을 가지면 프랑스를 지배하게 되고 나중에는 프랑스를 유대인 국가로 만들어 버린다는 것을 프랑스 국민에게 인식시키려고 시도했다. 그는 데크라세의 심리적 요구를 정확하게 파악하고 있었다. 노란 배지를 단 곱사등이 행상인이라는 굴욕적인 중세의 유대인상은 이미 시대에 뒤떨어진 상징이었다. 프랑스의 적은 이와 같은 유대인이 아니라 이보다 우수하고 교활한 악덕 유대인이었던 것이다. 드루몽이 창조한 유대 인상은 하룻밤 사이에 받아들여져 ≪프랑스의 유대인≫은 데크라세의 성서가 되었다.

그러나 이 음모가 프랑스에만 존재하게 된 것이 반셈주의자의 입장을 난

처하게 만들었다. 프랑스인만이 이 문제를 안고 있다는 점이었다. 독일이나 오스트리아, 루마니아, 헝가리 등은 어떻게 되는가. 이 결함을 보완한 것이 세르게이 닐루스였다. 그는 드루몽의 '음모설'을 국제적 규모로 넓혔다. 닐루스의 악명 높은 ≪시온의 장로의 의정서(議定書)≫는 1903년에 출판되었지만 그 기원은 허황하기 짝이 없는 것으로 진짜 ≪의정서≫처럼 우리들의 상상력을 초월하는 것이다. 유대인을 죽여 없애는 것이 그들을 비참한 생활에서 구제하는 길이라는 말로는 러시아의 무지한 농민을 설득하기 곤란하게 되었을 때 니콜라이 2세는 수도사(修道士)인 닐루스에게 유대인을 비난할 자료를 수집하라고 명령했다. 이 위조문서의 목적은 '시온의 장로'로 불리는 일단의 유대인들이 어떻게 해서 음모를 꾸몄는가를 밝히려는 것이었다. 러시아의 농민은 속아넘어가지 않았지만 반셈주의자들은 이것을 곧이 받아들였다. 이 위조문서가 그들의 요구에 부응했기 때문이다.

드루몽과 닐루스의 '유대인의 음모'라는 환상은 반셈주의자들에게 심리작용의 거점을 확보해 주었다. 그들은 이 '유대인 음모'에 의해 자기들의 난처한 입장과 불안정한 자세를 고칠 수 있었다. 이제 반셈주의자들은 '우리는 유대인을 증오하지 않는다. 우리의 가장 선량한 우인은 유대인이다. 우리 국민과 국가를 그들의 음모로부터 수호하도록 충고하는 것은 유대인 자신이라'고 말할 수 있게 되었다.

이것을 정당화하는 방법은 피해망상증 환자의 경우와 비슷했다. 피해망상증 환자는 박해를 받고 있다는 '감정'을 가지면 불안에 빠진다. 그 불안을 설명할 수 없기 때문이다. 그래서 반셈주의자들은 '누가 또는 어떤 특정한 집단이 우리에게 박해를 가하려 하고 있다'고 이 감정을 설명하는 논리적 이유를 생각해 낸다. 그들의 논리는 명석하고 일관되어 있었으나 그 논리의 전제가 망상에 근거를 두고 있었기 때문에 그들에게 완전한 만족을 주지 못한다. 따라서 그들은 자기들에게 '박해를 가하는 자들'을 응징함으로써 자신들을 수호하지 않으면 안 된다. 이와 같은 병폐(病弊)가 고도로 진행했을 때 치료를 받지 않으면 피해망상증 환자는 죄도 없는 사람까지 죽이게 되는 것이다. 서양 사람들은 피해망상증 환자인 반셈주의자들을 누르지 않았기 때문에 사회적 피해망상증이 마침내 대량 학살을 빚어내기에 이르렀던 것이다.

드루몽과 닐루스의 저서에는 반셈주의 감정을 정당한 것으로 느끼게 하는 메커니즘이 있었으나 반셈주의를 고결한 것으로 높이고 그 폭력을 국민의 의미로 인식시키는 철학은 결여되어 있었다. 반셈주의자들의 마음에 위안을 주는 그와 같은 철학을 만들어낸 자가 알프레드 로젠베르크라는 헌신적 나치당원이었다. 그는 1980년에 출판된 ≪20세기의 신화≫로 그 역할을 완수했다. 이 시점에서 전면적인 반셈주의의 길이 발견되어 벨젠이나 아우쉬비츠의 가스실에서의 길이 열렸지만 '유대인을 죽이라'는 소리가 되풀이되어도 가톨릭과 프로테스탄트는 위험한 성격 그 자체를 알아채지 못했다. 얼마간의 시일이 흐른 뒤에 그리스도교도들은 그리스 신화의 바다의 요정이 부르는 노래처럼 그들의 마음을 매혹하는 노래의 의미를 이해했으나 그 때는 이미 돌이킬 수 없는 국면이 전개되어 있었다.

간략하게 말하면 로젠베르크의 저서의 주제는 '독일국가는 그리스도교 원리를 바탕으로 세워져서는 안 된다. 독일은 니체의 철학에 입각한 국가를 수립하지 않으면 안 된다'는 것이다. 즉 원리를 갖지 않은 초인적 국가를 세워야 한다는 것이었다. 로젠베르크는 그리스도교는 유대적 병폐이므로 근절되어야 한다고 전제하고 독일인과 독일인을 닮은 사람들은 그리스도교적 넌센스인 죄악이라든가 도덕 따위의 생각을 버리지 않으면 안 된다고 주장했다. 그 대신 그들 일파는 성 바울을 추방해 버린 '새 그리스도교'를 고안해 냈다. 그리하여 예수는 북유럽화되어 순수한 이교도였던 시리아인 어머니와 로마인 아버지의 아들이 될 운명에 놓이게 되었다. 이와 같이 아리안 인종의 신비로운 피의 힘에 의해 새로운 신화가 형태를 갖추었다.

이것은 광증을 일으킨 나치스의 1만 5천 자루의 총검에 의해 소름끼치는 현실로 바뀌었다. 그러나 세계는 인종론자나 반셈주의자의 사이비 과학에 마취라도 당한 것처럼 엉터리없는 이유로 학살이 자행되고 있는 것을 보고도 항의하는 일은 거의 없었다.

이와 같이 18세기의 인도주의자들의 희망이었던 국가주의는 19세기의 인종 차별주의 철학으로 변질되었다. 중세의 반유대 감정이 인종 차별론을 주장하는 반셈주의로 변질한 것이다. 1870년에는 노골적으로 반셈주의를 표방하는 정당이 독일에 출현, 반셈주의자들의 불안을 득표공작에 이용하려고 했다. 독일에서는 데크라세들의 힘이 대단했기 때문에 처음에는 그들을 무시했던 비스마르크도 권력을 놓치지 않기 위해 그들의 요구를 받아들였다. 따라서 반셈주의는 품격이 높아진 셈이 되었다. 반셈주의는 동유럽과 프랑스로도 번져 갔는데 프랑스에서는 그 유명한 드레퓌스 사건을 계기로 20세기 반셈주의에의 전면적 준비가 대대적으로 진행되었다.

유대인인 알프레드 드레퓌스 대위는 이 사건의 주역으로 등장하기는 했지만 '개인적 정의'라는 좁은 노선에서 싸우는 동안에 조연적(助演的)인 존재가 되었다. 이 사건의 진짜 주역은 육군대령과 소설가이던 두 그리스도교도였다. 드레퓌스 사건은 개인에 대한 국가의 음모를 예증한 것이라고 판단한 그들은 정의를 문제로 했을 뿐만 아니라 국가는 정의를 무시할 권리를 가지고 있는가 없는 가라는 점도 문제로 삼았던 것이다. 1894년대에는 개인에 대해서 저질러지는 무정이 세계의 비난 대상이 될 수가 있었다. 드레퓌스 사건은 법정에서 선거에서 가두의 술집에서 세계의 신문에서 논란되어 프랑스의 정치를 분열시켰으나 프랑스는 정신적인 의미에서 승리를 거두었다.

드레퓌스 사건의 드라마는 1893년, 파리 태생의 항가리계 프랑스 귀족인 페르디낭 에스테르지 소령의 장난에서 시작되었다. 사람을 해치고도 예사롭게 여기는 이 멋쟁이 사나이는 이태리 해방 통일운동을 탄압한 교황의 군대에 종군했고 1870년의 보불(報佛) 전쟁에도 참가, 무용을 떨치고 훈장을 받았다. 가난한 귀족 출신인 그는 돈 많은 명문 귀족의 딸과 결혼했으나 얼마 안 가서 그녀의 재산을 탕진해 버리고 어떤 자와 공동으로 고급 창녀의 포주 노릇을 했다. 그러나 이 수입으로는 자기가 바라는 생활을 할 수가 없어 독일 대사관에 군사기밀을 팔아 수입을 보충했다.

자기들 내부에 숨어 있는 간첩을 색출하고 있던 프랑스 군부의 정보원들은 나중에 '명세서'라고 불리게 된 한 문서를 입수했다. 이것은 에스테르지가 작성한 것으로 그가 독일 측에 넘겨준 다섯 항목의 군사기밀이 기입되어 있었다. 기밀누설은 프랑스 참모본부의 누군가에 의한 것이라고 추정한 정보부원들은 '명세서'의 필적과 비교하면서 참모본부 요원들의 필적을 조사한 결과 알프레드 드레퓌스는 참모본부 요원 중에서 단 한 사람인 유대인이었다. 그때까지도 선명한 왕당파로서 공화파에 반대 입장을 고수 해 온 참모본부는 이 유대인을 추방하는데 필요하다면 어떠한 조치라고 취할 용의가 있다고 그 태도를 밝혔다.

역사가 알프레드 드레퓌스 대위의 무죄를 증명한 것을 제외하면 그 인물에 대해서 이야기할 만한 것이 별로 없다. 그는 이렇다 할 특징이 없는 유대인이었다. 흰 얼굴에 눈이 푸르고 차림새가 단정한 그는 깔끔한 느낌을 주었지만 한편 말이 작고 내성적이어서 상대방에게 오만한 속물인 것 같은 인상을 갖게 하기도 했다. 아내와 두 아이가 있을 뿐 친구도 없었다. 군에 입대한 것은 군대가 무척 마음에 들었기 때문인데 군 복무에 있어서는 우수한 능력을 인정받아 포병 중위가 되었고 얼마 후에는 대위로 진급했다. 부잣집 출신이고 모든 일을 처리하는데 빈틈이 없었으며 비행도 저지르지 않았기 때문에 만일 유대인이 아니었더라면 그는 반듯이 훌륭한 참모장교가 되었을 것이다.

드레퓌스는 간첩 혐의로 체포되었다. 그런데 얼마 후에 범인은 드레퓌스가 아니라 에스테르지라는 사실이 판명되었다. 그러나 프랑스의 귀족이자 직업군인인 고급장교를 간첩으로 몰아세웠다는 것은 군대의 위신에도 관계되는 일인지라 참모본부로서는 괴로운 일이었다. 그래서 드레퓌스를 희생시키기로 결정했다. 그는 군법회의에서 종신형을 언도 받고 '악마의 섬'에서 복역하게 되었다. 드레퓌스를 처벌하라고 떠들어대던 폭도들의 선두에 서 있던 드루몽은 승리를 구가했다. 유대인이 프랑스를 지배하려는 음모를 꾸미고 있었다는 그의 주장이 군법회의의 판결에 의해 공공연하게 확인됨 셈이었다. 군부는 군대의 위신을 손상시키지 않고 지킬 수 있었기 때문에 기뻐했고 민중은 군부가 유대인 배신자로부터 자기들을 수호해 주었다고 해서 기뻐했다. 유대인들 사이에는 혼란이 일어났다. 어떻게 대처해야 할 것인지 그들을 알 수가 없었다.

응보(應報)의 천벌을 내리는 정보부장 조르즈 피카르 대령의 모습으로 나타날 줄은 아무도 예기하지 못했던 것이다. 특히 군부는 꿈에도 생각해 보지 못한 일이었다. 피카르 대령은 드레퓌스가 유죄판결을 받은 뒤에 정보 부장이 되었는데 어느 우연한 기회에 악명 높은 그 '명세서'는 드레퓌스가 작성한 것이 아니라 에스테러지의 소행이라는 사실을 탐지했다. 흥분한 그는 즉시 상사에게 보고했으나 상사는 냉엄하게 쓸데없는 일에 참견하지 말라고 묵살해 버렸다. 어느 장군이 말했던거와 같이 "너는 왜 그 유대인을 걱정해 주지 않으면 안 되는가"라는 것과 같은 처사였다.

군부에 도전한다는 것은 직업군인인 자신으로서는 실직을 각오해야 했고 또한 유대인 편을 든다는 상사의 말은 수모(受侮)를 의미하기도 했다. 그러나 국가의 권력이 개인의 인권에 대해서 어떻게 작용했는가를 판단하게 된 피카르는 옛날의 그 어느 예언자와 같이 자신의 안전보다는 정의의 길을 택했다. 그는 사건의 진상을 다시 조사할 것과 드레퓌스의 재심을 요구했다. 그러나 군부는 그를 강등시켜 아랍부족과의 전투에서 전사해 주기를 바라면서 튜니지아 전선으로 보냈다.

그러나 피카르의 의견은 국가의 편의보다 정의를 중히 여기는 사람들을 자극했다. 급기야 프랑스는 하룻밤 사이에 두 갈래로 갈라지게 되었다. 하나는 정의를 요구하는 소수파인 드레퓌스파이고 또 하나는 군부가 그 죄를 짊어져야 한다고 주장하는 프레퓌스파를 배신자라고 부르는 다수파인 반(反)드레퓌스파였다. 반드레퓌스파는 교회와 정부, 군부 언론기관 등의 지지를 받고 있었다. 신문은 반드레퓌스파의 슬로건을 대서특필했고 가두에서는 드레퓌스파와 반드레퓌스파 사이의 싸움이 그치지 않았다. 유대인들은 폭도가 결코 진압되지 않는다는 것을 이해하지 못하고 이 두파의 싸움에 개입하지 않으면 가라앉으리라고 생각했다.

발작적인 병폐는 사라질 줄 몰랐다. 드레퓌스파의 주장에 의해 사람들의 의심이 커지는 것을 보고 군부 자체에는 흑막이 없다는 것을 증명하는 연극을 꾸몄다. 피카르 대령이 제출한 증거에 의해 에스테르지 소령은 군법회의에 회부되었으나 치밀하게 조작된 재판에서 에스테러지의 무죄를 증명하는 변호인의 변론은 청취고 그의 유죄를 주장하는 측의 증언은 군사기밀이 누설될 우려가 있다는 이유로 금지되었다. 그리하여 에스테르지 소령은 만장일치로 무죄판결을 받았고 튜니지아 전선에서 전사하지 않은 피카르 대령은 에스테러지를 고발한 '죄'로 체포되었다.

드레퓌스의 유죄를 인정하고 있던 사람들도 의심을 품기 시작했고 정부의 내부와 그 주변 사람들은 실제적인 사태의 추이를 주시하게 되었다. 그리고 이 사건은 반셈주의 그늘에 숨은 음모 프랑스의 공화체제를 무너뜨리려는 음모가 틀림없다는 생각을 가지기에 이르렀다. 그 배후를 꿰뚫어 본 사람들 가운데 고명한 소설가인 에밀 조라와 미국의 남북전쟁 때 유리시즈 그란트 장군에 관한 기사를 쓴 바 있는 ≪오로르≫지의 발행자인 조르즈 클레망소 등이 있었다. 드레퓌스 사건의 진상을 밝힌 것은 이 두 사람이었다.

1898년 1월 조라의 '나는 탄핵한다'라는 제목으로 된 그 유명한 편지 내용이 ≪오로르≫지의 제 1면에 개재되자 파리시민들이 앞을 다투어 샀기 때문에 신문은 50만 부나 인쇄되었다. 그 편지에서 조라는 프랑스 군부가 자기의 오명을 씻기 위해 드레퓌스를 계획적으로 모함했다고 정부와 군부를 노골적으로 비난했다. 그는 드레퓌스 사건을 '인간에 대한 대역죄'라고 단정하고 허위와 정의의 타락을 논박했다.

정부는 조라를 체포함으로써 반대세력을 위협하려고 시도했다. 조라는 영국으로 피신했다. 그러나 조라의 편지는 반드레퓌스파를 쓰러뜨려 버렸다. 그때까지 사건의 진상을 모르고 반드레퓌스파에 가담했던 사람들이 드레퓌스파가 되었고 드레퓌스에게 불리한 증거를 조작했던 참모 본부 정보부의 요셉 양리 대령은 자살했다. 그리고 에스테르지 소령은 마침내 자기가 그 '명세서'를 작성했다고 자백했다. 1898년 렝느에서 드레퓌스의 재심이 있었으나 이때도 5대 2로 유죄판결이 내렸다. 형의 선고량은 징역 10년이었다.

드레퓌스 파에 충격을 준 것은 이 유죄 판결보다도 드레퓌스 자신의 행동이었다. 그는 자기를 유죄로 하려는 장군들에게는 경의를 표명했고 무죄로 하려고 노력하는 피카르 대령에게는 오만한 태도를 취했다. 클레망소의 측근 한 사람이 드레퓌스는 이 사건에 대해서 어느 정도 이해하고 있는가고 물었다. 그러나 클레망소는 "아무 것도 모른다. 이 사건을 이해하지 못한 사람은 드레퓌스뿐이다. 그는 드레퓌스 사건에 대해서는 전연 백지다"고 대답했다. 그 후에 프랑스의 수상이 된 유대인인 레옹 블룸은 만일 드레퓌스가 다른 사람이었다면 그 자신은 드레퓌스파가 되지 않았을 것이라고 술회했다. 드레퓌스의 동태를 관망하던 사람들도 드레퓌스가 군법회의의 심의위원이 되었더라면 군부의 명예를 회복하기 위해 반듯이 피고를 유죄로 했을 것이라고 생각했다.

그러나 드레퓌스 자신의 태도는 문제가 되지 않았다. 세계는 렝느의 군법회의 판결에 항의했고 프랑스의 신임 대통령은 드레퓌스 사건의 재심을 명령했다. 1906년 프랑스의 최고 재판소는 드레퓌스에게 무죄를 선고하고 석방했다. 그는 소령으로 진급되었으며 레종 도뇌르 훈장을 받았다. 자기 자신의 상징적 그늘에 덮인 범용한 인간이었던 드레퓌스는 1935년에 죽었다. 피카르 대령은 장군으로 승진, 국방상이 되었고 조라는 두려움을 모르는 그 투지와 정의감에 대한 영예를 받았다. 클레망소는 수상이 되었고 베르사이유 강화조약 때는 프랑스 대표로 참석했다.

반드레퓌스파를 열광적으로 지지했던 한 인간의 그 후의 운명이 유명한 이 사건을 측면에서 비추었다. 앙리 필립 페탕이 바로 그 자인데 그는 제 1차 세계대전 때 프랑스 육군의 최고 사령관이 되었고 1918년에는 육군 원수로 승진했으며 1940년 프랑스가 패전하자 독일의 괴뢰인 비시정부를 세웠다. 그리고 1945년에 반역죄로 사형선고를 받았으나 그 뒤 종신형으로 감형되었다.

이와 같이 국가적 규모에서 정치적으로 조작되었던 최초의 반셈주의는 좌절되고 말았다. 세계는 불의와 부정을 외면하고 있지는 않았던 것이다. 그런데 반셈주의는 프랑스에서는 주저앉아 버렸지만 독일에서는 성공했다. 좀 더 실험을 되풀이하면 공식적인 것으로 성립하게 될는지 모른다. 동유럽에서는 1900년에 이미 반셈주의가 하나의 정치형식이 되어 있었다. 반셈주의의 교조(教條)를 만들어내는 중심지는 독일이었다.

20세기의 인종차별 예행 연습장이 된 19세기는 유대인 지식층이 제기하는 무대이기도 했다. 유대인의 입장에서 보는 19세기는 이탈리아의 르네상스 시대와 흡사했다. 서양문명이라는 테두리 안에서 유대인은 두 가지 문화를 창조했다. 하나는 지배적 그리스도교적 가치관에 대한 공헌이고 또 하나는 혼돈(混沌)의 시대에 생활하는 유대인의 윤리를 존속시키는 것이었다. 독일에서 완성된 20세기의 인종 차별주의 드라마의 막을 올리기 전에 우선 유대인이 나타낸 이 창조적 성격과 그 원천에 대해서 고찰해 보기로 한다.

25. 西유럽의 새로운 啓蒙主義

19세기는 흐느끼는 울음소리로 종말을 고한 것이 아니라 요란한 폭음과 함께 막을 내렸다. 제 1차 세계대전의 포성이 그친 1918년에 되어서야 종결을 보게 되었던 것이다. 베르단의 돌무더기 가운데서 죽은 19세기는 그 가치관과 함께 플랑드르 들판에 매장되었다. 흩어진 유대문화가 이 시기만큼 뚜렷하게 대응해서 발현된 시대는 없었다. 서유럽이 외향적 경향으로 흘러 공리주의(功利主義)와 과학을 발달시키자 서유럽의 유대인도 외향성을 띠고 공리주의와 과학을 발달시켰다. 그리고 동유럽이 내향적 성격을 띠고 그 자신의 영혼을 들여다보면서 과거로부터 새로운 힘을 얻으려고 하는 경향을 가졌을 때 동유럽의 유대인도 역시 내향적 성격을 띠고 지성의 탐조등으로 과거를 비추면서 그 과거에서 미래를 발견하려고 했다. 서유럽의 유대인은 서양화된 문화를 창조하고 동유럽의 유대인은 유대문화를 창조했는데 이 두 가지 문화가 현대문명의 일부를 구성하게 되었던 것이다.

우리는 지금까지 유대인의 지적 생활에는 개의치 않고 서유럽에 있어서의 그들의 발자취를 더듬어 보았다. 문화를 창조하는 그룹에 들어간 대상(代償)으로 그들은 서유럽에 무엇을 내놓았는가.

비역사적 인간은 사건에 의해 지배를 받지만 역사적 인간은 그 사건을 지배한다. 유대인은 피동적인 방관자가 아니라 언제나 능동적으로 움직이는 인간이었다. 그들은 역사적 인간으로서 살아 왔다. 근세 유대사도 예외는 아니었다. 유대인은 역사의 지배를 받는 반면 역사를 움직이려고 했다. 그들은 자기 자신들을 이 지구상에서 결코 망각될 수 없는 인간으로 명기(銘記)하는 새로운 사상을 형성하고 인류의 미래에 영향을 주게 되었다.

서유럽에 있어서의 이 시대는 인류의 역사 중에서 가장 찬란한 시대였는지도 모른다. 그리스·로마시대를 제외하면 인간이 미증유의 혁신을 단행한 것은 이 시대였다. 헤겔, 쇼펜하우어, 밀, 다윈, 스펜서 등도 이 시대의 사람들이다. 고야, 터너, 들라크로와, 르노와르, 세잔느, 고갱 고흐 드의 그림과 베토벤, 슈베르트, 쇼팽, 바그너, 베르디, 브람스 등의 음악도 이 시대에 탄생했다. 괴테, 키츠, 발자크, 버너드 쇼, 예이츠 등이 명저를 낸 것도 이 시대였다. 그리고 이 세기에 내연기관이 개발되었고 X광선이 발견되었으며 파스퇴르 접종법이 보급되었다.

그러나 여기서 문화 창달에 공헌한 유대인의 이름을 열거하지 않으면 그 시대상(時代相)이 선명하게 부각되지 않는다. 이 시대에 마르크스, 프로이트, 베르그송, 아인슈타인 등이 나타났고 피사로, 스틴, 샤갈, 모딜리아니 등 유명 화가와 멘델스존, 오펜바하, 산상, 비제, 말러 등 음악가도 탄생했다. 하이네, 프루스트, 모로아, 로망 등의 작품도 이 시대에 나온 것이다. 독일에서는 '유대 물리학'이라고 불렸던 이론 물리학이 개발되었고 바세르만, 에르리히, 시크 등은 의학을 발달시켰다. 이 시대의 유대인은 수학과 생물학, 화학 등의 미개척 분야를 개발했다. 유대인의 노벨상 수상자 수는 어느 민족보다도 많았다. 유대인은 총독이나 수상, 장군, 전위적 지식인이 되어 유럽의 지도를 새로 만들고 세 계사의 진로를 결정하는 일에 힘을 기울였다. 그러나 당시 서유럽과 중부유럽에 거주하던 유대인 수는 전체 인구의 0.5%도 되지 않았고 게다가 게토에서 나와 세력이 커지고 있던 반셈주의의 물결 속으로 걸어 들어가고 있는 시기였다.

이와 같이 공헌한 자는 성격상 비유대적이라느니 그들 가운데는 반(半)유대인과 개종한 유대인이 있었다느니 하는 이론(異論)에 대해서는 공헌의 특질이 유대적인가 아닌가 하는 점을 문제로 삼는 것이 아니라 그 사람이 유대인가 아닌가 하는 점을 문제시한다고 대답하거나 또는 반유대인이건 개종한 유대인이건 배교(背敎)한 유대인이건 그들은 유대인의 전통에서 나온 자들이지 중국이나 인도의 전통에서 나온 것도 아니고 뿌리 박은 그리스도교의 전통에서 나온 것도 아니었다고 대답해야 할 것이다.

19세기의 유대계몽주의는 프리즘을 통해서 굴절한 빛이 찬란한 지식의 스펙트럼이 되어 서유럽을 비추고 있는 것과도 같은 것이었다. 유대적 사고방식을 굴절시킨 프리즘 역할을 한 사람은 1635년 암스테르담에서 출생한 유대인이었다. 이 유대인의 사상은 극히 근대적이어서 20세기 후반이 된 현재도 시대사조는 그의 사상을 따라가지 못하고 있다. 17세기에는 유대인에 의해 파문당했고 18세기에는 그리스도교도에 의해 파문당한 바르흐 스피노자는 19세기가 되어서 위대하다는 말을 듣게 되었지만 20세기가 된 오늘날에도 완전히 이해되지는 못할 것이다. 그러나 스피노자의 철학은 20세기에 사는 새로운 현대인의 종교의 기초가 되어 있는지도 모른다.

스피노자의 아버지는 뛰어난 실업가였으며 스피노자에게는 상업의 재능이 없었다. 그 대신 그는 토라와 탈무드, 카발라 등을 배웠는데 얼마 안 가서 그의 지식은 랍비인 스승을 능가하게 되었다. 그는 또 마이모니데스와 그리스 철학을 배우고 데카르트의 철학과 합리주의 철학을 배웠다. 당시의 스승의 프란시스 반 덴 엔데(Francis v- an den Ende)라는 폴란드인이었다. 엔데는 학문과 음모를 혼합시켜 국왕에 대한 모반을 기도하다가 발각되어 목을 잘린 사람이었다. 스피노자는 엔데의 아름다운 딸에게 마음을 기울였으나 그녀는 돈이 많고 스피노자만큼 내성적이 아닌 남자와 결혼했다.

스피노자가 무신(無神)의 철학을 연구하자 유대인 시민은 불안을 느꼈다. 그들은 폴란드인이 유대인을 모두 무신론자로 보면 큰일이라고 생각했다. 스피노자가 살고 있던 암스테르담의 유대인들은 예의 바르게 시나고그와 접촉하면 연금을 주겠다고 제의했으나 스피노자는 이것을 거절하고 파문당했다. 고독한 세월 속에 렌즈를 닦는 일로 생계를 유지하면서 그는 후세에 세계적인 명성을 떨친 네 권의 책을 냈다. 스피노자는 히브리어와 스페인어를 유창하게 구사했으나 이 책은 폴란드어와 라틴어로 탈무드 학자답게 치밀하고 간결한 문체로 썼다. 그런데 그 표현이 너무 간결하기 때문에 오히려 이해하기가 어렵다. 현재에도 그의 저술은 상당히 난해한 것으로 취급되고 있다.

스피노자의 철학을 여기서 상술할 수는 없지만 몇 가지 점에 대해서 간략하게 기술할 수는 있다. 그의 철학은 '법에 의해서 다스려지지만 신성(神性)과 모순되지 않는 새로운 자유사회를 상정(想定)하는' 시도였다. 스피노자는 종교란 상상력의 소산으로 대개의 경우 신앙심으로 귀착하는 것이라고 말하는 한편 이성과 지적 직각력(直覺力)이 모든 사물의 원천—스피노자가 신의 지적 사랑이라고 하는 것—과의 결합체로 인간을 인도한다고 주장했다. '신은 자연이다. 신은 그 본체가 어떤 것이든 진리다. 신을 알아야 인간은 신을 사랑할 수 있게 된다. 신에 대한 인식이 인간의 정신을 불면의 것으로 만든다'는 것이니 그의 신관(神觀)이었다. 당시 이것은 위험한 사상으로 간주되어 스피노자는 오해를 사고 비난을 받았다. 그러나 그의 저술에는 언제나 신이 존재하고 있었기 때문에 비평가들은 그를 '신에 취해 있는 자'라고 비꼬았다.

스피노자는 인간의 정열과 정당한 행위에 관한 여러 가지 원리를 유클릿 기하학과 같은 방법으로 표현했다. 선(線)이나 면(面) 또는 입체를 설명하는 것과 똑같은 방식으로 풀어 나아갔는데 이것은 '통합적 주과학(統合的主科學: unified master science)'이라고나 할 원리와 같은 것을 설명하려는 과감한 시도였다. 만일 그가 마흔 네 살에 죽지 않고 더 오래 살았더라면 그의 계획대로 이 원리를 윤리와 종교와 정치뿐만 아니라 수학이나 물리학에도 적용했을 것이다.

스피노자의 철학에는 탈무드와 카발라, 마이모니데스, 그리스도교 변증(辯證)의 스콜라철학, 데카르트 등의 직접적 영향을 받은 흔적이 있다. 1676년에 그의 죽음과 함께 그의 철학도 매장된 것처럼 보였으나 1882년 해그에서 그의 동상이 제막되었을 때 에르네스트 르낭은 '아마도 가장 진실한 신의 비전이 여기 있었다'고 말했다. 만일 스피노자가 그리스도교로 태어났더라면 1600년대 화형당한 이태리의 철학자 기오르다노 브루노처럼 이단자로 낙인찍혀 화형을 당했을지도 모른다. 그러나 이슬람 시대에 태어났더라면 우대한 철학자로 존경받았을 것이다.

신앙의 필연성, 자유와 정의를 추구하는 정열, 이성적 사고방식, 우주를 통괄적으로 포착하는 과학의 개념 등 스피노자 철학에 나타난 몇 가지 사상의 흐름은 그 뒤 유대인 사상가 네 사람에 의해 구체화되었다. 레오폴드 준즈, 칼 마르크스, 지그문트 프로이트, 알베르트 아인슈타인 등 네 사람이었다.

스피노자 철학의 경향 가운데서 맨 처음으로 유대인 생활에 나타난 것은 합리적 신앙—또는 신앙의 과학—이었다. 서유럽에 해방의 풍조가 열병처럼 번졌을 때 다수의 유대인이 게토에서 풍요한 문화의 세계로 나아가기 위해 멘델스존의 방법을 사용하게 되었다. 그러나 멘델스존의 교조(敎條)는 애매했고 또 이상주의적 개혁파의 유대주의는 충분히 실천할 수 있는 단계에 이르지 않고 있었기 때문에 해방된 모든 유대인을 유대주의 속에 수용할 유연성이 없었다. 세례를 받는 유대인이 날로 늘어났다. 시대정신은 유대주의를 과학적으로 지탱하는 기반을 구하고 있었다. 즉 정신의 진화적 체계로서의, 보편적 이성의 형식으로서의 스피노자적 유대주의를 구하고 있었던 것이다.

레오폴드 준즈(1794~1886)는 이와 같은 유대주의를 형성하는 임무를 짊어졌다. 그는 독일의 게토 출신인 유대인으로 흰 구레나룻이 높은 것을 덮은 그 모습은 교과서에 실린 랄프 왈도 에머슨의 사진과 비슷했다. 가난한 집에서 태어나 장학금으로 교육을 받은 그는 명성을 얻은 뒤에도 오래도록 빈한하게 생활했다. 그리고 92세로 이 세상을 떠나기 전에 이른바 '유대주의 과학'을 이룩했다. 방대한 저술 가운데서 맨 처음으로 발표된 것은 후기 히브리문학에 관한 논문인데 이것은 유대주의 학자를 자칭하는 그리스도교도가 유대인에 대해서 쓴 엉터리없는 글을 비판하는 논문이었다. 준즈는 여러 문명에 공헌한 유대인의 업적이 인식되어야 한다고 주장하고 유대인 최초의 '문화 및 과학기관'을 창설, 라쉬(Rashi)의 전기를 출판했는데 이것은 유대인 학자에 관한 최초의 체계적 연구서적이었다. 그의 이름이 널리 알려지고 주목을 끌게 된 것은 그 획기적인 ≪유대인의 예배 설교≫ 덕분이었다. 아마도 이 저서는 19세기에 있어서의 가장 중요한 '유대적 업적'이 될 것이다. 그 내용은 유대인의 신앙과 기원과 시나고그의 기능 및 발전과 변천을 더듬어 그리스도교가 존재하기 이전에 이미 유대인이 기도를 실행한 것을 기록한 것이다. 그것은 연대 등을 명확히 예증하고 유대인의 신앙과 그 실천의 기원을 밝혀 놓았다. 준즈는 유대교가 예수 탄생 후에 역사의 화석이 되지 않고 살아 있는 교훈으로서, 항상 성장하는 윤리로서, 가치있는 과학으로서 존속했다는 것을 입증했다.

그 후 준즈는 유대문학과 성서를 해석하는 일에 착수했다. 인명(人名)의 기원을 유대사의 원천에서 찾는 저서도 있는데 그 중에는 보통 그리스도교에서 유래한 것으로 생각되고 있는 이름도 많이 포함되어 있었다. 그는 누구보다도 먼저 그리스도교의 마음속에 혼탁하게 형상화된 유대인상을 바르게 고치는 역할을 완수했다. 그의 과학적 유대주의는 유대인이 자기들의 신앙을 옹호하기 위해서 구축한 지적 방어진지를 개혁파 유대주의에게 넘겨주었을 뿐만 아니라 그들이 적의 영역에 발을 들여놓을 수 있도록 지성의 전초진지를 제공하는 결과를 가져오기도 했다.

세례를 받는 자는 줄어들었다. 개혁파 유대주의는 하시디즘(Hasidism)처럼 가난하고 무식한 자들의 종교가 되지 않고 부유하고 교양 있는 상류층의 종교가 되었다. 시나고그는 다시 아름답게 단장되었고 예배는 근대화되어 새로 음악이 채택되었으며 히브리어와 그 밖의 언어로 기도를 하게 되었다. 그리고 남자와 여자가 한 자리에서 예배할 수 있게 되었고 예배 중에는 모자를 벗어야 한다는 규칙도 없어졌다. 개혁파 유대인이 이와 같은 형식으로 예배를 볼 수 있게 된 것은 준즈가 게토에 있어서의 정통파의 예배 방식은 영원한 유대교의 방식이 아니라 게토의 습관의 산물에 지나지 않는 것이라고 그 성격을 밝혔기 때문이다. 그는 음악예배와 일상용어로 기도하는 것 그리고 상위 하는 기도의 배열은 유대교의 시나고그나 성전에 있어서의 예배방식의 일부였다고 말했다.

레오폴 준즈가 근세 유대주의에서 하나의 과학적 방법을 구했듯이 칼 마르크스는 사회정의에서 하나의 방법을 구하려 했다고 볼 수 있다. 마르크스를 이야기하려면 먼저 그의 사상이 세계역사에 끼친 영향에 대해서 고찰하는 것이 필요하지만 바울이나 마호메트의 교리에 대한 가치판단을 피한 것처럼 마르크스의 사상에 대해서도 가치판단을 피하는 것이 좋겠다.

마르크스는 1818년 성 암브로즈의 고향인 독일의 트리아에서 부유한 유대인의 양친 밑에 태어난 여섯 살 때 세례를 받았다. 유대교와 그리스도교라는 두 문화 사이에 끼어 자란 마르크스는 일찍부터 이 두 문화의 가치관을 모두 거부하고 있었다. 불평등한 사회체계의 잔재요소라고 생각했기 때문이다. 그는 국가를 비판하고 프로이센에서 추방되자 파리를 거쳐 런던으로 갔다. 미국으로 건너가 잠시 뉴욕의 트리뷴지(紙) 기자로 일한 적도 있었지만 생애의 대부분을 런던의 박물관에서 보냈다. ≪자본론≫을 저술한 곳도 런던이었다.

마르크스는 역사를 경제에 의해서 형성되는 것이지 심리적 요인이나 종교적 요인에 의해서 형성되는 것은 아니라고 말했다. '심리적 요인이나 종교적 요인은 인간의 경제활동의 부산물이다. 사회질서를 바꾸어 보라. 그러면 인간의 심리나 종교에도 변화가 일어날 것이다'라는 것이 그의 사상이었다. '사회적 불평등은 인간 생태의 악에서 생기는 것도 아니고 "죄와 벌"의 법칙에서 생기는 것도 아니다. 이것은 이욕적(利慾的)인 사회의 특질에 기인하는 것이다'고 그는 주장했다. 자본주의적 질서를 사회주의적 질서로 바꾸면 새로운 사회가 형성되리라고 생각했던 것이다. 그리스도교의 경우와 마찬가지로 공상주의는 비유대인에 의해 재빨리 받아들여져 마르크스가 공산주의자로 변모하리라고는 상상조차 하지 못했던 사람들 손으로 넘어갔다. 마르크스는 공산주의를 확립하는 데는 발달된 기술이 필요하므로 공산주의는 자본주의가 가장 발달한 나라에서만 실현이 가능하다고 확신하고 있었다. 그러나 자본주의 국가는 여전히 자본주의 국가로 번영하고 그 대신 러시아나 중국처럼 뒤떨어진 경제구조를 가진 후진국들이 공산주의를 받아들였다. 따라서 공산주의에 필요한 산업경제는 노예와 다름없는 민중에 의해 건설되지 않으면 안 되었던 것이다. 마르크스가 생각했던 사회정의는 아무도 거들떠보지 않게 되고 말았다. 마르크스주의는 이쯤해서 접어 두기로 한다.

파리와 빈에서 교육을 받은 오스트리아의 유대인 지그문트 프로이트는 자기의 정신분석학으로 정신의학의 모든 분야에 혁명을 일으켰다. '나는 유대인이었기 때문에 자기 지성의 활용을 제한하는 사람들의 여러 가지 편견에서 벗어나 자유를 가질 수 있었다는 것을 알았다. 그리고 유대인인 나에게는 반대 의견을 내세워 다수의견과 대립할 용의가 있었다'고 그는 기술했다.

프로이트가 의학을 공부할 당시에는 정신병 문제가 주로 철학자와 목사에게 맡겨져 있었고, 증상의 정도가 높은 정신병은 원인 여하를 불문하고 그 질환을 증상에 따라 정의하는 '질병 분류학자'라고 불리던 일종의 정신과 의사에게 맡겨져 있었다. 그러므로 환각증 환자들은 그 원인이 뇌매독이나 노쇠 편집병(偏執病) 등 여러 가지인데도 똑같은 방법으로 치료를 받게 되었던 것이다. 육체적 요인에 의해서 발생하는 기질성 정신병과 정신적 요인에 의해서 일어나는 기능적 정신병을 최초로 구별한 사람이 프로이트였다. 프로이트와 함께 현대 정신의학이 태어나 정신병은 타락이나 죄악의 발로(發露)라고 하는 관념은 제거되었고 정신병자를 악령이 들러붙은 자로 취급하는 대신 환자로 취급하게 되었다.

정신병을 이해하는 최초의 돌파구가 된 프로이트의 ≪꿈의 해석≫은 삭막한 침묵 속에 받아들여졌으나 이 침묵은 얼마 안 가서 어린이의 성욕과 정신병에 있어서의 성의 역할에 대해서 기술한 저작물의 출판을 비난하는 험구악담에 의해 깨뜨려지고 말았다. 그리하여 프로이트의 이름은 무명에서 악명으로 악명에서 유명으로 온 세계에 알려지게 되었다. 정신분석학은 너무 복잡하기 때문에 정신병을 치료하기 위한 의학적 기초가 별도로 고안되지 않으면 안 된다고 프로이트 자신도 말한 바 있었지만 어쨌든 오늘날의 정신과 의사들은 프로이트의 정신분석학을 토대로 하고 있으면서도 자기들의 학문의 시야를 넓혀 준 프로이트의 업적을 무시하고 있었다. 오늘날 정신분석학은 범죄 심리학이나 문화 인류학 등 분야에서 중요한 역할을 하고 있으며 예술, 종교, 인문과학 등을 이해하는데 있어서도 중요한 기반이 되어 있다.

1938년 독일이 오스트리아를 합병했을 때 나치스 돌격대가 프로이트의 연구실에 들이닥쳤다. 그러나 평정한 그의 시선에 부딪혀 주춤했다. 한 문명인과 나치스라는 짐승들 사이에는 100만 년의 거리가 있었던 것이다. 나치스는 그에게 위해를 가하지 못했다. 프로이트는 가족과 함께 런던으로 건너가 1년 후에 죽었다.

스피노자의 영향을 받은 네 번째 사람은 알베르트 아인슈타인이었다. 아인슈타인도 독일의 유대인이 벌인 계몽주의 운동의 소산이었다. 그는 스피노자가 무너뜨리려고 시도했던 기계론적 우주관을 타파함으로써 스피노자의 과제를 완수했다. 아인슈타인은 자신과 스피노자를 연결시키는 사상의 다리를 명백히 인식하고 있었다. 아인슈타인은 무신론자이니 조심하라고 보스턴의 어느 추기경이 미국 청소년들에게 경고했기 때문에 뉴욕의 한 랍비가 아인슈타인에게 전보로 '당신은 하나님을 믿는가'라고 물었다. 이에 대한 아인슈타인은 '나는 스피노자의 신을, 모든 존재의 조화 속에 자기를 발현하는 신을 믿는다'고 대답했다. 오늘날 아인슈타인의 사상은 레오폴드나 프로이트 못지 않게 온 세계에 영향을 주고 있다.

아인슈타인이 등장한 것은 상대성 원리를 발표한 1905년이었다. 브라운 운동에 관한 이론과 광전(光電) 효과의 의미에 관한 해석으로 그의 명성은 더욱 높아져 노벨 물리학상을 받았다. 아인슈타인이 그 이론을 전개해 나가는 방법은 모두 카발라적이었다. 외면적 실험에만 의존하는 것이 아니라 지성과 논리와 직관에도 근거를 둔 그는 '이론의 논리는 외면적인 증거가 다른 이론보다 논리적이라는 점을 이유로 내세울 것이 아니라 내면적인 일관성을 근거로 해야 한다'고 말했다.

1933년 '우수한 민족'인 북유럽계 아리안인인 아인슈타인을 독일에서 쫓아냈다. 그는 미국으로 건너가 프린스턴 대학에서 수학 교수로 재직하다가 1955년에 세상을 떠났다.

프로이트와 아인슈타인은 과학분야에서 새로운 경지를 개척했고 유대인은 실천적인 인간으로서가 아니라 이론가로서 서양 문명에 공헌했다. 그들은 방법론을 개발했고 새 사상을 낳았으며 새 분야를 개척했고 과학출판을 창시했다. 그들은 새로운 제도의 배후에 있었던 문명의 두뇌였다.

의학분야에서 유대인 과학자들은 1850년에 이미 전염병의 원인이 되는 세균의 존재를 주장했고 현대 의학의 심장병 치료방법이나 세균학 임상 병리학 등의 기초를 다졌다. 그리고 선(腺)의 활동을 촉진하는 것은 세포 내의 화학작용이라는 이론을 개발했고 전염병을 예방하기 위한 혈청과 식세포(食細胞)를 발견했으며 근육에 관한 과학적 이론을 개발하고 인체의 혈액형을 발견하여 수혈을 가능하게 했다. 나이세르 임균 발견, 매독의 조기 발견을 위한 바세르만 검사법, 엘르리히(Ehrlich)의 살바르산 투여에 의한 매독 치료법 등으로 성병 치료에 희망을 준 것은 유대인 과학자들이었다.

탈무드를 한 손에 들고 게토에서 막 나온 유대인이 어떻게 해서 이처럼 빨리 지도적 과학자가 되었는가. 이것은 프로이트가 자기 자신의 소질에 대해서 이야기한 바를 믿지 않는 한 풀 수 없는 수수께끼로 남을 것이다. 여기서는 그들의 활약상의 일부를 간단하게 기술할 수밖에 없다. 칼 야고비는 역학과 미분 방정식을 창시, 타원 함수론(楕原函數論)과 '야고비의 행렬식'이라는 이름으로 알려진 함수 행렬식을 고안했다. 게오르크 칸톨은 가산집합(可算集合)의 개념을 도입, 논리 실증주의와 비트겐슈타인의 수리(數理) 철학에의 길을 닦았다. 헤르만 민크프스키는 정수론(整數論)에 있어서의 기하학적 개념의 창시자이며 시간과 공간의 상대성 이론을 맨 처음으로 고안한 학자였고 레오폴드 크로네커는 정수론과 함수론으로 이름이 알려져 있었다. 루이지 크레모나는 총합 기하학을 연구하여 쌍유리 변환이론(雙有理變換理論)을 개발 체계화했다. 튤리오 레비 치비타는 그레고리오 리치와 함께 절대미분법을 공식화했는데 이 덕분으로 일반 상대성 원리의 수학이 가능해졌다고 아인슈타인은 말했다.

유대인은 전체의 운동을 관측하는 분야에서도 이름이 알려지게 되었다. 윌리엄 허셸은 별과 태양 사이의 거리를 최초로 측정한 천문학자로 이중성(二重星)의 고유운동에 관한 이론을 확립했고 천왕성도 발견했다. 칼시바르츠실드는 항성의 내부구조를 연구하여 천문학 발전에 공헌했다. 데이비드 리카도는 유대인은 공산주의 탄생에 대해서 책임을 져야 한다고 주장한 반셈주의자를 당황시키고 또 자본주의가 생긴 것은 유대인 때문이라고 말한 반셈주의자를 안심시키기 위해 지대(地代)와 부동산, 임금 등에 관한 이론 및 화폐론을 발표했다. 그리하여 오늘날 그는 현대 자본주의의 아버지로 일컬어지게 된 것이다. 그런데 여기서 특히 반자본주의적 반셈주의자들에게 말해 두지 않으면 안 될 것이 있다. 리카드가 그리스도교로 개종하고 영국 여자와 결혼하여 중류사회의 상층계급에서 생활하기 시작했을 때 그의 아버지는 유대교식 장례를 치러 상징적으로 아들의 '죽음'을 애도했던 것이다.

독일의 유대인은 근대 화학산업과 염료(染料) 산업의 발달에 크게 기어했다. 최초로 남색 염료를 합성하고 프탈렌염료를 발견한 것은 유대인 과학자들이었다. 하벨법—프리츠 하벨이 창안한 합성법—으로 암모니아를 합성하는데 성공한 것도 유대인 과학자였다. 그밖에 증기의 밀도를 측정하는 방법을 고안했고 계기(計器)의 팽창 계수를 연구했으며 원자가(原子價)의 이론을 체계적으로 확립했다. 그리고 분자론(分子論)을 개발하여 유기 화합물을 분류했다. 노벨 화학상을 받은 리하르트 빌스태터는 엽록소의 구조와 생명의 화학작용에 있어서의 효소의 역할에 대해서 결론을 내렸다.

물리학 분야에 있어서의 유대인의 공헌은 다른 분야의 경우보다 더욱 컸기 때문에 여기서는 정말 그 일부밖에는 기술할 수가 없다. 유대인 물리학자는 헬츠파(波)를 발견하고 광전자(光電子) 현상에 대한 연구를 진전시켜 감마선(線) 발견의 일익을 담당했다. 상대성 이론의 전학파(全學派)의 창시자이기도 했던 유대인 과학자들은 동위원소를 분리하고 전자공학 분야에서 연구를 거듭한 끝에 원자력을 개발하는 영역에까지 육박했다. 이 시점에서 핵분열(核分裂)에의 길이 열렸던 것이다. 이 길은 이미 알려진 바와 같이 알베르트 아인슈타인에 의해서 열렸는데 그는 얼마 후 리제 마이트너와 공동으로 프로택티늄을 발견, 핵분열 이론을 생각하기에 이르렀다. 이 이론은 비유대인인 엔리코 페르미와 레오질러드가 공동으로 진행한 연쇄반응의 연구와 닐스 보어의 원자구조 및 방사선의 연구에 연결되어 원자탄 제조의 이론적 기초가 다져졌다. 아인슈타인, 마이트너, 페르미, 질러드, 보어 등은 히틀러에 의해 독일에서 추방되어 미국으로 망명했다. 미국시민이 된 아인슈타인은 프랜클린 루즈벨트 대통령에게 핵분열에 의한 가공할 핵 폭발력에 대해서 설명하고 그와 같은 폭탄의 제조가 가능하다는 것을 확신시켰다. 그 뒤에 남은 것은 기술문제 뿐이었다. 그리고 오늘날에 와서는 역사가 보여 주 어느 나라든지 돈만 있으면 만들 수 있게 되었다.

예술이나 인문과학 분야에서 활약한 유대인도 많았다. 19세기의 유럽의 살롱에 유대인이 나타나지 않는 일도 없었다. 그러나 연주가로서 지휘자로서 훌륭한 극작가로서 활약하면서 새로운 예술양식을 이룩했다. 나치스의 물결이 밀어닥치기 전까지는 막스 라인하르트는 연극계의 지도자였고 사라 베르나르는 무대의 여왕이었으며 로테 레망과 요셉 시계티는 음악의 세계적 제 1인자였다.

정치, 경제, 산업부문에 있어서도 유대인은 눈부시게 활약했다. 로마, 런던, 파리, 빈 등지에서 그리스도교도들은 대다수의 찬성을 얻고 유대인을 정치 각료나 최고 재찬소 판사의 자리를 맡겼고 군대의 고급 장교로 진출할 수 있는 길을 터 주기도 했다.

영국에서 명성을 떨친 것은 아마도 벤자민 디즈렐리일 것이다. 소설가로 출발한 그는 보수당의 당수가 되었고 이어 수상이 되었다. 빅토리아 여왕은 인도제국을 성립시켜 대영제국의 국위를 크게 선양한 디즈렐리에게 인도제국의 여왕으로서 감사했다. 빅토리아 여왕의 재정고문이던 모세 본테피오리경은 '아일랜드 포르페조날 은행'을 설립했다. 역경에 빠져 있던 그리스도교도에게나 유대인에게나 인도적인 몬테피오리의 이름은 '자선(慈善)'이라는 별명으로 통했을 정도였다. 유대인으로서는 처음으로 영국의 최고 재판소장을 지낸 루퍼스 아이작스는 나이트 작위를 받고 인도총독이 되었다.

아돌프 크레뮤는 프랑스의 법무대신으로 있을 때 프랑스 식민지의 흑인 노예제도를 폐지했고 정치범의 사형을 폐지하는 법률도 제정했다. 이삭 페레이르와 에밀 페레이르는 은행의 신용거래 제도를 창시했고 프랑스 최초의 철도를 부설하기도 했다. 아실 폴드는 프랑스의 국무대신과 재무대신을 지냈고 레옹 블룸은 프랑스 수상을 여러 차례 역임했다.

독일에서의 유대인의 활약은 유럽 어느 나라의 경우보다 눈부신 바가 있었다. 그들은 독일의 짜이트 가이스트 즉 독일의 '시대 정신'을 형성하는데 공헌했다. 페르디난트 다살르는 독일에서 세계 최초의 노동조합을 조직했다. 라살르는 정치적으로는 현실주의자였지만 개인적으로는 낭만주의자였다. 칼보다 이론에 강했던 그는 어느 백작부인의 명예를 위해 결투를 하다가 죽음을 당하고 말았다. 그녀의 호의를 얻는 것이 자신의 삶을 의미 있는 것으로 했을는지도 모르지만 죽어 줄 값어치는 없었는데—. 입헌제도 개혁의 선봉이었던 가브리엘 리저는 모든 유대인에게 평등의 원칙이 적용되게 하는데도 힘을 썼다. 그는 프랑크푸르트의 회의원으로 선출되었고 그 후 독일 최초의 유대인 판사가 되었다. 독일의 유대인들은 정부 각료나 연방의회 하원의 의원이 되었고 재판장이나 은행가 또는 실업가가 되기도 했다.

궁중(宮中) 유대인은 자취를 감추고 은행가들이 그 대역을 맡았다. 근대 은행가들은 대폭적인 신용제도와 국제적 금융기관을 소유하고 있었기 때문에 규모가 큰 정부 사업에 재정원(財政源)을 제공하거나 막대한 자금으로 산업확장을 원조할 수 있었다. 유럽 각지에 생긴 유대인 은행의 원형이라고도 할 로드칠드가(家)의 역사에 대해서는 여기서 기술할 필요조차 없다.

그러나 유대인은 자기네가 거주했던 국가의 경제조직을 지배한 것은 결코 아니다. 유대인의 금융기관이나 자본은 독일과 영국 그리고 프랑스 경제의 극소한 일부분을 담당한데 불과했다. 유럽경제에 있어서 유대인의 존재가 그토록 두드러져 보인 것은 그들이 가지고 있던 금융조직의 수효나 그 지배력에 기인한 것이 아니라 유럽의 경제사조에 초래된 그들 은행업의 새로운 아이디어 때문이다.

유대인 은행가는 이른바 '아이디어 맨'이었다. 베르너 좀바르트는 ≪유대인과 근대 자본주의≫에서 유대인은 유가증권과 어음할인이라는 관습을 가지기 시작했다고 전제하고 유대인은 증권 거래기관을 설립하는데 중요한 역할을 했고 오늘날의 은행어음을 개발하는 데도 크게 기여했다고 말했다. 1812년에 유대인들은 베를린 증권 거래소에서 크게 활약하기 시작했다. 이 네 사람 중에서 두 사람은 유대인이었다. 로드칠드는 이 증권시장을 국제화했다. 오늘날에 있어서는 이해하기 어려운 일이지만 이것이 한 때 유대인이 미움을 사게 된 동기가 되었다. 여하튼 19세기 초엽의 증권 거래소는 경이적 존재였다. 이 증권 거래소 덕분에 일반 민간인이 역사상 처음으로 외국 자본시장에 투자할 수 있게 되었던 것이다. 그 당시 국제화된 증권거래는 부당한 경쟁이라고 불렸으나 그 후 이 기구는 금융, 경제, 외국무역 등 분야에서 극히 당연한 것이 되었다.

서유럽 각국의 지도자들은 정치적 이유로 반셈주의자들의 압력에 굴복 당하고 있으면서도 재정적 난관에 부딪히면 유대인의 도움을 얻으려고 했다. 그들은 유대인 은행가의 사려분별과 판단력에 의지했고 그들 자신의 충성심에 의지했다. 그들은 유대인이 정직한가는 것을 알고 있었다. 한 세기 동안에 수백 만 단위의 돈이 유대인의 손을 겯혀서 유통되고 있었지만 유대인이 관계하고 있던 금융 분야에서는 부정행위가 거의 없었다. 유럽 금융계에 있어서의 유대인의 영향력은 19세기 말엽까지 계속되었고 그 뒤는 은행이 하던 일을 점차 정부가 대행하는 경향으로 흐르게 되었다.

이것이 근세의 참다운 유대인 상이었다. 편협적이고 완고하고 무식한 인종으로 간주되어 오래도록 신민권도 얻지 못한 채 살아왔던 소수민족이 정치, 경제, 예술, 과학 등 모든 분야에서 이처럼 눈부신 활약상을 보인 것은 실로 놀라운 일이다.

그 이유를 말하는 것은 상당히 복잡한 작업이지만 대략 세 가지 점으로 요약해서 고찰할 수 있다. 유대인은 여기서도 중세 초기에 바빌로니아와 그리스, 로마, 페르시아, 이슬람제국 등지에서 썼던 것과 똑같은 수단을 사용했다. 이 수단이란 유대인의 존속을 위한 '교육'이었다. 300년에 걸친 게토 생활을 끝내고 울타리 밖으로 나온 유대인은 국외자(局外者)이고 낙오자라는 이중의 핸디캡을 극복하기 위해서는 경쟁상대인 그리스도교도보다 두 곱이나 뛰어나야 했다. 아무리 절망적인 인간상으로 보일 경우라도 그들은 굴하지 않고 어떤 직업이든 그것을 배우려고 열심히 공부했다. 각 분야에서 명성을 얻을 때까지 밤낮을 가리지 않고 면학에 힘썼다. 대학은 그들의 학업성적을 무시할 수 없었고 정부는 과학이나 산업부분에 있어서의 그들의 공헌을 무시할 수 없었다. 그들의 평판이 점차로 높아지자 그리스도교도들이 법률문제나 질병의 치료, 건축, 사업 등 여러 분야에 걸쳐 유대인의 의견을 구하게 되었다.

유대인은 어떤 방법으로 학문에의 애착심과 이론적 사고능력과 정의에의 정열과 치밀하게 사회를 관찰하는 능력을 가질 수 있었는가, 이것은 하룻밤 사이에 달성되는 것이 아니다. 이것은 어떻게 하면 생존할 수 있는가 라는 유대주의 사고의 핵심을 이루는 것이다. 게토에 갇혀 있을 때도 외부의 교육기관에서 쫓겨났을 때도 유대인은 자기들의 교육제도와 방식을 가지고 있었다. 근대생활의 요구에는 부응할 수 없게 되어 있지만 탈무드는 그래도 그리스, 로마, 이슬람시대의 탈무드였다. 즉 정신을 날카롭게 갈고 닦는 추상과 법적 논리의 탈무드였다. 정의에 대한 유대인의 정열은 선조에게서 이어받은 전통의 일부인 것이다. 학문을 중히 여기는 전통, 정의를 중히 여기는 전통, 사물을 추상적으로 가르치는 전통이 있는 곳에 탁월한 유대인이 있는 것은 당연한 일이 아닌가.

그런데 유대인은 철학의 스피노자와 경제학의 마르크스, 의학의 프로이트, 물리학의 아인슈타인을 낳았지만 문학이나 음악이나 미술의 세계에서는 그들만큼 훌륭한 인물을 배출하지 못했다. 그 이유는 무엇인가 아마도 이것은 유대인은 국외자였는데다 각기 그 국가의 정신생활에서 소외되어 있었고 또 유대인 자신도 거기에 융합되는 것을 거부했기 때문일 것이다. 괴테, 키츠, 베토벤, 브람스, 고흐, 르노와르 등 위대한 인물은 그 자체가 그들의 그리스도교 문화의 표현이었다. 그들의 원천이었고 그 특질을 보편적으로 표현하는 것이 그들 각자의 재능이었다. 유대인의 정신은 그리스도교와는 다른 신앙에 결부되어 있었기 때문에 그리스도교 전통에 연결될 수가 없었다. 스피노자와 마르크스, 프로이트, 아인슈타인 등의 추상적 개념은 보편적인 것이지 특정한 신앙이 드러나는 표현은 아니었다.

미술분야에서 업적을 남긴 유대인은 현실을 구체적으로 재현하는 것이 아니라 추상적으로 표현하는 화가였다. 그러므로 말하자면 이 분야에서는 우상을 만들면 안 된다는 계율이 효력을 잃어 버린 셈이다. 추상화는 보편적인 회화양식이기 때문에 유대인은 다른 종교에 자기 영혼을 연결시키지 않고도 추상의 캔버스에 자신을 표현할 수 있었던 것이다. 유대인이 4천 년 유대사의 생존의 드라마를 포착하고 그것을 인류의 보편적 신화로서 표현하게 될 때 비로소 그들의 괴테와 키츠, 베토벤, 브람스 그리고 르노와르나 고흐를 가질 수 있게 될 것이다.

26. 동유럽과 새로운 인도주의

유대사는 마치 해류처럼 조수의 간만을 보이며 서유럽과 동유럽 사이를 흘렀다. 그리고 그 뒤에는 색상이 다른 문화를 남겼다. 중세 유대사는 서유럽에서 시작하지만 동유럽으로 천천히 그러면서도 어김없이 흘러갔다. 서유럽에서는 과학자나 음악가, 화가, 소설가 등으로 출세한 해방된 유대인들이 서유럽의 가치관을 받아들인 문화를 창조했는데 그들은 독일어나 영어, 프랑스어 이태리어 등 자기들이 거주하던 나라의 국어로 자기를 표현했다. 동유럽에서는 해방되지 않은 유대인들이 유대적 가치관을 바탕으로 한 문화를 창조했다. 이것을 '하스칼라'라고 한다. 하스칼라는 과학자나 예술가를 낳지는 못했지만 인도주의적 문학을 탄생시켰다. 이것은 러시아어나 폴란드어로 쓰이지 않고 고전적 히브리어와 유대인의 민속어격인 이디쉬어로 기술되었다.

동시의 두 문화를 비교해서 말하면 동유럽의 유대인의 인도주의가 서유럽의 유대인의 계몽주의보다 유대인이 생존하는데 있어서는 훨씬 중요했다고 할 수 있다. 서유럽의 유대인이 기여한 업적은 서유럽의 그리스도교도가 이룩한 장대한 문화의 전당 한 모퉁이에 덧붙여 세워진 장식용 기둥에 불과한 것이지만 동유럽의 유대인 인도주의자가 남긴 업적은 흩어진 유대인을 지탱한 기둥이었다. 서유럽의 계몽주의가 동유럽의 회색 촌락에서 떠나갔을 때 동유럽의 유대인 인도주의자들은 그것을 하스칼로 바꾸었다. 계몽주의는 유복한 자들의 철학이었고 하시디즘은 빈곤한 자들의 종교였지만 하스칼라는 중류계급의 문화표현이었다. 이것은 300년 뒤떨어진 유대・르네상스였다.

마치 과거의 심리적 체험에 의지하고 잠재의식 속을 흘러가는 프로이트의 리비도처럼 하스칼라는 과거의 유대적 가치에 부착되어 새로운 가치를 형성하면서 유대주의 속을 흘렀다. 하스칼라는 히브리어와 이디쉬어로 새로운 문학을 낳았다. 유대교와의 결합으로 유대 실존주의를 낳았으며 정치에 연결하여 시오니즘을 낳았다. 시오니즘은 동유럽과 서유럽의 유대인을 결합시키고 다시 미국의 유대인을 결합시켜 새로운 이스라엘 국가를 탄생시켰다. 이와 같은 발전은 신과 접촉하려면 감성적 원시주의로 돌아가야 한다고 주장한 하시디스트들과 투쟁한 실로 한 줌밖에 안 되는 탈무드 학자들의 힘에 의한 것이었다.

하시디즘 창시자인 발 쉠토브는 1760년에 죽었지만 하시디즘은 죽지 않았다. 하시디즘의 교의(教義)는 그의 제자인 도브 베르에 의해서 각지에 전파되어 동유럽에 거주하는 유대인의 거의 반수가 하시디즘을 신봉하게 되었다. 랍비들은 자기들의 권위가 손상된다고 하여 이것을 누르려고 했으나 뜻대로 되지 않았다. 유럽에서 하시디즘을 누르는데 성공한 국가는 리투아니아뿐이었다. 이것은 엘리야 벤 솔로몬이 노력했기 때문인데 엘리야를 평가하는 것은 상당히 어려운 일이다. 엘리야가 무의식적으로 완수한 역사적 과제는 탈무드 학자들이 근대적 무기로 하시디즘을 말살해 버리도록 계몽주의 진영에의 다리를 놓아 준 것이었다.

엘리야 벤 솔로몬—그는 비르나의 위인이라는 의미에서 비르나의 가온(Gaon)이라고 불렀다—은 20세기에 태어났더라면 반듯이 걸출한 철학자가 되었을 것이다. 그러나 18세기의 엘리야는 정통파의 학문과 과학에 찢긴 시대착오의 인물이었다. 그 별명이 말해주듯 그는 리투아니아의 비르나에서 출생했다. 18세기에 가온이라고 불린 유대인이라는 사실로도 상상할 수 있듯이 그는 여덟 살 때 토라 공부를 마치고 아홉 살 때 탈무드를 습득했다. 그런데 열 살이 되자 그는 과학자가 되고 싶다고 말했다. 뜻밖의 말을 듣고 당황한 아버지는 그의 마음을 과학에서 탈무드로 돌렸지만 그는 정통파 학문의 세계에서 가장 존경받는 학자로 대성한 뒤에도 과학에 대한 흥미를 잃지 않았다.

비르나의 가온은 일찍부터 하시디즘에 관한 논쟁에 휘말려 들어 랍비가 아닌데도 '하시디즘은 파문이다'고 기염을 토했다. 그의 평판은 정통파 사람들 사이에서 대단했기 때문에 이 파문선언은 큰 효과를 거두었다. 그러나 엘리야는 하시디즘을 신봉하는 자를 무지몽매한 유대인으로 간주했을 뿐이지 하시디즘을 떠받치고 있는 심리적 동기를 이해하지는 못했다. 위대한 탈무드 학자로서는 최후의 인물인 그는 정통파의 존경은 받고 있었지만 혁신파로부터는 무시당하고 있었다. 1979년 세상을 떠날 때까지 그는 미래에 대해서 예언자적 전망을 가진 적은 한 번도 없었다. 그러나 과학에 대한 흥미에서 자기 문하의 탈무드 학생들에게서 유럽 계몽주의에의 길을 가르쳐 주었다. 엘리야가 자기 제자나 다른 곳의 탈무드 학생들에게 과학서적을 히브리어로 번역하라고 말했을 때 하스칼라의 씨가 뿌려졌던 것이다.

역사는 되풀이되었다. 그리스・로마시대나 이슬람시대처럼 18세기의 유대인 청소년들은 새로운 사상의 영향을 받고 그쪽으로 기울어져서 유럽의 과학적 철학 사회학 문학에 흥미를 가지게 되었다. 서유럽의 새로운 사상에 감탄하면서도 유대인의 전통을 지키는 그들은 그리스도교도가 되지 않고 서유럽 문화에 융합되기를 바랐다. 양보를 일체 인정하지 않는 정통파와 모든 것을 양보하는 동화주의자의 중간 노선을 추구한 것이었다. 그들이 바란 것은 유대인이 이용할 수 있는 서유럽 문화를 창조하는 것이 아니라 서유럽이 이용할 수 있는 유대문화를 창조하는 것이었다.

초기의 하스칼라 선구자들은 주위를 둘러보고 동유럽 유대인의 절반이 하시디즘 사상에 물들어 있는 것을 발견했다. 그들은 하시디스트를 적으로 생각하고 그 적의 세력을 부수려고 했던 랍비들을 자기네 편으로 끌어들였다. 초기의 하스칼라 지식인들은 비르나의 가온이나 랍비들과는 달리 하시디스트를 무지몽매한 도당으로는 생각하지 않고 오히려 하시디즘을 비참한 물질적 생활에서 벗어나게 해 주는 아편이라고 생각했다.

하스칼라 저술가들에게는 독자가 필요했다. 그들은 사람들의 주의를 끌기 위해 19세기에 크게 유행한 현실 도피적 대중 오락소설의 형식을 본떠서 저작했는데 어떤 저술에 있어서도 러시아나 폴란드의 색채를 띠지 않도록 히브리어로 썼다. 이러한 배려가 없었기 때문에 서유럽의 유대주의적 계몽주의는 그 발상(發想)부터 독일적이었다. 이와 같은 사태를 피하는 목적은 하시디즘의 영향력을 약화시키는데 있었다.

히브리어로 쓰인 현실 도피적 대중소설의 무대는 언제나 팔레스타인이였다. 유대인이 사장의 여주인공이나 악당으로 등장하면 이슬람시대의 유대인 황금시대가 무너진다 해서 유대문학 속의 유대인은 미덕의 상징처럼 묘사했고 성 문제는 의학의 대상범위에서 벗어나지 않는 정도로 취급했다. 그러나 유대인의 실제상황은 사랑의 이야기가 가득 담긴 낭만적 과거와 성이 긴 회색 스커트 속에 숨겨져 있는 비참한 현재로 갈라져 있었다. 이 현실 도피적 소설들은 '영원한 게토의 유대인'이라는 이미지를 깨뜨려 버리는데 공헌했다. 유대인은 언제나 우롱 당하고 있었던 것은 아니다. 유대인도 낭만적인 연인이었고 용감한 장군이었다. 유대인은 자기 운명을 좌우하는 힘을 가지고 있었다. 구세주가 오기를 기다리는 것이 아니라 정치적 행동을 일으킴으로써 현재의 상황을 바꿀 수 있다—는 것을 그 소설들은 은밀히 비치고 있었다.

1850년에는 하시디즘의 세력이 쇠퇴하기 시작했다. 성장이 정지되고 그 자체를 제도화하지 못한 것이 큰 원인이 되어 사소한 일로 다투는 교파로 분열되면서 약체화하기 시작했던 것이다. 여기에는 낭만적 소설의 영향력도 작용했다. 많은 유대인이 하시디즘의 쇠퇴를 유대주의에의 복귀로 생각하지 않고 그 자체의 퇴보현상으로 보게 되었다. 그들에게는 신앙부흥의 집회에서 춤추고 노래하는 하시디즘 신자보다 낭만적 소설에 등장하는 용감한 영웅이 매력적이었다.

독자들의 견식이 이와 같은 경향으로 흐르게 되는 것을 보고 하스칼라 저술가들은 유대주의의 의이라든가 유대인의 정황을 고찰하는 진지한 주제를 채택했다. 그리고 지식층을 대상으로 하는 저술은 히브리어로 쓰고 대중을 위한 것은 이디쉬어로 썼다. 한 세기 동안에 동유럽에서는 히브리어와 이디쉬어로 저술하는 위대한 작가들이 많이 배출되었는데 그들은 르네상스 시대의 인도주의자들이 그랬던 것처럼 문학과 실제생활 양면에 영향을 주었다.

5천 년 세계사는 성서시대의 유대인의 예언자 문학과 페리클레스 시대의 그리스 비극, 엘리자베스 시대의 시극 그리고 19세기의 영혼을 모색하는 러시아 문학 등 네 문학시대를 기록했다. 러시아에서는 불과 50년 동안에 푸시킨, 고골리, 투르게니에프, 도스토옙스키와 톨스토이 등 문호가 불멸의 문학을 이룩했다. '문화에는 문화'라는 유대인의 이산(離散) 문화의 정식대로 러시아의 유대인도 문학을 낳았다. 이것은 러시아 문학의 위인들이 남긴 업적에는 비할 바가 못되지만 그 나름의 특질을 가진 문학이었다.

러시아의 소설에 등장하는 작중인물의 이름은 러시아명이었지만 보편적 성격을 가지고 있었다. 이와 마찬가지로 유대인 소설의 등장인물도 유대 이름으로 불렸지만 그 성격과 인간형은 보편적이었다. 러시아 문학의 거장들이 러시아인의 영혼에서 내면적 가치를 탐구한 것과 마찬가지로 히브리어나 이디쉬어로 작품을 쓴 작가들은 유대인의 영혼에서 내면적 가치를 탐구했다. 그리고 이디쉬어로 작품을 쓴 작가들은 주로 픽션을 썼고 히브리어로 저술한 작가들은 시나 논문을 썼다. 히브리어 작가들은 초기의 낭만주의 소설에서 사실주의 소설로 이행했고 히브리어 작가들은 팔레스타인을 정치적 구심점으로 하려는 유대인의 새 희망, 즉 시오니즘에 대해서 저술하게 되었다.

히브리문학 그 자체를 풍요하게 성장시키면서 유대사에도 영향을 준 초기의 히브리어 평론가 중에서 가장 중요한 위치에 있던 사람은 아하드하암이다. 그는 우크라이나의 부유한 정통파 가문에서 태어나 토라와 탈무드를 수학하고 빈, 베를린, 브레슬라우 등지의 대학에서 공부했다. 그러나 어느 대학에서도 졸업은 하지 못했다. 그는 오데사에서 살다가 런던에 가서 잠시 체류한 다음 1922년 팔레스타인으로 돌아와서 테라비브에 거주하게 되었다. 정치적 시오니즘과 문화적 책임감을 연결시킨 그는 시오니즘의 기능은 정치적 문제를 해결할 뿐만 아니라 생존을 계속하는 유대인의 문화적 문제, 즉 유대주의의 정신문제도 해결하는 것이라고 생각했다. 개인을 민족에 결부시키는 것은 국가가 아니라 문화라는 것이 그의 의견이었다. 흩어진 유대인을 하나의 민족적 유기체로 결합시키려면 하나로 통합된 문화를 가져야 하는데 이 역할을 다할 수 있는 것은 팔레스타인에 있는 정신적 중심지뿐이라고 그는 주장했다. 이스라엘 프리들렌더는 그의 견해를 '시오니즘은 문화에서 시작되어 문화에서 끝나야 한다. 시오니즘은 유대주의의 중심으로 성취되어야 한다'는 것으로 요약했다.1)

아하드 하암은 기본적으로 평론가였지만 러시아 태생은 하임 비알릭은 유다 할레비와도 비견할 히브리어의 계관시인이었다. 그는 독학으로 공부했지만 탈무드는 제대로 배우지 않았다. 전통주의에 반대한 그의 일생은 쉬테틀적 정통주의에 대한 저항운동으로 점철되었다. 그는 오데사에 목재상도 경영해 보고 학교에서 교편생활도 했다. 그러다가 베를린으로 흘러가서 얼마간을 지내고 마지막으로 테라비브에 정착했다. '살육의 도시에서'라는 그의 시는 1903년에 러시아의 키시네프에서 발생했던 대량학살을 세계적 비극의 서곡으로 예언적으로 묘사한 것이었다. 이것은 1937년에 피카소가 1936년에서 39년에 걸쳐서 계속되었던 스페인 시민전쟁 당시 독일이 자행한 살육행위를 '게르니카'로 묘사함으로써 전체주의에 의한 전쟁의 공포를 예언한 것과 비슷하다. 수많은 유대인 청년들이 비아릭의 시를 읽고는 무저항주의

---

1) 유대인 논문집 ≪과거와 현재(Past and Present)≫p.421.

를 버리고 러시아의 지하운동에 참가하여 폭정과 폭군을 상대로 싸웠다. 그는 셰익스피어의 희곡과 실러의 ≪윌리엄 텔≫ 세르반테스의 ≪돈키호테≫ 등을 히브리어로 번역했다. 비알릭은 근대 히브리어에 생명과 힘을 준 제 1 인자였다.

크리미아에서 출생한 사울 체르니홉스키(1875~1943)는 아하드 하암이나 빌리악과는 상당히 이질적인 생애를 보냈다. 토라와 탈무드를 한 번도 읽은 적이 없었다. 양친은 경건한 유대인이었으나 아들이 러시아 소년들과 어울려서 노는 것을 막지 않았다. 일곱 살 때부터 공부한 히브리어를 통해서 그는 유대인을 사랑하게 되었다. 1899년에 하이델베르크 대학에 들어가 의학을 공부했는데 재학중에는 끊일 사이 없는 연애사건에 말려들곤 했다. 미남자인데다 교육도 받았기 때문에 그는 유대인 상류사회에서나 그리스도교도의 상류사회에서나 인기가 있었다. 히브리어로 아름다운 시를 써서는 그리스도교도 처녀들에게 바쳤다. 그러다가 나중에는 그리스도교도인 그리스 여자와 결혼했다. 제 1차 세계대전 때는 러시아군의 종군 의사로 근무했고 러시아 혁명에도 참가했다. 한 때 독일로 생활무대를 옮겼다가 1931년 팔레스타인에 가서 정주하게 되었다.

세련된 코즈머폴리턴인 이 유대인은 정열적인 자기의 시를 통해 기도용 숄에 신을 싸서 치워버린 탈무드주의자로부터 신을 해방하기 위한 투쟁대열에 참가하라고 주장했다. 그는 ≪일리아스≫와 ≪오디세우스≫ 그리고 몰리에르와 괴테의 작품 등을 히브리어로 번역했는데 그 솜씨는 히브리의 고전을 읽는 것 같은 착각을 가지게 할만큼 훌륭한 것이었다. 그는 핀란드어도 배워 장단격 두운(頭韻)의 형식으로 쓰인 핀란드의 서사시 ≪칼레발라(Kalevala)≫를 히브리어로 번역했다. 그리고 이 ≪칼레발라≫에서 소재를 얻어 그 장단격과 같은 형식으로 쓴 롱펠로우의 시 ≪하이어와더(Hiawatha)≫도 히브리어로 번역했다. 그러나 체르니홉스키는 유대주의

자였고 그의 시는 언제나 유대인의 정치적 각성과 역사적 수명에의 회귀(回歸)를 노래하고 있었다.

이디쉬 문학도 히브리어의 세속문학과 함께 성장했다. 그때까지는 이디쉬문학 같은 것은 유대사에 없었다. 히브리어는 토라와 예언자 문학의 언어였고 4천 년의 역사를 가진 유대인의 고전어였지만 이디쉬어는 12세기의 라인강 협곡에서 독일어와 히브리 사이의 사생아로 태어난 민속어였다. 그 당시 유대인들은 이야기를 할 때는 서로 독일어를 사용했지만 글을 쓸 때는 히브리어를 사용했다. 이것이 몇 세기를 거치는 동안 독일어에 변화가 일어나기도 하고 히브리어가 첨가되기도 한끝에 그 자체의 구문법을 가지게 되었던 것이다. 새로 만들어진 이 언어는 유대인이 동유럽으로 이주할 때도 따라가 폴란드어와 러시아어, 리투아니아어 사이에서 사용되었다. 18세기에는 동서 유럽의 유대인 대다수가 이디쉬어만을 사용하게 되었고 히브리어는 학자의 저술용어와 기도용어가 되었다.

하스칼라 저술가들은 유대인 대중을 독자로 포섭하기 위해 이디쉬어를 사용했다. 이 언어는 엄격한 문법이 없는 유동적 민속어였기 때문에 그 나름의 제약이 있기는 했지만 유리한 점도 많았다. 영웅적 서사시나 섬세한 심리를 묘사하는데는 적합하지 않지만 서정적 표현이나 풍자에는 적격이었고 애매한 사상(事象)은 표현하지 못했지만 감정을 이입하는데는 최고의 효과를 올렸다. 단테가 이탈리아어를, 초서가 영어를, 루터가 독일어를 정리 보완했듯이 하스칼라 저술가들은 이디쉬어를 다듬었다.

이디쉬어를 사용하는 유대인이 독일의 강제 수용소에서 죽어도 하스칼라 저술가들의 재능이 만들어낸 문학은 죽지 않았다. 역사가 외면한 '거주지의 울타리' 안에서 태어나 그리스도교도들로부터 시대착오의 무리라고 천대받았던 300만 유대인을 위해서 만들어진 이 이디쉬문학은 쉬테틀의 유대인이 사라져버린 뒤에도 생존하는 인간들을 창조했다. 유대인 하스칼라 저술가들은 천대받고 상처 입은 사람들을 생각해서 보편적인 형상을 만들었다. 가장 위대한 하스칼라 저술가들은 최초에 등장했던 멘델레 모헤르 스포림(책장사 먼텔레)과 숄렘 알레이헴 그리고 I. L. 페레츠 등 세 사람이다.

멘델레 모헤르 스포림은 하스칼라 때문에 길을 잘못 든 전형적 탈무드 학자였다. 그는 리투아니아에서 출생했는데 그의 가문에서는 대대로 많은 랍비가 배출되었다. 교실이 하나뿐인 쉬테틀의 학교나 학문소에서 싫증이 나도록 탈무드만 공부한 그는 유대문화의 세습적 성격에 반항심을 일으켜 서유럽 문학을 독학으로 배웠다. 당초 멘델레는 히브리어로 저술했으나 얼마 후에는 이디쉬어를 사용했다. 그 당시의 지식인들은 이디쉬어를 쓸모 없는 혼성어로 간주했다. 그는 '울타리'안에 거주하는 유대인의 편협적 성격과 교조주의(敎條主義)를 통렬히 비난했지만 사람들은 그 비난의 배후에는 유대인에 대한 사람이 있다는 것을 알았다. 그는 모든 작품에서 유대인 공동체의 잠재적 감정을 재현하려고 시도했다. 그가 묘사하는 유대인에게 놀라운 보편성이 있고 또 그 작품에 가장 정확하게 번역된다면 그는 러시아의 문호들이 받은 것과 같은 찬사를 받게 될지도 모른다.

19세기의 '거주구역' 유대인은 자기들 자녀의 문필활동을 꺼렸다. 새로운 저술의 대상이 될 만한 소재가 없다고 생각했기 때문이다. 그러나 숄렘 알레이헴의 아버지는 예외였다. 쉬테틀의 전통적 교육을 받은 그는 열 일곱 살이 되었을 때 그 전통을 반대하고 히브리어로 저작활동을 하는 한편 생활비를 조달하기 위해 러시아어를 가르쳤다. 그가 맨 처음으로 시도한 문학적 과제는 그의 의모(義母)가 곧잘 쓰던 이디쉬어의 비어(卑語)와 악습을 수집해서 정리해 보는 것이었다. 그는 부유한 지주의 딸과 결혼, 광대한 농토를 관리했으나 증권시장에서 돈을 털리고 빈손이 되어 다시 저술을 시작했다. 그 때는 이디쉬어를 사용했다. 그러다가 러시아를 떠나 스위스와 덴마크 등지를 전전한 끝에 미국으로 건너갔다.

숄렘 알레이헴은 유대판 마크 트웨이라고도 할 작가였다. 그는 유대인을 사랑하고 있었기 때문에 유대인과 게토와 종교의식을 야유할 수 있었다. 신의 선민인 유대인상을 기묘하게 묘사해 보여 사람들을 웃기기도 했다. 숄렘과 친교를 가졌던 테비에는 '숄렘은 게토의 유대인의 선민상을 "나는 하나님 덕분에 가난뱅이로 태어났다"는 표현으로 요약했다'고 말했다. 숄렘 알레힘은 무력한 대중을 묘사하고, 천대받고 상처 입은 군상의 존엄성을 옹호했다. 사람들은 게토에서 생활하는 유대인의 괴로움에 대해서 '하나님이 그렇게 되기를 바랐다면 할 수 없는 일이지만 만일 그렇지 않다면 왜 이 꼴이 되었을까'고 하면서 웃어버리는 것이었다.

폴란드 태생인 I. L. 페레츠는 한쪽 발로는 하시디즘의 전통을 딛고 또 한쪽 발로는 하스칼라의 전통을 딛고 있었다. 대학에서 교육을 받은 페레츠는 10년간의 변호사 생활을 거쳐 작가겸 편집인이 되었다. 제일 먼저 출판된 작품은 히브리어로 쓴 시집이었지만 그 후 곧 이디쉬어 소설로 방향을 바꾸었다. 그는 동유럽 쉬테틀의 유대인에게 19세기의 새 사상을 갖다 주었다. 그의 소설에는 대도시의 유대인이나 도시화되어 가는 지역의 유대인 노동자의 생활을 소재로 한 것이 많았다. 그의 필치는 현대 작가들처럼 정교하고도 박력이 있었다. 하스칼라의 히브리어와 이디쉬어 저작활동이 한 세기 가량 계속되자 그 영향력이 발휘되기 시작했다. 거주 지역 안의 유대인은 자기들의 괴로움은 신의 뜻에 의한 것도 아니고 죄 값으로 내려진 것도 아니라는 것과 정통파의 교조가 신의 가르침이 아니라는 것 그리고 하시디즘이 지상의 천국이 아니라는 것을 이해하게 되었다. 정통파에 반항하는 유대인이 늘어날수록 랍비들의 힘은 점점 상실되었다. 유대인은 보다 진실한 기도의 측면에서 자기들의 해방을 생각하는 사고방식을 버리고 보다 효과적인 조직의 측면에서 생각하게 되었다.

하스칼라가 동유럽의 해방된 유대인 청년들까지 받아들일 수 있는 유대적 가치의 창조를 가능하게 했기 때문에 러시아나 폴란드의 유대인들은 그리스도교로 개종하지 않았다. 그 대신 그들은 합리주의 시대에도 해답을 주기 어려운 질문을 제기했다. 준즈 일파들처럼 과학적인 해답을 요구한 것이 아니라 철학적인 것을 요구했던 것이다. 이점에서 그들은 서유럽의 지식인들과 공통되는 입장에 서게 되었다. 그리하여 동유럽의 하스칼라와 서유럽의 계몽주의는 자신들도 모르는 사이에 서로 접근했다. 그리고 1900년대는 상징적 의미에 있어서의 합류가 실현되었는데 이 합류에서 유대 실존주의가 탄생했다. 새로운 이 철학을 성립시키는데 가장 크게 기여한 사람은 프란츠 로젠쯔바이그와 마르틴 부버였다. 동유럽과 서유럽 접경지대에서 출생한 이 두 사람은 서유럽 계몽주의의 산물임과 동시에 새 유대주의의 방법론으로서 하시디즘의 저류(底流)에 있는 심리적 기초를 포착한 자들이었다.

프란츠 로젠쯔바이크(1886~1929)는 동화주의자인 독일의 유대인 가정에서 태어나 프라이부르크와 베를린의 대학에서 철학과 의학을 공부하고 그 학위를 얻었다. 그 무렵 그는 유대주의에서는 합리적 철학을 찾아낼 수 없다는 이유로 프로테스탄트로 개종할 마음을 가졌다. 유대인으로서의 교육은 받지 않았지만 단순한 무신론자로서 그리스도교도가 되는 것보다는 과거에 유대교도였던 자로서 개종하는 것이 정직한 방법이라고 그는 생각했다. 그리스도교로 개종하기로 결정한 전날은 마침 유대교의 '속죄의 날'이어서 무심코 근처 시나고그에 가서 기도문에 귀를 기울였는데 거기서 그는 유대인으로서 각성했다. 그리고 그리스도교로 개종하는 대신 유대주의로 재 개종했던 것이다.

프란츠 로젠쯔바이크가 ≪구원의 별≫을 저술한 것은 제 1차 세계대전의 동부전선에서 종군하고 있을 때였다. 그는 엽서나 포장지 조각에 간추려진 생각을 적어 어머니에게 보냈고 어머니는 그것을 정서했다. 그는 탈무드의 율법을 존중하는 사상과 토라를 중요시하는 경향을 혼돈하고 있는 정통파 유대주의와 신에 대해서 느끼는 희열을 신 자체로 혼돈하고 있는 하시디즘과 그리고 유대주의를 국가주의의 한 형태로밖에는 보지 않는 정치적 시오니스트를 적으로 간주하고 이 적으로부터 유대주의를 구출하려고 했다. 과거에 그는 신앙을 인간의 정신과 신의 가르침과의 경합으로 생각했지만 이제는 인간과 신이 접촉함으로써만 이해되는 것으로 생각하게 되었다. 신앙이란 존재에 관한 문제이지 정신만에 관한 문제는 아니라는 것이 그의 주장이었다. 로젠쯔바이크의 마지막 생애는 비참했다. 그는 엄지손가락 하나만을 제외한 전신이 마비되는 병에 걸려 특별히 만든 의자에 몸을 동여매다시피 하고 앉아 성한 것이라고는 오직 하나뿐인 그 엄지손가락으로 아내에게 글자를 하나하나 가리키면서 문장을 만들었다.

로젠바이크는 마루틴 부버에게서 강렬한 영향을 받았다. 부버는 생존 중에 이미 예언자로서 존경을 받았고 유대인과 그리스도교도에게도 깊은 감응을 주었다는 사실이 인정된 현대의 철학적 신학자였다. 그는 유대주의적 실존주의 철학을 성립시켜 프로테스탄트 신학자인 폴 티리히와 가톨릭의 인도주의 철학자인 니콜라이 베르디아에프에게 큰 영향을 주었다. 오늘날 부버의 사상은 프로이트의 정신분석학처럼 서유럽 문화권에 전파되어 교육자나 사회학자, 정신분석학자, 심리학자, 철학자, 신학자, 시인 등에게 영향을 주고 있다.

부버는 1878년 빈의 유복한 가정에서 태어나 폴란드의 갈라치아에서 자랐다. 그는 전통적 유대교육을 받은 다음 빈과 베를린에서 철학과 미술학을 공부했는데 베를린 대학에서는 철학박사 학위를 받았다. 그는 시오니즘 운동에 참가, 프로테스탄트 신학자와 가톨릭계 정신분석 학자와 함께 종교에 연관성을 가지는 사회문제를 고찰하는 잡지를 편집 발해했다. 그러나 부버의 명성을 세계에 알린 것은 그 잡지가 아니라 하시디즘과 신학에 관한 그의 철학론이었다.

인간에게는 이중관계가 가능하다고 부버는 말했다. 하나는 '실재'이고 또 하나는 '인식'인데 이 두 가지 요소에 의해서 인간은 실존하는 자기의 내면적 의미를 파악한다는 것이다. 그래서 부버의 사상은 실존주의로 불리게 되었다. 또 그는 과학을 종교로 설명할 수 없는 것과 마찬가지로 종교를 과학으로 설명할 수는 없다고 말했다. 인간의 정신을 이해하기 위해서 그는 프로이트의 정신분석학적 통찰법에 의존했지만 프로이트와는 달리 종교를 '환상'으로는 생각하지 않고 하나의 현실로 받아들였다.

'인간에게는 영혼이 있다. 무의식의 민족적 영혼이 있다. 개인으로서의 유대인이 내부에 있는 무의식의 영혼은 유대인의 집단적 정신을 거울로 해서 반영된다'고 부버는 말했다. 이 영혼은 4천 년 유대사를 압축해서 존재하는 것이므로 유대인이 자기를 알기 위해서는 항상 유대인의 역사를 자각하지 않으면 안 된다는 것이다. 부버의 견해에 따르면 구약 성서는 이스라엘 선민이 하나님을 집단적으로 체험했음을 보여주는 증거물이 되는 셈이다. 유대인의 전통은 유대인 한 사람 한 사람의 잠재의식 속에 보존되어 있기 때문에 유대인 각자는 신과의 집단적 해후를 개인으로서 체험할 수 있는 것이다. 부버의 '나와 너의 만남(I and Thon encounter)'이라는 유명한 어구는 이것을 의미하는 말이다. 부버에 의하면 구원에의 열쇠는 신앙을 통해서 가지게 되는 신과의 집단적, 개인적 만남에 있다. 그러한 신앙에는 교리는 필요치 않다. 그러한 신앙은 이성에 대립되는 것도 과학에 반대하는 것도 아니고 신앙을 필요로 하는 사람의 회구에 응하는 것이다. 부버의 철학은 더욱이 인간과 물질 사이의 '나와 저것(I-It)'이라는 관계가 지배적인 근대사회의 비인격화(非人格化)에 대한 저항이기도 했다. 진실한 민족 공동체의 힘은 인간과 신과의 '나와 너'라는 관계에서만 끌어낼 수 있다고 그는 주장했다.[2)]

2) 윌 허르버그 편 ≪마틴 부버 저작집≫ 〈침묵의 물음〉에서 Will Herberg. The Writirgs of Martin Buber. p.314.

1938년 60세가 된 부버는 독일에서 팔레스타인으로 가서 예루살렘의 히브리대학 사회철학 교수가 되었다.

하스칼라는 제 1차 세계대전의 초연 속에서 19세기와 함께 사멸했다. 독일 계몽주의의 아들로서 서유럽에 태어나 유대인 지식층의 세계와 동유럽에서 자란 하스칼라는 서유럽 계몽주의 위에 채색되었던 유대적 인도주의였다. 하스칼라 저술가들은 유대인의 과거의 영광을 비춰 보여줌으로써 '거주구역' 내의 유대인들을 각성시켰다. 그리고 히브리어를 세속적 언어로 부활시키고 이디쉬어를 문학용어로 함으로써 유대인의 문화를 풍요하게 했다. 생존을 계속하려는 유대인의 의지를 재생시킨 것은 서유럽의 계몽주의와 동유럽의 하스칼라였다.

유대인으로서 살아가려고 하는 의지의 새로운 표현은 시오니즘과 함께 태어났다. 동서 유럽의 유대인과 미국의 유대인을 결합시킨 것도 시오니즘이었다. 미국의 유대인은 2세기만을 걸쳐서 세계의 유대인의 상황에 대해서는 극히 작은 역할밖에 하지 못했지만 20세기가 되자 그들은 유대인의 운명을 결정하는 중요한 힘이 된 것이다. 미국의 유대인의 역사와 유럽의 그것이 교류하게 된다면 우리는 여기서 대서양을 넘어 미국의 유대인에 대해서 말하지 않으면 안 되겠다. 왜냐하면 미국의 유대인은 '이산'의 유대주의의 지도적인 입장에서 서려고 하고 있기 때문이다.

만일 적극적인 사랑을 가지고 스스로 존재의 내면에 들어가지 않으면, 만일 그러한 존재의 의미를 발견하지를 않으면 존재는 무의미한 것으로 존속할 것이다.… 그러므로 근대의 세계가 제시하는 침묵의 물음에 대한 암은 바로 여기서 발견할 수 있다. 세계는 그것을 인식할까? 유대인은 유대인의 존재가 유대인의 종교적 존재로서 재상할 것인가 어떤가에 걸려있다는 것을 인식할까? 이스라엘은 유대인의 국가와 장래를 약속할는지도 모른다. 고유의 문화를 가지는 국가까지를 약속했는지도 모른다. 그렇지만 유대주의는 그것이 유대인과 인류와의 원초적인 관계를 회복했을 때 비로소 생명 있는 것이 될 것이다.

27. 아메리카 : 새 바빌로니아

미국의 유대인 역사는 통속적인 것과 예언적인 것이 기묘하게 혼합된 것이다. 미국에 있어서의 유대사는 스페인 탐험가들의 도래와 함께 16세기에 남미에서 시작되어 영국과 폴란드 식민주의 확장의 물결을 카고 17세기에 북미로 흘러들었다. 그 최초의 250년간, 미국의 유대사는 유럽의 그것의 기이한 역전(逆轉)이었다. 1650년에서 1900년까지 미국의 유대인은 열등한 나라이며, 미국인도 열등하다고 생각했던 것처럼 유럽의 유대인도 미국의 유대인은 지적으로 열등하다고 생각하고 있었다. 그리고 1,2차 세계대전을 지나 미국이 서양 세계의 주도권을 잡기 시작하자 20세기의 미국 유대인도 세계 유대인에 대해서 지도적인 입장을 차지하려는 생각을 갖게 되었다.

미국과 유럽에서 유대사의 지적인 방향이 역전한 것은 무슨 이유일까. 로마와 그리스의 관계와 미국과 유럽의 관계를 비교함으로써 이것을 설명하는 학자도 있다. 그 설에 의하면 유럽인이 문학이나 미술에 있어서 선구자이고 과학에서는 이론적인데 대해서 미국인은 사상적으로는 반지성주의이며 문학이나 미술에서는 모방자이고 과학에서는 기술자라고 하는데, 그 정의가 성립된다면 이것은 미국과 유럽의 유대인의 관계에 대해서도 설명해 주는 것이 된다. 왜냐하면 1900년경까지의 유대인의 활동은 모두 유럽을 표준한 정채(精彩)없는 모방이었기 때문이다. 이것은 또한 '이산의 유대인 문화 패턴' 즉 '문화에는 문화'라는 동태복수법칙(同態復讐法則)에도 합치한다. 왜냐하면 그리스도교도의 미국 문화가 바로 그러했던 것처럼 유대인의 문화도 그때 반지성주의적이고 실용주의적이었다. 이러한 대조는 유대인의 미국 이주의 네 개의물결의 양상으로 설명된다. 1650년에서 1880년까지 2세기 동안에 있었던 두 개의 물결은 문화적으로 불모(不毛)였다. 그리고 1880년에서 1950년 사이에 밀려온 두 개의 물결은 문화적으로 비옥한 것이었다.

1621년에는 이미 도래한 스페인계 유대인이 식민지 정치에서 활약하지 않았으며 미국 독립혁명을 위해서 힘쓰지도 않았다. 그들은 유럽에서와 같이 정치가나 학자나 철학자가 되지는 않았다. 그들은 무역에 종사하며 상인이 되었다. 1825에서 1880년 사이에 찾아온 독일계 유대인도 역시 그랬다. 그들은 완전 동화하여 번영했지만 미국 역사의 형성에는 거의 중요한 역할을 담당하는 일이 없었다. 그들은 중공업을 개발하거나 진보적인 입법을 위해서 선두에서 싸우거나 '뉴잉글랜드 문학의 개화'에 관여하는 일은 일체 하지 않았다.

그러나 1880년에서 1920년에 걸쳐서 경시 당하던 극빈한 러시아의 2백만 유대인을 역사가 이주시켰을 때 유대인의 지적 생활은 갑자기 미국에 뿌리를 내리기 시작했다. 유대인의 지성의 중심이 구세계에서 신세계로 옮겨진 것이다. 그것은 마치, 기원전 6세기에 유대왕국이 붕괴한 후 유대인의 지적 세계의 중심이 팔레스타인에서 바빌로니아로 옮겨진 것과 흡사하다.

신세계에 있어서의 유대사의 발단은 서반구의 발견과 때를 같이한다. 유대인은 그 발견과 탐험과 그곳으로의 이주에 대해서 오늘의 학자가 아는 것 이상으로 큰 역할을 하고 있었다. 누가 유대인의 역사적 항해나 그 계획에 대한 공적을 인정하겠는가. 유대인의 수학자나 과학자는 이 원정들을 위한 토대를 쌓기 위해서 1세기에 걸친 노력을 한 것이다. 유럽에서 '지도(地圖)와 나침반의 스승'으로 불려지고 있던 아브라함 크레스쿠는 마죠르카의 지도제작자였으며 유럽의 항해자가 바다를 건너가는데 사용한 지도를 만들었다. 그의 아들은 '지도의 유대인'이라고 불리며 자코모 드 마죠르카라는 이름으로 사그레스섬의 해상 관측소 소장으로 일했다. 포르투갈의 항해 왕자 헨리가 그의 유명한 항해

학교의 교장을 찾아왔을 때, 왕자는 마죠르카의 유대인 과학자의 학교에서 온 대표적인 지도 제작자 야곱 스승에게 그 지위를 내주었다.

스페인에서 유대인이 추방된 뒤, 유대인 천문학자 아브라함 자쿠토는 포르투갈 왕 죠안 2세의 왕실 천문학자가 되었다. 그때까지도 그의 저작은 히브리어에서 스페인어와 라틴어로 번역되어 있지 않았다. 바스코다가마는 인도를 탐험하기 위해 떠날 때 자쿠토에게 의견을 묻고 있었다. 프랑스의 학자 샤르르 드 라 론시에르도 말하는 것처럼 이들 중세 유대인 과학자, 지도 제작자, 천문학자는 '아프리카를 도는 항해에서 신세계 발견에 이르기까지의 위대한 발견의 토대가 되었다.'

미국의 유대사는 칼럼버스가 인도에의 무역로를 찾아 최초의 항해를 떠난 동년 동월에 일어난 유대인의 스페인 추방과 함께 시작된다. 유대인은 우수한 뱃사람, 독도사(讀圖士), 통역, 외과의사 등으로 칼럼버스의 배를 탔다. 역사를 주석(註釋)하기 위해서 여기 기록해 두는 것은 칼럼버스의 배가 도착한 카리브해 섬의 인디언들은 배에 타고 있던 유대인의 통역 루이스 드 토레스라는 사나이로부터 우선 히브리어와 아랍어로 인사를 받았다. 칼럼버스는 원주민은 필경 히브리어나 아랍어를 알고 있으리라고 생각했기 때문이다. 또한 감자와 함께 서양인의 식사를 풍요하게 한 옥수수를 발견한 것은 토레스였다. 너희들은 무엇이든 유대인이 했다고 말한다는 비난을 받을 줄 알면서 다시 첨가하자면 유럽에 담배를 가져온 것은 월터 레일리경이 아니라 토레스와 그의 그리스도교도인 친구로 드리고 드 제레즈이다.

유대인의 신세계 이주는 포르투갈의 마누엘 대왕과 페르난도 드 로론하라는 한 사람의 마라노(marrano)와의 사이에 맺어진 약속이 발단이 되었다. 드 론로하는 브라질에 정주할 권리를 얻기 위해서 브라질의 연안을 매년 300평방 리그(약 7000평방 킬로미터)씩 탐험하고 그와 함께 항해 한 자들이 살게 될 장소에는 요새를 쌓는다고 약속했다. 1502년 로론하의 5척의 배는 종교재판을 피하려는 마나로들을 가득 태우고 브라질로 출발했다. 몇 사람 안 되는 그리스도교도 승무원 가운데 아메리코 베스푸시가 있었다. 그의 이름은 뒤에 아메리카 대륙의 이름이 된다.[1] 1503년 로론하와 간 마라노들은 브라질에 최초의 요새를 쌓는다.

서유럽에서 추방된 유대인들이 도피 장소를 찾고 있던 관계로 남미로 이주하는 유대인의 수는 급격하게 증가했다. 16세기 종반경에는 그들이 담배와 사탕 농장을 여러 곳 소유하게 되어 원료를 수출하고 제품을 수입하는 상인, 재정가들의 두꺼운 층이 이루어졌다. 그러나 신대륙에도 곧 종교 재판이 닥쳐왔다. 새로운 경제를 자유롭게 발전시키는 대신 스페인과 포르투갈 정부와 긴밀하게 결합된 이단 심문소가 봉건체제를 수립해 버렸다. 무역과 경작을 하기 위해서 온 유대인들과는 달리 그리스도교도 이주자는 약탈과 강탈을 위해서 달려온 것이었다. 그러나 만일 이단 심문이 없었다면 지배적인 문명은 북미가 아니라 남미에 육성되었을지도 모르는 일이었다.

신세계에 있어서의 스페인과 포르투갈의 식민의 독점은 오래가지 않았다. 스페인 사람과 포르투갈 사람의 상자에 금은이 가득찬 것을 안 영국과 프랑스와 네덜란드는 각각 '황금의 나라'(Eldorados)를 찾아 함대를 보냈다. 이단 심문을 피하려는 브라질의 유대인 가운데서 자기편을 발견했다고 생각한 네덜란드 사람은 포르투갈 사람의 손에서 브라질의 교역소를 빼앗기 위해서 힘을 빌리라고 요구해 왔다. 네덜란드는 얼마 안 가서 브라질에 발판을 찾았지만 불행하게도 그들은 1654년에는 포르투갈인들에게 추방당했다. 유대인은 산산조각이 되어 도망쳐야 했다. 일반적으로 합중국에 있어서의 유대인의 역사는 그해 9월에 시작되었다고 본다. 당시는 뉴 암스테르담이라고 불

1) 이것은 아메리코 베스푸치에게는 두 번째 남미 항해였다. 첫 번째는 1500년으로 스페인국을 위해서 갔다. 두 번째 여행 뒤, 아메리코는 여행기를 저술하여 인도가 아니라 다른 신대륙이 발견되었다고 말했다. 그 결과 지리학자 마틴 발드쎄뮬라가 신대륙을 '아메리카'라고 이름붙이자고 제안하게 되었다. 아메리코 자신은 북아메리카의 땅을 밟은 일이 없다.

렸던 뉴욕에 브라질에서 도망해 온 2,3인의 유대인이 성급한 시장 피터 스타이베선트에게 뉴욕에서 살도록 허가해 달라고 청원한 시기이다.

뉴 암스테르담은 작기는 하지만 국제 도시여서 750명의 주민이 도합 18개국어를 사용하고 있었다. 그러나 히브리어를 말하는 자는 없었다. 유대인 따위는 없어도 좋다고 생각한 우수한 정치가 스타이베선트는 말하자면, 네덜란드 서인도회사의 '부사장'으로서 본사에 연락을 하여 유대인을 추방하는 허가를 성립시키려고 했다. 유대인은 브라질에서 네덜란드인을 도왔으니 거주시켜 달라고 청원했다. 진정은 가납되었다. 1657년, 그들은 네덜란드 시민이 되었지만 새로운 자격이 주어지자마자 이번에는 전쟁으로 인하여 영국에 속하게 되었다. 1664년, 영국 이 네덜란드인을 북미에서 추방했을 때 브라질 종교재판에서 도망쳐온 피난민들은 영국 식민지인이 된 것이다.

영국의 북미 식민지에서의 유대사는 공동체의 역사라기보다는 개인사(個人史)이다. 이 시기에는 유럽에서 공동체 전체가 이주해 오는 일은 없었고 개인이나 가족을 단위로해서 왔기 때문이다. 그들은 도착하고 얼마안가서 광대한 아메리카로 흩어져서 미국의 사회체제에 삼켜져 버리고 말았다.

이렇게 삼켜져 버리게 된 조건이 둘 있었다. 하나는 미국의 사회 체제의 성격이며, 또 하나는 청교도 정신의 성격이었다. 식민지에서는 봉건적인 자치국가가 건설된 일은 한번도 없었기 때문에 '유대인 중산계급'이라는 특수한 존재도 불필요했다. 식민지 자신이 중산계급이 되었다. 존재를 위협하는 자도 없었기 때문에 유대인이 자치를 할 필요도 없었다. 미국의 법정에서 정의를 잡을 수 있었기 때문에 자기들끼리의 재판관을 둘 필요도 없었다. 사실 미국에서는 결코 유대인의 자치라는 생각 자체가 뿌리를 내릴 수 없었다.

유대인이 미국에 급속하게 스며든 것은 뉴잉글랜드의 청교도 정신이 유대주의적인 성격을 가지고 있었기 때문이었다. 청교도는 자신들이 구약성서의 정신을 이어받은 자라고 생각하고 신약성서는 그리스도 얘기에 불과하다고 말하고 있었다. 그들은 구약성서에서 신을 찾으며 청교도가 영국에서 '유대인의 신파(新派)'라고 불린 이유의 하나도 바로 거기에 있었다. 청교도는 그 영국 탈출을 유대인의 이집트 탈출에 견주며 매사추세츠만 연안의 식민지를 새 예루살렘이라고 생각하고 있었다. 하버드대학이 창설되었을 때 라틴어, 그리스어와 함께 히브리어를 교육하게 되었다. 실제로 식민지의 공용어를 히브리어로 하면 어떻겠느냐는 안까지 나온 일이 있었으며 죤 코튼(Jo -hn Cotton)도 모세 율법을 매사추세츠 법의 바탕이 되게 하자고 생각했었다. 이러한 청교도 정신이 있었기 때문에 미국 헌법에는 모세 법전에서 인용한 부분이 많은 결과가 되었다.

식민지 시대의 미국 유대인 사회는 계획도 조직도 없었으며 형편에 따라 서서히 형성되어 갔다. 버지니아에서는 1621년에, 매사추세츠에서는 1649년에, 메릴랜드에서는 1658년에 유대인의 개척지가 이루어졌다. 1733년에는 유대인이 죠지아에 가게 됨으로써 13주 전부에 유대인이 살게 되었다.

독립혁명이 일어남으로써 식민지 시대는 막을 내렸다. 유대인도 다른 식민지와 같이 양진영에 속해 있었지만 유럽의 경우와 같이 자유를 주장하는 측에 속한 자가 많았다. 워싱턴 장군은 그리스도교도의 재정가뿐만 아니라 유대인 재정가에게 의지하여, 무기 공급과 무가치한 수표의 배서(背書)를 받았다. 그러나 하임 살로몬이 자기 재산 3만 달러(당시에는 막대한 돈이다)를 내던져 혁명을 지지했다는 소문은 근거가 없는 것이다. 하임 살로몬은 '재무국 소속의 중매인'이라고 자칭하고 있었지만 그의 일은 '전쟁 채권'을 파는 오늘날의 은행 업무를 하는 일이었다.

처음 식민자 물결에 섞여온 유대인 중에는 스페인파가 압도적으로 많았지만 1700년이 지나자 그들은 이따금씩 독일에서 오는 유대인과 완전히 뒤섞였다. 1750년에는 이미 독일계 유대인의 수가 스페인계 유대인 수를 웃돌았다. 그러나 그 뒤 반세기 동안은 아직 스페인계 유대인이 사회적으로 우세했었다. 이들 유대인 이민과 그 자손들은 유복한 선주(船主)가 되었다. 그리스도교도와 함께 성황을 이룬 노예매매업을 한 자도 있었다. 미개척지의 개척을 향해 간 자도 있었다. 근소한 자만이 교양있는 신사가 되어 길버트 스튜어트에게 초상화를 그리게 하며 자녀들을 외국으로 유학시키기도 했다. 그러나 대부분은 직공 등이 되어 빛도 못보고 일생을 마쳤다. 그들은 헌법 제정에도 참가하지 못했으며 의회의 의원도 되지 못했다. 사법이나 행정 분야에서 중요한 지위에 앉지도 못했다.[2)]

1650년에서 1825년까지의 약 175년 동안 유대인 이민의 제 1단계가 끝날 무렵 미국의 유대인 인구는 약 1만 명이었다. 그들에게서 종교를 제거하면 다른 사람과 구별이 되지 않는다. 바보스러운 황색배지를 달지도 않으며 어리석은 모자를 쓰지도 않고, 귀밑머리 털을 길게 기르거나 검고 긴 옷을 입는 일도 없었다. 이름도 미국화 했다. 스페인어나 독일어나 히브리어나 이디쉬어를 버리고 영어를 썼다. 1730년까지 식민지에는 시나고그가 없었기 때문에 종교는 차츰 발판을 잃고 조용히 스며든 미국식 동화가 시작되었다. 유럽의 유대인이 그리스도교로 개종해 있을 때 미국에서의 그들은 공식적으로 종교를 버린다는 특별한 수속도 없이 어느 사이엔가 결혼을 통해서 유대주의에서 멀어져갔다. 그러나 동시에 출산율도 늘어나고 이민도 계속되어 1825년까지는 유대인의 인구가 오히려 안정되어 있었다.

1820년에서 1880년에 걸친 이민의 제 2파 시기에 유대인 인구는 1만에서 25만으로 증가했다. 그들은 7백만의 그리스도교도 피난민과 함께 유럽을 뒤흔든 피비린내 나는 혁명과 반혁명을 피해서 미국으로 건너온 것이다. 운 좋게도 유럽의 상황과 미국의 요구가 일치했다. 19세기의 확장하는 미국은 그들 유럽 피난민들이 농민이나 노동자나 상인으로서 건너오기를 바라고

---

2) 유대인의 최초의 하원의원은 1841년까지 없었다. 최초의 상원 위원은 1845년에 선출되었다. 두 사람 모두 플로리다 출신이다.

있었다. 서부가 개척되고 농업이 일어났다. 동부에서는 농업으로 번 이익을 공업에 투자하게 되었다. 미국은 서부에서 토지를 경작하는 농민과 동부와 서부에서 일하는 상인계급이 필요했다. 그 대부분이 농민이었던 그리스도교도 피난민은 서쪽으로 가서 농민이 되었다. 거의가 중산계급이었던 유대인 피난민은 기업가가 되었다.

대부분이 독일계였던 이들 유대인의 대다수는 동부 해안에 그다지 오래 있지 않았다. 그들은 어깨에는 마스킷 총을 메고 등에는 배낭을 지고 남으로 서로 루이스빌이나 뉴우올리안즈나 신시 내티나 크리블랜드나 시카고나 세인트루이스로 향해 갔다. 마침 이 쇄도기(Gold Rush)에 미국에 도착한 자들은 다시 서부로 나아가 샌프란시스코에 정주하게 된 최초의 사람들 사이에 끼었다. 그들의 자손은 현재 샌프란시스코의 토박이나 엘리트 가족으로서 남아 있다. 신참자는 밤낮 가리지 않고 일하며, 검소한 생활을 하여 이윽고 투자금을 마련하기 위해서 잔돈을 저축했다. 행상인의 바구니가 이윽고 잡화상 가게가 되고 나중에는 그것이 백화점이 된 것이다.3) 그러나 악착스럽게 재물을 벌다보니 배우는 일을 잊고 말았다.

노예문제는 미국을 분열시켰을 뿐만 아니라 유대인도 분열시켰다. 노예를 다루고 있는 자도 확실히 있었지만 대부분은 열성적인 노예제 폐지론자였다. 남부의 유대인은 노예제가 좋다고 생각하여 남부를 위해서 싸운 것이 아니라 남부를 사랑하기 때문에 싸운 것이었다. 그리고 남부의 유대인 엘리트들은 남부의 상류계급이 북부의 상류계급보다도 사실은 자유주의적이었으며 교육도 있는 듯해서 그들을 동정한 듯하다. 남북 전쟁이 터지자 남부의 랍비들은 남부연방을 위해서 싸우라고 선동하고 북부의 랍비들은 북군을 위해서 싸우라고 선동했다. 전쟁이 끝났을 때 북군에는 9인의 유대인 장군과 수백 명의 영관급 장교가 있었으며 남군에도 같은 정도가 있었다. 남부 연방

3) 미국의 백화점은 거의가 이들 초기 유대인 상인의 노력과 창의로 생긴 것이다.

에 최초의 유대인 정치가 쥬다 벤자민이 나타났으며 그는 제퍼슨 데이비드 아래서 국무장관이 되었다.

전쟁후 미국의 산업 확장은 강철, 석유, 철도, 선박, 화학제품, 석탄, 금속에 있어서 거대한 왕국의 무리를 탄생시켰지만, 은행업에 있어서의 근소한 예외를 제외하고는 유대인이 거의 완전히 제외되어 있었다. 그러나 소매업 부문에는 공백이 있어서 이민 온 유대인이 그 공백으로 흡수되어 들어갔다. 그러므로 유대인의 재산은 공업에 의해서 쌓인 것이 아니라 소매 산업에 의해 쌓인 것이다. 뒤의 세계는 이 재산을 예술과 사회사업에 투입했다. 구겐하임스 워버그나 스트라우스나 시프 등의 이름은 미국에서 사회사업과 문화사업을 의미하는 이름이 되었다. 그들은 훌륭한 회화(繪畵) 등의 수장품을 미술관에 기증했다. 교향악단이나 가극단의 운영 적자를 메꾸어 주고 음악회장이나 미술관의 건설에 막대한 지출을 해왔다. 예술과 과학 양쪽 분야에 장학금이나 연구비로서 신탁자금을 설립해 왔다.

19세기의 유대인은 미국의 사회적, 문화적 의식을 형성하는데 공헌한 유명한 실업가와 사회사업가를 배출했지만 위대한 정치가나 법률가, 학자 등은 배출하지 못했다. 버논 루이스 패링톤이 말하는 1800년에서 1860년에 이르는 '낭만주의 혁명'에서 유대인의 이름이 전혀 눈에 띄지 않는다. 유대주의 학문에 있어서도 마찬가지로 비참하다. 미국 유대인의 생활을 풍부하게 하는 하스칼라(Haskala)는 나타나지 않았다. 그러나 1880년대, 러시아계 유대인이 미국에 혼입(混入)되었을 때 양상은 일변했다. 다시 한번 미국의 경제적 요구와 이민의 물결이 일치하는 일이 잘되는 때였다.

1880년대란 역사가 두 사건을 결합시킴으로써 생각지도 않았던 결과를 낳은 시대였다. 동유럽에 있어서의 봉건체제의 붕괴는 몇백만 명이나 되는 이민을 미국에 쏟아 놓았는데 그 가운데 2백만 명은 유대인이었다. 알렉산더 3세와 니콜라스 2세의 반유대 정책은 유대인 학살(pogrom)과 기아를 낳았으며 유대인을 러시아로부터 축출했다. 러시아의 유대인이 밀려온 것은 때마침 미국이 스스로 삼켜버린 기반을 강화하여 사회 구조를 쇄신하려는 때였다. 도시가 농촌에 대해서 정치적 우위에 사며, 공업이 농업을 누르고 수도에서는 조직을 배경으로 움직이는 사람들의 의견이 영향력을 갖게 되었다.

그러나 경제의 큰 격차는 막아야만 했다. 미국은 자기가 만들어 놓은 거대한 산업 복합체를 가동시키기 위해서 몇 백만이라는 비숙련 노동자를 필요로 하고 있었다. 도시에서는 사람들을 먹여주고 입혀주고 오락을 제공하는 '서비스 산업'에 몇 백만의 인간이 필요했다. 폴란드인 러시아인, 루마니아인들—기골이 장대한 백성이나 미숙련 노동자—이피츠버그, 영스타운의 강철공장으로 또는 우후죽순처럼 세워지고 있는 딘트로이트나 크리블랜드 등 중서부의 공장으로 흡수되었다. 러시아에서 온 유대인들은 소매 상인이나 직공, 학자, 전문직들로 도시에서 살았다. 그들은 그리스도교도가 공업의 발전을 장악하고 있으며, 상업의 중요 부분이 이미 '오랜 점포'를 가진 유대인들에게 눌리고 있음을 재빨리 알아차렸다. 그리고 전문직, 예술, 과학 그리고 행정 기관에 가능성이 남아 있음을 곧 알았다.

그러나 그것은 오랜 시간이 걸려서 달성되는 목표이다. 우선은 어떻게 생활하느냐하는 목전의 문제가 있었다. 이들 러시아계 유대인은 독일 말로 일컫는 공기로 만든 사람[4](Lufrmenschen)이며, 그들의 기술은 러시아에서 살아가기 위해서 빼놓을 수 없는 것이었다. 러시아에서는 황제들이 유대인으로부터 토지와 직업을 빼앗고, 그 위에 몰수한 것에 대해서 과세했다. 그들은 목숨을 살리기 위한 절망적인 싸움 가운데서 양복기술자, 엽궐련 제조자, 소상인으로서의 기술을 닦았다. 만일 살기 위해서 새로운 기술이 필요하다면 그들은 곧 배웠다. 그들은 모든 가난하며 비숙련 단순 노동을 좋아하지 않았다.

4) 이 말 자체는 '공기로 만든 사람들' 그들은 '거주지'의 유대인이며 생활을 지탱하는 수단이 전혀 없기 때문에 생활은 비참했다. '구름을 먹고 사는' 사람들이었다.

미국의 경제가 필요로 하는 기술을 가지고 있는 자들, 특히 양복 기술자는 곧 구직할 수 있다. 쓸모 없는 기술밖에 없는 자는 상인이 되었다. 다소나마 자본을 긁어모을 수 있는 자는 구멍가게를 차렸다. 엿 장사, 옷 장사, 식품 장사 등이다. 그들은 이런 허름한 장사가 오래 갈 것이라고는 생각하지 않았다. 언젠가는 형편이 펴지리라고 믿었다. 자기들 대해서 안 된다면 자식들 대에 가서라도 좋아질 것이라고 생각했다. 생활은 가난하고 어려웠지만 자기들의 힘으로 버텨나갈 수는 있었다.

이 이민들은 대개 소유물 전체를 넣은 보자기 같은 것만을 가지고 한푼의 돈도 없이 미국에 도착했었다. 그러나 그들은 모든 수단을 다해본 뒤가 아니고는 친척의 호의에도 의지하려고 하지 않는다. 그들은 남의 도움을 청하는 것을 대단히 싫어했다. 그들은 병이 아주 급박한 경우가 아니면 구호 기관을 찾아가지 않았다.

그들은 또한 자기들이 원조를 받고 있는 동안에도 러시아나 팔레스타인의 어려운 사람들을 위해서 푼돈을 떼어두는 일을 이상하게 생각하지 않았다. 아무리 보잘 것 없는 것이라도 일단 일을 잡으면 곧 원조를 사절했다. 원조를 구하는 유대인은 공공 원조 기관으로 찾아가지 않고 독일계 유대인이 조직한 사회 복지회를 찾아갔다. 성공하여 유복하게 사는 미국화한 독일계 유대인이 처음에는 가난하고 수염을 기른 얼굴의 정통파 러시아계 '빈민굴(Slum) 유대인'이 밀려오는 것을 외면하고 있었다. 그러나 미국의 신문이 이들의 쓰라린 운명에 대해서 떠드는 동안 독일계 유대인은 부끄러움을 깨닫고 곧 행동을 개시했다. 그들은 처음의 충격에서 벗어나자 이제까지 전혀 없었던 관용의 태도로 무일푼의 이민들을 도왔다. 구제 조직을 만들고 직업학교를 세우고, 휴양소, 병원, 노인 복지관도 개설했다. 이 시대에 그들이 세운 복지 기구나 활동 중에는 훗날 대공황시대의 뉴딜 정책 조직의 모델이 된 것도 많다.

이민의 대부분은 뉴욕에 도착했다. 거기서 필라델피아, 디트로이트, 크리블랜트, 시카고 등지로 떠난 자도 있었지만, 대다수는 맨해튼 섬 남쪽 로워 이스트 사이드라는 곳에 정착했다. 그곳은 남북전쟁 당시에는 상류 사람이 사는 지역이었지만, 그 뒤엔 빈민가가 되어버렸다. 변소가 몇 곳이 있으며(또는 없던가), 한 방에 몇 명이 살고 한 사람 수입은 얼마인가 대해서 사회학자가 작성한 조사표를 보면 로워 이스트 사이드의 유대인 빈민굴의 참혹상을 알 수 있다. 그러나 통계는 그 빈민굴의 특색은 파악하지 못하고 있었다. 거기에는 폐결핵이나 류머티스 등은 많았지만 범죄나 성병 따위는 없었다. 마호가니로 만든 훌륭한 책장에 꽂힌 훌륭한 장정을 한 책은 아니지만, 칠도 하지 못한 책꽂이에는 헐어빠진 책이 나란히 꽂혀 있었다.

유대인 인민의 아이들은 빈민굴 학교에 다니며 성적이 좋았다. 부모들은 착실하게 푼돈을 모아 자식을 대학에 보내고 법률이나 의학공부를 시켰다. 한 세대가 지나자 유대인의 직업은 완전히 변했다. 오늘의 유대인 중에는 비숙련 노동자가 거의 없으며 행상인이나 점원도 25퍼센트에 불과하다. 나머지는 실업가나 전문직에 종사하고 있다. 제조업자, 공장의 대표자, 소매상, 정부의 관료, 의사나 변호사, 작가나 미술가, 교사나 학자들이다.

1920년대가 되자, 빈민굴에서 탈출하기 시작했다. 경제상태가 좋으므로 환경이 좋은 곳으로 옮겨갔다. 그러나 그리스도교도들은 교회로 탈출해 갔다. 1940년대가 되자 유대인도 교외로 나가기 시작했지만 그리스도교도들은 거기서 움직이지 않았다. 유대인은 이미 학자라든가 성공한 실업가였기 때문이다. 오늘날 교회에서 반바지를 입고 집안 뜰의 잔디풀을 깎고 있는 남자들을 보아도 누가 유대인인지 아닌지를 구별할 수 없다.

어떻게 해서 단 한 세대 동안에 빈민굴의 소상인에서 빠져나와 발코니가 달린 멋진 집을 가진 실업가가 되는 기발한 재주를 부렸을까. 그 대답은 그리스도교도와 유대인의 이민의 물결에 보인 질적인 차이 속에 있었을 것이다. 러시아, 폴란드, 루마니아 그리고 헝가리에서 도망쳐온 그리스도교도는 농민이나 노동자였다. 부자나 지식인이나 귀족은 자기 나라를 떠나지 않았다. 유대인의 경우는 그와 달랐다. 유대인 사회 전체가 억압되어 있었기 때문에 공동체는 한 덩어리가 되어 도망쳐 나왔다. 부자도 가난뱅이도, 노동자도 학자도, 정통파도 급진파도—그 전문화를 짊어지고 도망쳐 나온 것이다. 그들은 뿌리 없는 풀이 된 것이 아니라 이식된 것이었다.

제 1차 대전이 유럽로부터의 이민의 물결을 막았다. 그 대신 미국의 병사들은 '세계의 민주주의를 지킨다'는 명목으로 유럽로 갔다. 전쟁이 끝나자 이민도 다시 개시되었으나 미국이 외국 상황에 반응을 보임으로써 그것도 곧 그치고 말았다. 동유럽에서는 공산주의 바람이 거칠게 불고 있었다. 미국인은 엘리스 섬으로 건너오는 이민들이 수염을 기른 볼셰비키이며, 한 손에는 공산당선언을 들고 다른 손에는 폭탄을 들고 있음을 보았다. 미국을 멸망시키겠다는 것이다. 미국 전토에는 반공 히스테리가 퍼져, 뿌리를 가진 세력은 외국인을 미국에 입국시키지 말라고 압력을 가했다. 당시의 미국에는 필요한 노동력이 이미 확보되어 있었다. 그래서 의회는 사람들의 의견에 따라 1921년에서 24년에 걸쳐 이민을 제한하는 몇 가지 법안을 통과시켰다.

제 1차 대전 때의 반공 히스테리는 반셈주의를 전혀 내포하고 있지 않았다. 그들은 오직 러시아의 볼셰비키, 동유럽인, 대학의 인텔리, 노동 운동의 지도자들을 두려워하고 있었다. 레오 트로츠키의 세계 혁명계획이 좌절되고 스탈린이 '일국사회주의혁명'을 수행한다고 결정하자 히스테리도 가라앉았다. 미국은 정상을 회복하고 이번에는 '흥청거리는 20년대'라는 넌센스와 밝은 문학의 시대가 찾아왔다. 그러나 1929년의 공황과 함께 반셈주의가 미국에도 침입되었다.

1880년까지는 미국에 반셈주의가 거의 없었다. 부당한 대우를 받는 일은 가끔 있었지만 그것이 반셈주의는 아니었다. 유대인이 아니더라도 부당한 대우를 받는 자는 얼마든지 있었기 때문이다. 1880~1890년의 농업 공황 때에 반셈주의가 잠깐 나타났다. 그러나 농업의 불황이 사라지자 그것도 곧 사라져 버렸다. 이 성서 지대(Bib- le-belt) (주로 미국 중서부의 중남부에서 정통파 그리스도교의 세력이 강한 일대—역주)의 반셈주의는 전국적인 것이 아니라, 불황의 영향을 받은 농업지대에 제한되어 있었다. 그것은 어느 의미에서는 미국적인 혐오이며 무엇인가 납득할 만한 설명을 찾는 공포를 나타내는 것에 불과했다.

1929년 대공황의 반셈주의는 그것과는 다르다 그것은 독일에서 날조되어 독일계 미국인 나치스들에게 의해 수입된 것이며 미국인이 히틀러 파시스트와 싸우려는 의지를 좌절시키려는 의도가 있었다. 많은 미국인은 세계에서 가장 부자 나라에서 일어난 불황의 성격이 어떤 것인지를 이해할 수 없었다. 그래서 히틀러의 돈을 받는 선동분자들의 말에 넘어간 것이다. 결국 독일이 미국에 선전포고를 했다.[5] 여기서 중요한 것은 미국의 반셈주의도 독일에서와 마찬가지로 부자나 노동자 사이에 뿌리박지 못하고 계급 탈락자(déclassé)에게 지지를 받은 것이다. 그들은 가장 열렬한 '거짓 예언자'의 신봉자가 되어 설교나 신문, 라디오에서 그들의 증오의 교리를 광고했던 것이다. 미국에서는 운동으로서의 반셈주의는 죽었는데 그것은 그것을 믿은 사람이 사상의 허위성을 깨달아서가 아니라 불황이 끝났기 때문이다.

그러나 독일의 반셈주의는 자기도 모르는 가운데 미국의 문화를 풍부하게 했다. 1935년이래, 의회가 인민법을 완화하자 미국은 나치스의 전체주의에서 피신하기 위하여 유럽을 탈출한 30만의 유대인과 몇 천명의 그리스도교도들을 받아들였다. 이 때 온 사람들 중에는 과학자, 학자, 작가 등이 많았

5) 많은 미국인이 이것을 모른다는 것은 놀라운 일이다. 1941년 12월 7일, 일본이 진주만을 공격, 12월 8일 미국이 일본에 선전포고, 12월 10일 독일이 미국에 선전포고, 독일의 대리대사가 12월 11일 오전 국무장관에게 공식 포고서를 전달했다. 그날 오후 미국도 독일에 대한 선전포고를 응하였다.

다. 그들이 유럽을 떠남으로써 생긴 공백은 역력히 드러났다. 가령, 1901년에서 39년까지의 38년간에는 물리학, 화학, 의학 분야에서 노벨상을 받은 미국인 수가 불과 14명뿐이었는데[6] 1943년에서 55년까지의 13년간, 즉 독일 지식인들이 미국으로 도망한 뒤로는 이들 분야에서 노벨상을 받은 미국인은 29명으로 늘었다. 독일에서는 꼭 반대의 현상이 일어났다. 처음 38년간 독일은 35명의 수상자가 나왔지만 다음 13년간에는 단지 5명뿐이었다.

새로 온 유대인 지식인의 문화적 공헌은 미국 태생의 유대인이 이미 이룬 공헌을 더욱 풍부하게 했다. 그러나 19세기 서유럽에 있어서의 유대 계몽주의가 그 방법론에 있어서 서구적이었던 것처럼 20세의 이 문화적 공헌도 그 방법에 있어서 미국적이었다. 분명히 훌륭한 일이었지만 미국에서의 유대인의 공헌에는 유럽에서와 같은 광채는 없었다. 유럽에서의 공헌은 거의 지식적인 것이었지만 미국에서의 그것은 대중 예술 방면에서 발견되는 경향이 있었다.

미국의 현대 연극은 프로만과 슈버트형제, 아브라함 에르랭거와 데이빗 벨라스코에 의해 육성되었다. '연극집단'(Group Theatre)이나 '연극조합'(Theatre Guild)과 같은 실험적 연극 그룹을 창설한 것은 유대인들이었다. 죠지 S. 카프만, 틸리안 헬만, 아더 밀러, 엘머 라이스, 클리포드 오데츠, 시드니 킹슬리 그리고 어빈 쇼우 등은 국제적으로 정평 있는 극작가들이었다.

미국의 영화 산업을 일으킨 것도 유대인이며 감독이나 배우, 대본작가 중에도 뛰어난 유대인이 많다. 리챠드 로저스 오스카 해머스타인 2세의 작업은 현대뮤지컬 코미디의 세계적인 예술 양식이 되었다. 지그문트 롬버그, 제롬 컨, 어빙 벌린 그리고 죠지 거쉬윈 등은 이미 준 고전작가라고 해야 할

---

6) 1940~1942년에는 노벨상 수여가 없었다.

것이다. 베니 굳매은 카네기 홀에 재즈를 가지고 들어가 일반이 받아들이도록 했다.

20세기에 들어와서 미국의 유대인은 과학자, 정치가, 법률가, 출판업자 등이 되기도 했다. 가령, 앨버트 아브라함 마이켈슨은 광속도(光速度)를 측정하는 연구와 물질과 에테르의 상대 운동 실험으로 알려져 있는데 과학으로는 미국에서 첫 번째의 노벨수상자였다(1907)년. 이지더 아이삭 라비는 양자역학 연구와 분자와 원자의 자성(磁性) 연구로 노벨상을 받았다. 화학・생물학자 제이콥 리프만은 토양화학 연구로 미국의 과학적 농업 발달에 공헌했다. 허만 죠셉 뮬러는 X선에 의한 유전자의 인공돌연변이의 개척적 연구로 노벨상을 받았다. 셀만 왁스만은 스트렙트 마이신을 분리, 생화학자 카지머 펑크는 비타민을 발견, 조나스 쏘크는 최초로 소아마비의 백신을 만들었다.

벤자민 N. 카르도조, 펠릭스 스팽크퍼터 그리고 루이스 D. 브랜다이스는 최고 재판소 판사가 되었다. 버나드 M. 바루크는 우드로우 윌슨에서 드와이트 D. 아이젠하워까지의 역대 대통령이 아래서 일했다. 오스카 S. 스트라우스는 미국의 유대인으로서는 처음으로 각료가 되었다.

하버트 H. 레만은 4기 동안이나 뉴욕주 지사로 근무하였고, 뒤에 상원 위원이 되었다. 아돌프 S. 오크스는 ≪뉴욕 타임즈≫지를 창간하고, 죠셉 퓰리처는 센트 루이스의 ≪포스트 디스패치≫지를 창간, 콜럼비아 대학에 신문학과를 두고 저널리즘, 문학, 음악 분야에서 뛰어난 공에 수여하는 퓰리처상을 창설하였으며, 사뮤엘 컴퍼스 데이빗 두빈스키 시드니 힐만 등의 사회사상은 미국의 사회 정의감의 일부를 형성했다.

미국으로 귀화한 많은 음악가들의 활약으로 미국은 세계적인 음악가를 갖게 되었다. 피아니스트의 블라디미르 호로비츠, 알렉산더 브레일로스키, 야르투르 루빈스타인, 바이올린에 미샤 엘만, 에프렘 짐발리스트, 아샤 하이

페츠, 나탄 밀스타인 그리고 아이작 스턴, 첼로에 그레고르 피아티고르스키. 세계는 보스턴 교향악단의 지휘자이며 버크셔 페스티발의 창시자 세르지 코세츠비키를 영원히 잊지 못할 것이다. 브루노 발터나 프리츠 라이너도 음악 애호가에게는 잘 알려져 있다. 그 위에 미국 태생의 지휘자 레오나드 번스타인과 바이올린의 예후디 메뉴힌도 잘 알려진 사람이다.

제 3, 제 4의 이민의 물결이 미국의 문화와 지식계에 큰 변화를 가져온 것처럼, 제 2의 물결은 유대인의 종교생활에 중대한 변화를 가져왔다. 미국에는 버려야 할 게토의 전통이 없었기 때문에 이민이 실어다 준 멘델스존이나 준즈나 가이거[7]의 도이치 개혁 운동은 잠깐 사이에 미국에 뿌리를 박았다. 그것은 주로 보헤미아 출생의 랍비 아이작 메이어 와이즈(1819~1900)라는 한 인물의 활동을 통해서 이루어진 것이다. 뉴욕주 알바니의 정통파 '베드 엘 시나고그'가 1846년에 와이즈를 채용하기로 했을 때 그들은 단지 1주일 전에 처자를 데리고 여권도 없이 건너온 27세의 이 랍비를 채용하는 것이 불길한 액운과 관련되리라고 생각지 못했다. 랍비 와이즈는 '개혁'을 시작하고 반항에 부딪쳤다. 그 정도의 일로는 좀처럼 굽히지 않는 그는 또다시 신시내티의 정통파 시나고그의 랍비 직에 취임했다. 그러나 이전 경험에 비추어 이번에는 개혁파 유대주의를 정면으로 공격하는 이를 중지하고 측면 공격을 하기로 했다. 1875년, 그는 미국 최초의 랍비학교, 히브리 유니온 대학을 창설하고, 그가 1900년에 사망했을 때에는 미국의 개혁파 유대주의의 아버지로 불리게 되었다.

정통파 러시아 유대인이 왔을 때 그들을 기다리고 있었던 것은 이 개혁파 유대주의였다. 러시아계 유대인은 모자로 안 쓰고 수염도 없으며 영어를 말하는 이들 미국화한 도이치 유대인을 배교자로 생각했다. 독일계의 미국화

7) 최초의 개혁파 랍비 회의에서 개혁파 유대주의를 형성한 것은 독일의 비스바덴 태생의 아브라함 가이거(1810~1874)였다. 1873년의 최초의 회의를 소집한 것도 그였다.

한 도이치 유대인을 배교자로 생각했다. 독일계의 미국 유대인은 수염을 기르고 긴 옷을 입고 이디쉬어를 쓰는 러시아계 유대인을 중세기의 당령이라고 생각하였다. 독일계 유대인이 러시아계 유대인 청소년에 대해서 준 충격은 그리스 시대에 그리스인이 유대인 청소년에게 준 충격에 비교할 수 있는 것이었다. 러시아계 유대인의 젊은이들은 독일계 유대인의 복장이나 관습을 따르게 되었다. 유대주의를 상실하는 것을 두려워하여 엄격한 규율을 고수하기로 한 부모들은 그 대신 자녀들을 잃고 말았다. 자녀들은 반항하여 개혁파 시나고그로 가고 그리스도교도와 결혼하거나 무신론 따위를 외치며 유대주의에서 떨어져 갔다. 정통파 유대인들도 자녀들을 놓치고 싶지 않기 때문에 개혁을 시작했다. 그러나 미국의 유대인 상황이 대체로 그러했던 것처럼 이 '개혁 정통파'도 유럽에서 고안된 것이었다. 개혁 정통파 또는 '신 정통파' 라고 불린 사람들의 움직임은 현대 유대주의를 이해하기 위해서는 극히 중요한 것이기 때문에 그 기원에 대해서 간단히 말해두고자 한다.

멘델스존, 준즈, 가이거 등에 의한 독일개혁파 운동이 일어나기 이전에는 토라와 탈무드를 기초로 한 유일한 유대주의가 있을 뿐이었다. 유대인이 게토에 묻혀 살기 이전의 시대에는 탈무드주의도 유연했으며, 위대한 랍비들은 시대의 추이에 따라 끊임없이 수정을 가해왔다. 그러나 300년에 걸친 게토 생활은 탈무드의 동맥을 경화시켰다. 랍비들은 어떠한 변경도 허락하지 않았던 것이다. 그러므로 게토의 랍비들이 서 유럽의 계몽주의에 적응하려고 하지 않았을 때에는 많은 유대인들이 그들 곁을 떠나서 유대주의 개혁운동에 가담한 것이었다. 1850년, 독일에서는 개혁파가 다수파가 되어 낡아빠진 게토 유대주의는 폐망상태에 있었다.

1850년 이후의 서유럽에 있어서의 유대주의 역사는 1550년이래 서유럽에서 그리스도교의 변천과 흡사하다. 종교개혁으로 인한 침략에 경계심을 일으킨 가톨릭교회는 트렌트 종교회의(1545~1563)에서 '구교신조결정'을 했다. 중심적인 교리를 변경하지 않고 가톨릭의 외면적인 형식을 자유화했다. 유대주의의 '종교개혁'의 침략을 경계한 게토의 유대인들도 그 중심적인 교리를 변경하지 않고 외면적인 형식을 근대화하고 자유화한 것이다.

19세기 후기에는 이렇게 두 가지 유대주의가 있었다. 개혁파와 신 정통파이다. 신 정통파는 이제부터 정통파라고 부르기로 하겠다. 그러나 그들은 동일한 신, 동일한 토라, 동일한 예언자들을 믿고 있었다. 그러나 정통파는 신에 의한 종교의 계시를 믿는데 대해 개혁파는 그 과학적 진화를 믿고 있었다. 이 두파를 가로막는 일상적인 차이는 음식법, 안식일을 지키는 규칙, 예배 형식 등에 대한 양자의 태도에 명확히 나타나 있다. 마치 그리스・로마시대의 바리새파가 제사나 제물은 유대주의를 유지하기 위하여 불가결한 것이 아니라고 생각한 것처럼 개혁파 랍비들도 돼지고기를 먹었다고 해서 유대주의가 붕괴하는 것이 아니며, 철저한 히브리어 기도를 했다고 해서 유대주의가 강화되는 것도 아니라고 주장하는 것이다.

정통파의 '반개혁'은 정통파가 개혁파에 의해 전멸 당하는 것을 내부 개혁으로 방지한 것이다. 학습 수준을 높이고 학문소(學問所)에서 세속적인 과목을 가르치며 시나고그에서 합창대를 사용하고 일상용어로 설교함으로서 스스로 서양화한 것이다. 많은 러시아계 유대인이 자녀들의 마음을 잡아둘 수도 있고 유대인의 정수(精髓)를 포기하지 않아도 된다는 이유에서 이 새로운 정통파에 가담한 것이다. 18세기의 '거주지'에 있었던 유대인이라면 미국의 정통파 유대인은 배교자로 보였을 것이다.

개혁파 유대주의도 개혁을 했다. 초기 개혁자들은 근대화하는데 열중한 나머지 너무나 많은 전통을 포기했으므로 남은 것은 프로테스탄트의 전통과 구별이 잘 되지 않게 되었다. 유대주의에서 개혁운동을 완전히 이탈시키는 최후의 단계는 1876년 훼릭스 아들러에 의해 시작된 계속적 종교, '윤리문화협회'이다. 이것은 유대주의와 그리스도교를 혼합시킨 것이며 일상생활의 도덕을 정하고 유대인과 그리스도교도를 하나의 공통 윤리로 결합시키려는 것이었다. 그 결과 개혁파 유대주의는 프로테스탄트와 가톨릭 교회에 많은 인원을 빼앗겼기 때문에 히브리어의 사용을 늘려서 예배도 좀 더 유대적인 것이 되도록 했다. 그 후로는 미국의 개혁운동이 안정된 성상을 계속함으로써 오늘날에는 500개 이상의 시나고그를 확보하고 있으며 교세는 25만 세대가 넘는다.

뜻밖의 일로 미국에는 보수적 유대주의라는 것도 생겼다. 이것은 근대적 운동으로 인해서 생겨난 것으로 루마니아 태생의 솔로몬 쉑터(1850~1915)가 시작했다. 그는 하시딤 양친의 아들로 태어나 렘버그라는 비엔나의 학문소에서 배웠는데 거기서 하스칼라를 만난 것이다. 그는 탈무드에서 헤겔로 전향하여 예쉬바에서 대학으로 전교했다. 그는 학자로서의 업적은 사람들의 주목을 끌었으며 영국의 캠브리지 대학에 초빙되었다. 그는 영국적 기지를 탈무드 논의로 끌어들인 것으로도 널리 알려져 있을 뿐만이 아니라 사본(寫本)의 단편을 성서 외경의 한 책의 원본으로 판독하고 그것을 계기로 카이로의 시나고그에서도 다른 단편을 몇 가지 발견한 것이다. 쉑터는 1901년 뉴욕의 유신대학교 교장으로 초빙되어, 미국의 유대주의 학문의 수준을 높이는 일에 착수했다. 그의 명성을 따라서 유럽의 뛰어난 유대신학자들이 미국으로 많이 건너왔다.

쉑터는 독일에 있을 때, 사회학자 막스 웨버의 이론의 영향을 받아 유대주의는 내면적인 역학에 의해서 형성된 동시에 사회적·경제적 상황에 의해서도 형성되었다고 생각하고 있었다. 그래서 유대주의가 존속하기 위해서는 스스로의 문화적 가치를 확립함과 동시에 그것을 에워싼 문화를 어느 정도 흡수해야 한다고 보았다. 토라와 근대 사회학의 유례없는 이 혼합이 그의 보수주의적 유대주의의 기초가 되었다. 보수주의적 유대주의는 개혁파의 보수적 요소를 받아들이고 정통파의 자유주의적 요소도 받아들였다. 음식법 중

어떤 것은 완화하고 안식일에 관한 법 가운데서 어떤 것을 폐기했으며, 시나고그에 오르간을 들여놓도록 허가하고 부분적으로 일상용어를 사용한 기도를 허락했다. 일반사회의 관습 등도 받아들인 것이 많다. 오늘날에는 정통주의와 보수주의와 개혁파의 세 가지 흐름 사이에 심각한 대립은 없으며, 결국은 하나의 신앙인 것이다.

미국의 유대사는 전체로서 어떻게 평가될 것인가. 20세기까지는 그것이 이민의 물결이 몇 번 밀려옴으로서 미국의 유대인 수가 증가했다는 정도로 평가되었다. 1900년 이전의 미국의 '부유한 유대주의'는 하스칼라 이전의 러시아의 '가난한 유대주의'와 마찬가지로 문화적으로는 불모의 것이었다. 그 뒤 두 가지 역사적 사건, 즉 러시아계 유대인의 대량 이민과 히틀러에 의한 유럽 유대인의 대살륙에 의해서 미국의 유대인수는 500만 이상으로 팽창하고 미국은 '이산'의 유대인의 중심지가 되었다.

이것은 과거의 역사와 그 외관(外觀)이 유사할 뿐인가 아니면, 바로 역사가 되풀이되고 있는 것인가. 바빌로니아인은 기원전 6세기에 팔레스타인에 있던 유대주의의 중심을 파괴했다. 20세기 히틀러는 20세기에 유럽 유대주의의 중심을 파괴했다. 그러나 이 두 가지 사건으로도 유대주의 사상은 죽지 않았다. 바빌로니아의 유대인이 재건된 팔레스타인으로 귀화할 수 있게 되었을 때 유대인은 그것을 거절했다. 마치 미국의 유대인이 재건된 이스라엘로의 초청을 거절한 것처럼 바빌로니아의 유대인은 거절함으로써 '이산'이라는 것을 일으킨 것이며 미국의 유대인은 '이산'이라는 것을 불멸한 것으로 만든 것이다. 바빌로니아에서의 '이산의 유대인'의 학문은 점점 팔레스타인의 그것을 능가하게 되었다. 20세기 역사는 '이산의 유대주의'를 미국인의 손에 넘겨주었다.

미국의 유대인은 이산하여 존속해가기에 필요한 사상을 창출해 낼 수 있을까. 1900년 이전의 일이라면 그 대답은 부정적이다. 1900년이래 유럽의 지식인이 미국으로 흘러들어서자 그 대답은 긍정적일 수 있게 되었다. 이 유입으로 말미암아 단순히 유럽 지식인의 엘리트와 미국의 실용주의가 혼합한 것뿐이라면 현재의 미국 유대인의 지식인으로서의 지위는 일시적인 것이다. 그런 것은 이미 지식인이 죽은 뒤에는 씻은 듯이 사라질 환영(幻影)인 것이다. 그러나 만일 이 혼합이 화학 반응을 일으켜서 미국의 유대인이 유럽 유대인의 지적 활력을 흡수하게 되면 미국은 21세기의 유대주의에게 있어서 바빌로니아의 역할을 하게 될지도 모른다.

혹 이미 어떤 새로운 유대주의의 싹이 트고 있는지도 모른다. 마치 제물과 성직을 버리고 랍비와 기도와 시나고그라는 새로운 제도를 갖게 된 새로운 유대주의가 전에 바빌로니아 땅에 자랐던 것처럼 이 세 가지 제도가 현재는 미국의 개혁파 유대주의에서 이전과 다른 기능을 갖기 시작했다. 랍비는 탈무드에 근거한 유대주의의 해설자가 아니라 조언자이며 다른 종교와의 사이를 담당하는 자이다. 기도는 이미 신과 개인의 교제를 위한 것뿐만이 아니라 창조주를 찬미하는 행위이기도 하다. 시나고그는 이미 종교적인 행위만을 행하는 장소가 아니라 유대주의와의 인연을 표현하기 위한 하나의 사회적인 장소이기도 하다. 바리새파가 제물과 제사직에 관한 토라와 탈무드의 3분의 1에 해당하는 부분을 포기한 것처럼 개혁파도 식이법(diet)과 의식(儀式)에 관한 부분, 즉 3분의 1을 더 포기하려고 한다. 나머지 3분의 1은 유대주의의 핵심이 되는 것으로 윤리, 도덕, 정의에 관한 법이다. 유대주의의 보편주의적인 시대, 스피노자적인 시대를 이루는 것이 미국 유대인의 역사적 사명이 아닐까.

이에 대한 답을 하기 전에 먼저 1914년의 세계대전에서 1948년의 이스라엘 건국까지의 유대사를 살펴볼 필요가 있다. 이 두 역사적 사건 사이에서 인류에게는 오명을, 도이치인에게는 카인의 표시를 남기게 된 세계적 비극이 일어난 것이다.

28. 갈색 셔츠의 그리스도교도 킬러들

1933년 1월 30일, 역사의 장난으로 아돌프 히틀러가 독일 총통이 되었다. 환희에 도취한 독일 사람들은 거리에 넘치고, 운테르 덴 린덴 거리로 승리의 행진을 하는 갈색 셔츠의 돌격대원들에게 '하일링' '하일링'하며 환호했다. 그때 그들은 불과 몇 년 사이에 세계를 피로 물들이고 야만인 중에서도 으뜸가는 자로서 역사에 기록되리라고는 꿈에도 생각하지 못했다. 그들은 10년도 안 되어서 사하라 사막에서 숨통이 막히고, 대서양에 빠져 죽으며, 러시아 초원에서 쓰러져 가고 자기네 도시의 기왓장 무더기에 깔려 죽으리라고는 상상하지도 못했다.

권좌에 오른 첫날부터 히틀러가 불타는 베를린의 불길과 함께 입속에 총을 들이박고 자살한 1945년 4월 어느 날까지 독일인은 조직적 살인으로, 강제 수용소에서 또는 사격부대에 의하여 그리고 가스실에서 남녀 어린이를 합해 1천 2백만 명을 죽였다. 1천 2백만 명의 희생자 가운데서 7백만 명이 그리스도교도이고 5백만 명의 유대인이었다.1) 비율은 그리스도교도 1,4명

1) 나치스에 의해 살해된 유대인 수는 일반적으로는 600만으로 되어 있는데 실제로는 500만일 것 같다. 뉴른베르그 재판의 작슨 판사는 독일인에 의해서 살해된 유대인은 450만이라고 했다. 오늘날 최고 추정 수는 560만, 최저 추정 수는 420만이다. 차이는 러시아 영토의 유대인 사망자의 수를 어떻게 추정하는가에 달렸다. 제럴드 라이트링거는 500만이라고 했으나 '600만이라는 숫자가 실제보다 많게 본 숫자라고 해서 독일인의 죄가 가벼워지는 것은 아니라고 생각한다'고도 말하고 있다. ≪최종적 해결≫(Gerald Reittinger, The Final Solution, p.469). 하워드, M. 사커는 420만에서 460만이라고 하여 '전후에 제시된 600만이라는 숫자는 이미 인정되지 않는다'고 했다. ≪근대 유대사의 길≫(Howard M. Sacher, The Course of Modern Jewish History, p.457)

에 대해서 유대인 1명이다. 나치스가 '유대인을 죽여라'하고 떠들어대는 바람에 세계의 이목은 그리스도교도의 살육에 관해서는 어두웠다.

그러나 이 살육과 유혈로서 유대인의 역사를 끊어 버릴 수는 없었다. 히틀러가 '천년 왕국'이 되리라던 '제 3국은'은 12년밖에 가지 못했다. 히틀러가 말살해 버리겠다고 큰소리 치던 유대인은 살아 남아서 유대인의 독립 국가를 세웠다.

이상한 것은 서유럽 문화 창조자의 일원이었던 독일이 어떻게 나치스와 같은 파렴치한 짓을 할 수 있었던가 하는 것이다. 그 대답은 독일이 두 가지 모순되는 사상과 감정을 가지고 있다는 것이다. 하나는 베토벤, 브람스, 괴테, 실러의 독일, 높은 이상의 독일, 열려진 세계, 인간의 가능성을 무한하다고 믿는 독일이다. 휴머니즘, 미술, 음악, 문학을 낳은 것은 이 독일이었다.

그러나 또 하나의 독일도 있다. 권위주의 철학과 군국주의자의 독일, 피히테와 헤겔, 비스마르크와 카이제르의 독일, 닫혀진 세계와 대중사회 사상을 선동하는 독일이다. 자유주의적이고 이상주의적인 또 하나의 독일을 '유대화의 경향'이라고 해서 말살한 것은 이 권위주의의 독일이었다. 인간에게 숨겨져 있는 악을 승화시키는 것(사회의 존속을 위해서는 이것이 없어서는 안 된다)이야말로 종교의 기능이며 유대주의의 기능이기 때문에 '유대화의 경향'이라는 판단이 반듯이 잘못이라고 할 수는 없다.

제 1차 세계대전은 분명히 독일 역사의 전환점이었다. 권위주의적인 경향이 완전히 우위에 서게 되고 확고한 권력을 장악해 버린 것이다. 처칠은 '만족이란' '상대의 목에 칼을 들이대든지 발 밑에 꿇어 엎드린다'고 말했다. 제 1차 대전에서는 4년간의 전투가 지난 뒤 독일인이 항복했다. 남의 영토에서 전투하는 경우에 그들은 자신들이 저지른 파괴를 아무렇지도 않게 생각했다. 그러나 전쟁이 그들의 나라로 밀려들면 그들은 프랑스인이 가지고 있던 내구력(耐久力)은 보이지 않았다. 이미 그다지 우수하지도 못한 것이다. 잠수함의 독일군이 반란을 일으켰다. 독일 군인은 총을 버렸다. 카이제르는 패망하는 자기 나라를 지키지 않고 폴란드로 도망치고 말았다. 베르사이유 강화조약 체결 뒤의 독일은 자기들의 곤라에 관해서는 가련하리만큼 코를 훌쩍이고 통사정을 하며 돈을 달라고 애걸하면서도 독일의 '명예'를 지키기 위해서 패배는 유대인의 탓이라고 한다. 20년대의 독일은 '우리 독일인이 전쟁에 진 것이 아니라 유대인들이 배신한 것이다'라며 입버릇처럼 말했다. 자기 연민이 독일의 옛 위대함을 침식해 버리고 나니 남은 것이라고는 독일을 야만화하려는 사나이들의 밥이 되는 허망한 껍데기뿐이었다.

제 1차 세계대전으로 파괴된 것은 독일뿐이 아니었다. 동유럽도 그러했다. 특히 유대인은 지독한 꼴을 당했다. 그들은 독일과 러시아가 패권을 다투는 4년간의 대전쟁을 널려 놓은 땅에 살고 있었던 것이다. 참패하고 후퇴하는 러시아군은 유대인이 독일 편을 들었다고 죽이고 갔다. 독일이 '작전상 후퇴'를 했을 때에도 러시아의 스파이라며 유대인을 죽였다.

제 1차 세계대전의 종결은 유럽 사람들에게 짤막한 희망의 시기를 주었다. 그러나 그것도 곧 끝났다. 우드로우 윌신의 권고에 따라 민주정치가 무엇인지 전혀 모르는 사람들에게 민주주의를 펴게 되었다. 윌슨은 에스토니아, 라트비아, 리투아니아, 폴란드, 헝가리, 유고슬라비아, 알바니아 등 이전에 러시아나 오스트리아나 독일에 속해 있던 곳에 하룻밤 사이에 민주 정치를 수립했다. 반 유대주의가 곧 받아들여져 정치의 최고 형식이 된 것은 바로 이 '1일 민주주의'의 국경 지방에서였다.

동유럽에서는 반 유대주의가 왜 그렇게 당장 받아들여졌는가. 거기에는 경제적인 조건이 얽혀 있었다. 제 1차 세계대전은 이들 새로운 나라들의 봉건 경제를 파괴했다. 인공적인 국경이 그들 경제의 생명선을 갈가리 찢어 놓고 말았다. 가령 오스트리아 헝가리 제국의 분할 이후에 오스트리아는 경치 좋은 곳을 차지하고 헝가리는 석탄과 철의 광산지대를 차지하게 되었다. 전쟁 전에는 노동이 천한 것이며 직업 따위는 유대인이나 가질 것이라고 생각하고 있었던 지주나 귀족이 이제는 일을 찾지 못하면 굶어 죽게 되었다. 중산 계급은 빈궁해졌다. 노동자계급은 거의 사회 정책이 없는 '민주 체제 아래서 임금 저하로 이사 직전의 상태에 있었기 때문에 문제를 해결하는 데는 공산주의가 좋지 않을까 하여 그쪽으로 눈을 돌리고 있다.

동유럽의 통치자들은 이런 위협에 대한 조치로서, 핀란드나 체코슬로바키아가 한 것처럼 민주주의를 도입하는 대신 파시즘이라는 진정제를 사용하기로 한 것이다. 계급 탈락자의 눈앞에 공산주의의 위기라는 무서운 도깨비가 나타나 그들은 '유대인 문제'만 해결하면 계급 탈락자 문제도 해결된다고 되풀이해서 들려주었다. 불안에 떨고 가난에 시달리는 화이트칼라 계급은 마음 편한 이 정치 사상이 마음에 들었다. 유대인은 직업부에서 쫓겨나고 산업에서 배척당했다. 귀족들은 그렇게 함으로써 옛날에는 멸시하던 일을 차지하게 되는 것이다. 경제 상황이 악화되자 반유대주의적 법이 더 늘었다. 나치스와 협력해서 공산주의로부터 몸을 지키려던 이들 나라가 현재는 공산주의의 지배하에 놓이게 된 것은 아이러니이다.

도망친 카이제르가 남기고 간 혼돈에서 재기한 독일 바이마르 공화국은 그 행정 임무를 맡은 냉소적인 사나이들의 손으로 약체화되었다. 그들은 말로는 새로운 민주제도를 지킨다고 뇌까리면서도 공화국이 암살로 동요하는 것을 방치했다. 1918년에서 1925년까지 우익 테러리스트 집단은 300명 이상의 자유주의적인 공직자를 암살했다. 피살자 가운데는 가톨릭교도도 프로테스탄트교도도 유대인도 있었다. 권력자는 이를 암살자가 재판에 회부되었을 때는 '나쁜 짓을 했군'하며 손등을 찰싹 때리는 정도의 형벌만으로 결국은 암묵 가운데서 그러한 폭력을 인정하고 있었던 것이다.

에리히 본 루덴도르프라는 퇴역군인과 아돌프 히틀러라는 실업 중의 페인트쟁이가 저 악명 높은 1923년 뮌헨의 비어홀 소요사건을 일으켰다. 그들은 바바리안 정부타도를 공언하고 있었다. 소요 사건은 실패했다. 루덴도르프는 뮌헨 경찰에 의해 석방되고 히틀러는 5년형을 선고받았지만 결국 1년도 안 되어서 나왔다.

히틀러 총통의 생애가 시작되었다. 히틀러를 이용할 수 있다고 잘못 생각한 융커 당원이나 산업가나 군국주의자의 협력이 없었다면 히틀러는 총통이 되지 못했을 것이다. 아돌프 히틀러의 권좌에의 길은 직선적이었다. 그는 단순한 정치적 복음을 창도했다. 독일에 내려 덮이는 재난은 공산주의자와 유대인과 베르사이유 조약 때문이라고 주장했다. 공산주의를 불법화하고, 유대인을 멸종시키고, 베르사이유 조약을 거부함으로써 독일을 다시 위대하게 만들자고 했다. 히틀러 당에 투표하는 계급 탈락자들의 수는 증가하고 선거 때마다 그의 당이 연방 의회 하원으로 보내는 의원 수도 늘었다. 1929년 카이제르와 융커 당과 신사 계급의 상징이라고도 할 수 있는 파울 본 힌덴부르고 육군 원수가 마치 벽장에서 고물을 꺼내 쓰듯 천거되어 히틀러에 대항하는 대통령 후보로 나왔다. 힌덴부르크는 선거에서 이기긴 했지만 4년 후에는 히틀러의 협박으로 물러나고 본래 오스트리아의 페인트쟁이였던 자가 총통이 되었다. 감옥에서 나온 지 10년, 히틀러는 제 3국이라는 독일의 독재자가 되었으며 국가 사회주의 독일 노동자당, 약칭 NAZI라 불리는 그의 당은 유일한 합법 정당이 된 것이다.

현대인의 야만인, 인간의 수성(獸性)을 충돌질해서 역사상 가장 흉악한 피의 광연(狂宴)을 베푼 이 아돌프 히틀러란 어떤 자인가, 히틀러의 전기 작가들은 그의 행동을 설명하기 위해서 그의 성격에 깊이 숨겨진 동기를 찾으려고 했지만 실패했다. 그는 확실히 사악한 사나이였지만 진지하게 받아들이기는 어렵다. 용모만 해도 이렇다할 특징도 없고 표정도 분명하지 못해서 찰리 채플린을 닮은 수염과 대용품 같은 나폴레옹식 머리가 없다면 그의 얼굴은 곧 잊혀질 것이다. 그에게는 찾아볼 만한 깊이 따위도 도무지 없었던 것이다.

아돌프 히틀러의 부친 알로이스 쉬클그루버는 부랑자와 하녀 사이에 태어난 사생아로 세 번이나 결혼했다. 세 번째의 결혼은 23세나 연하인 농부의 딸이 상대였는데 1889년에 아돌프 히틀러를 낳았다. 그의 전 생애는 공부를 잘하지 못하는 학생, 못된 병사, 서툰 페인트쟁이로 일관했으며 재능도 전혀 없으면서 화가가 되겠다는 야망을 품었던 불쌍한 사나이였다. 그와 접촉한 정치가들은 그의 무지와 용렬함에 질렸던 것이다.

그렇다면 히틀러를 신봉하고 추종했던 사람들에 대해서 그가 가지고 있던 힘은 무엇이었던가. 다른 인종주의자와 그의 주의는 무엇이 달랐던가. 그에게는 최면술적인 매력이 있었다고 하는 따위의 설명으로는 통하지 않는다. 아마 다른 인종주의자들은 살인이 시민적 덕성이라고 생각하는 사상을 희롱해 보았을 뿐이지만 히틀러는 인간의 잠재의식이라는 판도라의 상자를 열음으로써 그 사상을 구현했다는 차이가 아닐까. 히틀러는 인간이 원시림에서 나온 그때부터 문명의 이름으로 억누르고 길들이려고 노력해 온 악의 충돌을 해방한 것이다. 히틀러 정권에서 가장 높은 지위에 있던 자들이 괴링과 같은 마약 중독자, 룀과 같은 남색, 하이드리히와 같은 변태성욕자, 히틀러와 같은 살인자였다는 것도 우연이 아니다.

히틀러가 일단 정치 권력을 잡아 아무 것도 그를 견제할 수 없었다. 국가 전체가 광포한 행위로 치달아 조직되어 갔다. 1935년, 국회는 이른바 '뉴른베르그 법'을 의결하고 '유대인 피'가 섞였다고 인정되는 자의 공민권을 모두 박탈한다고 결정했다. '유대인의 피'를 받는다는 것은 조부모 가운데 한 사람만이라도 유대인이 있으면 유대인으로 간주한다는 것을 의미했다. 히틀러가 유대인의 피는 아리안족의 피보다 4배나 강하다고 생각한 것은 흥미 있다. '뉴른베르그 법'으로 인해서 유대인이 계속 직업을 빼앗기고 쫓겨났다. 협박이 그들의 동산을 빼앗았다. 유대인의 사업은 독일인의 손에 들어갔다. 동산은 나치당의 간부 호주머니 속으로 들어갔다. 몇 백 명의 유대인이 강제수용소로 끌려갔는데 그 곳에는 이미 그리스도교도들이 수용되어 있었다.

'독일의 반유대주의가 반그리스도교 주의로 발전한 사실은 극히 의미 깊은 현상이라고 생각해야 한다'[2]고 러시아 정교 신학자 니콜라이 베르자이에프는 말한다. 독일 나치스의 이러한 반그리스도교적 태도는 통속적인 역사가나 저널리스트에게는 거의 완전히 무시되어 있다. 1919년 나찌스당의 결성 당시 이태리 나치즘은 반그리스도교적 주장을 내세우고 있었지만 저널리스틱한 장소에서는 반유대주의 슬로건만이 강조되고 있었다. 나치스는 유대주의를 멸망시키고 싶은 것과 같은 정도로 그리스도교도 멸망시키고 싶었던 것이다. 나찌스적 견해에 의하면 그리스도교는 그 전도 활동으로 아리안족의 피를 묽게 하기 때문이라는 것이었다. 그들은 '아리안족의 그리스도교'는 성 바울에 의하여 배반당했다고 말했다. 그리스도 교회는 거짓이요 기만이며 특히 가톨릭교회는 유대적이며 국제적이기 때문에 더욱 위험하다고 했다. 나치스는 국가사회주의만이 유일한 참 복음이며, 독일인의 신앙과 구원은 여기에 있고 히틀러야말로 유일한 구세주라고 말하는 것이다.

영문을 알 수 없는 이 말은 공식 나치스 이론으로 엮어져 거기에서 반유대주의와 반그리스도교 이론이 만들어진 것이다. 반유대주의에 찬성한다면 반그리스도교여야 했다. 그들의 목적은 같았기 때문이다. 히틀러의 의도는 국내의 모든 종교 조직을 쓸어버리고 신앙이 없는 세계를 만드는 것이다.

1933년, 독일은 가톨릭교회의 자유를 보장한다는 바티칸과의 정교 조약(政教條約)을 체결했다. 그 1년 뒤 '가톨릭 행동 조직'의 에리히 클라우스너 박사가 히틀러의 돌격대원에게 살해되었다. 교회를 중상하기 위해서 무모한 짓을 한다는 구실로 수도승들을 재판에 회부했다. 1935년, 프로테스탄트교

2) ≪그리스도교와 반셈주의≫(Christianity and Anti-Semitism. p.2.)

회는 국가의 관리하에 들어갔다. 그것을 반대한 대신이나 승려는 강제수용소로 보냈다. 그들도 유대인이나 공산주의자와 마찬가지로 '위험 인물'이 된 것이다. 나치즘의 반그리스도교적 성격을 간파한 교황 피우스 11세는 '파괴적 종교전쟁의 전조다…. 살인 이외에는 목적이 없는 종교전쟁이다'라고 히틀러를 비난했다. 그러나 '유대인을 죽여라'하는 나치의 외침은 교황의 경고의 소리를, 강제수용소에서 고문을 받는 자들의 고통의 소리를 삼키고 말았다.

최초의 강제수용소는 게쉬타포라는 독일 비밀 경찰이 위협해서 잠잠케 하려는 상대를 보내는 집합 장소였다. 초기의 죄수들은 '정치 관계'라고 하는 공산주의자, 사회주의자, 자유주의자, 공화주의자, 히틀러의 폭력 정치에 반대하는 보통 시민 그리고 나치스 간부의 개인적인 적들로 구성되어 있다.

그러므로 나치 체제 최초의 5년간은 강제수용소 죄수의 대부분이 그리스도교도였다. 유대인은 그 뒤에 잡혀 왔다. 5단계 과정을 거쳐 전개한 독일 반유대주의의 결과로서 그리고 내적인 역학에 의해서 폭력은 매 단계마다 가속도화 되어 갔다. 제 1단계는 나치스가 정권을 획득한 1933년에 시작되었는데 그 시기에는 주로 유대인 상점의 약탈, 때때로 유대인에게 난폭한 짓을 하고 유대인의 상점에 대한 불매 운동 등이 있었다. 제 2단계는 1935년의 '뉴른베르그 법' 제정에서부터 시작된다. 제 3단계는 1939년의 2만 명의 유대인 대량 체포로부터이다. 이것이 최초의 구체적인 조직적 폭력과 강제수용소의 대량 수용을 가져왔다.

1939년까지는 유대인이 독일 국가에 돈을 주고 출국할 수 있었다. 그해까지 50만 명의 독일 유대인 가운데 30만 명의 독일을 떠났다. 1939년에는 출국 대상금으로 유대인 각자의 전 재산을 내놓아야 한다고 되어 있었다. 이와 동시에 나치스는 나머지 20만 명의 유대인을 인질로 해서 전세계 유대인에게 몸값으로 15억 마르크를 받아내려고 했다. 제네바에서 그 교섭이 시작되었지만 체코슬로바키아, 폴란드 침략과 동시에 독일은 모든 교섭을 중단해 버렸다. 제 4단계는 모든 독일계 유대인과 오스트리아계 유대인을 특별히 폴란드에 세운 게토로 보낸 시기부터 시작된다. 여기서 그들은 질병과 굶주림으로 죽어갔다.

제 5의 최후의 단계는 이른바 '최종적 해결'로 히틀러 자신이 개시했다 1941년 러시아 침략 뒤, 강제수용소의 목적이 구금에서 살육으로 변했다. 그리고 살인이 독일인의 목적이 되었다. 히틀러가 품고 있던 '최종적 해결' 안에는 유럽 전토의 전 유대인 살육은 물론 러시아인, 폴란드인, 루마니아인, 헝가리인, 유고슬라비아인 등 이른바 '인간 이하인 그리스도교도들'을 노예화하고 가차 없는 살인 계획으로 그 인수를 줄일 계획이었다. 노예화는 이들 나라 국민을 독일에 노예로 수출해서 이룩할 계획이었다. 그들을 죽이는 아인사츠루펜이라는 특무대에 부여되었다.

몇 백만이라는 건강한 독일인이 공장이나 농촌에서 징병되어 러시아 전선으로 보내지면 독일 점령 하의 모든 나라 그리스도교도인 일반 시민은 노예적 노동자로 독일로 후송되었다. 그들이 질병이나 피로로 인해 더 이상 일할 수 없게 되자 이번에는 신식 강제수용소로 이송되어 처리하였다. 그러한 노예 노동은 끊임없이 계속되어 5년간 독일에 투입된 인원수는 750만에 이르렀다. 독일과 인접한 영토에 버섯처럼 세워진 1000의 강제수용소에서 수백만의 러시아인, 프랑스인, 폴란드인, 벨기에인, 유고슬라비아인, 폴란드인 등이 굶주림과 질병과 고문과 싸우며 무서운 형태로 죽어갔다.

2,30만의 동유럽 유대인이 노예 노동자로서 이송된 뒤 그리스도교도들과 같이 처리되었는데 대개는 4 방면의 독일 전선에 임무를 띠고 출동한 4개 부대의 특무대에 의해서 인간성을 말살하는 말로 표현하자면 '일소(一掃)'해 버린 것이다. 특무대는 각각 500명에서 900명으로 구성되어 있으며 장군이 지휘하고 있었다. 그 임무는 정규 독일군인 베르막스트(국방군) 후방에서

유대인이나 그리스도교도의 비전투원을 체포하여 사살하는 일이었다. 이 특부대의 대원은 거의가 나치스 당원이었으며, 이 위험한 임무를 자원한 자들이었다.

대량 학살의 방법은 다음과 같은 것들이었다.— 유대인이나 체코슬로바키아인 또는 폴란드인이나 러시아인이 긁어모아진다. 그들은 외딴 장소로 연행되어 거기서 굴이나 도랑을 파게 한다. 그것이 끝나면 나체가 되도록 명령하고, 도랑 앞에 나란히 서게 하며 기관총이 난사된다. 도랑가에 쓰러져 죽은 자와 부상자는 군인에 의해서 삽으로 도랑에 밀어 넣어지거나 부르도자로 밀어 넣어진다. 그리고 그 뒤에 흙이 덮이고 죽은 자도 산 자도, 어른도 아이도 갓난아기도 그렇게 묻어 버린다. 특무대는 결국 수백만의 그리스도교도와 100만의 유대인을 살육했다.

나치스 당국은 특무대의 용기나 작업 태도에 대해서 의심을 갖지 않았지만 그 방법에 대해서는 불만이었다. 죽이는 방법이 비인간적이라는 이유에서가 아니라 그런 방법으로는 시간이 너무 많이 걸리고 비용도 많이 든다는 이유에서였다. 나치스 과학이 그 문제를 해결하게 되었다. 이미 '유대화의 경향'의 방해가 없는 자유로운 나치 과학자들은 그 능력을 마음껏 발휘했다. 그들은—물론 인간을 사용해서—정맥에 공기를 주사하기도 하고 동맥을 끊기도 하며 여러 가지 독을 쓰는 실험을 했지만 그런 방법은 시간과 노력이 많이 들기 때문에 거부되었다. 결국 그들의 창의는 쓸모가 없었으나 우연히 문제를 해결해 주었다. 회색이 만연한 한 나치가 완전 무결한 방법을 발견했다고 보고했다. 그는 600명 정도의 러시아인을 처리해야 했기 때문에 값싸고 간단히 제조할 수 있는 자이클론 B라는 청산염 수소의 일종을 사용해 보았다. 2,3분 사이에 600명의 러시아인이 전부 죽었다. 여기서 몇백만 명을 재빨리 처리할 수 있는 효과적인 방법을 발견한 것이다.

유대인에 관한 '최종적 해결'의전 단계는 아돌프 아이히만이라는 사나이의 손에 맡겨졌다. 그는 빈약한 체구에 올빼미 얼굴을 한 실패하기 잘하는 섬유 제품 판매원이었다. 나치스 조직에서 재빠르게 승진하여, 냉소적이고 오만하며 아첨하는 히틀러 총통 진위해 중좌가 되어 심술궂은 아내 외에 매력있는 정부를 가지고 있었다. 전쟁이 끝난 15년 뒤, 이스라엘 정보부원에게 체포되었을 때 아이히만은 조심성 있게 그의 책임으로 감행된 업적을 모두 부인했지만 독일군이 승승장구 러시아로 진군하던 시기의 들뜬 나날에 그가 맡고 있던 책임의 중대함을 과소평가하면 안 된다.

낡은 강제수용소는 대량 살인을 위해 근대화되어야 했다. 한꺼번에 수십만의 유대인을 처치할 수 있는 규모의 수용소를 새로 건설해야 했다. 동유럽 전토에서 몇 백만의 유대인을 수송하는 수단도 필요했다. 수용소는 간선 철도에서 떨어진 곳에 있었기 때문에 새 철도를 깔 필요도 있었다. 수용소에서 일하는 특별 간 수단이 조직되고 훈련되었다. 기록도 해 두어야 할 것이다. 곧 독일 인구의 상당한 부분이 전쟁수행 업무 자체에서 이 살인 수용소의 계획과 건설과 인사 업무로 차출되었다. 그 목적으로 기차가 돌려지고 따라서 러시아 전선에 있는 상교들은 겨울 제복의 도착이 늦는다고 불평을 했다. 공업가들은 숙련 노동자를 빼앗겠다고 불평을 했다. 그러나 '최종적 해결'의 수행을 늦추는 따위의 일은 일체 허락되지 않았다.

전차나 비행기를 만들기 위한 강철은 부족했지만 시체를 태우기 위한 아궁이를 건설할 강철은 충분했다. 베를린의 디디어 제작소 소장으로부터의 업무 서신은 공업 관계자들이 자신들이 만드는 제품이 어떤 목적에 사용될 것인지를 알고 있었음을 명시하고 있다.

'아궁이에 시체를 넣기 위해서는 원통 위를 움직이는 금속의 쟁반 같은 것을 사용하면 안 된다고 생각합니다. 관(棺)은 사용할 수 없을 테니까 아궁이는 24×18인치 크기의 가마가 있으면 됩니다. 저장소에서 아궁이까지의 시체 운반은 바퀴 달린 가벼운 짐차를 사용하도록 권합니다. 그리고 이 설계도

를 동봉합니다.'

독일적 능률로 자이클론 B 가스를 사용하기 위한 방이 세워졌는데 그것은 큰 샤워실처럼 되어 있었다. 수용소에 도착한 자들에게 샤워를 할 테니 옷을 벗으라고 명령하고 '샤워실'로 밀어 넣어진다. 어른들을 따라 어린아이들이 던져 넣어지기도 한다. 가스실로 통하는 강철문이 닫혀지면 자수정 빛 푸른색의 자이클론 B의 결정에서 나오는 가스가 밀폐된 방으로 큰 구멍이 뚫린 샤워 주둥이를 통해서 쏟아진다. 결정에서 나오는 청산염수소는 천천히 천장으로 피어오르고 방안에 있는 사람들의 몸에 떨어지면 숨이 차고, 토하고, 몸이 푸른 반점을 띤 밝은 핑크색의 경련하는 시체로 천천히 변화시킨다. 벌거벗은 남녀의 무리가 죽음의 고통으로 몸을 뒤틀고 있는 광경을 구경하고 싶은 충동을 느끼는 나치스 간부를 위해서 벽이나 천장에 안전 유리를 끼워 들여다보는 구멍을 만들었다. 이 구멍으로 그들은 황홀하게 하루에 몇 번씩 쇼를 구경한 것이다.

새로운 산업은 새 기술을 낳는다. 강제수용소 산업도 예외는 아니었다. 숙련된 시체 담당은 시체를 분리하는데 갈고리를 사용할 줄 알게 되었다. 훈련된 기술자는 시체의 입을 뜯어 열고 솜씨 있게 금니를 빼냈다. 솜씨 있는 이발장이는 죽은 여자의 머리카락을 재주 있게 깎아냈다. 새로 탄생한 엘리트들은 한 주에 6일간 강제수용소에서 근무했다. 그리고 일요일이 되면 휴식하고, 아내나 아이들을 데리고 교회로 가서 예배한 뒤 러시아인이 독일병을 죽이는 동부 전선의 공포나 비전투원을 겨냥하여 폭탄을 투하하는 미국인의 야만성 등에 대한 얘기를 했다.

아우슈비츠 강제수용소에서는 이렇게 해서 7,000명의 독일인이 고용되고 있었다. 여기서는 시체의 이빨에서 걷어 모은 금이 17톤이나 되었다. 시체를 소각한 뒤의 재는 독일 밭의 거름이 되었다. 건전한 시체에 건전한 정신이 깃든다. 지방산(脂肪酸)은 값싼 비누 원료가 되었다. 단찌히의 어느 회사에 의하면 그것은 좋은 방법이라는 것이다.—'인간의 지방 12파운드에 물 10쿠오트, 6온스에서 1파운드의 가성 소다를 넣고 2시간 내지 3시간 끓여서 식힌다.'

왜 유대인은 저항하지 않았는가. 심리학자나 사회학자 몇 사람이 주장하는 것만큼 그 대답이 복잡한 것은 아니다. 유대인의 이 '무저항'은 유대인적인 죽음에의 본능 탓이라든가, 집단적 죄악감의 탓이라든가, 자기 혐오의 강박한 관념 탓이라든가. 자기를 벌하려는 영원의 탓이라든가 하는 여러 가지 설명이 있다. 이러한 설명은 유대인의 딜레마를 설명하기보다는 설명을 시도하는 자들의 내면적인 불안을 나타내고 있는 것이다.

유대인은 독일 이외 나라들의 사람과 마찬가지로 '최종적 해결'이라는 것이 있는지도 몰랐다. 나치스 그것을 극비에 부쳤던 것이다. 무서운 사실이 새어 나가기 시작한 때에는 다른 사람들과 마찬가지로 유대인도 아무도 그와 같은 비인간적인 짓은 할 수 없으리라고 생각했다. 1943년까지 유대인은 죽음의 수용소 소문을 믿지 않았다. 그러나 이미 그 때는 효과적인 저항 따위는 할 수 없었다. 유대인 사회는 갈기갈기 찢겨져 유대인끼리의 연락도 단절되고 유대인의 지도자들은 이미 죽고 없었다. 항복한 미국 병사가 필리핀 부타안에서 저항해봤자 무리인 것과 같이 이 시점에서는 이미 유대인의 저항도 무리였다. 미국 병사가 자기들은 죽음을 향해 행진하고 있다고 깨달았을 때 그들에게는 이미 죽음의 행진을 계속하는 이외의 딴 길이 없었다. 유대인도 행진하며 길바닥에 쓰러지고 죽어갔다. 그러나 최종적으로 삶의 의지가 승리하고 적이 멸망하는 것을 목격한 것이다.

살해되기 전에 왜 나치스의 한두 놈이라도 죽이지 못했는가. 그들은 그렇게 하였지만, 그것이 오래 가지는 못하였다. 나치스에게는 간지(奸智)가 너무 많았다. 그들은 유대인이 얼마나 아이들을 사랑하는지를 알고 있었다. 뉴른베르그 재판과 아이히만 재판에서 밝혀진 것처럼 나치스들은 유대인이 조금이라도 반항하는 표시를 보이면 그를 고문하는 대신 그의 또 다른 유대인의 아이를 괴롭혔다. 양친의 눈앞에서 어린 아기가 두 다리를 잡히고 가랑이가 찢겨 두 포막이 났다. 아이의 머리가 나무에 내동댕이쳐지고 피동성이 시체가 모친에게 주어졌다. 소녀는 강간되고 형제자매가 바라보는 앞에서 총검에 찔렸다. 유대인의 사기가 없었던 것이 아니라 독일의 사기가 없었던 것이다. 독일의 심리학자나 사회학자를 부끄럽게 하는 것은 강제수용소 안의 유대인의 자살율이 밖에 있는 독일인의 자살율보다 낮았던 사실이다. 유대인이 공동체 조직과 연락과 지도 성을 가질 수 있었던 드문 예에서는 그들은 확실히 저항하고 독일인에 대해서 무장 봉기를 했었다.

그런 봉기의 몇 가지 예 가운데서도 가장 감동적인 것은 1943년의 바르샤바 게토의 예였다. 바르샤바는 동유럽의 유대인이 집결된 장소의 하나였다. 마치 로마인이 예루살렘 포위 때 온 도시를 벽으로 둘러쌌던 것처럼 독일인도 바르샤바 게토 주위를 벽으로 둘러싸서 완전 봉쇄해버렸다. 5만 명 정도의 인구밖에 살 수 없는 넓이에 45만의 유대인이 들어왔다. 그들은 여기에 감금되어 트레브린카, 벨센, 마이다넥, 아우슈비츠의 가스실로 수송되기까지 보관되어 있었다.

최초의 무장 봉기가 일어난 1943년 1월의 어느 운명의 날, 게토에는 4만 명의 유대인이 남아 있었다. 무기를 잡을 수 있는 사람은 그 중에서 겨우 7,000명이었다. 유대인들은 독창력과 뇌물과 습격으로 몇 가지의 무기를 장만했다. 무기는 제 1차 대전 때의 라이플총, 기관총 그리고 모로토프 각테일(연소성 심지를 휘발유에 꽂은 대전차 화염병)이었다. 봉기는 800명으로 된 돌격대 4개 부대가 공장 노동자를 모집하고 있는 것처럼 가장하고 게토에 와서 다음 차례의 유대인 일당을 강제수용소로 수송하려는 순간에 일어났다. 이 때 그들은 탄원하는 대신 총탄을 가지고 맞선 것이다. 깜짝 놀란 것은 검은 장화의 친위대원은 도망쳤다. 전투는 치열하게 3일간 계속되었다. 최후에 가서 철수한 것은 유대인이 아니라 나치스였다.

나치스는 친위대의 대패주에 분개했지만 용이 주도함을 잃지는 않았다. 반항적 유대인을 때려부수기 위한 전투가 유르겐 시트로프 손에 넘어가고 포병대의 지원을 받은 그는 특별 전투대의 지휘자로서 바르샤바로 달려왔다.

유대인은 열광적으로 독일의 반격에 대비했다. 지하실을 엄폐호(掩蔽壕)로 개조하고 도로에 지뢰를 깔고 하수구로 왕래할 수 있게 통로를 만들었다. 그들은 일 주일은 버틸 수 있으리라고 생각했다. 독일의 선전상(宣傳相)도 그렇게 생각하고 있었다. 요셉 괴벨스는 일기에 이렇게 기록했다.—'유대인이 실제로 게토를 방위 거점으로 만드는데 성공한 것이다. 거기서는 격전이 벌어지고 유대인 최고사령관은 매일 코뮤니케이를 발표할 정도이다. 물론 이런 장난은 오래 갈 리가 없다.'3) 이 점에서는 유대인도 괴벨스도 잘못 판단하고 있었다. 유대인은 6주간이나 버티었다.

시트로프 장군은 면밀히 작전을 짜고 3월에 반격에 나섰다. 안전한 장소에 진을 친 그의 포병대는 게토를 향하여 탄막 포화를 퍼부었다. 한 구획씩 포화가 건물을 파괴하였기 때문에 이쪽은 지하실이나 하수구로 피할 수밖에 없었다. 그리고 검은 제복의 친위대가 자동 라이플, 기관총, 박격포, 전차 등으로 공격해 왔다. 유대인은 라이플과 몇 정의 기관총과 수류탄과 화염병을 가지고 나치스와 싸워 그들을 막고 드디어 점점 후퇴시킨 것이다. 유대인 젊은이들은 독일 전차에 화염병을 던지기 위해서 목숨을 버리고 유대인 빨치산은 불타는 전차에서 도망치는 친위대원의 겁먹은 얼굴을 향해 곧바로 총을 겨냥했다.

---

3) 루이스. P. 로크너 편저 ≪괴벨스 일기≫ (Louis P. Lochner, ed., The Geobbels Diaries. 1948, P.351.).

게토의 포격이 재개되었다. 터지는 포탄과 무너져 떨어지는 건물과 불타오르는 벽으로 그곳은 지옥이 되었다. 유대인은 절박한 상태에서 폴란드의 지하조직에 응원을 요청했으나 허사였다. 폴란드인은 폴란드의 '유대인 문제'를 독일이 해결해 주리라고 기대하고 있었기 때문이다. 그들은 역사가 그런 그들에게 무엇을 마련하고 있었는지를 몰랐다. 1944년 7월, 폴란드 지하조직이 독일에 대항해서 봉기했을 때 그들은 러시아에 응원을 해달라고 탄원했다. 그러나 폴란드인이 유대인을 돕지 않은 것처럼 러시아인도 폴란드인을 돕지 않았다. 훌륭하게 무장한 15만의 폴란드 지하 부대가 전멸한 것이다. 독일이 러시아인을 위해서 러시아의 '폴란드 문제'를 해결해 준 것이다.

로마에 대한 예루살렘의 전투 결과가 저렇게 된 것처럼 독일에 대한 게토의 싸움의 패배도 피할 수 없는 것이었다. 질병과 굶주림과 공포의 포화로 사상자의 수는 증가했다. 이제는 싸울만한 자가 남지도 않았으며 방위선을 붕괴되었다. 독일은 한 줌의 허름한 모습을 한 유대인 빨치산에 의해 방위되었던 바르샤바 게토의 반란을 진압하는데 1939년 폴란드군이 지키는 바르샤바를 함락시키는데 사용한 양을 웃도는 포탄을 사용했다고 추정되고 있다. 유르겐 시트로프 장군이 75페이지가 넘은 전투 보고를 베를린의 총독에게 보내자 기뻐한 히틀러는 장군에게 그의 할스쉬메르첸에[4] 대해서 철십자 훈장을 주었다. 독일 육군 최고사령부의 작전부장 알프레드 요들 대장은 뉴른베르그 재판에서 이 보고서가 낭독되는 것을 듣다 끝내는 역정을 내며 외친 것이다.—더러운 SS의 돼지 같으니라고. 쩨쩨한 살인 원정에 관해서 75페이지나 장황하게 자랑을 늘어놓다니! 완전히 무장한 적군을 상대로 한 대전투라 할지라도 불과 수 페이지로 끝내는 것이다.'[5]

---

4) 문자대로의 뜻은 '목의 아픔'이며 장군들은 철십자 훈장을 받기까지 마음 고생으로 심하게 목이 아프다고 병사들이 조소적으로 한 말, 절망적인 군사적 도박으로 그들은 군대를 회생시키고 훈장을 타기 위해서 전투 보고를 과장한다.

그러나 세계는 바르샤바 봉기에는 별로 관심을 갖지 않았다. 두 진영에 의한 세계 대전의 전황 보고에 주의하는 것으로 충분했다. 그러나 아돌프 아이히만은 주목했다. 그 뉴스로 독일 전토에 공포의 찬바람이 일었다고 일기에 쓰고 있다. 괴벨스도 불안을 느꼈고 그의 일기에 '유대인이 무기를 잡는다면 어떻게 되는가, 이 사건이 말해 주고 있다'라고 쓰고 있다.6) 그리고 유대인도 주목했다. 강제수용소의 유대인, 미국의 유대인, 러시아의 유대인, 팔레스타인의 유대인이 주목했다.

독일에서는 유대인 다수를 한 곳에 모아서는 안 된다는 포고문이 발표되었다. 최후까지 살육은 계속될 것이다, 그것도 더욱 빨리 될 것이다. 독일군이 러시아와 프랑스에서 퇴각하고 있을 때에도 인간을 실은 죽음의 열차가 독일의 가스실로 속속 달려갔다. 굴뚝은 밭 위에 고운 인간의 재를 뿌리며 독일인 농담으로 화장장을 빗대어 말하는 '빵집'에서는 불쾌하게 들큰한 냄새가 나와 공기에 찼다. 연합군이 독일 국경을 넘었을 때 비로소 강제수용소에서 저지른 일의 흔적을 지워 버리기 위한 작업이 허겁지겁 진행되었다. 그러나 연합군의 움직임이 빨라 세계가 믿기를 거부했던 사실이 드디어 세계의 눈앞에 폭로된 것이다.

죽음의 수용소에서 죽은 유대인은 3백만 명이다. 그 대부분이 동유럽의 유대인이며 서유럽의 유대인은 극히 소수였다. 프랑스, 벨기에, 폴란드, 이태리의 명예를 위해서 말해 두지만 그들은 유대인 추방으로 독일과 협력하기를 거부했다. 이태리에서는 교황이 독일의 참극을 비난하고 이태리 사람들에게 유대인을 내놓으라는 독일의 요구에 응하지 말라고 알렸다.

핀란드와 스칸디나비아에도 갈채를 보낸다. 노르웨이 나치 당수 커스링 정권의 코밑에서 노르웨이인들은 유대인 대부분이 스웨덴으로 도망가도록

---

5) G. M. 길버트≪뉴른베르크 일기≫(G. M. Gillbert, Nurmberg Diary, Signet Book, 1961, p.68).

6) 전기한 루이스 P. 로크너의 ≪괴벨스 일기≫ p.351.

원조했다. 덴마크 국왕은 나치스가 유대인에게 달도록 한 황색 '다윗의 별'을 공공연히 달고 학생과 보이스카웃의 '지하' 조직 계획에 참여했다. 그 계획으로 덴마크의 유대인은 어선을 태워 스웨덴으로 보냈으며 그곳에서 피난민은 따뜻한 환영을 받았다. 러시아에 대해서 독일과 동맹을 맺은 핀란드였지만 핀란드 육군 원수 칼 구스타프 마나하임은 핀란드의 유대인이 한 사람이라도 잡히기만 한다면 핀란드는 독일에 선전 포고를 하겠다고 말하고 있었다.

동유럽에서는 사정이 매우 달랐다. 폴란드의 행위는 가장 수치를 모르는 행동이었다. 일체 이의를 외치는 일도 없이 폴란드는 330만 가운데서 280만이나 되는 유대인을 독일로 넘겨주었다. 가련한 폴란드는 독일이 유대인보다도 폴란드인을 더 경멸한 것을 뒤에 가서야 깨달았다. 소나 말을 죽이듯 독일은 150만의 폴란드인을 죽였다. 루마니아나 헝가리에서도 지독했다. 이 두 나라에서는 유대인의 반이 죽고 러시아군이 쳐들어옴으로써 비로소 살아 남은 사람들이 구출되었다.

소비에트 러시아에서의 유대인의 사정은 복잡했다. 동유럽의 국경 지대에서 러시아로 도망친 몇십만의 유대인을 어떻게 정의해야 할까. 독일이 러시아로 침입했을 때 그들은 피난민 유대인과 러시아계 유대인을 잡아들였다. 러시아의 빨치산도 함께였다. 그들은 독무대에게 죽던가 강제수용소르 끌려갔다. 그러나 러시아인도 그 정부도 한번도 유대인을 독일에 넘겨준 일은 없었다.

유고슬라비아와 그리스와 불가리아 사람들의 영웅적 행위에 대해서도 주목해야 했다. 그들은 신변 안전과 이해 타산보다도 인간의 존엄을 귀중히 여겼다. 유고슬라비아에서의 나치스 보복은 특히 집념이 강한 것이었다. 그들은 138만 명을 죽였다.—유고슬라비아 전 인구의 10퍼센트이다. 일찍이 한번도 반유대주의가 된 적이 없는 그리스도교회도 치열하게 저항했다. 그래서 독일은 유대인을 감싸는 자는 사형이라고 했다. 대 반동 정치가 보리스

2세 국왕은 자진해서 불가리아 유대인의 공민권을 박탈했다. 유대인을 기다리고 있는 가혹한 운명에 관해서 안 국민은 큰 데모를 일으켰다. 그리스도교회도 이의를 외쳤다. 그로부터 불가리아에서는 죽음의 열차가 떠나지 않았다. 독일인은 1944년 9월 추방되었다.

제 2차 대전도 끝날 무렵이 되었다. 1945년 봄, 러시아가 1200만의 독일군을 독일 전선에서 추격하고 있었다. 서부전선에서는 연합군이 라인강을 건너 독일로 들어갔다. 독일의 도시는 불타오르고 총통은 권총으로 자살하였으며 독일인은 평화를 간청하게 되었다. 산 속의 방형 보루(保壘)에 들어가 최후의 한 사람까지 싸우겠다고 큰소리 치던 나치스는 저항하는 빛도 없었다. '동무, 쏘지 마시오'가 그들의 입버릇이었다. 당당하게 독일군을 따라온 용맹한 특무대도 퇴각해 갔다. 정규군 병사는 자랑스럽게 제복을 입고 있었지만 친위대원은 그 제복을 지하실이나 들판이나 도랑에 버려 더럽히고 평화스런 농민 복장으로 갈아입고 몸을 지켰다. 나치스 병사들은 항복한 것이 아니었다.—그들은 도망친 것이다.

연합군에 의하여 전쟁 범죄인으로 지목된 나치스 대부분은 곧 색출되어 재판에 회부되었다. 그들 전원은 무죄를 주장하고 저토록 충성을 맹세한 총통을 배반하고 그는 대살인범이며 미치광이라고 비난했다. 그들 전원은 자기들은 아무런 힘도 없는 양들이었다고 말하는 것이었다. 마치 살인명령을 수행하는 것이 그를 살인의 종범(從犯)이 아니라 무죄로 해 주기라도 하는 것처럼 말했다. 어떤 자는 살려 달라고 애원하고, 어떤 자는 자살하여 소수만이 당당하게 사형대로 향했다. 히틀러는 1944년 7월 20일, 자신에 대한 암살 계획자의 처벌을 결정했지만 그것이 얼마나 적절한 것이었는지를 몰랐다. 아리안족의 모략가들은 벌거벗겨지고 도살장에서 쓰는 갈고리와 피아노선으로 벽에 매달려져 정육점의 고깃덩이처럼 디룽디룽 흔들리고 있었다.—그것이 히틀러의 처벌 수법이었다.

제 2차 대전은 인류 역사 최대의 살인 소동이었다. 그처럼 짧은 기간에 그처럼 많은 비용을 들이고 그처럼 많은 인간을 살육한 일은 없었다. 전쟁이 끝나자 세계는 히틀러와 반유대주의에 대해서 치른 대가가 얼마나 큰 것인지를 계산해야 했다. 전쟁 6년간 징병 연령의 남자 1,700만 명이 전투에서 죽었다. 1,800만 명의 비전투원이 전쟁의 직접적인 결과로 죽었다. 그리고 다시 1,200만 명의 나치스에게 죽었다. 1933년에 '총통 만세'하던 독일인이 이제는 슬픔 가운데서 그들의 죽은 자를 꼽아 보고 있었다. 전투에서 죽은 자 325만, 비전투원 사망자 335만, 약 500만의 부상자가 났다. 2,000만 호였던 건물 가운데서 700만 호가 완전 파괴되거나 반파되었다. 세계를 향해서 거듭 거듭 궁핍을 호소하고 미국과 영국에 돈을 달라고 매달리던 그 독일이지만 아무튼 이 6년 전쟁을 치를 2,720억 달라의 돈이 있었던 것이다. 그래서 히틀러는 풀이 죽지 않았던 것이다.

수치스러운 얘기는 이제 다했다. 유대사의 이 삽화에 관해서 유대인은 어떻게 느끼고 있을까. 그들의 느낌을 대체로 간단하게 요약할 수 있다. 나치스에 대해서는 인간을 짐승만도 못하게 얕본 것을 경멸한다. 독일에 대해서는 그들을 비열한 인간으로 만든 암(癌)과 싸울 용기도 없었던 것에 대해서 연민의 정을 느낀다. 세계에 대해서는 자기의 생명이 위협을 받기 전에는 인간의 존엄을 위해서 싸우지 못했던 데 대한 수치를 느낀다. 그러나 이 유대인에 대한 전면적인 배신의 얘기에는 불쾌한 교훈도 있다. 나치스를 지지한 자들은 유대인을 배반했을 뿐만 아니라 그들은 자기 자신의 민족까지도 배반한 것이다. 나치스에게 가장 협력적이었던 자들이 최후에는 나치스의 희생자가 되었다.

나치스 독일의 유대사도 개괄적인 문맥으로 보지 않으면 의미 없는 막간의 살인극으로 그치고 만다. 죽어 간 몇 백만의 명예를 살리고 장사지내 주어야 할 것이다. 그들의 존엄성을 지켜 주고 그 희생의 어떤 의미를 찾아주

지 않는다면 뒤에 오는 세대는 그저 그들을 흉노족(凶奴族) 아틸라왕에게 살육된 망각 속의 수백만의 생명과 마찬가지로 '역사의 도살장'에 끌려 간 많은 양떼로 보는 데 그칠 것이다. 나치즘은 반유대주의였을 뿐만이 아니라 반인간주의였음을 인식해야 한다. 나치의 인종 우월론에는 아무런 근거도 없었기 때문에 나치스는 마치 악몽과도 같은 것이다. 즉 그저 끝없는 현재를 과거도 미래도 없이 전개해 가는 것뿐이다. 나치즘의 사상에서는 독일계 아리안족만이 살 자격이 있고 그밖에는 모두 죽이라는 이론이었다. 소름끼치는 얘기지만 폴란드의 강제수용소에 러시아군이 들어가보니 2,000만 명을 충분히 죽일 수 있는 대량의 싸이클론 B가 발견된 것이다. 그러나 유럽에는 이제 300만의 유대인밖에 남아 있지 않았다. 그렇다면 계획되고 있던 대량학살의 유대인과 그리스도교도의 희생자 비율은 1.4인의 그리스도교도에 대해서 유대인 1인이 아니라 사실은 5.3인 대 1인이 될 터였다. 나치스 장래 계획은 비독일인을 매년 1,000만 명씩 죽이려는 것이었다.

가스실이나 죽음의 수용소의 존재를 차마 믿지 못했던 세계는 역시 이 얘기도 믿지 못할 것이다. 독일 이외의 서구의 상상력은 그런 반인간적인 사고를 받아들일 수 없기 때문이다. 서구 성시네는 아직 유대주의와 그리스도교의 휴머니즘이 젖어 있어서 정신적인 가치가 중요하다고 생각하고 있기 때문이다. 독일에서는 이런 가치가 나치즘에 의해서 씻겨져 버렸다. 그리스도교도가 독일에서 일어난 일이 수백만의 유대인에게밖에는 관계가 없는 것이라고 생각한다면 그들은 나치스에게 살해된 700만의 그리스도교도를 무시할 뿐만 아니라 그리스도교도로서의 전통을 배반하는 것도 되는 것이다. 그리고 만일 유대인이 나치스에 의해 살해된 700만의 그리스도교도를 망각한다면 그는 500만 유대인의 죽음을 헛되게 할뿐만이 아니라 연민과 정의라는 유대인의 유산을 배반하는 일도 되는 것이다. 이미 유대인의 생존이라는 문제만이 아니라 인류의 생존 문제인 것이다.

유대사는 나치스의 함정에서 일단 자유가 되자 다시 그 힘을 결집하여 새로운 유대인 국가의 건설이라는 이미 이전부터 표명해 온 목표를 향해서 전진하게 되었다. 이 움직임의 배후에 있는 원동력은 시오니즘이다. 시오니즘은 그 기원을 하스칼라와 서구 계몽주의에 두고 있었다. 그래서 우리는 19세기 유럽으로 되돌아가 시오니즘 사상의 실마리를 되찾아 유대인 지도자들이 그것을 유대인이 생존하기 위한 하나의 계획으로 엮어 놓은 것이다.

29. 승리의 의지

—시오니즘에서 이스라엘 국가로—

1948년 5월 15일은 유엔으로서는 좋지 못한 날이었다. 그날 이집트[1]와 트랜스 요르단과 이락과 시리아와 레바논, 5개의 아랍 제국 군대가 이스라엘을 완전히 멸망시키겠다는 의사를 공언하고 이스라엘로 침공했다. 이스라엘은 그 전날 의기 양양하게 독립 선언을 한 참이었다. 물론 유엔은 속수무책임한 것이 분명했다. 유엔은 나약하게 눈을 감고 불가피한 결과를 기다리며 긴장하고 있었다. 가련한 유대 군인들이 또 비참한 꼴이 됐군, 그러나 그것은 그들의 운명일지도 모르지.

그러나 2,3주간이 지나자 충격전에서 유대인이 이길지도 모른다는 불길한 생각이 들기 시작했다. 유엔은 깜짝 놀라 그 눈을 뜨고 아랍인이 지고 있는 듯한 상황을 보았다. 시급하게 조치가 취해졌다. 유엔의 긴급 총회가 열리고 베르나도체 백작이 이스라엘로 정전을 권고할 사명을 띠고 달려갔다. 유대인이 이겨서 카이로까지 쳐들어가기 전에라는 속셈이었다.

역사의 골방에서 유대인은 다윗의 방패와 바르 고흐바의 갑옷을 끄집어냈다. 다시 그들은 히브리어로 지휘하는 유대인 장교와 함께 진군했다. 서양의 겁쟁이 유대인이라는 상투적인 말투는 깨지고 말았다. 도대체 어찌된 영문인가.

---

1) 물론 엄격히 말하자면 이집트는 그 인구의 90%가 회교도라고는 하지만 아랍 국가는 아니다. 오늘날의 이집트인 대다수는 함족의 자손이다. 아랍·비두인이 소수파 주의 다수파이다. 극소수의 그룹인 곱트인만이 고대 이집트인의 직계 자손이다.

참으로 이상한 일이다. 바르 고흐바가 로마에 대해서 세 번째 반란을 지휘한 저 기원 135년이래, 유대인은 유대인이 군대라는 것을 가져본 적이 없었다. 카이로로 진격한 저 유대인 군대는 어디서 나타났는가. 기원 6세기 이후 유대인은 팔레스타인에서 소수 민족으로 살아 왔다. 그것이 급속하게 다수파가 되어 가고 있었다. 1900년이 되기까지 팔레스타인은 불모의, 석질(石質)의 선인장만이 만연하는 사막이었다. 그것이 근대적인 농공업 국가가 되었다. 사막은 비옥한 밭으로 변모하고 아름다운 도시가 세워졌다. 이 변화를 가져 온 과학 농업자, 공장 노동자, 관리직, 전문직 사람들의 일단은 어디서 왔는가. 여기에는 의회와 최고 재판소와 독립 사법 조직을 갖는 근대 민주국가가 있다. 모든 것이 하룻밤 사이에 생긴 것처럼 보이는데 그것은 어떻게 그렇게 된 것일까. 세계는 얼마든지 혁명을 보았지만 이런 것은 처음 보는 일이었다.

일반적인 생각과는 반대로 혁명은 억압된 민중에 의해서 일어나는 것이 아니다. 그리고 하룻밤 사이에 이루어지는 것도 아니다. 그것은 부르조아 계급이나 귀족계급 출신 지식인에 의해 야기된다. 혁명에는 또한 오랜 잠복기가 있어서 반항이라는 형태로 감염성 사상이 솟아 나오기까지 반세기가 걸리는 수도 있다.

혁명이 성공해서 그 약속의 나라를 세우기 위해서는 그 이전 단계로서 회임(懷妊)의 3단계를 거쳐야 한다. 각 단계에 이른바 '사상가' '정치 활동가' '관료'라고 불리는 전문가 집단이 임무를 맡게 된다. 우선 기성 체제에 의문을 던지고 그 결점을 지적하여 새로운 사회의 청사진을 만드는 사상가가 나타난다. 프랑스 혁명의 배후에 있었던 것은 볼테르, 루소, 몬테스큐, 콘도르체였다. 미국 독립혁명의 씨를 뿌린 것은 영국의 철학자 로크, 흡스, 베이콘, 버크였다. 러시아 혁명의 사상적 근원은 마르크스와 엥겔스였다. 그들은 농민이나 노동자의 자제가 아니라 부르조아와 귀족계급의 자제들이었다.

사상가의 사상은 서서히 다른 사람의 마음속에서 발아한다. 그리고 거기서 활동가들이 태어난다. 그들의 역할은 사람들에게는 새로운 사상을 전달하고 무기를 잡고 싸울 그들을 조직하며 새로운 국가를 건설하는 일이다. 활동가는 대개가 언제나 '성급하고', 상황은 늘 혼란하여 안정된 정부의 확립을 방해한다. 프랑스, 미국 그리고 러시아의 활동가들은 스승으로 추앙하는 사람들의 혁명적 사상을 받아들여서 자신들의 혁명을 일으켰다. 프랑스에서는 로베스피에르, 단톤 그리고 마라, 미국에서는, 아담스, 제퍼슨, 해밀턴, 메디슨 그리고 프랭클린, 러시아에서는 레닌, 트로츠키 그리고 스탈린2) 등이 그러했다. 그런데 그 안에도 농민이나 노동자는 없다.

조만간 혁명의 성공을 보장하기 위해서 활동가는 관료로 대치되어야 하는데 그 임무는 평화를 회복하고 급진적인 사상을 일상 생활 속에 제도화하는 것이다. 나폴레옹 등장 후의 프랑스 사는 복잡해서 한 마디로 요약하기는 어렵지만 그가 법제화한 혁명적 사상은 확고하게 뿌리를 내려 격동의 1세기를 존속한 것이다. 미국 독립 혁명 후의 50년간은 1776년의 혁명 원리가 국민의 의식 속에 확고하게 뿌리를 내렸기 때문에 여러 인종으로 된 나라가 갖는 다양한 요소도 호감을 갖고 확고하게 결합되어 있었다. 러시아에서는 혁명 후 30년, 관료제도가 견고하게 확립되어 있기 때문에 러시아 수상은 자리를 비운 사이에 나라를 빼앗기는 것이 아닌가하는 불안을 갖지 않고 국외로 나아갈 수 있었다.

이스라엘의 전쟁도 하나의 혁명—시오니스트 혁명—으로서의 특정을 갖추고 있다. 그것은 어떤 한 가지를 제외하고는 고전적인 패턴을 따른 것이었

2) 스탈린은 혁명의 단계라는 관점에서 말하자면 중간에 선 것이기 때문에 동등한 공정성으로 '활동가'나 '관료'라고 할 수 있다. 그는 러시아 혁명을 한 3인 중의 한 사람이었지만 관료화 과정을 개시한 것도 그였다. 그러나 그 과정은 숙청으로 인해서 끊임없이 혼란했기 때문에 안정된 것이 되지는 못했다. 스탈린의 출신도 역시 분열되어 있다. 그는 화이트칼라와 노동자의 중간에 있었다. 그의 부친은 제화공이며 스탈린 자신은 그 혁명적 지식이 원인이 되어 퇴학당하기까지는 신부가 되려고 공부하고 있었다.

다. 그 한 가지 차이는 이스라엘에는 제 4의 전문 집단이 있었다는 사실이다. 그것은 '유도자'이며 시오니스트 혁명에 있어서 그들은 불가결한 존재였다. '알을 깨지 않고는 오믈렛을 만들 수 없다'고 로 베스피에르가 말한 것처럼 사람이 없으면 혁명이 일어나지 않을 것이다. 시오니스트들은 팔레스타인에는 국가를 건설할 만한 유대인 인구가 없음을 잘 알고 있었다. 시오니스트 '유도자'들의 역사적 기능은 '이산'의 유대인을 유도하여 새로운 유대인 국가를 세울 만한 인구를 팔레스타인으로 이주시키는 일이었다.

프랑스 혁명, 미국 독립혁명, 러시아 혁명과 마찬가지로 시오니스트 혁명도 지식인이나 사상가의 활동에서 발단된 것이다. 하스칼라 시오니스트들이 유대인의 기존 존재방식을 비판하고 새로운 국가를 위한 청사진을 작성한 지식인들이었다. 그리고 유도하는 사람들이 활동을 시작하여 유럽에서 팔레스타인으로 많은 인구를 이민시켰다. 그런데 이번에는 활동가들이 나서서 유대인에게 시오니즘의 복음을 설교했다. 새로운 이스라엘 국가가 탄생하자 역사의 관례에 따라 관료가 뒤를 이었다.

'시오니즘'은 사실은 옛부터 있었던 사상에 붙인 새로운 이름에 불과하다. 그것은 다만 '시온[3]에의 귀환' 즉 예루살렘에의 귀환을 의미하는 말에 불과하다. 그러한 귀환의 발상은 '이산'의 역사가 시작된 지 얼마 되지 않은 시대부터 유대인의 생각 속에 계속 있었다. 확실히 유대인은 팔레스타인을 구체적으로 소유하지는 못하면서도 시온에 다시 수도를 건설하자는 희망을 포기한 적은 한번도 없었다. 그러나 근대 시오니즘은 어떤 중요한 한 가지 점에서 이 옛부터의 염원과는 다르다. 근대 시오니즘이 도래까지는 유대인의 대부분이 메시야가 그들을 '약속의 땅'으로 데리고 가리라고 생각하고 있다. 근대 시오니즘은 이 책임을 메시야의 어깨에서 옮겨다 유대인의 어깨에 올려

3) 시온이란 원래 예루살렘에 있던 에브스인의 성채 이름이었다. 다윗왕은 예루살렘을 점령했을 때 시온을 예루살렘의 상징으로 한 것이다.

놓은 것이다. 이 책임을 짊어진 시오니스트들은 유대인의 미래의 고향인 '시온'을 재검토했다. 기원 135년의 저 바르 고흐바의 좌절된 반란 이후, 팔레스타인은 어떻게 되었을까.

하드리아누스황제 시대로부터 벤 구리온에 이르는 팔레스타인의 역사는 얌전하게 복종하는 것과 적당하게 죽기를 거부한 한 나라에 대한 능욕과 정복의 역사였다. 하드리아누스가 죽자 유대인은 예루살렘으로 돌아와 로마의 공민권을 획득하고 3세기의 로마제국에 넘치고 있던 친선의 정신을 서로 나누며 살았다. 자기의 성전에 모세와 그리스도의상을 놓았다고 하는 알렉산더 세베루스황제의 진보주의로 대표되는 이 국내 평화의 시대는 그리스도교도가 권력을 잡게 된 기원 325년에 끝나고 말았다.

그로부터 40년 뒤, 발렌스와 발렌티아누수 형제가 로마를 둘로 쪼개어 놓았다. 600년 동안 그리스와 로마라는 서양의 영향 아래 있었던 팔레스타인은 비잔틴제국이라고 불리게 된 로마제국의 동반부에 의해서 동양 문화로 복귀하게 되었다. 비잔틴 통치하의 2세기 동안 팔레스타인의 유대 인구는 사망과 이동으로 감소되기 시작하여 소수민족이 되었다. 팔레스타인은 비잔틴과 페르샤군이 싸우는 전쟁터가 되고 그리스도교 제 종파의 항쟁의무대가 되었으며 성유물(聖遺物)을 찾는 활동이 맹렬한 장소로 변하고 말았다. 처음 두 가지는 물리적인 위기이며 마지막 한 가지는 심리적인 쇠약을 재촉하는 것이었다?

특히 치열했던 것은 그리스도의 신성에 관한 동체론(同體論)과 동질론(同質論)의 대립, 즉 아다나시우스파와 아리우스파의 싸움이었다. 다시 말해서 그리스도는 신과 '동체'인가 아니면 '동질'(同質)인가 하는 논쟁이었다. 에드워드 기본의 말을 빌리자면 '오직 하나의 이중모음(二重母音)의 차이가 맹렬한 항쟁을 부르고, 그것이 몇 백이라는 그리스도교도와 논쟁에 말려든 미아(迷兒)인 유대인들을 살육하기에 이르렀다.(동체론〔Homoousian〕과 동질론〔Homoiousi- an〕은 한 자만 다르다—역주).

그리스도교의 교설이 경화되자 성인이나 순교자의 신체 일부가 교회나 성전에 모셔지면 그 건물은 신성한 것이 된다는 생각이 번져갔다. 역사 초기의 성자나 순교자는 대개 '성지'에서 죽었기 때문에 팔레스타인은 인류사상 가장 치열한 성유물을 찾기가 자행되는 장소가 되었다. 팔레스타인 전토에서 팔, 손가락, 발가락, 한 조각의 뼈를 찾는 탐색전이 벌어졌다. 계단이나 사원에 모시기 위해서이다.

팔레스타인에 남아 있던 유대인과 그리스도교도는 기원 613년에 승리자 페르시아를 맞아들였지만 페르시아와 친숙해지기도 전인 기원 638년에 새 주인을 맞아들였다. 마호메트교도들이다. 아랍은 그 뒤 500년간 팔레스타인을 통치했는데 기원 1100년 십자군이 '성지'를 점령하게 되자 그것도 끝났다. 십자군은 약 200년간 불안한 장소에 매달려 있었으나 마멜루크라는 경이적인 사람들에게 내쫓기고 말았다. 마멜루크란 이집트에 있었던 터키인 노예에게 붙여진 아랍어 이름이었다.

기원 1250년, 마멜루크들은 이집트인 주인에게 대해서 반란을 일으키고 이집트에서 권력을 잡았으며 십자군을 쳐부수고 팔레스타인을 이집트의 속령으로 만들어 징기스칸의 침략을 막아 마침내 이집트 전선을 267년간이나 유지한 것이다. 그들은 매우 말타기를 잘 했지만, 저이를 조직하는 일에는 아주 서툴렀다. 47명이나 되는 마멜루크조(朝)의 설탄들은 모두 문맹이거나 광인이었는데 각각 평균 6년씩 왕위에 있다가는 그것을 차지한 방법과 같은 방법으로 빼앗기기를 거듭했다. 즉 암살이다. 그러면서도 그들을 훌륭한 대학도 세우고 카이로를 세계적인 명소로 만들어 놓기도 했다. 그리고 실로 아무렇지도 않게 이집트와 팔레스타인의 인구 3분의 1을 없애 버렸다. 1517년, 오토만 터키가 이집트와 팔레스타인을 병합해서 그들의 운세도 끝났다.

1세기에 걸친 터키의 장려(壯麗)한 통치는 평화를 이루고 유대인은 팔레스타인으로 돌아올 수 있었다. 마라노, 카발리스트, 탈무드 학자들이 사업을 위해서, 학교를 세우기 위해서, 책을 지어내기 위해서 모여들었다. 그러나 퇴폐와 특권 계급 탓으로 오토만 터키제국은 급속하게 쇠퇴의 길을 달렸다. 상황이 좋아지기를 바라는 유대인의 희망은 지중해 안개 속에서 넬슨경의 함대를 앞지른 나폴레옹이 3만 2천의 병력으로 알렉산드리아에 상륙했을 때 잠깐 소생하는 듯했다. 덧붙여서 3만 2천은 고대의 동양을 정복한 알렉산더 대왕의 병력 수이기도 하다. 나폴레옹은 예루살렘을 점령하고 북쪽 아크레로 향했으나 그 전략은 실패하고 퇴각했다. 팔레스타인은 터키에 의해서 다시 점령되고 1860년에는 이 '젖과 꿀의 땅'이 완전히 불모의 사막으로 변하고 그것은 1만 2천의 유대인도 살아가지 못할 정도였다. 팔레스타인의 사막을 다시 젖과 꿀이 흐르는 땅으로 만들자는 생각이 일어난 것은 유대인의 '이산'이 역사에 이어서의 이 시점에서였다. 유대인은 시오니스트의 자극을 받아 다시 팔레스타인 역사 형성에 적극적으로 참여하게 되었다.

세계 정세와 시오니스트들이 필요로 하는 조건은 마치 신의 계획인 양 들어맞아 바로 적절한 시기에 5차에 걸친 팔레스타인 이민을 실현할 수 있었다. 1880~1900년의 최초의 물결을 타고 농토를 개간할 농부들이 들어왔다. 1900~1914년의 제 2파로 과학농업 관계자와 노동자가 들어와서 농업을 촉진했다. 1918~1924년의 제 3파로 젊은이, 기업가, 투기업자 등이 들어왔으며 도시를 건설하고 산업을 일으키며 군대를 조직하고 교육제도를 확립하는 일을 시작했다. 1924년~1939년의 제 4파로 지식인, 전문직의 사람들, 관료가 되는 사람들이 들어와 민주주의와 국가의 청사진을 만드는 일을 시작했다. 제 2차 대전 후의 제 5파는 모든 직업의 유대인이 들어옴으로써 모든 부문의 공백을 메우게 되었다. 1948년에는 시오니스트의 사상가, 유도자, 활동가가 그들의 임무를 마쳤다. 유대인은 군대를 가지며, 국가 건설의 청사진을 갖고 있었다. 생존의 사상은 생존을 위한 수단으로 바뀌었다.

시오니즘 사상에서 이스라엘이 현실이 되는 과정까지 연쇄 반응의 계기를 이룬 것은 1860년경이며 그것은 '시온으로 돌아가자'는 메시아니즘적 발상이 '팔레스타인으로 돌아가자'는 정치적 발상으로 변모하기 시작한 시기이다. 유대인의 발상에 이러한 변화가 일어났던 시대는 중세의 반유대 감정이 근대의 반셈주의로 변모하기 시작한 시기와 일치한다. 그들은 어떤 나라에서 다른 나라로 도망치는 방법으로는 안전하게 살 수 없기 때문에 그들의 국가를 건설해야만 자신들을 구출할 수 있다고 생각했다. 전날에 열광적인 예언자들이 신은 제물을 원하지 않고 착한 행동을 원한다고 설파한 것처럼 정치적 시오니스트는 신은 종속적인 유대인이 아니라 자립한 유대인을 원한다고 설파했다.

'이산'에서 예루살렘으로 돌아가는 길은 1860년에서 1900년에 걸쳐 저술된 몇 가지 서적의 사상에 의해서 열린 것이다. 최초의 책은 ≪로마와 예루살렘≫이라는 예언적인 제목이 붙어 있었는데 그것은 모세스 헤스(1821~1875)가 쓴 극히 유대적인 책이었다. 미목이 수려하고 흥분하기 잘하는 헤스는 정통주의 유대인의 전통을 부정하기 위해서 그리스도교도인 창녀와 결혼했다. 그는 이 여성과 행복하게 살았으며 여자도 이 기이한 유대인을 진심으로 사랑했고 스피노자의 영향을 강하게 받은 헤스는 이미 1841년에 인도적으로 운영되는 유럽 합중국 안을 구상하고 있었으며 사회주의 운동에도 참가하고 있었고 한 때는 마르크스, 엥겔스와도 교제가 있었다. 1848년의 독일 혁명에도 가담하여 사형 선고를 받았으나 파리로 도망했다.

헤스는 사회주의를 박애적인 이상이라고 생각하고 있었기 때문에 공산주의의 유물사관이나 계급 투쟁 따위의 발상을 용납할 수 없었다. 그는 좌익 운동을 이탈하여 유대주의로 되돌아서서 유대인 문제에 관해서 깊이 생각하게 되었다. 그 결과가 ≪로마와 예루살렘≫이다. 그것은 시오니즘을 예고했으며 훗날 그 운동의 지도자가 될 사람들에게 감명을 주었다. 헤스는 그 저서에서 유대인의 팔레스타인 복귀를 주장하고 그곳에 '이산'의 유대주의를 위한 정신적 근거를 건설해야 한다고 말했다.

그의 이러한 발상은 러시아 태생의 페레츠 스몰렌스킨(1842~1885)에 의해서 다듬어지고 세련되었다. 그도 정통주의에서 도망친 사나이였다. 그는 11살 때 자기보다 조금 나이를 더 먹은 형이 러시아군의 징병계원에게 잡혀가는 것을 목격했다. 12살에 탈무드를 깨우치고 바르 미츠바(bar Mitzvah:成人式)를 치룰 즈음에는 완전히 쉬테틀(shetetl) 생활에 싫증이 나서 가출해 버렸다. 그는 12년간이나 러시아의 대지를 이리저리 돌아다녔다. 25세가 되자 비엔나에 나타나 거기서 인텔리어가 되었다. 그는 거기서 히브리어 문예 월간지를 발행하고 현재도 널리 알려져 있는 ≪영원한 백성≫을 저술하고 유대인은 히브리어로 하나가 된 지적인 민족이라고 설파했다. 유대인의 가치관은 반듯이 인류의 귀중한 보배가 될 것이며 팔레스타인은 다시 유대인이 활약하는 세계의 중심지가 될 것이라고도 했다.

1880년대에 시오니스트의 사상가들은 시오니스트 운동가를 만나게 되었다. 예를 들자면, 랍비 사무엘 모힐레버(1824~1898)가 있는데 그는 최초로 팔레스타인으로의 이민을 조직한 사람이다. 모힐레버는 정치행동 기관인 시온을 사랑하는 사람들이라는 조직을 만들었다. 강령에는 조직의 회원들을 위해서 팔레스타인에서 땅을 산다는 조목이 있으며 '팔레스타인으로'라는 슬로건은 러시아와 폴란드의 마을까지 울려 퍼졌다.

'시온을 사랑하는 사람들'은 훌륭한 지도자를 발견했다. 그는 하스칼라의 지식인 유다 핀스커(1821~1891)인데 러시아 의무대의 장교였다. 오뎃사의 학살에서 유대인이 학살당하는 광경을 목격한 그는 유대인과 러시아인의 융합을 주장하면서도 그와는 정면으로 대립되는 태도로 유대인의 동화를 반대했다. 동화는 반셈주의자에 대한 무익한 아첨에 불과하다고 했다. ≪자주 해방≫이라는 소책자를 낸 그는 유대인은 자기 영토를 가지고 자립하여 유대인의 국가 의식을 가져야 한다고 기술했다. 핀스커는 반셈주의는 어느 나라의 소수파라는 입장에서 다른 나라의 소수파의 입장으로 이동하는 것만으로는 피할 수 없는 하나의 위험이라고 주장했다. 그는 또한 로마시대의 랍비 힐렐이 말한 오래고 새로운 슬로건, '내가 내 자신을 위하지 않는다면 누가 할 것인가'를 표어로 내걸었다. 무릎을 꿇고 기도할 것이 아니라 일어나 싸우라고 외쳤다. 훗날 시오니즘이라고 불리게 된 사상의 창시자 데오도르 헤르츨(1860~1904)의 출현의 길은 이미 닦여 있었다.

헤르츨은 부다페스트의 반은 이미 동화된 유복한 유대인 가정에서 사치와 독일 문화의 공기에 젖어서 성장했다. 그는 모친에게 깊은 사랑을 가지고 있었으며 어린 시절의 친구라면 누이동생뿐이었고 사춘기에 존경한 사람은 괴테와 나폴레옹과 비스마르크였다. 그는 비엔나에서 법률학을 배웠지만 저널리스트가 되었다.

헤르츨의 초상화를 보면 상당한 미남자이며 웃음을 띠지 않는 예언자적 풍모였으니 그가 젊은 시절에는 여자들이 젊은 남자에게 유혹되어 여자의 남편들은 아내를 빼앗긴 사나이가 된다는 무해한 침실 희극을 써서 성공한 극작가였음을 상상하기 어려울 정도이다. 저널리스트로서의 헤르츨은 비유적이고 냉소적인 문체를 사용했으며 비엔나 사교계의 인기 있는 사람이었다. 비엔나에서는 아침 식사 때 헤르츨의 글을 읽지 않고는 못 배긴다고 할 정도였다.

헤르츨의 인생의 전환점이 된 것은 드레퓌스 사건이었다. 그는 이 사건을 취재하기 위해서 프랑스로 파견되었다. 그는 처음에 드레퓌스가 유죄라고 확신하고 있었지만 그 뒤 무죄라고 생각하게 되었고, '드레퀴스파'에 가담했다. 현재는 일반적으로 헤르츨이 드레퓌스 사건이 계기가 되어 비로소 반셈주의의 존재를 안 것으로 알고 있다. 그러나 반셈주의는 그때까지의 헤르츨에게는 항상 고통의 근원이였으며 거기서 도피하기 위해 그리스도교로 개종하려고도 생각했었다. 드레퓌스 사건은 이 문제와 그가 화합하는 기회가 된 것이다.

헤르출은 이때 비로소 반셈주의는 사회 구조에서 생긴 것이며 세례를 받음으로써 개인적으로 해결될 문제가 아니라는 것을 깨달았다. 헤르출이 그와 같이 스스로를 유대인으로 자처하고 유대주의를 깊이 생각하게 되자 돌변하고 말았다. 그는 유대인의 생존 문제를 생각하게 된 순간 거만하고 냉소적인 태도를 잃고 말았다. '유대인을 죽이라'는 프랑스 폭도들의 함성을 자기 영혼 깊이에서 들으며 ≪유대인의 나라≫를 저술하고 1996년에 출판했다. 이 얇은 책에서 그는 시오니즘의 이상의 윤곽을 설명하고 시온으로 돌아가려는 메시야 사상의 염원을 정치적 힘으로 변화시킨 것이다. 그 책은 큰 화제를 모았다.

헤르출은 국제적인 시오니즘 운동을 조직하는데 투신했다. 그리고 1897년, 스위스의 바젤에서 역사적인 제 1차 시오니스트 회의를 개최했다. 헤르출은 열광적인 참가자들을 향해서 시오니스트 운동의 목표를 선언하였다.— '유대인을 위해서 팔레스타인에 공정한 법으로 확보되는 고국(故國)을 세울 것' 시오니즘은 유대인이 개인적인 자금으로, 산발적으로 팔레스타인으로 돌아갈 것이 아니라 농민, 노동자, 관리직, 사업가, 학자, 사상가들의 집단적인 운동이 되지 않으면 안 된다고 했다.

세계는 바젤의 이 시오니스트 회의에 이렇다할 주목도 하지 않았다. 신문도 유대인이 얼빠진 회의를 하고 있는 것 같다는 정도로 취급했다. 로마에 대한 바르 고흐바의 반란 시대에 구조된 주화를 복제하여 시오니스트 조직 회원 전원에게 나누어 준 것도 세계는 몰랐다. 그러나 바젤 회의는 유대인 세계에 큰 파문을 일으켰다. 돈 많은 유대인, 동화주의(同化主義)의 유대인은 헤르출이나 시오니즘 사상을 거부했다. 개혁파 랍비 대부분은 헤르출에 공격했다. 그러나 가난하고 교육도 받지 못한 유대인과 정통파 유대인은 헤르츨의 기치아래 모여들었다.

이 유복한 멋쟁이, 한 때는 동화주의자였던 헤르츨이 동유럽의 가난하고 억압당하는 유대인, 또는 정통파 유대인에게 가지고 있던 매력은 무엇이었을까? 그것에는 세 가지 이유가 있었던 것 같다. 첫째로, 헤르츨의 자유 의지에 의한 탈출이라는 발상에는 영광과 존엄히 있었다. 그것은 황야를 향한 것이 아니라 세계를 향한 유대인의 목소리가 다시 울릴 유대인의 나라를 향한 것이었기 때문이다. 둘째로, 그의 방법론에는 사람의 마음을 사로잡는 위엄이 있었다. 그에게는 세심한 주의나 사소한 것을 무시하는 당당함이 있었기 때문이다. 헤르츨의 시오니즘은 단편적이거나 잠정적인 계획이 아니었다. 총괄적인 개념이었다. 아직 태어나지도 않은 이 나라의 국민이라는 생각만 해도 동유럽의 가난한 유대인들은 자기들이 이미 명예로운 인간이 된 기분이었다. 그리고 셋째로는 헤르츨 자신의 훌륭한 태도, 지도자적 풍모가 있었다. 유대인들에게 있어서 헤르츨은 세워질 나라의 통치자, 그들의 '왕 헤르츨'이었다.

헤르츨은 죽기 전에 큰 실책을 저질렀지만 그의 인기가 대단했기 때문에 다른 사람이라면 완전히 명예를 잃은 것인데 그였기 때문에 무사했다. 유대인의 국가를 획득하기 위해서는 외교 수단에 의지해야 한다고 하는 헤르츨파 운동가와 '어깨에 맨 총'이 팔레스타인에서의 자립을 결정한다고 하는 시오니스트 활동가 사이에 분열이 생겼다. 1903년의 시오니스트 회의에서 헤르츨은 시오니스트는 팔레스타인을 포기하고 대신 우간다로 만족하라고 제안했다. (영국 정부가 헤르츨에게 우간다의 토지를 주겠다고 약속했기 때문이다.) 그러자 격렬한 논쟁이 벌어졌다. 위대한 헤르츨이 배반자로 불리게 되었다. 자기가 분명히 실책을 저질렀다고 깨달은 헤르츨은 시오니스트 조직의 통일을 지키기 위해서 결국 반대파에게 붙었다. 그는 그 다음 해 44세를 일기로 세상을 떠났다.

시오니스트는 모든 유대인 이주자를 위해서 대규모의 땅을 사들임으로써 팔레스타인을 되사버리겠다고 결심했다. 외국인에 의해서 15세기 동안이나 방치되어 있던 메마른 팔레스타인의 땅은 갑자기 가치를 갖게 되었다. 아랍인과 터키인의 비싼 값은 극히 터무니없는 것이었지만 '시오니스트 유대 구가 기금'은 요구대로 지불했다. 1948년, 이스라엘 국가가 성립되었을 때 그 때까지 유대인이 25만 에이커의 사막에 대해서 지불한 금액은 몇 백만 달라나 되며 8만 3천 명의 유대인을 정착시키고 233개 마을을 세우고 50년 전까지는 완전히 불모지였던 땅에 500만 그루의 나무를 심었다. 1880년 이전에 팔레스타인에 살고 있던 유대인은 약 1만 2천 명이었으며 그들은 주로 경건한 정통파 유대인들이었고 그곳에 와서 여생을 보내고 '성지'에 뼈가 묻히고 싶다는 사람들이었다. 1880년에는 제 1차 대전까지 헤스의 ≪로마와 예루살렘≫, 스몰렌스킨의 ≪영원한 백성≫, 핀스커의 ≪자주 해방≫ 그리고 헤르츨의 ≪유대인의 나라≫ 등에 자극을 받아서 팔레스타인으로 이주한 사람의 수는 11만 5천 명에 이르렀다. 여기서 '사상가'나 '운동가'들은 그 임무를 마친 것이다. 제 1차 대전 후에도 '활동가'들로 대치되었다.

제 1차 대전은 시오니스트 운동을 거의 파멸시킬 것처럼 보였다. 영국은 터키가 연합군측에 붙어 참전하기를 바랐다. 그러나 기대와는 반대로 오토만 제국은 독일측에 붙었으며 그것은 영국과 유대인 양자의 재난의 전조가 되었다. 영국으로서는 그들의 생명선인 수에즈 운하가 위기에 빠졌음을 의미했으며 팔레스타인의 유대인에게는 생명 자체의 위험을 의미했다. 연합군 편이라고 보인 유대인은 모조리 목매어졌다. 영어를 조금이라도 알면 그것이 적의 편이라는 증거가 되었다. 1만 2천 명의 유대인이 국외로 추방되었는데 이유는 그들이 터키 국민이 아니라는 것이었다. 시오니즘은 위법이라고 선언되었다.

제 1차 대전 사이에 예의 '발푸르 선언'이 나왔다. 그것은 대전 중의 유대인의 역할에 대한 영국 정부의 감사의 표시였다. 영국의 뛰어난 화학자 하임 와이츠만은 영국 군사 당국으로 불려가 전쟁에 반듯이 필요한 폭약인 합성 코르다이트의 제조 방법을 연구해 달라는 요청을 받았다. 전전에 독일에서 수입한 아세톤으로 만들었다. 와이츠만은 그 방법을 고안해서 영국 정부에 제출했다. 그래서 1917년 열렬한 시오니스트이며, 웅변가이기도 한 그리고 대단히 인간적인 매력도 갖추고 있던 와이츠만이 영국에 대해서 팔레스타인의 유대인 국가의 보호국이 되어 달라고 했을때 영국은 만족스런 대답을 한 것이다. 영국의 의무 대신 발포어경을 통해서 1917년 11월 2일, '영국 정부는 유대 민족의 고국 건설을 찬성한다'고 선언한 것이다. 유대인들의 기쁨은 매우 컸다.

제 1차 대전 후, 오토제국은 영국과 프랑스에 의해 '평화 회의'에서 완전히 해체되었다. 중근동은 교외 개발(郊外 開發)의 대상이 된 발디 아라비아 등의 나라가 탄생하였으며 그것은 유전(油田)에 닻(錨)을 내리는 일련의 조약(條約)에 의해서 영국과 프랑스에게 매어져 있었다. 이러한 중근동의 분할은 팔레스타인 문제를 복잡하게 했으며 그보다도 상황을 복잡하게 한 것은 아랍인 자신이 헤쟈즈 왕과 본래 에집트에 주재했던 영국 고등판무관 아더 헨리 맥마헌경 사이에 수교된 비밀문서를 공표한 일이었다. 이 문서에는 만일 아랍인이 터키에 대하여 반항한다면 영국은 아랍인에게 중근동의 영토를 줄 것을 보증한다고 기록되어 있었다. 그 뒤 아랍인은 저 유명한 아라비아의 로렌스를 따라 터키에 반항한 것이다. 아랍인은 맥마헌의 편지에는 팔레스타인이라고 특기되어 있지는 않았지만 팔레스타인이 약속된 땅이라고 주장했다.

아랍이나 영국이나 그 성실성을 의심할 필요는 없었다. 혼란이 일어난 것은 그 편지의 표현을 두 가지로 해석할 수 있었기 때문이다. 더구나 '발푸르 선언'이 먼저인가 맥마헌 서한이 먼저인가를 따지는 것도 무익한 일이다. 양쪽 모두 유효한 문서이다. 이 두 문서가 없었다고 하더라도 그 뒤의 팔레스타인의 역사가 달라지지는 않았을 것이다. 기본적인 쟁점은 다음과 같은 것이다.—아랍은 7세기의 마호메트 정복이라는 점과 제 1차 대전 종결 당시의 인구 대다수가 아랍인이라는 점을 가지고 팔레스타인 정복과 여기서는 아랍인보다는 훨씬 오랫동안 인구의 대다수를 점하고 있었던 점을 가지고 팔레스타인에 대한 권리가 있다고 주장한다. 그것 이외에는 그저 구실에 불과하다.

1918년부터 1936년에 걸쳐 약 15만의 유대인이 팔레스타인에 살게 되어 황폐한 땅을 비옥하게 만들었다. 사막에 동네가 생기고 그것은 도시로 발전했다. 하이파에서 아스칼론에 이르는 옛 불모지에 마을이나 공장이나 학교, 오렌지 밭이 생겼다. 개척 시대의 미국처럼 팔레스타인도 신앙과 희망과 투기(投機)로 건설되고 있었다. 일확천금을 꿈꾸는 약탈자 귀족이나 투기가들이 유대인 이주자의 뒤를 쫓아와서 땅을 사들여 부동산에 오행수를 걸고 푸른 하늘 아래 '미래'를 팔고 있었다. 그들은 비난할 것이 아니라 칭찬하기로 하자. 그들은 대개의 경우 좀처럼 불가능하다고 생각되는 사업을 성공시키는데 한 몫을 했기 때문이다. 1919년에서 1936년 사이에 팔레스타인에 온 건달이나 악당들은 얌전한 사람들에게, 모래와 사보텐밖에 보이지 않는 곳에다 호텔이나 사무소나 아파트 등을 세우는 기초를 닦았다. 그런 의미에서는 그 보다 1세기 전에 미국을 건설한 그리스도교도 투기사와 마찬가지로 그들도 분명히 팔레스타인의 건설을 도운 것이다.

유대인이 서구의 과학과 공업을 팔레스타인에 들여온 것은 아랍인에게 유익한 것이었다. 유대인이 오기 전에 아랍의 농민은 토지의 대부분을 소유하고 있던 대지주를 위해서 적은 임금으로 아침부터 밤까지 일했으며 그 괴로움은 중국의 쿨리(coolies:苦力)와 같았다. 1922년의 팔레스타인의 65만 아랍인 가운데 10만 이상은 사막의 유목민이며 그밖에 소수의 지주 계급을 제외하면 십자군 원정 당시의 유럽 농노와 같은 괴로운 생활을 하고 있는 농노는 농민이었다. 펠라힌(농민)은 낙타의 똥을 말려 연료로 쓰며 가축과 함께 오막살이집에서 자고 평균 수명이 35세였다. 죽을 때까지 미래에 희망을 갖는 일은 없었다.

유대인이 오면서 그들의 이런 생활에 큰 변화가 일어났다. 유대인은 유대인과 아랍인에게 똑같이 임금을 주었다. 저주 계급은 더 이상 저임금으로 노동력을 살 수 없게 되었다. 아랍인 펠라힌들은 유대인 공장에서 일하거나 도시에 생기기 시작한 화이트칼라 직분을 갖게 되었다. 유대인이 실시하는 근대적 위생설비 무상 치료는 특히 아랍인에게 긴요했다. 아랍인에게는 트라코마나 성병이나 꼽추 환자가 많았기 때문이다.

1930년에는 팔레스타인의 아랍인 생활과 건강 위생의 수준 향상이 누가 보아도 분명했으며 이것은 중동 전토의 봉건 체제에는 분명한 위협이 대두하고 있는 아랍 민족주의 세력을 이용해서 민주주의가 물들 온상을 파괴할 한 계책을 세웠다. 영국인은 수수방관하고 있을 뿐이었다. 그들이 반셈주의적이었기 때문이 아니라 그들에게는 지켜야 할 제국이 있기 때문이었다. 유대인이 아니고 가령 프랑스인이나 이태리인이었다고 해도 영국은 역시 같았을 것이다.

1918년, 유대인이 중대 문제에 직면하여 중대한 실책을 저질렀다는 것은 역사적 사실이다. 그들은 발생하고 있는 아랍 민족주의 세력을 과소평가했다. 그리고 그것을 반대하는 영국의 지도를 따르고만 것이다. 시오니스트 가운데는 이미 제 1차 대전이 끝나기 전에 장차 권력 투쟁이 일어날 것을 예상하고 만일 유대인이 괭이로 땅을 일구어 팔레스타인을 지배하게 되어도 그것을 총으로 막아야 할 것이라고 예감한 사람이 있었다. 그들은 유대인 군대를 만드는 것이 절대로 필요하다고 주장했다.

그러한 군대의 창설자는 러시아 태생의 화려한 인물 블라디미르 쟈보틴스키(1880~1940)였다. 그는 영국 장교의 제복을 입고 코 안경을 쓰고 말채찍을 잡고 있는, 키플링(1865~1936)이 말하는 전형적인 '진짜 신사'였다. 쟈보틴스키는 오뎃사의 어느 신문 로마 특파원이었는데 제 1차 대전이 시작될 무렵에 노새 피혁상으로 전환했다. 그는 '시온 노새 부대'를 조직하고 그것을 팔레스타인의 터키인과의 싸움을 지휘하고 있던 알렌비장군 휘하에 두었다. 그는 1915년 터키와 싸우는 영국 측에 속한 유대인 대대도 조직했다. 쟈보틴스키는 이들 전투 경험이 있는 병사들을 가지고 팔레스타인에 유대인 군대 하가나(방위의 뜻—역주)를 편성한 것이다. 1920년, 그 군대는 팔레스타인의 유대인에게 걸어온 아랍 최초의 공격을 격퇴했다. 유대인이 승리한다는 것은 뻔뻔스러운 일이라고 해서 쟈보틴스키는 영국에 의해 15년 금고형을 언도 받았으나 1년으로 석방되었다. 그는 거기서 일시적으로 퇴역하고 다시 집필하여 비알리크의 시를 러시아어로 번역했다. 그리고 단테와 에드가 알란 포우의 작품을 히브리어로 번역했다. 1934년에는 다시 펜대신 무기를 잡게 되었다.

히틀러가 정권을 잡게 되자 새로운 타입의 유대인이 팔레스타인으로 이주해 오게 되었다. 그것은 마침 팔레스타인의 경제적인 요청과 일치하였다. 1936년까지 팔레스타인에는 6만의 독일계 유대인이 이주해 옴으로써 과학자나 기술자나 관리직이나 화학자들이 그 시기에 생산력과 생산품을 향상시키기 위해서 필요로 하는 인재를 공급해 준 것이다. 그러나 무엇보다도 중요한 사실은 우수학 학자들이 돌아와서 팔레스타인의 교육 기관에서 일하게 된 사실이다. 그리고 재정 전문가나 정부 관료 등이 와서 팔레스타인이 확실히 영국의 위임통치 아래 있다고는 하지만 자치 정부와 흡사한 틀이 잡혀가고 있었다.

예루살렘의 회교 무프티장관(Mufti는 아랍어로 '결정자'라는 뜻. 법정의 전용, 해석 등에 관해서 의문이 생겼을 경우, 무프티의 입회로 판정이 내려진다—역주)과 지주 계급은 그저 멍청하게 있지는 않았다. 상황을 똑똑하게 파악하고 있었다. 팔레스타인의 유대인을 없애자면 당장 해치워야 한다고 결심했다. 그래서 팔레스타인의 아랍 지도자들은 나치스와 비밀협정을 맺었다. 아랍은 독일의 금과 무기를 받아 독일과 영국 사이에 충돌이 생기면 독일편을 들기로 약속했다. 영국은 묵묵히 기다리고 있었다. 유대인과 아랍인은 지쳐버릴 것이다. 그때 영국은 몽땅 장악할 수 있을 것이라고 생각한 것이다. 그러나 결과는 그렇게 되지 않았다.

1936년, 예기했던 폭력 사태가 발생했다. 나치스에게서 충분한 무기를 공급받은 무프티와 그의 병력은 읍이나 마을에서, 거리나 하이웨이에서 그리고 버스나 승용차에서 일제 사격을 해왔다. 팔레스타인 전토는 무장하고 있었으나 시오니스트의 공식 방침으로는 하가나가 방위를 위한 군비이며 공격에는 사용하지 않기로 되어 있었다. 쟈보틴스키는 이 방침을 격렬하게 반대하고 아랍인과 영국인에게 보복하자고 했다. 그는 군대를 보조하는 이르군이라는 지하 조직을 만들었다. 그 목적은 아랍과 싸워서 그들을 저지할 것, 영국이 팔레스타인에서 나가도록 싸울 것, 그리고 용감하게 팔레스타인의 독립을 선언할 것 등이었다. 아랍의 위협이 증대하자 쟈보틴스키의 이르군은 크게 불어났다. 아랍인은 절대로 뜻을 굽히려 하지 않았다. 즉 유대인의 팔레스타인 이주 정치, 유대인은 팔레스타인의 소수 민족에 머물 것 그리고 나라의 주도권은 아랍인이 잡을 것이다. 유대인의 팔레스타인 이주는 계속되어야 한다는 점에서 유대인도 또한 절대로 그 뜻을 굽히지 않았다. 나치스의 공포를 피하기 위해 유럽에서 찾아오는 유대인 수는 증가하고 있었으며 다른 나라들은 문을 닫고 있었기 때문에 팔레스타인만이 그들의 유일한 희망이었다.

전투가 치열해지는 것을 보자 영국은 경계를 하며 6인으로 구성되는 '필

위원회'를 임명하고 팔레스타인의 혼란을 조사하고 해결안을 제시하도록 했다. 그러나 위원회가 제시한 방안은 참으로 놀라운 것이었다. '필 위원회'는 침착하게 상황을 바라보는 영국의 위임 통치로는 안되겠다. 팔레스타인을 유대인과 아랍인의 나라로 분할해야 한다고 제안했다. 유대인은 좋지 않은 예감을 가지고 그것을 수락했으며 아랍은 총탄을 가지고 그것을 거부했다. 영국은 팔레스타인의 분할을 피하려는 목적에서 곧 어떤 타협안을 생각해냈다. 그것은 '1939년의 백서'이며 아랍측은 마지못해 그것을 수락하고 유대측은 총탄을 가지고 거부했다. 이 '백서'에는 유대인의 이민은 연간 1만 5천으로 제한하여 5년간 허락하지만, 그 뒤에는 완전히 금지한다는 것이다.

이 '백서'건으로 유대인은 비로소 영국에 대해서 공공연하게 반항적인 태도를 취하게 되었다. 젊은 유대인들은 자보틴스키의 지하 군대에 지원했다. 이르군의 입장은 영국이 유대인의 이민을 방해함으로서 아랍측을 편든 것이 되므로 아랍인과 마찬가지로 공격 대상이 된다는 것이었다. 이르군의 젊은 이들은 건방지게도 대영제국인 사자의 꼬리를 잡아 빼려고 한 것이다. 영국 사자는 아파서 울부짖으며 이르군을 추적하기 시작했다. 이르군은 사자의 가차없는 행동 못지 않게 재빨랐다. 유대인도 영국인도 그렇게 되기를 바라지는 않았는데 상황에 의해서 적대적인 관계가 되어 버렸다.

영국이 제 2차 세계대전에 말려들었을 때 13만의 유대인이 영국의 아프리카 부대에 지원했다. 조심성이 깊은 영국은 그렇게 많은 유대인에게 무기를 잡게 하기를 꺼렸다. 그러나 어쩔 수 없이 필요하게 되자 영국은 3만 명의 유대인 병사를 받아들였고 그들은 독립 부대로서 전투에 투입되었다. 영국인은 싫으면서도 유대인 병사의 용기에 경의를 표했다. 롬멜 장군의 아프리카 부대는 총을 잡은 유대인과 마주 싸웠을 때 분하지만 자기들은 '슈퍼맨'이 아니었다는 것을 시인했다.

영국인들이 추측한 대로 유대인은 나치스와의 전투를 기뻐했을 뿐 아니라 언젠가는 반듯이 다가올 팔레스타인에서의 결투에 대비해서 자신을 단련하려고 했던 것도 사실이었다. 전쟁이 그쳤을 때 누구나 상대를 앞지르려 하고 있었다. 1945년, 팔레스타인 극의 막이 다시 올랐을 때 배우가 되살아나고 그들은 1941년에 공연한 역할을 재현했다. 영국의 방침은 아직도 '백서' 그대로이고 아랍의 방침은 아직도 모든 유대인의 이주를 반대한다는 것이었으며 유대인의 방침은 아직도 제한 없는 이주에 변화가 없었다.

1946년, 영국은 10만의 독일계 유대인의 입국을 거부했다. 미국 대통령 트루먼은 입국을 제한하고 있었는데—. 팔레스타인에 유대인 피난민을 들여보내지 않겠다는 영국의 방침과 키프로스 섬에 유대인 피난민을 억류한 영국에 대해서 분노한 이르군 지도자들은 이 문제의 결말을 짓기로 결심했다. 이르군 병사들은 영국의 예루살렘 최고사령부가 있는 '다윗왕 호텔'을 폭파하여 80명의 장로를 죽이고 70명을 부상시켰다. 복수심이 불타오른 영국은 모든 유대인이 경영하는 상점에 대해서 불매를 명령했다. 그러나 이로 인해서 영국에 대한 유대인의 감정은 오히려 하나로 묶여졌다.

영국은 식민지 시대에 미국이 영국 통치에 도전했을 때 사용한 것과 같은 불모의 정책을 이때 다시 채용하여 역사를 반복했다. 영국은 팔레스타인 정책에 대한 재검토나 영국 의회에 상정된 화해의 목소리에 귀를 기울이는 대신 유대인 이민을 돕거나 감싸준 자에 대한 벌금형을 제정했다. 그러나 그런데도 유대인은 영국의 총부리 사이를 재빠르게 빠져나가 5년간 11만 3천의 이민을 밀입국시켰다. 영국은 '유대 기관'에 대해서 이 위법 행위를 항의했지만 '유대 기관'은 갈 곳을 잃은 유럽의 유대인에게 정당한 보호를 거부하는 영국이야말로 인간의 법을 거역하는 처사라고 대꾸했다.

영국은 유대인을 무장 해제하기도 하고 일제히 검거를 하기도 하였으며 지도자를 교수형에 처하여 보복했다. 그러나 사막에 새로운 무기가 돋아나는 것처럼 무기는 줄지 않았으며(사막에 숨겨 놓았다) 일제 대량 검거는 대중의 공공연한 반항을 불러일으켜 유대인 지도자가 교수형을 받자 이르군은 사형 당한 유대인 하사관 한 사람에 대해서 그보다 계급이 높은 영국인 장교 한 사람을 교수형에 처하기로 결정했다. 나라 전체에 반항 분위기가 가득 찼다. 1947년, 난처하게 된 영국은 그 제국의 다른 부분에서도 중대한 문제를 안고 있었기 때문에 결국 팔레스타인 문제에는 진절머리가 난다고 선언하고 그 문제를 유엔으로 넘기고 말았다.

그러나 유엔은 상황 조사를 위해서 팔레스타인에 특별 위원회를 보냈다. 위엔 원회는 영국의 위임 통치를 중지할 것 그리고 팔레스타인을 아랍 국가와 유대인 국가로 분할한다는 1939년의 '필 위원회'안과 기본적으로 같은 의견을 내놓게 되었다. 1947년 9월, 유엔 총회는 분리안을 결의하였다. 유대인은 그 결의를 승낙했으나 아랍측은 거부했다. 풍운의 26년이 지나가고 영국의 위임 통치는 겨우 막을 내렸다.

실제로 일어난 일과 '백서'와 그들의 보복을 고려하고서도 영국에는 훌륭한 점도 있었다. 그들은 가장 곤란한 상황 아래서도 문명국을 대표하는 문명의 명사로 행동했다. 과감하게 싸우고 그리고 패했다. 그들은 악마와 같은 의도나 비인간적인 정책으로 움직인 것이 아니라 제국을 지키려고 하는 나라의 사정에 따라 움직인 것이다. 오늘날 이스라엘과 영국 사이에 우호적인 관계가 유지되는 것은 이스라엘이 영국은 강적이었지만 반셈주의자는 아니었던 것, 이스라엘이 이긴 것은 영국보다 강해서가 아니라 영국에는 더 긴급한 다른 문제가 있었기 때문이라고 인식하고 있기 때문이다. 영국이 떠나고 1948년 5월 14일 유대인들은 데이비드 벤구리온이 이스라엘 국가 독립을 선언했다. 그날 밤 이스라엘인은 새로운 국가를 위해 건배를 높이 들었다. 그리고 이튿날 아침 그들은 새 나라의 방위를 위해서 전선에 군대를 배치했다.

이스라엘 독립전쟁(1948~1949)은 드라마, 술책, 그리고 운수 등 역사

소설에서 보는 모든 요소를 내포하고 있다. 독립 이틀째 되는 날의 이스라엘에는 인구 75만 8천 7백 명중에서 5개 전선에서 침략자를 방어해야 할 싸울 수 있는 자는 1만 9천 명에 불과했다. 대부분은 아내와 자녀와 토라밖에 쥐어 본 일이 없는 그들의 팔이 이제는 총을 잡은 것이다. 유대인의 무기는 영국에서 공급된 무기를 가진 아랍을 당할 수 없었다. 최초의 맹공격을 맞았을 때 유대 전선은 우선 흔들렸다. 그리고 후퇴했다. 5월 20일 구 예루살렘은 아랍 수중에 떨어졌다.

1918년에는 영국과 유대인이 아랍 민족주의를 과소평가하는 과오를 저질렀지만 1948년, 이번에는 아랍이 유대 민족주의를 과소평가하는 과오를 저질렀다. 이기겠다는 의지가 유대인 사이에 팽대하여 전황은 바뀌었다. 유대인의 마음속에는 그들의 싸움의 역사적인 의미가 투철했다. 이 땅에서 그들의 조상은 앗시라이인, 바빌로니아인, 이집트인, 사산왕조, 셀레우코스왕조의 군대와 싸웠다. 이 땅에서 그들은 3차에 걸친 반란으로 로마에 저항한 것이다. 절망적인 방위에서 승리의 확신으로 싸움의 템포는 달라졌다. 전선은 견고해졌다. 한 치의 땅도 양보할 수 없다. 후회는 안 한다, 전진이 있을 뿐이다. 제 1차 대전 당시 프랑스가 독일군을 베르단에서 저지한 것처럼 유대인은 아랍의 맹공격을 5개 전선에서 저지했다. 아랍 측이 1주 안에 끝내겠다고 한 전쟁은 결국 한 달이나 끌어 그들은 지치고 말았다. 6워 11일, 그들은 폴크 베르나도테 백작이 주선한 정전 협정 조건을 쾌히 승인했다.

쌍방 모두 이 정전 협정을 전력 정비의 시간으로 소모했다. 어느 족이나 싸움을 그만둘 생각은 없었다. 서구 제국은 중립하는 척하면서 온갖 무기를 팔아먹기에 바빴고, 이렇게 되리라고 예측했던 이스라엘은 그 이전에 체코슬로바키아에서 무기를 사들일 준비를 다 해놓고 있었다. 다음 결투에 대비해서 '암흑 작전'이라고 불리는 야간 공수 작전으로 라이플 총, 기관총, 75구경 대포, 전차 등의 무기가 전선으로 수송되었다. 영국과 미국 공군에 종군했던 유대인은 플라잉 복스카, 하리케인, 메서쉬미츠 등을 타고 세계 각지와 이스라엘 간을 왕복했다. 급유지(給油地)는 전날의 군대 동지들에 의해서 비밀리에 영국, 프랑스, 코르시카, 유고슬라비아 등에 준비해 두었다. 유대인은 초조하게 아랍이 정전 협정을 깨뜨리는 것을 기다렸다.

아랍인은 말하자면 더욱 초조했다. 그들은 영국제 대포와 전차로 완전히 입장을 바꾸어 놓았다. 징병 운동으로 병력도 2만 4천에서 6만으로 늘었다. 유대인 쪽은 단지 2만뿐이었다. 이번에는 아랍이 이길 것이 뻔했다.

한 달 동안의 정전기간이 끝나는 순간, 아랍은 공격을 개시하여 그들은 곧 바로 전진해서 이스라엘군 총구 바로 앞으로 나왔다. 아랍 전선은 약화되었다. 이스라엘은 사정없이 반격하여 적의 영역까지 쳐들어갔다. 이 전쟁의 두 번째 사람은 불과 10일을 끌었다. 아랍이 정전하고 비명을 지르면 폴크 베르나도테는 백기를 들고 달려왔다. 그리고 휴전 명령이 나왔다. 무기한 정전이다.

최초의 정전 협정과 마찬가지로 두 번째 협정도 쌍방에 의해서 아무렇지도 않게 깨졌다. 유대인은 입장을 굳히기 위해서 한판 승부를 내버리기로 작정했다. 아랍은 그들의 대패배는 무엇인가가 잘못 된 탓이라고 생각해서 다시 한 번 유대인을 공격하고 이번에야말로 결단을 내기로 생각했다. 그리고 다시 쌍방에 무기가 반입되었다.

아랍이 우세했던 것은 이집트 전선에서 만이었다. 그곳에서는 이집트가 네게브 사막을 제압하고 있었다. 이제는 단숨에 예루살렘에 쳐들어갈 것이라고 확신하고 있던 그들은 정전 협정을 깨버렸다. 유대인은 그들이 쳐들어오기를 기다리고 있었다. 이스라엘군은 반격의 기세로 이집트 국경을 넘어서 지중해 연안의 이집트 육군 기지인 엘 아리쉬 근방가지 진격했다. 그곳만 점령해 버리면 이집트는 무방비 상태가 되는 것이다. 영국은 만일 이스라엘이 퇴각하지 않는다면 이스라엘은 영국과 싸우게 될 것이라고 이어서 다른 아랍 제국도 그렇게 했다. 전쟁은 끝났다. 이번에는 돈으로가 아니라 이스라엘은 그 아들들의 피로 도로 찾은 것이다. 신은 보다 잘 무장된 큰 군대를 돕지 않았다.

독립전쟁의 와중에서도 이스라엘 정치가들은 예부터의 유대주의 원칙에 기초하여 새 유대 국가 건설에 열중했다. 1949년, 최초의 총선거가 실시되고 새로운 국민 의회가 성립되었다. 하임 와이츠만이 대통령, 데이비드 벤구리온이 수상이 되었다.

이스라엘 수상으로서 벤구리온만한 적임자가 있을까. 백발에 그슬린 얼굴을 한 벤구리온은 예민하고 감정적이며 엄하게도 상냥하게도 보이는 사나이며 시오니스트 혁명가들이 요구하는 네 가지 역할을 역사적 확신을 가지고 실천해 보였다. 1886년, 폴란드의 플론스크 태생의 벤구리온은 젊어서부터 쉬테틀의 유대주의에 반항해서 하스칼라와 서구 계몽주의를 선택했다. 그는 시오니스트 사상가들의 말에 따라 1906년에는 팔레스타인으로 이주해 버렸다. 그는 그곳에서 땅을 갈고 1910년에는 정당을 창건하고 신문을 창간했다. 1912년 그는 사람들을 팔레스타인으로 인도하는 역할을 마치고 활동가가 될 준비를 했다. 그는 콘스탄티노플 대학 법학부에 입학했으나 팔레스타인으로 돌아오자 위험 분자로서 터키에 의해 추방되었다. 제 1차 세계대전 때도 쟈보틴스키의 군대의 모병 사업을 돕기도 하고 곧 자기도 지원 입대했다. 제 1차 대전 뒤에 벤구리온은 팔레스타인에서 가장 영향력 있는 정치가의 한 사람이 되었다. 그는 국제연맹과 유엔의 멤버들을 중재하기도 하고 달래기도 하여 그의 인격적인 매력으로 1922년의 위임 통치의 성립과 1947년의 유엔 총회에서의 이스라엘 독립 결의에 있어서도 큰 역할을 했다.

이스라엘 국가 성립이 선언된 수간, 벤구리온은 시오니스트 활동가로서의 일을 마쳤다. 승리했으니 혁명의 단계는 끝났다는 생각이다. 그는 정치관료가 되었다. 대담하게도 그는 시오니스트당이 성공했기 때문에 '자살했다'고 말하며, 이제는 그 사명이 끝나고 소멸되었다고 공언했다. 이제는 관료가 나와서 정리하고 새로운 원리를 제도화할 시기가 왔다. 혁명적인 기질을 일상적 활동으로 순환시키지 않으면 안 되었다. '자유와 식량' 위에 세워지는 새로운 민주주의의 확립이 필요했다.

이스라엘에는 이류시민(二流市民)이라는 것이 있어서는 안 되었다. 유대인이 이스라엘인이 되기 위해서 시험을 칠 필요는 없었다. 이스라엘에 와서 자기가 시민이라고 말하기만 하면 되었다. 이스라엘에 사는 모든 아랍인에 대해서도 시민권이 주어졌다. 선거권, 보통교육의 권리, 능력에 따라 직업을 가질 권리가 종교와 성별, 그 이전의 신분 여하를 묻지 않고 모든 사람에게 주어졌다. 아랍 여성이 역사상 처음으로 투표할 수 있게 되었다.

아하드 하암이나 비알리크나 체르니호프스키가 말한 것처럼 이스라엘은 다만 '젖과 꿀이 흐르는 땅'일 뿐 아니라, 교육과 문화가 있는 땅이 되지 않으면 안 되었다. 온 나라에 학교가 세워졌다. 교육은 의무화되었다. 마을과 읍과 도시의 성장과 함께 박물관이나 음악당이나 극장이나 오페라 하우스나 미술관이나 대학도 증가했다. 오늘날에는 이스라엘·아랍인과 유대인이 페에르 귄트를 본다. '모욕과 상처를 입은' 자들의 자녀들은 전날의 아랍 농민의 아이들과 나란히 춤과 음악을 시청한다, 1960년에는 이스라엘의 인구 1인당 신문, 잡지, 미술관, 박물관, 학교, 교향악단의 수가 다른 어느 나라보다 많았다.

이렇게 짧은 기간에 이루어진 이 업적보다도 더욱 놀라운 두 가지 요소가 있다. 1922년 팔레스타인에는 4만 5천 평방 마일에 75만 명이 살았다. 그것은 1948년에는 영국과 유엔에 의한 분할로 8천 평방 마일로 줄었다. 더구나 1960년의 이스라엘 인구는 200만이며 그 가운데 약 20만은 아랍인이다. 이스라엘 태생의 인구는 적지만 예멘, 독일, 모로코, 터키, 러시아, 폴란드 등에서 옴으로써 수 년 사이에 새 이스라엘 성격에 동화되어 버렸다. 2000

년 동안 흩어져 살던 사람들이 하나의 민족, 하나의 국가로 하룻밤 사이에 엉기고 것이다.

그러나 이스라엘이 평화를 누리기까지에는 이집트와 또 한 차례의 싸움을 치르지 않으면 안 되었다. 전날의 패배로 아직 감정이 상해 있던 이집트는 '페다인(fodateem)'이라는 특별 훈련을 받은 특공대를 보내서 국경을 넘어 와서 집적거렸다. 그들은 밤에는 이스라엘로 침입해서 농가를 불태우고 주민을 죽였으며 어둠을 타고 사라졌다.

동구권의 나라들이 이집트에 무기나 탄약을 대량으로 공급하자, 이집트는 더욱 대담하게 공격하게 되었다. 이집트, 요르단, 시리아의 아랍 3국은 통합된 지휘 아래 군사 동맹을 맺고 다시 이스라엘을 멸망시키겠다고 선언했다. 이스라엘은 급속히 군대를 동원하여 1956년 10월 가자지구를 공격했다. 가자지구는 마치 이스라엘에 총검을 찔러대는 형태로 돌출한 지형에 있었다. 이스라엘은 3일간의 전투로 이집트군을 전략으로 물리치고 앞질러서 시나이반도로 진격했다. 그리고 이집트군의 무기를 제압하고 카이로로 진격할 준지를 갖추고 수에즈에 머물렀다.

한편, 영국과 프랑스도 수에즈운하의 권리를 다시 획득할 야심으로 이집트를 공격했다. 이집트는 운이 좋았다. 미국과 소련이 영국과 프랑스에 철군을 명하니 이번에는 영국이 이스라엘에게 이집트에서 철수할 것을 명했다. 이스라엘은 그렇게 했다. 그러나 이스라엘은 아랍 세계에 대해서 국경을 침범하는 자에게는 군사적 보복을 하겠다고 을러 놓았다. 그 뒤로는 특공대가 이스라엘은 습격하지 못했다.

시오니즘 혁명은 끝났다. 이스라엘 국가가 성립되었다. 이것은 유대인의 운명이 종국적으로 실현되었다는 것일까, 아니면 이것이 아직 모자라는 유대사의 또 하나의 이정표에 불과한 것인가.

Ⅷ. 결어-문화의 모자이크

—4000년에 걸친 유대인의 유랑(odyssey)의 이야기를 끝맺음에 있어서 현재도 4000년 전과 똑같이 전신적이며, 지적으로도 활발한 이 사람들의 생존을 역사적으로 설명하고 싶다.

30. 자유에의 추방

이스라엘 국가의 재건으로 유대인의 4000년에 걸친 유랑의 이야기를 끝맺어야 하겠다. 기원전 2000년에서 기원 2000년까지의 이 40세기 동안에 그들은 싸우고, 패배하고는 재생하고, 또 후퇴하다가는 전진하는 일을 수없이 되풀이해 왔다. 그것은 네 개의 대륙과 여섯 개의 문명에 걸치는 역사였으나 그들은 온갖 장애를 극복하여 살아왔다. 가나안에서의 방랑, 이집트에서의 노예생활, 유다의 멸망, 바빌로니아의 포수 그리고 그리스인과의 만남, 마카비반란, 로마의 압정, 봉건사회 시대의 자본계급으로서의 생활, 회교시대의 '성서의 백성'으로서의 생활, 중세후기의 게토의 생활, 근대의 정치가, 학자 그리고 또 강제수용소의 희생자로서의 체험, 이러한 모든 것을 경험한 후 2000년에 걸친 부재(不在) 끝에 그들은 그리웠던 옛 고향으로 돌아왔다. ≪본서≫는 왕이나 전쟁이나, 박해의 역사로서가 아니라 끊임없이 달리는 역사의 힘이 던져 오는 도전에 대해서 유대인이 어떠한 사상을 가지고 응해 왔으며, 그것을 통해서 유대인이 살아 온 역사를 생각해 왔다.

이 파란에 찬, 복잡한 이야기를 어떻게 평가하면 좋을까? 그것은 다만 뜻도 없는 일련의 사건에 지나지 않으며, 헨리 포드류(流)로 말하자면 '부질없는 짓들'일까? 그렇지 않으면 이 배후에는 일정한 결정적인 힘이 작용하고 있었던 것일까? 마르키시즘으로 생각해 보는 것이 좋을까? 아마도 물질적 조건이 유대인의 생존의 방식을 결정해던 것일까? 그들의 경작(耕作)의 방식이나 물물교환의 방식이 그들의 신의 개념을 낳은 모태가 되어 있었던 것일까? 오므리나 요시야의 사회제도가 예언자의 저작을 낳는 모태가 되었던 것일까? 그렇지 않으면 정신분석학자의 의견에 따라 볼까? 즉 유대사는 유대인의 잠재의식 속에 억압하고 있었던 것에 생겨난 것일까? '토라'나 '탈무드' '카라이즘'이나 '카발라' 그리고 '하시디즘'이나 '시오니즘'을 이것으로 설명할 수 있을까? 또는 철학적 역사이론에다 답을 구해 볼까? 유대사를 쉬펭글러가 말하는 주기적 진화(週期的 進化)로서 설명할 수 있는 것일까? 만일 그렇다고 한다면 왜 유대인은 보통 문명의 수명이라고 생각되는 시기를 지나서도 소멸하지를 않았던가? 토인비가 말하는 도전과 반응으로 그것을 설명할 수 있는 것일까? 문화로서의 유대교는 시리아(Syriac) 문명에서 잔존한 화석에 지나지 않는다는 그의 견해를 받아들여야 하는 것일까? 혹은 아직도 밝혀지지 않은 어떠한 계획에 의해서 유대인이 신의 힘에 이끌리어 살아온 것일까? 신학(神學)의 역사 기술이 만족이 가는 해답을 제공해 주는 것일까?

역사가의 일은 인간의 사건을 기록하는 것만이 아니라 그것에 관한 설명을 하는 것도 그 일인만큼 신의 인도에 의해서라는 설명을 받아들일 수 없는 사람들에 대해서는 자연 법칙의 개념이라는 유대사를 설명해 보기로 하자. 그러나 사건과 사상의 이 채색이 풍부한 장식에는 변치 않는 하나의 실이 짜여져 있음을 잊어서는 안 된다. 그것은 유대인은 신의 선택을 받은 민족이라고 하는 아브라함의 꿈, 또는 계시이다.

우리는 고대, 중세, 근대라고 하는 식으로 역사를 보도록 교육을 받았기 때문에 그 밖의 다른 방법으로 역사를 생각해 본다는 것이 매우 어렵다. 이를테면 전쟁에 의해서 변화하는 문명의 간만(干滿)이 아니라 사상의 주기에 의해서 역사를 본다는 것이다. 인류전체의 역사를 보더라도 인간은 20내지 30의 문명을 창조했을 뿐이다. 거의가 이미 소멸해 버렸다. 소수의 것이 살아 남으려고 싸우고 있다. 어떤 것은 형성기에 있다. 그러나 그 창조성의 최고조에 이른 문명은 하나도 없다. 이들 문명은 어떻게 해서 대두되었던 것일까? 대두할 힘을 준 것은 무엇이 있던가? 역사가가 할 수 있는 추측하는 일 뿐이다. 그러나 추측 중에서도 두 사람의 20세기의 철학적 역사학자들의 그것이 가장 가치 있는 것일지도 모른다. 즉 쉬펭글러의 '운명론적인', '비자유의지적'인 이론, 그리고 토인비의 '자유의지론'이다. 쉬펭글러는 인간에게는 스스로의 운명을 바꿀 힘이 없다는 것이며, 토인비는 그렇지 않고 스스로의 운명에 관해서 무엇인가를 할 수 있다는 것이다. 유대인의 생존의 역설(逆說)을 설명할 수 있는 실마리는 유대인의 역사를 각주(脚註)로 다투는 것으로 충분하다고 생각한 이 두 학자의 이론에 내포되어 있다. 그러나 어떻게 이 두 상반되는 이론으로 유대사를 설명하면 좋을까? 두 사람의 이론을 좀 더 자세히 검토해 보자.

쉬펭글러의 방법으로 말하자면 일단 한 민족이 문명이라는 정자(精子)에 의해서 수태를 하면 그 미래는 임신의 과정과 그 결과와 같이 예견할 수 있는 것이라는 것이다. 회태기간이 있으며, 탄생이 있으며, 영아기가 있으며, 사춘기를 맞아 성숙하고 그리고 나이를 먹고 죽는다는 과정을 예견할 수 있다. 이러한 각 단계는 쉬펭글러가 말하는 문명의 진화의 주기와 일치한다. 즉 새로운 종교와 세계관의 탄생을 보는 춘기(春期), 철학적 수학적 개념화가 이루어지는 하기(夏期), '계몽'과 합리주의의 성숙의 추기(秋期), 그리고 물질주의에의 황폐와 과학을 절대시하는 것과 추상사고에 대한 결멸을 볼 수 있게 되고 드디어 노쇠와 죽음으로 향하는 동기(冬期)가 찾아온다고 하는 생각이다.

토인비의 생각은 이와는 매우 다르다. 그는 기본적으로 자연은 끊임없이 인간에 대해서 새롭고 또 예견치 않았던 도전을 걸어온다고 생각한다. 만일 인간이 중요한 도전에 응하지 않으면 그 사람들은 비역사적인 존재로 그친다. 에스키모나 호텐토트처럼 역사에 자기들의 운명을 연관시킬 수 없게 된다는 것이다. 중요한 도전에 응전하더라도 그 후 끊임없이 적절한 적응을 계속하지 못하면 그 문명은 역사의 화석(化石)이 되던가, 시간과 더불어 시들어져 버린다는 것이다. 토인비의 스핑크스는 결코 자진해서 스스로의 수수께끼에 답을 내놓으려고 하지 않는다. 만일 어떤 문명이 도전에 적절히 응답해 간다면 영원히 생존할 가능성이 있는가 하는 것에 관한 수수께끼이다.

유대인은 역사의 스핑크스의 물음에 4000년 동안 계속 성공적으로 답을 내놓아 왔는데도 쉬펭글러도 토인비도 유대주의를 '발달을 정지한 문명'으로 보아 넘기고 문명 중에 포함시키려고 하지 않는다. 왜 그럴까? 유대인이 그들이 정의하는 문명에 맞지 않기 때문이다. 그런데 유대인이 계속 살아 견디어 온 비밀이 바로 이 '발달을 정지한 문명'이라고 하는 것이 역사의 도전에 응답을 계속해 왔다고 하는 역설 속에 숨겨져 왔던 것이다. 유대주의를 '문명'이라 부르지 않고 '문화'라고 부르면 이 역설은 풀릴 것이다. 문명과 문화의 차이에 관해서는 아모리 드리 안꾸르가 ≪제왕의 도래(The Coming Caesa- rs)≫에서의 서문에서 명확히 기술하고 있다.

> 눈뜨려 하는 젊은 사회에 있어서는 문화가 지배한다.…그리하여 새로운 세계관을 제시한다. 그것은 새로운 가치, 새로운 종교적 상징이나 예술양식의 창조, 새로운 지식 및 정신의 구조, 새로운 과학, 새로운 입법, 새로운 도덕률의 창조를 뜻한다. 그것은 사회보다도 개인을 중시하고, 보존과 복제(複製)보다도 독창을 중시하고, 대량생산보다도 원형(原型)을 만드는 것을 중시하고, 윤리관으로 인생을 생각하기보다는 감각적으로 생각하려는 것이다. 문화는 본질적으로 새로운 분야를 개척해 가는 것이다.

이에 대해서 문명이란 그 전에 있었던 문화의 가장 깊고 그리고 중요한 사상이나 양식이 거대한 규모로 결정한 것이며, 그것은 양친(兩親) 문화가 낳아 놓은 양식이 단단히 화석화해 버린 줄기를 성취해서 살고 있다. 그것은 본질적으로 비창조적이며, 문화적으로는 불모하지만 광범하게 조직화하는 데는 효율이 있고, 실천적이면서 윤리적이고, 그리고 지구의 보다 커다란 범위로 퍼져 마침내 한 보편적 양태(樣態)를 달서한다.…

문명은 매우 기계적인 틀 속에서 점차로 보다 많은 대중을 표준화하는 것을 목적으로 한다. 똑같이 생각하고, 똑같이 느끼고, 순응주의를 좋아하는 '일반대중'은 자진해서 거대한 관료기구에 복종하는 자들인데 그들에게 있어서는 사회적 본능이 창조적 개인보다도 우월하다.

리안꾸르에 따르면 즉 문화는 쉬펭글러가 말하는 봄, 여름, 가을이라는 단계를 가리키는 것이 된다. 그에 따르면 겨울은 그것을 낳은 문화를 사료로 하는 문명이라는 것이 된다.

유대인이 역사적인 존재로서 그 길을 걷기 시작한 것은 바로 쉬펭글러류(流)의 방식으로서였다. 대두하고 있었던 유대문화의 핵(核)이 되었던 새로운 종교와 새로운 추상적 사고가 생겨 '봄'이 찾아온 것이다. 그리고 토인비식으로 말한다면 그들은 그로부터 유목생활이나 가나안의 정복이나 국가의 형성이라는 도전에 응했다. 바빌로니아의 포수에 있어서는 어떻게 살아남을 것인가 하는 도전에도 응했다. 그리고 팔레스타인으로 귀환하여 그들의 문명은 '가을'을 맞이한 것이 된다. 그러나 그들은 마침내 '겨울'이라는 쇠퇴로 진행해 가는 일은 없었다. 그것은 그들은 결국 '문화'에서 '문명'으로의 추이를 경험하지 못한 것이 되기 때문이다. 이를테면 그들은 문화의 절정기를 맞고서는 가을과 겨울과의 사이에 주저앉고 말았다. 그들은 자유의 몸으로 한 것은 무엇일까? 쉬펭글러는 매우 지각력 있게 관찰한다. '유다를 상대로 했던 베스파시안 전쟁은 유대인의 해방이었다.' 로마와의 전쟁은 그들을 '이산(디아스포라)'으로 몰아넣었으며, 문명으로서 유대인을 기다리고 있던 운명으로부터 그들을 해방했던 것이다. 유대인은 자유라는 방각을 향해서 추방을 당했던 것이다. 그들은 고도로 발달한 문화를 가지고 '이산'의 나날을 향해서 나그네 길을 떠났다. 예언자, 성인과 학자들이 그 문화를 휴대할 수 있는 것으로 만들어주었다. '이산'이 유대인을 많은 땅으로 많은 문명으로 데려갔다. 문명이 붕괴하자 유대인도 함께 영락(零落)했다. 이슬람의 시대가 그러하다. 그러나 한 문명이 역사의 파도에 삼켜버리더라도 다른 문명이 반듯이 대두했다. 대두해 오는 문명 속에서 이산의 유대인들도 머리를 들었다. 유대인은 어떠한 나라에도 정착하여 어떠한 문명 속에 있어도 자신들의 문화를 피워볼 수 있었다. 자신들은 신으로부터 선택을 받은 자들이라고 하는 확신이 살아나갈 의지를 낳았고, 토라가 그 의지를 키웠으며, 학문을 배운 자들은 생존해 갈 수 있는 구체적인 수단을 고안했다. 그러나 유대인을 시간으로부터 또 문명이라는 죽음으로부터 해방시킨 것은 '이산' 그 자체였다. 그들은 우연히 문화의 영원한 젊음을 보존하는 비결에 맞닥뜨린 것이었다. '이산'으로 유대인은 역사상 문명에서 문명으로 껑충껑충 뛰어 살아가는 자가 되었다.

그렇다고 한다면 '이산'의 존재나 유대인이 문화적으로는 통상의 문명의 평균수명보다 오래 살게 한 조건이 되었다는 것이 된다. 만일 그들이 추방을 당하지 않고 팔레스타인에 머물러 있었다면 세계의 역사에서 하나의 문화적 힘은 되지 못했을 것이다. 오늘날도 일찍이 그러했던 것처럼 유대인은 이스라엘이라고 하는 독립국가와 이산의 양쪽을 가지고 있다. 그래도 역시 과거에도 그랬던 거처럼 이스라엘 국가는 유대주의의 거점이며, 피난민이 보호를 받을 수 있는 곳이며, 유대민족주의의 중심지이다. 그러나 세계의 1200만의 유대인 인구 중의 불과 200만이 그곳에 살고 있는데 지나지 않는다. 몇 개의 문명의 성쇠에 따라서 '이산'은 그 중심지를 몇 번이나 바꿨지만 아직도 그것은 유대주의의 중핵이다.

유대인은 계속 살아났을까? 유대인으로서 살아갈 의지가 있으면 언제나 새로운 도전에 응할 새로운 수단을 생각해 낼 수가 있게 된다면, '이산'이 그들의 역사의 불변의 요인으로 계속된다면 유대인은 문화를 낳는 민족으로 살아갈 수 있을 것이다. 그러나 영원의 '이산' 없이는 살아가려는 의지와 도전에 응하는 능력만으로는 불충분하다. '이산'이야말로 그들의 역사에서는 없어져서는 안 되는 것이다.

'이산'의 유대주의 중심이 되는 곳은 다음에는 어디일까? 그것은 끊임없이 유대인의 이산의 형을 재편성하는 역사의 방향에 의해서 결정될 것이다. 미국이 앞으로 2,3세기 동안에는 중심으로 계속할는지 모르지만 그것도 언제나는 일시적인 곳이었다는 것이 될 것이다. 쉬펭글러가 옳다고 한다면 서방문명은 이미 겨울에 접어들고 있다. 그리고 아페리카 문명은 그 일부를 이루고 있다. 한편 슬래브문명이나 중국의 문명은 아직 봄일는지도 모른다. 서양문명이 쇠퇴하면은 하나의 유대 '이산'문화가 러시아나 중국에 자라게 될는지도 모를 일이다.

러시아에서의 현재의 유대인의 입장은 15세기의 가톨릭의 스페인에 비교할 수 있을 만큼 이상(異常)한 것이지만 그래도 '이산'의 중심이 그곳에서 자라지 못하리라고는 말할 수 없다. 사실 러시아에서의 오늘의 유대인의 입장은 스페인의 마라노(Marrano)의 입장과 비슷하다. 확실히 유대인은 러시아 인구의 1퍼센트에 지나지 않지만 러시아의 뛰어난 과학자, 지식인 학자의 10퍼센트는 유대인이라고 추정되고 있다. 무신론자라고 하는 러시아계 유대인의 젊은이들 사이에 유대주의의 강력한 불이 불붙기 시작할 것인가 하는 것은 앞으로 두고 보지 않으면 안 된다.

중국에 '이산'의 중심이 설립될는지도 모른다는 것은 있을 수 없는 일은 아니다. 12세기 중국의 개봉(開封)에는 크게 번영한 유대인의 사회가 존재해 있었다. 마르코 폴로도 그것을 기록할 필요를 느꼈을 정도였다. 19세기에는 이 사회도 이미 쇠퇴해 있었다. 역사가 개봉의 유대인 사회와 서양의 '이산'과의 연결을 단절했을 때의 일이다. 세계적 문명이 다시 중국에 일어나게 되면 저 강대한 나라에 '이산'의 중심이 충현하리라는 것도 충분히 생각할 수 있다. 이교의 바빌로니아나 회교의 스페인 혹은 가톨릭의 폴란드에 '이산'의 중심지가 건설되었던 일을 생각한다면 엉뚱한 공상만은 아니다.

남아메리카가 '이산'의 중심이 되는 것도 있을 수 있다. 현재까지의 남아메리카에서의 유대사는 마치 아메리카합중국 초기의 그것과 비슷하다. 1900년 이전 북아메리카의 유대인은 유럽의 유대인의 사상에 의지하고 있었던 것처럼 지금의 남아메리카의 유대인은 아메리카의 유대인의 사상이나 문화에 의존하고 있다. 확실히 현재의 남아메리카의 유대주의는 산만하고 중심을 가지고 있지 못하지만 어떠한 계기가 있게 된다면 남아메리카 '이산'의 중심지로 되리라는 것도 생각할 수 있다.

하지만 아직 의문은 남아 있다. 유대인은 정말로 어떤 사명을 띠고 신의 선택을 받았는가, 아니면 어떤 초월적인 사명을 다하기 위해 유대인이 스스로를 택했던 것인가? 이사야 속에 이 사명의 성격이 암시되어 있는 것은 아닐까? 그는 마침내 인간이 모두 형제처럼 되는 날이 온다고 예언을 했다. 인류를 그렇게 형제처럼 만드는 것이 유대인의 사명일까? 그리고 만일 그러한 목적이 달성되면 유대인은 소멸해 버리기로 되어 있는 것일까? 스피노자는 보편적 인간을 위한 범신론적 신학에서 이것을 예시하고 있을 것인가? 그것은 알 수는 없다. 다만 이것저것 추측해 볼뿐이다.

유대인의 역사를 삼막(三幕)으로 된 장대한 카발라적 드라마라고 생각해 보면 어떨까? 일막의 길이는 제각기 2000년이다. 제 1막에서는— 침춤(tzimtzum) 즉 '테제(thesis)'—희랍비극처럼 유대인의 주인공들이 신으로부터 차례로 이미 운명이 정해진 역(役)을 받는다. '택함을 받은 백성'의 조상이라는 역을 받았어도 확신이 없었다면 아브라함은 비극적이었을 것이다. 그의 신앙이 그를 영웅으로 만들었다. 신은 계속해서 여러 가지 역을 주었다. 모세는 이집트에서 노예가 되었던 유대인을 데리고 나와 법(法)을 주는 역을 맡았다. 여호수아는 유대인을 '약속의 땅'으로 데려가는 역, 예언자들은 유대교의 신의 개념을 보편적인 그것으로 확대하는 역, 에즈라와 느헤미야는 유대인으로 하여금 그 보편성에 가려지지 않게 하는 역을 받았던 것이다. 유대사에 볼 수 있는 표면에 가려지지 않게 하는 역을 받았던 것이다. 유대사에서 볼 수 있는 표면적인 분투 속에 유대인의 하나의 숙명을 나타내는 테제가 전개되고 있었다. 숙명이 유대인을 하나로 묶고 있다. 그러나 마침내 이 내적 통일체로 예수가 구제자라고 주장하는 그리스도파의 출현에 의해서 분쇄되었다. 막(幕)이 내리기 직전 그리스도교도들은 신의 '선민'이라는 유대인의 역할은 끝났다고 대담하게 선언한다.

카발라적 드라마의 제 2막—쉐비라토・하켈림(shevirath ha ke -llim) 즉 '용기의 파괴'—에서는 유대인은 파멸하고 '이산'하고 있다. 그러나 신의 '선민'으로서 2000년이나 그 역을 지켜오려고 했던 만큼 그것을 포기할 마음이 없었다. 거기서 랍비들, 철학자, 학자들이 유대인의 존속을 위한 방법을 탐구하는 모습을 볼 수 있다. 존속의 수단은 명문(名門) 예쉬바의 탈무드주의나 바이모니데스의 사상이나 라쉬의 해석이나 할레비의 시(詩)나 카로의 법전(法典)이나, 카발라의 신비주의, 하스칼라의 휴머니즘 그리고 이 역의 마지막에 나타난 시오니즘의 내셔널리즘이다. 시오니즘의 내셔널리즘이 '이산'의 유대인의 일부를 이스라엘에서 재회시킨다. 2000년 동안에 '부서진' 채로 있었던 용기(容器)는 이리하여 수선되었다. 20세기의 막도 내리려고 한다. 제 2막은 끝났다. 이제 이것으로 드라마는 끝나는 것일까? 아니면 이제는 3막—티쿤(tikkun) 즉 '회복'이 시작되기까지의 휴식기간인 것일까? 유대인은 아직도 계시되지 않은 역할을 맡아 다음 2000년을 살아가라는 운명인 것일까?

신과 토라와 예언자가 수세기를 거쳐 우연인지 아니면 운명인지를 아무튼 두 개의 법을 만들었다. 하나는 유대인을 유대인으로 지켜가는 일련의 법이며 또 하나는 인류를 살아가게 하는 일련의 법이다. 처음의 2000년간 유대인은 토라와 탈무드의 3분의 1에 해당하는 부부느 즉 제사직이나 번제 등에 관한 법을 사용하여 이교도의 세계에서 스스로를 유대인으로 유지하려고 했다. 그 다음의 2000년 동안은 유대주의의 휴머니즘적인 양상을 넓혀 가면서도 그들 자신은 제의와 식이법(食餌法)으로 된 토라와 탈무드의 3분의 1을 사용했다. 그 뒤에 남은 3분의 1은 보편적인 내용뿐이다. 그것은 도덕, 정의, 윤리에 관련되는 부분이다. 그렇다면 유대인은 지금 그 예언적 메시지를 세계에 포교하려고 하는 단계에 있는 것일까? 그것은 제 3막에서의 유대인의 운명이 되는 것일까?

물질적으로 유대사를 바라볼 때 좁은 땅덩어리와 소군대를 가진 그리 두드러지지도 않은 소수파의 역사이다. 그러므로 그러한 것은 있을 수 없다고 할 수 있다. 그러나 세계를 '물(物)'로서가 아니라 '사상'으로 볼 수가 있다면 그것도 불가능하지는 않을 것이다. 그렇다면 문명세계의 3분의 2가 이미 모세, 예수, 바울, 스피노자, 마르크스, 프로이트 아인슈타인의 사상을 따르고 있다는 것을 볼 수 있다. 다음의 2000년에 세계가 토라의 도덕을 받아들이고, 예언자의 사회정의를 받아들이고, 유대인의 파트리아크(patriarchs)들의 윤리를 받아들이게 될까? 만일에 그렇게 된다고 한다면 그것은 이사야가 말한 것처럼 '멀리 있는 자에게도 또한 가까이에 있는 자에게도' 평화 '평화'가 찾아오게 될 것이다.

이스라엘 민족사

2019년 3월 25일 1판 1쇄 인쇄
2019년 3월 30일 1판 1쇄 발행
저 자 맑스 I. 다이몬트
역 자 원웅순 김영수
발행자 심 혁 창
발 행 처 도서출판 한글
서울특별시 마포구 신촌로 270(아현동)
수창빌딩 903호 우 04116
TEL 02) 363-0301 | FAX 02) 362-8635
E-mail : simsazang@hanmail.net
창 업 1980. 2. 20.
이전신고 제2018-000182

* 파본은 교환해 드립니다.
* 정가 20,000원

ISBN 97889-7073-538-2-93230